W0413346

Kolleg Ethik

herausgegeben von Monika Sänger
erarbeitet von Gerhard Gräber, Gernot Herrmann, Albert Mollenkopf,
Ulrich Plessner, Marcel Remme, Monika Sänger und Kerstin Werth

C.C.BUCHNER

KOLLEG ETHIK

Unterrichtswerk für Ethik
in der Sekundarstufe II

herausgegeben von Monika Sänger
erarbeitet von Gerhard Gräber, Gernot Herrmann, Albert Mollenkopf,
Ulrich Plessner, Marcel Remme, Monika Sänger und Kerstin Werth

1. Auflage, 7. Druck 2018

Alle Drucke dieser Auflage sind, weil untereinander unverändert, nebeneinander benutzbar.

Dieses Werk folgt der reformierten Rechtschreibung und Zeichensetzung. Ausnahmen bilden Texte, bei denen künstlerische, philologische oder lizenzrechtliche Gründe einer Änderung entgegenstehen.

Layout und Satz: creo Druck & Medienservice GmbH, Bamberg
Druck und Bindung: creo Druck & Medienservice GmbH, Bamberg

www.ccbuchner.de

ISBN 978-3-7661-**6633**-3

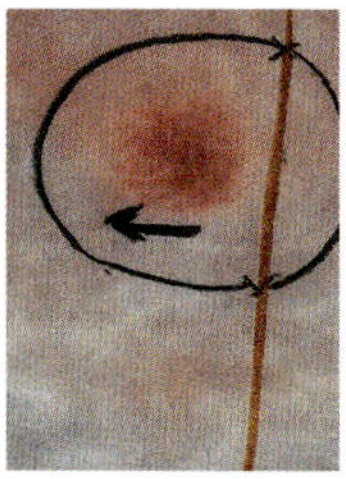

Paul Klee, Labiler Wegweiser

In unseren persönlichen Beziehungen stehen wir ständig vor ethischen Entscheidungen. Wohin führt unser Lebensweg? Wie lässt er sich gestalten? Was stelle ich mir als ein gutes Leben im besten Sinne vor? Wo finde ich eine Orientierung, einen Wegweiser? Ethik liefert keine Super- oder Menschheitsmoral, die alle Probleme letztgültig löst, sondern ist ein **labiler Wegweiser**, der bei aller menschlichen Freiheit Richtungen aufzeigt für ein moralisch gutes Handeln.

Paul Gauguin, Woher kommen wir? Wer sind wir? Wohin gehen wir?

Die Fragen **„Woher kommen wir? Wer sind wir? Wohin gehen wir?"** sind Ausdruck des Nachdenkens des Menschen über sich selbst – und in der Selbstreflexion zugleich ein wesentliches Merkmal dieses Menschseins. Das Kapitel Anthropologie beleuchtet die Frage nach dem Wesen des Menschen aus der Perspektive verschiedener Wissenschaftsbereiche (Biologie, Psychologie, Soziologie). Sie beschäftigen sich damit, ob der Mensch einen freien Willen hat, welche Faktoren (biologische, psychische, soziale) menschliches Handeln bestimmen, was das Wesen des Menschen ausmacht: Ist er ein Zufallsprodukt der Evolution, ein Gehirn-, Trieb-, Sozialwesen? Sicher ist er ein Kulturwesen. Aber wie gestalten wir das Zusammenleben von unterschiedlichen Kulturen in einer pluralistischen globalen Welt?

Auguste Rodin, Der Denker

Die Fragen „Was kann ich wissen? Was soll ich tun?" werfen den Menschen auf sich selbst zurück. **Der Denker** ist ein Ausdruck der menschlichen Fähigkeit, sich mit der Frage nach einem gelingenden Leben, dem Glück, auseinanderzusetzen, über die Begründung von Werten und Normen nachzudenken. Dazu bedarf es der Kenntnis der *Moralphilosophie* in der Tradition und der Moderne. Antike Autoren wie Platon, Aristoteles, die Stoa oder die zeitgenössische Folgenethik und moderne Glücks- und Strebensethik entwerfen Möglichkeiten eines gelingenden Lebens, die sich deutlich von der uns bekannten „Lebensqualität" unterscheiden. Kants Frage „Was sollen wir tun?" hat dagegen die Kritik und Begründung sittlich-praktischer Vernunft zum Ziel. Formen des kategorischen Imperativs oder die Universalisierungsprinzipien der utilitaristischen Ethik verhelfen zu einer argumentativ begründeten ethischen Urteilsbildung.

Reinhold Letz, Große Versammlung

Probleme der modernen Welt, entstanden durch den Fortschritt in Wissenschaft und Technik können nicht mehr durch den Einzelnen, sondern nur noch im Diskurs mit anderen angegangen und gelöst werden, durch die **Große Versammlung**. Die *Problemfelder der Moral* setzen sich mit dem menschlichen Handeln in der Gemeinschaft, mit der Bedeutung und den Problemen, mit Risiken, aber auch Chancen von Technik und Wissenschaft auseinander. Sie fragen nach einer gerechten Ordnung, indem sie praktische Probleme der Gegenwart in Recht, Staat, Wirtschaft unter den zentralen Kategorien von Recht und Gerechtigkeit betrachten, fragen nach der Verantwortung des Wissenschaftlers, des Politikers und jedes Einzelnen in der „großen Versammlung" einer globalen Welt. An Fallbeispielen aus den Bereichen Ökologie, Medizin und Medien werden zentrale Probleme exemplarisch analysiert und Handlungsalternativen entwickelt und beurteilt.

Paul Gauguin, Selbstbildnis mit gelbem Christus

Die Frage nach dem Selbst, dem Sinn der Existenz, führt den skeptischen Blick nach innen und lässt ein **Selbstbildnis** entstehen, das über das empirisch Erfassbare hinaus verweist – auf eine transzendente Wirklichkeit. Das Kapitel *Religion* sieht den Menschen im Bezug zu dieser Transzendenz und setzt sich mit Phänomen und Problemen der Religion im Spannungsfeld von religionswissenschaftlichen, theologischen und religionsphilosophischen Zugängen auseinander. Dabei werden Erscheinungsformen des Religiösen beschrieben und religiöse Überzeugungen konfrontiert mit der Frage ihrer rationalen Begründung und Kritik.

Inhaltsverzeichnis

Grundlagen der Ethik

Anthropologie

Moralphilosophie

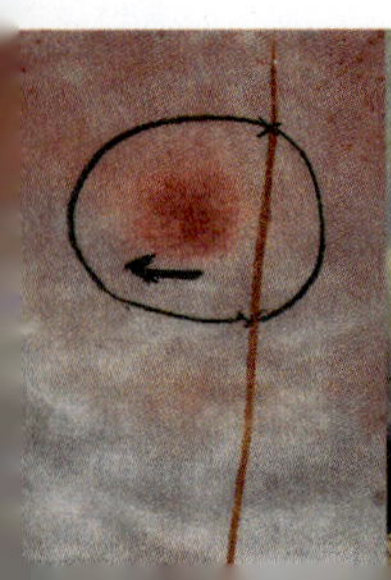

Problemfelder der Moral

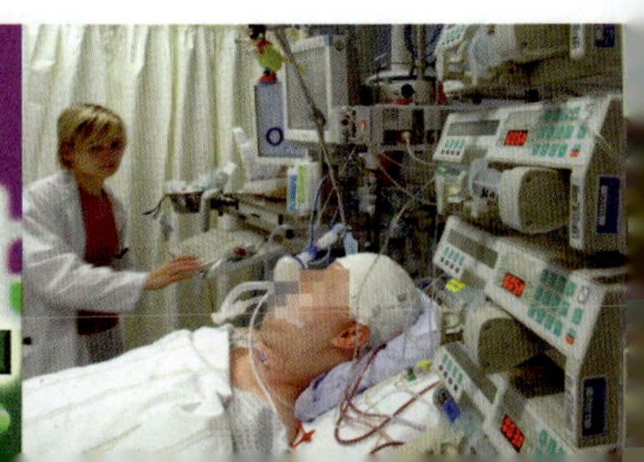

* = weiterführende Materialien (z. B. empfohlen für das Neigungsfach in Baden-Württemberg)
MA = Seiten zum moralisch-ethischen Argumentieren
i = Infoseiten zur Moralphilosophie
p = Projektseiten

1 Wozu soll Gutsein gut sein?

M1 Werte im Ausverkauf

M2 Moralmärkte

Bei vielen Unternehmen und Banken ist es Mode geworden, ethische Leitbilder und verbindliche Werte für sich und ihre Mitarbeiterinnen und Mitarbeiter zu entwerfen und einzufordern. Friedrich Wilhelm Graf setzt sich damit auseinander:

Kein Mensch erwartet von seinem Metzger oder Friseur, dass er seine „Werte" ins Schaufenster hängt. Doch im modischen Ethikboom stehen nicht nur Banken unter verschärftem öffentlichem Moralzwang. Natürlich dürfen sie Mehrwert erwirtschaften. Aber bitte nicht von Profit reden, ohne ethische „Werte" zu leben. Auf konkurrenzbestimmten Moralmärkten will jeder der Tugendheld sein. Doch wird in den Leitbildern nur konventionelle Trivialmoral geboten. Derzeit wollen alle nachhaltig, ökosensibel und klimafreundlich wirtschaften. Oft sind die Wertefibeln in religionshaltigem Bekenntniston formuliert. Nicht selten erlag man der Suggestionskraft heiliger Zahlen und schrieb, wie einst Mose, auf seine Wertetafeln zehn Grundsätze. Gern beschwört man unverbrüchliche Geltung [...].

Topwerte im ethischen Überbietungskampf sind aktuell „Respekt vor dem Anderen", „Anerkennung von Verschiedenheit", „Transparenz", „Offenheit", „Integrität" und gern auch „die Menschenrechte". Auch muss sich der moralisch supersensible Mitarbeiter „fortwährend" und „ständig verbessern" – auch im Schlaf? Dass in der deutschen Wirtschaft „Werte" Mangelware sind, stimmt einfach nicht. Ganz im Gegenteil wird Moralstress erzeugt und ein Leitbild vom edlen, freundlichen, wohlgelaunten und kompetenten Mitarbeiter gemalt – mit fatalen Folgen.

Friedrich Wilhelm Graf, Loyalität für 'nen Euro, in: SZ-Magazin 25/2008, S. 20

M3 Indien testet billiger

Schon dem Begriff hängt in diesem Zusammenhang etwas Unmoralisches an: Attraktivität. Indien ist der attraktivste Markt für klinische Medikamententests. So beschreiben ihn die globalen Pharmakonzerne, die vor der Lancierung eines jeden neuen Medikaments Hunderte Millionen in diese letzte Testphase mit Versuchen an kranken Menschen stecken. Wenigstens in den Industrieländern kostet es so viel. In Indien dagegen sind Tests viel billiger – bis zu 60 Prozent billiger. Wahrscheinlich waren auch die Testteilnehmer im angesehenen All Indian Institute for Medical Sciences, einer Universitätsklinik in Delhi, billig zu haben gewesen. 49 kranke Kleinkinder, die meisten unter einem Jahr alt, sind dort in den vergangenen zweieinhalb Jahren nach klinischen Tests gestorben. Der Fall sorgt [...] für viel Unruhe, weil angenommen werden muss, dass die meisten Kinder armen und ungebildeten Familien entstammten, von denen die meisten wohl nur knapp verstanden hatten, worauf sie sich einließen. Und solche Familien gibt es viele im Land. Das Milliardenvolk bietet eine große Auswahl möglicher Testpersonen mit allen möglichen Krankheiten, die verzweifelt und arm genug sind, für wenig Geld hohe Risiken einzugehen. Andere Kuren können sie sich nicht leisten. Zudem sind ihre Körper selten mit Medikamenten belastet, was sie noch interessanter macht für die Industrie. Doch wer kontrolliert?

Oliver Meiler, Indien testet billiger, in: Süddeutsche Zeitung, 22.08.2008

M4 Ein kleiner Moraltest: Was tun Sie?

Auf dem Nachhauseweg vom Supermarkt bemerken Sie, dass man Ihnen 10 Euro zu viel herausgegeben hat.

a. Ich drehe um und gebe das Geld zurück.

b. Ich gehe nach Hause.

Sie sind spät dran für eine wichtige Klausur, als Sie auf dem Weg einen Mann sehen, der reglos am Bürgersteig liegt.

a. Ich frage, ob ich ihm helfen kann.

b. Ich gehe weiter.

Ein Freund bietet Ihnen die Raubkopie eines dringend benötigten Computerprogramms an. Das spart Ihnen 50 Euro.

a. Ich lehne sein freundliches Angebot ab.

b. Ich nehme das Angebot an.

M5 Entscheidungshilfen

*Warum sollte ich den anderen nicht belügen? Die Moralphilosophin Annemarie Pieper (*1941) nennt sechs gute Gründe, die meine Handlungen rechtfertigen können.*

1. Weil er mein Freund ist. (Bezugnahme auf ein Faktum)
Ich beziehe mich auf eine allgemeine Norm bzw. ein allgemeines Werturteil, deren Verbindlichkeit von den meisten fraglos anerkannt ist: Freunde belügt man nicht.

2. Weil ich ihn sehr gern habe.
(Bezugnahme auf Gefühle)
Durch Gefühle werden Handlungen zwar erklärt und verständlich, aber nicht schon moralisch gerechtfertigt.

3. Weil der andere mir nicht mehr vertrauen würde.
(Bezugnahme auf mögliche Folgen)
Hier beziehe ich mich auf die möglichen negativen oder positiven Folgen meiner Handlung, je nachdem ob sie mir oder dem anderen Schaden zufügt.

4. Weil Ehrlichkeit eine Tugend ist.
(Bezugnahme auf einen Moralkodex)
Hier beziehe ich mich auf einen anerkannten Normen- und Regelkatalog, der von den Mitgliedern einer Gruppe / der Gesellschaft anerkannt wird.

5. Weil meine Eltern das gesagt haben.
(Bezugnahme auf eine moralische Kompetenz)
Hier beziehe ich mich auf das Urteil von Respektpersonen, die ich als moralische Instanz ansehe.

6. Weil es mir mein Gewissen befiehlt.
(Bezugnahme auf das Gewissen)
Das Gewissen als moralische Letztinstanz ist eine in der Praxis generell anerkannte Form der Begründung.

nach Annemarie Pieper, Einführung in die Ethik, S.156-170

M6 Ethisch bewerten lernen

Die Ethik lehrt uns beurteilen, ob eine Handlung richtig ist oder falsch, natürlich oder gegen die Natur gerichtet, gut oder schlecht. Für die ethische Bewertung einer Handlung benötigen wir ein doppeltes Wissen: Zum einen müssen wir die menschliche Natur als den Maßstab unseres Verhaltens kennen. Das ist ein sehr allgemeines Wissen, das zu allgemeinen Verhaltensregeln führt wie „Mord ist schlecht" oder „Zu Freunden muss man stehen". Zum anderen müssen wir wissen, wie wir das Gesetz auf den Einzelfall anwenden. Darf ich zum Beispiel jemanden erschießen, der versucht, meine Mutter zu vergewaltigen? Soll ich weiter zu einem Freund halten, der ein Neonazi geworden ist? Wir müssen also wissen, ob etwas *hier und jetzt*, unter den gegebenen Umständen und in diesem Augenblick, gut oder schlecht ist.

Héctor Zagal / José Galindo, Ethik für junge Menschen, S. 86f.

1 Finden Sie heraus, was die „Märkte" unter Moral verstehen. ➜ M1/2

2 Suchen Sie in der Gruppe weitere Beispiele für den Moral-Boom der Gegenwart. ➜ M1/2

3 Erörtern Sie die Problematik von Medikamententests und setzen Sie sich mit der ethischen Brisanz der Testreihen in Indien auseinander. ➜ M3

4 Erstellen Sie gemeinsam einen Moraltest für Ihre Schule. Werten Sie ihn nach Alter und Geschlecht aus und diskutieren Sie die Ergebnisse. ➜ M4

5 Teilen Sie sich in Gruppen auf und argumentieren Sie an Beispielen jeweils für einen „guten" Grund. ➜ M5

6 Fassen Sie die Grundlagen für die ethische Bewertung einer Handlung in eigenen Worten zusammen. ➜ M6

2 Regeln und Normen

M1 Rechtsbruch als Norm?

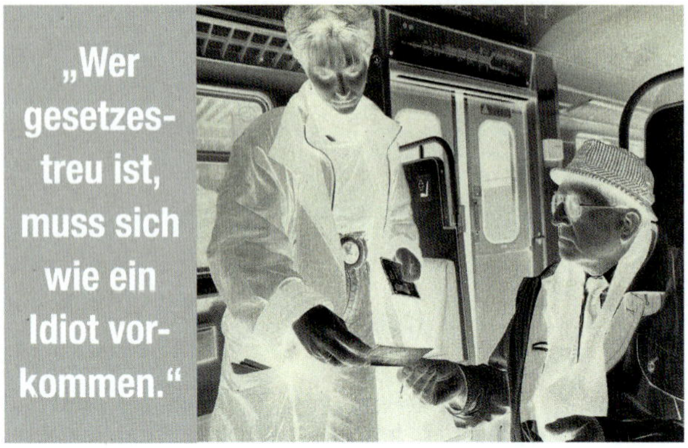

Jeder zweite Hamburger, ermittelte die lokale Morgenpost, hat öffentliche Verkehrsmittel schon mal ohne gültiges Billet benutzt – der amtlich sogenannten „Beförderungserschleichung“ machten sich „nicht die armen Schlucker“ schuldig, sondern „Besserverdiener“, die das Fahrgeldsparen als sportliche Disziplin betreiben. Die Regelverstöße werden als Kavaliersdelikt betrachtet, kaum schlimmer als Falschparken. Dabei geschehen die Freveltaten nicht fahrlässig, sondern erfordern bisweilen Raffinesse und beträchtliche kriminelle Energie.

Norbert F. Plötzl, Die Kriminalität der Braven, in: Spiegel special 1/1999, S. 50

M2 Normen als Handlungsanweisungen

Handlungen werden durch die Interessen, Werte, Ideale, Maximen und Normen bestimmt und reguliert, an denen sich Personen orientieren. Das Befolgen von Regeln ist ein essenzieller Bestandteil unserer sozialen Praxis (Verkehrsregeln, Benimmregeln, technische Anweisungen usw.). Für Regeln dürfte es keine funktionalen Äquivalente geben. Demnach können wir zwar einzelne Regeln ändern, aber nicht Regeln insgesamt durch etwas anderes ersetzen. Institutionen, Maximen, Normen und Prinzipien fallen unter den Begriff der Handlungsregel. Institutionen sind komplexe, auf einen bestimmten Sachverhalt zugeschnittene Regelwerke. Maximen sind Regeln, die sich eine Person in Bezug auf bestimmte Situationstypen zum Grundsatz ihres Handelns macht. Es handelt sich um verständige Grundsätze persönlicher Lebensführung, die Einstellungen und Sozialcharaktere prägen und die, wie seit Kant geläufig ist, auf ihre Vereinbarkeit mit höherstufigen Moralprinzipien hin überprüft werden können und müssen.
Unter einer Norm ist eine mehr oder weniger stark generalisierte Handlungsanweisung oder Vorschrift (Präskription) zu verstehen. Normen regulieren Handlungen und sind Gründe für Urteile, die über eigene oder über fremde Handlungen gefällt werden. In Normen sind allgemeine Situationstypen mitgedacht, in denen eine bestimmte Norm sich als einschlägig erweist. Die Anwendung von Normen auf Situationen bedarf daher der Urteilskraft. In diesen Situationstypen sind Voraussetzungen enthalten; so setzt die Norm, nicht stehlen zu sollen, voraus, dass es legitimes persönliches Eigentum geben kann. Die Explikation [Erklärung] dieser Voraussetzungen führt tief in den lebensweltlichen Hintergrund einer Kultur und womöglich sogar der menschlichen Lebensform als solcher hinein.

Konrad Ott, in: Marcus Düwell u. a. (Hg.), Handbuch Ethik, S. 474

M3 Gebote, Regeln und Schlupflöcher

Die bekannteste philosophische Theorie der Sittlichkeit besagt, dass sittliches Verhalten in der Befolgung von Regeln besteht – von sehr vielen Regeln.

- Du sollst nicht töten.
- Du sollst nicht ehebrechen.
- Du sollst nicht stehlen.
- Du sollst kein falsches Zeugnis ablegen wider deinen Nächsten.
- Du sollst nicht begehren deines Nachbarn Haus ... und auch nicht die ganzen Sachen, die dein Nachbar sonst noch besitzt und wahrscheinlich gar nicht verdient hat, aber trotzdem irgendwie ungerechterweise bekommen hat.

Dies sind nur einige der vielen bekannten biblischen Gebote. Schauen Sie sich nur einmal das Buch Levitikus des Alten Testaments an. Es ist wirklich erstaunlich zu sehen, wie viele Regeln es dort gibt.
Regeln sind außerdem ziemlich merkwürdiger Natur. Es kann zwar nie genug von ihnen geben; sie nehmen aber sehr schnell überhand.
Dass es nie genug Regeln geben kann, ist so zu verstehen, dass, ganz gleich wie viele Regeln guten Benehmens es gibt, es doch immer wieder die Gebote der Moral umgehende Schlupflöcher geben wird, die sicherlich auch von den faulen Äpfeln unter uns gefunden werden. Dazu kommt noch, dass es ständig Veränderungen im menschlichen Leben gibt und geben wird, für die wir die Regeln immer erst finden müssen. Im Moment trifft dies beispielsweise besonders auf die Gentechnik und ihre Möglichkeiten zu. Auch die Regeln, die für das Internet einmal gelten sollen, sind noch nicht richtig ausformuliert. Neue Entwicklungen im Leben des Menschen verlangen nach neuen Regeln. In einer sich ständig verändernden Welt gibt es daher mindestens zwei Gründe, warum wir niemals genug Regeln haben können. [...]
Wenn wir uns immer mehr Regeln ausdenken, so neigen diese dazu, negative Formulierungen anzunehmen. Haben Sie das je bemerkt? Betrachten Sie nur einmal die folgende ziemlich zufällige Auswahl an Regeln, die über die biblischen Gebote vom Anfang [...] hinausgehen:

- Betrüge nicht.
- Prahle nicht herum.
- Manipuliere keine Menschen für deine eigenen Zwecke.
- Beginne keinen Streit.
- Nutze keine anderen Menschen aus.
- Sei kein Idiot.
- Sei nicht selbstsüchtig.
- Sei nicht gierig.
- Breche kein Versprechen.
- Sei nicht gefühllos.
- Mache anderer Leute Sachen nicht kaputt.
- Verletze nicht die Privatsphäre eines anderen Menschen.
- Gehe anderen nicht auf die Nerven.

Naja, Sie verstehen sicherlich, worauf ich hinauswill. Wie viele moralische Regeln kann es geben? Sehr viele. In jeder Kultur gibt es eine ganze Reihe von Regeln, die die Menschen zu einem moralischen Lebenswandel anhalten sollen. Sie reichen mitunter von direkten ethischen Ermahnungen bis hin zu Fragen der Etikette. Nicht immer ist es möglich, den Bereich der guten Manieren von dem der Moral zu scheiden. In beiden Bereichen geht es um Verhalten, das die Bedürfnisse und Gefühle anderer Menschen berücksichtigen muss. Soziale Harmonie ist ohne sie nicht denkbar. Sie sind darüber hinaus für unsere Entwicklung als Menschen von großer Bedeutung.

Tom Morris, Philosophie für Dummies, S. 140f.

1 Finden Sie Normen und Regeln, die in dem Beispiel verletzt werden. → M1
2 Diskutieren Sie, welche Normen in unserer Gesellschaft nicht in Frage gestellt werden dürfen. Finden Sie Gründe für ihre Geltung. → M1/2
3 Regeln sind ein „essenzieller Bestandteil" unserer Gesellschaft, für sie darf es keine „funktionalen Äquivalente" geben. Schlagen Sie die Fremdwörter nach und erläutern Sie diese Aussage. → M2
4 Beschreiben Sie die Funktion von moralischen Regeln. Wie kann man sie durchsetzen bzw. Schlupflöcher verhindern? → M3
5 Diskutieren Sie, welche Regeln für das Internet es bereits gibt bzw. was Ihrer Meinung nach (noch) geregelt werden sollte. Denken Sie dabei an Beispiele wie den (illegalen) Musikdownload. → M3
6 Finden Sie gemeinsam Beispiele für die folgenden Bedeutungen von Norm (lat. *norma*: Regel, Muster, Maßstab, Vorschrift, leitender Grundsatz):
   - fester vorgegebener Maßstab, der nach pragmatischen Gesichtspunkten festgelegt wurde (DIN, Spielregeln),
   - empirisch ermittelter Durchschnittswert (Normalität),
   - rechtlicher oder moralischer Imperativ, der Menschen zu bestimmten Handlungen auffordert.

3 Werte

M1 Welche Werte zählen?

Was als wichtig und richtig in einer Gesellschaft beurteilt wird, als „Wert" gilt, kann sich mit der Zeit verändern; man spricht dann von einem „Wertewandel". Ein Wertekonflikt entsteht dann, wenn sich Werte gegenseitig ausschließen oder widersprechen.

„Wenn ich manchmal junge Leute sehe, wie sie ihre Fingernägel abkauen und die abgeknabberten Reste zu einer schaurigen, kleinen Strecke ausrichten, da graust es mich schon. Oder wie sie ihr Kaugummi malmen. Oder ihr Kantinenessen hineinschaufeln und -schlingen, über den Teller gebeugt, den Arm platt auf dem Tisch und mit krummem Rücken - kein schöner Anblick. Bei all diesen Symptomen frage ich mich vor allem eines: Soll die Verfeinerung der menschlichen Sitten, ein Prozess, der viele Jahrhunderte brauchte, nun innerhalb von 30, 40 Jahren rückgängig gemacht werden? Wollen wir zurück ins Neandertal? Ehrlich gesagt: Nein. Denn Anstand und Höflichkeit sind mehr als nur Äußerlichkeiten, sie sind Ausdruck einer inneren Haltung zur Welt und zu den Mitmenschen.

Sibyl Gräfin Schönfeldt, 71,
Buchautorin und Journalistin

Es gibt Höflichkeiten, die ich okay finde, wie zum Beispiel einer Oma mit schweren Taschen die Tür aufhalten oder ihr in den Mantel helfen. Das macht Sinn. Aber viele Benimmregeln halte ich für total veraltet. Wen interessiert es, ob ich das Besteck nach dem Essen richtig auf den Teller lege? Oder wie ich das Glas anfasse? Ist mir doch egal, ob jemand beim Essen die Hand unter dem Tisch hat oder beide Ellenbogen aufstützt!
Ehrlich gesagt, man sollte mit Benimmregeln viel lockerer umgehen. Jeder kann doch seine individuellen haben. Vor allem ist es Quatsch, einen Menschen über sein Benehmen zu definieren.

Dennis Balthasar, 20,
Physikstudent

in: Spiegel special, Jung gegen Alt, 2/1999, S. 29

M2 Die Jugend und ihre Werte

In der Shell-Jugendstudie werden regelmäßig Jugendliche zwischen 12 und 25 Jahren befragt, unter anderem zu ihren Wertvorstellungen. Die Graphik zeigt das Ergebnis aus dem Jahr 2006:

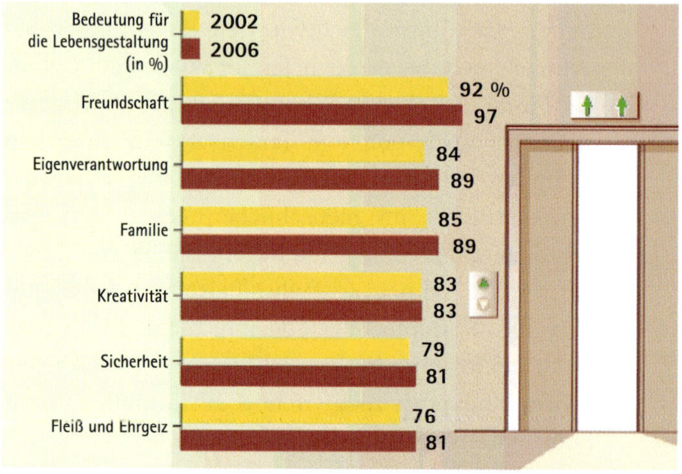

15. Shell Jugendstudie 2006

M3 Werte als Orientierungsregeln

Werte sind bewusste oder unbewusste Orientierungsstandards, von denen sich einzelne Individuen oder Gruppen in ihrem Verhalten leiten lassen. Es sind grundlegende und tief verankerte Vorstellungen darüber, was in einer Gemeinschaft als richtig und erstrebenswert gilt. Solche kollektiven Zielsetzungen sind keineswegs immer rational und gut begründet, sondern können auch triebhaft, emotional, weltanschaulich oder religiös besetzt sein. Als allgemeine Zielorientierungen befinden sie sich auf einer anderen, höheren Ebene als die konkreten Handlungsorientierungen in Formen von Normen. So ließe sich die Norm „Du sollst Notleidenden helfen!" auf den abstrakten Wert „Hilfsbereitschaft", „Du sollst nicht töten!" auf den sehr allgemeinen Wert „Leben" zurückführen. Normen und Werte bestärken sich in einer kulturellen Gemeinschaft gegenseitig. Während den Werten aber eine begründende Funktion zukommt, haben die Normen die Aufgabe, zur konkreten Umsetzung der abstrakten Werte anzuleiten.

Dagmar Fenner, Ethik, S. 170f.

M4 Moralische und außermoralische Werte

Moralischer Wert (moralisch Gutes und Schlechtes) ist nicht nur von moralischer Pflicht, moralischer Richtigkeit und Unrichtigkeit, sondern auch von außermoralischem Wert zu unterscheiden. Moralische Werte oder Dinge, die moralisch gut sind, sind etwas anderes als außermoralische Werte oder Dinge, die in einem außermoralischen Sinn gut sind. Wir müssen diesen Unterschied hier etwas ausführlicher erläutern [...]. Zum Teil beruht er auf einem Unterschied der *Gegenstände*, die als gut oder schlecht bezeichnet werden. Das, was man moralisch gut oder schlecht nennen kann, sind Personen, Personengruppen, Charaktereigenschaften, Anlagen, Gefühle, Motive und Absichten – kurzum, Personen, Personengruppen und Persönlichkeitselemente. Auf der anderen Seite können alle beliebigen Arten von Dingen im außermoralischen Sinn gut oder schlecht sein; z. B. körperliche Gegenstände wie Autos und Bilder, innere Erfahrungen wie Vergnügen, Schmerz, Erkenntnis und Freiheit, Regierungsformen wie die Demokratie. Es ist nicht sinnvoll, die meisten dieser Dinge moralisch gut oder schlecht zu nennen, es sei denn man will damit sagen, dass es moralisch richtig oder falsch ist, sie zu erstreben.

William K. Frankena, Analytische Ethik, S. 77f.

M5 Verpflichtungs- und Werturteile

Urteile über Wertverhalten heißen Werturteile und gehören in speziellen Fällen zur Ethik. Im Unterschied zur Faktenbehauptung ist ein Werturteil eine mit dem Anspruch auf Allgemeingültigkeit bzw. Objektivität verbundene normative Aussage, durch die ein Gegenstand, ein Sachverhalt, eine Handlung oder ein Handlungszusammenhang bewertet wird. Das folgende Schema zeigt, wie die Ethik als Lehre allgemeiner moralischer Verpflichtungs- und Werturteile aufgefasst werden kann.

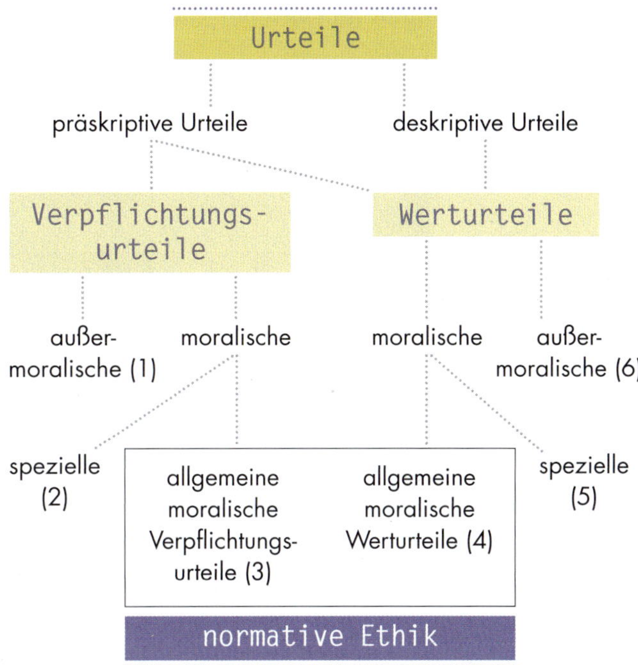

Beispiele:

1. Du sollst bei Rot an der Ampel warten.
2. Hans sollte seinen hungernden Vater unterstützen.
3. Du sollst nicht töten.
4. In der Not helfen ist gut.
5. Die Aktion „Misereor" ist eine gute Sache.
6. Dieses Auto ist ein vorzüglicher Personenkraftwagen.

nach Kurt Wuchterl, Lehrbuch der Philosophie, S. 146

1 Teilen Sie sich in zwei Gruppen und bauen Sie die Argumente von Gräfin Schönfeldt und Dennis Balthasar weiter aus. → M1

2 Erklären Sie die Veränderung, die hier zwischen den Generationen stattgefunden hat. Stimmen Sie selbst Dennis zu? → M1

3 Konstruieren Sie gemeinsam einen Wertekonflikt (z. B. zum Thema „Höflichkeit vs. Ehrlichkeit") und spielen Sie ihn szenisch vor. → M1

4 Diskutieren Sie, welche Werte als Orientierung für Ihr Leben wirklich zählen.

5 Erläutern Sie die Ergebnisse der Studie in eigenen Worten und geben Sie der Graphik einen passenden Titel. → M2

6 Werte und Normen sind wechselseitig aufeinander bezogen: Jeder Norm liegt ein Wert zugrunde. → M3

Du sollst nicht töten.	Leben
Du sollst nicht lügen.	...
Du sollst alle gleich behandeln.	...
Du sollst nicht stehlen.	...

Ergänzen Sie und finden Sie weitere Beispiele.

7 Finden Sie gemeinsam Beispiele für Dinge, die wir als moralisch und außermoralisch gut bewerten, und diskutieren Sie die Schwierigkeiten, die sich bei der Einteilung ergeben. → M4

8 Ergänzen Sie weitere Beispiele zu Verpflichtungs- und Werturteilen. → M5

4 Moral und Ethik

M1 Begründungen moralischer Handlungen

M2 Die Rolle der Moral

Eine *Moral* ist der Inbegriff jener Normen und Werte, die durch gemeinsame Anerkennung als verbindlich gesetzt worden sind und in der Form von

- Geboten (Du sollst ...) oder
- Verboten (Du sollst nicht ...)

an die Gemeinschaft der Handelnden appellieren. Jede Moral ist somit als geschichtlich entstandener und geschichtlich sich mit dem Freiheitsverständnis von Menschen verändernder Regelkanon immer eine Gruppenmoral, deren Geltung nicht ohne weiteres über die Mitglieder der Gruppe hinaus ausgedehnt werden kann. [...]

Bei manchen „primitiven" Gruppen, z. B. bei den Eskimos, soll es Brauch gewesen sein, alte und schwache Leute zu töten. Diese Regel steht in krassem Widerspruch zu unserem Verständnis von Menschenwürde und wird nur nachvollziehbar vor dem Hintergrund extremer Lebensverhältnisse, die durch große Unwirtlichkeit des Lebensraums und knappe Lebensmittel gekennzeichnet sind. Nur so ist es verstehbar, dass die moralische Norm, seinen Eltern Gutes zu tun und ihnen Leid zu ersparen, dadurch erfüllt wird, dass man ihnen einen qualvollen Tod erspart, indem man sie auf schmerzlose Weise tötet und somit die Überlebenschance der Jungen vergrößert.

Hier wird also der moralische Grundsatz: „Du sollst deinen alten Eltern Gutes tun" durchaus anerkannt, allerdings auf eine Weise, die uns als das genaue Gegenteil einer moralischen Praxis erscheint.

Wenn man jedoch bedenkt, wie lieblos bei uns alte Menschen oft ohne Not in Alten- oder Seniorenheime abgeschoben werden, so kann man sich mit Recht fragen, ob diese Form der „Aussetzung" in der Tat sehr viel menschenwürdiger ist als die Praxis sogenannter „primitiver" Stämme.

Wohlgemerkt: Die Tötung alter Menschen geschah bei den Eskimos nicht gegen den Willen der Alten, sondern mit ihrem Einverständnis. Sie waren ja mit dieser Regel bereits aufgewachsen und wussten um ihre Bedeutung. Ihnen wurde also keineswegs Zwang oder Gewalt im eigentlichen Sinn angetan. [...] Die Frage, die sich in diesem Zusammenhang stellt, ist die, wie solche unterschiedlichen Praktiken ethisch zu beurteilen sind. *Annemarie Pieper, Einführung in die Ethik, S. 31-33*

M3 Begründung der Moral durch Ethik

Das Problem der Begründung oder Rechtfertigung von Moral – von moralischen Verhaltensweisen, Einstellungen, Urteilen – wurde nicht von Philosophen erfunden: Es ist ein Problem, mit dem wir alle fast täglich im Alltag konfrontiert werden. Bin ich in einer bestimmten Situation berechtigt zu lügen? Ist Ehebruch ausnahmslos moralisch verboten? Nach welchen Gesichtspunkten sollen wir unsere Kinder erziehen? [...] Solche und ähnliche Fragen lassen sich mit einem einfachen Ja oder Nein oder mit einem lapidaren Satz nicht zufriedenstellend beantworten. Zufriedenstellend ist eine Antwort nur dann, wenn wir diese Antwort als stichhaltig, begründet, gerechtfertigt betrachten können.

Die Antworten, die wir in unseren moralischen Alltagsüberlegungen und -argumentationen geben, werden diesem Erfordernis lediglich mehr oder weniger gerecht und können insofern auch nur bis zu einem gewissen Grade zufriedenstellen. Gewöhnlich haben wir weder genug Zeit noch die Ausbildung und das Wissen, um bis zur letztmöglichen Begründung unserer Auffassungen vorzudringen. Das zu tun, ist die Aufgabe der Ethik; sie versucht, die letzten Begründungsprinzipien des moralisch Richtigen und Guten zu ermitteln. [...]

Ein Beispiel

Angenommen, A möchte sich von seiner Frau scheiden lassen, um seine Sekretärin zu heiraten. B, ein Freund des A, macht ihm deshalb Vorhaltungen; er hält A's Schritt für moralisch falsch. B macht sich also das moralische Urteil zu eigen: „A sollte sich nicht scheiden lassen." Im Zuge der von A geforderten Begründung dieses Urteils könnte B früher oder später (je nach seiner moralischen Grundüberzeugung) etwa die folgenden Sätze ins Treffen führen:

1. „Wenn du dich scheiden lässt, versündigst du dich; nach dem Willen Gottes darf eine gültig geschlossene Ehe zu Lebzeiten der Ehegatten nicht aufgelöst werden"; oder
2. „Du hast deiner Frau durch die Eheschließung in bindender und feierlicher Form versprochen, zeitlich unbegrenzt eine enge Lebensgemeinschaft mit ihr zu führen. Ein solches Versprechen darf man nicht brechen, nur weil man jemanden kennengelernt hat, den man momentan attraktiver findet"; oder
3. „Das Unglück, das du durch eine Scheidung über deine Frau und deine Kinder brächtest, würde das Glück, das du in deinem Alter noch für dich und deine neue Frau erwarten könntest, weit überwiegen. Man darf sein eigenes Glück nicht auf Kosten anderer verfolgen"; oder
4. „Auf die Dauer gesehen, würdest du dir in deiner Situation mit einer Scheidung und einer Wiederheirat nur schaden. Man sollte nie etwas tun, wodurch man auf lange Sicht die eigenen Interessen verletzt".

B kann sich auf unterschiedliche moralische Prinzipien stützen und sagen:
Moralisch falsch handelt derjenige,

1. der Gottes Willen missachtet.	2. der seine Versprechen bricht.	3. der andere unglücklich macht.	4. der sich langfristig schadet.

A kann dagegen einwenden, dass für ihn diese moralischen Prinzipien nicht gelten:

1. Gottes Wille ist für mich kein Grund; ich bin nicht gläubig.	2. Versprechen ist bloße Konvention, an die man sich nicht halten muss.	3. Jeder ist seines Glückes Schmied; die Folgen kann niemand voraussagen.	4. Für mich zählt nur der Augenblick.

Hier handelt es sich um eine Auseinandersetzung im Bereich der *normativen Ethik*: Es geht um die oberste Norm – oder doch eine der obersten Normen – sittlich richtigen Handelns. Dabei repräsentieren die vier alternativen Argumente des B die vier wichtigsten normativ-ethischen Positionen innerhalb der Moralphilosophie: die Positionen einer religiösen, einer deontologischen [gr. *to deon*: Pflicht], einer utilitaristischen und einer egoistischen Ethik.

nach Norbert Hoerster, Ethik und Moral, S. 9-12

1 Erarbeiten Sie in Gruppen Beispiele für die verschiedenen Begründungen von Moral. ➜ M1

2 Diskutieren Sie, welche Begründung für Ihre Generation in Betracht käme. ➜ M1/2

3 Recherchieren Sie verschiedene Gruppenmoralen in unterschiedlichen Kulturen, zum Beispiel in Bezug auf Ehe oder Kindererziehung. Überlegen Sie, ob sie sich in den moralischen Grundsätzen oder der moralischen Praxis unterscheiden. ➜ M2

4 Führen Sie die Argumentation weiter aus, indem Sie die Rolle von B übernehmen und A antworten. ➜ M3

5 Philosophische Ethik

Die Aufgabe der Ethik

Die *Ethik* als eine Disziplin der Philosophie versteht sich als *Wissenschaft vom moralischen Handeln.* Sie untersucht die menschliche Praxis im Hinblick auf die Bedingungen ihrer Moralität und versucht, den Begriff der Moralität zu begründen. Dabei ist mit Moralität vorerst jene Qualität gemeint, die es erlaubt, eine Handlung als eine moralische, als eine sittlich gute Handlung zu bezeichnen. Heißt dies nun aber, dass Ethik etwas so Elitäres, der Alltagspraxis Enthobenes ist, dass niemand von sich aus, quasi naturwüchsig darauf käme, Ethik zu betreiben? Keineswegs. Ethische Überlegungen sind nicht bloß dem Moralphilosophen oder Ethiker vorbehalten. Vielmehr hat sich jeder in seinem Leben gelegentlich schon mehr oder weniger ausdrücklich ethische Gedanken gemacht, in der Regel jedoch, ohne sie systematisch zu einer zusammenhängenden Theorie zu entfalten, weil diese Gedanken meist im Zusammenhang mit einer bestimmten Situation, einem bestimmten Konflikt sich einstellen, mit dessen Lösung auch das darin steckende ethische Problem erledigt ist. Manchmal ergeben sich Diskussionen allgemeiner Art: Dürfen Politiker sich in Krisensituationen über Moral und Recht hinwegsetzen? Wem nützt es, dass es moralische Normen gibt, wenn keiner sie befolgt? Aber auch in solchen Diskussionen bleiben ethische Fragen oft im Ansatz stecken.

Annemarie Pieper, Einführung in die Ethik, S. 17

Was kann Ethik leisten?

Ethik

- ist keine Weltanschauungslehre im Sinne einer Ideologie oder Dogmatik,
- ist kein Religionsersatz,
- liefert keine Super- oder Menschheitsmoral,
- predigt nicht Moral,
- gibt keine direkten Handlungsanweisungen für den konkreten Einzelfall,
- trifft nicht stellvertretend für die Individuen Entscheidungen,
- indoktriniert nicht,
- macht die Menschen nicht besser,
- erzeugt mittels Argumentation keinen guten Willen.

Paul Klee, Labiler Wegweiser, 1937

Hingegen betrachtet es die Ethik als ihre Aufgabe,

- Geltungsansprüche hinsichtlich ihrer moralischen Berechtigung zu problematisieren,
- Handlungsstrukturen über Ziel-Mittel-Relationen aufzudecken,
- das Sprachspiel der Moral am Beispiel der Norm- und Wertwörter zu analysieren,
- das moralische Bewusstsein über sich selbst aufzuklären,
- zur argumentativen Begründung und Rechtfertigung von Handlungen und Verhaltensweisen anzuleiten,
- zur Einübung in praktische Urteilskraft anzuhalten,
- zum Erwerb moralischer Kompetenz aufzufordern.

Annemarie Pieper / Urs Thurnherr (Hg.), Angewandte Ethik, S. 8

Verschiedene Aspekte der Ethik

Auf der einen Seite geht es der Ethik als *allgemeiner* Ethik im Sinne einer praktischen Grundlagenwissenschaft um die Bereitstellung eines Begriffs- und Methodeninstrumentariums, mit dessen Hilfe sie in grundsätzlicher Weise die fundamentalen Probleme der Moral erörtert.

Unter *deskriptivem* Aspekt beschreibt die Ethik

- die empirisch vorfindlichen Normen- und Wertsysteme bzw. Moralkodizes („Moralen“) bestimmter historisch-faktischer Gemeinschaften (z. B. die Moral der Hopi-Indianer; Sitten und Gebräuche der Eskimos),
- den Einfluss klimatischer, geographischer, kultureller, religiöser, ökonomischer und anderer Faktoren auf die Moral einer Gemeinschaft,
- die verschiedenen Moralen hinsichtlich ihrer Geltungsansprüche.

Unter *normativem* Aspekt fragt die Ethik

- nach den Prinzipien eines für alle guten Lebens,
- nach dem Maßstab moralisch richtigen Handelns,
- nach dem Moralprinzip.

Unter *metaethischem* Aspekt untersucht die Ethik

- die Sprache und Logik moralischer Diskurse,
- die Methoden moralischer Argumentationen,
- die Leistungskraft ethischer Theorien.

Auf der anderen Seite geht es der Ethik als *angewandter* Ethik um die Klärung besonderer Probleme. Mit zunehmender Spezialisierung der gesellschaftlichen Praxis haben sich immer mehr Bereichs- oder Spezialethiken herausgebildet, die das von der Grundlagenethik bereitgestellte Begriffs- und Methodeninstrumentarium auf Fragenkomplexe anwenden, deren Lösung von gesamtgesellschaftlichem Interesse ist.

Annemarie Pieper / Urs Thurnherr (Hg.), Angewandte Ethik, S. 10

Bereiche der philosophischen Ethik

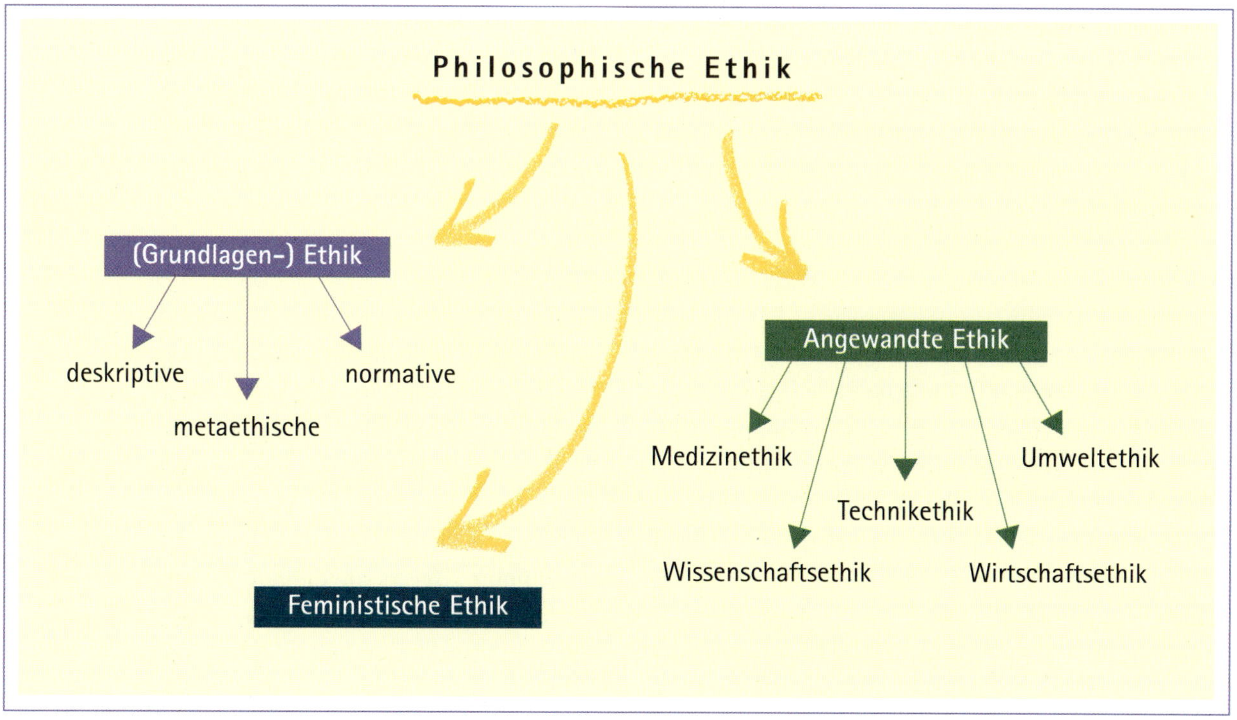

1 Handeln und Verhalten

M1 Kampf = Kampf?

M2 Können Tiere handeln?

Wir sagen ohne weiteres, dass sie das tun. Zu sagen, dass ein Tier diese oder jene Handlung „vollzogen" hat – oder es unterließ, sie zu vollziehen –, klingt sogar ein bisschen komisch oder lächerlich. Es klingt, als würde man das Tier „personifizieren" – wie in Fabeln und Märchen üblich ist. Doch Tiere sind „in Wirklichkeit" keine Personen. [...]

Tiere *tun* natürlich viele Dinge. Aber das gilt auch für viele unbelebte Gegenstände [...]. Tierisches Verhalten hat aber auch viele Züge mit menschlichen Handlungen gemein. Tiere *lernen*, verschiedene Dinge zu tun – und tun sie dann bei „passender" Gelegenheit. Wenn sie durstig sind, zeigen sie – um den Jargon der Psychologen zu benutzen – ein „Wassersuchverhalten", sind sie hungrig, „suchen sie Futter". In welchem Maße sind menschlicher Hunger und Durst dem Hunger und Durst von Tieren gleich oder ungleich? [...] Bezwecken, intendieren – dies kann Tieren gewiss zugeschrieben werden. Ob wir sagen sollten, dass Tiere Zwecke und Intentionen „haben", ist weniger gewiss. Tiere treffen Entscheidungen. Sie mögen vielleicht sogar „zwischen zwei Alternativen hin- und hergerissen sein" [...].

Tiere sind frei, wenn sie nicht (physisch) gehindert oder zurückgehalten werden, das zu tun, was sie andernfalls tun würden. Ist aber ihr Tun auch in dem Sinne frei, in dem es menschliche Handlungen sind? Freies Handeln ist Handeln aus Gründen, habe ich gesagt. (Und Handeln ist wesentlich Verhalten aus Gründen; das Adjektiv „frei" in „freie Handlung" ist redundant [überflüssig], es sei denn, man meint damit das Fehlen „zwingender Gründe".) Dass Tiere nicht handeln, hängt mit der Tatsache zusammen, dass sie nicht jene selbstreflexive Fähigkeit besitzen, die ein „Gründe-für Handlungen-Haben" ist. Und dies wiederum hängt mit den begrenzten sprachlichen Fähigkeiten von Tieren zusammen.

Georg Henrik von Wright, Normen, Werte und Handlungen, S. 254f.

M3 Verhalten

Neben dem bloßen Reagieren lebender Strukturen auf Reize (Reiz und Reaktion) ist Verhalten nach neuerem Verständnis vor allem die Gesamtheit aller Körperbewegungen, Körperhaltungen und des Ausdrucksverhaltens eines lebenden Organismus in seiner Umwelt. Besonderes Interesse gilt dem *artspezifischen* Verhalten, das bei der Mehrzahl von Individuen, die einer bestimmten Tierart angehören, in relativ ähnlichen Begleitumständen regelmäßig auftritt (Instinkthandlung). [...] Die Gesamtheit aller Verhaltensweisen, die für eine Art von Lebewesen oder ein bestimmtes Individuum charakteristisch sind, wird als Verhaltensrepertoire bezeichnet. *Schülerduden Psychologie, S. 389f.*

M4 Handlungen als „Ich-Leistungen"

Die menschlichen Handlungen werden zunächst von Reflexen regiert, dann von Trieben, Gefühlen und Affekten, schon sehr früh von Konditionierungen, auf die wir quasi dressiert wurden, schließlich handeln wir nach Gewohnheiten, Einstellungen und Eigenschaften, die sich in uns gebildet haben. Entsprechend reden wir von Reflexhandlungen, Triebhandlungen, Affekthandlungen, Gewohnheitshandlungen, Erfahrungshandlungen (Handlungen gemäß unseren Einstellungen, Eigenschaften, Tugenden und Untugenden). Schließlich sprechen wir auch von einsichtigen Handlungen und von Willenshandlungen. Die für unsere Handlungen zuständigen Instanzen werden im Laufe der Entwicklung offenbar immer komplexer, bewusstseins- und ichabhängiger, sie arbeiten zunehmend reflektierter und entscheidungsbewusster. Von Handlungen im Sinne mündiger Personalität können wir erst sprechen, wenn unsere Handlungen „*Ich-Leistungen*" darstellen. [...]

Wer frei und gleichzeitig verantwortlich handeln können soll, muss zunächst in seinem Tun den Schritt vom *Verhalten* zum *Handeln* lernen. Mit dem Begriff eines handelnden, im Gegensatz zu einem sich nur verhaltenden Wesen wird postuliert, dass nicht jedes Verhalten ein Handeln ist. Unter dem Begriff „menschliches Handeln" wird ein zielorientiertes, von Sach-, Sozial- und Werteinsichten gelenktes, die Folgen seines Tuns bedenkendes und verantwortendes Verhalten abgesetzt von einem teils undurchsichtig, teils unüberschaubar vielfältig, teils zufällig determiniert ablaufenden Verhalten, bei dem der kontrollierende Führungsanspruch eines sein Verhalten verantwortenden Subjekts nicht gestellt wird oder nicht erkennbar ist.

Heinrich Roth, Pädagogische Anthropologie, Bd. II, S. 223, 384

M5 Handeln beruht auf Gründen

Handeln kann in der Mehrzahl der Fälle nur verstanden werden, wenn man ein System von Regeln voraussetzt, in dem die einzelne Handlung eine bestimmte Bedeutung hat. Sowohl diese Regeln als auch die Bedeutung können in dem Sprachsystem, mit dem wir die physikalische Welt beschreiben und zu dem das Paar Ursache-Wirkung gehört, nicht dargestellt werden.

Die Ursache für den Pfiff des Schiedsrichters war ein Luftstoß, der aus dessen Lunge drang. Der Grund dafür war, dass ein Flügelstürmer im Abseits stand. Die Bedeutung des Pfiffs war, dass ein Freistoß gegeben wurde. „Abseits" und „Freistoß" sind unabdingbar, wenn man verstehen will, weshalb diese Handlung zustande kam und was sie als Handlung war. Beide Ausdrücke können nicht in ein System der physikalischen Ereignisbeschreibung und -verknüpfung eingehen. [...]

Gründe, die ein Handelnder für eine Handlung hat, zwingen ihn nicht, sondern geben nur einen Gesichtspunkt an, unter dem die Handlung sinnvoll geboten, richtig erscheint. Der Handelnde selbst ist, auch wenn es „starke" Gründe für eine Handlung gibt, immer noch frei, ihnen zu folgen oder nicht.

Ulrich Pothast, Freies Handeln und Determinismus, Einleitung, S. 26f.

1. Erarbeiten Sie den Unterschied zwischen einem Hahnenkampf und einem Boxkampf. ➜ M1
2. Begründen Sie, warum Tiere im Unterschied zu Menschen nicht handeln. ➜ M2
3. Finden Sie Beispiele aus Ihrem Erfahrungsbereich, in denen Handeln als Ich-Leistung (mündige Personalität) deutlich wird. ➜ M4
4. Grenzen Sie diese Handlungen (Aufgabe 3) ab gegen solche, die stark von den anderen im Text genannten Faktoren bestimmt werden. ➜ M4
5. Teilen Sie sich in zwei Gruppen und grenzen Sie die Begriffe „Handlung" und „Verhalten" voneinander ab, indem Sie anhand der Texte M2-4 eine Tabelle erstellen und weitere Beispiele finden. ➜ M2-5
6. Welche Probleme ergeben sich aus der Gegenüberstellung von Handeln und Verhalten? Ist die Bezeichnung „Schülerverhalten" korrekt? ➜ M1-5
7. Erläutern Sie an einem weiteren Beispiel den Unterschied zwischen Ursachen und Gründen. (Vgl. dazu auch Kant-Kapitel: Freiheit und Autonomie, S. 174f.)

2 Handlungsfreiheit

M1 Dabei sein ist alles!

Jugendliche auf einer Alkoholparty

M2 „Wir fühlten eine absolute Freiheit"

*Der Schriftsteller Clemens Meyer (*1977) schildert in seinem Roman* Als wir träumten *(2006) eine Clique 15-Jähriger aus einem Milieu alkoholkranker, prügelnder Väter und hilfloser Mütter.*

Wir waren um die fünfzehn damals, und Holsten Pilsener war zu herb, und so soffen wir meistens nationalbewusst. Leipziger Premium Pils. Das war auch preiswerter, denn wir bezogen es direkt vom Hof der Brauerei. Meistens nachts. Die Leipziger Premium Pilsner Brauerei war der Mittelpunkt unseres Viertels und unseres Lebens. Der Ursprung durchsoffener Nächte auf dem Vorstadtfriedhof, endloser Zerstörungsorgien und Tänze auf Autodächern während der Bockbiersaison. Die Original Leipziger Brauereiabfüllung war eine Art blonder Flaschengeist für uns, der uns sanft an den Haaren packte und über die Mauern hob, Autos in Flugmaschinen verwandelte, uns seinen Teppich lieh, auf dem wir davonflogen und den Bullen auf die Köpfe spuckten.

Doch meistens endeten diese seltsam traumartigen Flugnächte mit einer Landung in der Ausnüchterungszelle oder auf dem Flur des Polizeireviers Süd-ost, mit Handschellen an die Heizung gekettet. [...]

Alfred Heller, den wir Fred nannten und dessen Gesicht von der Sauferei graublau geworden ist wie allerfeinster Schimmel, [...] fuhr [...] ohne Führerschein geklaute oder irgendwo billig gekaufte Autos durchs Viertel und die ganze Stadt. Es war seltsam, bei ihm im Auto zu sitzen, denn es gab kaum Platz, weil überall Bierbüchsen lagen, und wir machten die verrücktesten Sachen, wenn wir unterwegs waren. Irgendetwas passierte mit uns, wenn wir bei ihm einstiegen, irgendetwas ließ uns alle Hemmungen verlieren, wir fühlten eine absolute Freiheit und Unabhängigkeit, die wir nie gekannt hatten und die wir jetzt aus uns herausbrüllten.

Clemens Meyer, Als wir träumten, S. 7-9

M3 Freiwillige und unfreiwillige Taten

Der griechische Philosoph Aristoteles (384-322 v. Chr.) geht in seiner Nikomachischen Ethik *auf unterschiedliche Handlungen ein:*

Als unfreiwillig gilt, was aus Zwang oder aus Unwissenheit geschieht. Gewaltsam ist ein Vorgang, dessen bewegendes Prinzip von außen her eingreift, und zwar so, dass bei seinem Einwirken die handelnde oder die erleidende Person in keiner Weise mitwirkt: wenn z. B. jemand durch einen Sturmwind irgendwohin entführt wird oder durch Menschen, in deren Gewalt er sich befindet.

Taten aber, die aus Angst vor noch größerem Unheil oder für ein edles Ziel ausgeführt werden – wenn z. B. ein Tyrann jemandem ein Verbrechen zu tun befiehlt, dessen Eltern und Kinder er in seiner Gewalt hat, und wenn diesen im Falle der Ausführung der Tat das Leben geschenkt, sonst aber verwirkt wäre – lassen die Streitfrage entstehen, ob sie unfreiwillig oder freiwillig sind. Ähnlich ist es, wenn im Seesturm Teile der Ladung über Bord geworfen werden, denn an sich wirft man Güter nicht aus freien Stücken weg. Jedoch um sich und die anderen zu retten, tut es jeder, der einen gesunden Menschenverstand hat. Solche Handlungen haben also einen Mischcharakter, stehen aber näher dem Freiwilligen, denn im Augenblick des Vollzugs besteht die Freiheit der

Wahl, und das Ziel der Handlung wechselt je nach den Umständen. Also muss man von „freiwillig" und „unfreiwillig" sprechen im Hinblick auf den Zeitpunkt des Handelns. Der Mensch handelt aber freiwillig. Denn das Prinzip, das die dienenden Glieder des Leibes bei solchem Handeln bewegt, ist im Menschen, und immer da, wo das bewegende Prinzip im Menschen liegt, steht es auch in der Macht des Menschen zu handeln oder nicht zu handeln. [...]
Sodann sind zwei verschiedene Dinge das Handeln auf Grund von Unwissenheit und das Handeln in (vermeidbarem) Nichtwissen. Denn ein Betrunkener z. B. oder ein Zorniger handelt nicht – so nehmen wir an – auf Grund von Unwissenheit, sondern auf Grund eben von Trunkenheit oder Zorn, aber nicht mit Bewusstsein, sondern ohne ein Wissen zu haben (von dem, was er tut). *Aristoteles, Nikomachische Ethik, III, 1, 2b*

M4 Freiwillig oder unfreiwillig?

a) Eine junge Frau wirft in Basel eine Flaschenpost in den Rhein, um ihrem Angebeteten in Bonn ihre Liebe zu bekennen.
b) Ödipus tötet seinen Vater, ohne es zu wissen.
c) Ein Jäger erlegt vermeintlich einen Hirschen, erschießt aber seinen verhassten Konkurrenten.
d) Ein Kapitän wirft im Sturm eine wertvolle Ladung über Bord, um seine Mannschaft zu retten.
e) Die junge Frau aus a) schickt einen Brief.

	freiwillig	unfreiwillig
freiwillig	• mentale Ursache im Handelnden selbst • hinreichende Kenntnis der Handlungssituation • kein physischer oder psychischer Zwang, ausreichend viele Handlungsoptionen	• unzureichende Kenntnis des Ziels oder der Mittel des Handelns (irrationales Handeln) oder physischer Zwang *und* • Übereinstimmung mit übergreifender Absicht
unfreiwillig	• physischer oder psychischer Zwang *und* • Wahl neuer, angepasster Ziele	• Unkenntnis oder physischer Zwang (vgl. Bedingungen für unfreiwillig) *und* • Nichtübereinstimmung mit übergreifender Absicht

nach Dagmar Fenner, Ethik, S. 36, 40

M5 Entscheidungen ≠ Handlungen

*Der Jurist und Schriftsteller Bernhard Schlink (*1944) lässt in seinem Roman* Der Vorleser *(1995) die Hauptfigur über Handlungsmuster reflektieren:*

Ich weiß nicht, warum ich es tat. Aber ich erkenne heute im damaligen Geschehen das Muster, nach dem sich mein Leben lang Denken und Handeln zueinander gefügt oder nicht gefügt haben. Ich denke, komme zu einem Ergebnis, halte das Ergebnis in einer Entscheidung fest und erfahre, dass das Handeln eine Sache für sich ist und der Entscheidung folgen kann, aber nicht folgen muss. Oft genug habe ich im Lauf meines Lebens getan, wofür ich mich nicht entschieden habe. Es, was immer es sein mag, handelt; es fährt zu der Frau, die ich nicht mehr sehen will, macht gegenüber dem Vorgesetzten die Bemerkung, mit der ich mich um Kopf und Kragen rede, raucht weiter, obwohl ich mich entschlossen habe, das Rauchen aufzugeben, und gibt das Rauchen auf, nachdem ich eingesehen habe, dass ich Raucher bin und bleiben werde. Ich meine nicht, dass Denken und Entscheiden keinen Einfluss auf das Handeln hätten. Aber das Handeln vollzieht nicht einfach, was davor gedacht und entschieden wurde. Es hat seine Quelle und ist auf ebenso eigenständige Weise mein Handeln, wie mein Denken mein Denken ist und mein Entscheiden mein Entscheiden.

Bernhard Schlink, Der Vorleser, S. 21f.

1 Diskutieren Sie, ob die Jugendlichen frei handeln. → M1/2
2 Erläutern Sie im Anschluss an Aristoteles die Unterschiede zwischen freiwilligen und unfreiwilligen Taten. → M3
3 Definieren Sie den Begriff Handlungsfreiheit. → M3
4 Aristoteles differenziert zwischen Ursachen und Auswirkungen von Unwissenheit. Stellen Sie diese sittlich relevanten Zusammenhänge in einer Mindmap dar und suchen Sie aussagekräftige Beispiele. → M3
5 Ordnen Sie die Fälle a) bis e) der Tabelle zu. → M4
6 Begründen Sie, warum unsere Handlungen nicht unseren Entscheidungen entsprechen müssen. → M5

3 Willensfreiheit

M1 Wo steckt der freie Wille?

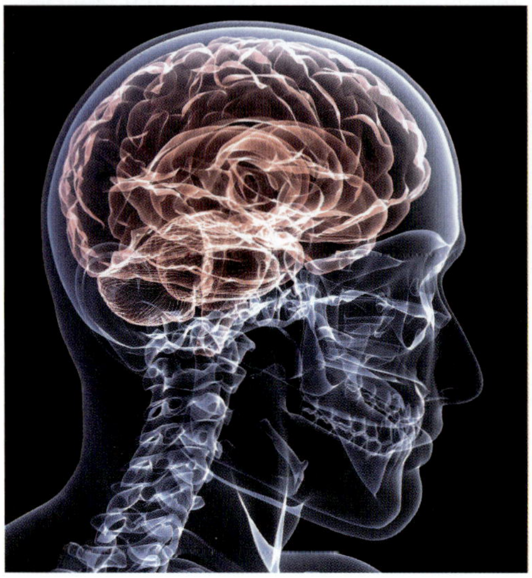

Moderner Blick in den Schädel

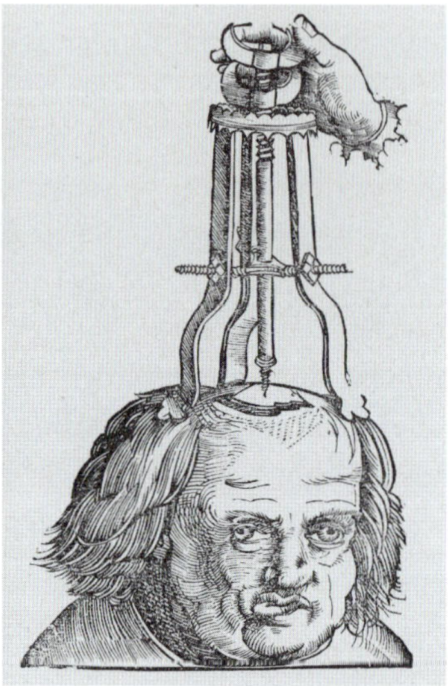

Schädelbohrung, Stich aus der Barockzeit

M2 Was ist der Wille?

Der Wille ist die mentale, also geistige Fähigkeit einer Person, selbständige Akte der Entscheidung und der Wahl vorzunehmen und die Verwirklichung der gewählten Handlungsabsichten einzuleiten. Statt sich von sinnlichen Begierden, faktischen Wünschen, situativen oder sozialen Zwängen leiten zu lassen, bestimmt man den Inhalt seines Wollens aufgrund vernünftiger Überlegungen. Vorausgesetzt ist also eine kritische Distanz und reflexive Stellungnahme zu den physischen, psychischen und situativen Gegebenheiten. *Dagmar Fenner, Ethik, S. 184*

M3 Handeln aus „freiem Willen"

Was bedeutet eigentlich „freier Wille"? Dass wir machen können, was wir wollen? In gewisser Weise schon. Aber es kommt auf dreierlei an: Wie wir etwas wollen, was wir wollen und ob wir können, was wir wollen. Es gibt Leute, die auf den Mond fliegen wollen. Sie werden es nur nicht können, jedenfalls allein. Für die Entscheidung darüber, ob wir einen freien Willen haben, ist das, was wir auch bei größter Anstrengung und mit vereinten Kräften nicht können, völlig belanglos. Deswegen gehen wir hier bei unseren Überlegungen davon aus, dass jemand das, was er will, auch kann, ob nun mit oder ohne Hilfe. Was er will und nicht kann, interessiert nicht. So müssen wir nur noch darauf achten, wie jemand etwas will und was er will.

Nehmen wir ein Beispiel. Oskar, ein junger Mann, hat es eilig. Er ist spät dran. Die Ampel steht auf Rot. Er ist ungeduldig. Es kommt kein Auto, er eilt über die Straße. Dem Polizisten gefällt das gar nicht. Oskar meint, wenn nichts kommt, kann ich doch rüber. Er glaubt, er sei in so einem Fall frei, das zu tun, was er für richtig hält. Die Betonung liegt hier auf dem, was Oskar will. Er meint, dass er die Wahl hat, rüberzugehen oder nicht, und dann geht er eben rüber. Die Wahl hat er sicher, egal was der Polizist meint. Heißt das, Oskars freier Wille besteht darin, dass er wählen kann, bei Rot über die Straße zu gehen oder nicht?

Tatsächlich glauben viele, der freie Wille bestehe darin, dass man wählen kann, etwas zu tun oder zu lassen. Man nennt das „Wahlfreiheit". Es geht vor allem darum, was man aus einer Menge von Alternativen wählen kann. Auf den ersten Blick leuchtet ein, dass der freie Wille das ist, was „Wahlfreiheit" bedeutet. Ob das richtig ist, müssen wir aber noch prüfen.

Bleiben wir noch etwas bei Oskar. Vielleicht trinkt er gerne Bier. Die Freiheit des Biertrinkers besteht doch wohl darin, entweder noch ein Bier zu trinken oder nicht. Heißt das, Wahlfreiheit sei das, was wir mit dem „freien Willen" meinen? Nein, damit können wir nicht zufrieden sein. [...] Zunächst einmal sagt die

Wahlfreiheit nur etwas darüber aus, was man wollen kann, und nichts darüber, wie man es wollen kann. [...] Wenn der Mensch wirklich einen freien Willen hat, kommt es darauf an, wie er etwas will. Unterliegt er dabei äußeren Einflüssen oder nicht? Er sollte in der Lage sein, das, was er will, aus eigener Kraft, aus eigenem Antrieb und ohne Einflüsse von außen zu wollen. [...] Oskar als alleinige Ursache seines Willens, das ist es, was wir mit dem Wie des Wollens meinen. Das würde bedeuten, dass jedes Ziel, das Oskar mit seinem freien Willen anstrebt, ausschließlich ein Produkt seines eigenen Willens ist.

Wilhelm Vossenkuhl, Philosophie für die Westentasche, S. 181-183

M4 Handlungs- und Willensfreiheit

Man kann zwei Ebenen unterscheiden, auf denen Freiheit auftritt: die des Handelns und die des Wollens. Demgemäß kann man Handlungsfreiheit und Willensfreiheit einander gegenüberstellen.

Die Handlungsfreiheit besteht darin, dass der Mensch das, was er will, auch tatsächlich ausführen kann; so ist sie Freiheit von Zwang, der von außen, von der Welt her ausgeübt wird. Eine solche Handlungsfreiheit besitzt der Mensch zweifellos, allerdings, sieht man genauer hin, in einem höchst beschränkten Maß. [...]

Die Willensfreiheit stellt vor das ethische Grundproblem; es geht dabei um die Möglichkeit von Ethik überhaupt. [...] Wären alles Tun und aller dahinter stehende Wille unwiderruflich bestimmt und außerhalb aller Verfügung des Menschen, dann könnte es auch keine moralischen Appelle und keine sittlichen Gebote und Verbote geben. Soll also überhaupt Ethik möglich sein, dann muss sie sich, so scheint es, in der Annahme der Willensfreiheit gründen. Dennoch bleibt zu erwägen, dass die Willensfreiheit eine bloße Selbsttäuschung sein könnte. Ein Mensch könnte überzeugt sein, dass er sich im jeweiligen Augenblick wirklich aus innerster Spontaneität entschlossen hat, während ihn in Wahrheit nicht seiner eigenen Verfügung unterliegende Motive zum Tun treiben. [...]

Beide bisher besprochenen Weisen der Freiheit, die Freiheit des Handelns und die des Willens, sind nicht ohne Beziehung zueinander. Wer zwar ohne Zwang zu handeln die Möglichkeit und Fähigkeit hat, aber nicht vermag, sich in seinem Willen von sich selber her zu entscheiden, dem eignet nur eine unvollständige Freiheit. Ebenso steht es mit dem, der zwar über eine erhebliche Freiheit des Willens verfügt, diese aber in seinen Handlungen nicht zur Wirksamkeit kommen lassen kann; ihm nützt alle seine Willensfreiheit nichts. Das volle Phänomen der Freiheit ergibt sich also erst aus dem Miteinander von Handlungsfreiheit und Willensfreiheit.

Wilhelm Weischedel, Skeptische Ethik, S. 124–126

Handlungsfreiheit	Willensfreiheit
betrifft: Handeln	**betrifft:** Willen
negativ: Freiheit wovon?	**positiv:** Freiheit wozu?
Abwesenheit von Hindernissen	Selbstwahl und Zielverfolgung
Möglichkeit, unabhängig von inneren oder äußeren Handlungsschranken zwischen (unendlich) vielen Handlungsalternativen auswählen zu können	mentale Fähigkeit, physische, psychische und situative Gegebenheiten auf selbstgesetzte, vernunftmäßig begründete Ideale oder Wertorientierungen hin zu beurteilen und die Verwirklichung seiner Handlungsziele einzuleiten

Dagmar Fenner, Ethik, S.185

1. Welchen Eindruck suggeriert der Holzstich aus der Barockzeit? Welchen Anspruch erhebt die Gehirnforschung heute? ➜ M1
2. Nennen Sie verschiedene Alltagssituationen, in denen Ihr Wille (im Sinne Fenners) eine wichtige Rolle spielt. ➜ M2
3. Erläutern Sie den Unterschied zwischen „Wahlfreiheit" und „Willensfreiheit". ➜ M3
4. Erläutern Sie die Aussage über „Oskar als alleinige Ursache seines Willens" und überlegen Sie, ob Oskar ganz unbeeinflusst etwas wollen kann. ➜ M3
5. Grenzen Sie Handlungsfreiheit und Willensfreiheit gegeneinander ab. ➜ M4
6. Zeigen Sie an einem Beispiel, inwiefern beide Arten der Freiheit zusammenspielen müssen. ➜ M4
7. Gedankenexperiment (s. Methodenüberblick, S. 380): Stellen Sie sich vor, Sie lebten in einer Welt, in der es keinen freien Willen gäbe.

4 Debatte um die Willensfreiheit

Moralisches Argumentieren

M1 Der freie Wille in der Diskussion

1996

„Wir tun nicht, was wir wollen, sondern wir wollen, was wir tun."

Wolfgang Prinz, Psychologe

2001

„Die subjektiv empfundene Freiheit des Wünschens, Planens und Wollens sowie des aktuellen Willensaktes ist eine Illusion."

Gerhard Roth, Neurobiologe

2004

„Verschaltungen legen uns fest: Wir sollten aufhören von Freiheit zu reden."

Wolf Singer, Neurobiologe

2007

„Wir alle glauben, dass wir einen freien Willen haben, und es gibt auch keine Möglichkeit, wie wir unseren eigenen freien Willen wegdenken könnten, denn selbst wenn wir ihn in einer Entscheidungssituation wegdenken – man kann sich ja sagen: „Ich […] warte einfach mal ab, was passiert" – so ist auch das wieder nur als Ausübung des freien Willens denkbar."

John Searle, Philosoph

2009

„Nur ein bestimmtes traditionelles Konzept von Ich oder Willensfreiheit scheint mir fragwürdig: Die Vorstellung, wir könnten als rein geistiges Ich motivlos und ohne emotionale und andere Bedingtheiten entscheiden, ist illusorisch – als habe das Ich den Steuerknüppel in der Hand und regiere all mein Handeln."

Gerhard Roth, Neurobiologe

M2 Kann ich wollen, was ich will?

Auf die Experimente des Physiologen Benjamin Libet (1916–2007) aus dem Jahre 1979 nehmen Hirnforscher oft Bezug zur Beantwortung der Frage, ob der Mensch einen freien Willen hat. Später warnte Libet davor, den freien Willen für eine Illusion zu erklären.

Libet setzte eine Patientin in einen Lehnstuhl und ließ sie auf eine große Uhr gucken. Es war keine normale Uhr, sondern ein grüner Punkt, der im Eiltempo eine runde Scheibe umkreiste. Dann befestigte er zwei Kabel. Das eine Kabel befestigte er mit einem Helm am Kopf der Frau und führte es zu einem anderen Messgerät. Er gab der Patientin folgenden Auftrag: Schauen Sie den grünen Punkt auf der Uhr an. Zu einem bestimmten Zeitpunkt, den Sie frei aussuchen, beschließen Sie, das Handgelenk zu bewegen. Merken Sie sich, wo der grüne Punkt ist, wenn Sie den Beschluss fassen! Die Patientin tat, was Libet ihr gesagt hatte. […] Libet fragte sie, wo der grüne Punkt stand, als sie ihren Entschluss gefasst hatte, und schrieb es auf. Dann schaute er aufgeregt auf seine Messgeräte. Die Spannungsänderung der Elektrode am Handgelenk zeigt ihm den genauen Zeitpunkt der Bewegung. Die Bereitschaft zu Handeln im Gehirn zeigten ihm die Elektroden am Kopf. Wie war die zeitliche Reihenfolge? Zuerst meldete sich die Elektrode am Kopf, eine halbe Sekunde später liegt der Zeitpunkt, den die Patientin mit Blick auf die Uhr als Moment ihres Entschlusses angab, und etwa 0,2 Sekunden später erfolgte die Handbewegung. Libet war in höchster Aufregung: Die Patientin hatte sich entschieden zu handeln, eine halbe Sekunde bevor sie um diese Entscheidung wusste! Der vorbewusste Reflex, etwas zu wollen oder zu tun, ist schneller als die bewusste Handlung. Stimmt es also, dass das Gehirn Willensprozesse einleitet, bevor der Mensch sich dieses Willens überhaupt bewusst wird?

Richard David Precht, Wer bin ich?, S. 152f.

M3 Wer entscheidet?

Für den Philosophen Peter Bieri (1944) folgt aus den neuesten Ergebnissen der Hirnforschung keineswegs, dass unsere Freiheitserfahrung nur eine hartnäckige Illusion ist.*

Es gibt also nicht den geringsten Grund zu erschrecken, wenn wir vor den Tomographieaufnahmen unseres Gehirns sitzen und sehen, wie fest gefügte naturgesetzliche Dinge vor sich gehen, wenn wir unsere Freiheit ausüben, indem wir uns entscheiden. Aber zeigen die Bilder nicht, dass in Wirklichkeit gar nicht wir entscheiden, sondern das Gehirn? Das klingt, als wären wir unfreie Marionetten. Doch so kann es nicht sein. Das Gehirn nämlich kann gar nichts entscheiden, die Idee des Entscheidens hat keinen logischen Ort in der Rede übers Gehirn. Entscheidungen im eigentlichen Sinne gibt es nur, wo von Gründen und Überlegen die Rede sein kann. Es ist ein Fehler, in die Rede über das Hirn einen Begriff wie „entscheiden" aus der Sprache des Geistes einzuschmuggeln. Es ist so, als spräche man in der physikalischen Geschichte über ein Gemälde plötzlich von seinem Thema. Die neurobiologische Herausforderung trifft uns, weil sie die Idee der Verantwortung und den Sinn moralischer Empfindungen in Frage stellt. Hätte die Hirnforschung die Willensfreiheit widerlegt, so müssten wir umdenken: Therapie statt Schuld und Sühne, Mitleid statt Groll und Empörung. Es wäre eine Revolution in unserem Menschenbild. Ist sie nötig? Nein, denn diejenige Freiheit, die durch keine Hirnforschung widerlegt werden kann, reicht für Verantwortung. Wir knüpfen Verantwortung nicht an einen unbewegten Beweger oder einen nicht-physischen Willen. Wir prüfen, ob jemand denkend Kontrolle über seinen Willen auszuüben vermochte oder nicht. Im ersten Fall schreiben wir Verantwortung zu, im anderen nicht. Man kann Philosophie als den Versuch beschreiben, sich im Denken zu orientieren.

Peter Bieri, Unser Wille ist frei, in: Der Spiegel, 10.01.2005, S. 124f.

M4 Der freie Wille – eine Illusion?

Da es üblicherweise keinen Menschen ohne Gene, Neuronen und Hormone gibt, kann es üblicherweise auch keinen Menschen geben, der vollkommen unabhängig davon handelt. Häufig trifft man die Überzeugung an, dass wir einen freien Willen haben, der jedoch von zahlreichen unterschiedlichen Rahmenbedingungen abhängig sei [...]. Ein abhängiger freier Wille ist allerdings ein Widerspruch in sich. Wir sollten uns damit abfinden, dass jeder und jede Einzelne von uns zwar viele Möglichkeiten in seinem oder ihrem Leben wahrnehmen kann, dies aber niemals ohne den biologischen „Unterbau" seiner oder ihrer Existenz als Spezies und als Individuum zu tun vermag. Die Idee der Willensfreiheit wird überall dort gefährlich, wo man die biologischen – und, im Weiteren, sozialen und kulturellen – Determinanten unserer Existenz außer Acht lässt und strikt darauf besteht, der Mensch, jeder einzelne Mensch (!), verfüge über Verstand und freien Willen und könne in jedem Augenblick seines Daseins autonom entscheiden. Natürlich treffen wir ständig Entscheidungen – unsere jeweilige Lebenssituation zwingt uns Entscheidungen förmlich auf –, aber das kann nicht bedeuten, dass wir über eine wirkliche Entscheidungsfreiheit verfügen. Schon deshalb nicht, weil eben Entscheidungen von verschiedenen äußeren Faktoren determiniert werden.

Franz M. Wuketits, Der freie Wille, S. 150f.

1 Nehmen Sie Stellung zu der Entwicklung, die sich in den einzelnen Aussagen abzeichnet. ➜ M1
2 Rekonstruieren Sie den Ablauf des Libet-Experiments. Welche Folgerungen ergeben sich daraus? ➜ M2
3 Geben Sie Peter Bieris Position zum Thema Willensfreiheit wieder. ➜ M3
4 Führen Sie in Partnerarbeit jeweils ein fiktives Interview mit Peter Bieri durch. ➜ M3
5 Rekonstruieren Sie den Argumentationsgang von Franz Wuketits und nehmen Sie ausführlich Stellung zur Position des Evolutionsbiologen. ➜ M4
6 Informieren Sie sich mit Hilfe des Internets über weitere Positionen zur Frage der Willensfreiheit, z. B. unter www.philosophieverstaendlich.de.
7 Fertigen Sie eine Collage an, angeregt von den Antworten der Philosophie zum Thema Willensfreiheit, die Sie in diesem Kapitel kennengelernt haben.

5 Determinismus

M1 Maschine Mensch?

*Der Psychologe Dietrich Dörner (*1938) beschreibt den Menschen als informationsverarbeitendes System, das nach Regelkreisen funktioniert. Ein solches Modell stellte er in einer Computersimulation namens „PSI" nach. Die Position der Psychologie zum Thema „Freiheit oder Determination" erklärt Dörner wie folgt:*

Nehmen wir also vorderhand an, dass es keinen indeterminierten freien Willen gibt! Das aber weckt auch wiederum Unbehagen. Sind wir denn Maschinen? Das müssten wir doch annehmen, wenn wir meinen, streng und vollständig determiniert zu sein; wir wären dann so etwas Ähnliches wie zum Beispiel Staubsauger. Nun gut, Menschen sind vielleicht komplexer; wir bestehen nicht nur aus vier oder fünf verschiedenen Variablen, die aufeinander einwirken, sondern aus einigen Tausend, ein paar Millionen oder Milliarden. – Im Grunde macht die Zahl hier aber keinen Unterschied. Der Mensch als Reglersystem, so komplex es sich auch darstellt, ist eben eine Maschine.

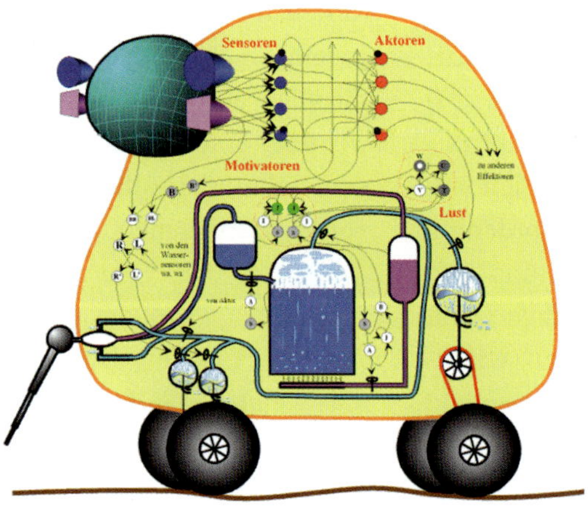

Dietrich Dörners „PSI"

Und das stimmt doch nicht! Erlebe ich nicht, dass ich frei bin von Determinanten? Kann ich nicht das Rauchen aufgeben, obwohl eine Zigarette einen starken Anreiz auf mich ausübt? [...] „Natürlich", sagen die naturwissenschaftlichen Psychologen, „der Mensch ist eine Maschine. [...] Fährt man [...] lange genug mit der Erforschung der Seelenprozesse fort, dann kann man auch die Wahrscheinlichkeitsbeziehungen, die man zwischen Variablen annehmen muss, durch strenge Determinationen ersetzen!"

Dietrich Dörner, Bauplan für eine Seele, S. 758f.

M2 „Nicht anders als das Wasser"

Der Philosoph Arthur Schopenhauer (1788-1860) hat in seiner Preisschrift über die Freiheit des menschlichen Willens *die Idee der Willensfreiheit verabschiedet. Er führt als Beispiel einen Menschen an, der sich Folgendes überlegt:*

„Es ist sechs Uhr abends, die Tagesarbeit ist beendigt. Ich kann jetzt einen Spaziergang machen; oder ich kann in den Klub gehen; ich kann auch auf den Turm steigen, die Sonne untergehen zu sehen; ich kann auch ins Theater gehen; ich kann auch diesen oder aber jenen Freund besuchen; ja, ich kann auch zum Tor hinauslaufen in die weite Welt und nie wiederkommen. Das alles steht allein bei mir, ich habe völlige Freiheit dazu, tue jedoch davon jetzt nichts, sondern gehe ebenso freiwillig nach Hause, zu meiner Frau." Das ist gerade so, als wenn das Wasser spräche: „Ich kann hohe Wellen schlagen (ja! nämlich im Meer und Sturm), ich kann reißend hinabeilen (ja! nämlich im Bette des Stroms), ich kann schäumend und sprudelnd hinunterstürzen (ja! nämlich im Wasserfall), ich kann frei als Strahl in die Luft steigen (ja! nämlich im Springbrunnen), ich kann endlich gar verkochen und verschwinden (ja! bei 80° Wärme); tue jedoch von dem allen jetzt nichts, sondern bleibe freiwillig, ruhig und klar im spiegelnden Teiche."
Wie das Wasser jenes alles nur dann kann, wenn die bestimmenden Ursachen zum einen oder zum anderen eintreten, ebenso kann jener Mensch, was er zu können wähnt, nicht anders, als unter derselben Bedingung. Bis die Ursachen eintreten, ist es ihm unmöglich: Dann aber *muss* er es, so gut wie das Wasser, sobald es in die entsprechenden Umstände versetzt ist.

Arthur Schopenhauer,
Über die Freiheit des menschlichen Willens, S. 81

M3 Varianten des Determinismus

Determinismus, frz. *déterminisme*, in den Naturwissenschaften die Voraussetzung eines durchgängigen Kausalzusammenhangs aller Vorgänge in der Welt, auch der seelischen Erlebnisse und Willenshandlungen; in der Ethik die Annahme einer Bestimmung des Willens durch innere oder äußere Ursachen, die die Freiheit des Willens ausschließt; in der Theologie die Lehre, dass das menschl. Wollen vollständig durch Gott bewirkt und bestimmt wird. In der Wissenschaftstheorie wird der D. auch als Arbeitshypothese verwendet: Die Annahme eines durchgängig durch Gesetze (z. B. Naturgesetze) bestimmten Verlaufs aller Ereignisse ermöglicht die Vorhersagbarkeit, Berechenbarkeit von Ereignissen. Damit wird zugleich der irrationalist. Annahme widersprochen, es gebe unerklärbare Bereiche der Realität.

Wörterbuch der philosophischen Begriffe, S. 144f.

M4 Thesen

FREIHEIT UND DETERMINISMUS SIND NICHT VEREINBAR.

FREIHEIT GIBT ES UND DER DETERMINISMUS IST FALSCH.

ES GIBT KEINE FREIHEIT UND DER DETERMINISMUS IST WAHR.

FREIHEIT UND DETERMINISMUS SIND VEREINBAR.

FREIHEIT GIBT ES UND DER DETERMINISMUS IST WAHR.

ES GIBT KEINE FREIHEIT UND DER DETERMINISMUS IST FALSCH.

in Anlehnung an Ansgar Beckermann, Gehirn, Ich, Freiheit, S. 93

M5 Widersprüchlichkeiten?

In einem Leserbrief an die Frankfurter Allgemeine Zeitung im Jahr 2003, die eine Reihe von Texten zur Kontroverse „Willensfreiheit und Hirnforschung" druckte, heißt es:

Aber es kommt noch weit schlimmer, wenn es um die Frage geht, ob wir in unserem Denken und Handeln determiniert sind oder nicht. Dass diese Frage überhaupt nur Sinn macht unter der Annahme, dass wir nicht determiniert sind in unserem Denken, wird offenbar völlig vergessen. Wären wir nämlich determiniert, dann könnte es angesichts der tatsächlich existierenden Kontroverse nur so sein, dass der eine unabänderlich gezwungen wäre zu glauben, er sei determiniert, der andere ebenso unabänderlich, er sei es nicht, und ein Dritter müsste fest im Zweifel verharren, ob er determiniert sei oder nicht. Ja die ganze Kontroverse über Determiniertheit oder Willensfreiheit selbst wäre dann nichts weiter als eine determinierte Illusion einer Infragestellung der Determiniertheit – und damit ebenso wie alle darin bezogenen Positionen ohne irgendeine erkenntnismäßige Relevanz. Immerhin aber scheinen wir nicht alle determiniert zu sein, glauben zu müssen, wir seien determiniert, und wer es nicht ist, darf weiter denken. Wer hingegen determiniert ist zu glauben „Wir sind determiniert", dem ist das Denken leider verwehrt – denn denken setzt die Möglichkeit voraus, zwischen noch offenen Alternativen abwägen zu können.

Herbert Grabes, in: Frankfurter Allgemeine Zeitung, 18.12.2003

1 Fassen Sie die Position der Psychologie sowie Schopenhauers Argumentation in eigenen Worten zusammen. ➜ M1/2

2 Informieren Sie sich in der Gruppe über Dörners Projekt „PSI" oder andere Forschungen zur „künstlichen Intelligenz" und präsentieren Sie Ihre Ergebnisse. ➜ M1

3 Erläutern Sie die unterschiedlichen Varianten des Determinismus. ➜ M3

4 Legen Sie eine Tabelle zum Verhältnis von Freiheit und Determinismus an. Prägen Sie eigene Begriffe für die unterschiedlichen Positionen. ➜ M4

5 Stellen Sie den Argumentationsgang dar, mit dem der Determinismus kritisiert wird. Halten Sie die Argumentation für überzeugend? ➜ M5

6 Faktoren menschlichen Handelns

M1 Was bzw. wer prägt den Menschen?

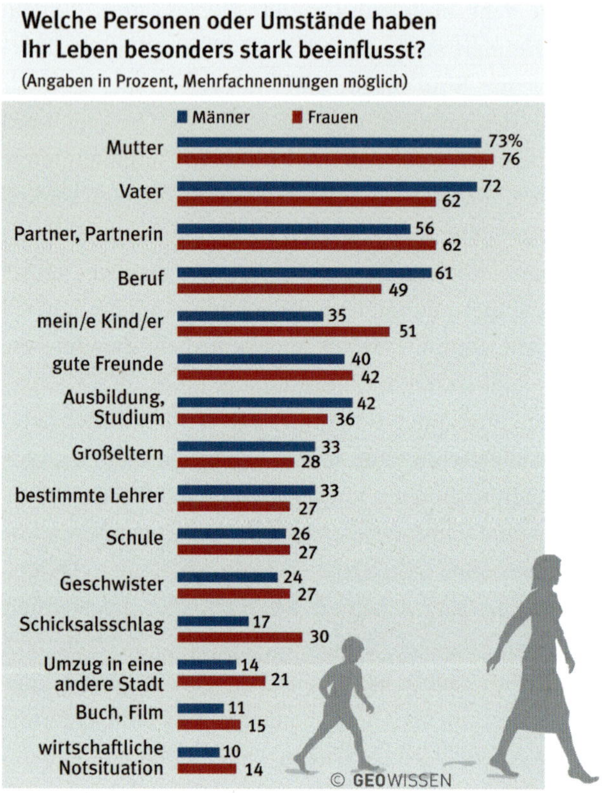

GeoWissen Nr. 43/2009: Wer bin ich?, S. 29

M2 Ist nicht jeder Kriminelle unschuldig?

Nehmen wir als Beispiel einen Kriminellen, der, sagen wir, mehrere Menschen erwürgt hat und nun dazu verurteilt ist, auf dem elektrischen Stuhl zu sterben. Sowohl die Geschworenen wie auch die Öffentlichkeit halten ihn für voll verantwortlich [...], denn die Morde waren bis ins kleinste Detail vorausgeplant, und der Angeklagte schildert den Geschworenen genau, wie er sie im Einzelnen geplant hat.

Psychologische Erklärungen

Doch nun erfahren wir, wie es zu allem gekommen ist: wir erfahren von Eltern, die ihn vom Säuglingsalter an ablehnten, von einer Kindheit, die er in einem Heim nach dem anderen verbrachte, in denen es ihm stets wieder klar wurde, dass er nicht erwünscht war; von dem stets wieder enttäuschten Wunsch, geliebt zu werden, von der harten Schale von Gleichgültigkeit und Bitterkeit, die er sich zulegte, um die schmerzliche und demütigende Tatsache des Unerwünschtseins zu verbergen, und seinen späteren Versuchen, die Wunden seines zerbrochenen Ichs durch defensive Aggressivität zu heilen. [...]
Der unglücklich Geschädigte ist sich der inneren Triebkräfte, die ihm diesen grausigen Tribut abverlangen, nicht bewusst; er wehrt sich, er greift zur List, er schwelgt in Pseudo-Aggressivität, er fühlt sich elend, aber er weiß nicht, was sich in seinem Inneren abspielt und die Katastrophe des Verbrechens vorbereitet. Seine aggressiven Taten sind das Zappeln eines Wurmes an der Angel. [...]

Nehmen wir an, es würde festgestellt, dass ein Mensch nur dann einen Mord begeht, wenn er in der jeweils vorangegangenen Woche eine bestimmte Kombination von Speisen zu sich genommen hat – etwa Thunfischsalat zusammen mit Erbsen, Pilzsuppe und Heidelbeertorte. Was wäre, wenn uns gelänge, die Faktoren ausfindig zu machen, die allen Morden, die in den letzten zwanzig Jahren in diesem Land begangen wurden, gemeinsam sind, und feststellen, dass just dieser Faktor in allen Faktoren und als einziger in allen Faktoren enthalten ist? Natürlich ist dieses Beispiel empirisch absurd. Aber könnte es nicht sein, dass es eine bestimmte Kombination von Faktoren gibt, die regelmäßig zu einem Mord führt [...]? Gesetzt den Fall, dass solche spezifischen Faktoren entdeckt würden: wäre dann nicht evident, dass es töricht und sinnlos und außerdem unmoralisch ist, Menschen für Verbrechen verantwortlich zu machen?

Biologische Erklärung

Oder [...] stellen wir uns vor, ein Neurologe sei in einem Mordprozess als Gutachter bestellt und lege Röntgenaufnahmen des Gehirns des Kriminellen vor.

„Wie jeder sehen kann", argumentiert er etwa, „war die sella turcia bereits im Alter von neunzehn Jahren verkalkt; eigentlich sollte sie ein biegsamer Knochen sein, der wächst, ohne das Wachstum der Drüse zu beeinträchtigen." [...] Sämtliche Verhaltensstörungen des Angeklagten könnten aus dieser frühzeitigen Verkalkung herrühren. Freilich, diese besondere Erklärung mag empirisch falsch sein; aber wer kann sagen, dass es keinerlei Faktoren dieser Art (wenn auch weit komplexere) gibt? [...]

Soziologische Erklärung
„Aber", wendet ein Kritiker ein, „es ist doch unmoralisch, die Menschen derart unterschiedslos zu entlasten. Ich hätte es für vertretbar gehalten, jemanden zu entschuldigen, weil er in einer schlechten Gegend aufgewachsen ist." [...] Niemand ist entschuldigt, nur weil er in einer schlechten Gegend aufgewachsen ist. Aber wenn er in einer schlechten Gegend aufgewachsen ist und ein hochgradig narzisstisches Kind war und von seinen Eltern abgelehnt oder vernachlässigt wurde und ... (hier folgt eine endliche Zahl von Bedingungen), und wenn dieser Komplex von Faktoren regelmäßig bestimmte Verhaltensmerkmale im Erwachsenenalter zur Folge hat und unweigerlich zur Folge hat – das heißt sie treten ein, ganz gleich, was er oder andere dagegen unternehmen –, dann ist er für uns in moralischer Hinsicht entschuldigt und wir sagen, er sei für seine Tat nicht verantwortlich.

John Hospers, Zweifel eines Deterministen, S. 330–332, 334

M3 Abhängigkeit und Freiheit

Meine Freiheit ist bedingt, sie ist nicht unbedingt: Die Lebenserfahrungen, aber auch die biographischen Forschungen der Psychologie legen nahe, dass die Selbsterfindung und dem radikalen Neubeginn enge Grenzen auferlegt sind. Unsere Freiheit ist eine lediglich bedingte Freiheit: Das, was wir tun und meinen, ist nicht vollständig determiniert durch unser genetisches Erbe und das, was wir erlebt haben. Die Steuerung durch Gründe findet in den Grenzen statt, die durch unser genetisches Erbe und durch unsere biographischen Prägungen abgesteckt sind. [...] Lebenskrisen können aber auch zu affektiven (gefühlsbetonten) Störungen führen, die die Spielräume freien, d. h. durch Gründe geleiteten Handelns verengen. [...] Wir achten uns als verantwortliche Individuen insofern, als wir uns gegenseitig zutrauen, guten Gründen folgen zu können. Wir achten uns selbst, weil wir uns selbst zutrauen, uns von guten Gründen leiten zu lassen. Wir wissen, dass wir den genetischen und biographischen Prägungen nicht entkommen, dass wir nur innerhalb dieser Prägungen Gründen zur Wirksamkeit verhelfen können. Wir wissen mit einem Wort, dass es diese für unsere Selbstachtung konstitutive Freiheit gibt und dass es sich um eine bedingte Freiheit handelt.

Julian Nida-Rümelin, Über menschliche Freiheit, S. 158f.

Determinismus – Indeterminismus

[zu lat. determinare „abgrenzen", „bestimmen"]: kontradiktorisch entgegengesetzte philosophische Positionen bezüglich der Frage, ob menschliches Wollen und Handeln einem gültigen Kausalprinzip (Kausalität) unterliegen, d. h. ob psychische Ereignisse prinzipiell durch psychologische Gesetze erfassbar und aufgrund dieser Gesetze vorhersagbar sind wie z. B. Naturereignisse aufgrund der Naturgesetze. [...] Die Diskussion um die Determiniertheit oder Indeterminiertheit von Wollen und Handeln wird v. a. von dem Interesse geleitet zu klären, ob Menschen für ihr Handeln verantwortlich (Verantwortung) und demzufolge auch schuldfähig (Schuld) sein können und ob z. B. die herrschende strafrechtliche Praxis als legitim gelten kann.

Schülerduden Philosophie 2009, S. 95

1 Welche Faktoren bestimmen unser Handeln? Nennen Sie weitere Faktoren menschlichen Handelns und ordnen Sie diese in einer Mindmap an. ➜ M1
2 Diskutieren Sie, ob der Kriminelle in dem Fallbeispiel schuldig ist oder nicht. Erörtern Sie dabei die Reichweite einzelner Determinanten. ➜ M2
3 Erarbeiten Sie Nida-Rümelins Freiheitsbegriff. ➜ M3
4 Informieren Sie sich, ob und wie in Internetforen (z. B. unter www.philtalk.de) über das Thema Freiheit bzw. Willensfreiheit diskutiert wird.

1 Was ist der Mensch?

M1 Bilder vom Menschen

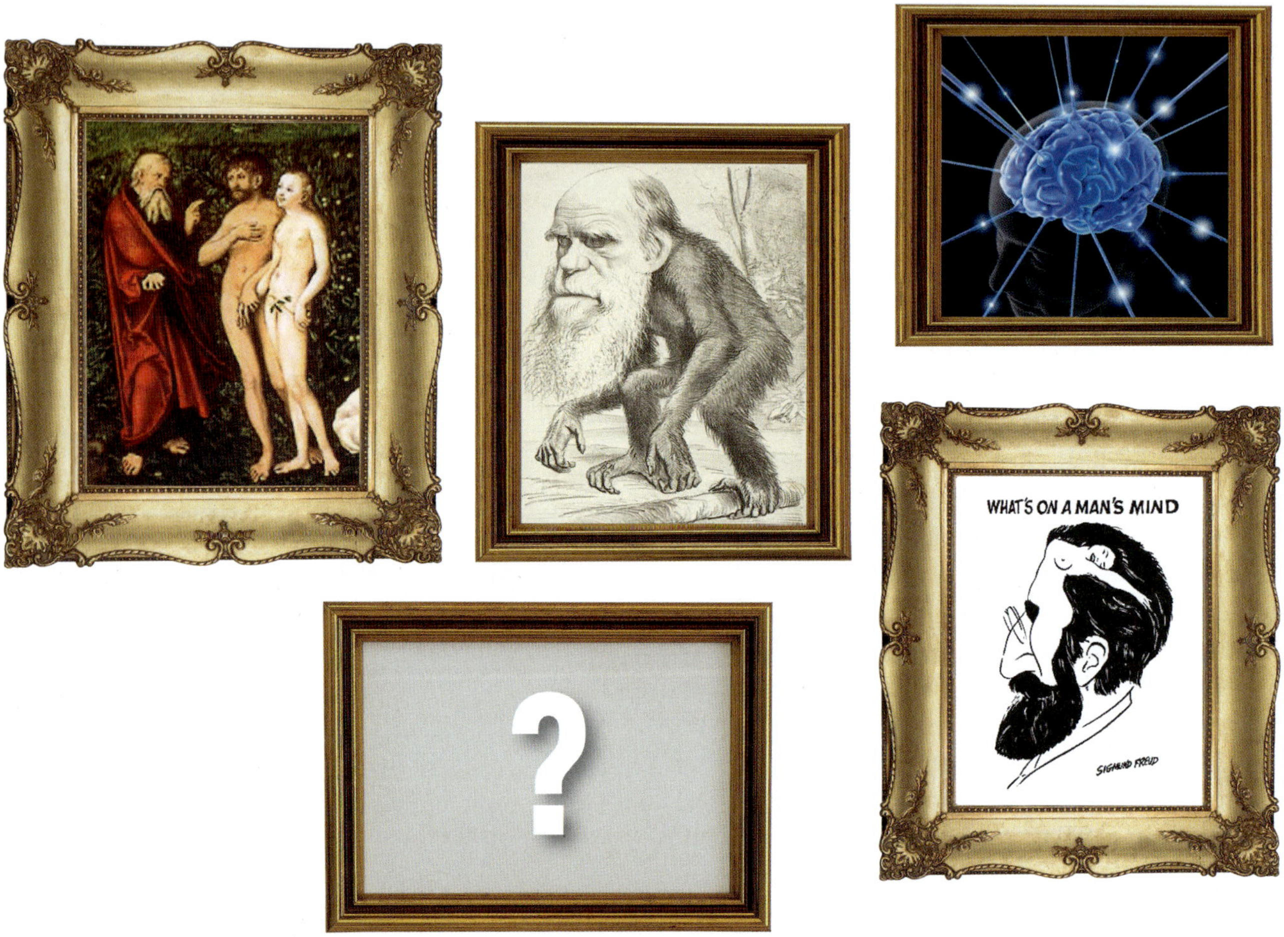

M2 Funktion von Menschenbildern

Menschenbilder sind für den Menschen *unhintergehbar*, sie haben, was zuweilen übersehen oder unterschätzt wird, eine ungeheure praktische Bedeutung. Solche unterschiedlich ausfallenden Bilder dienen der *Gestaltung unseres Daseins*, sie werden in unsere *Lebensführung* integriert, mit ihrer Hilfe *entwerfen* wir uns. Als Leitfolie für unser praktisches Handeln sind sie unentbehrlich, so dass Menschenbilder keineswegs theoretischer Luxus sind, der von einer kleinen esoterischen Schar elfenbeinturmverdächtiger Intellektueller gehütet würde. Wie der Mensch sein „täglich Brot" benötigt, um sich am Leben zu erhalten, so ist er in seiner praktischen Daseinsführung auf Menschenbilder angewiesen, gleichgültig, ob ihm dieses Fakt bewusst ist. Menschenbilder fungieren dem Tun als Leitbilder, die der Mensch – nach einem hinterlassenen Ausspruch des Philosophen Ernst Bloch – braucht, um menschenähnlicher zu werden. Die Menschenbilder übernehmen eine *Orientierungsfunktion*, mit der zugleich Vorstellungen von der *Menschlichkeit* entwickelt werden. Zu Leitbildern geronnene Auffassungen vom Menschen sind ethisch aufgeladen, weil sie dazu anleiten wollen, wie die Existenz geführt werden *soll*: sie beinhalten Annahmen vom „richtigen" Leben, auf das hin wir uns gestalten sollen.

Von daher dürfte es einleuchten, dass solche Bilder im Prinzip so alt sind wie Menschen selbst. Die Geschichte der Menschheit ist deshalb auch die permanente Geschichte ihrer Menschenbilder. Zu allen Zeiten lassen sich in den unterschiedlichsten Zeugnissen und Quellen verschiedenster Kulturkreise Menschenbilder aufspüren [...].

Modelle vom Menschen instruieren [unterrichten] aber auch darüber, dass und wie sehr in derartige Entwürfe konstruktives, bis ins Utopische reichendes Potential eingeht. Bester Beweis dafür sind die ungezählten Bilder vom „Neuen Menschen". [...] Das Bestehende wird am Bild des „Neuen Menschen" kritisch gemessen, das Menschenbild wird zur Richterin der vorherrschenden Verhältnisse, die an einer in der Zukunft liegenden „besseren" Verfassung des Menschseins und der Menschlichkeit bewertet werden, wobei natürlich auch sehr viel Wunschdenken und Sehnsüchte diese divergierenden [auseinandergehenden] Konstruktionen vom „Neuen Menschen" beflügeln. *Eckhard Meinberg, Homo Oecologicus, S. 16f.*

M3 Der Streit um das Menschenbild

Die Philosophen haben bereits in der Antike Aussagen über das Wesen des Menschen gemacht: *zoon logon echon*, das Lebewesen, das über den Logos („Vernunft, Sprache") verfügt, *animale rationale*, das „vernunftbegabte Lebewesen", *zoon politikon*, das Lebewesen, das in der polis, der Stadt, und im Staat lebt. [...]

Nun leben wir nicht mehr im Zeitalter der Philosophie, sondern im Zeitalter der Wissenschaften, die die Philosophie ablösen möchten. Deshalb sind natürlich von den Wissenschaften Einwände gegen die Philosophie formuliert worden. Es kamen die Psychologen und haben Zweifel an der Vorstellung des *animal rationale*, des „vernunftbegabten Lebewesens", angemeldet. Sie wiesen nach, dass die Menschen in ihren Handlungen selten oder nie rational handeln, sondern irrational, d. h. sich von momentanen Gefühlen, Leidenschaften und Ängsten leiten lassen, also Sklaven ihrer Triebe und ihres Charakters sind. [...]

Nach der Psychologie kam die Soziologie und zweifelte die Urteilsfähigkeit des Menschen an mit der Begründung, die Menschen seien in Wirklichkeit Produkte ihrer sozialen Herkunft. Karl Marx hat den folgenreichen Satz aufgestellt: „Das Sein bestimmt das Bewusstsein." Diesen Satz haben die Soziologen zum Ausgangspunkt ihrer Wissenschaft genommen. [...]

Der letzte Angriff auf die von den Philosophen vorgenommene Bestimmung des Menschen ist von der Biologie ausgegangen. Seit Darwin im vergangenen Jahrhundert seine Schrift über die *Abstammung der Arten* veröffentlicht hat, wogt ein unsinniger Kampf zwischen „Kreationisten" und „Evolutionisten". [...]

Der Mensch ist das Lebewesen, das in seinem Verhalten das ganze Spektrum zwischen Tier und Gottheit verwirklichen kann – das muss die Auswirkung des Zehntelprozents an Genen sein, das uns vom Schimpansen unterscheidet.

Die Biologie kann unser Wissen um uns und unsere Möglichkeiten sicher bestätigen. Deshalb braucht die Philosophie ihre Aussagen über das Wesen des Menschen, und, was viel wichtiger ist, über seine moralische Verantwortung und seine Pflichten nicht zurückzunehmen. *Roland Simon-Schaefer, Kleine Philosophie für Berenike, S. 246-250, 252f.*

1 Finden Sie Bezeichnungen für die eingerahmten Menschenbilder. Ermitteln Sie noch weitere Charakterisierungen des Menschen. ➜ M1

2 Führen Sie ein Schreibgespräch (s. Methodenüberblick, S. 381) durch: Der Mensch ist ... ➜ M1

3 Erarbeiten Sie die Bedeutung von Menschenbildern für die Lebensgestaltung und -führung. ➜ M2

4 Diskutieren Sie, welchen Menschenbildern für Ihre Generation eine Orientierungsfunktion zukommt. ➜ M2

5 Grenzen Sie die Aussagen der Philosophen über das Wesen des Menschen von den Bestimmungen einzelner Wissenschaften ab. ➜ M3

6 Erstellen Sie in Gruppen ein Plakat, das die verschiedenen Deutungen des Menschen in Bild und Text zeigt. ➜ M3

2 Der Mensch – ein Produkt der Evolution

M1 „Der Mensch ist nur ein Wurm"

Karikatur aus der britischen Satirezeitschrift Punch *von 1882*

Charles Robert Darwin (1809-1882)

- bedeutender englischer Naturwissenschaftler und Begründer der Evolutionstheorie;
- 1831-1836: Forschungsreise mit der HMS Beagle wird das Schlüsselerlebnis für seine wissenschaftlichen Forschungen;
- 1859: *On the Origin of Species (Die Entstehung der Arten)* entwirft eine Theorie der Anpassung an den Lebensraum durch Variation und natürliche Selektion; Grundlage der modernen Evolutionsbiologie;
- 1871: *The Descent of Man, and Selection in Relation to Sex (Die Abstammung des Menschen und die geschlechtliche Zuchtwahl)* arbeitet die sexuelle Selektion als weitere Grundlage der Evolution heraus.

M2 Der Mensch – ein Zufallsprodukt

Mit seiner Zurückweisung des „Dogmas separater Schöpfungen" stellt Darwin den Menschen in einen verwandtschaftlichen Zusammenhang mit den übrigen Lebewesen. Seine Theorie soll die Entstehung der körperlichen Merkmale des Menschen *und* die seiner kognitiven, sozialen und moralischen Fähigkeiten und Dispositionen erklären [...]. Bei seiner Erklärung der Entstehung von Arten und Anpassungen (Zweckmäßigkeit) verzichtet er sowohl auf die Annahme einer der lebendigen Natur immanenten Finalität *(causa finalis)* als auch auf die Voraussetzung einer das Lebendige zweckmäßig gestaltenden göttlichen Intelligenz, einen „designer" (Darwin 1859). Das vorherrschende naturtheologische „argument from design" (W. Paley) wird hier durch die Annahme der naturgesetzlich bestimmten Vorgänge der Variation, Vererbung und natürlichen Selektion mit dem „struggle for life" als Triebfeder der Evolution ersetzt. Die natürliche Selektion erfüllt damit auch eine *konstruktive* Funktion bei der Entstehung neuer Lebensformen, sie bewirkt nicht nur deren Aussterben. Nach Darwin verdankt auch der Mensch seine Existenz diesem blinden Evolutionsgeschehen. Eine zweite, vielen Zeitgenossen nicht weniger bedrohlich erscheinende Provokation besteht in Darwins Annahme einer Abstammung des Menschen von „affenähnlichen Vorfahren". Zwischen dem Menschen und den übrigen Lebewesen bestehe auch in kognitiver Hinsicht nur eine „difference of degree and not of kind" (Gradualismus). [...] Doch reduziert Darwin unser moralisches Vermögen nicht auf Instinkte. [...] Darwin hebt sowohl in empirischer wie normativer Hinsicht die *Grenzen des Selektionsmechanismus* hervor [...]. Mit seinem Plädoyer für die Kultivierung des moralischen Sinns spielt er die Ethik gegen die Vorstellung aus, den evolutionären Mechanismus des „survival of the fittest" zur Richtschnur menschlichen Handelns zu machen. Die Kultur wird damit zu einem neuen Faktor in der Entwicklung des Menschen. *Eve-Marie Engels,*

in: Marcus Düwell u. a. (Hg.), Handbuch Ethik, S. 347f.

M3 Abstammung des Menschen

Jeder, der nicht, wie ein Wilder damit zufrieden ist, die Erscheinungen der Natur als unverbunden anzusehen, kann nicht länger glauben, dass der Mensch das Werk eines besonderen Schöpfungsaktes ist. Er wird gezwungen sein zuzugeben, dass die große Ähnlichkeit eines Embryos des Menschen mit dem z. B. eines Hundes, – der Bau seines Schädels, seiner Glieder und seines ganzen Körpers nach demselben Bauplan wie bei den anderen Säugetieren und zwar unabhängig von dem Gebrauch, welcher etwa von den Teilen gemacht wird, – das gelegentliche Wiedererscheinen verschiedener Bildungen, z. B. mehrerer verschiedener Muskeln, welche der Mensch normal nicht besitzt, welche aber den Quadrumanen [Vierhänder] zukommen, – und eine Menge analoger Tatsachen, – dass alles dies in der offenbarsten Art auf den Schluss hinweist, dass der Mensch mit anderen Säugetieren der gemeinsame Nachkomme eines gleichen Urerzeugers ist.

Wir haben gesehen, dass der Mensch unaufhörlich individuelle Verschiedenheiten in allen Teilen seines Körpers und in seinen geistigen Eigenschaften darbietet. Diese Verschiedenheiten oder Abänderungen scheinen durch dieselben allgemeinen Ursachen herbeigeführt worden zu sein und denselben Gesetzen zu gehorchen, wie bei den niederen Tieren. In beiden Fällen herrschen ähnliche Gesetze der Vererbung. Der Mensch strebt sein Geschlecht in einem größeren Maße zu vermehren als seine Subsistenzmittel [Mittel zum Lebensunterhalt]. Infolgedessen ist er gelegentlich einem heftigen Kampf um die Existenz ausgesetzt, und natürliche Zuchtwahl wird bewirkt haben, was nur immer innerhalb ihrer Wirksamkeit liegt. [...]

Ein moralisches Wesen ist ein solches, welches imstande ist, über seine früheren Handlungen und deren Motive nachzudenken, einige von ihnen zu billigen und andere zu missbilligen; und die Tatsache, dass der Mensch das einzige Wesen ist, welches man mit Sicherheit so bezeichnen kann, bildet den größten von allen Unterschieden zwischen ihm und den niederen Tieren.

Charles Darwin, Abstammung des Menschen, S. 1148f., 1151

M4 Darwin heute

Eine andere Form von Selektion, die Darwin gleichfalls entdeckte und „sexuelle Selektion" nannte, bekräftigt die Vorbehalte gegen eine allzu umfassende „Anpassung". Das Prachtgefieder vieler Vogelmännchen kann nicht in gleicher Weise Anpassung sein wie das schlichte, tarnende Gefieder der Weibchen. [...] Zwischen dem Körper der Lebewesen und der Umwelt bleibt ein weiter Bereich offen, in dem sich das Leben abspielt. Der Körper selbst, der Organismus mit seiner Innenwelt, ist dabei weit wichtiger als die leblose Außenwelt. Viele Lebensstile sind möglich im selben Lebensraum. Auch Vögel mit Prachtgefieder oder Hirsche mit gewaltigen Geweihen. Die zunehmende Lösung der Organismen vom Diktat der Umwelt kennzeichnet die Evolution stärker noch als die Anpassung, so wie sie Darwin erkannt hatte.

Erst ein Jahrhundert nach Darwin war die Erforschung des Erbguts der Lebewesen weit genug gediehen, dass man die Gründe für die Variation erkannte. Inzwischen lassen sich die verursachenden Gene einzeln verorten, gegebenenfalls auch herausnehmen und in anderes Erbgut einbauen. Die moderne Gentechnik liefert die umfassendsten und überzeugendsten Beweise für die Richtigkeit von Darwins Sicht.

Josef Reichholf, Die Macht der Evolution, S. 289f.

1. Schreiben Sie einen kritischen Kommentar zu dem biologischen Sachverhalt, den die Karikatur verdeutlicht. → M1
2. Erläutern Sie die Provokation, die Darwin damals und für viele auch heute noch darstellt (s. hierzu auch S. 349). → M1/2
3. Fassen Sie den Text Darwins thesenartig zusammen und kommentieren Sie seine Aussagen in Hinblick auf sein Menschenbild. → M3
4. Recherchieren Sie den neuesten Stand der Evolutionsbiologie und diskutieren Sie ihren universalen Anspruch. → M4
5. Diskutieren Sie die Bedeutung der Evolutionstheorie für die Entstehung und Geltung von Moral.

3 Der Mensch – ein Triebwesen

M1 Die drei Kränkungen

Zwei große Kränkungen ihrer naiven Eigenliebe hat die Menschheit im Laufe der Zeiten von der Wissenschaft erdulden müssen. Die erste, als sie erfuhr, dass unsere Erde nicht der Mittelpunkt des Weltalls ist, sondern ein winziges Teilchen eines in seiner Größe kaum vorstellbaren Weltsystems. Sie knüpft sich für uns an den Namen Kopernikus, obwohl schon die alexandrinische Wissenschaft ähnliches verkündet hatte. Die zweite dann, als die biologische Forschung das angebliche Schöpfungsvorrecht des Menschen zunichte machte, ihn auf die Abstammung aus dem Tierreich und die Unvertilgbarkeit seiner animalischen Natur verwies. Diese Umwertung hat sich in unseren Tagen unter dem Einfluss von Ch. Darwin, Wallace und ihren Vorgängern nicht ohne das heftigste Sträuben der Zeitgenossen vollzogen. Die dritte und empfindlichste Kränkung aber soll die menschliche Größensucht durch die heutige psychologische Forschung erfahren, welche dem Ich nachweisen will, dass es nicht einmal Herr ist im eigenen Hause, sondern auf kärgliche Nachrichten angewiesen bleibt von dem, was unbewusst in seinem Seelenleben vorgeht.

Sigmund Freud, Vorlesungen zur Einführung in die Psychoanalyse, S. 294f.

Sigmund Freud (1856–1939)

- österreichischer Nervenarzt, Begründer der Psychoanalyse
- führt in seiner Schrift *Traumdeutung* (1900) die Entstehung seelischer Krankheiten auf Verdrängung (zumeist frühkindlicher) Erlebnisse oder Triebregungen zurück
- entwirft 1923–1930 ein Strukturmodell der Seele mit den drei Instanzen Es, Ich und Über-Ich
- stellt in der Schrift *Das Unbehagen in der Kultur* (1930) alle Leistungen als Sublimierung (Verfeinerung) von Triebwünschen dar
- emigriert 1938 aus Furcht vor dem Nationalsozialismus nach London

M2 Das Seelenmodell

Die älteste dieser psychischen Provinzen oder Instanzen nennen wir das *Es*; sein Inhalt ist alles, was ererbt, bei Geburt mitgebracht, konstitutionell festgelegt ist, vor allem also die aus der Körperorganisation stammenden Triebe, die hier einen ersten uns in seinen Formen unbekannten psychischen Ausdruck finden. Unter dem Einfluss der uns umgebenden realen Außenwelt hat ein Teil des Es eine besondere Entwicklung erfahren. Ursprünglich als Rindenschicht mit den Organen zur Reizaufnahme ausgestattet, hat sich eine besondere Organisation hergestellt, die von nun an zwischen Es und Außenwelt vermittelt. Diesem Bezirk unseres Seelenlebens lassen wir den Namen des *Ichs*. [...]

Infolge der vorgebildeten Beziehung zwischen der Sinneswahrnehmung und Muskelaktion hat das Ich die Verfügung über die willkürlichen Bewegungen. Es hat die Aufgabe der Selbstbehauptung, es erfüllt sie, indem es nach außen die Reize kennenlernt, Erfahrungen über sie aufspeichert (im Gedächtnis), überstarke Reize vermeidet (durch Flucht), mäßigen Reizen begegnet (durch Anpassung) und endlich lernt, die Außenwelt in zweckmäßiger Weise zu seinem Vorteil zu verändern (Aktivität); nach innen gegen das Es, indem es die Herrschaft über die Triebansprüche gewinnt, entscheidet, ob sie zur Befriedigung zugelassen werden sollten, diese Befriedigung auf die der Außenwelt günstigen Zeiten und Umstände verschiebt oder ihre Erregung überhaupt unterdrückt. [...]

Als Niederschlag in der Kindheitsperiode, während der der werdende Mensch in Abhängigkeit von seinen Eltern lebt, bildet sich in seinem Ich eine besondere Instanz heraus, in der sich dieser elterliche Einfluss fortsetzt. Sie hat den Namen des *Über-Ichs* erhalten. Insoweit dieses Über-Ich sich vom Ich sondert oder sich ihm entgegenstellt, ist es eine dritte Macht, der das Ich Rechnung tragen muss.

Sigmund Freud, Abriss der Psychoanalyse, in: Gesammelte Werke, Bd. 17, S. 67–69

M3 Wer ist Herr im Haus?

Max Ernst, Der Hausengel, 1937

M4 Freuds Einfluss auf das Menschenbild

Was ist von seinen Theorien geblieben? Zunächst einmal ist es Freuds großes Verdienst, die Bedeutung der Gefühle, der psychischen Konflikte und des Unbewussten in den Mittelpunkt seiner Betrachtung des Menschen gestellt zu haben. [...]

Trägt man alledem Rechnung, so muss man zugeben, dass Freud sehr weitgehend Recht hatte: Das meiste, was in unserem Gehirn abläuft, geschieht unbewusst. Und dieses Unbewusste hat einen gewaltigen Einfluss auf uns. Man kann sogar sagen, dass unbewusste Wahrnehmungen der Regelfall sind und die bewussten – die uns natürlich besonders wichtig sind – die Ausnahme. Denn nur woran der assoziative Cortex beteiligt ist, kann uns bewusst werden. Bezeichnenderweise ist er dabei durchaus auf die Mithilfe des Unbewussten angewiesen. [...]

Die Erforschung des Unbewussten mit experimentellen Methoden der Hirnforschung hat gerade erst begonnen. Das Unbewusste, ein Stiefkind der Philosophie, das erst in der zweiten Hälfte des 19. Jahrhunderts allmählich ernst genommen wurde, ist heute das wohl wichtigste Forschungsfeld auf dem Weg zur wissenschaftlichen Selbsterkenntnis des Menschen.

Richard David Precht, Wer bin ich – und wenn ja wie viele?, S. 94f.

M5 Hatte Freud doch recht?

*Der Neurobiologe Gerhard Roth (*1942) antwortete in einem Interview der Wochenzeitung* Die Zeit *auf die Frage: „Was interessiert Neurobiologen [...] heute noch an dem Entdecker des Unbewussten?"*

20 Prozent der Bevölkerung sind irgendwann in ihrem Leben psychisch krank. Das ist der teuerste Sektor der Medizin. Also sollte die neurowissenschaftliche Forschung etwas zur Aufklärung beitragen. Dass Pillen allein nicht helfen können, die Psychotherapie aber durchaus, ruft nach Erklärung. Solche Forschung lässt einen an Freud nicht vorbeikommen. Ihm verdanken wir die umfassendste Theorie der Seele. Und in drei Hinsichten zumindest bestätigt die Neurowissenschaft heute seine Annahmen: Das Unbewusste hat mehr Einfluss auf das Bewusste als umgekehrt; das Unbewusste entsteht zeitlich weit vor Bewusstseinszuständen; und das bewusste Ich hat wenig Einsicht in die Grundlagen seiner Wünsche und Handlungen.

Gerhard Roth / Harald Welzer, Die Seele gehört nicht mir, in: Die Zeit vom 23.02.2006, www.zeit.de

1 Vergegenwärtigen Sie sich noch einmal die Kränkungen (Kopernikus, Darwin), auf die Sigmund Freud anspielt. Welche Auswirkungen hatten sie auf das Bild vom Menschen? ➜ M1

2 Inwiefern kann Freud behaupten, die von ihm zugefügte Kränkung sei die „empfindlichste"? ➜ M1

3 Stellen Sie die Instanzen in Freuds Seelenmodell graphisch dar und erläutern Sie ihre Entstehung und Funktion. ➜ M2

4 Diskutieren Sie das Menschenbild Freuds in Bezug auf Ihre eigene Entwicklung. ➜ M2

5 Der von Max Ernst 1937 gemalte Hausengel ist ein Würgeengel, der an eine biblische Rachegestalt erinnert. Ernst bezeichnete ihn als einen „ironischen Titel für eine Art Trampeltier, das alles, was ihm in den Weg kommt, zerstört und vernichtet".
Interpretieren Sie das Bild von Max Ernst als einen Ausdruck innerseelischer Vorgänge. ➜ M3

6 Diskutieren Sie den Einfluss Freuds auf das Menschenbild. ➜ M4/5

7 Recherchieren Sie unterschiedliche Aussagen über den Menschen von Psychologen oder Psychoanalytikern (z. B. Alfred Adlers Individualpsychologie).

4 Der Mensch – ein Gehirnwesen

M1 Wie Bewusstsein entsteht

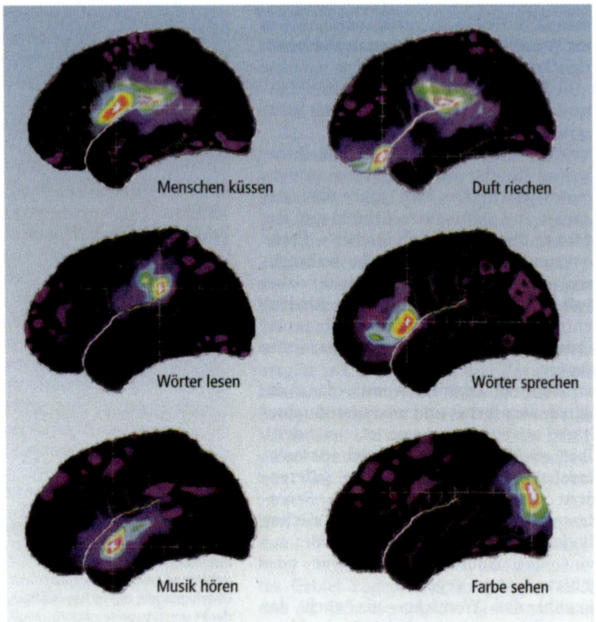

Wie entstehen Bewusstsein und Ich-Erleben, wie werden rationales und emotionales Handeln miteinander verknüpft, was hat es mit der Vorstellung des „freien Willens“ auf sich? Die großen Fragen der Neurowissenschaften zu stellen ist heute schon erlaubt – dass sie sich bereits in den nächsten zehn Jahren beantworten lassen, allerdings eher unrealistisch. Selbst ob wir sie bis dahin auch nur sinnvoll angehen können, bleibt fraglich. Dazu müssen wir über die Funktionsweise des Gehirns noch wesentlich mehr wissen. Sehr wohl aber kann es der Hirnforschung innerhalb der nächsten Dekade gelingen, Erkenntnisse zu erarbeiten, die für Antworten auf diese übergeordneten Fragen entscheidend sein werden.

Hannah Monyer, Frank Rösler, Gerhard Roth u. a., Das Manifest, S. 34

M2 Neuronale Ursachen

Eine Person begeht eine Tat, offenbar bei klarem Bewusstsein, und wird für voll verantwortlich erklärt. Zufällig entdeckt man aber einen Tumor in Strukturen des Frontalhirns, die benötigt werden, um erlernte soziale Regeln abzurufen und für Entscheidungsprozesse verfügbar zu machen. Der Person würde Nachsicht zuteil. Der gleiche „Defekt“ kann aber auch unsichtbare neuronale Ursachen haben. Genetische Dispositionen können Verschaltungen hervorgebracht haben, die das Speichern oder Abrufen sozialer Regeln erschweren, oder die sozialen Regeln wurden nicht rechtzeitig und tief genug geprägt, oder es wurden von der Norm abweichende Regeln erlernt, oder die Fähigkeit zur rationalen Abwägung wurde wegen fehlgeleiteter Prägung ungenügend ausdifferenziert. Diese Liste ließe sich nahezu beliebig verlängern. Keiner kann anders als er ist.
Diese Einsicht könnte zu einer humaneren, weniger diskriminierenden Beurteilung von Mitmenschen führen, die das Pech hatten, mit einem Organ volljährig geworden zu sein, dessen funktionelle Architektur ihnen kein angepasstes Verhalten erlaubt.

Wolf Singer, Selbsterfahrung und neurobiologische Fremderfahrung, S. 148f.

M3 Neuro-Welt

25. Mai 2030, Berliner Olympiastadion

Tom, mittlerweile 21, macht sich auf den Weg zum letzten Saisonspiel seiner Hertha. Nervös ist er, angespannt, doch das wundert nicht: Noch ein Sieg, und die Berliner sind Meister. Entschlossen, sein Team bis zur letzten Sekunde nach vorne zu peitschen, passiert Tom die Sicherheitskontrolle. Plötzlich blinkt ein rotes Licht auf, ein Beamter stoppt ihn. „Entschuldigung, aber wir dürfen Sie nicht ins Stadion lassen. Ihre Hirnscans ergaben Anzeichen für aggressive Gefühle.“ – „Das ist doch nicht Ihr Ernst?! Okay, ich hatte vorhin Streit mit meiner Freundin, aber ...“ – „Schon klar, doch laut unserer Datenbank neigen Sie nun einmal zu erhöhter Gewaltbereitschaft. Und heute gilt Sicherheitsstufe 2. Tut mir Leid.“

Ulrich Kraft, Schöne neue Neuro-Welt, S. 29

M4 Das soziale Gehirn

Was ist der Mensch? Drei zentrale Aussagen lassen sich von Seiten der Hirnforschung dem anthropologischen Mosaik aus heutiger Sicht hinzufügen: 1. Der Mensch ist ein in seinen innersten neurobiologischen Antrieben und Motivationen auf soziale Akzeptanz ausgerichtetes Wesen. Er ist aus diesem Grunde auch bereit, für die Anerkennung seiner Mitmenschen erhebliche Mühen auf sich zu nehmen. 2. Soziale Ausgrenzung oder Demütigung wird vom menschlichen Gehirn ähnlich wie körperlich zugefügter Schmerz erlebt und wird daher – ähnlich wie zugefügter Schmerz – mit Aggression (oder Depression) beantwortet. 3. Menschen haben ein körperlich (neurobiologisch) verankertes Gefühl für soziale Fairness.

Soziale Akzeptanz wird dem Menschen – um es etwas salopp zu formulieren – nicht auf dem Tablett ins Haus geliefert. Die Evolution hat uns sozusagen „auf halber Strecke“ abgesetzt, nämlich einerseits als vital auf soziale Akzeptanz angewiesene, andererseits aber nicht mit natürlichen Automatismen für hinreichend prosoziales Verhalten ausgestattete Wesen. Ich meine, dass es gerade diese Lücke ist, die das Leben für den Menschen zu einem derart spannenden Projekt gemacht hat. Denn so sind wir gezwungen, diese Lücke durch das, was wir Kultur nennen, zu schließen.

Joachim Bauer, Entdeckung des „Social Brain", S. 28

M5 Philosophie und Hirnforschung

Hinter der Erwartung, die Hirnforschung werde über kurz oder lang zu einer fundamentalen Revision unseres Selbstverständnisses führen, verbirgt sich aber noch ein weiteres grundlegendes Missverständnis über die Bedeutung naturwissenschaftlicher Erkenntnisse für unser Menschenbild. Die Hirnforschung liefert nämlich in der Regel gar keine eigenständigen Aussagen darüber, welche Fähigkeiten Menschen besitzen, vielmehr untersucht sie die natürliche Grundlage solcher Fähigkeiten im menschlichen Gehirn – die Existenz der entsprechenden Fähigkeit muss dazu bereits vorausgesetzt werden. Untersuchungen z. B. zu den neuronalen Grundlagen menschlicher Entscheidungsprozesse wären wenig sinnvoll, wenn man bestreiten würde, dass es solche Entscheidungsprozesse überhaupt gibt. Natürlich kann sich immer herausstellen, dass die fraglichen Prozesse im Detail anders funktionieren, als wir dies erwartet hatten – unsere vorwissenschaftlichen *Erklärungsversuche* sind natürlich nicht vor einer Widerlegung durch wissenschaftliche Theorien gefeit.

Doch die Erwartung, eine im Alltag erwiesene *Fähigkeit* könne durch die Hirnforschung widerlegt werden, erinnert an die Befürchtung, die Höchstgeschwindigkeit eines Autos könnte durch die Erkenntnis reduziert werden, dass das Auto keinen Benzin-, sondern einen Dieselmotor hat. Neurobiologische Befunde verhelfen zu einem Verständnis der physischen Mechanismen, die unseren Fähigkeiten zugrunde liegen und sie geben uns auch die Möglichkeit, die Herausbildung dieser Fähigkeiten in der Lebensgeschichte eines Individuums sowie mögliche Fehlentwicklungen besser zu verstehen und vielleicht sogar zu korrigieren.

Michael Pauen, Eine unbekannte Spezies?, S. 201f.

1. Beschreiben Sie die Möglichkeiten der modernen Hirnforschung. Was kann sie durch ihre bildgebenden Verfahren zurzeit nachweisen? ➜ M1
2. Bei einem Sexualstraftäter, der mehrere Frauen getötet hat, werden in dem für Emotionsverarbeitung zuständigen Hirnareal neuronale „Defekte" festgestellt. Führen Sie eine Podiumsdiskussion darüber, ob der Täter schuldig ist. ➜ M2
3. Schreiben Sie einen Kommentar zu der dargestellten Situation. ➜ M3
4. Erläutern Sie Bauers Begriff des „Social Brain". ➜ M4
5. Erarbeiten Sie die Aussagen zum Menschenbild, die sowohl von der Philosophie als auch den

Projektvorschlag:

Informieren Sie sich (Internet, Fachzeitschriften, Fachliteratur) über die neuen Forschungsmethoden (Hirnstromkurven, Hirnstimulation, bildgebende Verfahren u. Ä.) der Neurobiologie. Untersuchen und beurteilen Sie die Erklärungsmodelle der Hirnforschung für moralisches Verhalten (z. B. sogenannte „Spiegelneuronen").

5 Der Mensch – ein Sozialwesen

M1 Mein Leben – meine Rollen

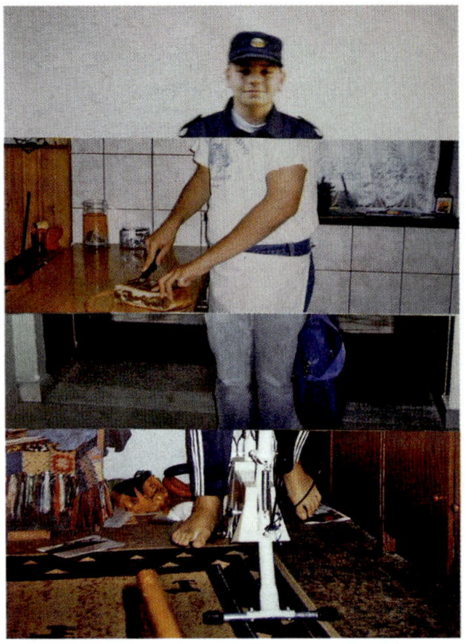

Rollencollage eines 16-jährigen slowenischen Jungen, Ludwig Duncker, in: Journal für Sozialwissenschaften und ihre Didaktik, 2/2006

M2 Theater spielen

Das „Junge Nationaltheater Mannheim" wirbt auf seiner Homepage für das Kinder- und Jugendtheater:

Wir bringen ein Vorhaben gut über die Bühne, scheuen dabei manchmal das Rampenlicht oder stehlen anderen die Schau. Wir diagnostizieren: „Du bist ja voll von der Rolle" oder schimpfen: „Mach kein Theater!", „Lass die Maske fallen!", „Spiel mir nichts vor!" Unsere Sprache kennt zahlreiche Metaphern aus der Welt des Theaters und jeder von uns spielt in seinem Leben ständig unterschiedliche Rollen.

Doch nicht immer suchen wir uns unsere Rollen aus. Sie werden uns manchmal zugemutet oder auf uns projiziert. Oft nehmen wir sie freudig an und sind hinterher erschrocken, was diese Rolle wirklich von uns fordert. Die Welt erwartet Rollenerfüllung.

Wenn Kinder und Jugendliche ihren Platz auf der Bühne der Welt suchen, müssen sie sich in unterschiedlichen Rollen ausprobieren, deren Wonnen und Pflichten, Freiheiten und Grenzen kennenlernen. Eine der größten Herausforderungen ist es dabei, dem Druck und der Verführung äußerer Bilder nicht auf den Leim zu gehen, sondern das Selbstverständnis den eigenen Möglichkeiten entsprechend zu entwickeln. Oft gilt es, sich zu trauen, die Erwartungen der anderen zu enttäuschen, den eigenen Weg zu wagen und aus der Rolle zu fallen. So wie zu akzeptieren ist, dass andere Menschen die erwarteten Rollen auch nicht immer spielen mögen und deren Erfüllung verweigern. Schließlich können Rollen auch unterschiedlich definiert werden und Menschen und ihre Rollen wandeln sich im Laufe und durch die Läufe des Lebens. Um all dies „Aus-der-Rolle-Fallen" dreht sich unser aktueller Spielplan. *www.schnawwl.de*

M3 Homo sociologicus

Soziale Positionen sind ohnehin ein Danaergeschenk [unheilvolle Gabe] der Gesellschaft an den Einzelnen. Auch wenn er sie nicht mit eigener Kraft erworben hat, sondern sie ihm ungefragt zugeschrieben wurden, verlangen sie von ihm eine Leistung; denn jeder einzelnen Position haftet eine Rolle an, ein Satz von Erwartungen an den Träger, der von den Bezugsgruppen seines Feldes sanktioniert wird. Bevor der Einzelne seine Rolle spielen kann, muss er sie kennen; wie der Schauspieler muss auch das gesellschaftliche Wesen seine Rollen lernen, sich mit ihrem Inhalt und ihren Sanktionen vertraut machen. [...]

Durch Beobachtung, Nachahmung, Indoktrination und bewusstes Lernen muss er in Formen hineinwachsen, die die Gesellschaft für ihn als Träger seiner Positionen bereithält. Seine Eltern, Freunde, Lehrer, Priester und Vorgesetzten sind der Gesellschaft vorwiegend als Agenten wichtig, die der sozialen tabula rasa [leeres Blatt] des rollenlosen Menschen den Plan seines Lebens in Gesellschaft einritzen. In dem Interesse der Gesellschaft an Familie, Schule und Kirche bekundet sich keineswegs nur der Wunsch, dem Einzelnen zur Entfaltung seiner individuellen Anlagen zu verhelfen, sondern vor allem auch die Absicht, ihn auf die Aufgaben, deren Erfüllung die Gesellschaft von ihm erwartet, effektiv und kostensparend vorzubereiten.

Für Gesellschaft und Soziologie ist der Prozess der

Sozialisierung stets ein Prozess der Entpersönlichung, in dem die Individualität und Freiheit des Einzelnen in der Kontrolle und Allgemeinheit sozialer Rollen aufgehoben wird. *Ralf Dahrendorf, Homo sociologicus, S. 163f.*

M4 „Werde, der du bist!"

Was aber meint „Echtheit“ und „Authentizität“ in Bezug auf Menschen? Woran können wir bei einer Person unterscheiden, was an ihr Original, Kopie oder gar Fälschung ist? Wann ist eine Person echt, authentisch, eigentlich sie selbst? Denn schließlich haben wir es bei einem Menschen doch nie nur mit einer Kopie eines anderen zu tun, selbst bei (noch fiktiven) Menschenklonen würden wir nicht so reden wollen. [...] Authentizität, Echtheit, Eigentlichkeit scheint in Bezug auf Personen ja sogar mehr oder weniger die Ausnahme zu sein, denn es ist uns oft eigens eine Erwähnung wert, wenn sich einmal jemand „von seiner wahren Seite“ gezeigt hat. [...]

Ein Urbild, ein Original, mit dem sich die personale Realität eines Menschen vergleichen lassen würde, gibt es nicht. Was ein Mensch ist, ist nicht vorherbestimmt, vielmehr wird er das gewesen sein, was er angesichts der Umstände seines Lebens aus sich machte. Dies macht deutlich, dass wir uns auf uns selbst als einem bestimmten Wesen nur im Modus eines Entwurfs beziehen können. Es ist dieser Entwurf von sich [...], an dem wir die Echtheit, Eigentlichkeit und Authentizität eines Menschen bemessen. Authentizität oder Eigentümlichkeit ist nichts anderes als das (seinerseits in bestimmter Weise artikulierte) Verhältnis von Entwurf und Realität eines Menschen. Wenn das zusammenpasst, wenn jemand „in Übereinstimmung“ mit sich lebt, dann sprechen wir von authentischer, wahrer, echter Existenz.

Das „Selbstbild“ einer Person ist aber offenbar etwas, was sich im Laufe des Lebens stark verändern kann und nicht offen zutage liegt. Genau das macht die Schwierigkeit aus, von der Echtheit von Personen zu sprechen. Es ist aber den Menschen eigentümlich, dass sie sich in Bezug auf sich selbst belügen können. Authentizität erfordert daher mindestens so etwas wie Selbsterkenntnis, also die Wahrnehmung dessen, zu was man fähig ist und zu was nicht. Mit dem „Sei Du selbst!“ einher geht daher immer das „Erkenne Dich selbst!“. Da man aber hierbei, wie gesagt, nicht einfach auf ein Urbild schauen [...] kann, haben wir es mit einem lebenslangen Prozess zu tun, in dem Selbsterkenntnis und Entwurfskorrektur Hand in Hand gehen. [...] „Authentisch“ werden dagegen die Leute genannt, von denen wir annehmen, dass sie, wenn schon nicht ihr Ziel, dann doch immerhin den Weg, den ihr Leben zu nehmen hat, erkannt („gefunden“) haben. Vom „Hier stehe ich, ich kann nicht anders!“ Luthers bis hin zu Frank Sinatras „I did it my way!“ – Selbsterkenntnis steht am Anfang des eigenen Selbstseins.

Andreas Luckner, Werde, der du bist!, S. 7-9

Konformität

Unter Konformität versteht die Sozialpsychologie allgemein eine Veränderung im Verhalten, die durch den realen oder vorgestellten Einfluss von anderen Menschen bewirkt wird. Folgende Formen der Konformität hinsichtlich des Informationseinflusses werden dabei unterschieden:

Sozialer Informationseinfluss

- **Private Akzeptanz:** Konformes Verhalten mit anderen Menschen aus dem festen Glauben heraus, dass richtig ist, was diese tun oder sagen.
- **Öffentliche Compliance (Zustimmung, Fügsamkeit):** Konformgehen mit dem Verhalten anderer in der Öffentlichkeit, ohne zwangsläufig zu glauben oder für richtig zu halten, was die Gruppe tut oder sagt.

1. Was verdeutlicht die Rollencollage des slowenischen Jungen? Fertigen Sie für sich selbst eine Rollencollage an. ➜ M1
2. Definieren Sie den Begriff Rolle. Welche Vorteile bzw. Nachteile besitzen Rollen? ➜ M2
3. Beschreiben Sie das Menschenbild des homo sociologicus. ➜ M3
4. Führen Sie im Kurs eine Umfrage durch zu der Frage: Wer bzw. welche Gruppe ist Ihrer Ansicht nach authentisch? Diskutieren Sie Ihre Ergebnisse. ➜ M4
5. Bestimmen Sie den Begriff Authentizität im Vergleich zur Konformität. ➜ M4

*6 Der Mensch als Person

M1 Das siebenfache Ich

Hans Baldung Grien, Die sieben Lebensalter des Weibes, 1544

M2 Drei Theorien über persönliche Identität

Die erste Theorie – die *Körper-Theorie* der persönlichen Identität – besagt, dass der Körper die Identität eines Menschen bestimmt. Dieser Theorie zufolge ist das Ich einer Person immer dort, wo sich ihr Körper befindet. Die *Seelen-Theorie* besagt, dass jeder Mensch eine immaterielle Seele hat und dass diese es ist, die die Identität bestimmt. Dieser Theorie zufolge befindet sich das Ich eines Menschen immer dort, wo sich seine Seele befindet. Die bisher plausibelste Theorie ist die, die besagt, dass es die Erinnerungen und Wesenszüge sind, die die Identität eines Menschen bestimmen. Nennen wir sie die Strom-Theorie der persönlichen Identität.

nach Stephen Law, Abenteuer Denken, S. 64f., 80f.

M3 Probleme der Identität

Angenommen, jemand mache eine plötzliche und heftige Veränderung seines Charakters durch. Er, der früher ein stiller, rücksichtsvoller Kirchgänger und Hausvater war, wacht eines Morgens als lästernder Schreihals und Rüpel auf, der er auch bleibt. Hier könnte man folgende Frage stellen: Ist er dieselbe Person, die er zu sein pflegte? Anscheinend gibt es Schwierigkeiten hinsichtlich der Formulierung dieser Frage, zumindest soweit sie als *Identitätsfrage* gilt.
Probleme hinsichtlich Geist und Körper ergeben sich auf zwei Ebenen. Einerseits gibt es allgemeine Fragen hinsichtlich der Beziehungen zwischen den geistigen Zuständen des Subjekts und seiner Körperlichkeit, insbesondere Fragen über die Beziehungen zwischen jenen Zuständen und dem beobachtbaren Verhalten des Subjekts. Andererseits gibt es Fragen hinsichtlich der Beziehungen zwischen den geistigen Zuständen des Subjekts und gewissen inneren Zuständen seines Organismus (insbesondere des Zentralnervensystems), die man im Rahmen einer ausgereiften psychologischen Wissenschaft vielleicht zu den geistigen Zuständen in Beziehung setzen könnte, wobei durch den Ausdruck „in Beziehung setzen" hier keine Vorentscheidung getroffen werden soll.

nach Bernard Williams, Probleme des Selbst, S. 8f., 105

M4 Körper und Geist

Ich handele vermittels meines Körpers. Nur durch ihn kann ich sprechen. Mit meinen Händen mache ich Gesten. Um zu arbeiten, zu spielen und mich auszudrücken, benötige ich meine Arme, Beine und andere Teile meines Körpers. Verletzungen spüre ich als Schmerz; Berührungen bereiten mir Vergnügen. Fieber wiederum erzeugt Unbehagen. Je älter ich werde, um so mehr Aufmerksamkeit muss ich darauf verwenden, mich um ihn zu kümmern, ihm Nahrung zuzuführen und ihn ganz allgemein zu pflegen und in Schuss zu halten. Ich sage zwar, dass ich einen Körper habe; ich besitze ihn aber nicht in der gleichen Weise wie ich ein Fahrrad oder ein Auto besitze. Er dient nicht nur einfach einem Zweck. Mein Körper ist bis zu einem gewissen Grade Ich. Wenn andere ihn sehen, so sehen sie mich und nicht nur meinen kostbarsten Besitz.

Genauso offensichtlich haben wir auch einen Geist – vielleicht nicht unbedingt jeder, mit dem ich je zu tun hatte, aber doch die meisten von uns. Wir fühlen Schmerz und Vergnügen. Wir erfahren innerlich Freude und Leid. Wir denken, überlegen, reflektieren, träumen und hegen Hoffnungen für die Zukunft. Wir empfinden die unterschiedlichsten Sinnesreize. Die Farben, Töne und Gerüche, die ich wahrnehme, können aufregend und großartig sein. Ich hege Gedanken und habe ständig Ideen. Kurz: Ich besitze einen Geist.

Wenn ich sage, ich habe einen Geist, so ist diese Form des Habens nicht gleichzusetzen mit dem Haben einer Gitarre. Die Gitarre besitze ich, genauso wie mehrere Paar Schuhe, meinen Computer oder auch meinen Hund. Meinen Geist *besitze* ich aber nicht. Ich *bin* vielmehr irgendwie dieser Geist. Wenn Sie meinen Geist kennenlernen, so lernen sie gleichzeitig mich kennen. *Tom Morris, Philosophie für Dummies, S. 186f.*

M5 Wer ist Person?

Wie jedermann weiß, hängen die Vorgänge in unserem Bewusstsein davon ab, was mit unserem Körper geschieht. Stößt man sich an der Zehe, so tut das weh. Schließt man die Augen, so kann man nicht sehen, was sich vor einem befindet. Beißt man in eine Tafel Toblerone, so schmeckt es nach Schokolade. Haut einem jemand eins über den Kopf, so wird man ohnmächtig.

Solche Belege zeigen, dass jeder Vorgang im Geist oder im Bewusstsein von einem entsprechenden Vorgang im Gehirn abhängen muss. (Man würde, wenn man sich an der Zehe stößt, keinen Schmerz spüren, würden die Nerven in unserem Bein und in der Wirbelsäule nicht Impulse von unserem Fuß ans Gehirn weiterleiten.) Wir wissen zwar nicht, was im Gehirn vor sich geht, wenn wir denken: „Ich frage mich, ob ich genug Zeit habe, mir heute Nachmittag die Haare schneiden zu lassen." Wir sind uns jedoch ziemlich sicher, dass dort etwas vor sich geht – etwas, das mit chemischen und elektrischen Ereignissen in den Milliarden von Nervenzellen zu tun hat, aus welchen unser Gehirn besteht. [...]

Es gibt jedoch auch eine philosophische Frage über die Beziehung zwischen dem Geist und dem Gehirn, und diese lautet: Ist unser Geist etwas, das zwar mit unserem Gehirn in Verbindung steht, aber doch von ihm verschieden ist, oder *ist* er unser Gehirn? Sind unsere Gedanken, Gefühle, Wahrnehmungen, Empfindungen und Wünsche Ereignisse, die zu den physikalischen Vorgängen in unserem Gehirn noch *hinzukommen*, oder machen sie ihrerseits eine Teilmenge dieser physikalischen Vorgänge aus? [...]

Eine mögliche Schlussfolgerung lautet, dass es eine Seele geben muss, die so an unseren Körper gebunden ist, dass beide aufeinander einwirken können. Trifft dies zu, so bestehen wir aus zwei sehr verschiedenartigen Dingen: einem komplexen physischen Organismus und einer rein psychischen Seele. (Diese Auffassung bezeichnet man aus offensichtlichen Gründen als DUALISMUS.)

Viele halten jedoch den Glauben an eine Seele für altmodisch und unwissenschaftlich. Alles andere auf der Welt besteht aus körperlicher Materie – aus unterschiedlichen Verbindungen der gleichen chemischen Elemente. Warum also nicht auch wir?

[...] Die Philosophie vermag uns nicht zu sagen, woraus sich Sterne oder Diamanten zusammensetzen, wie kann sie uns also sagen wollen, woraus Personen bestehen oder nicht bestehen?

Thomas Nagel, Was bedeutet das alles?, S. 25-28

1. Was zeichnet eine Person aus? Interpretieren Sie das Bild M1 und beziehen Sie den Text M2 in Ihre Überlegungen mit ein. ➜ M1/2
2. Sind Sie immer die Person, die Sie „zu sein pflegen"? ➜ M3
3. Diskutieren Sie das Problem veränderter oder doppelter Identitäten anhand literarischer Vorbilder, z. B.: Dr. Jekyll and Mr. Hyde. ➜ M3
4. Grenzen Sie folgende Aussagen voneinander ab: Ich habe ein Auto. Ich habe einen Körper. Ich habe einen Geist. ➜ M4
5. Klären Sie folgende Zusammenhänge: Geist / Bewusstsein und Gehirn; Seele / Geist und Körper. ➜ M5
6. Erarbeiten Sie weitere Argumente für und gegen eine dualistische Vorstellung vom Menschen. ➜ M5

*7 Das Leib-Seele-Problem

M1 Die Seele entschwindet

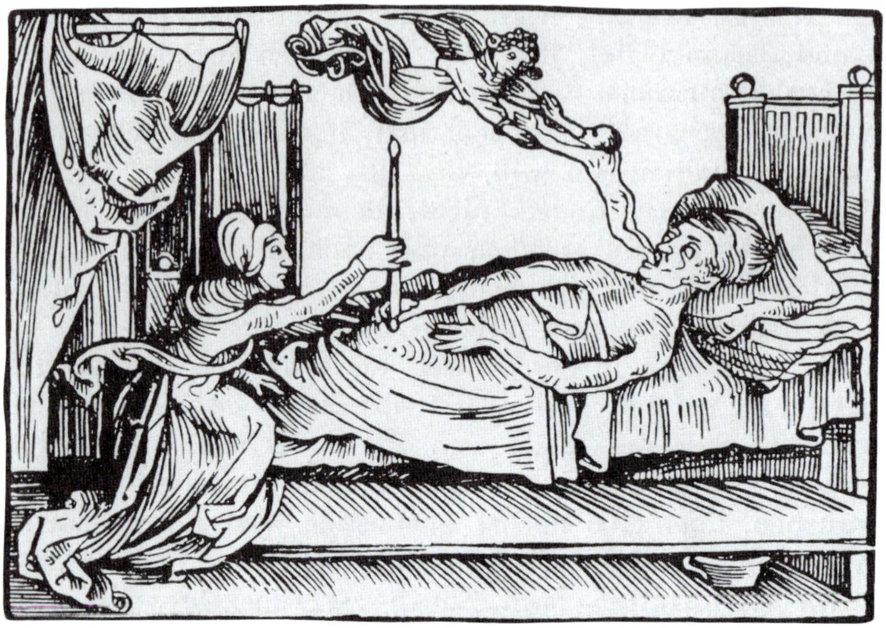

Seele des Toten steigt in den Himmel, Ausschnitt des Titelholzschnitts von Martin Luthers Werk Von der Bereitung zum Sterben, *1520*

M2 Leib und Seele

Die Welt ist demnach aus zwei Prinzipien aufgebaut: dem Leib *(„physis")* und der Seele *(„psyche")*. Welche Rolle dabei genau der Seele zugewiesen wird, ist nicht ganz eindeutig; hier kommt zweierlei in Betracht:

- Auf der einen Seite bedarf es einer Erklärung für das Rätsel des *Lebens*. Die Seele kann also als das Prinzip verstanden werden, das die tote Materie in den organischen Zustand versetzt.
- Zum anderen ist da die nicht minder geheimnisvolle Wirklichkeit des *Bewusstseins*. Gedanken, Gefühle, Begierden, Empfindungen – das alles haftet für unsere unmittelbare Anschauung nicht am Stofflichen, sondern führt ein Eigenleben in einer Lichtwelt „über" oder „hinter" der Materie; und die Seele ist dann das Gefäß dieser Erscheinungen.

[...] Die Beziehung zwischen dem Geist und dem beseelten Leib versteht Aristoteles als Wechselwirkung: Der Leib affiziert den Geist über die Sinne, und der Geist lenkt den Leib durch Vernunft und Willen.

Norbert Bischof, Psychologie, S. 38f.

M3 Descartes' Vorstellung von der Seele

*Der französische Philosoph und Mathematiker René Descartes (1596-1650) radikalisierte die dualistische Vorstellung. Seinen Seelenbegriff beschreibt der Philosoph Ansgar Beckermann (*1945):*

1. Der Mensch besteht nicht nur aus einem Körper, sondern aus einem Körper und einer immateriellen Seele. Körper und Seele sind real verschieden. Der Körper ist eine *res extensa* [ausgedehntes Ding], die Seele eine *res cogitans* [denkendes Ding].
2. Die Seele macht das eigentliche Selbst eines Menschen aus. Sie (und damit der Mensch) ist für ihre Existenz nicht auf den Körper angewiesen.
3. Körper und Seele des Menschen sind nur während seines Erdenlebens zusammengespannt; beim Eintritt des Todes löst sich die Seele vom Körper.
4. Während der Körper vergänglich ist, ist die Seele unsterblich.

Ansgar Beckermann, Gehirn, Ich, Freiheit, S. 38f.

M4 Geist und Nervenzellen

Dem Dualismus entgegengesetzt ist die materialistische (monistische) Position. Benjamin Libet nimmt zu diesem Standpunkt des Gehirn-Geist-Problems wie folgt Stellung:

Nach dieser Philosophie ist die beobachtbare Materie die einzige Wirklichkeit, und alles, einschließlich des Denkens, des Wollens und des Fühlens, kann nur in Begriffen von Materie und den Naturgesetzen, die die Materie beherrschen, erklärt werden. [...] Diesem deterministischen Standpunkt zufolge ist das Bewusstsein Ihrer selbst und der Welt, die Sie umgibt, einfach das Nebenprodukt oder Epiphänomen neuronaler Aktivitäten, ohne dass es eine unabhängige Fähigkeit der Beeinflussung oder Steuerung neuronaler Aktivitäten gäbe. [...]
Tatsächlich sind bewusste geistige Phänomene nicht auf die Kenntnis der Aktivitäten von Nervenzellen reduzierbar oder durch sie zu erklären. Man könnte in das Gehirn schauen und Verbindungen zwischen Nervenzellen sehen und neuronale Botschaften in großem Überfluss hin und her sausen sehen. Man würde aber kein bewusstes, geistiges, subjektives Phänomen beobachten. Nur der Bericht der Person, die solche Phänomene erlebt, könnte einen darüber aufklären. *Benjamin Libet, Mind Time, S. 24-26*

M5 Bedeutung der Erlebnisse

*Der Mediziner und Philosoph Thomas Fuchs (*1958) betont ebenfalls den besonderen Stellenwert eigener subjektiver Erlebnisse:*

Wie fühlt es sich an, diese Schmerzen zu haben, diese Angst zu erleben? Wie ist es, Thomas Fuchs zu sein? Solche Fragen lassen sich aus der Innenperspektive beantworten. Keine Beobachtung physiologischer Prozesse kann sie ersetzen. Subjektive oder Erlebnistatsachen sind nicht in objektive Beschreibungstatsachen überführbar. Selbst wenn wir annehmen, der neuronale Code würde einmal entschlüsselt und ein künftiger Neurowissenschaftler wäre in der Lage, aus meinen beobachteten Hirnzuständen mein momentanes Erleben exakt zu errechnen – was würde ihm dann noch fehlen? Nun, er könnte höchstens sagen, wie er selbst die gleichen Zustände wohl erleben würde, aber niemals angeben, *wie es für mich ist*, sie zu erleben. *Thomas Fuchs, Kosmos im Kopf?, S. 354*

Monismus – Dualismus

Unter dem Leib-Seele-Problem (oder auch Körper-Geist-Problem) versteht man den philosophischen Diskurs über alle Fragen des Zusammenhangs zwischen körperlich-materiellen Prozessen einerseits sowie psychischen und geistigen Prozessen andererseits. Die Grundfrage lautet: Wie sind körperliche und seelische Funktionen (Gehirn und Geist) aufeinander bezogen? Die verschiedenen Antworten lassen sich grundsätzlich in zwei Richtungen einteilen: den Dualismus und den Monismus.

Leib – Seele
Materie – Bewusstsein
Körper (Gehirn) – Geist

Dualismus	Monismus
Beispiel: Wechselwirkung zwischen Geist und Gehirn.	*Beispiel:* Alles ist Materie: Geist ist nur das Nebenprodukt oder eine Eigenschaft des Gehirns.

1. Beschreiben Sie die Vorstellung von der Seele, die der Holzschnitt darstellt. → M1
2. Erklären Sie sich in Partnerarbeit gegenseitig Aristoteles' und Descartes' Verständnis von Leib und Seele. → M2/3
3. Erarbeiten Sie Probleme des cartesischen Dualismus. → M3
4. Vergleichen Sie Descartes' Menschenbild mit den Erkenntnissen der Hirnforschung (s. S. 36f.). → M3/4
5. Erläutern Sie Libets Einwand gegen die materialistisch-monistische Position in eigenen Worten. Beziehen Sie dabei auch die Erläuterungen von Thomas Fuchs mit ein. (Vgl. S. 24f.) → M4/5
6. Informieren Sie sich über weitere monistische bzw. dualistische Sichtweisen des Leib-Seele-Problems (zum Beispiel den „psychophysischen Parallelismus“) und stellen Sie Ihre Ergebnisse vor.

8 Philosophische Anthropologie

M1 Die Erfassung des Humanen

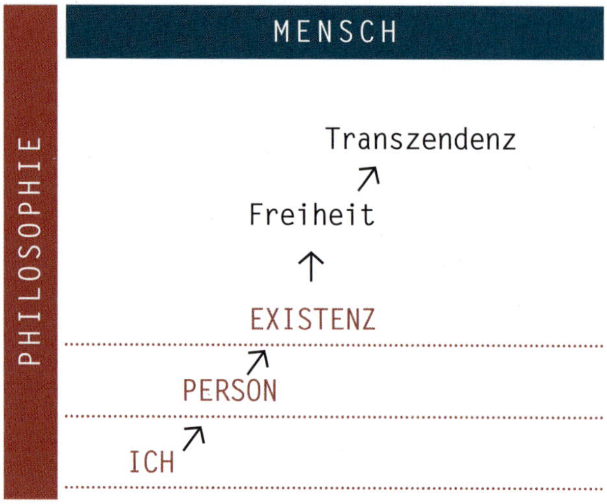

M2 Was ist Philosophische Anthropologie?

Zunächst darf sie nicht mit der die ganze Tradition der Philosophie begleitenden Reflexion über das Wesen des Menschen gleichgesetzt werden. Weder die platonische noch die aristotelische Lehre vom Menschen sind der Philosophischen Anthropologie ein Vorbild. Auch die theologischen Deutungen im Mittelalter und deren Wiederherstellung im Zeichen des Protestantismus, wie sie etwa in Hegels Anthropologie greifbar wird, sind für die Philosophische Anthropologie nicht maßgebend. Von allen diesen Deutungen des Menschen bleibt sie spezifisch abgehoben durch ihren antimetaphysischen wie auch antiontologischen Impuls. Die Philosophische Anthropologie lebt vielmehr aus einem positiven Bezug auf die namentlich seit der zweiten Hälfte des 19. Jahrhunderts entstandenen Erfahrungswissenschaften vom Menschen, also Humanbiologie, Individual- und Völkerpsychologie, Prähistorie, Verhaltenswissenschaften, Soziologie und Kulturwissenschaften. [...] Sie will indessen weder Methodologie oder Wissenschaftstheorie der Humanwissenschaften sein; noch versteht sie sich als bloße Verallgemeinerung von empirischen Forschungsergebnissen. Der Rekurs auf die verstreuten Erfahrungswissenschaften zielt vielmehr ab auf philosophische Deutung. Es geht um ein „Bild vom Menschen" (Gehlen), d. h. eine Gesamtschau.

Heinz Paetzold, Der Mensch, in: Grundkurs Philosophie, S. 451 f.

Begründer der philosophischen Anthropologie

Max Scheler (1874-1928), Philosoph und Soziologe, Begründer der materialen Wertethik und der modernen philosophischen Anthropologie durch sein Werk *Die Stellung des Menschen im Kosmos* (1928), in dem er der Frage nachgeht, ob dem Menschen eine Sonderstellung in der Welt zukommt.

Helmuth Plessner (1892-1985), Philosoph und Soziologe, entwickelt in seinem Werk *Die Stufen des Organischen und der Mensch* anhand der Einordnung des Menschen in den Stufenbau des Lebendigen eine auf die Ergebnisse der Biologie gestützte Anthropologie.

Arnold Gehlen (1904-1976), Philosoph und Soziologe, geht in seinem 1940 erschienen Klassiker der philosophischen Anthropologie *Der Mensch, seine Natur und seine Stellung in der Welt* vom Tier-Mensch-Vergleich aus und stützt sich auf die Ergebnisse der modernen Wissenschaften.

M3 Was wissen wir vom Menschen?

Fragt man einen gebildeten Europäer, was er sich bei dem Worte „Mensch“ denke, so beginnen fast immer drei unter sich ganz unvereinbare Ideenkreise in seinem Kopfe miteinander in Spannung zu treten. Es ist einmal der Gedankenkreis der jüdisch-christlichen Tradition von Adam und Eva, von Schöpfung, Paradies und Fall. Es ist zweitens der griechisch-antike Gedankenkreis, in dem sich zum ersten Mal in der Welt das Selbstbewusstsein des Menschen zu einem Begriff seiner Sonderstellung erhob in der These, der Mensch sei Mensch durch Besitz der „Vernunft“, logos, phronesis, ratio, mens – logos bedeutet hier eben sowohl Rede wie Fähigkeit, das „Was“ aller Dinge zu erfassen; eng verbindet sich mit dieser Anschauung die Lehre, es liege eine übermenschliche Vernunft auch dem ganzen All zu Grunde, an der der Mensch, und von allen Wesen er allein, teilhabe. Der dritte Gedankenkreis ist der auch längst traditional gewordene Gedankenkreis der modernen Naturwissenschaft und der genetischen Psychologie, es sei der Mensch ein sehr spätes Endergebnis der Entwicklung des Erdplaneten – ein Wesen, das sich von seinen Vorformen in der Tierwelt nur in dem Komplikationsgrade der Mischungen von Energien und Fähigkeiten unterscheide, die an sich bereits in der untermenschlichen Natur vorkommen. Diesen drei Ideenkreisen fehlt jede Einheit untereinander. So besitzen wir denn eine naturwissenschaftliche, eine philosophische und eine theologische Anthropologie, die sich nicht umeinander kümmern – eine einheitliche Idee vom Menschen aber besitzen wir nicht. Die immer wachsende Vielheit der Spezialwissenschaften, die sich mit dem Menschen beschäftigen, verdeckt, so wertvoll diese sein mögen, überdies weit mehr das Wesen des Menschen, als dass sie es erleuchtet. Bedenkt man ferner, dass die genannten drei Ideenkreise der Tradition heute weithin erschüttert sind, völlig erschüttert ganz besonders die darwinistische Lösung des Problems vom Ursprung des Menschen, so kann man sagen, dass zu keiner Zeit der Geschichte der Mensch sich so problematisch geworden ist wie in der Gegenwart.

Max Scheler, Die Stellung des Menschen im Kosmos, S. 10

M4 Ziel philosophischer Anthropologie

Im Unterschied zu den fachwissenschaftlichen Anthropologien, wie denen der Biologie, der Pädagogik, der Psychologie, der Soziologie, die jeweils bestimmte Aspekte des Menschseins zum Gegenstand ihrer Untersuchung machen, geht es der philosophischen Anthropologie um das Ganze des menschlichen Seins. [...] Sie verarbeitet und interpretiert die Forschungsergebnisse der Wissenschaften vom Menschen (v. a. der Biologie) im Blick auf eine umfassende, einheitstiftende Erkenntnis des Menschen. In diesem Rückbezug auf die empirischen Wissenschaften unterscheidet sich die philosophische Anthropologie unserer Zeit von den bis in die Antike zurückreichenden Versuchen, das „Wesen“ des Menschen zu bestimmen. Dieses menschliche „Wesen“ ist allerdings ein problematischer Gegenstand. Dies liegt zum einen daran, dass es nicht beschrieben werden kann wie z. B. das Nervensystem oder der Zellaufbau, dass auch die vollständige Kenntnis der biologischen Ausstattung des Menschen allein noch nicht ausreichen würde, die Frage nach dem Wesen, der Natur des Menschen zu beantworten: Was der Mensch sei, kommt erst in der Sinndeutung aller empirisch erschließbaren Sachverhalte zum Vorschein. [...] Entscheidend für den Menschen ist, dass und wie er seine Wirklichkeit als Möglichkeit erfährt, erkennt und entfaltet. Ein Mittel zu dieser, aller Selbstentfaltung notwendig vorausgehenden Selbstverständigung des Menschen ist die philosophische Anthropologie.

Schülerduden Philosophie (1985), S. 32

1 Ordnen Sie der Graphik aus den schon bekannten Positionen anthropologische Kernaussagen zu. → M1
2 Fassen Sie die Aufgabe der philosophischen Anthropologie zusammen. → M2
3 Ordnen Sie den drei Ideenkreisen Menschenbilder zu. Welche sind nach Ihrer Erfahrung heute die maßgebenden? → M3
4 Überprüfen Sie die Behauptung Schelers: „Eine einheitliche Idee vom Menschen aber besitzen wir nicht.“ → M3
5 Grenzen Sie die „Philosophischen Anthropologie“ im Unterschied zu den Anthropologien einzelner Wissenschaften ab. → M4

*9 Die Sonderstellung des Menschen

M1 Der Mensch als Geistwesen

Nach Max Scheler nimmt der Mensch sowohl eine Stellung in einem biopsychischen Stufenbau im Verhältnis zu Pflanze und Tier (natursystematischer Begriff) als auch eine metaphysische Sonderstellung als geistige Person (Wesensbegriff) ein, die unabhängig von der biopsychischen Welt gedacht werden muss.

Das Wesen des Menschen und das, was man seine *„Sonderstellung"* nennen kann, steht *hoch* über dem, was man Intelligenz und Wahlfähigkeit nennt, und würde auch nicht erreicht, wenn man sich diese Intelligenz und Wahlfähigkeit quantitativ beliebig, ja bis ins Unendliche gesteigert vorstellte. Aber auch das wäre verfehlt, wenn man sich das Neue, das den Menschen zum Menschen macht, nur dächte als eine zu psychischen Stufen: Gefühlsdrang, Instinkt, assoziatives Gedächtnis, Intelligenz und Wahl hinzukommende neue Wesensstufe *psychischer* und der *Vital*sphäre angehöriger Funktionen und Fähigkeiten, die zu erkennen in der Kompetenz der Psychologie und Biologie läge. Das neue Prinzip steht *außerhalb* alles dessen, was wir „Leben" im weitesten Sinne nennen können. Das, was den Menschen allein zum „Menschen" macht, ist nicht eine neue Stufe des Lebens – erst recht nicht nur eine Stufe der *einen* Manifestationsform dieses Leben, der „Psyche"– , sondern es ist ein allem und *jedem Leben überhaupt, auch dem Leben im Menschen entgegengesetztes Prinzip: [...] „Geist".*

M2 Weltoffenheit

Was aber ist nun jener „Geist", jenes neue und so entscheidende Prinzip? [...] Die Grundbestimmung eines geistigen Wesens [...] [ist] *seine existentielle Entbundenheit vom Organischen*, seine Freiheit, Ablösbarkeit – oder doch die seines Daseinszentrums – von dem Bann, von dem Druck, von der Abhängigkeit vom *Organischen*, vom *„Leben"* und allem, was zum Leben gehört – also auch von seiner triebhaften „Intelligenz". Ein „geistiges" Wesen ist also nicht mehr trieb- und umweltgebunden, sondern „umweltfrei" und, wie wir es nennen wollen, *„weltoffen"*: Ein solches Wesen hat *„Welt"*. Ein solches Wesen vermag ferner die auch ihm ursprünglich gegebenen „Widerstands"- und Reaktionszentren seiner Umwelt, die das Tier allein hat und in die es ekstatisch aufgeht, zu *„Gegenständen"* zu erheben und das *Sosein* dieser Gegenstände prinzipiell *selbst* zu erfassen, ohne die Beschränkung, die diese Gegenstandswelt oder ihre Gegebenheit durch das vitale Triebsystem und die ihm vorgelagerten Sinnesfunktionen und Sinnesorgane erfährt. [...]
[...] Alles, was das Tier merken und fassen kann von seiner Umwelt, liegt in den sicheren Zäunen und *Grenzen seiner Umweltstruktur.* [...] Der Verlauf des tierischen Verhaltens hat stets die Form:

T ⇄ **U**

Ganz anders ein Wesen, das *„Geist"* hat. Ein solches ist – wenn und soweit es sich seines Geistes sozusagen auch bedient – eines Verhaltens fähig, das eine genau *entgegengesetzte* Verlaufsform besitzt. [...]
Die Form eines solchen Verhaltens ist die der *„Weltoffenheit"*, der prinzipiellen Abschüttelung des Umweltbannes:

M ⇄ **W** → → ...

Dieses Verhalten ist, wo es einmal konstitutionell vorhanden ist, seiner Natur nach unbegrenzt erweiterungsfähig – so weit eben, als die „Welt" vorhandener Sachen reicht.
Der Mensch ist das X, das sich in unbegrenztem Maße „weltoffen" verhalten kann. Menschwerdung ist Erhebung zur Weltoffenheit kraft des Geistes.

M1/2: Max Scheler, Stellung des Menschen im Kosmos, S. 37-40

M3 Exzentrische Positionalität

Helmuth Plessner sieht die Sonderstellung des Menschen in der Fähigkeit zur Selbstreflexion, die ihm ein Selbstverhältnis zu seinem Körper und seinem Bewusstsein ermöglicht.

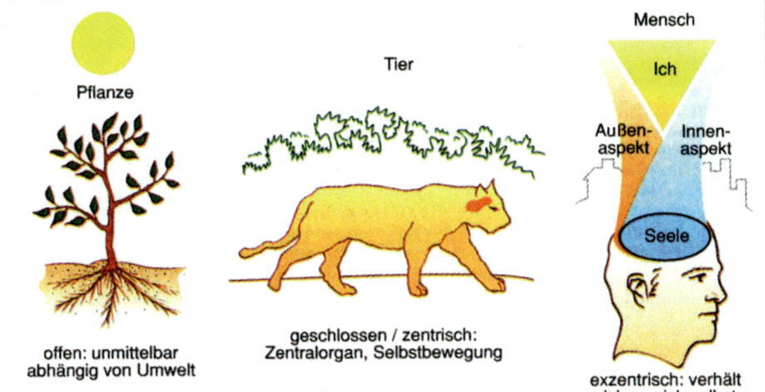

Plessner: Der Stufenbau des Organischen

Alles Lebendige zeichnet sich durch seine *Positionalität* aus: Es setzt sich gegen die außer ihm bestehende Umwelt ab, auf die es bezogen ist und von der es Rückwirkungen empfängt.
Die *Organisationsform* der *Pflanze* ist offen, d. h. sie gliedert sich unmittelbar abhängig ihrer Umgebung ein. Die geschlossene Form der *Tiere* dagegen zentriert den Organismus stärker auf sich selbst durch die Ausbildung von Organen (mit dem Gehirn als Zentralorgan) und ermöglicht so größere Unabhängigkeit. Erst der *Mensch* zeichnet sich durch seine *exzentrische Positionalität* aus, da er sich aufgrund seines Selbstbewusstseins reflexiv zu sich selbst verhalten kann. Er erfasst sich so in einem dreifachen Aspekt: als gegenständlicher *Körper*, als *Seele* im Körper und als *Ich*, von dem aus er die exzentrische Position zu sich einnimmt.
Aufgrund der Distanz, die der Mensch so zu sich hat, ist sein Leben eine von ihm selbst zu vollziehende Aufgabe. *dtv-Atlas Philosophie, S. 236f.*

M4 Der Mensch besitzt Welt

Der Mensch kann das Zentrum seiner Umwelt wenigstens zeitweise verlassen und auf sich selbst zurückblicken, und deshalb kann er sich selbst einordnen und sich selbst auf einen Platz in einer Rangordnung setzen. Er weiß auch, dass es vor ihm eine Welt gegeben hat, so wie es eine nach ihm geben wird.
Ein Tierfilm, der einen gleichgültig an dem Jeep des Kamerateams vorbeischleichenden Leoparden zeigt, kann den Unterschied zwischen Welt und Umwelt veranschaulichen. Der Mensch sieht den Leoparden, und er sieht nicht allein dessen Äußeres, sondern auch seine Interessen und Absichten und kann sein Verhalten entsprechend ausrichten, wogegen der Leopard dem Auto mit der aufgepflanzten Kamera keinen Blick schenkt, ja es vielleicht wirklich nicht sieht; und wenn er es doch sähe, besäße er weder Interesse noch Verständnis. Der Leopard, wiewohl zweifellos ein höheres Tier, verlässt niemals die von der Natur gesteckten Grenzen seiner Umwelt. Er ist nicht weltoffen. Unsere eigene Weltoffenheit ist unter anderem an der Sprache ablesbar, die wir erlernen müssen, die wir aber auch selbständig weiterbilden, wogegen die Sprache des Tieres fast völlig festgelegt ist.
Weil der Mensch Welt besitzt, besitzt er auch ein Wissen um seinen Tod, und anders als jedes Tier kennt er auch einen Horizont. Er weiß um die Größe der Welt, die seine eigene Umwelt um ein Unendliches überragt, und deshalb weiß er, dass er nur einen Ausschnitt bewohnt und dass er seinen eigenen Maßstab nicht an andere Wesen anlegen darf. [...]
Unser Denken ist fähig, sein Zentrum zu verlassen und auf uns selbst wie auf einen Fremden zurückzuschauen. Wir können von uns fortgehen und wieder zu uns zurückkehren, und wir tun das immer wieder.

Stefan Diebitz, Glanz und Elend der Philosophie, S. 101-103

1. Fertigen Sie ein Schaubild zu Max Schelers psychischen Stufen an und erläutern Sie seine Begriffe mit Hilfe der heutigen Biologie. ➜ M1
2. Erläutern Sie die Begriffe „Umweltgebundenheit" und „Weltoffenheit" anhand von Beispielen. ➜ M2
3. Diskutieren Sie, ob der Mensch sich in „unbegrenztem Maße" weltoffen verhalten kann. ➜ M2
4. Bestimmen Sie Helmuth Plessners Begriff der „exzentrischen Positionalität". ➜ M3
5. Begründen Sie, warum sowohl die Weltoffenheit als auch die exzentrische Positionalität für menschliches Handeln eine zentrale Bedeutung besitzen. ➜ M4

10 Mängel- und Handlungswesen Mensch

M1 Wer kann mehr?

Idee nach Luigi Malerba, Wahrhaftige Gespenster, S. 78

M2 Der Mensch – ein Mängelwesen

Der deutsche Dichter Johann Gottfried Herder (1744-1803) charakterisiert in seiner Abhandlung über den Ursprung der Sprache *(1770) den Menschen:*

Als nacktes, instinktloses Tier betrachtet, ist der Mensch das Elendste der Wesen. [...] Kein Geruch und keine Witterung, die ihn auf Kräuter hinreiße, damit er seinen Hunger stille! Kein blinder, mechanischer Lehrmeister, der für ihn sein Nest baue! Schwach und unterliegend, dem Zwist der Elemente, dem Hunger, allen Gefahren, den Klauen aller stärkeren Tiere, einem tausendfachen Tode überlassen, stehet er da! Einsam und einzeln! [...]
Das instinktlose, elende Geschöpf, was so verlassen aus den Händen der Natur kam, war auch vom ersten Augenblicke an das freitätige, vernünftige Geschöpf, das sich selbst helfen sollte und nicht anders als konnte. Alle Mängel und Bedürfnisse als Tier waren dringende Anlässe, sich mit allen Kräften als Mensch zu zeigen; so wie diese Kräfte der Menschheit nicht etwa bloß schwache Schadloshaltungen gegen die ihm versagten größeren Tier-Vollkommenheiten waren [...], sondern sie waren ohne Vergleichung und eigentliche Gegeneinandermessung seine Art!

Johann Gottfried Herder, Abhandlung über den Ursprung der Sprache, S. 80f.

M3 Der Mensch – ein Handlungswesen

Arnold Gehlen konzipiert gegen den traditionellen Dualismus Leib – Seele / Geist den Menschen als Gesamtentwurf der Natur, als ein handelndes Wesen, das dadurch eine Sonderstellung einnimmt.

Der Mensch ist das handelnde Wesen. Er ist in einem noch näher zu bestimmenden Sinne nicht „festgestellt", d. h. er ist sich selbst noch Aufgabe – er ist, kann man auch sagen: das stellungnehmende Wesen. Die Akte seines Stellungnehmens nach außen nennen wir Handlungen, und gerade insofern er sich selbst noch Aufgabe ist, nimmt er auch zu sich selbst Stellung und „macht sich zu etwas". [...]
Morphologisch [von der äußeren Gestalt her, der Form nach] ist nämlich der Mensch im Gegensatz zu allen höheren Säugern hauptsächlich durch Mängel bestimmt, die jeweils im exakt biologischen Sinne als Unangepasstheiten, Unspezialisiertheiten, als Primitivismen, d. h. als Unentwickeltes zu bezeichnen sind: also wesentlich negativ. Es fehlt das Haarkleid und damit der natürliche Witterungsschutz; es fehlen natürliche Angriffsorgane, aber auch eine zur Flucht geeignete Körperbildung; der Mensch wird von den meisten Tieren an Schärfe der Sinne übertroffen, er hat einen geradezu lebensgefährlichen Mangel an echten Instinkten und er unterliegt während der Säuglings- und Kinderzeit einer ganz unvergleichlich langfristigen Schutzbedürftigkeit. Mit anderen Worten: innerhalb natürlicher, urwüchsiger Bedingungen würde er als bodenlebend inmitten der gewandtesten Fluchttiere und der gefährlichsten Raubtiere schon ausgerottet sein. [...] Er ist von einer einzigartigen [...] biologischen Mittellosigkeit, und er vergütet diesen Mangel allein durch seine Arbeitsfähigkeit oder Handlungsgabe, d. h. durch Hände und Intelligenz; eben deshalb ist er aufgerichtet, „umsichtig", mit freigelegten Händen.

Arnold Gehlen, Der Mensch, S. 32-34

M4 Entlastung durch Institutionen

Sie [die Institutionen] sind die Formen, die ein seiner Natur nach riskiertes und unstabiles, affektüberlastetes Wesen findet, um sich gegenseitig und um sich selbst zu ertragen, etwas, worauf man sich und den anderen zählen und sich verlassen kann. Auf der einen Seite werden in diesen Institutionen die Zwecke des Lebens gemeinsam angefasst und betrieben, auf der anderen Seite orientieren sich die Menschen in ihnen zu endgültigen Bestimmtheiten des Tuns und Lassens, mit dem außerordentlichen Gewinn einer Stabilisierung auch des Innenlebens, so dass sie nicht bei jeder Gelegenheit sich affektiv auseinandersetzen oder Grundsatzentscheidungen sich abzuzwingen haben.

Der Einzelne erlebt nun in der Tat eine Institution wie das Eigentum oder die Ehe als ein überpersönliches vorgefundenes Muster, dem er sich einordnet; oder in anderen Fällen tritt er in eine Institution seines Berufs, eine Behörde, eine Fabrik ein in dem Bewusstsein, dass sie als dieselbe seit langem bestand und bestehen wird, im Wechsel der Menschen, die in sie ein- oder wieder austreten. [...]

Die Formen, in denen die Menschen miteinander leben oder arbeiten, in denen sich die Herrschaft ausgestaltet oder der Kontakt mit dem Übersinnlichen – sie alle gerinnen zu Gestalten eigenen Gewichts, den *Institutionen*, die schließlich den Individuen gegenüber etwas wie eine Selbstmacht gewinnen, so dass man das Verhalten des Einzelnen in der Regel ziemlich sicher voraussagen kann, wenn man seine Stellung in dem System der Gesellschaft kennt, wenn man weiß, von welchen Institutionen er eingefasst ist. Die Forderungen des Berufs oder der Familie, des Staats oder irgendwelcher Verbände, denen man angehört, regeln uns nicht nur in unserem Verhalten ein, sie greifen bis in unsere Wertgefühle und Willensentschlüsse durch. [...]

Man kann anthropologisch den Begriff der *Persönlichkeit* nur im engsten Zusammenhang mit dem der Institutionen denken, die letzteren geben der Personqualität in einem anspruchsvollen Sinn erst die die Entwicklungschance. Unter Persönlichkeit verstehe ich dabei aber nicht die protestlerische Selbstbetonung derjenigen, die durch den in der Tat ganz außerordentlichen Disziplinierungsdruck industrieller Massengesellschaften überanstrengt werden. Ich will sagen: Wenn auch die Institutionen uns in gewisser Weise schematisieren, wenn sie mit unserem Verhalten auch unser Denken und Fühlen durchprägen und typisch machen, so zieht man doch gerade daraus Energiereserven, um innerhalb seiner Umstände die Einmaligkeit darzustellen, d. h. ergiebig, erfinderisch, fruchtbar zu wirken. Wer nicht innerhalb seiner Umstände, sondern unter allen Umständen Persönlichkeit sein will, kann nur scheitern.

Arnold Gehlen, Anthropologische Forschung, S. 71f.

M5 Autoritärer Charakter der Institutionen

Gehlen [...] verallgemeinert ein historisch frühes Stadium menschlicher Entwicklung, in dem die überpersönliche Gewalt *archaischer* [frühzeitlicher] Institutionen das fundamentale Verhältnis von Instinkt und Auslöser auf der höheren Ebene des willkürlichen, erlernbaren Verhaltens wiederherzustellen scheint. Unversehens wird das, was für primitive Kulturen sehr wohl gelten mag, der menschlichen Natur schlechthin zugerechnet; so entsteht der Anschein, als sei der Mensch auf Repression angewiesen, ein für allemal; aus der Natur des Menschen springt die Notwendigkeit einer autoritär verfassten Gesellschaft heraus.

Jürgen Habermas, Kultur und Kritik, S. 108

1 Diskutieren Sie, ob der Mistkäfer dem Menschen überlegen ist. Fertigen Sie neue Quartettkarten bzw. Übersichten mit anderen Tieren an. → M1
2 Erläutern Sie das Menschenbild von Johann Gottfried Herder. Geben Sie Beispiele für die Mängelhaftigkeit des Menschen und das Spezialistentum der Tiere. → M2
3 Wodurch unterscheidet sich nach Arnold Gehlen der Mensch vom Mistkäfer? → M3/4
4 Begründen Sie, warum der Mensch der Institutionen bedarf. → M4
5 Diskutieren Sie den Zusammenhang zwischen Persönlichkeit und Institutionen. → M4
6 Nehmen Sie Stellung zu Gehlens Sicht der Gesellschaft und der Kritik von Jürgen Habermas. → M5

11 Anthropologie heute

M1 Alte, neue Fragen

Paul Gauguin, Woher kommen wir? Wer sind wir? Wohin gehen wir?, 1897

M2 Pluralisierung der Menschenbilder

Alle diese Einzelbestimmungen reichen, monolithisch [blockartig, untrennbar zusammengesetzt] als charakteristische Züge des Menschen genommen, nicht aus. Trotz einer gewissen Plausibilität jeder einzelnen ist keine von diesen Kennzeichnungen geeignet, eine theoretische Gesamtkonzeption des Menschen zu ergeben, die alle oder auch nur viele Resultate der empirischen Humanwissenschaften erfassen und umfassen kann. Traditionelle philosophische anthropologische Ansätze hoben meist monolithisch *einen* Wesenszug, oft eine Fähigkeit des Menschen hervor, der diesen vom Tier unterscheiden soll. [...] Der Mensch ist jedoch nicht auf eine einzige charakteristische Eigenschaft zusammenzustreichen, der Kennzeichnung kann man nicht nur einen einzigen singulären [einzigartigen] Faktor zugrundelegen. [...]

Wenn Nietzsche doppelsinnig vom Menschen als dem „noch nicht festgestellten Tier" sprach, so muss ergänzt werden, dass der Mensch aber das Wesen ist, das immer neu versuchen muss, die Welt und sich selbst „festzustellen", ohne in Erstarrung zu verfallen. Der Mensch ist auf stete, immer neu bewährte Selbstfeststellung und Selbstdeutung angewiesen. Daher kann eine Philosophische Anthropologie nie eine fertige Disziplin, das Menschenbild nicht etwas Dogmatisch-Starres sein. *Hans Lenk, Humanitätsforschung, S. 40f., 78*

M3 Der schöpferische Mensch

In Diskussionen um die prinzipiellen Fähigkeiten von Maschinen, insbesondere von Computern oder Robotern, begegnet man häufig Thesen wie der folgenden: Computer mögen ja vieles können; aber kreativ sein, Neues schaffen, originell sein, gute Einfälle haben können sie nicht. Dies mag nun wahr sein oder nicht; auf jeden Fall ist Kreativität etwas, worauf wir Menschen besonders stolz sind. Schöpferische Fähigkeiten brauchen wir beim Problemlösen, beim Sprechen, beim Erfinden, in der Wissenschaft, in der Kunst – wo eigentlich nicht? Die schöpferischen Fähigkeiten des Menschen kommen deshalb in vielen weiteren Merkmalen zum Ausdruck, etwa bei *Homo faber, Homo pictor, Homo loquens, Homo ludens* [herstellender, malender, sprechender, spielender Mensch]. So ist der *Homo creator* [schöpferischer Mensch] für die Anthropologie von besonderer Bedeutung. Der Kulturanthropologie des zwanzigsten Jahrhunderts gilt der Mensch als ein unabgeschlossenes, formbares und gestaltendes Wesen. [...]

Das Schaffen von Symbolen ist typisch menschlich. Das hat – neben anderen – Ernst Cassirer [...] besonders betont: Im Gegensatz zur klassischen Auffassung vom Menschen als Vernunftwesen, als *animal rationale*, definiert er den Menschen als *animal symbolicum* [Wesen, das Symbole herstellt, deutet und gebraucht]. [...] Symbole spielen an vielen Stellen eine Rolle: in bildlichen Darstellungen, bei Riten und Kulten, in der Kunst, in der Sprache und natürlich bei der Schrift. Alle Wörter stehen *für* etwas, und von Lautmalereien abgesehen ist die Zuordnung zwischen Wort und Bedeutung völlig willkürlich. Der Mensch als Sprachwesen verdient jedoch eine eigene Charakterisierung.

Funkkolleg Der Mensch, S. 12f.

M4 Der Mensch als Allrounder

Der Mensch ist eben das kreative, symbolische, normative, kulturelle und rationale Wesen ebenso wie ein nach seiner Organausstattung sehr unspezifisches, unspezialisiertes, aber nach Maßgabe der Werkzeug- und Symbolverwendung außerordentlich differenzierungsfähiges und flexibles Wesen, das auf unterschiedlichste ökologische Nischen reagieren, sich in verschiedensten Umwelten zurechtfinden und überleben kann – also das *Vielfältigkeitswesen par excellence* ist. [...]

Der Mensch, ein Stäubchen in einem verlorenen Winkel des Kosmos, braucht wenigstens der Bewusstheit und der Fragestellung entsprechend, nicht sich selber immer noch „das unbekannte Wesen“ zu bleiben. Seine kognitive Sonderstellung besteht nach allen historischen Verlusten der kosmischen und biologischen Mitte, wie sie durch kopernikanische und darwinistische, freudsche sowie neuere kosmologische Wenden erzeugt worden sind, vielleicht doch in der Auszeichnung, dass er das Weltall und sich selbst in ihm offenbar relativ gut erkennen kann, sich seiner eigenartigen und anscheinend gegen alle Wahrscheinlichkeit in Myriaden [Unzahl] von Galaxien vielleicht wohl doch einzigartigen „Stellung im Kosmos“ bewusst werden kann. Darin besteht die besondere symbolische Bürde und Verpflichtung des Menschen. Eine entsprechende Sonderstellung zeigt sich auch in seiner Kennzeichnung und Auszeichnung als des moralischen Wesens, das allein Verantwortung tragen, zuschreiben und auch sich selbst zuweisen kann, wie es das Gewissen als moralisches Phänomen zeigt.

Hans Lenk, Humanitätsforschung, S. 8, 83

M5 Interdisziplinäre Anthropologie

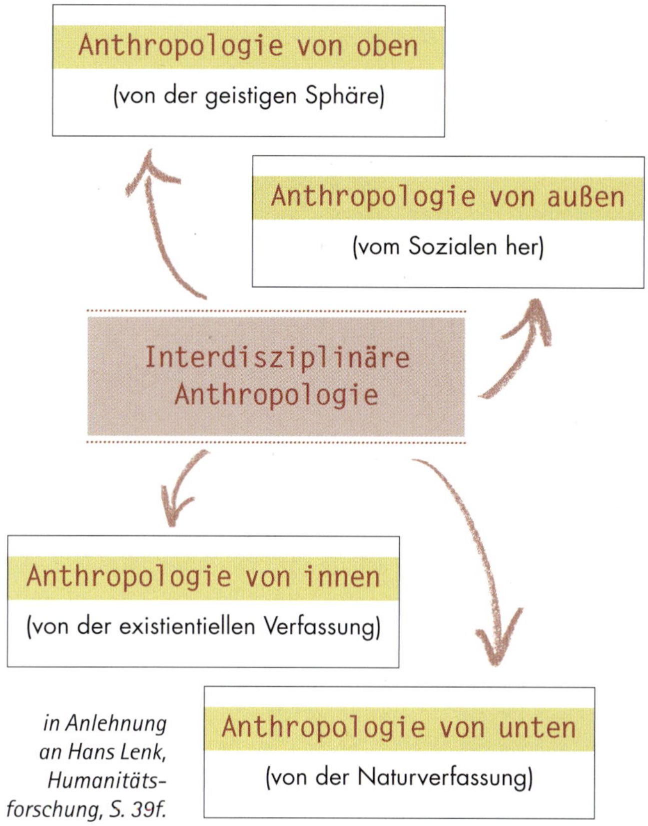

in Anlehnung an Hans Lenk, Humanitätsforschung, S. 39f.

1. Mit seinem späten Meisterwerk hat Paul Gauguin eine Antwort auf die wichtigsten Fragen der Menschheit mit Bildern aus der Mythologie der Südsee versucht. Es zeigt die Stadien des menschlichen Lebens (z. B. gealterte Frau rechts, leidender Mann links, sitzendes Kind).
   Beschreiben Sie die Haltungen der dargestellten Personen. Welche zentralen Fragen drücken sie aus?
   Deuten Sie die Symbolik des Gauguin-Gemäldes. Welche Darstellungen sind Ihnen zugänglich, welche rätselhaft und verschlossen? ➜ M1
2. Diskutieren Sie die Probleme einer Fixierung auf ein bestimmtes Menschenbild. ➜ M2/3
3. Formulieren Sie für einen Bewohner des Mars eine Antwort auf die Frage, was der Mensch ist. ➜ M4
4. Erläutern Sie das Programm einer „interdisziplinären Anthropologie“. ➜ M5
5. Ordnen Sie die hier im Kapitel behandelten Denker und Wissenschaftler einzelnen Anthropologien zu. ➜ M5

1 Pluralistische Gesellschaft und Moral

M1 Normenverfall?

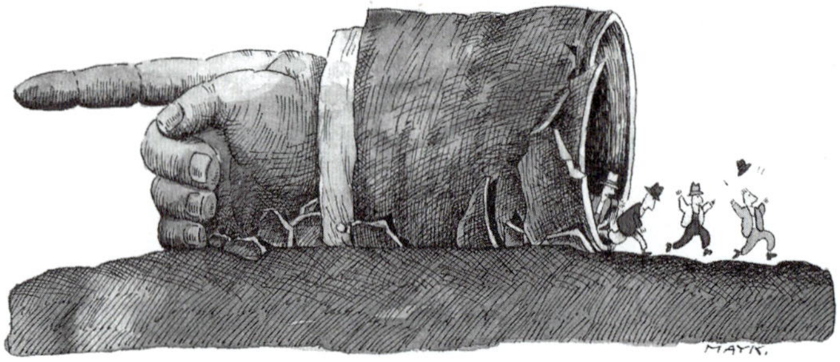

Janusz Majewski

M2 Motor: Individualisierung

Löst sich die Gesellschaft auf? Wenn man das Gejammere über „Individualisierung" glaubt, könnte man es fast meinen. [...] Gibt es keine Solidarität mehr? Kann eine Gesellschaft der Ellebogen überhaupt noch „Gesellschaft" genannt werden? [...] „Individualisierung" meint [...] erstens die *Auf*lösung, zweitens die *Ab*lösung industriegesellschaftlicher Lebensformen (Klasse, Schicht, Geschlechterrolle, Familie) durch solche, in denen die Individuen ihre Biographie selbst herstellen, inszenieren, zusammenschustern müssen. Die Normalbiographie wird zur Wahlbiographie, zur „Bastelbiographie". [...] Individualisierung beruht also keineswegs auf einer freien Entscheidung. Die Menschen sind – um es mit Sartre zu sagen – zur Individualisierung verdammt. Es handelt sich um einen Zwang, einen paradoxen Zwang freilich, zur Selbstherstellung, Selbstgestaltung, Selbstinszenierung, nicht nur der eigenen Biographie, sondern auch ihrer moralischen, sozialen und politischen Bindungen [...]. Wo alles in Entscheidungen, die riskant werden, verwandelt wurde, muss von nun an sogar die traditionale Ehe gewählt und mit all den in sie eingebauten Widersprüchen als persönliches Risiko begründet und gelebt werden. Früher dominierten ständische Heiratsverbote und -gebote, heute die anonymen Anforderungen der Erwerbsarbeit und sozialen Sicherungen, allerdings mit einem wesentlichen Unterschied: Während die engen Traditionsmuster zur Gemeinsamkeit verpflichteten, zwingen die Vorgaben heute dazu, ein eigenes Leben aufzubauen und zu führen, bei Strafe ökonomischer Benachteiligungen. [...] Was nicht heißt, dass Individualisierung nur passiv erlebt und erlitten wird. Niemand will zurück.

Ulrich Beck, Vom Verschwinden der Solidarität, S. 31-35

M3 Verbindliche Regeln für alle?

In einem Gespräch in der Zeitschrift „Geo" diskutieren der katholische Pfarrer Franz Meurer und Inge Wolff, Vorsitzende des „Arbeitskreises Umgangsformen International", mit den Philosophen Detlef Horster und Kurt Bayertz über Moral in einer pluralistischen Gesellschaft.

Geo: In welchem Zustand befindet sich die Moral? Einerseits gibt es ein großes Wehklagen über den zunehmenden Sittenverfall. Andererseits spenden die Menschen so viel wie noch nie. [...]

Wolff: Ich glaube, viel Zusammenhalt ist dadurch verloren gegangen, dass die verbindenden Rituale immer weniger geworden sind. Die Strukturen, die von der Kirche vorgegeben waren, haben sich weitgehend aufgelöst. Und es gibt keine großen homogenen Gruppen mehr, die sich der gleichen Moral verpflichtet fühlen. Jetzt fangen wir plötzlich an, darüber nachzudenken: Oh Gott, wie kriegen wir wenigstens diese kleinen Alltagswerte wieder hin, die den Umgang miteinander erträglicher machen? [...]

Horster: Wandel ist ja nicht unbedingt Verlust. Wenn ich die Vorstellung habe, außerehelicher Geschlechtsverkehr oder ein uneheliches Kind sind unmoralisch, dann leben wir natürlich in einer abgrundtief unmoralischen Gesellschaft. Aber wer sagt denn, dass das unmoralisch ist?

Meurer: Ich zum Beispiel. Wenn man mit 13, 14 oder 15 ein Kind bekommt, ist das nicht gut. [...] Das Fehlen moralischer Regeln ist gerade für arme und einfache Menschen ein großes Problem. [...]

Bayertz: Wir müssen einfach damit leben, dass die Gesellschaft sich ändert, und bestimmte Wertvorstellungen ändern sich auch. Wenn Sie sagen, es ist nicht gut, dass eine 13-Jährige ihr Kind bekommt – sofort einverstanden. Aber nicht alles, was wir nicht gut finden, ist deswegen schon unmoralisch. [...] Manche glauben, dass die Philosophie ihnen sagen kann, „wo es langgehen soll“. Diesem Bedürfnis sollte sich die Moralphilosophie aber entziehen. Ihre Leistung besteht darin, das Handwerkszeug zur Lösung von Problemen bereitzustellen, nicht die Problemlösung selbst. Philosophische Theorien ersetzen das eigene Denken und Entscheiden nicht. [...] Wir leben in einer Gesellschaft, die dem Individuum in ungeheurem Maße Freiheit zubilligt. Das ist ein großer Fortschritt. Nicht alle sind jedoch in der Lage, mit dieser Freiheit umzugehen. Daraus entsteht eine Verunsicherung, die manche in den Fundamentalismus treibt. Früher wurde einem vorgegeben, welchen Beruf man zu ergreifen hatte, welche Frau oder welchen Mann man heiraten sollte, in welcher Stadt man lebte, in welcher Kirche man war. Heute können wir uns alles frei aussuchen, sogar unseren eigenen Tod. Wir diskutieren zum Beispiel über Patienten-Testamente. Das heißt, ich kann festlegen, unter welchen Umständen ich reanimiert werden möchte oder nicht. Ich halte das für gut, aber wir dürfen nicht übersehen, dass viele Menschen damit überfordert sind. [...]

Horster: Jeder soll sich die Frage stellen: Welche Konsequenzen hat ein moralisches Handeln? Wenn ich mich in dieser Situation so entscheide, komme ich dann mit meinem Gewissen auf lange Sicht klar oder nicht? [...] Moralische Entscheidungen sind durch technische Entwicklungen wie Embryonenforschung, Pränataldiagnostik [...] sehr viel schwieriger geworden. Es gibt den Umgang mit Menschen aus fremden Kulturen. [...] All das hat es in früherer Zeit, als wir noch eine christlich-homogene Gesellschaft hatten, nicht gegeben. [...]

Geo: Reicht die Verfassung mit ihren Grundwerten als Fundament einer modernen nachchristlichen Moral? [...]

Bayertz: Die Verfassung ist eine notwendige, aber keine hinreichende moralische Bedingung. Das Gleiche gilt für die Kirchen, Greenpeace, für die Gewerkschaften. Alle Gruppen spielen im Moralkonzert eine Rolle. [...] Moralische Wahrheit kann in diesem Konzert niemand für sich beanspruchen. [...] Ein großer Teil der Unzufriedenheit mit modernen pluralistischen Moralauffassungen resultiert wohl daraus, dass wir immer noch der Vorstellung verhaftet sind, Moral sei ein unumstößliches Gesetz, das in steinerne Tafeln gemeißelt ist. Und eine zentrale Institution müsse dieses Gesetz vertreten und durchsetzen. Ich halte das für grundfalsch. Es ist doch eine Errungenschaft, dass wir heute nicht mehr nur eine Partei haben, sondern viele. Die gefallen uns vielleicht alle nicht besonders gut, aber immerhin können wir zwischen ihnen wählen. Warum soll es in Sache Moral anders sein? Es gibt zwar einen harten Kern von Regeln, die von allen respektiert werden müssen; drum herum ist aber Raum für verschiedene Ansichten.

Geo-Wissen Nr. 35/2005, S. 22-27

M4 Wertorientierung Jugendlicher

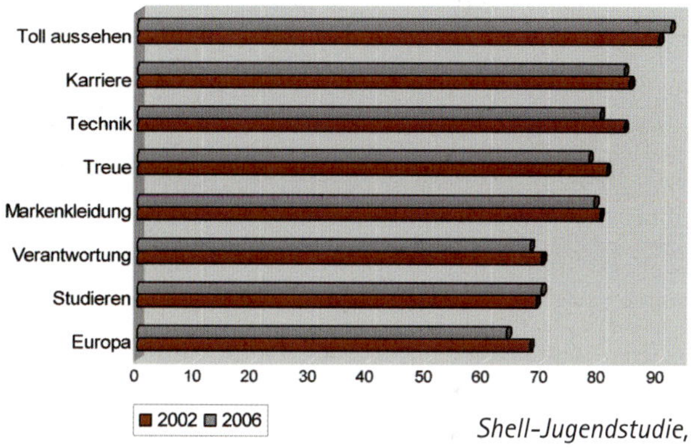

Shell-Jugendstudie, www.21-kom.de

1 Gestalten Sie Denk- und Sprechblasen für die einzelnen Personen. ➔ M1
2 Erläutern Sie, inwiefern Individualisierung „ein kollektives Schicksal" (Beck) ist. ➔ M2
3 Diskutieren Sie Vor- und Nachteile des Umstandes, dass wir in einer Gesellschaft leben, die „dem Individuum in ungeheurem Maße Freiheit zubilligt". ➔ M3/4
4 Erstellen Sie eine Mindmap von den Regeln, die Ihrer Auffassung nach in einer Gesellschaft von allen beachtet werden müssen. ➔ M3
5 Nehmen Sie Stellung zu der Aufgabe, die Bayertz der Moralphilosophie in einer Gesellschaft mit pluralistischen Wertvorstellungen zuweist. ➔ M3

2 Diskurs: Basis des demokratischen Rechtsstaates

M1 Standpunkte

Es wird der „gemeinsame Boden“ unseres Zusammenlebens verlassen, wenn …

a. jemand mit Burka in den Unterricht kommt.
b. ein Mädchen keine Anstellung bei einer Bank bekommt, weil es ein Kopftuch trägt.
c. alle Schüler und Schülerinnen auf dem Pausenhof deutsch sprechen müssen.
d. jemand einen Ehrenmord verteidigt.
e. jemand Geld für die Gefangenen der USA im „Kampf gegen den Terror“ sammelt.
f. Mitschüler glatzköpfig und mit Kampfstiefeln und Bomberjacke in die Schule kommen.
g. Mitschüler oder Mitschülerinnen Symbole verfassungsfeindlicher Gruppierungen offen tragen.
h. jeder vom anderen in Ruhe gelassen wird.
i. eine Zeitschrift durch Text und Bild die religiösen Gefühle anderer verletzt.
j. eine Lehrerin mit Kopftuch unterrichten darf.
k. im Ramadan meine Nachbarn abends lange laut sind.
l. jeder so leben kann, wie er will.
m. Krawallmacher den 1. Mai nutzen, um massiv Gewalt gegen Sachen anzuwenden.
n. Minderheiten in der Abi-Zeitung die Gelegenheit nutzen, um sich an Schülern oder Lehrern zu rächen.
o. ich den anderen respektiere.
p. mich die Frau meines muslimischen Nachbarn nicht grüßen darf.
q. Jungen in einer Klasse Mädchen nur mit sehr abfälligen Äußerungen belegen.
r. Mädchen aus religiösen Gründen nicht ins Schullandheim dürfen oder nicht am Sportunterricht teilnehmen dürfen.
s. jemand bei Einstellungsgespräch oder Einwanderung über seine sexuelle Orientierung Auskunft geben muss.
t. …

M2 Was ist das „einigende Band"?

Woraus lebt der Staat, worin findet er die ihn tragende, homogenitätsverbürgende [einheitsstiftende] Kraft und die inneren Regulierungskräfte der Freiheit, deren er bedarf, nachdem die Bindungskraft aus der Religion für ihn nicht mehr essentiell ist und sein kann? […] Lässt sich Sittlichkeit innerweltlich, [d. h.] säkular begründen und erhalten? […] Der Vorgang der Säkularisation [Verweltlichung] war zugleich ein großer Prozess der Emanzipation […] der weltlichen Ordnung von überkommenen religiösen Autoritäten und Bindungen. Seine Vollendung fand er in der Erklärung der Menschen- und Bürgerrechte. Sie stellte den Einzelnen auf sich selbst und seine Freiheit. Damit aber musste sich, prinzipiell gesehen, das Problem der neuen Integration stellen: Die emanzipierten Einzelnen mussten zu einer neuen Gemeinsamkeit und Homogenität zusammenfinden, sollte der Staat nicht der inneren Auflösung anheimfallen. Die Einheit der Nation folgte der Einheit aus der Religion. […] Inzwischen hat die Idee der Nation […] diese Formkraft verloren: Der Individualismus der Menschenrechte, zur vollen Wirksamkeit gebracht, emanzipiert nicht nur von der Religion, sondern, in einer weiteren Stufe, auch von der (volkhaften) Nation als homogenitätsbildender Kraft. […]

So stellt sich die Frage nach den bindenden Kräften […] in ihrem eigentlichen Kern: Der freiheitliche, säkularisierte [verweltlichte] Staat lebt von Voraussetzungen, die er selbst nicht garantieren kann. Das ist das große Wagnis, das er, um der Freiheit willen, eingegangen ist. Als freiheitlicher Staat kann er einerseits nur bestehen, wenn sich die Freiheit, die er seinen Bürgern gewährt, von innen her, aus der moralischen Substanz des Einzelnen […], reguliert. Anderseits kann er diese inneren Regulierungskräfte nicht von sich aus, das heißt mit den Mitteln des Rechtszwanges und autoritativen Gebots zu garantieren suchen, ohne seine Freiheitlichkeit aufzugeben […].

Ernst-Wolfgang Böckenförde, Die Entstehung des Staates, S. 111–113

M3 Verfassungspatriotismus

Das vermisste „einigende Band“ ist der demokratische Prozess selbst – eine nur gemeinsam auszuübende kommunikative Praxis, in der letztlich das richtige Verständnis der Verfassung zur Diskussion steht. So geht es etwa in den aktuellen Auseinandersetzungen über die Reform des Wohlfahrtsstaates, über die Einwanderungspolitik, den Krieg im Irak oder die Abschaffung der Wehrpflicht nicht nur um einzelne policies [Politikinhalte], sondern immer auch um die strittige Interpretation von Verfassungsprinzipien – und implizit darum, wie wir uns im Licht der Vielfalt unserer kultureller Lebensweisen, unserer Weltanschauungen und religiösen Überzeugungen als Bürger der Bundesrepublik wie als Europäer verstehen wollen. Gewiss, im historischen Rückblick waren ein gemeinsamer religiöser Hintergrund und eine gemeinsame Sprache, vor allem aber das neu geweckte Nationalbewusstsein für die Entstehung einer hoch abstrakten staatsbürgerlichen Solidarität hilfreich. Die republikanischen Gesinnungen haben sich inzwischen jedoch von diesen vorpolitischen Verankerungen weitgehend gelöst [...]. Denken Sie an die politisch-ethischen Diskurse über den Holocaust und die im Namen der eigenen Regierung begangenen Massenverbrechen: Sie haben den Bürgern der Bundesrepublik die Verfassung als Errungenschaft zu Bewusstsein gebracht. Das Beispiel einer selbstkritischen [...] „Gedächtnispolitik“ zeigt, wie sich verfassungspatriotische Bindungen im Medium der Politik selbst bilden und erneuern können. [...] Entgegen einem weit verbreiteten Missverständnis heißt „Verfassungspatriotismus“, dass sich Bürger die Prinzipien der Verfassung nicht allein in ihrem abstrakten Gehalt, sondern konkret aus dem geschichtlichen Kontext ihrer jeweils eigenen nationalen Geschichte zu eigen machen. [...] Unter Staatsbürgern entsteht eine wie immer auch abstrakte und rechtlich vermittelte Solidarität erst dann, wenn die Gerechtigkeitsprinzipien in das dichtere Geflecht kultureller Wertorientierungen Eingang finden.

Jürgen Habermas, Vorpolitische Grundlagen des demokratischen Rechtsstaates?, S. 24f.

M4 Müssen / dürfen wir über alles diskutieren?

MEINUNGSFREIHEIT

Lasst uns über den Holocaust streiten

An britischen Elite-Unis debattiert man gerne. Für heute Abend sind Holocaust-Leugner David Irving und der wegen Rassenhass verurteilte Nick Griffin zum Plaudern nach Oxford eingeladen. Das gibt Ärger.

Alexander Menden, Meinungsfreiheit, www.sueddeutsche.de

M5 Legitimation durch Menschenrechte

In „Diskursen“ wollen die Teilnehmer, indem sie sich gegenseitig mit Argumenten von etwas zu überzeugen suchen, zu gemeinsamen Ansichten gelangen, während sie in „Verhandlungen“ einen Ausgleich ihrer verschiedenen Interessen anstreben. [...] Wenn nun solche Diskurse (und Verhandlungen) der Ort sind, an dem sich ein vernünftiger politische Wille bilden kann, muss sich die Vermutung auf legitime Ergebnisse, die das demokratische Verfahren begründen soll, letztendlich auf ein kommunikatives Arrangement stützen: [...] Der gesuchte interne Zusammenhang zwischen Menschenrechten und Volkssouveränität besteht dann darin, dass die Menschenrechte die Kommunikationsbedingungen für eine vernünftige politische Willensbildung institutionalisieren.

Jürgen Habermas, Zur Legitimation durch Menschenrechte, S. 175

1. Nehmen Sie Stellung. Erweitern Sie die Liste und stellen Sie Ihre Punkte zur Diskussion. ➔ M1
2. Erläutern Sie das Problem, vor das sich nach Böckenförde der moderne, pluralistische Rechtsstaat gestellt sieht. Inwiefern kann er die „ihn tragende, homogenitätsverbürgende [einheitsstiftende] Kraft“ nicht verordnen? (Vgl. hierzu auch Kapitel Moralphilosophie, Kant, S. 171, M6 .) ➔ M2
3. Prüfen Sie, ob sich z. B. durch die „politisch-ethischen Diskurse über den Holocaust“ ein Verfassungsverständnis und staatsbürgerliches Bewusstsein ausbilden kann. ➔ M3/4
4. Diskutieren Sie, ob Sie die Habermas'sche Position, dass die Menschenrechte den Rahmen für die demokratische Willensbildung ziehen, überzeugt. ➔ M3-5

3 Recht auf Meinungsfreiheit

Moralisches Argumentieren

M1 Köln wehrt sich gegen „Kongress"

Als historisches Ereignis hatten „Pro Köln“ [...] ihren „Anti-Islamisierungskongress“ angekündigt, Spitzenpolitiker der europäischen extremen Rechten [...] sollten unter dem Deckmantel der Islamkritik Hass und Angst schüren. [...] Heraus kam nun eine mehr als peinliche Lachnummer. [Es] [...] setzten Wirte und Hoteliers die Rechtspopulisten auf die Straße, Taxis verweigerten ihnen die Fahrt. Am Samstag schaffen es von den angeblich zu erwartenden 1500 Sympathisanten [...] gerade einmal ein paar Dutzend auf den Heumarkt. Rund um den Platz blockieren Gegendemonstranten jeden Zugang zum Kundgebungsort: Straßen, Gassen, Gleise, U-Bahn-Ausgänge – alle Wege sind dicht.

Lenz Jacobsen / Philipp Wittrock, Köln lässt Rechtspopulisten abblitzen, www.spiegel.de

Aufruf zum „Antiislamisierungskongress", www.pro-koeln.org

M2 Verdacht rechtsextremistischer Bestrebungen

[Das Oberverwaltungsgericht Münster hat] [...] festgestellt, dass sich [...] aus Äußerungen in den „pro Köln“-Infoblättern sowie aus Artikeln, die sich im Archiv der Homepage von „pro Köln“ befinden, Anhaltspunkte für den Verdacht von Bestrebungen ergeben, Schutzgüter der freiheitlichen demokratischen Grundordnung zu beseitigen oder außer Geltung zu setzen.

Verfassungsschutzbericht NRW 2007, S. 78

M3 Demonstrationsfreiheit gilt für alle!

Die Kölner dürfen sich die Ereignisse vom Wochenende als Triumph der Zivilgesellschaft ans Kostüm heften. Doch bleibt nach dem kölschen Hochamt für die Toleranz auch ein schaler Nachgeschmack. Bei aller Kritik an ihren Ansichten, wie steht es um die Demonstrationsfreiheit der Veranstalter? [...] Statt der großspurig angekündigten 1500 europäischen Rechten verlaufen sich 50 Sympathisanten auf dem Heumarkt in der Altstadt. Hoch zu Ross [...] ist die Polizei sofort präsent, als jugendliche „Autonome“ am Rheinufer Rabatz machen. Müllcontainer brennen, von insgesamt 4000 Polizisten werden sechs leicht verletzt. [...] Der Krawall liefert der Polizei den Vorwand, es gebe „unkalkulierbare Risiken für die Sicherheit der Kölner [...]. Die Kundgebung wird untersagt.“ [...] Köln stand bei Weitem nicht am Rand des Bürgerkriegs. So ist schwer zu sehen, warum die Polizei nicht den Teilnehmern den Weg zu ihrer Demonstration bahnt. Zur Not mit hartem Durchgreifen. So will es das Grundgesetz, so sagen es die Verfassungsrichter. Und daran ändert sich auch nichts, wenn die Protestierer so auffallend kurze Haare haben [...]. Derlei Feinheiten stören Parteipolitiker jetzt nicht. [...] CDU-Ministerpräsident Rüttgers lobt die „Zivilcourage“, mit der die 15000 Gegendemonstranten dem Häuflein Rechter entgegentraten. [...] Und Bundestagsvizepräsident Wolfgang Thierse (SPD) weist Kritik mit dem Argument zurück, man könne in solchen Fällen nicht nur „formaljuristisch“ argumentieren: „Es geht schon darum, welches Anliegen welche Gruppierung vertritt, ob es dem friedlichen Zusammenleben dient, oder ob es stört.“ [...] Artikel 8 des Grundgesetzes gilt in Köln offenbar nur dann uneingeschränkt, wenn es die Mehrheit nicht stört.

Christian Denso, Haben Rechte Rechte?, S. 6

M4 Der Vorrang der Vorstellung vom guten Leben

Ich würde sagen, dass das Recht auf freie Meinungsäußerung durch eine moralische Bewertung der Zwecke gerechtfertigt sein sollte, denen sie dient. [...] Es kann aus praktischen Gründen wünschenswert sein, einige allgemeine Regeln für die Fälle aufzustellen, in denen das Recht auf freie Meinungsäußerung zu gelten [...] hat. [...] Diese Regeln müssten allerdings auf dem gründen, was das Recht auf freie Meinungsäußerung überhaupt rechtfertigt, und m. E. ist die beste Rechtfertigung dieses Rechts ein bestimmter Zweck, eine bestimmte Konzeption der guten Gesellschaft [...]. Lassen Sie mich einen [...] Fall anführen. Sollen Hetzreden erlaubt sein? Soll es einer Neonazipartei erlaubt sein, in Skokie aufzumarschieren, einer Stadt in Illinois, in der viele Überlebende des Holocaust wohnen? Ich würde fragen: Dienen die Hetzreden der Nazipartei [...] dem Ziel, einen Beitrag zur Selbstverwaltung oder zur demokratischen Meinungsbildung zu leisten? In diesem Fall hatte die Stadt Verfügungen zum Verbot von Hetzreden erlassen. Das Gericht hob diese Verfügungen mit der Begründung auf, sie seien nicht mit dem Recht auf freie Meinungsäußerung vereinbar; es verlange Neutralität gegenüber den Inhalten. Würde man die Meinungsfreiheit mit dem Argument verteidigen, dass sie dem öffentlichen Leben in einer Demokratie förderlich ist, dann könnten diese Verfügungen, dann könnten Gesetze zum Verbot von Hetzreden aufrechterhalten werden.

Michael J. Sandel, Die Grenzen der Gerechtigkeit und das Gute der Gemeinschaft, S. 246-248

M5 Gemeinschaft versus Fanatiker

[...] ein Pragmatist [...] unterscheidet zwischen Menschen, deren Gewissensentscheidungen geachtet werden müssen, und Menschen, die er als „fanatisch" zu betrachten sich erlauben kann. [...] Er muss das, was als vernünftig oder fanatisch gilt, im Hinblick auf die Tradition einer bestimmten Gemeinschaft, den Konsens einer bestimmten Gruppe, relativieren. Was als fanatisch gilt, kommt auf die Gruppe an, vor der wir meinen, uns rechtfertigen zu müssen.

Richard Rorty, Der Vorrang der Demokratie vor der Philosophie, S. 5

M6 Der Vorrang des Rechten vor dem Guten

Da eine gerechte Verfassung besteht, haben [...] alle Bürger die [...] Gerechtigkeitspflicht, sie einzuhalten. [...] Gerechte Bürger sollten also bemüht sein, die Verfassung mit allen ihren gleichen Freiheiten aufrechtzuerhalten, solange die Freiheit selbst und ihre eigene Freiheit nicht gefährdet ist. Sie können die Intoleranten in angemessener Weise zwingen, die Freiheit anderer zu achten [...]. Doch wenn die Verfassung selbst nicht in Gefahr ist, gibt es keinen Grund, den Intoleranten die Freiheit zu verweigern.

John Rawls, Eine Theorie der Gerechtigkeit, S. 248f.

M7 Die Grundsätze der Verfassung

Innerhalb eines politischen Gemeinwesens, dessen Bürger sich reziprok die gleichen Rechte einräumen, ist kein Platz mehr für eine Autorität, die eine Grenze des zu Tolerierenden einseitig festlegen könnte. Auf der Basis der Gleichberechtigung und der reziproken Anerkennung der Bürger besitzt niemand das Privileg, die Grenzen der Toleranz nur aus der Perspektive je eigener Wertsetzungen vorzunehmen. [...] Schon in der Verfassung selbst sind Institutionen und Verfahren festgelegt, die Konflikte der Verfassungsinterpretation entscheiden sollen - so auch die Frage, wo im Einzelfall die Grenze verläuft, jenseits derer [...] eine öffentliche Agitation „den Boden der Verfassung" verlässt.

Jürgen Habermas, Fundamentalismus und Terror, S. 29f.

1 Rekonstruieren Sie, inwiefern das Recht auf freie Meinungsäußerung durch die Kölner Ereignisse berührt wurde. Halten Sie das Verbot für angemessen? ➜ M1-3

2 Erarbeiten Sie den Streitpunkt zwischen Liberalen und „Gemeinschaftlern" (= Kommunitaristen) am Beispiel des Verständnisses des Rechtes auf Meinungsfreiheit. ➜ M3-6

3 Diskutieren Sie die Überzeugungskraft der jeweiligen Position und nehmen Sie Stellung. ➜ M3-7

4 Streitfall: Moscheebau

M1 Standpunkte

Abdul Tariq ist Imam der Berliner Ahmadiyyah-Gemeinde. 1982 floh er aus Pakistan, wo die Ahmadi-Muslime verfolgt werden. Joachim Swietlik ist Vorsitzender der „Interessengemeinschaft Pankow-Heinersdorfer Bürger".

DIE ZEIT: Wir treffen uns hier auf neutralem Boden [...]. Immerhin haben Sie beide sich zur Begrüßung die Hand gegeben.

Joachim Swietlik: Ich habe mir das, ehrlich gesagt, vorher gut überlegt. Als wir von der Bürgerinitiative uns zum ersten Mal mit den Mitgliedern der Ahmadiyyah-Gemeinde getroffen haben, da haben uns nämlich die Frauen den Handschlag verweigert mit der Begründung, das sei aus religiösen Gründen nicht üblich. Wir haben dann beschlossen, dass wir im Gegenzug den Männern der Gemeinde nicht die Hand geben. Aber jetzt sind wir ja quasi unter uns.

Abdul Tariq: Nach dem islamischen Glauben darf es keine Körperberührung zwischen fremden Männern und Frauen geben. Das geht nur im engeren Verwandtenkreis. Wir waren schon sehr verletzt, als Sie uns damals nicht die Hand gaben. Es hätte doch eine einfache Lösung gegeben: Die Männer geben den Männern die Hand, die Frauen den Frauen.

Swietlik: Sie haben sich nun mal entschlossen, in unserem Kulturkreis zu leben, und da ist der Gruß mit Handschlag Usus.

Tariq: Ich kann es nicht ändern, diese Sittlichkeit ist uns sehr wichtig. Der Heilige Prophet Mohammed, Gottes Friede sei mit ihm, hat fremden Frauen nie die Hand gegeben.

DIE ZEIT: Herr Swietlik, der Imam wird [...] eine neue Moschee in Berlin-Heinersdorf bauen, die erste Moschee im Ostteil der Stadt. [...] Warum wollen Sie ihn nicht als Nachbarn haben?

Swietlik: Wir sind nicht pauschal gegen Moscheen. Wir finden nur, eine Moschee sollte da stehen, wo die Gemeinde ihren Lebensmittelpunkt hat oder die Mehrzahl der Gemeindemitglieder. In diesem Fall wohnt die Hälfte in Reinickendorf, wo die bisherige Moschee in einem Einfamilienhaus untergebracht ist [...]. Die Mitglieder der Gemeinde würden touristengleich durch die Stadt nach Heinersdorf fahren, [...] dort ihr Gebet verrichten und wieder nach Hause fahren. Ein guter Muslim soll fünfmal am Tag beten. Also fahren die die ganze Zeit nur hin und her.

Tariq: Kaum einer kommt fünfmal am Tag zum Gebet, die Leute sind ja berufstätig. Wir sind meistens nur 10 bis 15 Leute, nur am Freitag sind wir 80 bis 100. Es gibt die Regel: Wenn die Moschee zu weit weg ist, kann man die Gebete auch zu Hause verrichten.

Swietlik: Warum brauchen Sie dann überhaupt eine neue Moschee? Sie haben doch immer gesagt, Sie benötigen mehr Platz. Da klaffen doch Behauptung und Realität auseinander, und wir fragen uns: Wie glaubwürdig sind Sie? Herr Tariq, Sie sind in Heinersdorf nicht beliebt; wir haben mehr als 6000 Unterschriften gegen Sie gesammelt. Wieso sind Sie nicht woanders hingegangen?

Tariq: Ach, wissen Sie, ich habe inzwischen gelernt, dass in Deutschland niemand eine Moschee in seiner Nachbarschaft haben will, genauso wie niemand ein Gefängnis will, eine Mülldeponie und auch kein ...

Swietlik: ... kein Atomkraftwerk!

Tariq: Genau. Egal, wo wir bauen: Wir werden nicht mit Blumen empfangen.

DIE ZEIT: [...] Auf einer Versammlung in Heinersdorf haben Moscheegegner gerufen: „Wir sind das Volk" und „Haut ab".

Tariq: An diesem Abend habe ich mich wirklich gefragt: Bin ich in Deutschland, in einem Land mit Religionsfreiheit?

Tanja Stelzer / Matthias Stolz, Dialog der Kulturen, DIE ZEIT, 11.01.2007, Nr. 3, S. 47

M2 Grundsätzliches Verbot des Moscheebaus?

ja	nein	weiß nicht
30%	68%	2%

nach Statista 2009, www.statista.com

M3 Der Fall Bad Wurzach

GEMEINDERAT

Wird in der Waldburgstraße eine Moschee gebaut?

Der türkisch-islamische Verein will in Bad Wurzach eine Moschee bauen. Konkrete Pläne hierfür liegen auf dem Tisch; das Grundstück, auf dem sie gebaut werden soll, gehört jedoch der Stadt – und eine Entscheidung darüber, ob die Stadt dieses für den geplanten Bau verkaufen will, steht noch aus.

Maria Anna Weixler-Schürger, in: Schwäbische Zeitung, 23.4.1997

PODIUMSDISKUSSION

Kirchenglocken und Ruf des Muezzin

Jeder fünfte Bürger des Kernorts Bad Wurzach ist Ausländer. 60,5 Prozent hiervon sind Türken [...]. In der gesamten Großgemeinde leben fast tausend Türken. Ein gutes Viertel aller Grund- und Hauptschüler sind Muslime. In der Innenstadt ist ein starker Zuzug von Türken festzustellen, türkische Geschäfte gibt es etwa 15. Soweit die Fakten. Für viele Wurzacher stellt sich daraus aber die Frage, welche Auswirkungen dies auf das künftige Leben in der Riedstadt haben wird.

Maria Anna Weixler-Schürger, in: Schwäbische Zeitung, 16.10.1997

M4 Planspiel zum Moscheebau in Bad Wurzach

J. Müller
Kreisrat
Rollenkarte

Seine Aufgabe ist die Leitung der Diskussion. Zunächst begrüßt er die Teilnehmer, stellt sie vor und erklärt den Ablauf. Danach erhält jeder Teilnehmer die Möglichkeit für ein zweiminütiges Statement. Nach der Hälfte der Zeit wird die Diskussion für Fragen aus dem Publikum geöffnet. Er wird darauf achten, dass jede(r) ausreichend zu Wort kommt und möglichst eine Lösung gefunden wird.

M. Ünal
Sprecher des türkisch-islamischen Vereins
Rollenkarte

Sein Verein hat den Bauantrag gestellt. Für die stark anwachsende muslimische Gemeinde ist der bisherige Gebetsraum viel zu klein geworden. Außerdem hält er es für eine Selbstverständlichkeit, dass auch seiner Gemeinde die ungestörte Religionsausübung nach Grundgesetz-Artikel 4 (2) angemessen ermöglicht wird.

B. Mayer
Sprecher der „Interessengemeinschaft Bad Wurzacher Bürger"
Rollenkarte

Die Interessengemeinschaft will den Moscheebau verhindern. Die Vorbehalte richten sich gegen das zu erwartende hohe Verkehrsaufkommen und die Lärmbelästigung, werden aber auch gespeist durch massive Befürchtungen, was den Islam betrifft.

W. Görtz
Bürgermeister
Rollenkarte

Er ist durch die z. T. heftigen Diskussionen im Gemeinderat und der Öffentlichkeit beunruhigt und hofft, dass in dieser Diskussion eine tragfähige Perspektive für eine Lösung gefunden wird. Er kann die Befürchtungen, die in der Bevölkerung da sind, nicht ignorieren, weiß aber auch, dass ein beachtlicher Anteil der Wähler seiner Stadt Ausländer sind.

1 Erstellen Sie in Gruppen weitere Rollenkarten (z. B. Teilnehmer auf dem Podium: Gemeinderäte, Rektor der Hauptschule, Anwohner, Integrationsbeauftragter, Vertreter der christlichen Gemeinde; im Publikum: Bürger und Bürgerinnen aus Bad Wurzach, Pressevertreter als Beobachter) und führen Sie das Planspiel (s. Methodenüberblick, S. 380) durch. Besprechen Sie das gefundene Ergebnis. → M1–4

2 Recherchieren Sie in Gruppen, wie z. B. in Bad Wurzach, Berlin oder Köln der Streit um den Bau einer Moschee verlaufen ist, und vergleichen Sie die Ergebnisse mit dem Ihres Planspiels.

5 Was bedeutet Toleranz?

M1 Toleranz ist ...

- ○ eine herablassende und bevormundende Geste von Individuen, Gruppen oder Autoritäten, die andere dulden, welche von ihnen nicht geachtet, aber auch nicht als gefährlich eingestuft werden.
- ○ ein Ausdruck wechselseitigen Respekts unter Menschen, die sich bei allen Unterschieden in relevanten Hinsichten als Gleiche achten.
- ○ ein Gewährenlassen des anderen, da das Wahre nicht feststellbar ist.
- ○ ein Zeichen der Solidarität für den Fremden und der Wertschätzung einer Pluralität von Lebensformen und Werten.
- ○ eine Haltung, die besagt, dass ich den anderen in Ruhe lasse, wenn er mich in Ruhe lässt.
- ○ eine notwendige Bedingung für den Wettstreit von Ideen und die Durchsetzung der Wahrheit.
- ○ ein notwendiger Waffenstillstand zwischen Gruppen mit differierenden Auffassungen.
- ○ eine Haltung von „leben und leben lassen".
- ○ ein Aushalten von Unterschieden, das auf Selbstvertrauen und Charakterstärke beruht.
- ○ eine soziale Verfallserscheinung, die auf Urteilsschwäche beruht.
- ○ ein Gebot der Nächstenliebe.
- ○ eine minimale Form der Anerkennung, die die Möglichkeit der Koexistenz hervorbringt.
- ○ eine gute Sache, wenn man sie sich leisten kann.
- ○ eine Notwendigkeit angesichts der Tatsache, dass Überzeugungen nicht erzwingbar sind und die Freiheit des Gewissens folglich nicht einzuschränken ist.
- ○ eine Praxis, die die Differenz zwischen Wahrem und Falschem neutralisiert.
- ○ eine Tugend der Gerechtigkeit, da sie die willkürliche und einseitige Zuerkennung von Rechten an bestimmte ethisch-kulturelle Gemeinschaften verhindert.
- ○ das Privileg des Stärkeren.
- ○ eine Fortsetzung der Ratlosigkeit mit anderen Mitteln.

nach Rainer Forst, Toleranz, S. 8f.

M2 Verschiedene Toleranzkonzeptionen

Rainer Forst stellt vier Konzeptionen vor, die in gegenwärtigen demokratischen Gesellschaften präsent sind und sich alle auf den politischen Kontext beziehen, in dem es innerhalb eines Staates um die Toleranz zwischen Gruppen geht, die normativ tiefgreifende Differenzen kultureller oder religiöser Art aufweisen.

1. Der ersten Auffassung zufolge, die ich die *Erlaubnis-Konzeption* nenne, bezeichnet Toleranz die Beziehung zwischen einer Autorität oder einer Mehrheit und einer von deren Wertvorstellungen abweichenden Minderheit (oder mehreren Minderheiten). Toleranz besteht darin, dass die Autorität der Minderheit die Erlaubnis gibt, ihren Überzeugungen gemäß zu leben, solange sie – und das ist die entscheidende Bedingung – die Vorherrschaft der Autorität oder Mehrheit nicht in Frage stellt. [...] Toleranz wird hierbei [...] verstanden [...] als [...] das Dulden einer als weder wertvoll noch gleichberechtigt angesehenen Überzeugung oder Praxis, die jedoch nicht die „Grenzen des Erträglichen" überschreitet. [...]
2. Die zweite Konzeption der Toleranz, die *Koexistenz-Konzeption*, gleicht der ersten darin, dass ihr zufolge Toleranz als geeignetes Mittel zur Konfliktvermeidung und zur Verfolgung eigener Ziele gilt und nicht selbst einen Wert darstellt [...]. Was sich jedoch verändert, ist die Konstellation [...]: Denn nun stehen sich nicht Autorität oder Mehrheit und Minderheit(en) gegenüber, sondern ungefähr gleich starke Gruppen, die einsehen, dass sie um des Friedens und ihrer eigenen Interessen willen Toleranz ausüben sollten. [...] Die Einsicht in die Vorzugswürdigkeit eines Zustandes der Toleranz [...] ist eine Einsicht in praktische Notwendigkeiten [...], verändert sich das gesellschaftliche Machtverhältnis zugunsten der einen oder anderen Gruppe, fällt für diese der wesentliche Grund für Toleranz weg. [...]
3. Im Unterschied hierzu geht die *Respekt-Konzeption* der Toleranz von einer moralisch begründeten Form der wechselseitigen Achtung der sich tolerierenden

Individuen bzw. Gruppen aus. Die Toleranzparteien respektieren einander als autonome Personen bzw. als gleichberechtigte Mitglieder einer rechtsstaatlich verfassten politischen Gemeinschaft. Obwohl sich ihre ethischen Überzeugungen des guten und wertvollen Lebens und ihre Praktiken stark voneinander unterscheiden und in wichtigen Hinsichten inkompatibel sind, anerkennen sie einander [...] als ethisch autonome Autoren ihres eigenen Lebens oder als moralisch-rechtlich Gleiche in dem Sinne, dass ihnen zufolge die allen gemeinsame Grundstruktur des politisch-sozialen Lebens [...] von Normen geleitet werden sollte, die alle Bürger gleichermaßen akzeptieren können und die nicht eine „ethische Gemeinschaft" bevorteilen. [...] [Diese Toleranzauffassung] [...] fordert [...] nicht, dass die sich tolerierenden Parteien die Konzeptionen des Guten der anderen als ebenfalls (oder teilweise) wahr und ethisch gut ansehen und schätzen müssen, sondern dass sie sie [...] als autonom gewählt bzw. als nicht unmoralisch oder ungerecht achten können. [...]

4. In den Diskussionen über das Verhältnis von Multikulturalismus und Toleranz findet sich [...] eine vierte Konzeption, die *Wertschätzungskonzeption* genannt werden kann. Sie enthält eine anspruchsvollere Form wechselseitiger Anerkennung als die Respekt-Konzeption, denn ihr zufolge bedeutet Toleranz nicht nur, die Mitglieder anderer kultureller oder religiöser Gemeinschaften als rechtlich-politisch Gleiche zu respektieren, sondern auch, ihre Überzeugungen und Praktiken als ethisch wertvoll zu schätzen. Damit dies allerdings überhaupt noch eine Konzeption der Toleranz ist und die [...] Ablehnungs-Komponente nicht verlorengeht, muss diese Wertschätzung eine beschränkte bzw. „reservierte" sein, bei der die andere Lebensform nicht – zumindest nicht in den entscheidenden Hinsichten – als ebenso gut oder gar besser als die eigene gilt. Man schätzt bestimmte Seiten dieser Lebensform, während man andere ablehnt; doch der Bereich des Tolerierbaren wird durch die Werte bestimmt, die man in einem ethischen Sinne bejaht. So entspricht dieser Toleranzkonzeption – in liberaler Perspektive – eine Version des Wertepluralismus, dem zufolge es innerhalb einer Gesellschaft eine Rivalität zwischen an sich wertvollen, doch inkompatiblen Lebensformen gibt bzw. – in kommunitaristischer Perspektive – die Auffassung, dass es bestimmte, sozial geteilte Vorstellungen des guten Lebens gibt, deren partielle Variationen tolerierbar sind.

Rainer Forst, Toleranz, S. 123-130

M3 Komponenten des Toleranzbegriffes

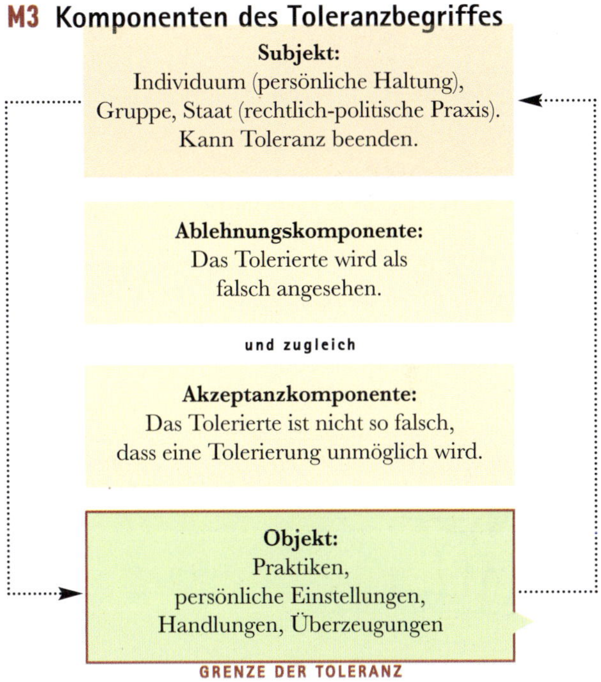

nach Rainer Forst, Toleranz, S. 120-123

1 Entscheiden Sie sich, welcher Auffassung von Toleranz Sie zustimmen können. Sie dürfen bis zu drei Aussagen wählen. ➔ M1

2 Diskutieren Sie Ihr Verständnis von Toleranz in Ihrer Gruppe. Welche Vor- und Nachteile sehen Sie?

3 Erläutern Sie die Merkmale des Toleranzbegriffes an einem Beispiel. ➔ M3

4 Klären Sie arbeitsteilig, welche Toleranzkonzeptionen Rainer Forst unterscheidet und welche Vor- und Nachteile er jeweils sieht. ➔ M2

5 Ordnen Sie die Sätze „Toleranz ist ..." der jeweiligen Konzeption zu. ➔ M1/2

*6 Hermeneutik: Die Kunst, einander zu verstehen

M1 (Miss-)Verstehen

Charles M. Schulz

M2 Die Macht von Hintergrundannahmen

Angenommen, ich gehe in ein Restaurant und bin wild entschlossen, genau und wörtlich zu sagen, was ich meine. Zunächst einmal sage ich: „Geben Sie mir einen Hamburger, höchstens halb durch, mit Ketchup und Senf, aber nur wenig Zwiebel und Gurke“. Ich möchte als Erstes anmerken, dass das Beispiel ungeheuer viel Hintergrundinformation verlangt, so beispielsweise schon einmal ganze Einrichtungen wie: Restaurants, Geld. Und es ist schwer zu sehen, wie der Satz genau dieselben Befolgungsbedingungen haben könnte, wenn derselbe Satz in einem radikal anderen Kontext geäußert würde, beispielsweise von einem Priester innerhalb eines Gebets oder als Anhang an den Amtseid eines neuen Präsidenten der Vereinigten Staaten. Nehmen wir beispielsweise an, dass der Hamburger, der mir gebracht wird, sich in einem einmetergroßen Würfel aus derart festem Plastik befindet, dass man einen Vorschlaghammer braucht, um ihn aufzubekommen, oder nehmen wir an, dass der Hamburger einen Kilometer groß ist und mir „überreicht“ wird, indem die Mauer des Restaurants eingerissen wird und das eine Ende von ihm hereingeschoben wird. Ist meine Anweisung in diesen Fällen erfüllt oder befolgt worden? Ich würde darauf eher Nein sagen, weil ich das mit der wörtlichen Äußerung des Satzes nicht gemeint habe. Aber der Umstand, dass die Anweisung nicht befolgt worden ist, zeigt nicht, dass ich nicht genau und wörtlich gesagt habe, was ich meinte. Mir scheint es, dass die wörtliche Bedeutung meines Satzes (und mithin meiner wörtlichen Äußerung) Anwendung nur relativ zu gewissen Hintergrundannahmen hat, die nicht in der semantischen Struktur des Satzes realisiert sind und es meistenteils auch gar nicht sein könnten.

John R. Searle, Wörtliche Bedeutung, S. 149f., bearbeitet

M3 Der hermeneutische Zirkel

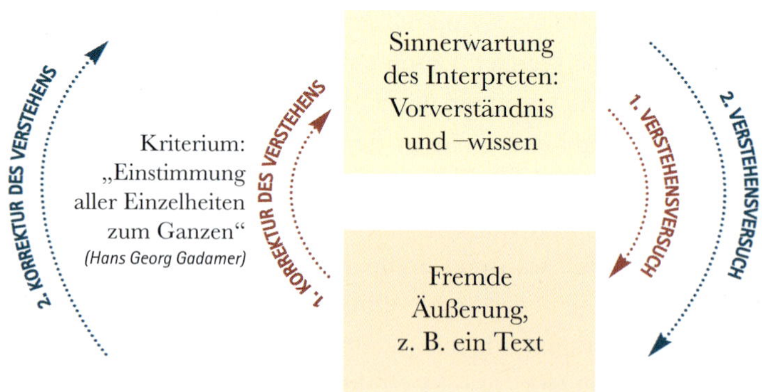

M4 Überprüfung der eigenen Voraussetzungen

Alle rechte Auslegung muss sich gegen die Willkür von Einfällen und die Beschränktheit unmerklicher Denkgewohnheiten abschirmen und den Blick „auf die Sachen selber" richten [...]. Sich dergestalt von der Sache bestimmen lassen, ist für den Interpreten [...] wirklich „die erste, ständige und letzte Aufgabe". [...] Wer einen Text verstehen will, vollzieht immer ein Entwerfen. Er wirft sich einen Sinn des Ganzen voraus, sobald sich ein erster Sinn im Text zeigt. Ein solcher zeigt sich wiederum nur, weil man den Text schon mit gewissen Erwartungen auf einen bestimmten Sinn hin liest. Im Ausarbeiten eines solchen Vorentwurfs, der freilich beständig von dem her revidiert wird, was sich bei weiterem Eindringen in den Sinn ergibt, besteht das Verstehen dessen, was dasteht. [...] Wer zu verstehen sucht, ist der Beirrung durch Vor-Meinungen ausgesetzt, die sich nicht an den Sachen selbst bewähren. Die Ausarbeitung der rechten, sachangemessenen Entwürfe, die als Entwürfe Vorwegnahmen sind, die sich „an den Sachen" erst bestätigen sollen, ist die ständige Aufgabe des Verstehens. Es gibt hier keine andere „Objektivität" als die Bewährung, die eine Vormeinung durch ihre Ausarbeitung findet. Was kennzeichnet die Beliebigkeit sachunangemessener Vormeinungen anders, als dass sie in der Durchführung zunichte werden? [...]

Wer verstehen will, wird sich von vornherein nicht der Zufälligkeit der eigenen Vormeinung überlassen dürfen [...]. Wer einen Text verstehen will, ist vielmehr bereit, sich von ihm etwas sagen zu lassen. [...] Solche Empfänglichkeit setzt aber weder sachliche „Neutralität" noch gar Selbstauslöschung voraus, sondern schließt die abhebende Aneignung der eigenen Vormeinungen und Vorurteile ein. Es gilt, der eigenen Voreingenommenheit innezusein, damit sich der Text selbst in seiner Andersheit darstellt und damit in die Möglichkeit kommt, seine sachliche Wahrheit gegen die eigene Vormeinung auszuspielen.

Hans Georg Gadamer, Wahrheit und Methode, S. 271-274

M5 Die Infragestellung des eigenen Standpunktes

Jetzt kann ich erklären, wie ich mir ungefähr eine hermeneutische Vorgehensweise in der Philosophie vorstelle. Der Ausgangspunkt (sozusagen die Thesis) ist immer der naive, vor-hermeneutische Sachbezug in 1. Person, getragen von einem absoluten Wahrheitsanspruch. Was aus dieser Perspektive behauptet wird, wird in Frage gestellt, sobald ich auf die Bedingtheit meiner Auffassung aufmerksam werde, oder auch, wenn ich einer anderen Auffassung von demselben Gegenstand begegne. Das ist gewissermaßen die Antithesis. Und die Synthesis besteht in einer neuen einheitlichen Auffassung von der Sache, in der die andere Auffassung integriert ist; das lässt die beiden Grenzfälle zu, dass man glaubt erkennen zu können, dass die andere oder auch die eigene Auffassung einfach falsch bzw. durch die jeweils andere bereits überholt ist; der normalere Fall ist, dass man eine dritte Auffassung entwickeln muss, gegenüber der sich nun sowohl die ursprüngliche eigene wie die, der man in einer hermeneutischen Erfahrung begegnet ist, als einseitig erweisen. [...] Nur so, indem der absolute Anspruch der naiven Erfahrung bestehen bleibt, lässt sich, meine ich, ein Relativismus vermeiden.

Ernst Tugendhat, Antike und moderne Ethik, S. 35-37

1 Stellen Sie zusammen, was alles Sinn und Bedeutung trägt und sich von daher (miss-)verstehen lässt. ➜ M1
2 Erläutern Sie an Beispielen, inwiefern unsere Äußerungen durch (kulturelle) Kontextannahmen geprägt sind, die für ein angemessenes Verständnis wesentlich sind. ➜ M2
3 „Vor-Urteile sind nicht Vorurteile." Erläutern Sie diesen Satz. ➜ M3/4
4 Diskutieren Sie, unter welchen Bedingungen das Bemühen, Fremdes zu verstehen, zu einer Revision des eigenen Selbstverständnisses führen kann. ➜ M5

7 Streitfall: Mohammed-Karikaturen

M1 Mohammed-Karikaturen und ihre Folgen

30. September 2005: Die dänische Zeitung *Jyllands-Posten* druckt zwölf satirische Zeichnungen ab. Moslems sehen ihre religiösen Gefühle verletzt und verlangen eine Entschuldigung.

Oktober: Morddrohungen gegen zwei Zeichner. Elf Botschafter moslemischer Länder fordern eine Distanzierung der dänischen Regierung. Diese lehnt das mit Hinweis auf die Pressefreiheit ab. Erste Massenproteste.

Januar: In der moslemischen Welt heftige, z. T. gewalttätige Massendemonstrationen in zahlreichen Ländern gegen westliche Einrichtungen. Offizielle Proteste vieler moslemischer Regierungen. Die Zeitung entschuldigt sich für die Karikaturen. 17 Außenminister der Arabischen Liga verlangen die Bestrafung der Verantwortlichen für die Zeichnungen. *Jyllands-Posten* erhält erstmals eine Bombendrohung.

Februar: In europäischen Ländern wird über die Grenzen der Pressefreiheit debattiert. Demonstrativ drucken auch Tageszeitungen in Deutschland die Zeichnungen nach. Der türkische und deutsche Außenminister rufen Christen und Türken in einem gemeinsamen Appell zur Toleranz auf. Massenproteste mit Toten und Verletzten halten an.

März: Der Nachdruck der umstrittenen Mohammed-Karikaturen verstößt nach Angaben des Deutschen Presserats nicht gegen den Pressekodex.

nach www.tagesschau.de.

M2 Artikel 19 der Allgemeinen Erklärung der Menschenrechte

Jeder hat das Recht auf Meinungsfreiheit und freie Meinungsäußerung; dieses Recht schließt die Freiheit ein, Meinungen ungehindert anzuhängen sowie über Medien jeder Art und ohne Rücksicht auf Grenzen Informationen und Gedankengut zu suchen, zu empfangen und zu verbreiten.

www.amnesty.de

M3 Kairoer Erklärung der Menschenrechte im Islam

Die bekannteste islamische Stellungnahme zur Frage der Menschenrechte wurde von der Organisation islamischer Staaten 1990 verabschiedet.

Artikel 22:

a.) Jeder Mensch hat das Recht auf freie Meinungsäußerung, soweit er damit nicht die Grundsätze der Scharia verletzt. [...]

c.) Information ist lebensnotwendig für die Gesellschaft. Sie darf jedoch nicht dafür eingesetzt und missbraucht werden, die Heiligkeit und Würde der Propheten zu verletzen, die moralischen und ethischen Werte auszuhöhlen und die Gesellschaft zu entzweien, sie zu korrumpieren, ihr zu schaden oder ihren Glauben zu schwächen.

Wolfgang Böge u. a., Politik und Religion im Islam, S. 66

M4 Respekt statt Kränkung

Es geht hier [...] um den nötigen Respekt vor den Werten einer anderen Religion. [...] Dass mehrere europäische – auch deutsche – Zeitungen die Karikaturen demonstrativ nachgedruckt haben, war vielleicht nicht verletzend gemeint. Es wirkte aber wie kindlicher Trotz, der sich hinter dem Pathos der Pressefreiheit versteckt. In Wirklichkeit war und ist die Pressefreiheit nicht ernsthaft bedroht. Aber es wurden auf empfindliche Weise religiöse Gefühle verletzt, man hat radikalen Ideologen einen billigen Vorwand für Gewalt gegeben und die Gräben des Verständnisses zwischen den Kulturen fast mutwillig weiter vertieft. Zumal festgestellt werden darf, dass einige Karikaturen solcher Art zumindest in Deutschland wegen seiner Nazi-Vergangenheit einen Aufschrei provoziert hätten, wenn dort nicht Muslime, sondern Juden in ähnlich negativer Weise karikiert worden wären.

Rainer Sollich, Ein Dialog der Kulturen ist nötiger denn je, www.dw-world.de, 06.02.2006

M5 Toleranz im interkulturellen Gespräch

Roman Herzog (Bundespräsident 1994-99) bezieht seine Äußerungen u. a. auf die Todesdrohungen der iranischen Regierung gegen den Schriftsteller Salman Rushdie (geb. in Mumbai / Indien, seit 1964 brit. Staatsbürger). Wegen angeblich gotteslästerlichen Passagen über den Propheten Mohammed in dem Roman Die satanischen Verse *verurteilte der iranische Revolutionsführer Khomeini 1989 in einer Fatwa Rushdie zum Tode. Auf Rushdie wurde ein Kopfgeld ausgesetzt. Sein japanischer Übersetzer wurde ermordet, weitere Verlagsleute verletzt.*

Das sind Erscheinungen, die wir unter gar keinen Umständen akzeptieren können und die wir weder aus außenpolitischen Rücksichtnahmen noch aus einem schwächlichen Werterelativismus tolerieren können. Wenn wir in einen Dialog mit anderen eintreten, bringen wir einige Essentials mit, die nicht verhandelbar sind. Dazu gehört die Freiheit der Rede und dazu gehört vor allem, dass niemand wegen seiner Überzeugung zu Schaden gebracht werden darf. Eine lange, oft blutige und grausame Geschichte hat uns Europäer gelehrt, dass diese Rechte niemals mehr zur Disposition stehen dürfen. Deswegen kann hier niemand Todesdrohungen für ein Buch akzeptieren. Wer diesem Satz nur eine partikuläre, westliche Überzeugung zuschreiben will, die sich zu Unrecht universale Geltung anmaße, dem sage ich: Einen Dialog gibt es nur, wenn niemand befürchten muss, wegen einer Äußerung gefangen genommen, gefoltert oder ermordet zu werden. Diese Spielregel ist weder westlich noch östlich noch sonst irgendwie geographisch relativierbar. Sie ist die begriffliche Grundvoraussetzung für ein Gespräch überhaupt. [...] Pluralität und Toleranz sind gewiss wichtige Dinge, auf die ich unter keinen Umständen verzichten möchte. Wenn sie aber funktionieren sollen, müssen sie realistisch und ehrlich sein, und das heißt: man muss einerseits die Positionen des anderen kennen und verstehen und man muss andererseits einen eigenen Standpunkt haben, um den des anderen überhaupt tolerieren zu können. Werterelativismus allein führt zur Standpunktlosigkeit und nicht zur Toleranz.

Roman Herzog, Laudatio anlässlich der Verleihung des Friedenspreises des deutschen Buchhandels vom 15.05.1995

M6 Meinungsfreiheit statt Zensur

Die in Somalia geborene Frauenrechtlerin Ayaan Hirsi Ali war niederländische Parlamentsabgeordnete. Nach der Ermordung ihres Freundes, des Filmemachers Theo van Gogh durch moslemische Extremisten musste sie untertauchen.

Wenn westliche Politiker und Journalisten Verständnis für die verletzten Gefühle der Moslems äußern, vermutet sie dahinter nur Feigheit und mangelnde Solidarität mit den Opfern. „Schämt euch, ihr Journalisten, die ihr von der Freiheit der Rede lebt und gleichzeitig Zensur akzeptiert, schämt euch, ihr Politiker, die ihr die Karikaturen für unnötig erklärt [...]", sagte sie in ihrer flammenden Rede. [...] Der gegenwärtige Konflikt hat für Ayaan Hirsi Ali keinen ethnischen oder sozialen Hintergrund. „Es handelt sich", sagt sie, „um einen Kampf der Ideen". Hier die aufgeklärte, liberale Demokratie, dort der intolerante religiöse Fundamentalismus. Dabei setzt Demokratie auch ihre eigene Kritisierbarkeit voraus. Das weiß auch die niederländische Politikerin. „Ich habe nichts dagegen, wenn Moslems friedlich gegen die Karikaturen demonstrieren", sagt sie. Nein, das sei vielmehr ganz in ihrem Sinne, Ausdruck einer freien Meinungsäußerung. Und selbstverständlich müsse „das Recht zu beleidigen" Grenzen haben. Diese würden durch das Gesetz gezogen. Wer sich beleidigt fühle, möge bitte schön klagen. Doch die Grundlage für diese Auseinandersetzung, die Spielregeln der westlichen Gesellschaft, die dürften nicht zur Debatte stehen, verlangte Ayaan Hirsi Ali.

Katharina Schuler, Das Recht zu kränken, Zeit online, 10.02.2006

1 Vergleichen Sie die „Kairoer Erklärung" mit der „Allgemeinen Erklärung der Menschenrechte". Recherchieren Sie hierzu auch: Art. 5 GG, §166 StGB. → M2/3

2 Recherchieren Sie den Fall Salman Rushdie.

3 Diskutieren Sie, ob Ihnen der Stellenwert, den Roman Herzog den Prinzipien Toleranz und Pluralismus gibt, einleuchtet. Welche Vor- und Nachteile hat ein solches Verständnis für den interreligiösen/-kulturellen Dialog? → M5

4 Nehmen Sie Stellung: Welchen Schutz verlangen religiöse Gefühle? → M1/4-6

8 Kampf der Kulturen?

M1 Die These vom Kampf der Kulturen

Meine These ist, dass die grundlegende Ursache von Konflikten in dieser neuen Welt in erster Linie nicht ideologischer oder wirtschaftlicher Natur sein wird. Der wichtigste Grund für Konflikte wird kulturell bestimmt sein. [...] Der Zusammenprall der Zivilisationen, der Kulturen (civilizations), wird die Weltpolitik beherrschen. [...] Warum der Zusammenprall?

Erstens: Die Unterschiede zwischen den Kulturen sind nicht nur wirklich, sie sind auch grundlegend. Menschen verschiedener Kulturen haben sowohl unterschiedliche Anschauungen über das Verhältnis zwischen Gott und Mensch, Individuum und Gruppe, Bürger und Staat, Eltern und Kindern, Mann und Frau als auch über die relative Bedeutung von Rechten und Pflichten, Freiheit und Autorität, Gleichheit und Hierarchie. Diese Unterschiede sind in Jahrhunderten gewachsen. Sie sind weit fundamentaler als die Unterschiede von Ideologien oder von Regierungssystemen. [...]

Zweitens: Die Welt wird kleiner. Das wachsende Kontaktgeflecht zwischen den Völkern verstärkt das eigene kulturelle Bewusstsein wie auch das Bewusstsein für die Unterschiede. [...] Der Austausch zwischen Völkern verschiedener Kulturen verstärkt das Bewusstsein der Menschen, einer bestimmten Kultur anzugehören; das wiederum verstärkt Differenzen und Animositäten, die oft weit in die Geschichte zurückreichen. [...]

Drittens: Der Prozess wirtschaftlicher Modernisierung und sozialen Wandels auf der ganzen Welt löst die Menschen von althergebrachten, örtlichen Identitätsmustern. Dies schwächt zugleich den Nationalstaat als eine Quelle der Identität. Die entstehende Lücke hat in vielen Teilen der Welt die Religion ausgefüllt, oft in Form von Bewegungen, denen der Stempel „fundamentalistisch" aufgedrückt wurde. [...]

Viertens: [...] Der mächtige Westen steht einem Nichtwesten gegenüber, der zunehmend den Wunsch, den Willen und die Möglichkeiten besitzt, die Welt auf nichtwestliche Weise zu formen.

Fünftens: [...] In den Klassen- und Ideologiekämpfen hieß die Schlüsselfrage: „Auf welcher Seite stehst du?" Die Menschen konnten sich für eine Seite entscheiden oder wechselten die Seiten. In Konflikten zwischen Kulturen lautet die Frage: „Was bist du?" Die Antwort steht fest und ist unveränderlich. [...] Daher wird sich der Westen zusehends auf diese nichtwestlichen, modernen Kulturen einstellen müssen [...]. Das verlangt, dass der Westen jene wirtschaftliche und militärische Macht bewahrt, die er benötigt, um seine Interessen gegenüber diesen Kulturen zu schützen.

Samuel Huntington, Im Kampf der Kulturen, S. 3

M2 Wer bin ich?

Im normalen Leben begreifen wir uns als Mitglieder einer Vielzahl von Gruppen – ihnen allen gehören wir an. Eine Person kann gänzlich widerspruchsfrei amerikanische Bürgerin, von karibischer Herkunft, mit afrikanischen Vorfahren, Christin, Liberale, Frau, Vegetarierin, Langstreckenläuferin, Historikerin, Lehrerin, Romanautorin, Feministin, Heterosexuelle, Verfechterin der Rechte von Schwulen und Lesben, Theaterliebhaberin, Umweltschützerin, Tennisfan, Jazzmusikerin und der tiefen Überzeugung sein, dass es im All intelligente Wesen gibt, mit denen man sich ganz dringend verständigen muss (vorzugsweise auf Englisch). Jede dieser Gruppen, denen allen diese Person gleichzeitig angehört, vermittelt ihr eine bestimmte Identität. Keine von ihnen kann als die einzige Identitäts- oder Zugehörigkeits-Kategorie dieser Person aufgefasst werden. Angesichts unserer unausweichlich pluralen Identität müssen wir im jeweils gegebenen Kontext entscheiden, welche Bedeutung wir unseren einzelnen Bindungen und Zugehörigkeiten zumessen.

Um ein menschliches Leben zu führen, muss man also nachdenken und eine Wahl treffen. Der Gewalt wird dagegen Vorschub geleistet, wenn wir die Ansicht hegen, wir müssten unausweichlich eine angeb-

lich einzigartige – oft streitbare – Identität haben, die augenscheinlich weitreichende (und zuweilen höchst unangenehme) Forderungen an uns stellt. [...] Sieht man, wie es zunehmend der Fall ist, die Chancen für gute Beziehungen zwischen unterschiedlichen Menschen vornehmlich in der „Freundschaft zwischen Kulturen", im „Dialog zwischen religiösen Gruppen" oder in „freundschaftlichen Beziehungen zwischen unterschiedlichen Gemeinschaften" (unter Absehung von den vielfältigen sonstigen Möglichkeiten, wie Menschen sich aufeinander beziehen), so wird der Mensch, noch ehe die geplanten Friedensprogramme eingeleitet sind, schwerwiegend verkürzt.
Unser gemeinsames Menschsein wird brutal in Frage gestellt, wenn man die vielfältigen Teilungen in der Welt auf ein einziges, angeblich dominierendes Klassifikationsschema reduziert, sei es der Religion, der Gemeinschaft, der Kultur, der Nation oder der Zivilisation – ein Schema, dem in Sachen Krieg und Frieden jeweils einzigartige Wirkung zugeschrieben wird. Die Aufteilung der Welt nach einem einzigen Kriterium stiftet weit mehr Unfrieden als das Universum der pluralen und mannigfaltigen Kategorien, welche die Welt prägen, in der wir leben. Sie läuft nicht nur der altmodischen Ansicht zuwider, dass „wir Menschen alle ziemlich ähnlich sind" [...], sondern auch der [...] sehr viel plausibleren Auffassung, dass wir *auf mannigfaltige Weise verschieden* sind.

Amartya Sen, Die Identitätsfalle, S. 8-10

Mester / Baaske Cartoons

M3 Im Dialog mit Fremden

Um das Fremde zu ertragen und den Anreiz zu verspüren, es zu verstehen und sich mit ihm auszutauschen, bedarf es vor allem eigener Sicherheit. Dazu zählt neben der sozialen Sicherheit auch der selbstbewusste, positive Umgang mit der eigenen Wertordnung. Der interne Diskurs in unseren Gesellschaften zu diesen Fragen ist alles andere als befriedigend – wie soll der externe da gescheit zu führen sein?
Wir müssen über andere Kulturen mehr lernen. Die Kenntnisse über den Islam, den Hinduismus, den Buddhismus sind praktisch gleich null. [...] Dies ist eine fatale Schwäche [...]. Angst ist zumeist ein schlechter Ratgeber. Nicht Abschotten, sondern Öffnen ist das richtige Rezept, mit dem Fremden umzugehen. Wir – die westlichen Gesellschaften – sind selbst sehr viel stärker, als unsere Sorgen und Ängste uns das nahezulegen scheinen. Wir sind in den Augen der übrigen Welt nahezu furchterregend stark. Die Stärkeren können es sich ohne Existenzangst leisten, auf die Schwächeren zuzugehen. Genau dies ist vom Westen heute gefordert. Globale Entwicklungen geben Anlass zu der Erwartung, dass sich die Gemeinsamkeiten zwischen den Gesellschaften verschiedener Kulturen eher verbreitern als verringern und dass wir überall, wo wir danach suchen, Gesprächspartner für Dialoge und Interesse an Kooperation finden.

Harald Müller, Das Zusammenleben der Kulturen, S. 241f.

1. Untersuchen Sie, welche Rolle nach Huntington die kulturelle Zugehörigkeit für die Identität der Menschen spielt. ➜ M1
2. Erläutern Sie, welche Folgen der Kontakt der Kulturen in einer globalisierten Welt nach Huntington hat. ➜ M1
3. Verdeutlichen Sie an eigenen Beispielen, was Sen unter der „pluralen Identität" der Menschen versteht. ➜ M2
4. Erklären Sie die Voraussetzungen eines gelingenden interkulturellen Dialogs (vgl. hierzu auch S. 62f.). ➜ M2/3
5. Diskutieren Sie abschließend: Hat Huntington recht? ➜ M1

*9 Einsatz für die Menschenrechte

M1 Aufruf zu einem Brief gegen das Vergessen

AMNESTY INTERNATIONAL

Der in Syrien geborene Deutsche Muhammad Haydar Zammar verbüßt immer noch seine zwölfjährige Gefängnisstrafe. Er wurde zu dieser Strafe verurteilt, weil er Mitglied der verbotenen Organisation „Moslembruderschaft“ gewesen sein soll. [...] Muhammad Haydar Zammar wurde im Februar 2007 in einem unfairen Prozess vor dem Obersten Staatssicherheitsgericht für schuldig befunden. Es wurden keine Beweise vorgebracht, um die Anschuldigung zu belegen, und die „Moslembruderschaft“ erklärte öffentlich, dass Muhammad Haydar Zammar weder Mitglied gewesen sei noch irgendwelche aktiven Verbindungen zu der Organisation oder ihren Mitgliedern unterhalte. [...]
Offenbar im Rahmen des rechtswidrigen Überstellungsprogramms der USA war Muhammad Haydar Zammar im Dezember 2001 in Marokko festgenommen und nach Syrien abgeschoben worden. Man hielt ihn in der berüchtigten Hafteinrichtung „Far' Filistin“ (Palästinensische Abteilung) des Militärgeheimdienstes in Damaskus fast fünf Jahre lang in Untersuchungshaft, die meiste Zeit über ohne Kontakt zur Außenwelt und in Einzelhaft. In dieser Zeit wurde er gefoltert und in anderer Weise misshandelt. Bitte schreiben Sie höflich formulierte Briefe, in denen Sie die syrischen Behörden auffordern, den Fall von Muhammad Haydar Zammar in einem Prozess, der den internationalen Standards für faire Gerichtsverfahren entspricht, noch einmal zu verhandeln oder ihn umgehend freizulassen.

www.amnesty.de

M2 „Total verrückt, aber sonst ganz normal“

Auszüge aus einem Brief eines ehemaligen politischen Gefangenen an amnesty international Ulm:

Manchmal spürten wir [...] Eure unsichtbare Anwesenheit. Es gab Gerüchte, dass sich draußen etwas für uns tat, es gab geschmuggelte Briefe und geklopfte Nachrichten von Zelle zu Zelle. Vieles aber verstanden wir nicht genau: dass es irgendwo da draußen in der Welt Menschen geben sollte, die unser Leben verteidigten, ohne selbst einen Nutzen daraus zu ziehen, erschien uns seltsam und fast ein bisschen unglaubwürdig. Ich dachte an amnesty, wie man an eine große Maschine denkt [...] riesengroß, mit Friedensnobelpreis und allem Drum und Dran, aber anonym, nicht aus Fleisch und Blut. Erst als ich meinen ersten Brief von Euch erhielt und versuchte, den fremden, zungenbrecherischen Namen des Absenders auszusprechen, begann ich, mir Gedanken über die Menschen von amnesty international zu machen. [...] Ehrlich gesagt, hab' ich zuerst an einen Verein von frommen Betbrüdern gedacht, die eine Kerze für uns anzünden und an das Gute im Menschen glauben. [...] Dann dachte ich an jede Menge von weißhaarigen alten Damen, aber ich konnte mich nicht entscheiden, ob das welche sein sollten, die Bettsocken für frierende Häftlinge stricken, oder solche, die mit ihren Regenschirmen entnervte Diktatoren verprügeln wollen. Irgendwie konnte das alles nicht stimmen, deswegen stellte ich mir dann effiziente Herren in grauen Anzügen vor. [...] Das passte aber überhaupt nicht zu dem Ton in Euren Briefen, also entschloss ich mich, an junge, rebellische Typen in Jeans zu denken, an bärtige Burschen oder Mädchen ohne Make-Up, an Gefährten also, die unseren Kampf auf ihre Art führen und unsere Fahnen in ihren Händen tragen. Dann aber habe ich bald gelernt, dass Euch die Farbe meiner Fahne ziemlich wurscht ist und Eure Farben nur die der Freiheit und der Menschenwürde sind. Das hat mich dann endgültig verwirrt. [...]

Heute bin ich nicht schlauer geworden, obwohl ich ein paar von Euch nach der Freilassung am Flughafen kennengelernt habe: Da waren ältere Herren, aber die sahen nicht sehr fromm aus; da waren weißhaarige Damen, aber die trugen weder Stricknadeln noch Regenschirme, sondern wache politische Köpfe. Da waren Leute, die sahen wie Computer-Verkäufer aus, aber die trugen keine Aktenköfferchen, sondern Transparente und Blumensträuße in der Hand. Da war sogar 'n Typ in Uniform, aber der hat mich nicht verhaftet, sondern umarmt. Und die schwarzen Aktenköfferchen und diesen besonderen Hauch der Tüchtigkeit trugen dafür einige Jungs mit Bart und groben Pullovern oder Frauen in Jesus-Latschen und mit langen Haaren. [...]

Man wird nicht schlau aus Euch. Ihr seht so aus, wie alle Menschen aussehen. Eigentlich gibt es nichts Besonderes an Euch. [...] Aber Ihr habt einen Teil Eures Lebens dafür gegeben, einen wildfremden Menschen aus dem Gefängnis zu holen. Seltsam. Ihr seid alle total verschieden und arbeitet doch gemeinsam. Sehr seltsam. Es gibt so vieles, was Euch untereinander trennen muss, aber Ihr habt Euch doch wie ein einziger Körper an meine Seite gestellt, als ich glaubte zu sterben. Mehr als seltsam.

Ich verstehe das alles immer noch nicht, aber es gefällt mir. Weißt Du, ich glaube, Ihr müsst irgendwie ziemlich verrückt sein, liebenswert, aufrecht, unbegreiflich und total verrückt. Aber sonst ganz normal ...

www.amnesty-jugend.de

M3 Südsudan: Schwerverletzte ausgeflogen

Ein [...] Team von Ärzte ohne Grenzen hat [...] die Verletzten der Kämpfe in Lekwongole [...] nach Pibor evakuiert. Die Mitarbeiter haben mehr als 40 Patienten mit Schusswunden und den damit verbundenen psychischen Traumata behandelt. Außerdem hat Ärzte ohne Grenzen 22 Schwerverletzte nach Juba und Boma ausgeflogen, wo Notoperationen durchgeführt wurden.

Catherine Van Overloop, Medizinische Koordinatorin [...], erklärte: „Sogar zehn Tage nach den Angriffen in Lekwongole kamen noch verletzte Menschen in die Klinik. Sie haben sich aus Angst vor weiteren Angriffen im Wald versteckt statt die medizinische Hilfe zu suchen, die sie dringend nötig hatten. Als sie dann kamen, waren die Wunden bereits infiziert. Die Frauen in Pibor hatten tagelang Angst, ihre Kinder alleine zu lassen, da sie bei weiteren Angriffen getötet oder entführt werden könnten."

Mehr als 5.000 Menschen sind im März während der Angriffe von Lekwongole nach Pibor geflohen, was auch zur Ausweitung des Ernährungsprogramms in Pibor geführt hat. Ärzte ohne Grenzen hat die Vereinten Nationen und das Welternährungsprogramm um Unterstützung gebeten, woraufhin 17 Lastwagen mit Nahrungsmitteln bereitgestellt wurden.

www.aerzte-ohne-grenzen.de

MEDECINS SANS FRONTIERES
ÄRZTE OHNE GRENZEN e.V.

1 Erstellen Sie eine Liste der Verletzungen der Rechte von Haydar Zammar. Recherchieren Sie hierzu auch die Charta von amnesty international, z. B. unter www.amnesty-jugend.de/ziele/ziele_liste.html. ➜ M1

2 Erläutern Sie, wieso dem ehemaligen Gefangenen die Menschenrechtsaktivisten „mehr als seltsam" erscheinen. Welche Überzeugungen teilen sie? ➜ M2

3 Informieren Sie sich über Ihre Möglichkeiten, sich für die Einhaltung der Menschenrechte einzusetzen, z. B. unter http://www.amnesty.de/mitmachen; http://www.aerzte-ohne-grenzen.de/index.php oder www.reporter-ohne-grenzen.de/mitmachen/petitionen-unterschreiben.html. Führen Sie eine Aktion „Einsatz für die Menschenrechte" an Ihrer Schule durch. ➜ M1-3

*1 Der Mensch ist ein Geschichtswesen

M1 Was ist Geschichte?

Szene aus Alain Tanners Film
Jonas, der im Jahre 2000 25 Jahre alt sein wird *(1976)*

Der Geschichtslehrer Marco hat zu seiner ersten Unterrichtsstunde eine riesige Boudin (französische Blutwurst) mitgebracht. Er lässt einen Schüler im Rhythmus eines Metronoms die Wurst in Stücke schneiden. Marco erklärt: „Das sind die Stücke der Geschichte."

M2 Wie Erinnerung funktioniert

Das älteste „biologische" Gedächtnismodell ist dasjenige eines Speichers, also eines Apparates, in welchem die Inhalte in irgendeiner Weise repräsentiert sind, also lokalisierbar sind und von diesen Speicherorten aus dann auch wieder abgerufen werden können. Dieses Modell wirft allerdings derartige Schwierigkeiten auf, dass heute niemand mehr daran festhält. So ist es bis heute nicht gelungen, die Gedächtnisfunktion im Gehirn zu lokalisieren. Im Gegenteil muss man sogar alle Hirnregionen als gedächtnisrelevant betrachten. [...]

Das Nervensystem besteht aus Nervenzellen oder Neuronen, die zu bestimmten Gruppen, Verbänden und Subsystemen zusammengeschlossen sind. Die Informationsverarbeitung erfolgt über elektrische Ladungen, die entlang des Axons von Synapse zu Synapse, also von Neuron zu Neuron weitergeleitet werden. Die Codierung dieser Ladungen ist eine binäre. Das bedeutet aber nichts anderes, als dass die Entscheidung, ob ein bestimmtes Impulspaket als auditive oder als visuelle Wahrnehmung zu verarbeiten ist, nicht durch das Sinnesorgan vorgegeben ist, sondern erst im Cortex „entschieden" wird. Was ist dann Bewusstsein? Eine komplexe Zustandsfolge (stream of consciousness) über selbstreferentiell organisierte Nervensysteme? [...] Die komplexen Neuralsysteme befinden sich in ständiger Veränderung. Lernen bedeutet demnach die Ausbildung relativ fester Konnexionen, es werden repräsentative Kopplungen zwischen Neuronen, Neuronenverbänden usf. ausgeprägt.

Ein solches Modell legt es nahe, Gedächtnis nicht als Speicher, sondern als Wahrnehmungs- und Lernprozesse zu konzipieren. Wenn man also unter Gedächtnis die Ausbildung relativ konstanter Kognitionsstrukturen versteht, so kann man diese erstens nicht lokalisieren. Zweitens muss die Frage aufgeworfen werden, was derartige Strukturen dann noch mit „Vergangenheit" zu tun haben. Zwar sind sie sicherlich in der Vergangenheit ausgebildet worden, jedoch kann man keinesfalls sagen, dass ihre „Inhalte" aus der Vergangenheit stammen würden. In diesem Sinne kann man sogar pointieren, dass es keine Erinnerungen gibt.

Mit anderen Worten besteht demzufolge die Funktion des Gedächtnisses nicht in der Bewahrung von vergangenen Inhalten (Erinnerungen), sondern in der aktuellen Synthese bestimmter neuronaler Konnexionen. Das wesentliche Merkmal eines konnektivistischen Gedächtnismodells ist also seine „Distributivität", also die Tatsache, dass jede Wahrnehmung beispielsweise aus unzähligen Einzelaspekten zusammengesetzt ist (Sehen: Ort, Bewegung, Farbe, Kontrast usf.). Eine solche Verknüpfung über im Gehirn weit auseinanderliegende Verarbeitungszentren ist stets momentan, sie kann niemals exakt wiederholt werden.

Christian Kassung, Humboldt Universität Berlin, online-Seminarmaterial, 2007, www.culture.hu-berlin.de

M3 Der Mensch, ein geschichtliches Wesen

Menschen nehmen Bezug auf die Vergangenheit. Oder anders ausgedrückt: Der Mensch ist das Tier, das erinnern muss. Das ist die anthropologische Aussage von Nietzsches zweiter *Unzeitgemäßer Betrachtung.* Während das Tier in der Herde ganz in der Gegenwart lebt – „kurz angebunden [...] an den Pflock des Augenblicks“ (Nietzsche 1874, 211) – und nicht anders leben kann, ist der Mensch zur Erinnerung verdammt. Auch beim Tier kann vergangenes Erleben zukünftiges Verhalten beeinflussen, z. B. durch die Konditionierung auf einen bestimmten Reiz. Der Mensch hingegen kann sich des Vergangenen aber auch bewusst werden; er kann erinnern, dass etwas Bestimmtes geschehen ist. Menschliches Erinnern ist also ein „Erinnern-dass“, es hat einen propositionalen Gehalt. Zudem kann sich der Mensch auch auf Vergangenes beziehen, das er selbst gar nicht erlebt hat. Er kann sich daran „erinnern“, dass Sokrates den Schierlingsbecher getrunken hat oder dass Napoleon nach St. Helena verbannt wurde, ohne dass er eines von beiden miterlebt hätte. Dies wird möglich durch die Sprachlichkeit des Menschen: Er erfährt von diesen vergangenen Ereignissen durch die Schilderungen anderer [...]. Ein sprachliches Merkmal der Geschichtlichkeit des Menschen, auch darauf weist bereits Nietzsche hin, ist die Phrase „es war“ – „jenes Losungswort“, wie Nietzsche pathetisch sagt, „mit dem Kampf, Leiden und Überdruss an den Menschen herankommen, ihn zu erinnern, was sein Dasein im Grunde ist – ein nie zu vollendendes Imperfektum.“ (Nietzsche 1874, 212). Ausdrücke im Tempus Präteritum wie „es war“ erlauben uns, Bezug auf Vergangenes zu nehmen. Die Tempora verbi sind zunächst einmal sprachliche Merkmale für die Zeitlichkeit des Menschen: dafür, dass er den Unterschied der modalen Zeitbegriffe Vergangenheit, Gegenwart und Zukunft erlebt. Der Mensch kann sich aber auch auf Zeitpunkte vor der je eigenen Existenz beziehen, etwa in der Formulierung „Es war vor meiner Zeit der Fall, dass ...“ Daher ist das Tempus Präteritum in diesem lebenszeit-transzendenten Gebrauch zugleich ein sprachliches Merkmal der Geschichtlichkeit des Menschen. *Ludger Jansen, Zeit und Gemeinschaft, S. 117–120*

M4 Im kollektiven Gedächtnis

Eugène Delacroix, Die Freiheit führt das Volk, 1830, Louvre, Paris

1. Setzen Sie in der Klasse das Unterrichtsgespräch nach Marcos Einstieg fort. Mögliche Leitfragen: Was heißt es, wenn Geschichte mit einer Blutwurst verglichen wird? Was bedeutet es, wenn ich sie in Stücke schneide? In welche Stücke würden wir jeweils die Geschichte unseres eigenen Lebens schneiden? → M1
2. Erläutern Sie den Unterschied zwischen dem Speichermodell des Gedächtnisses und dem „konnektivistischen“ Modell. Welche Forschungsergebnisse stützen das konnektivistische Modell? → M2
3. Stellen Sie die Merkmale zusammen, die den Menschen zu einem geschichtlichen Wesen machen. → M3
4. Formulieren Sie die Wirkung, die das Bild von Delacroix bei Ihnen erzeugt. Diskutieren Sie in Gruppen die Bedeutung der möglichen Botschaft des Bildes für unser heutiges Leben. Könnten wir auf solche Botschaften aus der Vergangenheit verzichten? → M4
5. Vergleichen Sie die Funktion, die das Gedächtnis für den einzelnen Menschen hat, mit der Bedeutung von Geschichtsbewusstsein für eine Gesellschaft.

*2 Pfeil, Kreis, Spirale

M1 Historische Zäsuren

ZEIT	PHÄNOMENE	BEDEUTUNG
ab 10. Jahrtausend v. Chr.	Neolithische Revolution (ausgehend vom Zweistromland)	?
4.-1. Jahrtausend v. Chr.	Frühe Hochkulturen (Mesopotamien, Ägypten, u. a.)	?
8.-2. Jahrhundert v. Chr.	Achsenzeit (China, Indien, Persien, Judentum, Griechenland)	?
2. v.-4. Jahrhundert n. Chr.	Römisches Reich	?
4.-15. Jahrhundert n. Chr.	Christianisierung Europas	?
7. Jahrhundert ff. n. Chr.	Ausbreitung des Islam	?
1500 ff. n. Chr.	Europäisierung der Erde	?
16.-20. Jahrhundert n. Chr.	Revolutionen der Moderne in Wissenschaft, Wirtschaft, Gesellschaft, Staat und Politik	?
20./21. Jahrhundert n. Chr.	Kulturmedien, Biowissenschaft, Gentechnik	?

M2 Was ist Geschichtsphilosophie?

Denken über Geschichte betrifft nie nur Vergangenheit, immer auch Gegenwart und Zukunft. Die vergangene Geschichte ist nur ein Teil der wirklichen Geschichte, und vielleicht nicht der wichtigste. Wir kennen heute viele Einzelheiten sowohl aus der Geschichte der Erde und der Lebewesen, als auch aus der Vergangenheit der Menschheit. Was jedoch stets im Auge zu behalten ist, ist die Art und Weise, wie wir diese Kenntnis verwenden, was wir damit zu tun gedenken. Geschichtswissen muss praktische Bedeutung haben, oder es ist wertlos, denn die Vergangenheit lässt sich nicht ändern. [...]. Dass wir unsere Lebenschancen vertun, lässt sich hingegen vielleicht doch ändern. [...] Ich möchte die wichtigsten Typen von geschichtsphilosophischen Entwürfen umreißen, die in der europäischen Geistesgeschichte entwickelt worden sind. Es gibt grundsätzlich zwei verschiedene Arten von Problemstellungen, die beide als philosophisch bezeichnet werden, und die sich beide mit Geschichte befassen. [...] Die erste Art ist dasjenige, wovon in den meisten Wörterbüchern steht, Voltaire (französischer Aufklärer des 18. Jahrhunderts) habe den Namen („Philosophie de l'histoire") dafür geprägt, *Vico, Herder, Hegel, Marx, Spengler, Jaspers, Toynbee* seien einige ihrer großen Repräsentanten. Es handelt sich dabei um eine *Fragestellung, in der nach dem Verlauf der Menschheitsgeschichte überhaupt gefragt wird*, nach deren wesentlichen Stadien, Erscheinungsformen, Faktoren und Gesetzmäßigkeiten. Davon ist zu unterscheiden eine andere Fragerichtung, die ebenfalls den Namen *Geschichtsphilosophie* trägt und die mindestens so alt ist wie die erstgenannte: *die Untersuchung der Frage, auf welche Weise sicheres Wissen über Vergangenheit gewonnen und wie dieses angemessen mitgeteilt werden könne.*

M3 Verlaufsmodelle der Geschichte

Soweit ich sehe, sind für die Verlaufsbeschreibung in der europäischen Geschichtsphilosophie drei Modellvorstellungen entwickelt worden: der Pfeil, der Kreis und die Spirale. Unter den *linearen oder pfeilförmigen Modellen* gibt es mancherlei Varianten: sie können als Aufstiegs- und Fortschrittsidee auftreten (dann wird am Beginn die Barbarei, ein roher Urzustand angenommen), sie können aber auch als Abstiegs- und Rückschrittsbilder vorkommen (mit dem Paradies oder dem Goldenen Zeitalter am Anfang, oder aber auch einer heilen, natürlichen Urgesellschaft); die Linie kann als Kontinuum gedacht sein, oder auch gebrochen, treppenförmig vorgestellt. Gemeinsam ist allen diesen Pfeilmodellen, dass darin der Verlauf der Menschheitsgeschichte [...] als ein einziger Prozess gedacht wird, wobei die jeweils späteren Stadien in irgendeiner Weise – zum Besseren oder zum Schlechteren – über die früheren hinausgehen.

Die *kreisförmigen Geschichtsvorstellungen* können ebenfalls unterschiedlichen Gehalt haben. Zwischen den Jahreszyklen von Naturreligionen, wie sie etwa Eliade schildert, Platons *Großem Jahr* und Spenglers *Kulturen* bestehen Ähnlichkeiten: Überall handelt es sich um geschlossene Abläufe, nach deren Vollendung „das Ganze" (bei Platon die Weltgeschichte, bei Spengler ein Kulturorganismus) abstirbt und ein neues Ganzes beginnt. In gewisser Weise ist der Kreis auch als Auf- und Abstiegsmodell gedacht, der seinen Zenit kennt und dann unvermerkt zum Abstieg überleitet, also eine Kombination von Zukunfts- und Vergangenheitsutopie.

Wieder ein anderes Bild bieten die *Spiralvorstellungen* [...]: der Auf- und Abstieg des Kreislaufs (einer Gesellschaft, eines Staates, einer Kultur) geht nicht an den Nullpunkt zurück, sondern an einen neuen Ausgangspunkt, der etwas höher liegt als der vorige.

M4 Faktoren und Akteure der Geschichte

Verlaufsmodelle sind aber nicht das Einzige, was die spekulative Geschichtsphilosophie anzielt. Sie will auch wissen, wie es zu diesem Verlauf kommt – und kommen muss. Sie will die *Faktoren und Akteure* der Geschichte benennen. [...] Ich spreche von einem autonomen Geschichtsbild, wenn die Auffassung vertreten wird, dass die Subjekte der Geschichte, die Menschen, dieses Geschehen ausschließlich selbst bewirken und gestalten. Von Heteronomie spreche ich, wenn hinter den Menschen eine ihnen fremde, übergeordnete Kraft angesetzt wird, deren Willen oder deren Eigengesetzlichkeit die Menschen in der Geschichte lediglich vollziehen. [...] Unter den *heteronomen Geschichtsauffassungen* möchte ich zwei Grundtypen unterscheiden: entweder wird angenommen, dass in der Geschichte ein *Natur- oder Weltgesetz* wirkt, eine unpersonale Kraft, oder es wird gedacht, dass eine planend-voraussehende, *personale Kraft*, die über den Menschen steht, das Geschehen lenkt. In beiden Fällen kann man noch weiter fragen, ob oder inwieweit der Plan oder die Gesetzmäßigkeit als erkennbar gilt. So etwa gehört die christlich-mittelalterliche Geschichtsauffassung zum zweiten Typ, wobei nach ihrem Selbstverständnis einige wesentliche Stationen (der Anfang, die Hauptepochen, das Ende im *Weltgericht*) gewusst werden (aus der *Offenbarung*), andere Einzelheiten jedoch im Dunkeln bleiben. [...] Auch unter den *autonomen Geschichtsbildern* gibt es Unterschiede, wenn man die Frage nach den eigentlichen Akteuren oder Faktoren noch weiter differenziert. Eine Möglichkeit ist, dass man die Geschichte als ein Geschehen auffasst, das *Individuen* (die „großen Männer") nach ihren jeweils individuellen Plänen gestalten, wobei sich dann die Frage anschließt, ob diese Pläne insgesamt einen Gesamtplan ergeben oder nicht. [...] Eine andere Form dieses Typs autonomer Geschichtsbilder liegt vor, wenn als die eigentlichen Akteure der Geschichte nicht Einzelne angesehen werden, sondern *Gruppen von Menschen* (Klassen, Gesellschaften, Staatswesen).

M2-4: Franz M. Wimmer, Typen und Theorien von Geschichtsphilosophie, S. 2-5

1 Erarbeiten Sie arbeitsteilig in Gruppen mit Hilfe eines Lexikons bzw. Internetrecherche jeweils die Bedeutung der „Historischen Zäsuren". ➜ M1

2 Formulieren Sie die geschichtsphilosophischen Grundfragen. ➜ M2

3 Diskutieren Sie anhand der gewonnenen Informationen über die historischen Zäsuren (Aufgabe 1), welches Verlaufsmodell (Pfeil, Kreis, Spirale) Geschichte angemessen beschreibt. Beziehen Sie dabei auch die Frage ein, wer Geschichte macht. ➜ M3/4

*3 Weltgeschichte als Entfaltung der Vernunft

M1 Hegels philosophisches System

Hegel beschreibt einen dialektischen Prozess, bei dem der Geist sich in die ihm fremde Form der Natur entlässt und durch die Geschichte hindurch im Menschen zu sich kommt. Zunächst ist der Geist in einem Zustande des „an sich Seins“ (Philosophische Disziplin: Logik); danach entäußert er sich als sein „Anderssein“ in die Form der an Raum und Zeit gebundenen Natur (Philosophie der Natur). Im dritten Stadium kehrt der Geist aus seiner Selbstentäußerung zu sich selbst zurück (Philosophie des Geistes).
Das Reich des Geistes gliedert sich wiederum in drei Stufen nach dem Verhältnis des Geistes zu sich selbst: als subjektiver Geist wird er sich im Menschen sich selbst bewusst; als objektiver Geist tritt er aus der subjektiven Sphäre heraus, um sich selbst Realität zu geben, sich zu manifestieren und objektivieren. Er schafft sich seine Welt und gestaltet sie nach seinem Willen in Recht, Moralität und Sittlichkeit. Als absoluter Geist kehrt der Geist durch den subjektiven und objektiven Zustand aus seinem Anderssein ganz zu sich zurück; er ist jetzt „an und für sich“. In Kunst, Religion und Philosophie findet der absolute Geist zu seiner Identität des Selbst-Wissens und wird zugleich unabhängig von seinen endlichen Erscheinungsformen.

Dialektische Bewegung

Geist an und für sich

absoluter Geist (Philosophie, Kunst, Religion)

objektiver Geist (Recht, Staat, Moral)

subjektiver Geist (Psychologie, Anthropologie)

Geist für sich (Naturphilosophie)

Geist an sich / Gott (Wissenschaft der Logik)

Georg Wilhelm Friedrich Hegel

* 1770 in Stuttgart
† 1831 in Berlin

- Hauptwerke: *Phänomenologie des Geistes* (1807), *Wissenschaft der Logik* (1816), *Enzyklopädie der philosophischen Wissenschaften* (1817)
- 1816 Philosophieprofessur in Heidelberg, ab 1818 dann in Berlin
- Er gilt als der größte philosophische Systematiker des 19. Jahrhunderts und als Hauptvertreter des deutschen Idealismus.
- Sein System und sein Denken wirkten weiter im Hegelianismus, Marxismus, Neuhegelianismus und in zahlreichen modernen philosophischen Systemen.

M2 Die dialektische Methode

Dialektik insgesamt bei Hegel hat drei Stufen: sie ist 1. unmittelbare Einheit des Begriffs, 2. Entgegensetzung des Begriffs gegen sich selbst, 3. Wiedereinheit des Begriffs mit sich durch die Aufhebung des Gegensatzes. Anders gesagt: sie ist 1. Stufe des abstrakten Verstandes oder der einfach gesetzten Thesis, 2. Stufe der negativ vernünftigen Reflexion oder der Antithesis, von Hegel auch mit krisenhaftem Ausdruck Stufe der Negation, des Konflikts, der Kollision, der Differenz genannt, 3. Stufe der positiv vernünftigen Vermittlung, das heißt, Negation der Negation oder Synthesis. Keine dieser drei Bestimmungen darf selbständig gegen die anderen gehalten werden, sie müssen sich vielmehr durchdringen und in ihrer Endlichkeit immer wieder aufheben, immer wieder im Fluss halten, worin sie sind. Es ist, wie erkannt, die Flüssigkeit der Begriffe, es ist dies durchaus Historische und Werdende, worin die Dialektik bei Hegel ihr

Leben hat und den Inhalt des Lebens sich ausdrückt wie ausmacht. [...] Die Welt ist feuriger Natur, voll von treibendem Widerspruch in allen ihren Gebieten, eruptiv wie Frühling: „Die Knospe", lehrt die Vorrede zur *Phänomenologie*, „verschwindet in dem Hervorbrechen der Blüte, und man könnte sagen, dass jene von dieser widerlegt wird; ebenso wird durch die Frucht die Blüte für ein falsches Dasein der Pflanze erklärt, und als ihre Wahrheit tritt jene an die Stelle von dieser. Diese Formen unterscheiden sich nicht nur, sondern verdrängen sich auch als unverträglich miteinander". Und in der erreichten Gewordenheit selber reift ihr Widerspruch, reift die Negation des Gewordenen, die es aufhebt. So produziert, wie Hegel bereits klar erkennt, der Reichtum selber das Elend, jede bisherige Gesellschaft überhaupt die Elemente der nächsten, die den Widerspruch zu dieser Gesellschaft darstellen, und die die Kruste, an der keine Wahrheit und Wirklichkeit mehr ist, sprengen.

Ernst Bloch, Subjekt-Objekt, S. 121-124

M3 Hegels Geschichtsphilosophie

Geschichte gehört bei Hegel zur Lehre des objektiven Geistes. Geschichte ist die Entfaltung der Vernunft im staatlichen Leben, sie ist politische Geschichte. Kunst, Religion und Philosophie stehen als Reich des absoluten Geistes zeitlos darüber. Die Sphäre der Sittlichkeit beginnt nach Hegel erst beim objektiven Geist. Das Dasein des Individuums erreicht seinen Sinn und Wert erst in seiner Ein- und Unterordnung unter die überpersönlichen geschichtlichen Mächte (vor allem den Staat). Der Einzelne handelt nicht, sondern der Weltgeist in ihm. Der Weltgeist gebraucht zur Ausführung seiner Zwecke die Menschen, seien sie auch noch so unwürdig und schwach. In den Individuen verkörpert sich die historische Notwendigkeit, der „Geist der Zeit". Das Individuum handelt nicht nach persönlichem Gutdünken, sondern die Dialektik. „List der Vernunft" bewirkt durch den Handelnden das historisch Notwendige. Völker, Epochen etc. sind also lediglich notwendige Durchgangsstadien im großen weltgeschichtlichen Prozess. Da Geschichte die Selbstentfaltung des objektiven Geistes ist, ist das historisch Gewordene, das in diesem Augenblick Notwendige und somit auch „Vernünftige" , nämlich das der weltgeschichtlichen Vernunft Entsprechende (dem Einzelnen mag es noch so „unvernünftig" sein). Alles was wirklich ist, ist nach Hegel somit auch vernünftig, und alles was vernünftig ist, ist auch wirklich.

Dialektik [griechisch: „Kunst der Unterredung"]

Sokrates und Platon entfalten die Dialektik zur allgemeinen Methode der Wahrheitsfindung durch Überwindung widersprüchlicher Meinungen im Dialog; bei Platon wird sie zudem zum zentralen Prinzip des Seins: sie ist der Gang von der erscheinenden Realität zu den sie begründenden Ideen bis hinauf zur Idee der Ideen, dem an sich Guten. [...] Die heutige Bedeutung der D. geht in erster Linie auf Fichte zurück, der sie als den durch Widersprüche zur Synthese fortschreitenden Gang des Bewusstseins verstand (dialektischer Dreischritt), bei Hegel wurde die D. (anknüpfend an Platons Seins-D.) zum wesentlichen Bestandteil eines umfassenden philosophischen Systems. Grundgedanke seiner D. ist, dass jede Setzung (Thesis) mit innerer Notwendigkeit ihr Gegenteil (Antithesis) aus sich hervortreibt und dass sich beide in einer höheren Einheit (Synthesis) gegenseitig aufheben. Da nach Hegel Denken und Wirklichkeit zusammenfallen, ist die D. das innere Bewegungsgesetz nicht nur der Begriffe, sondern auch des „wirklichen" Seins, besonders der geschichtlichen Welt; D. wird damit zur Real-dialektik.

Die Zeit, Das Lexikon, Band 03, S. 437f.

1 Erläutern Sie, worin das Besondere der Hegelschen Idee von Dialektik gegenüber einer einfachen antithetischen Gegenüberstellung von Gegensätzen besteht. → M1

2 Finden Sie weitere Beispiele aus der Natur, analog dem Blütenbeispiel, das Hegels Begriff von Dialektik veranschaulicht. → M2

3 Ordnen Sie Hegels Geschichtsauffassung einem der auf S. 72f. in M3 unterschiedenen Verlaufsmodellen von Geschichte zu. → M3

*4 Historischer Materialismus

M1 Geschichte als Abfolge von Klassenkämpfen

Die Geschichte aller bisherigen Gesellschaft ist die Geschichte von Klassenkämpfen.

Freier und Sklave, Patrizier und Plebejer, Baron und Leibeigener, Zunftbürger und Gesell, kurz, Unterdrücker und Unterdrückte standen in stetem Gegensatz zueinander, führten einen ununterbrochenen, bald versteckten, bald offenen Kampf, einen Kampf, der jedesmal mit einer revolutionären Umgestaltung der ganzen Gesellschaft endete oder mit dem gemeinsamen Untergang der kämpfenden Klassen. [...]

Die aus dem Untergang der feudalen Gesellschaft hervorgegangene moderne bürgerliche Gesellschaft hat die Klassengegensätze nicht aufgehoben. Sie hat nur neue Klassen, neue Bedingungen der Unterdrückung, neue Gestaltungen des Kampfes an die Stelle der alten gesetzt.

Unsere Epoche, die Epoche der Bourgeoisie, zeichnet sich jedoch dadurch aus, dass sie die Klassengegensätze vereinfacht hat. Die ganze Gesellschaft spaltet sich mehr und mehr in zwei große feindliche Lager, in zwei große, einander direkt gegenüberstehende Klassen: Bourgeoisie und Proletariat.

Friedrich Engels, Dialektik der Natur, MEW, Band 20, S. 348

M2 Dynamik des Fortschritts

Diese Theorie des Geschichtsverlaufs nennt Marx Historischer Materialismus, weil die Dynamik des Fortschritts von den materiellen Entwicklungen gespeist wird. Die Geschichte verläuft aber nicht linear, sondern in dialektischen Stufen (= dialektischer Materialismus).

Erst müssen sich die Produktivkräfte innerhalb der Produktionsverhältnisse soweit entwickelt haben, dass sie in einen Widerspruch zu den Verhältnissen geraten und auf revolutionäre Weise neue Verhältnisse geschaffen werden, in denen die Produktivkräfte sich weiter entfalten können.

Beispiel: Die bürgerliche Produktionsweise (Handel, Handwerk, Manufakturen) entwickelte sich im feudalen Ständestaat so stark, dass die Ständeordnung mit ihren Feudalabgaben zum Hemmnis wurde und – etwa in Frankreich durch die Revolution von 1789 – durch eine bürgerliche Ordnung (Gewerbefreiheit, Recht auf Eigentum, individuelle Freiheitsrechte) abgelöst wurde.

Kleines Glossar marxistischer Grundbegriffe

Produktivkräfte: menschliche (Arbeitskraft, Arbeitskunst, Wissen, Technik, usw.) und gegenständliche (z. B. Werkzeug, Maschinen, etc. = **Produktionsmittel**) Faktoren der gesellschaftlichen Produktion von Gütern

Produktionsverhältnisse: Rechts- und Eigentumsverhältnisse im gesellschaftlichen Produktionsprozess (z. B. Eigentum an Produktionsmittel, an den produzierten Gütern)

Basis und Überbau: vgl. S. 204f.

Klasse: soziale Gruppe, Schicht innerhalb einer Gesellschaft, die durch die Stellung im Produktionsprozess bestimmt ist (Produktionsmittelbesitzer – Besitzlose, Kapitalisten – Proletarier / Arbeiter)

Klassenkämpfe: Die gesellschaftlichen Klassen stehen in einem **antagonistischen** (kämpferischen) Gegensatz um die Verfügungsgewalt über die Produktionsmittel und die produzierten Güter. Die Klassenkämpfe verschärfen sich bei fortschreitender Entwicklung der Produktivkräfte und führen zu einer Revolution, die dann eine neue **Gesellschaftsformation** hervorbringt (neue Produktionsverhältnisse).
Die Geschichte der Menschheit ist eine Geschichte von Klassenkämpfen, die erst auf der höchsten Stufe der Entfaltung der Produktivkräfte in eine **klassenlose** nicht-antagonistische Gesellschaft mündet **(Kommunismus).** Auch die **Urgesellschaft** war schon eine nicht-anatagonistische klassenlose Gesellschaft, aber auf niedrigstem Niveau der Produktivkräfte (Jäger und Sammler). Die Entwicklung der Produktivkräfte brachte dann notwendig die ersten Klassengesellschaften hervor.

M3 Die materialistische Dialektik der Geschichte

Marx war der Auffassung, die naturwissenschaftliche Gesetzlichkeit des Verlaufs der Menschheitsgeschichte entdeckt zu haben.

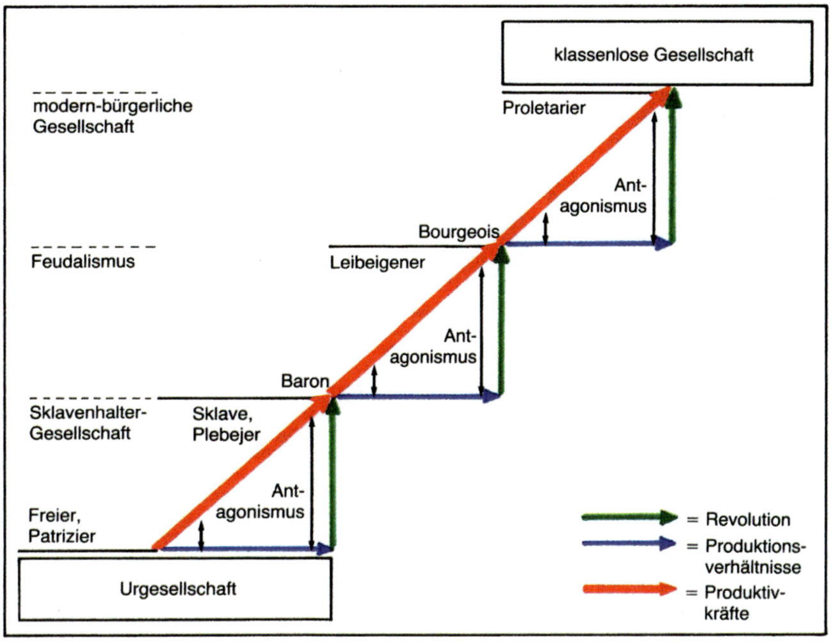

dtv-Atlas Philosophie, S. 170

Auf einer gewissen Stufe ihrer Entwicklung geraten die materiellen Produktivkräfte der Gesellschaft in Widerspruch mit den vorhandenen Produktionsverhältnissen oder, was nur ein juristischer Ausdruck dafür ist, mit den Eigentumsverhältnissen, innerhalb deren sie sich bisher bewegt hatten. Aus den Entwicklungsformen der Produktivkräfte schlagen diese Verhältnisse in Fesseln derselben um. Es tritt dann eine Epoche sozialer Revolution ein. Mit der Veränderung der ökonomischen Grundlage wälzt sich der ganze ungeheure Überbau langsamer oder rascher um. In der Betrachtung solcher Umwälzungen muss man stets unterscheiden zwischen der materiellen, naturwissenschaftlich treu zu konstatierenden Umwälzung in den ökonomischen Produktionsbedingungen und den juristischen, politischen, religiösen, künstlerischen oder philosophischen, kurz, ideologischen Formen, worin sich die Menschen dieses Konflikts bewusst werden und ihn ausfechten. [...]

Eine Gesellschaftsformation geht nie unter, bevor alle Produktivkräfte entwickelt sind, für die sie weit genug ist, und neue höhere Produktionsverhältnisse treten nie an die Stelle, bevor die materiellen Existenzbedingungen derselben im Schoß der alten Gesellschaft selbst ausgebrütet worden sind. [...] Die bürgerlichen Produktionsverhältnisse sind die letzte antagonistische Form des gesellschaftlichen Produktionsprozesses, antagonistisch nicht im Sinne von individuellem Antagonismus, sondern eines aus den gesellschaftlichen Lebensbedingungen der Individuen hervorwachsenden Antagonismus, aber die im Schoß der bürgerlichen Gesellschaft sich entwickelnden Produktivkräfte schaffen zugleich die materiellen Bedingungen zur Lösung dieses Antagonismus. Mit dieser Gesellschaftsformation schließt daher die Vorgeschichte der menschlichen Gesellschaft ab.

Karl Marx, Vorwort von „Zur Kritik der politischen Ökonomie", MEW, Band 13, S. 9

1 Erläutern Sie, welchen Status die Gesetze der Dialektik bei Engels im Gegensatz zu Hegel (s. S. 74, M1) haben. ➜ M1
2 Erklären Sie mit Hilfe der Texte (M1, M3) und des Glossars (Infokasten) das obenstehende Schaubild zum Historischen Materialismus. ➜ M1-3
3 Erläutern Sie die Marx'sche Aussage, er habe Hegel vom Kopf auf die Füße gestellt.
4 Deuten Sie Marx' Formulierung „Vorgeschichte der menschlichen Gesellschaft". ➜ M3
5 Diskutieren Sie: Ist das Scheitern der sozialistischen Staaten als die völlige Widerlegung der marxistischen Geschichtsauffassung zu betrachten?

*5 Wider den Fortschrittsglauben

M1 Die Entwicklung der Menschheit

**Einst haben die Kerls auf den Bäumen gehockt,
behaart und mit böser Visage.
Dann hat man sie aus dem Urwald gelockt
und die Welt asphaltiert und aufgestockt,
bis zur dreißigsten Etage.**

**Da saßen sie nun, den Flöhen entflohn,
in zentralgeheizten Räumen.
Da sitzen sie nun am Telefon.
Und es herrscht noch genau derselbe Ton
wie seinerzeit auf den Bäumen.**

**Sie hören weit. Sie sehen fern.
Sie sind mit dem Weltall in Fühlung.
Sie putzen die Zähne. Sie atmen modern.
Die Erde ist ein gebildeter Stern
mit sehr viel Wasserspülung.**

**Sie schießen die Briefschaften durch ein Rohr.
Sie jagen und züchten Mikroben.
Sie versehn die Natur mit allem Komfort.
Sie fliegen steil in den Himmel empor
und bleiben zwei Wochen oben.**

**Was ihre Verdauung übrig lässt,
das verarbeiten sie zu Watte.
Sie spalten Atome. Sie heilen Inzest.
Und sie stellen durch Stiluntersuchungen fest,
dass Cäsar Plattfüße hatte.**

**So haben sie mit dem Kopf und dem Mund
den Fortschritt der Menschheit geschaffen.
Doch davon mal abgesehen und
bei Lichte betrachtet sind sie im Grund
noch immer die alten Affen.**

Erich Kästner, Gedichte: Gesang zwischen den Stühlen, S. 223f.

M2 Der Engel der Geschichte

Paul Klee, Angelus Novus, 1920

Es gibt ein Bild von Klee, das Angelus Novus heißt. Ein Engel ist darauf dargestellt, der aussieht, als wäre er im Begriff, sich von etwas zu entfernen, worauf er starrt. Seine Augen sind aufgerissen, sein Mund ist offen und seine Flügel sind ausgespannt. Der Engel der Geschichte muss so aussehen. Er hat das Antlitz der Vergangenheit zugewandt. Wo eine Kette von Begebenheiten vor uns erscheint, da sieht er eine einzige Katastrophe, die unablässig Trümmer auf Trümmer häuft und sie ihm vor die Füße schleudert. Er möchte wohl verweilen, die Toten wecken und das Zerschlagene zusammenfügen. Aber ein Sturm weht vom Paradiese her, der sich in seinen Flügeln verfangen hat und so stark ist, dass der Engel sie nicht mehr schließen kann. Dieser Sturm treibt ihn unaufhaltsam in die Zukunft, der er den Rücken kehrt, während der Trümmerhaufen vor ihm zum Himmel wächst. Das, was wir den Fortschritt nennen, ist dieser Sturm.

Walter Benjamin, Über den Begriff der Geschichte, S. 84f.

M3 Paradoxie des Fortschritts

Der wissenschaftlich-technische Fortschritt hat in den letzten Jahrzehnten eine eigentümliche Expansionslogik entwickelt, welche eine weltweite Kulturendynamik in Gang gesetzt hat und in Bewegung hält. Die Zunahme von rund um den Globus fließenden Kapital- und Warenströmen, die ebenso schnelle wie kaum mehr eingrenzbare Ausbreitung von Informationen und Entertainment-Angeboten, das Vordringen des Tourismus in die letzten Winkel der Erde, kurz: All das, was heute vornehmlich unter dem Schlagwort der „Globalisierung" diskutiert wird, resultiert darin, dass überall die Kulturen auf den Weg der so genannten Modernisierung gezwungen werden. Die so ausgelöste Dynamik kann jederzeit in eine Konfrontation der Kulturen umschlagen. Daher wird die Expansionslogik des Fortschritts mittlerweile von immer mehr Menschen mit Sorge betrachtet, zumal gegenüber den neuesten „Früchten" des Fortschritts wie z. B. der Gentechnik oder den Reproduktionstechnologien große Skepsis besteht. Folglich sind die „Paradoxien der Modernisierung" zu einem wichtigen sozialwissenschaftlichen Thema geworden. [...] Als eine Art Grundform der Modernisierungsparadoxien kann die von Max Weber zu Anfang des 20. Jahrhunderts konstatierte Paradoxie der Rationalisierung angesehen werden: Danach führt das zunehmende Rationalitätsstreben im menschlichen Handeln keineswegs notwendigerweise ins Reich der Freiheit, sondern viel eher in das „stahlharte Gehäuse" selbstproduzierter Sachzwänge. Theodor W. Adorno erklärte daher den Fortschritt grundsätzlich für paradox, da er gar nicht real existieren könne, solange er dabei ist, das menschliche Handeln anzuleiten. Denn was ist das Streben nach Verbesserung der menschlichen Lebensumstände schon anderes als der Versuch, sich mittels Aufklärung über die Gesetzmäßigkeiten der Natur zunächst von der Furcht vor dem Unbekannten zu befreien, um dann auf der Basis neu gewonnener Handlungsmöglichkeiten eine menschliche Herrschaft über die Natur (und andere Menschen) aufbauen zu können? Aber kann eine solche Herrschaft realer Fortschritt sein? Oder ist sie doch nur Unterdrückung – der Natur, der Mitmenschlichkeit, schließlich gar des eigenen Selbst? Ist es daher nicht sogar zu erwarten, dass das Streben nach Fortschritt nicht in die personale „Autonomie" des Menschen führt, sondern bestenfalls in die Spaßgesellschaft und in den Überdruss am Überfluss.

Charlotte und Michael Wehrspaun, Eine neue Zukunft für den Fortschritt?, in: Politik und Zeitgeschichte (B 27/2003)

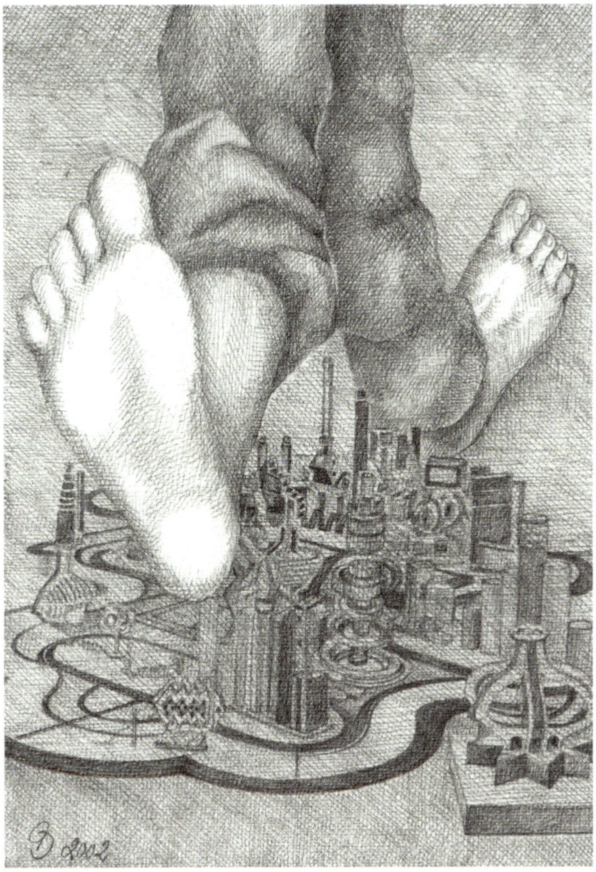

Günter Dietrich, Fortschritt

1 Erarbeiten Sie in Kleingruppen eine Powerpoint-Präsentation zum Gedicht von Erich Kästner (Illustration, evtl. mit Musik). ➜ M1

2 Erläutern Sie, welche Deutung des Geschichtsverlaufs Walter Benjamin gibt. Nehmen Sie Stellung zu dieser Sichtweise. ➜ M2

3 Zeigen Sie auf, worin die Autoren die Paradoxie des Fortschritts sehen. Interpretieren Sie dabei auch die Zeichnung. ➜ M3

*6 Die Geschichte ist offen

M1 Alternativen sind möglich

Aber Hitler war nicht unvermeidlich, und das zu zeigen ist Stern wichtig. Indem er frühe Gegner des Nationalsozialismus in Erinnerung ruft, indem er lokale Beispiele schildert für persönlichen Mut und Zivilcourage auch unter der Diktatur, verdeutlicht er zugleich die Prämissen seines historischen Denkens: Die Geschichte ist offen, Alternativen sind möglich, die Freiheit der Entscheidung liegt bei jedem von uns. Damals wie heute.

Der Jenaer Historiker Norbert Frei in einer Rezension der Memoiren des 1933 aus Breslau in die USA emigrierten jüdischen Historikers Fritz Stern, Die Zeit Nr. 35 vom 23.08.2007

M2 Zufall oder Notwendigkeit?

Ganz allgemein gehen wir an die Dinge unserer Welt heran, als seien sie nicht zufällig, was und wie sie sind. Wie unterschiedlich auch die Auffassungen darüber sein mögen, von welcher Art die Ursachen seien, die die Welt der Erscheinungen hervorbringen – ob es sich dabei um die Geister der Ahnen, um Naturgewalten oder um einen planend vorhersehenden Gott handelt –, Menschen denken sich ihre Welt immer geordnet. Dies besagt, dass diese Welt, die dem Menschen gegenübertritt, der der Mensch begegnet, nicht bloß als eine chaotische Anhäufung von Dingen, Ereignissen, Sachverhalten oder Einrichtungen gedacht wird, sondern als etwas, das bestimmten Regeln gehorcht, nach bestimmten Gesetzmäßigkeiten aufgebaut ist. Zwar gibt es durchaus Dinge, bei denen wir ganz ohne Bedenken sagen, sie könnten auch ganz anders sein, als sie tatsächlich sind: Ein Holzstoß etwa oder ein Kieselhaufen könnte geradeso geordnet oder ungeordnet sein, wenn jedes einzelne Holzscheit oder jeder einzelne Kieselstein in völlig anderer Lage sich befände, die untersten zuoberst lägen und umgekehrt. Aber einmal gilt das nicht für alle Dinge, und außerdem gilt es auch für Holzstöße, Kieselhaufen und dergleichen nicht in jeder Hinsicht: Auch diese sind ja an einem bestimmten Ort, von bestimmter Größe und Qualität und so fort. Das ordnet sie bereits wieder ein, macht sie zu etwas Nicht-Chaotischem. Bei anderen Dingen, die entweder von sich aus Gestalt annehmen – wie etwa Lebewesen – oder aber von zielstrebendem Handeln gestaltet werden – wie etwa Werkzeuge oder Verfassungstexte –, kommt uns der Gedanke, sie könnten chaotisch-zufällig so geworden sein, wie sie sind, ganz unpassend und falsch vor. Zu diesen letzteren Sachverhalten zählen wir gewöhnlich auch das, was wir „Geschichte" nennen: die vergangenen Taten und Untaten von Menschen, die ihre eigenen Lebensformen geschaffen haben, an die wir uns erinnern und die unsere Lebensformen mitbestimmen.

Diese Geschichte – der Menschheit, der Staaten, der Kunst, der Literatur und so fort – stellt sich uns als ein geordnetes Gebilde dar, das man einteilen, beschreiben und erklären kann, bei dem man zeigen kann, wie es vom einen Zustand zum anderen und schließlich zu unserer eigenen Gegenwart gekommen ist. So wirkt auf den ersten Blick die Geschichte als etwas Geordnetes, ganz und gar nicht Zufälliges. [...] Was geschehen musste, geschah. Was geschah, musste geschehen. Diese Schlussfolgerung ist jedoch in ihrer Allgemeinheit nicht akzeptabel. Denn es ist einfach nicht auszudenken, dass jemand sagen könnte, die amerikanischen Ureinwohner seien notwendigerweise von europäischen Eindringlingen vernichtet worden oder mit der fabrikmäßigen Vergasung von Millionen Juden durch Deutsche müsse man sich zwangsläufig abfinden – unter Berufung auf einen geordneten und notwendigen Verlauf der Geschichte. Und die These, dass große Kriege der evolutiven Entwicklung unserer Art dienen, ist zwar aus biologistischer Perspektive begründbar, aber angesichts der Opfer ebenso zynisch.

Franz M. Wimmer, Zufall oder Notwendigkeit?, S. 416–434

M3 Geschichte folgt keinem Plan

Gegen den Anspruch vieler Geschichtsphilosophen von Platon bis in die Gegenwart, den Gesamtplan der Menschheitsgeschichte zu kennen und dementsprechend nicht nur die vergangene, sondern auch die zukünftige Geschichte wissenschaftlich begründet beschreiben zu können, richtet sich die Kritik des Erkenntnistheoretikers Karl R. Popper (1902–1994).

Die Geschichte hat keinen Sinn, das ist meine Behauptung. Aber aus dieser Behauptung folgt nicht, dass wir nichts tun können, dass wir der Geschichte der politischen Macht entsetzt zusehen müssen oder dass wir gezwungen sind, sie als einen grausamen Scherz zu betrachten. Denn wir können sie interpretieren mit einem Auge auf jene Probleme der Machtpolitik, deren Lösung wir in unserer eigenen Zeit verursachen wollen. Wir können die Geschichte der Machtpolitik deuten vom Standpunkt unseres Kampfes für die offene Gesellschaft, für eine Herrschaft der Vernunft, für Gerechtigkeit, Freiheit, Gleichheit und für die Kontrolle des internationalen Verbrechens. Obwohl die Geschichte keinen Zweck hat, können wir ihr dennoch diese unsere Zwecke auferlegen, und obwohl die Geschichte keinen Sinn hat, können doch wir ihr einen Sinn verleihen. [...] Schließlich lässt sich dasselbe auch über den „Sinn des Lebens" sagen. An uns liegt es, zu entscheiden, was der Zweck unseres Lebens sein soll, und unsere Ziele zu bestimmen.

Karl R. Popper, Die offene Gesellschaft und ihre Feinde, Band II, S. 344f.

M4 Geschichte wird gemacht

Alexander Kluge lässt in seinem Film Die Patriotin *(1979) seine Hauptfigur, die Geschichtslehrerin Gabi Teichert, zur Verbesserung des Stoffs der Geschichte alles Mögliche unternehmen. Im folgenden Szenenausschnitt besucht sie einen SPD-Bundesparteitag und spricht die Delegierte Heidi Müller an.*

Gabi Teichert: Ich bin Geschichtslehrerin. Ich bin hergekommen, weil ich die Geschichte mit Ihnen zusammen verändern möchte. Was halten Sie davon? Ich bin der Meinung, dass das Material für den Geschichtsunterricht an Höheren Schulen nicht positiv genug ist, weil unsere deutsche Geschichte auch nicht positiv genug ist. Ich möchte jetzt ein anderes Material kriegen, damit ich es verbreiten kann.

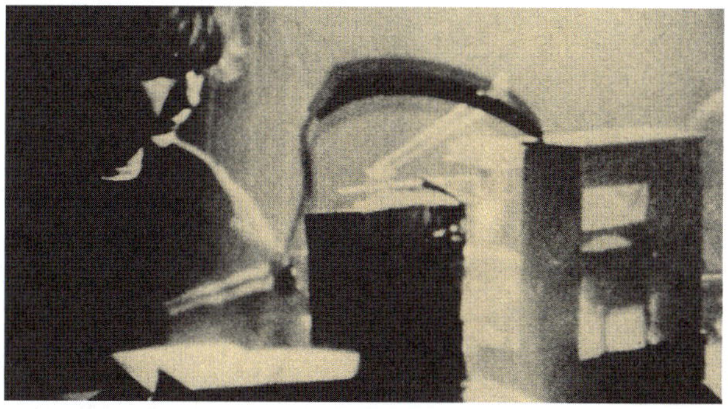

Gabi Teichert geht in ihrem Labor der Geschichte auf den Grund.

Frau Müller: Und hier auf dem Parteitag möchten Sie dieses Material bekommen?

Gabi Teichert: Ja.

Frau Müller: Und haben Sie schon welches bekommen? Haben Sie schon was gesammelt, was sich lohnt?

Gabi Teichert: Das Material kriege ich ja hier nicht. Dazu müssen wir ja erst die Geschichte hier verändern.

Frau Müller: Ja.

Gabi Teichert (greift die Zustimmung auf): Wir müssen erst die Geschichte verändern, damit wir ein anderes Material bekommen. Und ich möchte jetzt, dass Sie mit mir zusammen (sie blickt noch auf einen anderen Abgeordneten) und auch mit Ihnen zusammen, dass wir die Geschichte hier verändern.

Frau Müller: Hier an diesem Tisch?

Alexander Kluge, Die Patriotin, S. 75f.

1. Nehmen Sie Stellung zu der Ansicht Sterns. ➜ M1
2. Erarbeiten Sie aus dem Text, welche Konsequenzen sich jeweils daraus ergeben, wenn Geschichte als zufällig oder als notwendige Ereignisfolge betrachtet wird. ➜ M2
3. Zeigen Sie auf, wie Popper den Widerspruch zwischen Zufall und Notwendigkeit auflöst. ➜ M3
4. Interpretieren Sie den Filmdialog aus *Die Patriotin*. Was wird durch die naiv zielgerichtete Haltung von Gabi Teichert deutlich? ➜ M4
5. Diskussion: Welche Konsequenzen ergeben sich für jeden Einzelnen, wenn Geschichte als offen und als gemacht betrachtet wird? ➜ M1-4

Freiheit und Determination

- Tiere verhalten sich, im Unterschied zu Menschen können sie nicht handeln.
- Verhalten bezeichnet die Körperbewegungen und -haltungen eines Organismus in seiner Umwelt.
- Menschliches Handeln ist zielgerichtetes Verhalten aus Gründen.
- Beim Begriff „Freiheit" handelt es sich um einen multivoken (mehrdeutigen) Begriff.
- Handlungsfreiheit bezieht sich auf das menschliche Handeln. Dieser Freiheitsaspekt ist negativ zu bestimmen als eine „Freiheit von" Fremdbestimmung bzw. sonstigen Handlungseinschränkungen.
- Wahlfreiheit ist die Fähigkeit, zwischen verschiedenen Handlungsoptionen auswählen zu können.
- Willensfreiheit ist positiv zu bestimmen als „Freiheit wozu". Hier steht der Wille im Zentrum, und damit die mentale, geistige Fähigkeit selbständige Entscheidungen zu treffen und die Verwirklichung ihrer Handlungsziele einzuleiten. Dabei wird das Wollen aufgrund vernünftiger Überlegungen, nicht von sinnlichen Begierden oder faktischen Zwängen geleitet.
- Die alte philosophische Frage, ob der Mensch einen freien Willen hat oder ob er durch Naturgesetzmäßigkeiten determiniert ist, wird bis heute in einzelnen Wissenschaften kontrovers diskutiert.
- Wäre der Mensch in seinem Denken und Handeln vollständig durch Naturgesetze bestimmt, könnte man ihn nicht für sein Handeln verantwortlich machen. Ethische Praxis setzt immer schon menschliche Freiheit voraus.
- Freiheit ist aber immer eine bedingte, da menschliches Handeln von biologischen, psychischen und sozialen Faktoren bestimmt wird.

Menschenbilder

- Menschenbilder besitzen eine Orientierungsfunktion für unser praktisches Handeln.
- Die Wissenschaft liefert unterschiedliche Erklärungsmodelle des Menschen.
- Der Biologie Charles Darwin sieht den Menschen als zufälliges Produkt der Evolution an.
- Der Tiefenpsychologe Sigmund Freud charakterisiert in seiner Psychoanalyse den Menschen als Triebwesen, dessen Denken und Handeln primär vom Unbewussten bestimmt wird.
- Hirnforscher betrachten den Menschen als Gehirnwesen und betonen die neurobiologische Basis mentaler Prozesse.
- In der Soziologie wird der Mensch als Sozialwesen verstanden, das verschiedene (soziale) Rollen spielt.
- Verschiedene Theorien der Identität werden diskutiert.
- Die Grundfrage des Leib-Seele-Problems lautet: Wie sind körperliche und geistige Funktionen (Gehirn und Geist) aufeinander bezogen? Mögliche Antworten geben der Monismus und der Dualismus.
- Der Philosophischen Anthropologie geht es im Unterschied zu den fachwissenschaftlichen Anthropologien, die einzelne Aspekte des Menschseins beleuchten, um die Konturierung eines Gesamtbildes vom Menschen.
- Der Philosoph Max Scheler sieht die Sonderstellung des Menschen in seiner Weltoffenheit, in der Ungebundenheit von den Trieben und von der Umwelt.
- Nach dem Philosophen Helmuth Plessner zeichnet sich der Mensch durch seine exzentrische Positionalität aus, d. h. durch seine Fähigkeit, sich zu sich selbst in Distanz zu setzen.
- Der Philosoph Arnold Gehlen begreift den Menschen als ein Mängelwesen, das zur Kompensation seiner biologischen Mittellosigkeit handeln muss und das der Entlastung durch Institutionen bedarf.
- Das Menschsein des Menschen lässt sich nicht eindimensional erfassen, weil der Mensch das kreative Vielfältigkeitswesen ist.

Pluralismus

- Moderne Gesellschaften sind durch den Zwang zur Individualisierung gekennzeichnet.
- Dies bringt auch einen Wertewandel mit großen Freiheitsräumen für den Einzelnen mit sich.
- Dadurch stellt sich die Frage nach verbindlichen Werten, die für alle trotz divergierender Überzeugungen gelten müssen.
- Ein Vorschlag besteht darin, das „einigende Band" im demokratischen Prozess selbst zu sehen, in dem sich die Staatsbürger darüber verständigen, wie sie leben wollen. Grundlage dieser Volkssouveränität sind die Menschenrechte, die eine vernünftige politische Willensbildung institutionalisieren.
- Ein anderer Vorschlag betont den Vorrang der bestimmten Vorstellung vom guten Leben, die eine Gemeinschaft ausgebildet hat, vor den Rechten des Einzelnen.
- Pluralistische Gesellschaften sind auf Toleranz angewiesen. Diese zeigt immer eine Ablehnungs- und Akzeptanzkomponente. Ihr Verhältnis zueinander bestimmt, ob ein Erlaubnis-, Koexistenz-, Respekts- oder Wertschätzungskonzept der Toleranz verfolgt wird.
- Das Zusammenleben in einer pluralistischen Gesellschaft bzw. das interkulturelle Gespräch ist auch darauf angewiesen, dass sich die Mitglieder bzw. Gesprächspartner verstehen.
- Die Macht unserer Hintergrundannahmen macht es notwendig, dass man über die eigenen Vor-Urteile Klarheit herstellt. Eine Infragestellung und Überprüfung der naiv unterstellten Wahrheit des eigenen Standpunktes ermöglicht eine Neubewertung und Verständigung mit anderen in einer umstrittenen Sache („hermeneutischer Zirkel").
- Es gibt die Auffassung, dass ein solcher Dialog zwischen den Kulturen nicht gelingen kann, da jedes Individuum unveränderlich als Mitglied einer Kultur eine bestimmte kulturelle Identität besitzt. Ein Aufeinandertreffen führt daher zu einem „Kampf der Kulturen".
- Demgegenüber wird betont, dass jeder Mensch eine plurale Identität besitzt, eine angeblich kulturelle also eine unzulässige Abstraktion bedeutet.

Geschichtsdeutung

- Durch sein Erinnerungsvermögen ist die Geschichtlichkeit des Menschen eine anthropologische Konstante: Der Mensch ist ein Geschichtswesen, ist das Tier, das erinnern muss (Nietzsche).
- Die Geschichtsphilosophie kennt zwei wesentliche Fragestellungen: Die nach dem Verlauf der Menschheitsgeschichte und ihren wesentlichen Stadien und möglichen Gesetzmäßigkeiten und die Frage nach der Möglichkeit der Erkenntnis von Geschichte.
- Als Modellvorstellungen zum Verlauf der Geschichte unterscheiden wir lineare bzw. pfeilförmige (absteigend oder aufsteigend), kreisförmige bzw. zyklische sowie spiralförmige.
- Georg Wilhelm Friedrich Hegels Dialektik begründete ein optimistisches Fortschrittsdenken, da sich seiner Auffassung nach im Gang der Weltgeschichte der objektive Geist selbst herausprozessiert. Geschichte ist dabei die Entfaltung der Vernunft im staatlichen Leben.
- Karl Marx und Friedrich Engels übernehmen in ihrer Theorie des Historischen Materialismus die dialektische Gedankenfigur eines notwendigen Fortschritts der Menschheit in der Geschichte hin zu einer herrschaftsfreien, vernünftigen Gesellschaft, gehen dabei aber nicht wie Hegel von der Bewegung des Weltgeistes aus, sondern von der Entfaltung der materiellen gesellschaftlichen Produktivkräfte („Hegel vom Kopf auf die Füße gestellt").
- Ausdrücklich gegen die auf Hegel und Marx gründende Annahme eines stetigen Fortschritts der Menschheit stellen fortschrittskritische Theorien dies in Frage.
- Karl Raimund Popper und andere Philosophen gehen davon aus, dass Geschichte zu keinem Zeitpunkt kausalen Gesetzen folgt und immer auch anders verlaufen kann, offen ist, weil sie von Menschen gemacht wird.

1 Willst du glücklich sein im Leben ...

M1 Glücklich sein

Marc Chagall, Bonheur, Lithographie, 1969
Die Lithographie zeigt das Glück des Künstlers und seiner Frau. Marc Chagall, im Profil, hält in seinen Armen Vava und dazu Blumen und blickt durch das Fenster auf seine geliebte Landschaft von Saint-Paul. Vava schlingt voller Zärtlichkeit und Hingabe ihren rechten Arm um den Maler.
nach Roger Passeron, Chagall, S. 154

M2 Aphorismen zum Glück

Glück ist kein Geschenk der Götter – es ist die Frucht einer inneren Einstellung.
Erich Fromm, 1900-1980, Psychoanalytiker

Glück ist die einfache Übereinstimmung zwischen einem Wesen und der Existenz, die es führt.
Albert Camus, 1913-1960, Schriftsteller und Philosoph

Das Glück entflieht uns, wenn wir hinter ihm her rennen. In Wahrheit kommt es von innen.
Mahatma Gandhi, 1869-1948, Führer der indischen Unabhängigkeitsbewegung und Verfechter des gewaltlosen Widerstandes

M3 Das „Zufallsglück"

Da ist zu allererst das *Zufallsglück*, das das ganze Leben hindurch Bedeutung hat: Menschen wünschen sich etwas, das ihnen unvermutet zufällt und günstig für sie ausfällt. Im Deutschen rührt das Wort „Glück" vom mittelhochdeutschen *gelücke* her, das in der Welt des Mittelalters den zufälligen Ausgang einer Angelegenheit bezeichnete, ursprünglich jedoch nicht nur im günstigen, sondern auch im ungünstigen Sinne. In antiker Zeit wurde die Zufälligkeit dieses Glücks, ebenfalls im doppelten Sinne, als Göttin verehrt und gefürchtet, *Tyché* im Griechischen, *Fortuna* im Lateinischen, erhalten als *fortune* im Französischen oder *fortune* im Englischen. Im Laufe der Zeit, erst recht in der Moderne, wurde diese Art von Glück dann immer mehr mit dem *günstigen* Zufall und der *erwünschten* Fügung in Verbindung gebracht: Das Positive allein sollte übrig bleiben. Jemandem Glück zu wünschen ist immer mit einer solchen Hoffnung verbunden. „Da hast du aber nochmal Glück gehabt", heißt so viel wie: Der Zufall war dir wohlgesonnen.

M4 Das „Wohlfühlglück"

Suchen Menschen in moderner Zeit nach Glück, so verstehen sie darunter meist, dass es ihnen gut geht, dass sie gesund sind, sich wohl fühlen, Spaß haben, angenehme Erfahrungen machen, Lüste empfinden, Erfolg haben, kurz: all das erleben, was als positiv gilt. Menschen suchen ihr Glück vorzugsweise in der „guten Stimmung" [...]. Neben dem Zufallsglück geht es also um ein Glück, das man das *Wohlfühlglück* nennen kann, *happiness* im Englischen, *bonheur* im Französischen, während es im Deutschen nur ein Wort für alle Glücke gibt, eine merkwürdige Sparsamkeit der ansonsten so reichen und differenzierten Sprache, die auf einen historischen Mangel an Interesse schließen lässt: Es ging lange nur um Pflicht und eben nicht um Glück.

nach www.gluecksarchiv.de

M5 Das Glück der Fülle

Abhängig ist dieses Glück der Fülle allein von der *geistigen Haltung* zum Leben, die ein Mensch einnimmt und im Laufe der Zeit im Denken einübt, ausgehend von der Überlegung, was denn das Eigentümliche des Lebens durch all seine Phänomene und Unwägbarkeiten hindurch ist: Ist es nicht die Polarität, die Gegensätzlichkeit und Widersprüchlichkeit, die sich in allen Dingen und Erfahrungen zeigt? [...] Hartnäckig fordert das Leben seine *Polarität* ein, etwa beim modernen Versuch zur Ausschaltung von Lebensrisiken, mit der Folge, dass Menschen willentlich nach riskanten Unternehmungen (Abenteuerurlaub) suchen, da ein Grundmaß an Risiko offenkundig nicht unterschritten werden kann. Sodass der Einzelne sich fragen könnte: Ist es mir möglich, die Polarität des Lebens zu akzeptieren, nicht in jeder ihrer Erscheinungsformen, aber in ihrer Grundstruktur? Kann ich einverstanden sein mit dem gesamten Leben? Wie lebe ich mit dem Negativen an mir selbst und in meinem Leben? Erscheint das Leben in all seiner Polarität dennoch von Grund auf schön und bejahenswert? Dann kann ich mich eingebettet wissen in einen größeren Zusammenhang, in dem das Eine wie das Andere Platz hat. Mit einer Dankbarkeit gegenüber dem Leben und einer Freude, die nicht darauf beruht, nur die positive Seite des Lebens wahrhaben zu wollen.

M3-M5: Wilhelm Schmid, Glück, S. 10f., 16, 29f.

1 Beschreiben und kommentieren Sie das Bild Chagalls (s. Methodenüberblick, S. 379). ➜ M1

2 Erarbeiten Sie, welche der von Wilhelm Schmid genannten „Glücke" sich in diesem Bild spiegeln, und begründen Sie Ihre Ergebnisse. ➜ M1, M3-5

3 a) Erläutern Sie, welcher der Aphorismen zum Glück Ihnen am treffendsten scheint. ➜ M2
b) Ordnen Sie zu, welcher Aphorismus Ihrer Meinung nach am besten zum Bild von Marc Chagall passt, und begründen Sie. ➜ M1/2

4 a) Erarbeiten Sie Gründe dafür, dass verschiedene Sprachen anders als das Deutsche verschiedene Ausdrücke für „die Glücke" haben. ➜ M6
b) Worin bestehen Gemeinsamkeiten und Unterschiede der Glücksformen?

5 Stellen Sie Beispiele aus Ihrem eigenen Leben für Zufallsglück, Wohlfühlglück und das Glück der Fülle dar. ➜ M3-5

6 Analysieren Sie, welches der genannten „Glücke" am glücklichsten macht. ➜ M3-5

7 Untersuchen Sie, welche Voraussetzungen die verschiedenen Glücksformen brauchen.

8 Diskutieren Sie, ob es noch weitere „Glücke" gibt.

9 Überprüfen Sie, gemessen an welcher Glücksform Sie Ihr Leben als glücklich oder gelingend bezeichnen würden. ➜ M3-5

M6 Der Begriff „Glück" in verschiedenen Sprachen der Welt

Sprache	Glück haben	Glücksmoment erleben	dauerhaft im Glück
deutsch	Glück	Glück	Glück
griechisch	tyché / eutychia	hédoné	eudaimonia
englisch	luck	pleasure	happiness
esperanto	bonshanco	plezuro	felicho
französisch	chance, fortune	plaisir	bonheur
italienisch	fortuna	piacere	felicità
lateinisch	fortuna	felicitas	beatitudo
niederländisch	geluk	plezier	geluk
norwegisch	veldig	lykke	hell
spanisch	fortuna, suerte	placer	felicidad
türkisch	sans	mutluluk	mutluluk

*2 Platon: Das Gute und das Glück

M1 Glück in der Antike

Was wir mit „Glück“ oder „Glückseligkeit“ übersetzen, heißt im Griechischen „eudaimonia“, was, wenn man es wörtlich nimmt, soviel bedeutet wie „einen guten Dämon haben“, „unter einem guten Stern stehen“, also einfach, dass es einem wohl ergeht. Dabei ist ursprünglich in erster Linie an das äußere Wohlergehen wie Schönheit, Reichtum, Macht und dergleichen gedacht. Aber bereits in der griechischen Klassik, die in der Philosophie vor allem durch Platon und Aristoteles repräsentiert wird, tritt uns ein verinnerlichter Glücksbegriff entgegen, allerdings in einem ganz anderen Sinn als dem oben skizzierten, der für uns typisch ist.

Malte Hossenfelder, Antike Glückslehren, S. XIV f.

Platons Leben

- Platon wird 428/427 v. Chr. in eine vornehme Athener Familie hineingeboren.
- Er schließt sich ca. 407 v. Chr. Sokrates an und bleibt bis zu dessen Tod 399 v. Chr. sein Schüler.
- Vom Prozess und der Hinrichtung des verehrten Lehrers erschüttert, verlässt er Athen und begibt sich auf Reisen, die seiner mathematischen und philosophischen Weiterbildung dienen.
- Vermutlich 387 v. Chr. kauft Platon in Athen ein Grundstück in der Nähe einer Kultstätte des Heros Akademos und gründet dort seine Schule, die Akademie.
- 348/347 v. Chr. stirbt Platon, sein Neffe übernimmt die Leitung der Akademie. Diese wird ca. 1000 Jahre Bestand haben. Erst 529 n. Chr. lässt Kaiser Justinian I. sie als heidnische Lehrstätte schließen.

M2 „Gut und glücklich zugleich“

Die Menschen wollen alle glücklich sein. Aber, so führt Platon aus, sie suchen das Glück immer an der verkehrten Stelle. Die einen suchen es dort, wonach die naturhafte Begierde verlangt, [...] also im Reichtum, im Wohlstand, in der Lust und Leidenschaft. Aber das ist nie wahres Glück. Menschen dieser Art sind nie zu befriedigen, weil sie Sklaven ihrer Leidenschaften sind [...]. Andere glauben durch den Ehrgeiz und das Machtstreben glücklich werden zu können.

Nur die kühle Vernunft gewährleistet das echte Glück, weil sie den Weg der Wahrheit geht. Der Weg zum Glück führt über die ewigen Ideen. Unwissenheit ist darum die eigentliche Krankheit der Seele. Wissen und Schauen der Wahrheit ist ihre echte Verfassung. [...] Platon weiß auch, dass der Mensch Freude und Glück braucht und ein gewisses Maß an Genuss. [...] „Platon hat uns als Erster gelehrt, wie man gut und glücklich zugleich sein kann“, sagt Aristoteles [...] von seinem Meister.

M3 Die Erkenntnis der Ideen als Weg zum Glück

Platon hat seine Gedanken über Wahrheit und Wirklichkeit sehr anschaulich erläutert durch das berühmte Höhlengleichnis [...]. Mit uns Menschen steht es, so heißt es dort, wie mit Gefangenen, die sich in einer unterirdischen Höhle befinden und von Geburt auf so an eine Bank gefesselt sind, dass sie sich nie umwenden und immer nur die dem Eingang gegenüberliegende Wand sehen können. Hinter ihnen, dem Eingang zu, läuft quer durch die Höhle eine manneshohe Mauer; hinter dieser wieder brennt ein Feuer. Wenn nun zwischen dem Feuer und der Mauer Menschen vorübergehen und dabei die Mauer überragende Bilder, Statuen, Tierfiguren, Geräte usw. vorbeitragen, dann werden die durch das Feuer entstandenen Schatten dieser Dinge auf die Höhlenwand geworfen, und von dort her dringt auch das Echo der Laute, die die vorübergehenden Menschen vernehmen lassen, an das Ohr der Gefangenen. Da diese Gefangenen nie etwas anderes vernehmen als die Schatten und das Echo, werden sie diese Abbilder für die wahre Wirklichkeit halten. Könnten sie sich einmal umwenden und im Lichte des Feuers die Gegenstände selbst schauen, deren Schatten sie bisher nur sahen, und könnten sie statt des Echos auch die Töne selbst hören, so würden sie wohl sehr erstaunt sein über diese neue Wirklichkeit. Und könnten sie gar aus der Höhle heraus und im Sonnenlicht die lebendigen Menschen, Tiere und wirklichen Dinge selbst betrachten, von denen die in der Höhle vorübergetragenen Gegenstände ja auch nur Abbilder waren, dann wären sie wohl ganz geblendet von dieser nun wieder anders gearteten Wirklichkeit. Würden sie aber den Gefangenen, die in der Höhle geblieben waren, davon erzählen, dass das, was sie hören und sehen, gar nicht die eigentliche und wahre Wirklichkeit sei, dann fänden sie wohl gar keinen Glauben und würden schließlich darüber auch noch verspottet. Und sollte jemand den Versuch machen, die Gefangenen zu befreien und ans Licht der wahren Welt zu führen, dann könnte es ihn vielleicht das Leben kosten. Und doch müssen die Gefangenen aus der Höhle heraus. Es ist erste Aufgabe des Philosophen, den Menschen von der Welt des Scheins und der Bilder zu befreien und zum wahren Sein hinzuführen. Dieses wahre Sein ist nun freilich auch nicht die sogenannte wirkliche, raumzeitliche Welt unter der irdischen Sonne. Sie ist auch nur ein Abbild. Die wahrhaft seiende Welt ist nur die Ideenwelt.

M2/3: Johannes Hirschberger, Geschichte der Philosophie, Bd. I, S. 109f., 88f.

M4 Die Idee des Guten

Was bedeutet dieses Gleichnis? Für Platon sind die Schatten in der Tiefe der Höhle die sinnlich wahrnehmbaren Dinge, an die wir im Alltag gewöhnt sind, die wir für die ganze Wirklichkeit halten, da wir ja nichts anderes kennen. Wir merken nicht einmal, dass wir auch diese wahrnehmbaren Dinge nicht wahrnähmen, wenn nicht das Feuer, das wir nicht bemerken, dahinter brennen würde. Das Feuer steht für die Kraft des Denkvermögens, mit dessen Hilfe wir die Welt der sinnlichen Dinge erfassen. Das, was man heute Naturwissenschaft nennt. [...] Die Welt außerhalb der Höhle ist die Welt der Ideen. [...] Die Ideen verbinden in sich Sein und Wert; die Quelle allen Wertes ist die Idee des höchsten Gutes. Wenn die anderen Ideen Wert haben, dann darum, weil das Gute der höchste Wert ist. Ohne das höchste Gut wäre die Gleichheit ohne Wert, die Gerechtigkeit ohne Wert. Nur durch das höchste Gut, von ihm her, strahlt Werthaftigkeit aus auf alle anderen Ideen.

Jeanne Hersch, Das philosophische Staunen, S. 34

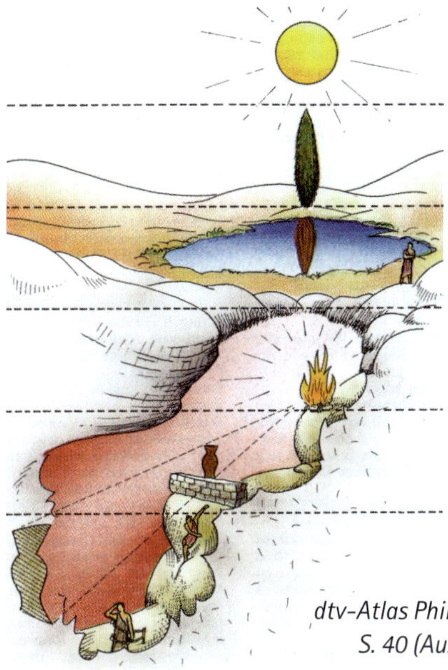

dtv-Atlas Philosophie, S. 40 (Ausschnitt)

1. Analysieren Sie, worin laut Platon der Zusammenhang zwischen „gut sein" und „glücklich sein" besteht. ➜ M1/2
2. Vergleichen Sie die Wege zum Glück bei Platon mit den Wegen zum Glück von S. 96f. ➜ M2
3. Versuchen Sie die von Platon beschriebene Situation in der Höhle möglichst genau darzustellen. ➜ M3
4. Arbeiten Sie die verschiedenen Etappen des Höhlengleichnisses heraus. ➜ M3
5. Versuchen Sie dieses Gleichnis zu interpretieren: Wofür stehen die Ausgangssituation, der Aufstieg, die Sonne, der Abstieg? ➜ M3/4
6. Suchen Sie Beispiele für Menschen, die tatsächlich als „Zurückkehrende in die Höhle" betrachtet werden können und dies mit ihrem Leben bezahlen mussten. ➜ M3
7. Untersuchen Sie, ob Erkenntnis von Neuem, Unerforschtem auf diese Weise erklärbar wird oder nicht. Begründen Sie ausführlich. ➜ M4

*3 Platon: Seelen- und Tugendlehre

M1 Urbilder in der Seele

Der Weg freilich, auf dem Platon zu seiner Ideenlehre gelangt, ist zunächst nicht der des philosophischen Aufschwungs, sondern die Enttäuschung über die politische Situation seiner Zeit, über den überall sich ankündigenden Verfall des Staates. [...] Dabei aber muss er erfahren, dass rings Ungerechtigkeit und Korruption herrschen. Am deutlichsten tritt ihm das vor Augen, als er sehen muss, wie Sokrates, dem es doch um nichts als um Tugend und Gerechtigkeit geht, verurteilt und hingerichtet wird. [...]

Mit dieser Einsicht wird Platon zum Philosophen. Denn nun fragt er, was es denn mit der Gerechtigkeit als solcher auf sich hat und wie es mit den anderen Weisen des rechten Verhaltens, der Tapferkeit, der Besonnenheit, der Frömmigkeit, der Weisheit, steht. Bei solchem Nachdenken entdeckt Platon: Der Mensch weiß ursprünglich, was Gerechtigkeit ist und was die anderen Tugenden sind. Er trägt in seiner Seele Urbilder all dieser rechten Weisen des Verhaltens. Und diese Urbilder können und sollen sein Handeln bestimmen.

Wie Platon dem weiter nachgeht, kommt ihm eine zweite Beobachtung zu Hilfe. Dass die eine Handlung gerecht ist und die andere ungerecht, dass ferner die eine Handlung gerechter ist als die andere, können wir nur von einem solchen Urbild der Gerechtigkeit her entdecken. Aber dieser Zusammenhang von Wirklichkeit und Idee gilt nicht nur im Felde menschlichen Handelns. Auch was ein Baum ist, wissen wir nur, sofern wir ein Urbild des Baumes in uns tragen. Die Erkenntnis der gesamten Wirklichkeit wird allein dadurch möglich, dass der Mensch in seiner Seele Urbilder des Seienden besitzt. Im Blick auf diese kann er sagen: Das ist ein Baum, jenes ein Tier; das ist ein Verbrechen, jenes eine gute Tat.

Wilhelm Weischedel, Die philosophische Hintertreppe, S. 45f.

M2 Platons Auffassung von der Seele

Aber wie hat sich Platon die Seele vorgestellt? Im *Phaidros* vergleicht er sie mit einem Wagenlenker, der einen Wagen mit zwei feurigen Rossen lenkt, eines dieser Rosse ist edel und von bester Rasse, während das andere ein Klepper der schlechtesten Art ist. Der Wagenlenker möchte die beiden Pferde am liebsten möglichst hoch hinauf führen. Dort möchte er sie auf der Weide der Wahrheit zusammen mit den Rossen der Götter grasen lassen. Aber eben dies gelingt ihm nicht immer. Der Klepper zieht manchmal nach unten, und das gute Pferd schafft dann den Höhenflug nicht mehr. Um einen furchtbaren Absturz zu vermeiden, krallt sich die Seele am ersten Körper fest, den sie findet, und haucht diesem Leben ein. Der Körper ist nach Platons Vorstellungen also ein vorübergehender Aufenthaltsort der Seele. Bei jedem Tod wechselt die Seele die Wohnung, und je nachdem, welches der beiden Rosse gerade die Oberhand hat, steigt oder fällt sie in der Hierarchie des Lebens. Die Rangliste der verschiedenen Lebensformen, wie Platon sie vorschlägt, wollen wir dem Leser nicht vorenthalten.

1. Freund der Weisheit und des Schönen
2. König, der die Gesetze respektiert
3. Staatsmann oder Experte in Geschäften und Finanzen
4. Athlet oder Arzt
5. Seher
6. Dichter und Künstler
7. Arbeiter oder Bauer
8. Sophist oder Demagoge
9. Tyrann

Luciano De Crescenzo, Geschichte der griechischen Philosophie, S. 334f.

M3 Der Wagenlenker und seine Pferde

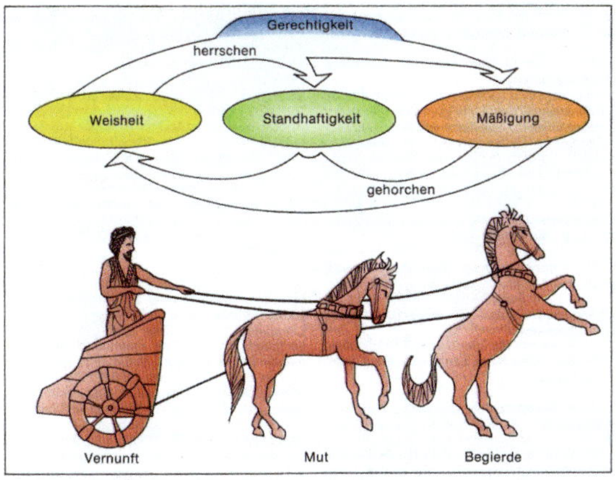

dtv-Atlas Philosophie, S. 42

M4 Wer lenkt den Staat?

Platon stellt sich nun einen Staat vor, der genau wie ein Mensch aufgebaut ist. Wie der Körper „Kopf", „Brust" und „Unterleib" hat, hat der Staat *Herrscher, Wächter* (oder Soldaten) und den *Handelsstand* (zu dem, außer den eigentlichen Händlern, auch die Handwerker und Bauern zählen). Hier wird deutlich, dass Platon sich die griechische medizinische Wissenschaft zum Vorbild nimmt. Wie ein gesunder und harmonischer Mensch Gleichgewicht und Mäßigung zeigt, kennzeichnet es einen *gerechten Staat*, dass jeder darin seinen Platz im Ganzen kennt.

Wie Platons Philosophie insgesamt ist auch seine Staatsphilosophie vom *Rationalismus* geprägt. Entscheidend für die Schaffung eines guten Staates ist, dass er mit *Vernunft* geleitet wird. So wie der Kopf den Körper lenkt, müssen die Philosophen die Gesellschaft lenken.

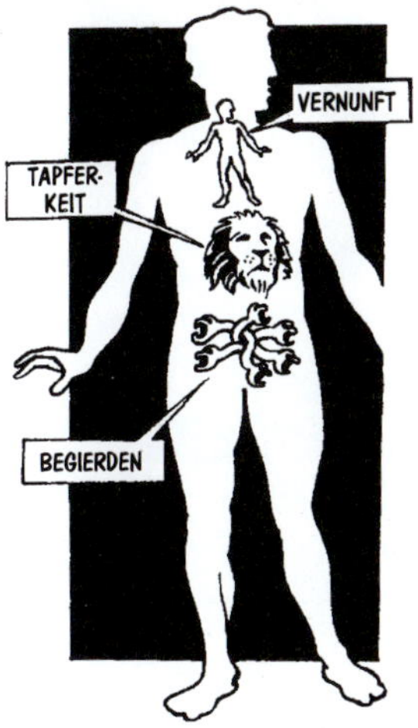

Richard Osborne, Philosophie, S. 21

Körper	Seele	Tugend	Staat
Kopf	Vernunft	Weisheit	Herrscher
Brust	Wille	Mut	Wächter
Unterleib	Begehren	Mäßigung	Handelsstand

Jostein Gaarder, Sofies Welt, S. 112f.

M5 Die Idee des besten Staates

Platon [...] hatte [...] sich vorgenommen, den bestmöglichen Staat zu beschreiben. Das erschien ihm wichtig angesichts der Wirrnisse seiner Zeit. Denn die griechischen Staaten führten gegeneinander Krieg, den sogenannten Peloponnesischen Krieg zwischen Athen und Sparta mit ihren jeweiligen Verbündeten, der mit Unterbrechung dreißig Jahre dauerte und mit der Niederlage Athens endete.

Als Ursache für Kriege erkannte Platon die Habsucht der Menschen und Staaten – wir würden modern von Imperialismus sprechen.

Platon kam daher zu dem Schluss, der beste Staat sei ein selbstgenügsamer Staat, eine Gesellschaft also, deren Mitglieder nicht immer reicher werden wollen, sondern zufrieden sind mit einem gleichbleibenden Zustand zwischen arm und reich. Eine solche Gesellschaft weckt nicht die Gier ihrer Nachbarn. Außerdem dachte sich Platon dieses Staatswesen sehr wehrhaft. Entsprechend dem Seelenvermögen des Menschen – Weisheit, Tapferkeit und Begierde – sollte die Gesellschaft in drei Klassen geteilt werden. Über den Handwerkern und Bauern rangierten die Wächter, eine militärische Elite, deren Mitglieder in Ausscheidungswettkämpfen ermittelt wurden. [...] An der Spitze des Staates steht der Beste, der Weiseste, der Philosophenkönig.

Roland Simon-Schaefer, Kleine Philosophie für Berenike, S. 198

1. Formulieren Sie den Gedanken der Urbilder in eigenen Worten. ➜ M1
2. Erarbeiten Sie die platonische Auffassung von der Menschenseele. ➜ M2/3
3. Erläutern Sie die Metapher vom Wagenlenker und seinen Rössern. ➜ M2/3
4. Überprüfen Sie anhand von selbstgewählten Beispielen, ob die „Geistseele" tatsächlich die „muthafte" und die „Begierdenseele" lenkt. ➜ M2/3
5. Erläutern Sie die Analogie von Körper und Staat in eigenen Worten. ➜ M4/5
6. Überprüfen Sie die an Platon geübte Kritik, sein Modell sei das eines totalitäten Staates. ➜ M4/5

Aristoteles' Leben

- > 384 v. Chr. Geburt in Stagira auf der Halbinsel Chalkidiki, sein Vater ist Leibarzt des makedonischen Königs, auch seine Mutter entstammt einer Arztfamilie;
- > 367 v. Chr. Eintritt in Platons Akademie, wo er zwanzig Jahre lernt und lehrt;
- > Aristoteles verehrt Platon, wird aber später wesentliche Punkte seiner Philosophie kritisieren; so schreibt er über die Freundschaft zu Platon und die Liebe zur Wahrheit: „Beides ist uns lieb und doch ist es heilige Pflicht, der Wahrheit den Vorzug zu geben." *(Nikomachische Ethik, I, 4)*
- > 347 v. Chr. verlässt er Athen, wo sich die angesichts des vom Makedonenkönig Philipp II. in Nordgriechenland begonnenen Eroberungskrieges herrschende antimakedonische Stimmung auch gegen Aristoteles wendet, der als Ausländer keine Bürgerrechte hat; er flieht nach Assos, Kleinasien, gründet eine Art Zweigniederlassung der Platonischen Akademie;
- > 332 v. Chr. übernimmt Aristoteles am makedonischen Hof für drei Jahre die Erziehung des damals dreizehnjährigen Alexander, der später den Beinamen „der Große" erhalten wird;
- > 335 v. Chr. kehrt er nach Athen zurück und gründet seine eigene Schule, das Lykeion; es entsteht eine wissenschaftliche Forschungsgemeinschaft im großen Stil, einer Universität vergleichbar;
- > 323 v. Chr., nach dem Tod Alexanders, gibt die antimakedonische Partei Athens wieder den Ton an, Aristoteles wird mit einem Prozess wegen Gottlosigkeit bedroht; er flieht nach Chalkis auf Euböa in das Elternhaus seiner Mutter, „damit die Athener sich nicht ein zweites Mal an der Philosophie versündigen", wie er unter Anspielung auf die Hinrichtung des Sokrates sagt;
- > 322 v. Chr. stirbt Aristoteles in Chalkis.

Lehrer und Schüler – Platon und Aristoteles

Er [Aristoteles] empfand eine tiefe Liebe für Platon. Zu Platons Tod schrieb er eine bewegende Elegie, in der er ihn als einen Menschen pries, „den schlechte Menschen nicht einmal loben dürfen; der allein oder als Erster von den Sterblichen durch sein eigenes Leben und den Gang seiner Argumente klar bewies, dass ein Mensch gleichzeitig gut und glücklich wird." Aber man kann einen Menschen lieben und gleichzeitig seine Überzeugungen verwerfen. Aristoteles war sicherlich nicht durch und durch Platoniker. Platons Ansichten werden in Aristoteles' erhaltenen Abhandlungen heftig kritisiert, und Kritik brachte er auch vor, als Platon noch lebte. „Platon pflegt Aristoteles das Fohlen zu nennen. Was wollte er damit sagen? Sicherlich wusste man, dass Fohlen nach ihrer Mutter ausschlagen, wenn sie zu viel Milch getrunken haben."

Jonathan Barnes, Aristoteles, S. 35f.

Raffael, Schule von Athen (Ausschnitt), 1510/11
Während Platon nach oben, auf das Reich der Ideen zu verweisen scheint, zeigt Aristoteles' Hand zu Boden, als wolle er seine Lehre im Hier und Jetzt verankern.

Aristoteles' Werk

Aristoteles hat ein universales Werk philosophischer und einzelwissenschaftlicher Forschung hinterlassen, das aufgrund seiner Verbindung von Erfahrung, Begriffsschärfe und spekulativem Denken in der Geschichte menschlichen Geistes seinesgleichen sucht. Seine Abhandlungen zur Logik und Beweistheorie, zur Naturphilosophie, Ontologie und philosophischen Theologie, zur Ethik, Politik und Rhetorik sind bis heute das Urbild philosophischer Lehrschriften.

Otfried Höffe (Hg.), Klassiker der Philosophie, Band 1, S. 63

nach dtv-Atlas Philosophie, S. 46

Ein Universalgenie

Er ist, gerade als Gelehrter, ein Mann von Welt. Sein ganzes Interesse ist der Wirklichkeit in der Vielfalt ihrer Erscheinungen zugewandt. Er untersucht die Tiere in ihren Gestalten und Verhaltungen, die Gestirne, die Staatsverfassungen, die Dichtkunst, die Rhetorik. Vor allem aber fragt er nach dem Menschen: wie dieser denkt und handelt und wie er denken und handeln soll. Aber das alles bleibt nicht an der Oberfläche der bloßen Vielwisserei; in all dem ist Aristoteles Philosoph, und das heißt: Er fragt nach dem Wesen der Dinge und zuletzt nach dem, worin alles Wirkliche gründet, woraus es entspringt und worauf es zugeht.

Als Ergebnis seiner Forschungen hinterlässt Aristoteles ein umfangreiches Werk. Ein antiker Gewährsmann spricht von 400 Bänden, ein anderer gar von 1000 [...]. Mit diesem großen Werk wird Aristoteles zum Begründer der abendländischen Wissenschaft.

Nicht so sehr freilich mit den Resultaten, die er in seinen naturwissenschaftlichen Schriften niederlegt; in diesen ist das meiste veraltet. Mit ungeheurer Sorgfalt trägt Aristoteles im Verein mit seinen Schülern alles zusammen, was man über die Tiere weiß und was die genauere Untersuchung bei ihnen feststellen kann: aus welchen Teilen sie bestehen, wie sie gehen, wie sie sich vermehren und was für Krankheiten sie befallen können. Aber dabei kommt es oft zu recht kuriosen Feststellungen. Etwa dass es Tiere gebe, die in einer Art Urzeugung aus Schlamm und Sand entstehen, oder dass die Mäuse durch bloßes Lecken von Salz trächtig werden, oder dass die Rebhühner gar durch den vom Menschen ausgehenden Windhauch befruchtet werden.

Wilhelm Weischedel, Die philosophische Hintertreppe, S. 54

Kleines Aristoteleslexikon

dianoëtische Tugenden: intellektuelle Tugenden des Verstandes

ethische Tugenden: sittliche Tugenden, Vorzüge des Charakters

Entelechie (griech. das Sich-im-Ziel-haben): aktives Prinzip, welches das Mögliche zum Wirklichen macht und zur Vollendung seines Daseins bringt

Eudaimonia (griech. *eu* „gut" und *daimon* „Schutzgeist"): Glück, Glückseligkeit, zentraler Begriff der griechischen Ethik

Mesotes (griech. Mitte): definiert die ethischen Tugenden als richtige Mitte zwischen extremen Affekten

Phronesis (griech. Klugheit, sittliche Einsicht): Verstandestugend, die die Mittel zum Ziel, das durch die sittlichen Tugenden bestimmt wird, angibt

Poiesis (griech. das Schaffen): Herstellen, Hervorbringen im Bereich des Handwerks und der Technik

Praxis (griech. das Handeln): Handeln, das tätige Leben, das auf vernünftiger Entscheidung beruht

Teleologie: Lehre von der Zielgerichtetheit jeder Entwicklung

Telos (griech. Ziel, Zweck): Endzweck, höchstes Ziel

Theoria (griech. das Anschauen, Betrachtung): Betrachten des Unveränderlichen, höchste Stufe der Glückseligkeit

Zoon logon echon (griech.): Lebewesen, das Vernunft, bzw. Sprache hat

Zoon politikon (griech.): Lebewesen, das sein Leben in der Gemeinschaft, der Polis führt

4 Das Wesen des Menschen

M1 Alles strebt nach Vollendung

M2 Das Wesen der Dinge

Aristoteles bestimmt den Begriff des Guten als dasjenige, wonach alles strebt. Da dieses erstrebte Gute „das dem Wesen des Dinges Gemäße" ist, muss es für jedes Wesen seiner eigentümlichen Natur entsprechend verschieden sein. Obgleich sich Aristoteles in seiner ethischen Untersuchung auf das dem Menschen zukommende Gute beschränkt, geht er in dieser Bestimmung des Guten zunächst naturwissenschaftlich vor.

Aristoteles knüpft an seine Untersuchungen über das Wesen des Organismus an. Dieser wird als ein eigentümliches Ganzes dadurch zusammengehalten und geleitet, dass er ein Ziel und einen Zweck besitzt. Aber Ziel und Zweck werden nicht von außen an ihn herangebracht, sondern er trägt sie ursprünglich in sich selber. Worin aber bestehen Ziel und Zweck des Organismus? In nichts anderem als darin, dass er danach strebt, sich im ganzen Umkreis seiner Möglichkeiten zu verwirklichen. Das Wesen einer Pflanze etwa liegt darin, dass sie den Umkreis der Möglichkeiten, Pflanze zu sein, zu verwirklichen strebt, dass sie sich also in Keim, Blüte und Frucht vollenden will. Dafür prägt Aristoteles den Begriff der **Entelechie**; er will damit sagen: Jedes Lebewesen trägt Ziel und Zweck in sich selber und entfaltet sich dieser inneren Zielstrebigkeit gemäß.

Was sich so am einzelnen Organismus zeigt, überträgt Aristoteles auf sein Bild von der ganzen Natur. Alles, was ist, strebt danach, sich in der Fülle seiner Möglichkeiten, auf die hin es angelegt ist, zu verwirklichen; die ganze Welt drängt zu ihrer eigensten Vollkommenheit. Darin liegt die Lebendigkeit, darin auch die Schönheit der Natur. [...] Diese universale Teleologie ist der bedeutende Grundgedanke im Weltbild des Aristoteles.

Wilhelm Weischedel, Die philosophische Hintertreppe, S. 55

M3 Was ist dem Menschen eigentümlich?

Wie nämlich für den Flötenkünstler und den Bildhauer und für jeden Handwerker oder Künstler, kurz überall da, wo Leistung und Tätigkeit gegeben ist, eben in der Leistung [...] der Wert und das Wohlgelungene liegt, so ist das auch beim Menschen anzunehmen, wenn es überhaupt eine ihm eigentümliche Leistung gibt. Sollte es nun bestimmte Leistungen und Tätigkeiten für den Zimmermann oder Schuster geben, für den Mensch als Menschen aber keine? [...] Die bloße Funktion des Lebens ist es nicht, denn die ist auch den Pflanzen eigen. Gesucht wird aber, was nur dem Menschen eigentümlich ist. Auszuscheiden hat also das Leben, soweit es Ernährung und Wachstum ist. Als Nächstes käme dann das Leben als Sinnesempfindung. Doch teilen wir auch diese gemeinsam mit Pferd, Rind und jeglichen Lebewesen. So bleibt schließlich nur das Leben als Wirken des rationalen Seelenteils.

[...] Wir nehmen nun an, dass die dem Menschen eigentümliche Leistung ist: ein Tätigsein der Seele gemäß dem rationalen Element [...].

Aristoteles, Nikomachische Ethik I, 6

M4 Der Mensch als Vernunftwesen

Wenn die Natur, die doch nichts Sinnloses unternehmen kann, außer den anderen Lebewesen auch noch den Menschen hervorbringt, dann deshalb, damit sich verwirkliche, was sich einzig im Menschen verwirklichen kann: eben Geist, Vernunft, Logos. So liegt denn der Sinn menschlichen Daseins darin, dass der Mensch das ihm eigentümliche Vermögen der Vernunft ausbilde, dass er in Wahrheit werde, was er ist: das vernünftige Lebewesen.

Wenn Aristoteles im Logos das wahre Wesen des Menschen erblickt, dann ist es auch nicht verwunderlich, dass er sich um die Erforschung dieses Logos unablässig bemüht. [...] Es kommt darauf an, dass der Mensch den Logos, sein eigenstes Wesen, in rechter Weise verwirkliche, und es ist darum wichtig, über diesen Logos Bescheid zu wissen. [...]

Der Logos ist für den Griechen die Fähigkeit, die Dinge zu erkennen und zur Erscheinung zu bringen, die Welt aufzuschließen. Wenn nun Aristoteles sagt, der Mensch ist das Wesen, das den Logos besitzt, dann heißt das: seine Bestimmung ist es, die Welt zu erkennen.

Wilhelm Weischedel, Die philosophische Hintertreppe, S. 56

M5 Durch Vernunft zur Gemeinschaft bestimmt

Der Mensch ist aber das einzige Lebewesen, das Sprache *(lógos)* besitzt. Die bloße Stimme *(phoné)* nämlich zeigt nur das Angenehme und Unangenehme an, darum kommt sie auch den anderen Lebewesen zu [...]; die Sprache dagegen ist dazu bestimmt, das Nützliche und Schädliche deutlich kundzutun und also auch das Gerechte *(díkaion)* und Ungerechte *(ádikon)*. Denn das ist eben dem Menschen eigentümlich im Gegensatz zu den Tieren, dass er allein fähig ist, sich vom Guten *(agathón)* und Schlechten *(kakón)*, von Recht und Unrecht Vorstellungen zu machen. Die Gemeinschaftlichkeit dieser Vorstellungen ruft aber eben das Haus und den Staat ins Leben. Auch von Natur ursprünglicher aber ist der Staat als das Haus und jeder Einzelne von uns. [...] Denn wie der Mensch in seiner Vollendung das edelste aller Lebewesen ist, so wiederum losgerissen von Gesetz *(nómos)* und Recht *(díke)* das schlimmste von allen.

Aristoteles, Politik, 1253a

M6 Der Mensch als Sozialwesen

Er [Aristoteles] bezeichnete den Menschen als „politisches Wesen." Ohne die Gesellschaft um uns herum sind wir gar keine richtigen Menschen, meinte er. Dabei können Familie und Dorf niedere Lebensbedürfnisse wie Nahrung und Wärme, Ehe und Kinderaufzucht befriedigen. Aber die höchste Form menschlicher Gemeinschaft kann Aristoteles zufolge nur der Staat sein.

Darauf erhebt sich die Frage, wie der Staat organisiert werden sollte. [...] Aristoteles nennt verschiedene gute Staatsformen. Eine davon ist die *Monarchie* – das heißt, dass es nur einen einzigen obersten Staatschef gibt. Damit diese Staatsform gut ist, darf sie aber nicht zur „Tyrannei" verkommen, bei der ein Einzelherrscher den Staat zu seinem eigenen Vorteil lenkt. Eine weitere gute Staatsform ist die *Aristokratie*. In einer Aristokratie gibt es eine kleinere oder größere Gruppe von Herrschenden. Diese Staatsform muss sich hüten, nicht zur Herrschaft einiger weniger herabzusinken, was wir heute vielleicht als „Junta" bezeichnen würden. Eine dritte gute Staatsform ist die *Demokratie*. Aber auch diese Staatsform hat ihre Kehrseite. Eine Demokratie kann sich leicht zur Pöbelherrschaft entwickeln.

Jostein Gaarder, Sofies Welt, S. 141

1 Formulieren Sie den Gedanken der Entelechie in eigenen Worten. ➔ M1/2

2 Untersuchen Sie, inwieweit Aristoteles diesen Ansatz auf den ganzen Kosmos ausweitet. Ziehen Sie dazu auch die aristotelische Seelenlehre (s. S. 98f.) heran. ➔ M2

3 Erarbeiten Sie, welche Antwortmöglichkeiten Aristoteles auf die Frage nach der dem Menschen „eigentümlichen Leistung" in Erwägung zieht, dann aber verwirft. Welche „Lösung" nennt er? ➔ M3

4 Überprüfen Sie, ob dieser Gedanke der Zweckorientierung haltbar ist oder nicht. Begründen Sie Ihre Position.

5 Erarbeiten Sie, was laut Aristoteles die spezifischen Merkmale des Menschen sind. Vergleichen Sie Ihre Ergebnisse mit den Merkmalen aus dem Anthropologie-Kapitel (s. S. 30ff.). ➔ M4-6

5 Von Zwischenzielen und Endzielen

Moralisches Argumentieren

M1 Viele Zwischenziele ... und ein Endziel

1. Jedes praktische Können und jede wissenschaftliche Untersuchung, ebenso alles Handeln und Wählen strebt nach einem Gut, wie allgemein angenommen wird. Daher die richtige Bestimmung von „Gut“ als „das Ziel, zu dem alles strebt“. Dabei zeigt sich aber ein Unterschied zwischen Ziel und Ziel: das eine Mal ist es das reine Tätig-Sein, das andere Mal darüber hinaus das Ergebnis des Tätig-Seins: das Werk. Wo es Ziele über das Tätig-Sein hinaus gibt, da ist das Ergebnis naturgemäß wertvoller als das bloße Tätig-Sein. Da es aber viele Formen des Handelns, des praktischen Könnens und des Wissens gibt, ergibt sich auch eine Vielzahl von Zielen: Ziel der Heilkunst ist die Gesundheit, der Schiffsbaukunst das Schiff, das Ziel der Kriegskunst: Sieg, der Wirtschaftsführung: Wohlstand. Überall nun, wo solche „Künste“ einem bestimmten Bereich untergeordnet sind – so ist z. B. der Reitkunst untergeordnet das Sattlerhandwerk und andere Handwerke, die das Reitzeug herstellen, während die Reitkunst ihrerseits, wie das gesamte Kriegswesen, unter der Feldherrnkunst steht, und was dergleichen Unterordnungen mehr sind –, da ist durchweg das Ziel der übergeordneten Kunst höheren Ranges als das der untergeordneten: um des ersteren willen wird ja das letztere verfolgt. Hierbei ist es gleichgültig, ob das Tätig-Sein selber Ziel des Handelns ist oder etwas darüber hinaus wie bei den eben aufgezählten Künsten.

Wenn es nun wirklich für die verschiedenen Formen des Handelns ein Endziel gibt, das wir um seiner selbst willen erstreben, während das Übrige nur in Richtung auf dieses Endziel gewollt wird, und wir nicht jede Wahl im Hinblick auf ein weiteres Ziel treffen – das gibt nämlich ein Schreiten ins Endlose, somit ein leeres und sinnloses Streben –, dann ist offenbar dieses Endziel „das Gut“, und zwar das oberste Gut.

Definition
≠
Beispiele 1. 2. 3. 4.
Jeder Zweck (Z) einer Handlung wird wieder zum Mittel (M) für einen nächstfolgenden, höheren Zweck, Z → M
Tätig-Sein selbst oder Ergebnis als Ziel: Prozess oder Produkt?
Definition
Gefahr: regressus ad infinitum (endloses Zurückschreiten)

M2 Das gute Leben

2. Nachdem also jede Erkenntnis und jeder Entschluss nach einem bestimmten Gut zielt, wollen wir wieder einsetzen mit der Frage: „Was ist das Ziel der Staatskunst und welches das höchste von allen Gütern, die man durch Handeln erreichen kann?“

In seiner Benennung stimmen fast alle überein. „Das Glück“ – so sagen die Leute, und so sagen die feineren Geister, wobei gutes Leben und gutes Handeln in eins gesetzt werden mit Glücklichsein. Aber was das Wesen des Glücks sei, darüber ist man unsicher, und die Antwort der Menge lautet anders als die des Denkers. Die Menge stellt sich etwas Handgreifliches und Augenfälliges darunter vor, z. B. Lust, Wohlstand, Ehre: jeder etwas anderes. Bisweilen wechselt sogar ein und derselbe Mensch seine Meinung: wird er krank, so sieht er das Glück in der Gesundheit, ist er arm, dann im Reichtum. Im Bewusstsein aber der eigenen Unwissenheit bestaunen die Leute jene, die etwas vortragen, was bedeutsam klingt und über ihre Fassungskraft hinausgeht.

M1/2: Aristoteles, Nikomachische Ethik, I, 1, 2

Endziel allen Handelns?
Was ist das Wesen des Glücks?
Antwort 1
Antwort 2 und 3

M3 Poiesis und Praxis

An anderer Stelle bezeichnet Aristoteles die beiden Tätigkeitstypen mit den Schwerpunkten „reines Tätig-Sein" und „Ergebnis des Tätig-Seins" als Handeln *(praxis)* und Hervorbringen / Herstellen *(poiesis)*.

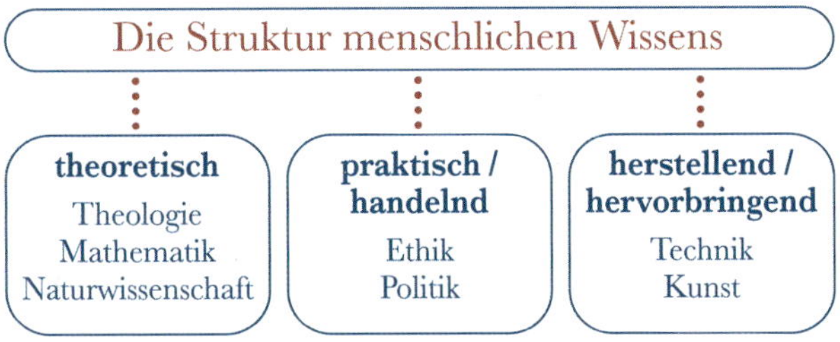

nach Jonathan Barnes, Aristoteles, S. 45

Nach Aristoteles ist alles Denken, jede Wissenschaft entweder herstellend, praktisch oder theoretisch. Die herstellenden Wissenschaften beschäftigen sich mit der Frage, wie Dinge gemacht werden, ihr Ziel ist ein Produkt. Die praktischen Wissenschaften sollen Antworten auf die Frage geben, wie in bestimmten Situationen gehandelt werden soll. Ihr Erkenntnisgegenstand ist also das Handeln. Wenn weder die Herstellung eines Produkts, noch eine Handlung, sondern die Frage nach der Wahrheit Ziel der Überlegungen ist, dann handelt es sich laut Aristoteles um theoretische Wissenschaft.

M4 Selbstzweckhafte Handlungen

Menschliche Handlungen sind [...] sinnvoll (für die Handelnden befriedigend, erfüllend, lohnend), soweit sie selbstzweckhaft [...] vollzogen werden können. Dass eine Handlung „selbstzweckhaft" ist, heißt dabei einfach, dass sie vom Subjekt dieser Handlung als solche präferiert werden kann. „Ich mach' das gerne", kann antworten, wer erstaunt gefragt wird, „Warum machst du das?" Manchmal sagen wir auch: „Das hat sich gelohnt", und meinen nicht allein, dass wir den Zweck einer Handlung erreicht haben, sondern das der Vollzug der Handlung selbst eine schöne oder bereichernde Erfahrung war. Der Sinn der Handlung liegt dann nicht (allein) in etwas, das vermöge der Handlung bewirkt werden soll, sondern in ihr – in ihrer Ausführung selbst.

Martin Seel, Wege einer Philosophie des Glücks, in: Joachim Schummer (Hg.), Glück und Ethik, S. 117

1 Erarbeiten Sie, welche grundlegenden Unterscheidungen Aristoteles vornimmt. ➜ M1

2 Nennen Sie die aristotelischen Beispiele, suchen Sie weitere Beispiele für „Zwischenziele" und Zweck-Mittel-Relationen und stellen Sie diese graphisch dar. ➜ M1

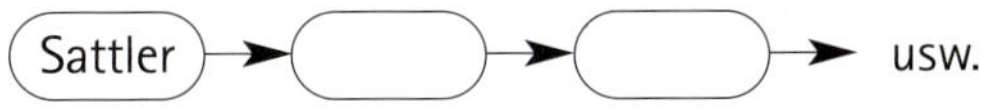

3 Bestimmen Sie die beiden Begriffe mit Hilfe der Textauszüge, indem Sie die Tabelle in Ihr Heft übertragen und vervollständigen. ➜ M1/3/4

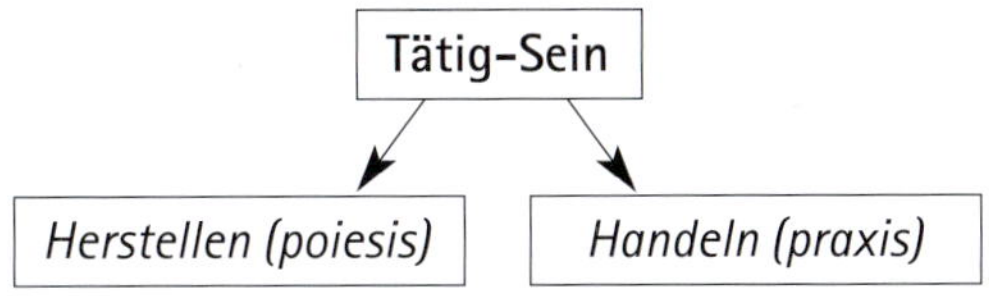

- „um eines anderen willen"
-
-

...

= *Technik (Künste)* = *Politik, Ethik*

4 Erarbeiten Sie weitere Beispiele für beide Tätigkeitstypen. ➜ M1/3/4

5 Aristoteles behauptet wie Platon die Einheit von Tugend und Glück. Diskutieren Sie kritisch diese Prämisse. ➜ M2

6 Erörtern Sie die Frage, ob Ihr eigenes Tun und Handeln ein „Endziel" verfolgt. ➜ M2

7 Überprüfen Sie, ob sich die in M2 gegebenen Antworten auf die Frage nach dem Wesen des Glücks in das Schema „Zweck wird zu Mittel" (M1) einfügen lassen. ➜ M1/2

8 Erstellen Sie ein Strukturmodell (s. Methodenüberblick, S. 381) zu den Texten M1 und M2, in das Sie die Diagramme und die Tabelle aus M3 und den Aufgaben 2 und 3 mit einbeziehen. ➜ M1/2
Beachten Sie dabei u. a. folgende Aspekte:
- Welcher *Ausgangspunkt* liegt vor?
- Was sind die *Schlüsselbegriffe*?
- Welche *Unterscheidungen* werden vorgenommen?
- Wie *bewertet Aristoteles* diese Unterschiede?
- Worin *mündet* die Analyse?
- Evtl.: Wie *bewerten Sie persönlich* diese Inhalte?

6 Wege zum Glück

„Ich weiß nicht, was ich mir als das Gute vorstellen soll, wenn ich die Lust des Geschmackes, die Lust der Liebe, die Lust des Ohres beiseite lasse …“

frei nach Epikur

„Genieße so viel und so lebhaft wie nur möglich! Denn Tugend ist Genussfähigkeit.“

frei nach Aristippos

„Unsere Konsum- und Marktwirtschaft beruht auf der Idee, dass man Glück kaufen kann, wie man alles kaufen kann. Und wenn man kein Geld bezahlen muss für etwas, dann kann es einen auch nicht glücklich machen. Dass Glück aber etwas ganz anderes ist, was nur aus der eigenen Anstrengung, aus dem Innern kommt und überhaupt kein Geld kostet, dass Glück das „Billigste“ ist, was es auf der Welt gibt, das ist den Menschen noch nicht aufgegangen.“

Erich Fromm (1900–1980, Psychoanalytiker) nach www.gluecksarchiv.de

„Geld allein macht nicht glücklich!“

Neureicher

M1 Drei Lebensformen nach Aristoteles

Nachdem Aristoteles dargelegt hat, dass alle Menschen nach Glück, nach eudaimonia streben, untersucht er nun die praktische Umsetzung: Wie sieht ein Leben, das zum Glück führen soll, aus? Aristoteles beobachtet und analysiert die verschiedenen Lebensformen seiner Zeit und kommt zu folgenden Ergebnissen:

Eine Meinung darüber, was oberster Wert und was Glück sei, gewinnt man wohl nicht ohne Grund aus den bekannten Lebensformen. In der Mehrzahl entscheiden sich die Leute, d. h. die besonders grobschlächtigen Naturen, für den Genuss und finden deshalb ihr Genügen an dem **Leben des Genusses (a)**. Es gibt nämlich drei Hauptformen:
erstens die soeben erwähnte (a),
zweitens das **Leben im Dienste des Staates (b)**,
drittens das **Leben als Hingabe an die Philosophie (c)**.

a) Das Leben des Genusses

Die Vielen also bekunden ganz und gar ihren knechtischen Sinn, da sie sich ein animalisches Dasein aussuchen. Und doch bekommen sie einen Schein von Recht, weil es unter den Hochgestellten so manchen gibt, der ähnliche Passionen hat wie Sardanapal [letzter König von Ninive, steht für ein ausschweifendes, üppiges Leben].

Das auf Gelderwerb ausgerichtete Leben

Das Leben des Geldmenschen hat etwas Forciertes an sich und der Reichtum ist gewiss nicht das gesuchte oberste Gut. Er ist nur ein Nutzwert: Mittel für andere Zwecke. Daher kann man eher die [später] genannten Dinge (Lust und Ehre) als Endziele auffassen, denn sie werden um ihrer selbst willen geschätzt. Und doch sieht es so aus, als seien auch dies keine echten Ziele, obgleich viele Argumente zu ihren Gunsten Gemeingut geworden sind.

b) Das Leben des Politikers

Edle und aktive Naturen entscheiden sich für die Ehre. Denn das ist im Ganzen gesehen das Ziel eines Lebens für den Staat. Doch ist dieses Ziel wohl etwas äußerlich und kann nicht als das gelten, was wir suchen. Hier liegt nämlich der Schwerpunkt mehr in dem, der die Ehre spendet, als in dem, der sie empfängt. Den obersten Wert aber erahnen wir als etwas, was uns zuinnerst zugeordnet und nicht leicht ablösbar ist. Außerdem ist anzunehmen, dass man nach Ehre strebt, um sich des eigenen Wertes zu vergewissern. Deshalb sucht man von Urteilsfähigen geehrt zu werden, von Menschen, die uns kennen, und zwar auf Grund der Tüchtigkeit. Jedenfalls ergibt sich aus diesem Verhalten ganz klar, dass die Tüchtigkeit der höhere Wert ist, und man darf dann vielleicht eher in ihr das Ziel des Lebens für den Staat erkennen. Und doch ist auch sie noch nicht ganz Ziel im vollen Sinn. Denn man kann sich die Möglichkeit vorstellen, dass jemand die Tüchtigkeit zwar hat, aber dabei schläft oder ein Leben lang untätig, ja darüber hinaus mit größtem Leid und Unglück beladen ist. Wer aber ein solches Leben führt, den wird niemand als glücklich bezeichnen, außer er möchte eine paradoxe Behauptung unter allen Umständen retten. [...]

c) Das Leben des Philosophen

Die dritte Lebensform ist die Hingabe an die Philosophie. Darüber wird die Untersuchung später zu führen sein. *nach Aristoteles, Nikomachische Ethik I, 3*

„Da werden wir wohl auf später vertröstet. Siehe Seite 104f.!“

„Morgens, wenn du verdrießlich aufwachst, halte dir vor Augen, dass du für eine menschliche Aufgabe geweckt wirst! Du bist nicht zum Genuss, sondern zum Handeln im Dienste der Gemeinschaft geschaffen.“

Marc Aurel, in: Max Pohlenz, S. 352

„Die soziale Verpflichtung ist in der Veranlagung des Menschen das maßgebende Merkmal – was nicht im Interesse des ganzen Bienenstocks liegt, kann nicht im Interesse der Biene sein.“

Marc Aurel, in: Richard Osborne, S. 32

„Daher wächst auch ein natürliches Gemeinschaftsgefühl, das die Menschen miteinander verbindet, so dass der Mensch dem Menschen schon deshalb, weil er Mensch ist, nicht fremd erscheint. [...] Und daher sind wir von Natur aus dazu bestimmt und geeignet, gesellschaftliche und staatliche Einrichtungen zu bilden.“

Cicero, in: Wolfgang Weinkauf, S. 231f.

1 Erarbeiten Sie, welche Lebensformen Aristoteles unterscheidet und wie er diese bewertet. Notieren Sie dazu jeweils ein + für positive Bewertung / Vorteil der entsprechenden Lebensweise oder ein – für negative Bewertung / Nachteil der genannten Lebensweise. ➜ M1

2 Informieren Sie sich über die Philosophen Epikur, Aristippos, Cicero und Marc Aurel, die hier Aristoteles „kommentieren".

3 a) Formulieren Sie Fragen an den Text / an Aristoteles. ➜ M1
b) Erstellen Sie mit Hilfe Ihres Fragenkatalogs ein Interview mit Aristoteles, in dem dieser auf die von Ihnen gestellten Fragen antwortet.

4 Wie beurteilen Sie die genannten Wege zum Glück? ➜ M1

5 Untersuchen Sie, ob es andere Wege gibt, die zu einem glücklichen Leben führen.

7 Der Aufbau der Seele

M1 Der Aufbau der Welt

GOTTHEIT = REINER GEIST

MENSCH = WOLLEN / DENKEN

TIER = WAHRNEHMUNG / TRIEB

PFLANZE = WACHSTUM / ERNÄHRUNG

MATERIE = REINES DASEIN

M2 Schichten der Seele

Gemäß dem Schichtenbau der Natur unterscheidet Aristoteles auch drei Seelenteile.

Ein Teil nun des Irrationalen ist (allem Lebenden) gemeinsam und hat vegetative Wirksamkeit, ich meine die Ursache von Ernährung und Wachstum, denn eine solche Wirkkraft der Seele muss man wohl bei allen Organismen voraussetzen, die Nahrung aufnehmen, auch bei den Embryos, und ebendieselbe auch bei ausgebildeten Organismen – dieselbe, denn das ist logischer als letzteren irgendeine andere Kraft zuzuschreiben.

[...] Wir dürfen das Ernährungsvermögen auf sich beruhen lassen, da es seinem Wesen nach an dem Wertcharakter des Menschen keinen Anteil hat.

Nun gibt es aber eine zweite Naturanlage, irrational auch sie, aber irgendwie doch teilhabend an dem rationalen Element. Wir treffen sie an bei dem beherrschten wie auch bei dem unbeherrschten Menschen. Bei ihnen sprechen wir nämlich mit Anerkennung von dem Rationalen und von dem Seelenteil, der das rationale Element besitzt: dieses gibt nämlich richtige Antriebe und leitet zu wertvollen Zielen. Es zeigt sich aber bei beiden noch eine weitere Kraft, die wesenhaft wider das rationale Element gerichtet ist, die mit ihm kämpft und sich dagegenstemmt. Ein passendes Beispiel sind die gelähmten Glieder eines Leibes: will man sie nach rechts bewegen, so geraten sie entgegengesetzt nach links. Geradeso ist es bei der Seele: da wenden sich die Triebe des Unbeherrschten in die dem Rationalen entgegengesetzte Richtung. Nur dass wir beim Leibe die entgegengesetzte Richtung wahrnehmen, bei der Seele aber nicht. Trotzdem zwingt sich uns die Erkenntnis auf, dass genauso auch in der Seele etwas waltet, was wider das rationale Element ist, ein Gegensätzliches, Widerspenstiges. [...] Am Rationalen scheint auch dieses teilzuhaben, wie wir oben sagten. Jedenfalls leistet es beim beherrschten Menschen dem rationalen Elemente Gehorsam. Und noch williger ist es dazu bereit bei dem Besonnenen und Tapferen: hier ist volle Harmonie mit dem rationalen Element.

So hat sich denn erwiesen, dass [...] auch das Irrationale zweifacher Art ist: da ist erstens die vegetative Grundlage, die keinerlei Anteil hat am Rationalen, und zweitens das Begehrungsvermögen – mit einem umfassenden Ausdruck: das Strebevermögen. Dieses hat in bestimmter Weise Anteil am rationalen Element, insofern es auf dieses hinzuhören und ihm Gehorsam zu leisten vermag.

M3 Seelenlehre und Tugend

Nach dieser Unterscheidung [in ein rationales und ein irrationales Element] wird nun auch die sittliche Trefflichkeit unterteilt. Wir sprechen nämlich teils von Vorzügen des Verstandes (dianoëtische), teils von Vorzügen des Charakters (ethische). Die Weisheit (des Philosophen), Intelligenz und sittliche Einsicht sind Verstandesvorzüge, Großzügigkeit und Besonnenheit sind Charakterwerte. Wenn wir nämlich den Charakter eines Menschen bezeichnen, so sagen wir nicht, er ist weise oder intelligent, sondern, er ist von vornehm-ruhigem Wesen oder besonnen. Allerdings loben wir auch den Weisen wegen seiner (geistigen) Haltung. Haltungen aber, die uns zu Lob veranlassen, nennen wir Wesensvorzüge.

M2/3: Aristoteles, Nikomachische Ethik I, 13

M4 Die menschliche Seele nach Aristoteles

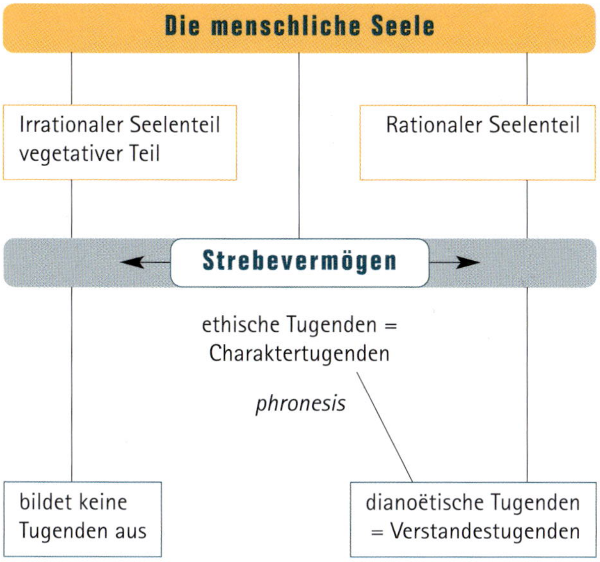

M5 Die Macht der Gewohnheit

Die Tüchtigkeit ist also zweifach: es gibt Vorzüge des Verstandes (dianoëtische) und Vorzüge des Charakters (ethische). Die ersteren nun gewinnen Ursprung und Wachstum vorwiegend durch Lehre, weshalb sie Erfahrung und Zeit brauchen, die letzteren sind das Ergebnis von Gewöhnung. Daher auch der Name (ethisch, von ēthos), der sich mit einer leichten Variante von dem Begriff für Gewöhnung (ĕthos) herleitet. Somit ist auch klar, dass keiner der Charaktervorzüge uns von Natur eingeboren ist. Denn kein Naturding lässt sich in seiner Art umgewöhnen. Es ist in der Natur des Steines zu fallen. Keine Gewöhnung wird ihn zum Steigen bringen, selbst wenn man ihn daran gewöhnen wollte, indem man ihn unzählige Male in die Höhe wirft. Und das Feuer lässt sich nicht nach unten zwingen und keinem Ding, das von Natur in bestimmter Richtung festgelegt ist, kann man ein anderes Verhalten angewöhnen. Also entstehen die sittlichen Vorzüge in uns weder mit Naturzwang noch gegen die Natur, sondern es ist unsere Natur, fähig zu sein sie aufzunehmen, und dem vollkommenen Zustande nähern wir uns dann durch Gewöhnung.

Aristoteles, Nikomachische Ethik II, 1

M6 Die Macht der Übung

Was von Natur in uns anwesend ist, davon bringen wir zunächst nur die Anlage mit und lassen dies dann erst später aktiv in Erscheinung treten. Ein klares Beispiel bietet die Fähigkeit der Sinneswahrnehmung. Wir haben ja nicht durch wiederholte Akte des Sehens oder Hörens die Fähigkeit der Wahrnehmung bekommen, sondern umgekehrt: die Fähigkeit war da und dann haben wir sie benützt – nicht etwa infolge der Benützung erst erhalten. Die sittlichen Werte dagegen gewinnen wir erst, indem wir uns tätig bemühen. Bei Kunst und Handwerk ist es genauso. Denn was man erst lernen muss, bevor man es ausführen kann, das lernt man, indem man es ausführt: Baumeister wird man, indem man baut, und Kitharakünstler, indem man das Instrument spielt. So werden wir auch gerecht, indem wir gerecht handeln, besonnen, indem wir besonnen, und tapfer, indem wir tapfer handeln.

Aristoteles, Nikomachische Ethik II, 1

1. Erläutern Sie den Aufbau der Welt in Bezug auf Erkenntnisse moderner Anthropologie (s. S. 44). ➜ M1
2. Untersuchen Sie, in welche Teile Aristoteles die menschliche Seele aufteilt, und erarbeiten Sie die spezifischen Aufgaben eines jeden Seelenteils. ➜ M2-4
3. Erläutern Sie die Rolle des Strebevermögens, indem Sie das Beispiel vom Beherrschten und vom Unbeherrschten heranziehen. ➜ M2-4
4. Suchen Sie weitere Beispiele aus Ihrem Erfahrungsbereich, die die Annahme eines Strebevermögens stützen könnten.
5. Erarbeiten Sie, welche Rolle die Seelenteile nach Aristoteles bei der Ausbildung von Tugenden spielen. ➜ M3
6. Ordnen Sie Tugenden, die Aristoteles nennt, dem Schema (M4) zu und untersuchen Sie, wo Ihnen bekannte Tugenden ihren Platz im Modell finden könnten. ➜ M2-4
7. Untersuchen Sie, auf welche Art die beiden Kategorien von Tugenden nach Aristoteles beim Menschen ausgebildet werden. ➜ M5/6
8. Konkretisieren Sie: Was bedeutet „gerecht handeln", „besonnen handeln", „tapfer handeln" in Alltagssituationen? ➜ M6
9. Vergleichen Sie das aristotelische Seelenmodell mit dem Modell Platons (s. S. 88f.).

8 Mesoteslehre

M1 Die Tugend als Mitte

So ist also sittliche Werthaftigkeit eine feste, auf Entscheidung hingeordnete Haltung; sie liegt in jener Mitte, die Mitte in Bezug auf uns ist, jener Mitte, die durch den richtigen Plan festgelegt ist, d. h. durch jenen, mit dessen Hilfe der Einsichtige (die Mitte) festlegen würde. Sie ist Mitte zwischen den beiden falschen Weisen, die durch Übermaß und Unzulänglichkeit charakterisiert sind, und weiter: sie ist es dadurch, dass das Minderwertige teils hinter dem Richtigen zurückbleibt, teils darüber hinausschießt und zwar im Bereiche der irrationalen Regungen und des Handelns – wohingegen die sittliche Tüchtigkeit das Mittlere zu finden weiß und sich dafür entscheidet. Wenn wir daher auf ihr immanentes Wesen und die begriffliche Darstellung dieses Wesens schauen, so ist die sittliche Vortrefflichkeit eine Mitte, fragen wir jedoch nach Wert und gültiger Leistung, so steht sie auf höchster Warte.

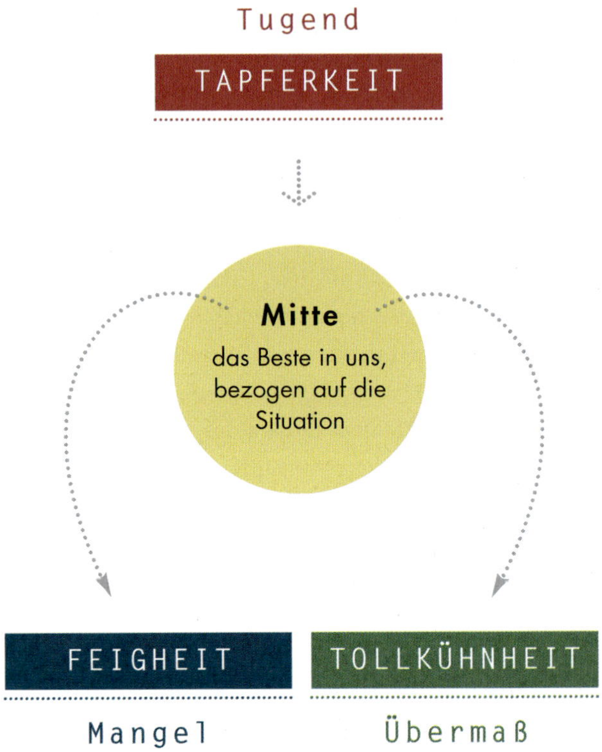

M2 Die Wahl der Mitte als dynamischer Prozess

[Die Tüchtigkeit des Charakters] entfaltet sich im Bereiche der irrationalen Regungen und des Handelns und da gibt es das Zuviel, das Zuwenig und das Mittlere. Bei der Angst z. B. und beim Mut, beim Begehren, beim Zorn, beim Mitleid und überhaupt bei den Erlebnissen von Lust und Unlust gibt es ein Zuviel und Zuwenig und keines von beiden ist richtig. Dagegen diese Regungen zur rechten Zeit zu empfinden und den rechten Situationen und Menschen gegenüber, sowie aus dem richtigen Beweggrund und in der richtigen Weise – das ist jenes Mittlere, das ist das Beste, das ist die Leistung der sittlichen Tüchtigkeit.

Aristoteles, Nikomachische Ethik II, 5

M3 Probleme der Anwendung

Indes kann unsere Theorie der Mitte nicht auf jedes Handeln und auf alle irrationalen Regungen angewendet werden, denn letztere schließen bisweilen schon in ihrem bloßen Namen das Negative ein, z. B. Schadenfreude, Schamlosigkeit, Neid – und auf der Seite des Handelns: Ehebruch, Diebstahl, Mord. All diese und ähnliche Dinge werden ja deshalb getadelt, weil sie in sich negativ sind und nicht nur dann, wenn sie in einem übersteigerten oder unzureichenden Maße auftreten. Es ist also unmöglich, hier jemals das Richtige zu treffen: es gibt nur das Falschmachen. [...] Ähnlich sinnlos ist ferner die Annahme, es gebe beim ungerechten, feigen und wollüstigen Handeln Mitte, Übermaß und Unzulänglichkeit, denn auf diese Weise käme man zu dem Ansatz einer Mitte auch für Übermaß und Unzulänglichkeit und weiter zum Übermaß des Übermaßes und zur Unzulänglichkeit der Unzulänglichkeit. [...] Denn gemeinhin gilt: es kann bei Übermaß und Unzulänglichkeit keine Mitte geben und bei der Mitte kein Übermaß und keine Unzulänglichkeit.

M1/3: Aristoteles, Nikomachische Ethik II, 6

M4 Mut zum Exzess!

Das richtige Maß der Mitte (mesotes) aber, das es zu finden gilt, ist nicht von vornherein festgelegt, und erst recht liegt es nicht in der arithmetischen Mitte, vielmehr ist es von einem eigentümlichen Schwanken gekennzeichnet, das das Selbst gelegentlich nach der einen Seite des Zuviel, dann wieder nach der des Zuwenig „ausbiegen" lässt.

Eine Maxime des Gebrauchs, die besonderen Wert auf die Erfahrung des Zuviel legt, geht zurück auf Montaigne [...]. Er rät dazu, sich nicht ängstlich vor dem Zuviel, dem Exzess zu hüten; vor allem der junge Mensch soll sich sogar häufig dem Exzess hingeben, um mit ihm vertraut zu werden, „sonst ruiniert ihn die geringste Anfechtung". Der Exzess dient außerdem dazu, sich allzu starr werdender Gewohnheiten wieder zu entledigen; Montaigne trifft daher bewusst die Wahl, die Lüste auf sich wirken zu lassen und der „Subjektivierung" *(subjection)* durch sie in einer Art von vorsätzlicher Unterwerfung Raum zu geben. So gelangt er zu einer „Leichtigkeit" des Lebens, die aus dem Auftrieb hervorgeht, den der Genuss der Lüste seinem Leben verleiht: „Der Genuss ist eins der wichtigsten Dinge, aus denen wir Gewinn ziehen können", denn er sorgt für die Motivation und Intensität der Existenz. *Wilhelm Schmid, Lebenskunst, S. 334f.*

M5 Ist ein Selbstmordattentäter tapfer?!

Tapferkeit ist eine Tugend, Mut eine natürliche Haltung. Mut kann auf mangelndem Bewusstsein der Gefahr beruhen und wird dann zur Tollkühnheit. Der Tollkühne vernachlässigt seine Pflicht zur Selbsterhaltung. Der Tapfere setzt sein eigenes Leben für ein Ziel aufs Spiel, von dem er annimmt, dass es den Wert seines individuellen Lebens übersteigt. Vielleicht sollte man dieses Wort allein für denjenigen reservieren, dessen subjektive Wertschätzung zugleich objektiv „richtig" und human ist. Der Räuber, der sein Leben für die Sache des Raubes, den Erfolg der Bande aufs Spiel setzt, wäre dann zwar mutig, aber nicht tapfer. Aber die Grenzen sind nicht immer klar zu bestimmen. Was sollen wir von dem Soldaten sagen, der glaubte, ehrlich glauben konnte, sein Mut diene dem Schutz des Lebens seiner Mitbürger und einer gerechten Sache – der sich aber – ein getäuschtes Opfer der Regierung – irrte? Darf man ihn nicht tapfer nennen? Tapfer – gewiss. Aber damit wird nur deutlich, dass auch Tapferkeit eine „sekundäre" Tugend, eine Tugend, ist, die ihren Wert letztlich erst durch die Ziele erhält, denen sie dient. *Iring Fetscher, Zivilcourage, S. 94f.*

1 Gegeben sind folgende Verhaltensweisen: Verschwendungssucht, heuchlerische Bescheidenheit, Feigheit, Aufrichtigkeit, Schüchternheit, Geiz, Unverschämtheit, Draufgängertum, Mut, Feingefühl, Großzügigkeit, Aufschneiderei. Bilden Sie inhaltlich stimmige Dreiergruppen und bringen Sie diese in eine sinnvolle Reihenfolge: Welches sind ethisch richtige Verhaltensweisen? Welches sind Abweichungen?

2 Erstellen Sie weitere Dreiergruppen von Begriffen, die sich durch ein „Zuviel", ein „Zuwenig" und eine „Mitte" auszeichnen. Schreiben Sie diese auf Karten und fixieren Sie sie an der Tafel.

3 Überprüfen Sie jeweils, wo der stärkere Gegensatz liegt: Zwischen Mitte und der Übersteigerung oder zwischen Mitte und der Unterentwicklung?

4 Überprüfen Sie außerdem, ob diese Mitte eine „goldene Mitte" im Sinne des arithmetischen Mittels darstellt.

5 Untersuchen Sie, welche Fähigkeit(en) zum Treffen der rechten Mitte in einer konkreten Situation benötigt werden.

6 Formulieren Sie konkrete Situationen, in denen unterschiedliche Haltungen die „rechte Mitte" sein können, und setzen Sie diese szenisch um.

7 Überprüfen Sie, ob es auch Tugenden gibt, die keine Mitte im hier verwendeten Sinn darstellen.

8 Erarbeiten Sie, inwieweit Aristoteles seine „Theorie der Mitte" einschränkt. ➜ M1/3

9 Erarbeiten Sie mit Hilfe des Schemas die richtige, d. h. tugendhafte Verhaltensweise, z. B. beim Bergsteigen. ➜ M2

10 Untersuchen Sie, welchen Nutzen Montaigne dem Exzess zuschreibt. Inwiefern widerspricht er damit Aristoteles? ➜ M4

11 Problematisieren Sie mit Hilfe von Iring Fetscher den aristotelischen Ansatz. ➜ M5

12 Erarbeiten Sie weitere Beispiele, die die These Fetschers stützen. ➜ M5

9 Sittliche Urteilskraft

M1 Tapferkeit heute

Am 17.09.09 stürmte ein mit Molotowcocktails und einer Axt bewaffneter 18-jähriger Schüler das Gymnasium Carolinum im bayerischen Ansbach. Dabei wurden acht Schüler und ein Lehrer z. T. schwer verletzt. Der Amokläufer konnte nach nur zehn Minuten von der Polizei überwältigt werden. Er trug schwere Schussverletzungen davon.

Der bescheidene Held von Ansbach

[...] Helden stellt man sich tatsächlich anders vor: Mit einem Robin Hood, Superman oder gar Siegfried scheint der junge Herriedener Johannes Knoblach wenig gemein zu haben. [...] Er erhielt [...] die Ehrennadel der Jugendfeuerwehr Bayern in Silber. Eine Auszeichnung, die nur selten vergeben wird. Knoblach wurde für sein Engagement während des Amoklaufs in Ansbach geehrt. Er hatte, während der Amokläufer sich noch im Gebäude befand, bereits Brandstellen gelöscht, die durch Molotowcocktails ausgebrochen waren. Weiter hatte er die Einsatzkräfte per Handy verständigt und für eine klare, detaillierte Einsatzortdarstellung gesorgt.

Michael Busch, Fränkischer Tag vom 17./18.10. 2009, S. 4

M2 Kein Handeln ohne Urteilskraft!

Nehmen wir das Beispiel der Tapferkeit, oder, modern gesprochen, der Zivilcourage: Um beurteilen und entscheiden zu können, welche Handlung in welcher konkreten Situation die moralisch richtige Handlung ist, brauchen wir *phronesis*: So macht es einen Unterschied, ob ich nachmittags in der vollbesetzten S-Bahn sehe, wie zwei Jugendliche aus meiner Klasse aneinander geraten, und mich dafür entscheide, dazwischen zu gehen und zu versuchen, die Gemüter zu beruhigen; oder ob ich mitten in der Nacht auf meinem Heimweg an einem dunklen Innenhof vorbeikomme, bemerke, dass eine Gruppe von mehreren Skinheads kurz davor ist, ein türkisches Mädchen zu verprügeln, und mich entschließe, sofort die Polizei per Handy zu verständigen und außerdem mehrere Klingeln am Hauseingang zu betätigen. Würde ich in Situation 2 Handlung 1 wählen, könnte man mir zu Recht Leichtsinnigkeit oder „Tollkühnheit" vorwerfen. Würde ich mich in Situation 1 für Handlung 2 entscheiden, könnte man mir Feigheit und Überreaktion vorwerfen. Nur der mit *phronesis* ausgestattete Mensch kann eine Situation analysieren und dann mögliche Handlungsalternativen gegeneinander abwägen.

Man braucht daher in konkreten Situationen ein sicheres Wissen, um die richtigen Entscheidungen treffen zu können. Laut Aristoteles gilt:

„Die dem Menschen eigentümliche Aufgabe wird erfüllt, indem sich sittliche Einsicht und die Vorzüge des Charakters entfalten. Denn die letzteren bewirken, dass die Zielsetzung richtig ist, und die Einsicht weist die richtigen Wege zum Ziel." *(Aristoteles, Nikomachische Ethik, VI, 13)*

M3 Wer handelt klug?

Über die sittliche Einsicht können wir dann einen klaren Begriff gewinnen, wenn wir erwägen, welche Menschen wir als Träger dieser Einsicht bezeichnen. Nun, als Merkmal des Menschen mit sittlicher Einsicht gilt, dass er fähig ist, Wert oder Nutzen für seine Person richtig abzuwägen, und zwar nicht im speziellen Sinn, z. B. Mittel und Wege zu Gesundheit oder zu Kraft, sondern in dem umfassenden Sinn: Mittel und Wege zum guten und glücklichen Leben. [...] Sittliche Einsicht hat der, welcher die Fähigkeit zu richtiger Überlegung besitzt. [...] Aus diesem Grunde glauben wir, dass Perikles und Männer seiner Art sittliche Einsicht haben, weil sie nämlich einen Blick dafür besitzen, was für sie selbst und für den Menschen wertvoll ist. Einen solchen Blick schreibt man denen zu, die in der Verwaltung des Hauses und des Gemeinwesens tüchtig sind.

Aristoteles, Nikomachische Ethik, VI, 5

M4 Sittliche Einsicht und guter Charakter

Es gibt bekanntlich eine Fähigkeit, die man als „intellektuelle Gewandtheit“ bezeichnet. Für sie ist es charakteristisch, dass sie das auf ein gegebenes Ziel Hintendierende zu tun und zu treffen vermag. Ist nun das Ziel gut, so verdient solche Gewandtheit unsere Anerkennung, ist es schlecht, so haben wir es mit Gerissenheit zu tun. [...] Sittliche Einsicht ist mit dieser Fähigkeit nicht identisch, aber sie existiert nicht ohne sie. Und die Festigkeit der Form wird diesem Auge der Seele nicht ohne die Tüchtigkeit des Charakters zuteil, wie wir gesagt haben und wie ohne weiteres klar ist. Denn das Schlussverfahren, welches auf ein Handeln abzielt, hat ja einen Ausgangssatz, der etwa lautet: „Nachdem das Endziel, der oberste Wert, so und so beschaffen ist ...“ [...]. Dieser oberste Wert aber zeigt sich nur dem Blick des wertvollen Menschen, denn Minderwertigkeit des Charakters schafft Verwirrung und Täuschung über die Ausgangspunkte des Handelns. Es ist also offenkundig unmöglich, ethische Einsicht zu haben, wenn man nicht ein ethisch hochstehender Mensch ist.
Die Untersuchung muss sich also noch einmal auf die Trefflichkeit des Charakters erstrecken, denn auch bei ihr findet eine ähnlich Relation statt: wie sittliche Einsicht sich zu intellektueller Gewandtheit verhält [...], so verhält sich die naturgegebene Trefflichkeit zur eigentlichen, im strengen Wortsinn genommenen. [...] Wie ein kräftiger Körper, der sich ohne Sehkraft bewegt, heftig anstoßen kann, eben weil ihm die Sehkraft fehlt, so (ist die Möglichkeit des Irrtums) auch hier (gegeben). Kommt aber die geistige Lenkung hinzu, so erfährt das Handeln eine Veränderung: die Grundhaltung bleibt gleich, aber es entsteht nun die Trefflichkeit des Charakters im eigentlichen Sinn.

Aristoteles, Nikomachische Ethik VI, 13

M5 Dianoëtische Tugenden

Als wir die Vorzüge der Seele zergliederten, haben wir Vorzüge des Charakters (ethische) und solche des Verstandes (dianoëtische) unterschieden. [...]
Wir setzen nun von vorne ein und wollen erneut von ihnen (den Grundhaltungen) sprechen. Es gelte die Annahme, dass die Grundformen, durch welche die Seele, bejahend oder verneinend, die Erkenntnis des Richtigen vollzieht, fünf an der Zahl sind, nämlich: praktisches Können *[techne]*, wissenschaftliche Erkenntnis *[episteme]*, sittliche Einsicht *[phronesis]*, philosophische Weisheit *[sophia]* und intuitiver Verstand *[nous]*. [...]
Das Lob der „Weisheit“ spenden wir im Bereiche des praktischen Könnens den vollendeten Meistern, z. B. dem Phidias als Bildner in Stein [...]. Dabei meinen wir mit „Weisheit“ nichts anderes als die Vollendetheit ihres Könnens. Daneben aber halten wir manche Männer für weise in einem umfassenden, nicht in einem Teilsinn oder in sonst einer besonderen Beziehung. [...] Somit ist offenbar Weisheit die vollendetste Form von Erkenntnis.

Aristoteles, Nikomachische Ethik, VI, 2, 3, 7

1. Zeigen Sie an weiteren, selbstgewählten Beispielen die Rolle der *phronesis* für moralische Handlungen. ➔ M1-3
2. Erarbeiten Sie weitere aktuelle Beispiele für Zivilcourage und versuchen Sie, Parallelen / Gemeinsamkeiten zum Begriff der Tapferkeit und des Helden(tums) herauszuarbeiten. ➔ M1/2
3. Untersuchen Sie, welche Maßnahmen geeignet sein könnten, um aus uns Menschen „Helden“ in modernem Sinn zu machen. ➔ M1-3
4. Perikles, der geschickte Lenker der attischen Demokratie, ist Aristoteles' Beispiel für einen Politiker mit sittlicher Einsicht. Prüfen Sie, welchem politisch Verantwortlichen im 20. oder 21. Jahrhundert *phronesis* zuzuerkennen wäre, und begründen Sie Ihre Wahl. ➔ M3
5. Aristoteles behauptet, dass junge Menschen noch ohne sittliche Einsicht seien, da ihnen die Erfahrung vieler konkreter Handlungssituationen fehle. Andererseits existiert die Forderung, das Wahlalter in Deutschland auf 16 Jahre zu senken. Führen Sie eine Debatte zu dieser Frage. ➔ M4
6. Stellen Sie den Zusammenhang von „intellektueller Gewandtheit“, „Gerissenheit“ und „sittlicher Einsicht“ in einer Graphik dar und geben Sie jeweils Beispiele für entsprechendes Handeln an. ➔ M4
7. Untersuchen Sie, was vonnöten ist, um *phronesis* zu erlernen / auszubilden. ➔ M1-5

10 Gelingendes Leben

M1 Geistige Tätigkeiten

M2 Geistige Schau als größtes Glück

Wenn das Glück ein Tätig-Sein im Sinne der Trefflichkeit ist, so darf darunter mit gutem Grund die höchste Trefflichkeit verstanden werden: das aber kann nur die der obersten Kraft in uns sein. Mag nun der Geist oder etwas anderes diese Kraft sein, die man sich gewiss als wesenhaft herrschend, führend, auf edle und göttliche Gegenstände gerichtet vorstellt – mag diese Kraft selbst auch göttlich oder von dem, was in uns ist, das göttlichste Element sein – das Wirken dieser Kraft gemäß der ihr eigentümlichen Trefflichkeit ist das vollendete Glück. Dass dieses Wirken aber ein geistiges Schauen ist, haben wir bereits festgestellt.

M3 Vorzüge der Kontemplation

Das ist in Übereinstimmung, so dürfen wir behaupten, mit den früheren Erkenntnissen und mit der Wahrheit. Denn einmal ist das die oberste Form menschlichen Wirkens: es hat ja auch der Geist von dem, was in uns ist, den obersten Rang, und obersten Rang unter den Erkenntnisobjekten haben die des Geistes. Sodann aber hat dieses Wirken auch die größte Stetigkeit, denn in stetiger geistiger Schau können wir leichter verharren als in irgendeiner Tätigkeit (nach außen). Wie wir ferner annehmen, muss Glück mit Lust vermischt sein; am lustvollsten aber unter den Formen hochwertiger Tätigkeit ist zugestandenermaßen das lebendige Wirken des philosophischen Geistes. Jedenfalls gilt von der Philosophie, dass sie eine durch ihre Reinheit und Dauer großartige Lust gewährt. [...] Auch das, was man „sich selbst genügende Unabhängigkeit“ (Autarkie) nennt, ist vor allem bei der Verwirklichung der geistigen Schau zu finden. Denn was zum Leben notwendig ist, das braucht der Weise so gut wie der Gerechte und die übrigen (hochwertigen Menschen). Sind sie dann aber mit diesen Dingen zur Genüge versehen, so braucht der Gerechte immer noch Menschen, an denen und mit denen er gerecht handeln kann, und dementsprechend der Besonnene und der Tapfere und alle übrigen – der Weise dagegen kann sich ganz der geistigen Schau hingeben, auch wenn er ganz für sich ist [...].

Ferner gilt, dass diese Tätigkeit des Geistes die einzige ist, die um ihrer selbst willen geliebt wird, denn außer dem Vollzug der geistigen Schau erwartet man von ihr nichts weiter, während wir vom praktischen Wirken mehr oder minder großen Gewinn noch neben dem bloßen Handeln haben.
Ferner gilt, dass das Glück Muße voraussetzt. Denn wir arbeiten, um dann Muße zu haben, und führen Krieg, um dann in Frieden zu leben. Alle praktische Trefflichkeit nun entfaltet ihre Aktivität entweder in den Aufgaben des öffentlichen Lebens oder den Aufgaben des Kriegs. Das Handeln in diesem Bereiche verträgt sich aber erfahrungsgemäß nicht mit der Muße, kriegerisches Tun schon gar nicht [...] – aber auch wer im öffentlichen Leben steht, hat keine Muße. Das Ziel ist hier, über die öffentliche Tätigkeit selbst hinaus Macht und Ansehen zu gewinnen oder jedenfalls das Glück für die eigene Person und die Polisgemeinde, ein Glück, das etwas anderes ist als öffentliche Tätigkeit, und das wir offenbar eben deshalb suchen, insofern es etwas anderes ist.

M2/3: Aristoteles, Nikomachische Ethik X, 7

M4 Das vollendete Glück

Wenn nun (a) unter den hochwertigen Tätigkeiten das Handeln im öffentlichen Leben und im Krieg durch Glanz und Größe zwar hervorragt, aber der Muße entbehrt, nach einem (außerhalb liegenden) Ziel strebt und nicht an sich wählenswert ist, und wenn (b) andererseits gilt, dass das Tätig-Sein des Geistes als ein Akt des Schauens, durch seine ernste Würde sich auszeichnet, nach keinem außerhalb gelegenen Ziele strebt, ferner vollendete Lust – die ihrerseits wieder die Tätigkeit intensiviert – wesensmäßig in sich schließt; und wenn (c) das Selbstgenügsame, das Ruhevolle und, innerhalb der menschlichen Grenzen, das Unermüdbare und alles, was sonst noch dem Menschen auf der Höhe des Glücks zugeschrieben wird, an *diesem* Tätig-Sein in Erscheinung tritt, so folgt, dass *dieses* Tätig-Sein das vollendete Menschenglück darstellt, falls es ein Vollmaß des Lebens dauert – denn kein Teilaspekt des Glücks darf unvollkommen sein.
Ein solches Leben aber wäre übermenschlich, denn man kann es in dieser Form nicht leben, sofern man Mensch ist, sondern sofern ein göttliches Element in uns wohnt. [...]
Es wird aber auch die Gunst der äußeren Umstände vonnöten sein, da wir Menschen sind. Denn unsere Natur ist für sich allein nicht ausreichend, die geistige Schau zu verwirklichen. Es ist auch Gesundheit des Leibes vonnöten sowie Nahrung und sonstige Pflege. Indes braucht man sich nicht vorzustellen, dass ein beträchtlicher Aufwand erforderlich ist, um glücklich zu werden, wenn es schon nicht möglich ist, ohne die äußeren Güter das Glück zu erreichen. Denn nicht ein Übermaß ist für allseitige Unabhängigkeit und für das Handeln vorausgesetzt, im Gegenteil: auch ohne Herrschaft über Land und Meer ist edles Handeln möglich; auch von einer maßvollen Grundlage aus kann man wertvoll handeln.

Aristoteles, Nikomachische Ethik X, 7 und X, 9

1 Erarbeiten Sie, welche Tätigkeiten auf den vorliegenden Bildern sichtbar sind. Ordnen Sie diesen Bildern die auf Seite 103 in M5 genannten dianoëtischen Tugenden zu. ➜ M1

2 Überprüfen Sie, ob die Begriffe Kontemplation und Meditation gleichgesetzt werden können. ➜ M1/2

3 Erarbeiten Sie die Vorzüge der kontemplativen Tätigkeit, indem Sie die angeführten Argumente aufzählen. ➜ M3

4 Verfassen Sie auf dieser Basis einen kleinen Kommentar. ➜ M3

5 Analysieren sie mit Hilfe der blau hervorgehobenen grammatischen Elemente die Textstruktur. Zu welchem Schluss kommt Aristoteles? ➜ M4

6 Überprüfen Sie, inwieweit noch weitere äußere Güter für ein glückliches Leben nötig sein könnten. ➜ M4

7 Untersuchen Sie, inwiefern Kontemplation als aktive Tätigkeit bezeichnet werden kann. ➜ M1-4

8 Verfassen Sie einen Brief an Aristoteles, in dem Sie darlegen, warum Sie seine Theorie des glücklichen Lebens entweder überzeugend oder aber wenig plausibel finden. Begründen Sie Ihre Position ausführlich. ➜ M1-4

11 Aristoteles im Dialog

WIR PHILOSOPHIEREN NÄMLICH NICHT, UM ZU ERFAHREN, WAS ETHISCHE WERTHAFTIGKEIT SEI, SONDERN UM WERTVOLLE MENSCHEN ZU WERDEN.

Aristoteles

M1 Begrenztheit der praktischen Weisheit

Was Aristoteles nicht klärt (und mit den Mitteln seines Systems auch nicht klären kann), ist die Frage, wie das Verhältnis zwischen der Tätigkeit des Intellekts (dem nach ihm höchsten Ausdruck des menschlichen Wesens) und den den Charaktertugenden unterliegenden „bürgerlichen" Tätigkeiten geregelt werden kann. Die praktische Weisheit reicht nicht soweit, dass sie eine „richtige Mitte" zwischen der philosophisch-wissenschaftlichen Betätigung und dem „Ein guter Bürger"-, „Ein guter Vater"-Sein usw. festlegen könnte. Es ist ein merkwürdiger und bezeichnender Zug des aristotelischen Systems, dass in ihm die höchste Möglichkeit des Menschen erklärtermaßen im Wettbewerb mit seinen anderen Möglichkeiten steht, ohne dass angegeben werden könnte, wie ein abgewogenes Verhältnis zwischen ihnen herzustellen sei.

Bernhard Williams, Der Begriff der Moral, S. 65

M2 Achtung logischer Fehler!

Der wichtigste logische Fehler der aristotelischen Ethik liegt in der unbemerkten Doppeldeutigkeit im Begriff „Telos". Dies Wort kann im Griechischen sowohl „Ziel" als auch „Zweck" bedeuten. Daraus, dass alle menschlichen Handlungen auf ein Ziel gerichtet sind, folgt nicht, dass es ein höchstes Ziel aller menschlichen Handlungen geben müsse; und daraus, dass es ein Ziel menschlichen Lebens gibt, folgt noch nicht, dass menschliches Leben auch einen Zweck (im kosmischen Sinne) hat.

Aus Einsichten über die Natur des Menschen und aus Einsichten in die Natur der Welt kann nicht erkannt werden, was sein soll: Es ist ein logischer Fehler, aus Sätzen, die nur sagen, was ist, ableiten zu wollen, *was sein soll.*

nach Günther Patzig, Ethik ohne Metaphysik, S. 41f.

M3 Begrenzte Gültigkeit der Mesoteslehre

Die Mesoteslehre lässt sich also nur auf die Tugenden des individuellen Lebens, auf Besonnenheit und Standhaftigkeit und ihre Unterformen anwenden. Diese Tugenden lassen sich unmittelbar aus der Struktur der individuellen Existenz als Vorbedingung für jede Weise eines guten Lebens, oder vielleicht auch stärker, als ein Grundbestandteil ansonsten verschiedener Weisen des guten Lebens erweisen. Die moralischen Tugenden hingegen ergeben sich nicht aus der allgemeinen Verfassung der individuellen Existenz, sondern sie werden relativ bestimmten Inhalten zugeschrieben. Damit ist nicht ausgeschlossen, dass man die moralischen Tugenden mit anderen Gründen als ratsam für das individuelle Leben erweisen könnte. In der Tat müsste man das können, wenn moralisches Handeln aus einer inneren Motivation heraus möglich sein soll. Aber der primäre Gegenstand der Begründung ist hier die Wertvorstellung oder Norm, durch deren Befolgung die jeweilige Tugend definiert ist.

Ursula Wolf, Sinn der aristotelischen Mesoteslehre, in: Otfried Höffe (Hg.), Die Nikomachische Ethik, S. 107

M4 Aktivität und Passivität

Dass Aristoteles unsere heutige Auffassung von Aktivität und Passivität nicht teilte, wird unmissverständlich klar, wenn wir uns vor Augen halten, dass für ihn die höchste Form von Praxis, d. h. von Tätigsein – die er sogar noch über die politische Aktivität stellt –, das *kontemplative Leben* ist, das sich der Suche nach Wahrheit widmet; die Vorstellung, dass Kontemplation eine Form von Inaktivität sei, wäre ihm unvorstellbar gewesen. Aristoteles betrachtet die Kontemplation als *Aktivität* des besten Teils in uns, des *nous*. Der Sklave kann sinnliche Lust in gleichem Maß genießen wie der Freie. Doch *eudamonia*, „Wohl-Sein" besteht nicht in Vergnügungen, sondern in *Tätigkeiten, die mit der Tugend in Einklang stehen.*

Erich Fromm, Haben oder Sein, S. 115

M5 Negatives Frauenbild

Aristoteles sagt, dass Frauen und Sklaven aufgrund ihrer natürlichen Fähigkeiten unter keinen Umständen *eudaimonia* erlangen können. Der natürliche Sklave verfügt nicht über die natürliche Fähigkeit, Vorsätze nach der praktischen Vernunft zu fassen, während Frauen sie nur in so geringem Maße besitzen, dass sie von Natur aus unfähig sind, ihr Leben selbst zu bestimmen. Aristoteles' Kritik an der in Sparta üblichen Praxis, Frauen Eigentum zu geben, basiert auf seiner Behauptung, dass durch diese Regelung nicht in der richtigen Weise Gebrauch vom Eigentum gemacht wird, nämlich als Werkzeug für ein tugendhaftes Leben.

Martha Nussbaum, Gerechtigkeit oder das gute Leben, S. 109

1. Legen Sie dar, inwiefern das über der Abbildung abgedruckte Zitat Aristoteles' Auffassung von Ethik als praktischer Wissenschaft stützt.
2. Formulieren Sie die an Aristoteles geäußerte Kritik bzw. Kommentierung seiner Aussagen in eigenen Worten. ➜ M1-5
3. Prüfen Sie, ob diese Kritik berechtigt ist oder nicht. Begründen Sie ihre Ergebnisse ausführlich. ➜ M1-5
4. Versetzen Sie sich in die Rolle Aristoteles' und verfassen Sie Antwortschreiben an die jeweiligen Kritiker. ➜ M1-5

*12 Stoa: Der Natur gemäß leben

M1 Philosophie am Wendepunkt

Das klassische Griechenland war niemals ein Reich im modernen Sinne des Wortes gewesen. Was wir heute als Griechenland kennen, war damals eine Gesamtheit von unabhängigen Stadtstaaten, die häufig Kriege gegeneinander führten. Die Bürger einer jeden *Polis* waren stolz darauf, zu ihrer Stadt zu gehören, und die Religion spielte eine wichtige Rolle im bürgerlichen Leben. [...] Alexander der Große (gest. 323 v. Chr.) hat diese Welt grundlegend verändert. Dieser geniale Feldherr eroberte fast alle griechischen Städte, dazu das riesige Persische Reich, und vereinigte diese Gebiete unter seiner Herrschaft. Sein politisches Ideal war nicht mehr die klassische *Polis*, sondern das Weltreich. Dabei war Alexander eigentlich gar kein Grieche; er war ein nach griechischem Vorbild erzogener mazedonischer Barbar (vom griechischen *barbaros*, „Nichtgrieche"). Kurz, Alexander zerstörte die politische Struktur der klassischen griechischen Welt. Infolge dieses grundlegenden politischen Wandels gerieten die Griechen in immer engeren Kontakt mit den Sitten und Gebräuchen anderer Völker wie der Ägypter, Perser und Phönizier. [...] In dieser Situation beschäftigten sich die Philosophen überwiegend mit praktischen, besonders mit ethischen Fragen. Auf den Verfall der klassischen griechischen Welt reagierten die Philosophen also mit einem immer größeren Interesse für die Kunst des guten Lebens, für die Kunst, glücklich zu sein.

Héctor Zagal / José Galindo, Ethik für junge Menschen, S. 118f.

M2 Der Natur gemäß leben

Zenon erklärte als Erster in dem Buch *Über die Natur des Menschen*, dass das Ziel ein Leben ist, das mit der Natur in Einklang steht, was aber bedeutet, gemäß der Tugend zu leben. Zu diesem führt uns ja die Natur selbst. [...] Denn unsere Naturen sind Teile der Natur des Ganzen. Daher stellt sich als Ziel, der Natur gemäß zu leben, d. h. der eigenen Natur und der Natur des Ganzen, und nichts zu tun, was das allgemeine Gesetz verbietet, das als wahre Vernunft alles durchdringt und eins ist mit Zeus, dem Ordner und Verwalter aller Dinge. Eben dies aber ist die Tugend eines glücklichen Menschen und der gelungene Lebensfluss, dass alles, was man tut, der Geist eines jeden mit dem Willen des Weltlenkers übereinstimmt.

Diogenes Laertios, Leben und Meinungen berühmter Philosophen 7, 87f.

Die Stoa

trägt ihren Namen, weil Zenon, der Begründer der stoischen Schule, in einer bunt bemalten Markthalle (*stoa poikile* = bemalte Säulenhalle ➜ Stoiker = „Hallenphilosophen") lehrte, die ihm von der Stadt Athen zur Verfügung gestellt worden war. Man gliedert die Stoa in drei Epochen:

- **Ältere Stoa:** ab ca. 300 v. Chr.
  Vertreter: Zenon, Kleanthes, Chrysipp.
  Die Stoiker dieser Epoche entwickelten eine Lehre, die wissenschaftliche Grundlagen für ein tugendhaftes Leben aufzeigen sollte.
- **Mittlere Stoa:** 2./1. Jh. v. Chr.
  Vertreter: Panaitios, Poseidonios, Cicero.
  Sie vertraten die Idee eines allen Menschen zukommenden Naturrechts sowie die Vorstellung eines Lebens, das sich der Politik und dem Staat widmet.
- **Jüngere Stoa:** 1. Jh. v. Chr. – 2. Jh. n. Chr.
  Vertreter: Seneca, Epiktet, Marc Aurel.
  Diese Epoche wird auch als Stoa der Kaiserzeit bezeichnet und ist gekennzeichnet durch eine verstärkt religiöse Ausrichtung.

M3 Im Einklang mit der Natur

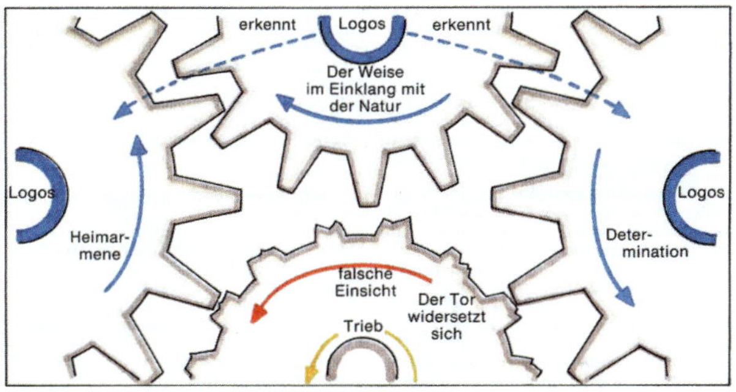

dtv-Atlas Philosophie, S. 56

M4 Streben nach Vollkommenheit

Wie man zugeben muss, sind alle Dinge so eingerichtet, dass in ihnen etwas das Höchste und Vollkommene ist. Schon beim Weinstock und den Tieren sieht man, dass die Natur auf ihrem Weg zum Ziel gelangt, wenn sie nicht von außen daran gehindert wird. Ebenso erstreben die Malerei, die Baukunst und die anderen Künste die Vollendung, deshalb muss in der Gesamtnatur noch viel mehr das Vollendete erstrebt und erreicht werden. Bei den übrigen Dingen kann zwar manches die Vollkommenheit verhindern, während bei der gesamten Natur selbst nichts hinderlich sein kann, weil sie selbst alle Wesen in sich schließt und umfasst. Deshalb muss es eine vierte und höchste Stufe geben, auf die keine äußere Gewalt mehr einwirken kann. Das ist jene Stufe, auf der die Natur in ihrer Gesamtheit steht. Diese Stufe überragt alles und nichts kann sie behindern, deshalb muss die Welt einsichtsvoll und sogar weise sein.

Cicero, Über das Wesen der Götter 2, 23f.

M5 Einheit von Welt und Gott(-heit)

Alle Dinge sind miteinander verknüpft, und fast nichts ist einander fremd. Alles Geschaffene ist in der Welt harmonisch einander zugeordnet. Denn es gibt nur eine Welt, die alles in sich vereint, einen Gott, der alles durchdringt, eine Materie, ein Gesetz, eine Vernunft, die allen vernünftigen Geschöpfen gemeinsam ist, und eine Wahrheit, wie es ja auch nur eine Vollkommenheit für all die verwandten Wesen gibt, die an derselben Vernunft teilhaben.

Marc Aurel, Selbstbetrachtungen 2, 9

M6 Gott in allem

Die Stoiker neigen zum Pantheismus, das heißt zu der Auffassung, dass das ganze Universum von Gott durchdrungen ist. Das Wort „Pantheismus“ kommt von griechischen *pân*, „alles“, und *théos*, „Gott“: „Alles ist Gott“. Der Gott der Stoa ist kein geistiger Gott, sondern ein stofflicher Gott. Gott ist über das ganze Universum verteilt; er nimmt den ganzen Kosmos ein, ja er ist mit dem Kosmos identisch.

Das gesamte Universum besteht aus Materie. Es wird von einem Gesetz gelenkt, von einer Vernunft, einem *lógos* (das bedeutet im Griechischen „Vernunft“, „Regel“, „Wort“ oder „Gesetz“). Die materielle Welt ist vom *lógos* durchdrungen und dieser *lógos* ist Gott. Mit anderen Worten: Wir alle sind von der Gottheit durchdrungen, weil wir alle Teil des Kosmos sind. Das Universum gleicht einem großen Organismus, der vom *lógos* gelenkt wird. Deswegen haben alle Dinge einen bestimmten Zweck; denn sie werden von dem überall im Universum anwesenden *lógos*-Gott gelenkt. Der Gott der Stoa ist das Gesetz des Kosmos, kein persönliches und geistiges Wesen. Gott ist das notwendige Gesetz des Universums, der schicksalhafte Lauf der Welt, die vorherbestimmte Materie. Im stoischen Universum ist für etwas Unbestimmtes, nicht Festgelegtes, für etwas Zufälliges kein Platz. Alles war immer schon beschlossene Sache.

Héctor Zagal / José Galindo, Ethik für junge Menschen, S. 126

1. Informieren Sie sich über den Begriff des Hellenismus. → M1
2. Erarbeiten Sie, was sich hinter der Forderung nach einem „naturgemäßen Leben" verbirgt. → M2/3
3. Erläutern Sie den Begriff des *logos*. → M2-6
4. Analysieren Sie den Text, indem Sie Prämissen und Folgerungen herausarbeiten. → M4
5. Informieren Sie sich über den Begriff „Pantheismus". Untersuchen Sie, worin Zusammenhänge mit der stoischen Philosophie bestehen könnten, und begründen Sie diese. → M5/6
6. Vergleichen Sie den Telos-Gedanken der Stoa mit dem des Aristoteles (s. S. 92f.).

* 13 Reg dich (nicht) auf!

M1 „... und dann habe ich mitgemacht!"

„Die Woge der Begeisterung schwappte auf mich über und ich bin mitgelaufen!"

„Da haben mich Wut, Zorn und auch Mitleid gepackt und ich bin nach Spanien gefah-

M2 Worüber wir gebieten

Über das eine gebieten wir, über das andere nicht. Wir gebieten über unser Begreifen, unsern Antrieb zum Handeln, unser Begehren und Meiden, und, mit einem Wort, über alles, was von uns ausgeht; nicht gebieten wir über unsern Körper, unsern Besitz, unser Ansehen, unsere Machtstellung, und, mit einem Wort, über alles, was nicht von uns ausgeht.

Worüber wir gebieten, ist von Natur aus frei, kann nicht gehindert oder gehemmt werden; worüber wir aber nicht gebieten, ist kraftlos, abhängig, kann gehindert werden und steht unter fremdem Einfluss. Denk also daran: Wenn du das von Natur aus Abhängige für frei hältst und das Fremde für dein eigen, so wird man deine Pläne durchkreuzen und du wirst klagen, die Fassung verlieren und mit Gott und der Welt hadern; hältst du aber nur das für dein Eigentum, was wirklich dir gehört, das Fremde hingegen, wie es tatsächlich ist, für fremd, dann wird niemand je dich nötigen, niemand dich hindern, du wirst niemanden schelten, niemandem die Schuld geben, nie etwas wider Willen tun, du wirst keinen Feind haben, niemand wird dir schaden, denn du kannst überhaupt keinen Schaden erleiden. [...]

Bemühe dich daher, jedem ärgerlichen Eindruck sofort entgegenzuhalten: „Du bist nur ein Eindruck, und ganz und gar nicht das, was du zu sein scheinst." Dann prüfe und begutachte den Eindruck nach den Regeln, die du kennst, vor allem nach der ersten Regel, ob der Eindruck zu tun hat mit den Dingen, über die wir gebieten oder nicht gebieten, und wenn er mit etwas zu tun hat, über das wir nicht gebieten, dann habe die Antwort zur Hand: „Es geht mich nichts an."

Epiktet, Handbüchlein der Moral, S. 7f.

Die Ideale des stoischen Weisen

„Glücklich darf man nur jemanden nennen, der weder Wünsche hegt noch Furcht empfindet ..."

Seneca, Vom glücklichen Leben, S. 15

Die Stoiker sind der Überzeugung, dass nur derjenige ein glückliches und tugendhaftes Leben führen kann, der in allen Lebenslagen gelassen bleibt. Ziel soll sein, sich niemals von Affekten hinreißen zu lassen, sondern seine Gefühle gleichsam mit Abstand zu betrachten und niemals zuzulassen, dass sie zum Motor von Handlungen werden. Gemäß dieser Vorstellung gilt es, folgende Ideale zu verinnerlichen:

Ataraxie: Unerschütterlichkeit
Apathie: Leidenschaftslosigkeit
Autarkie: Selbstgenügsamkeit
Autonomie: Unabhängigkeit von äußerem Zwang

Diese Ideale sind Wege zur Verwirklichung einer praktischen Tugendlehre, aber gleichzeitig die Voraussetzung für die **vita activa**, d. h. die aktive Teilnahme am öffentlichen Leben.

M3 Der ideale Mensch

Beim Weisen ist der Logos gesund und stark, und im unerschütterlichen Besitz der rechten Erkenntnis vermag er sich gegenüber allen lockenden Einflüssen aufrechtzuerhalten. Nie wird er aus Schwäche einer falschen Vorstellung zustimmen. [...]

Nie wird er die Vorstellung anerkennen, dass der körperliche Schmerz ein Übel oder irgendein Außending ein Gut sei. [...]

Damit hat er aber auch die rechte Einstellung zur Außenwelt. Auch der Weise ist für sein physisches Dasein auf diese angewiesen [...]. Aber er kann sie entbehren und räumt ihr niemals einen entscheidenden Einfluss auf sein inneres Leben ein. Er weiß, dass ihm die äußeren Dinge weder nützen noch schaden können. [...]

Auf dieser Unabhängigkeit von der Außenwelt beruht seine innere Freiheit. Der Weise fühlt sich gebunden an das Gesetz des Logos, dem er unbedingt zu folgen hat. Aber damit fällt zugleich jeder äußere Zwang für ihn hinweg. Er ist frei, gleichviel wie seine äußere Lebenslage ist. Denn er braucht keinerlei Rücksicht auf Menschen oder Dinge zu nehmen. Er richtet sein Leben ausschließlich nach seinem eigenen sittlichen Empfinden und Ermessen ein. Er kennt den Weltlauf und will nur, was er kann. Darum kann er auch, was er will. [...]

Streng und herb wandelt dieser Weise über die Erde, auch wenn er durchaus umgänglich und gesellig ist. Denn unbeeinflusst bleibt er von Mitleid und Zorn, von Liebe und Hass, nur dem Gebote des Logos gehorsam, aber gerade darum bereit und fähig, wahrhaft Ersprießliches zu leisten. So ist er ein Segen für die Menschheit, der jede seiner Handlungen schon als Vorbild zugute kommt.

Max Pohlenz, Die Stoa, S. 154–156

M4 Selbstgenügsamkeit

Der Mensch ist nicht seines eigenen Glückes Schmied; er ist nur ein Spielball der Gesetze des Kosmos. Das Beste, was er noch tun kann, ist, sich diesen Gesetzen zu unterwerfen, sie hinzunehmen und anzunehmen. Wir müssen uns davor hüten, Wünsche zu haben, Leidenschaften und Begierden. Die persönlichen Wünsche sind eine Quelle ständiger Unzufriedenheit, denn wenn sie nicht im Einklang mit unserem Schicksal stehen, werden wir sie uns niemals erfüllen können. Nehmen wir ein Beispiel: Wenn jemand so arm ist, dass er sich ganz sicher niemals ein Auto wird leisten können, nicht einmal einen alten, klapprigen Fiat Panda, dann sollte er es vermeiden, ein großer Autoliebhaber zu werden. Eine solche Leidenschaft wird ihm nichts als Schmerzen bereiten, weil es sein Schicksal ist, immer nur im Bus zu sitzen, während er von einem schnellen Sportwagen träumt. Das Vernünftigste, was er tun kann – so würde ein Stoiker sagen –, ist, seine Leidenschaft für Autos abzutöten: nicht mehr ständig nach Autos schauen, nicht länger von den neuesten Modellen schwärmen. Wenn er so seine Leidenschaft bekämpft, wird er irgendwann überhaupt kein Auto mehr besitzen wollen, und dann wird er auch nicht mehr darunter leiden, dass er sich keines leisten kann. Dieses Verstummen der Leidenschaften nennt man *ataraxía*. Der Stoiker strebt nach Selbstbeherrschung, Unempfindlichkeit und Gleichmut; er versucht, seine Wünsche klein zu halten, um nicht unter ihnen leiden zu müssen. Für den vollkommenen Stoiker ist es einerlei, ob man ihm im Speisesaal eines Schlosses eine mit Kastanien gefüllte Wachtel in Austernsauce und französischen Wein serviert oder eine Bratwurst mit Bier in der Imbissstube. Ein vollkommener Stoiker hat weder Lieblingsspeisen noch andere Vorlieben.

Héctor Zagal / José Galindo, Ethik für junge Menschen, S. 127f.

1 Überprüfen Sie anhand dieser Beispiele, ob es nicht gerade Gefühle wie Begeisterung, Zorn, Freude usw. sind, die unser Engagement für eine Sache begründen. ➜ M1/Infokasten
2 Fassen Sie den Gedankengang Epiktets in eigenen Worten zusammen. ➜ M2
3 Überprüfen Sie anhand konkreter Situationen, ob diese Ratschläge Ihnen in Ihrem eigenen Leben hilfreich sein könnten. ➜ M2/3
4 Arbeiten Sie heraus, an welcher Stelle des Textes welches Ideal des stoischen Weisen beschrieben wird, und begründen Sie Ihre Ergebnisse. ➜ M3
5 Überprüfen Sie die Ratschläge, die Zagal / Galindo im Sinne der Stoiker geben, und sammeln Sie weitere Beispiele. ➜ M4

*14 Stoa: Pflichten- und Tugendlehre

M1 Tue, was deine Pflicht ist!

Wenn du tun willst, was deine Pflicht ist, so kümmere dich nicht darum, ob du vor Kälte zitterst oder vor Hitze glühst, ob du müde bist oder genug geschlafen hast, ob man von dir Gutes oder Böses redet, ob du wegen deines Handelns stirbst oder etwas anderes zu erleiden hast. Auch das Sterben ist ja eine der Aufgaben unseres Lebens. Es genügt, dass du sie angemessen löst, wenn sie dir gestellt wird.

Marc Aurel, Selbstbetrachtungen 6, 2

M2 Moderne Stoiker?

Sophie Scholl gehörte im Nationalsozialismus zu den führenden Mitgliedern einer studentischen Widerstandsbewegung, der *Weißen Rose*. Sie verteilten Flugblätter und riefen zum Sturz der Diktatur auf, wurden verhaftet und zum Tode verurteilt. Den Kampf gegen Hitler sahen sie als ihre Pflicht an. „Es gilt den Kampf jedes Einzelnen von uns um unsere Zukunft, unsere Freiheit und Ehre in einem seiner sittlichen Verantwortung bewussten Staatswesen. [...] Der deutsche Name bleibt für immer geschändet, wenn nicht die deutsche Jugend endlich aufsteht, rächt und sühnt zugleich, ihre Peiniger zerschmettert und ein neues geistiges Europa aufrichtet.“ *Weiße Rose, Flugblatt vom 18.02.1943 in: Walther Hofer, S. 329f.*

Hans und Sophie Scholl sowie ihr Freund Christoph Probst (von links) prangern Hitler 1943 in München auf Flugblättern als Verbrecher an. Bei einer Flugblattaktion in der Münchner Universität am 18.02.1943 werden die Geschwister Scholl verhaftet und vier Tage später gemeinsam mit Christoph Probst hingerichtet.

M3 Lasst die Begierden der Vernunft folgen!

Aber alles, was sittlich gut ist, entspringt einer dieser vier Quellen: Entweder beruht es auf der Erkenntnis der Wahrheit und der Fähigkeit, ihr gemäß zu handeln, oder auf dem Schutz der menschlichen Gesellschaft und dem Bemühen, jedem das Seine zuzuteilen, und auf der Verlässlichkeit bei eingegangenen Verträgen oder auf der Größe und Stärke eines herausragenden und unbezwinglichen Geistes oder schließlich auf der Ordnung und dem Maße aller Handlungen und Reden, worauf Mäßigung und Besonnenheit beruht. Wenngleich auch diese vier Tugenden untereinander verbunden und verflochten sind, so erwachsen doch aus jeder einzelnen bestimmte Arten von Aufgaben. Zum Beispiel erwächst aus der hier zuerst genannten Tugend – Weisheit und Klugheit – das Erforschen und Auffinden der Wahrheit, und eben dies ist die Aufgabe dieser Tugend.

Jede Handlung muss von Unachtsamkeit und Nachlässigkeit frei sein und man darf nichts tun, wofür man nicht einen überzeugenden Grund angeben kann. So etwa kann man den Begriff „Pflicht“ umschreiben. Man muss nämlich zu erreichen versuchen, dass die Begierden der Vernunft folgen und ihr nicht zuvorkommen, noch aus Trägheit oder Feigheit hinter ihr zurückbleiben, dass sie ruhig und frei von aller Unruhe und Verwirrung sind; aus solch einem Verhalten werden Beständigkeit und Mäßigung in ihrem ganzen Umfang erwachsen. [...]

Cicero, Vom pflichtgemäßen Handeln 1, 4-17; 1,101-124, in: Wolfgang Weinkauf (Hg.), Die Philosophie der Stoa, S. 251f.

Die Stoiker unterteilen die Dinge in folgende Kategorien: gute Dinge = Tugenden, schlechte Dinge = Laster und gleichgültige Dinge (Adiaphora) = alle anderen Dinge, z. B. die Anzahl der Haare auf dem Kopf.
Analog hierzu werden die Handlungen unterschieden: gute Handlungen aus richtiger Einsicht, schlechte Handlungen aus falscher Einsicht.
Ohne Tugend ist gemäß der stoischen Idee kein Glück möglich. Sie kann gelehrt und gelernt werden in Form von Erkenntnis.

KARDINALTUGENDEN = GÜTER:
EINSICHT, GERECHTIGKEIT, TAPFERKEIT, BESONNENHEIT

KARDINALLASTER = ÜBEL:
UNWISSENHEIT, UNGERECHTIGKEIT, FEIGHEIT, ZUCHTLOSIGKEIT

ADIAPHORA:
LUST UND SCHMERZ, REICHTUM UND ARMUT, GESUNDHEIT UND KRANKHEIT

M4 Tugend und Glück

Tugend ist also die Erkenntnis, dass es keine Güter gibt außer der Tugend selbst. [...] Für die Stoiker ist die Tugend nur erstrebenswert, sofern sie Mittel zum Glück ist. Sie ist aber zugleich auch Bestandteil des Glücks selbst. Denn da sie darin besteht, dass ich mir außer ihr keine Zwecke setze, so habe ich, wenn ich sie erreiche, alle meine Zwecke und somit meine Glückseligkeit, die ja in der Erlangung aller eigenen Zwecke besteht, erreicht. Ich strebe also mit der Tugend das Glück nicht nur mittelbar, sondern in gewissem Sinne auch unmittelbar an, und da das Glück Selbstzweck ist, so kann man insofern auch die Tugend Selbstzweck nennen.

Malte Hossenfelder, Antike Glückslehren, S. 67

M5 Stoa – ein zukunftsweisendes Projekt?

Der Stoiker ist ein Mensch, der felsenfest an seine moralische Aufgabe glaubt: er *muss* sie erfüllen. Er braucht immer ein großes Projekt, das seinem Leben Sinn verleiht. Aus Angst, dass dieses Projekt tatsächlich zu verwirklichen sein könnte, sucht sich der Stoiker aber im Allgemeinen eine so schwierige Aufgabe aus, die möglichst sogar unlösbar, zumindest aber von einem normalen Sterblichen nicht zu erfüllen ist. Entscheidend für ihn bleibt, dass er im Namen einer Sache leiden kann, die moralischen Wert hat.
Stoiker sind all jene, die an die einzige, unauflösbare große Liebe glauben. Die finden sie natürlich nie, was sie aber nicht daran hindert, sie beharrlich zu suchen, ohne je Kompromisse einzugehen. Ihr Motto lautet: „Alles oder nichts."
Stoiker sind auch die Christen, die wahren Christen. Ihr Ziel ist das Paradies, und dieses wollen sie durch Abtötung des Fleisches und Erhebung des Geistes erreichen. Zu ihren Lieblingssprüchen gehören diese: „Wir sind zum Leiden geboren." und „Die Letzten werden die Ersten sein."
Stoiker sind auch die Marxisten: das Ziel ihres Lebens ist Gerechtigkeit für alle, ohne jede Ausnahme. Auch dies ist ein Ziel, das kurzfristig nicht erreicht werden kann: die Sonne der Zukunft ist eben wie gesagt eine Sache der Zukunft. Auf dem Wege dorthin sind Revolutionen, Diktaturen des Proletariats und andere ebenso unangenehme Zwischenphasen vorgesehen.

Luciano De Crescenzo, Griechische Philosophie, S. 424f.

1 Formulieren Sie, was Sie als Ihre Pflichten bezeichnen würden, und versuchen Sie diese zu hierarchisieren. ➜ M1
2 Recherchieren Sie das Leben und Wirken der „Weißen Rose". Erarbeiten Sie die Motive, aus denen die jungen Menschen handelten. ➜ M2
3 Erarbeiten Sie, was die Stoiker unter „Pflichten" verstehen und wie sie diese hierarchisieren. ➜ M1/3/Infokasten
4 Überprüfen Sie, ob egoistische Motive eine Handlung automatisch „nicht moralisch" werden lassen. ➜ M3
5 Erläutern Sie Tugend, Laster und Adiaphora an Beispielen. ➜ Infokasten
6 Tugend und Glück – verträgt sich das? Setzen Sie sich kritisch mit der These Hossenfelders auseinander. ➜ M4
7 Überprüfen Sie, ob die von De Crescenzo geäußerte Kritik an den Stoikern gerechtfertigt ist. ➜ M5

*15 Die Idee des Weltbürgertums

M1 Eine Welt

„Nicht für einen engen Winkel bin ich geboren, mein Vaterland ist die ganze Welt."

Seneca, in: Stoische Weisheit, S. 211

„Der Idealstaat der Stoiker [...] kennt somit keine Schranken der Nationalität und des historischen Staates, er ist eine vernünftige Lebensgemeinschaft aller Menschen, – ein ideales Weltreich. [...] Aber es darf nicht unbeachtet bleiben, dass die Stoiker dies Weltreich erst sekundär als politische Macht, dass sie es in erster Linie als eine geistige Einheit der Erkenntnis und des Willens gedacht haben."

Wilhelm Windelband, Geschichte der Philosophie, S. 149

M2 Die Kosmopolis

Da es nichts Besseres gibt als die Vernunft und diese sowohl im Menschen als im Gott anzutreffen ist, so gibt es für den Menschen mit dem Gott als erste eine Gemeinschaft der Vernunft. Wenn aber die Vernunft, dann ist denselben Wesen auch die aufrechte Vernunft gemeinsam. Da diese das Gesetz ist, so muss man annehmen, dass wir Menschen mit den Göttern auch durch das Gesetz verbunden sind. Wo ferner Gemeinsamkeit des Gesetzes besteht, dort besteht auch Gemeinsamkeit des Rechts. Diejenigen aber, denen diese Dinge gemeinsam sind, sind als Angehörige desselben Staates zu sehen. Wenn sie vollends denselben Mächten und Gewalten gehorchen, dann noch um so viel mehr. Sie gehorchen aber dieser himmlischen Ordnung und dem göttlichen Geiste und dem mächtigen Gott, so dass also diese gesamte Welt als ein gemeinsamer Staat der Götter und Menschen zu betrachten ist.

Cicero, in: Malte Hossenfelder (Hg.), Antike Glückslehren, S. 135

M3 Gefühle und Kosmopolitismus: unvereinbar?

Die Stoiker nahmen an, dass es immer falsch ist, wenn man Sachverhalten, die außerhalb des Menschen bestehen, auf die er keinen Einfluss hat, zu große Bedeutung beimisst. [...] Was interessant daran ist, ist die Tatsache, dass es – obwohl es mir ganz offensichtlich falsch vorkommt, dass der Mensch Sachverhalten außerhalb seiner selbst, die er nicht unter Kontrolle hat, keine Bedeutung beimessen soll – eine tiefe Verbindung gibt zwischen dem radikalen Programm, Gefühle auszuklammern und dem Kosmopolitismus. Die Stoiker dachten nämlich, dass es für die Menschen, sofern sie sich um Sachverhalte außerhalb ihrer selbst kümmerten, sehr schwierig sei, unparteiisch zu sein in Bezug auf die Ansprüche ihrer eigenen Kinder, verglichen mit denen, sagen wir, eines Kindes, das weiter entfernt wohnt. [...] Sie sahen, dass Gefühle eng verbunden sind mit unseren eigenen Lebensbereichen und unseren Vorstellungen vom guten Leben, so dass es sehr schwierig ist, Gefühle einigermaßen kosmopolitisch werden zu lassen. Woran ich Anteil nehme, was ich liebe, was ich als wichtig für mein Wohlergehen betrachte, das ist sehr wahrscheinlich mein Kind, nicht das Kind von jemand anderem, ist meine Mutter und nicht die von jemand anderem. Ich bin nicht traurig über den Tod irgendeiner Mutter in Indien, die ich nicht gekannt habe, aber ich bin sehr traurig über den Tod meiner Mutter. Und es ist so aufgrund der Bewertung, die ich vorgenommen habe, dass dies ein ganz wichtiger Punkt in meinem Leben ist. Die Stoiker denken folgendermaßen: Wenn wir eine kosmopolitische Moral haben wollen, dann sollten wir besser die Gefühle loswerden, weil sie uns zu parteiischen Wesen machen.

in diesen Prozess einzubinden. Man kann nämlich nur dann wirklich jemandem gegenüber menschlich sein, wenn man als intelligenter Leser seine Geschichte verstehen kann. Und das bedeutet tatsächlich, dass man seine Einbildungskraft wie einen Muskel geradezu trainiert. Es handelt sich um einen Muskel, der trainiert werden muss, und wenn Menschen dieses Training nicht erhalten, werden sie äußerst stumpf im Hinblick darauf, sich vorstellen zu können, wie andere Menschen sind.

M3/4: Martha Nussbaum, Interview mit Angela Kalkhoff, in: ZDPE 1/2001, S. 9, 12

M4 Weltbürger-Sein

Die Frage ist, wie wir – wo wir doch alle Menschen sind, die ihre Kinder, ihr Zuhause und so weiter lieben, offensichtlich also menschliche Bindungen und Zuneigungen haben –, wie wir dennoch zugleich Weltbürger sein können. [...]

Kinder sollten frühzeitig lernen, dass sie Teil einer komplexen Welt sind. Sie sollten lernen, sich Geschichten aus anderen Kulturkreisen anzuhören, und sie sollten das Gefühl dafür bekommen, dass es Menschen an allen möglichen Orten und in verschiedenen Kulturen gibt. Sie sollten um die Vielschichtigkeit solcher Kulturen wissen, damit sie nicht dem Dämonisieren – [...] – zum Opfer fallen [...]. Sie müssen lernen, die groben Stereotypen, die alle Kulturen über die jeweils anderen verkaufen, über Bord zu werfen, und sie müssen wissen, wie man lernt und forscht. [...]

Sie müssen auch über die Geschichte kultureller Minoritäten in der eigenen Kultur etwas wissen. Sie müssen von den Kämpfen der Frauen um Gleichberechtigung wissen, von den rassischen, ethnischen oder religiösen Minderheiten. All dies macht Staatsbürgersein aus; es bedeutet zu lernen, wie es ist, mit diesen Menschen zu sprechen oder über ihre Zukunft zu reden, wenn man über etwas abstimmen soll, das diese betrifft. Und letztlich schafft man das nicht durch Geschichte oder Philosophie allein, sondern es bedarf auch der Künste, um die Einbildungskraft mit

1 Notieren Sie in Partnerarbeit Begriffe, die Ihnen zum Thema „Weltbürgertum" einfallen. → M1

2 Erarbeiten Sie mit Hilfe konkreter Beispiele aus unserer heutigen Zeit, inwieweit die Stoiker eine sehr moderne Auffassung vom Menschen und der menschlichen Gemeinschaft vertraten. → M1

3 Analysieren Sie den Text von Cicero zum Kosmopolitismus, indem Sie die Argumentationsstruktur mit Hilfe der blau hervorgehobenen grammatischen Elemente herausarbeiten. Formulieren Sie die Hauptthesen in eigenen Worten. → M2

4 Untersuchen Sie, welche Position von den Stoikern und welche von Martha Nussbaum vertreten wird bei der Frage, ob Gefühle und Weltbürgertum unvereinbar miteinander seien. → M3/4

5 Erstellen Sie eine Liste von Maßnahmen, die laut Nussbaum notwendig sind, um gegen Vorurteile und Klischees anzukämpfen und so dem Weltbürger-Sein eine Chance zu geben. → M4

6 Stellen Sie dar, welch wichtige Rolle der Empathie zukommt. → M4

7 Untersuchen Sie, inwieweit Sie selbst im Rahmen Ihrer Erziehung und Ausbildung solche Maßnahmen erfahren haben. → M4

8 Nehmen Sie Stellung zu diesem Thema, indem Sie einen Brief an Martha Nussbaum verfassen und Ihre Position darlegen. → M4

9 Verfassen Sie einen Katalog von Fragen, die Sie Martha Nussbaum in einer virtuellen Verlängerung des Interviews stellen würden. → M4

*16 Martha Nussbaum: Das gute Leben

Moralisches Argumentieren

Martha Nussbaum

- geboren 1947 in New York
- 1986–1993: Forschungsberaterin bei der UNO; Vorsitz in zahlreichen Ausschüssen, z. B. des Ausschusses für internationale Zusammenarbeit, für den Status von Frauen, für öffentliche Philosophie
- seit 1995 Professorin für Recht und Ethik an der Rechtsfakultät der University of Chicago
- zahlreiche Auszeichnungen und Preise, z. B. 1990 den PEN-Spielvogel-Diamondstein Award für die beste Sammlung von Essays oder 2008 den David-Spitz Award für das beste Buch der liberal-demokratischen Theorie
- Vorsitzende des Menschenrechtsprogramms

M1 Eine Konzeption des Menschen

Martha Nussbaum ist Aristotelikerin, wobei sie von der Praxis ausgeht, von den Lebensumständen, Problemen und Fragestellungen, die sie bei ihrer Arbeit antrifft, und dann in einem zweiten Schritt nach der „passenden" Theorie sucht.

Im Folgenden skizziere ich die wichtigsten Fähigkeiten und Tätigkeiten des Menschen, durch die sich menschliches Leben definieren lässt. Die grundlegende Idee ist zu fragen: Was sind die charakteristischen Tätigkeiten des Menschen? Was tut der Mensch als solcher – und nicht als Mitglied einer bestimmten Gruppe oder einer bestimmten lokalen Gemeinschaft? Um es anders auszudrücken: Welche Formen des Tuns und Seins konstituieren die menschliche Lebensform und heben sie von anderen tatsächlichen oder vorstellbaren Lebensformen wie denen von Tieren und Pflanzen einerseits und von den unsterblichen Göttern der Mythen und Legenden andererseits ab? [...] Ich werde jetzt einige Grundfähigkeiten beschreiben, die jede Gesellschaft für ihre Bürger anstreben sollte und die bei Messungen der Lebensqualität eine Rolle spielen sollten. [...] Ich verstehe diese **Liste** als eine Liste von Fähigkeiten und nicht von tatsächlichen Handlungsweisen, da ich meine, dass Fähigkeiten und nicht tatsächliche Handlungsweisen das Ziel der Politik sein sollten.

Martha Nussbaum, Gerechtigkeit oder das gute Leben, S. 187, 200

M2 Kritisch nachgefragt

Zu 1: Bis wann ist ein Leben lebenswert? Wer darf entscheiden, ab wann das Leben eines anderen nicht mehr lebenswert ist? Ist nicht gerade die Gesellschaft und mit ihr die Politik gefordert, diese Grenze genauer zu bestimmen? Führt ein Alzheimer-Patient, der keinen seiner Angehörigen mehr wiedererkennt oder sie gar mit Menschen verwechselt, die er mal kannte, noch ein „lebenswertes Leben"? Beeinträchtigt bei schwerstkranken Patienten das Wissen um den baldigen Tod die Eigenschaft „lebenswert"?
Zu 2: Was geschieht mit Menschen, die nicht heterosexuell sind – mit Menschen, deren sexuelle Befriedigung nicht dem „Durchschnittsgeschmack" entspricht? Welche Möglichkeiten müssen diese Menschen haben – welche müssen ihnen durch die Gesellschaft und die Politik gesichert werden?

Brigitte Wiesen, Braucht man Recht und Gerechtigkeit für ein gutes Leben, in: ZDPE 1/2002, S. 48

1 Informieren Sie sich über Martha Nussbaum, z. B. auf der Homepage der University of Chicago.
2 Erarbeiten Sie für jede von Martha Nussbaum geforderte Grundfähigkeit ein konkretes Beispiel, ebenso für die Verletzung dieser Grundfähigkeiten. → M1, S. 117
3 Analysieren und begründen Sie ausführlich, welche der genannten Fähigkeiten und Möglichkeiten Ihnen die wichtigste scheint.
4 Prüfen Sie, ob die an Nussbaum formulierte Kritik gerechtfertigt ist oder nicht. → M2
5 Untersuchen Sie, wo weitere Kritik ansetzen könnte. → M2

DIE MENSCHLICHEN GRUNDFÄHIGKEITEN

1. Die Fähigkeit, ein menschliches Leben von normaler Länge zu leben, nicht vorzeitig zu sterben oder zu sterben, bevor das Leben so reduziert ist, dass es nicht mehr lebenswert ist.

2. Die Fähigkeit, sich guter Gesundheit zu erfreuen, sich angemessen zu ernähren, eine angemessene Unterkunft und Möglichkeiten sexueller Befriedigung zu haben, sich in Fragen der Reproduktion frei entscheiden und sich von einem Ort zum anderen bewegen zu können.

3. Die Fähigkeit, unnötigen Schmerz zu vermeiden und freudvolle Erlebnisse zu haben.

4. Die Fähigkeit, seine Sinne und seine Phantasie zu gebrauchen, zu denken und zu urteilen – und diese Dinge in einer Art und Weise zu tun, die durch eine angemessene Erziehung geleitet ist, zu der auch (aber nicht nur) Lesen und Schreiben sowie mathematische Grundkenntnisse und eine wissenschaftliche Grundausbildung gehören. Die Fähigkeit, seine Phantasie und sein Denkvermögen zum Erleben und Hervorbringen von geistig bereichernden Werken und Ereignissen der eigenen Wahl auf den Gebieten der Religion, Literatur, Musik usw. einzusetzen. Der Schutz dieser Fähigkeit, so glaube ich, erfordert nicht nur die Bereitstellung von Bildungsmöglichkeiten, sondern auch gesetzliche Garantien für politische und künstlerische Meinungsfreiheit sowie für Religionsfreiheit.

5. Die Fähigkeit, Beziehungen zu Dingen und Menschen außerhalb unserer selbst einzugehen, diejenigen zu lieben, die uns lieben und für uns sorgen, traurig über ihre Abwesenheit zu sein, allgemein Liebe, Kummer, Sehnsucht und Dankbarkeit zu empfinden. Diese Fähigkeit zu unterstützen bedeutet, Formen des menschlichen Miteinanders zu unterstützen, die nachweisbar eine große Bedeutung für die menschliche Entwicklung haben.

6. Die Fähigkeit, eine Vorstellung des Guten zu entwickeln und kritische Überlegungen zur eigenen Lebensplanung anzustellen. Dies schließt heutzutage die Fähigkeit ein, einer beruflichen Tätigkeit außer Haus nachzugehen und am politischen Leben teilzunehmen.

7. Die Fähigkeit, mit anderen und für andere zu leben, andere Menschen zu verstehen und Anteil an ihrem Leben zu nehmen, verschiedene soziale Kontakte zu pflegen; die Fähigkeit, sich die Situation eines anderen Menschen vorzustellen und Mitleid zu empfinden; die Fähigkeit, Gerechtigkeit zu üben und Freundschaften zu pflegen. Diese Fähigkeit zu schützen bedeutet abermals, Institutionen zu schützen, die solche Formen des Miteinanders darstellen, und die Versammlungs- und politische Redefreiheit zu schützen.

8. Die Fähigkeit, in Verbundenheit mit Tieren, Pflanzen und der ganzen Natur zu leben und sie pfleglich zu behandeln.

9. Die Fähigkeit, zu lachen, zu spielen, sich an erholsamen Tätigkeiten zu erfreuen.

10. Die Fähigkeit, sein eigenes Leben und nicht das eines anderen zu leben. Das bedeutet, gewisse Garantien zu haben, dass keine Eingriffe in besonders persönlichkeitsbestimmende Entscheidungen wie Heiraten, Gebären, sexuelle Präferenzen, Sprache und Arbeit stattfinden.

10 a. Die Fähigkeit, sein Leben in seiner eigenen Umgebung und seinem eigenen Kontext zu führen. Dies heißt Garantien für Versammlungsfreiheit und gegen ungerechtfertigte Untersuchungen und Festnahmen; es bedeutet auch eine gewisse Garantie für die Unantastbarkeit des persönlichen Eigentums, wenngleich diese Garantie durch die Erfordernisse sozialer Gerechtigkeit auf verschiedene Weise eingeschränkt werden kann und im Zusammenhang mit der Interpretation der anderen Fähigkeiten immer verhandelbar ist, da das persönliche Eigentum im Gegensatz zur persönlichen Freiheit ein Mittel und kein Selbstzweck ist. Ich meine, dass ein Leben, dem eine dieser Fähigkeiten fehlt, kein gutes menschliches Leben ist, unabhängig davon, was es sonst noch aufweisen mag. Daher wäre es vernünftig, den Blick auf diese Dinge zu richten, wenn es darum geht, die Lebensqualität eines Landes zu ermitteln und nach der Rolle zu fragen, die der Politik bei der Befriedigung menschlicher Bedürfnisse zukommt.

Martha Nussbaum, Gerechtigkeit oder das gute Leben, S. 200-202

* 17 Amartya Sens Lebensstandardtheorie

Der Lebensstandard misst nicht allein die Verfügbarkeit materieller Güter, sondern ermöglicht dem Menschen ein Leben in Würde.

Amartya Sen

M1 Lebensstandard und Glück

Amartya Sen, Nobelpreisträger für Ökonomie im Jahre 1998, hat als Wirtschaftswissenschaftler immer wieder Fragen der Moral und der Ethik aufgegriffen und verkörpert daher wie kaum ein anderer die Annäherung von Ökonomie und Philosophie. Bekannt wurde er insbesondere durch seine Arbeiten zur Erforschung der Entstehung von Hungersnöten und Armut allgemein. Sen kritisiert einen einseitig an der Aufzählung von Gütern festgemachten Lebensstandard-Begriff und postuliert eine Orientierung an der konkreten Lebensweise: „Der Wert des Lebensstandards liegt in einer bestimmten Art zu leben und nicht im Besitz von Gütern […].“

Unter dem Dach des allgemeinen Begriffs „Lebensstandard“ stehen divergierende und konkurrierende Ansichten über Lebensqualität ungeordnet nebeneinander. Es gibt viele sehr unterschiedliche Auffassungen von Lebensqualität, und etliche sind von unmittelbarer Plausibilität. Man kann *gut gestellt* sein, ohne dass es einem *gut geht.* Es kann einem gut gehen, ohne das man in der Lage ist, das Leben zu führen, das man führen *wollte.* Man kann das Leben führen, das man führen *wollte*, ohne *glücklich* zu sein. Man kann *glücklich* sein, ohne viel *Freiheit* zu haben. Man kann viel *Freiheit* haben, ohne viel zu *leisten.* Diese Aufzählung ließe sich weiter fortsetzen. […]

Man kann ohne weiteres annehmen, dass Glücklichsein etwas Wertvolles ist und dass Glück bei der Messung des Lebensstandards einen Wert (oder, falls Glück in pluraler Form gesehen wird, einen Komplex von Werten) darstellt. Die interessante Frage im Zusammenhang mit diesem Ansatz ist nicht die Legitimität der durchaus überzeugenden Auffassung, Glück sei etwas Wertvolles, sondern die *ausschließliche* Legitimität dieser Sichtweise. Nehmen wir einen sehr benachteiligten Menschen, der arm, ausgebeutet, überarbeitet und krank ist, durch soziale Konditionierung (etwa durch Religion, politische Propaganda oder kulturellen Druck) jedoch dazu gebracht wurde, sich mit seinem Schicksal zufrieden zu geben. Kann man wirklich annehmen, dass es ihm gut geht, weil er glücklich und zufrieden ist? Kann der Lebensstandard eines Menschen hoch sein, wenn das Leben, das er führt, voller Entbehrungen ist? Der Lebensstandard lässt sich nicht losgelöst von der Art des Lebens bestimmen, das ein Mensch führt. Als wertvoll erachtetes Gut kann Glück oder Lust (auch bei weit gefasster Definition) keinen ernsthaften Anspruch auf ausschließliche Relevanz erheben.

M2 Lebensstandard und Lebensgestaltung

Der Lebensstandard lässt sich nicht ausschließlich auf Wohlstand reduzieren, auch wenn er unter anderem durch ihn beeinflusst wird. Er muss direkt mit dem Leben zusammenhängen, das jemand führt, und nicht mit den Ressourcen, die jemand hat, um ein bestimmtes Leben zu führen. […]

Warum sollten wir – nicht nur strategisch, sondern grundsätzlich – das Schwergewicht auf Wohlstand und nicht auf das legen, was Menschen zu tun oder zu sein in der Lage sind? Und wenn akzeptiert wird, dass es eigentlich um das Leben geht, das Menschen führen oder führen können, dann sollten „Grundbedürfnisse“ im Hinblick auf die tatsächlichen Möglichkeiten und Fähigkeiten formuliert werden. Werden sie aus irgendeinem Grund als Güterbedarf definiert, dann kann der abgeleitete und kontingente Charakter dieser Definition klar herausgestellt werden. Wenn die tatsächlichen Möglichkeiten und Fähigkeiten Werte darstellen, dann sind die sogenannten „Grundbedürfnisse“ in Form von Güterbedarf instrumentell (und nicht intrinsisch) wichtig. Die Hauptfrage ist, welche Qualität das Leben, hat, das jemand führt.

M1/2: Amartya Sen, Der Lebensstandard, S. 17, 26, 48

M3 Asylbewerberleistungsgesetz

Im Asylbewerberleistungsgesetz (AsylblG) wird unter anderem geregelt, dass Asylsuchende, Geduldete und teils auch Menschen mit Aufenthaltserlaubnis geringere Sozialleistungen erhalten als üblich. Statt Geld sollen sie Gutscheine, Lebensmittel- oder Hygienepakete bekommen. Die Leistungen können weiter bis auf das „zum Lebensunterhalt Unerlässliche" gekürzt werden. Erklärtes Ziel des Gesetzes ist die „Abschreckung". Aufgrund der diskriminierenden Auswirkungen fordern Menschenrechtsorganisationen seit Jahren die Abschaffung. *www.proasyl.de vom 23.02.09*

Getränkeration

für eine Woche an einen erwachsenen Asylbewerber im Sommer 2005:

- 2,5 Liter H-Milch
- 2 Liter Tafelwasser
- 2 Liter Saft
- 55 Gramm Kaffeemehl (für knapp 1 Liter Kaffee)
- 13 Beutel Schwarztee (13 Tassen entsprechen gut 1,5 Liter)

[...] macht **neun Liter Getränk** für sieben Sommertage.

Gesund wäre es, mindestens zwei bis drei Liter täglich zu trinken.

Anfang 2007 hat die Regierung der Oberpfalz die Realverpflegung auf das sogenannte Bestellsystem umgestellt. (Hinweis vom 09.11.2007) www.biasyl.de vom 25.02.2009 (Seite der Bürgerinitiative Asyl Regensburg)

Der Lebensstandard ist ein Standard des Lebens und nicht der Güter.

Amartya Sen

1 a) Informieren Sie sich über den Begriff des Lebensstandards.
b) Interpretieren Sie die Aussagen Amartya Sens bezüglich des Lebensstandards. ➔ Zitate, S. 118, 119
c) Arbeiten Sie Bezüge zu der von Martha Nussbaum aufgestellten Liste heraus (s. S. 117).

2 Vor der Textarbeit:
Arbeitsteilige Gruppenarbeit:
a) Stellen Sie eine Liste von Gütern zusammen, die Ihnen den für Sie persönlich gewünschten Lebensstandard ermöglichen würden.
b) Stellen Sie eine Liste von Gütern zusammen, die Ihrer Ansicht nach allen Menschen dieser Erde als Mindeststandard zur Verfügung stehen sollten.
c) Stellen Sie eine Liste von Fähigkeiten und Möglichkeiten zusammen, über die Menschen verfügen sollten, um ein Leben in Würde leben zu können.

3 Untersuchen Sie den Zusammenhang von Lebensstandard und Glück und suchen Sie konkrete Beispiele für die Unterscheidungen, die Sen im ersten Abschnitt vornimmt. ➔ M1

4 Versuchen Sie, Grundbedürfnisse zu formulieren, die nicht unter den Begriff „Güterbedarf" fallen. ➔ M2

5 Analysieren Sie, was Sen unter der „instrumentellen Wichtigkeit" von Gütern versteht. ➔ M2

6 Kommentieren Sie die Aussage Sens *„Die Hauptfrage ist, welche Qualität das Leben hat, das jemand führt."* und stellen Sie auftretende Schwierigkeiten dar. ➔ M2

7 Lesen Sie M3 aufmerksam und entscheiden Sie, ob Sie wie die Bürgerinitiative Asyl Regensburg von einer „Bevormundung" und von einer „fremdbestimmten Zwangsversorgung" sprechen würden. Stellen Sie einen Zusammenhang zu Sens Überlegungen her. ➔ M1-3

8 Überprüfen Sie Sens Forderungen zur Ausweitung des Lebensstandards-Begriffs und nehmen Sie persönlich Stellung.

*18 Von Lebenskunst und Strebensethik

M1 Moderne Lebenskunst

M2 Strebensethik als Minimalethik

„Ethik" liegt dem Wortsinn nach primär immer dann vor, wenn in der Lebensführung sich feste Formen des „Ethos", also Grundhaltungen und Verhaltens- oder Handlungsdispositionen abzeichnen, aus denen heraus die einzelnen Handlungen oder Verhaltensweisen vollzogen werden. Diese Grundhaltungen bilden sich ihrerseits aus durch das wiederholte und beständige Handeln oder Sichverhalten auf konstante Ziele hin, seien sie nun spezieller oder genereller Art wie Selbsterhaltung, Selbstverwirklichung, Identität, Glück und dergleichen. Den durch Einübung zu festem Habitus gewordenen Haltungen sind vielfach bestimmte Handlungsmaximen zugeordnet, Grundorientierungen bei der Ziel- und Mittelwahl, die das Handeln im Einzelnen explizit regulieren. Jedes zielorientierte Handeln und Sichverhalten, das reguliert verläuft und darin auf konstante Haltungen und Orientierungen verweist, erfüllt schon den Minimalbegriff eines Gegenstands von Ethik, ja jede einzelne geregelte Handlungsfolge ist potentiell schon ethisch relevant, [...] beispielsweise wenn jemand um seiner Gesundheit willen es sich zur Regel macht, Gymnastik zu treiben oder sich an eine strenge Diät zu halten. Die richtige Lebensführung ergibt sich also nicht von selbst, sondern sie muss geleistet werden. Diejenige Theorie, die sie in dieser elementaren Form reflektiert, ist die Strebensethik. [...]

Die am Minimalbegriff von Ethik orientierte Strebensethik teilt mit der Moralphilosophie die Funktion, praxisregulierend und klärend zu wirken. Während jedoch die Moralphilosophie an das Verantwortungs- und Pflichtgefühl appelliert und vielfach Weisungen vermittelt, sucht die Strebensethik nicht verbindlich, sondern anratend über Handlungsziele aufzuklären und das entsprechende richtig regulierte Verhalten in Gang zu setzen, zu verbessern und zu optimieren. [...]

Beide Ethiktypen verfahren aufklärend, die Strebensethik über das eigentliche Wollen und das zugehörige Können im weitesten Sinne des Lebenkönnens, die Moralphilosophie über das (gültige) Sollen, das vom Wollen der Anderen ausgeht. Appelliert die Moralphilosophie dabei an das moralische Gewissen als die Instanz, die Forderungen der Sozietät internalisiert hat, so wendet sich die Strebensethik an die Stimme des tieferen Wollens und eigentlichen Strebens.

Der Standort der Strebensethik ist gegenüber dem der Moralphilosophie durch einen Perspektivenwechsel, ja geradezu durch eine Perspektivenumkehrung geprägt: von der Selbstlosigkeit zur Selbstsorge, von der Fremd- zur Selbstorientierung, vom Interesse der Sozietät zur Interessenlage des Individuums. Der Einzelne wird in der Strebensethik nicht als der zu disziplinierende potentielle Amoralist gesehen, sondern primär als bedürftiges, aber der Entfaltung und Lebensführung mächtiges Wesen. Indem sie dazu anhält, auf sich selbst zu achten und sich selber ernst zu nehmen, ist sie eine Ethik der ersten Person.

Hans Krämer, Integrative Ethik, S. 76f., 84

M3 Glück als „offene Weltbegegnung"

Gut ist ein Leben, das – alles in allem [...] – *um seiner selbst willen* gelebt werden kann. [...]

Das gute Leben ist ein für präferierte Situationen und Betätigungen offenes und in dieser Offenheit vollzugsorientiertes Leben. Es ist frei für die dem Subjekt dieses Lebens jeweils günstigste Weise der Begegnung mit der jeweiligen Umwelt dieses Lebens. Es spielt sich in einem Spielraum der Weltbegegnung ab, der auf vielfache Weise eingeschränkt und verstellt sein kann, wodurch es zu einem weniger guten, schlechten oder elenden Leben wird – wenn es denn je in einer günstigen Lebenslage war. Der Spielraum, von dem hier die Rede ist, kann sehr unterschiedlich genutzt werden. [...] Für alle erwachsenen Menschen macht es einen Unterschied, ob sie unbedroht ihr Land verlassen, ihre Meinungen austauschen oder sich versammeln können oder nicht. Für die vom Menschen gehaltenen Tiere macht es einen Unterschied, ob ihnen ausreichend Bewegungsraum und Betätigungsmöglichkeit zur Verfügung steht oder nicht. [...]

Die Beispiele zeigen: Das Wohl aller empfindungsfähigen Individuen ist abhängig von *Spielräumen der Lebensbewegung*, in denen sie ihren Befähigungen und ihren bevorzugten Betätigungen nachgehen können.

Martin Seel, Wege einer Philosophie des Glücks, S. 118–120

M4 Glück und Wohlwollen

Der Gedanke, dass Leben gelingen und misslingen kann, dass niemand das Misslingen seines Lebens wollen kann, dass es jedoch Bedingungen des Gelingens gibt, die nicht beliebig sind, impliziert jedoch drei ganz und gar nicht triviale Folgerungen: Er impliziert erstens, dass Leben überhaupt so etwas wie ein Ganzes sein kann oder dass es uns zumindest darum geht, es als ein solches Ganzes begreifen zu können. Er impliziert zweitens, dass das Verkehrte im moralischen, das heißt auf das „gemeinsame Ziel des ganzen menschlichen Lebens" bezogenen Sinn auf Mangel an Einsicht in die Bedingungen des Gelingens beruht. Denn wer sie als Bedingungen begriffen hat, der kann nicht umhin, sie zu wollen. Die Glückseligkeit, das Gelingen des Lebens, kann keinen Preis haben, der zu hoch ist. *Robert Spaemann, Glück und Wohlwollen, S. 22*

1 Bilden Sie Gruppen, die sich arbeitsteilig mit aktuellen Publikationen zum Glück und zur Lebenskunst auseinandersetzen, und prüfen Sie im Anschluss, ob diese Modeschlagwörter mit den auf dieser Doppelseite vorgestellten Grundlagen-Theorien in Einklang zu bringen sind oder nicht. ➜ M1-4

2 Untersuchen Sie das Verhältnis von moderner Strebensethik und Moralphilosophie. Formulieren Sie Aufgaben einer Strebensethik in eigenen Worten. ➜ M2

3 Erarbeiten Sie anhand konkreter Beispiele, welche Merkmale ein Leben kennzeichnen könnten, das *nicht* „um seiner selbst willen gelebt wird", um dann in einem zweiten Schritt näher bestimmen zu können, welches Leben „um seiner selbst willen gelebt wird". Untersuchen Sie, welche Spielräume Ihr eigenes Leben bietet. ➜ M3

4 Formulieren Sie in eigenen Worten die Folgerungen, die Robert Spaemann aus der Tatsache zieht, dass Leben misslingen kann und dass es somit Bedingungen für ein mögliches Gelingen geben muss. ➜ M4

5 Beziehen Sie die Texte in einem weiteren Schritt auf Ihr eigenes Leben: Inwiefern ist dieser Ansatz hilfreich für Ihr Leben? Was muss gegeben sein, damit Sie Ihr Leben als gelungen und glücklich bezeichnen würden? ➜ M2-4

Projektvorschlag:

Bilden Sie Gruppen, die sich arbeitsteilig mit folgenden Aufgabenfeldern zum Glück auseinandersetzen:

- „Glück in Literatur / Prosa und Lyrik"
- „Glück in der Musik"
- „Glück in der bildenden Kunst"
- „Glück im Film"
- „Glück als Unterrichtsfach / als Projekt in der Schule"

Impulse zur letzten Aufgabe:

Wie sollte Ihrer Meinung nach ein Fach / Projekt „Glück" aufgezogen werden? Welche Fächer sollten berücksichtigt werden? Welche Maßstäbe zur Erfassung von Glück könnte es geben? (Vgl. hierzu auch: www.whs.hd.bw.schule.de/glueck.htm)

1 Wem nützt was?

M1 Geburten in Deutschland

Gebildet, westdeutsch, kinderlos

Süddeutsche Zeitung vom 29.07.2009

Eine Studie des Statistischen Bundesamtes zeigt: Im vergangenen Jahr blieb ein Fünftel der 40- bis 44-jährigen Frauen kinderlos.
Im vergangenen Jahr hatten 21 Prozent der 40- bis 44-Jährigen kein Kind, sagte Roderich Egeler, Präsident des Statistischen Bundesamtes. Vor allem Frauen im Westen seien häufig kinderlos. In der Altersgruppe der 40- bis 75-Jährigen haben 16 Prozent der Frauen keine Kinder, im Osten sind es nur acht Prozent. Eine wichtige Rolle spiele auch der Wohnort: Frauen, die in Großstädten wohnen, bekämen seltener Kinder als diejenigen aus ländlichen Gegenden, sagte Egeler. In Westdeutschland komme noch der Faktor Bildungsstand hinzu: Je höher dieser ist, desto wahrscheinlicher bleibt eine Frau kinderlos. Im Osten des Landes trifft dieser Zusammenhang nicht zu. Im vergangenen Jahr hatte mehr als ein Viertel der westdeutschen Akademikerinnen im Alter zwischen 40 und 75 Jahren keine Kinder, im Osten lag der Anteil nur bei elf Prozent.

bearbeitet nach: www.sueddeutsche.de (29.07.2009)

M2 Mindestlöhne

Jeder Fünfte muss von Niedriglohn leben

Süddeutsche Zeitung vom 09.07.2009

6,5 Millionen Arbeitnehmer erhalten bundesweit einen geringen Lohn – Tendenz steigend. In Deutschland arbeiten immer mehr Menschen für Niedriglöhne.
So lagen die durchschnittlich im Niedriglohnsektor erzielten Stundenlöhne 2007 im Westen bei nur noch 6,88 Euro und im Osten bei 5,60 Euro. 1,2 Millionen Beschäftigte verdienten sogar weniger als fünf Euro.
SPD, Linke, Gewerkschaften und Grüne fordern, einen flächendeckenden Mindestlohn einzuführen. Union und die FDP lehnen dies ab. Sie fürchten, dass dadurch Arbeitsplätze vernichtet werden.

bearbeitet nach: Thomas Öchsner, www.sueddeutsche.de (29.07.2009)

M3 Abschuss von entführten Flugzeugen

Das Urteil des Bundesverfassungsgerichts

Süddeutsche Zeitung vom 17.09.2007

Die Karlsruher Richter hatten im Februar 2006 entschieden, dass die Bundeswehr keine entführten Passagierflugzeuge abschießen dürfe, die als Waffe gegen Menschen eingesetzt werden sollen. Damit wurde eine zentrale Bestimmung des im Januar 2005 erlassenen Luftsicherungsgesetzes für nichtig erklärt.
Das Argument des Gerichts: Die „Abschussermächtigung" des Verteidigungsministers verstoße gegen die Garantie der Menschenwürde (Art. 1, Abs. 1 des Grundgesetzes) und gegen das Recht auf Leben (Art. 2, Abs. 2, Satz 1), weil unbeteiligte Menschen als bloße Objekte behandelt und getötet würden. Nach Ansicht der Richter ist es „schlechterdings unvorstellbar", auf gesetzlicher Grundlage unschuldige Menschen in hilfloser Lage vorsätzlich zu töten.

bearbeitet nach: www.sueddeutsche.de (29.07.2009)

M4 Vermögenssteuer

Das deutsche Unvermögen

Frankfurter Rundschau vom 15.10.2008

Der deutsche Sozialstaat belastet Arbeitnehmer zu stark durch Steuern und Abgaben und verschont Vermögen über Gebühr. Zu diesem Ergebnis kommt die Organisation für Wirtschaftliche Entwicklung und Zusammenarbeit (OECD) in einem Vergleich von 26 ihrer 30 Mitgliedsländer. Zum gesamten Steueraufkommen tragen Vermögenssteuern beispielsweise in den Vereinigten Staaten mehr als viermal so viel bei wie hier zu Lande. Die Zeche zahlen die Empfänger von Lohneinkommen. So verbleibt einem durchschnittlich verdienenden Arbeitnehmer weniger als die Hälfte von dem, was sein Arbeitgeber für ihn zahlt.

Außerdem legt die OECD der Bundesregierung zum wiederholten Male nahe, neben der Mehrwert- und den Umweltsteuern endlich auch die Vermögenssteuer zu erhöhen. Durch sie werde „die wirtschaftliche Wettbewerbsfähigkeit weniger beeinträchtigt" als durch andere Steuern.

bearbeitet nach: Markus Siever, www.fr-online.de (29.07.2009)

M5 Altwerden in Deutschland

„Der Alte stirbt doch sowieso"

Frankfurter Allgemeine Zeitung vom 03.07.2009

Dass ältere Menschen inzwischen immer stärker diskriminiert werden, wenn sie medizinische Hilfe brauchen, davon ist die Journalistin Ursula Biermann fest überzeugt. In der Kritik steht die sogenannte Dreiklassenmedizin. Damit ist gemeint, dass man in der medizinischen Versorgung nicht nur einen Unterschied zwischen Privat- und Kassenpatienten macht, sondern auch zunehmend die ältere Generation als die „dritte Klasse" diskriminiert. In der Praxis werden Gesundheitsleistungen für ältere Menschen in Deutschland längst rationiert, wie die Beispiele, die Biermann zusammengetragen hat, zeigen. So wird älteren Patienten häufig eine effektive Schmerztherapie, auf die sie eigentlich Anspruch hätten, mit dem Hinweis verwehrt, Schmerzen seien nun einmal Alterserscheinungen, mit denen man sich abfinden müsse. Auch wird älteren Menschen mit fadenscheinigen Argumenten häufig eine an Leitlinien orientierte Diagnostik und Therapie bei Osteoporose vorenthalten. So weigern sich beispielsweise die gesetzlichen Krankenkassen, die Kosten für Hüftprotektoren zu übernehmen, obwohl diese recht preiswert sind und teurere Behandlungen von Oberschenkelhalsbrüchen im fortgeschrittenen Lebensalter verhindern.

bearbeitet nach: Ursula Biermann, www.faz.net (27.09.2009)

M6 Rationierung in der Medizin

Der Preis des Lebens

Süddeutsche Zeitung vom 07.04.2005

Ein Arzt bewegt sich oft auf abgründigem Terrain. Auf schmalen Pfaden zwischen tiefen Kluften. Immer dann, wenn er im Krankenhaus oder in seiner Praxis einen Patienten behandelt, trifft er zugleich eine Entscheidung über Geld. Manchmal geht es dabei nur um wenige Euro, doch häufig kosten Medikamente mehrere tausend Euro im Jahr. Eine Krebstherapie zum Beispiel addiert sich schnell auf 20.000 Euro, eine Transplantation leicht auf 100.000. Und es gehört zu den Konsequenzen des laufenden Kosten-Streits im Gesundheitswesen, dass sich Mediziner zunehmend dem schleichenden Verdacht ausgesetzt sehen: Sie verweigerten bestimmten Patienten notwendige Leistungen, weil eine Behandlung zu teuer sei, und ließen einen Menschen im Extremfall sogar sterben. Tatsächlich sind Knappheit und Zuteilung aber längst handfeste Realität für jene 85 Prozent der Deutschen, die bei gesetzlichen Krankenkassen versichert sind. Zu den unangenehmen Fragen gehört aber auch, ob es eine feststehende Schwelle dafür geben sollte, was es kosten darf, ein Leben um ein Jahr zu verlängern. Auch hier beginnt die öffentliche Diskussion zurzeit. Als Beispiel dient oft die Dialyse, weil niemand auf die Idee käme, einem Nierenkranken die regelmäßige Blutwäsche zu entziehen, die ihn am Leben hält. Die Behandlung kostet etwa 50.000 Euro pro Jahr.

bearbeitet nach: Klaus Koch, www.suedeutsche.de (29.07.2009)

1 Bilden Sie sechs Gruppen, die jeweils einen der Texte M1-M6 bearbeiten: Welche Folgen ergeben sich jeweils für den einzelnen Betroffenen, welche für die Gesellschaft? Wie beurteilen Sie die Fälle aufgrund ihrer Folgen? ➜ M1-6

2 Stellen Sie einander Ihre Ergebnisse vor und diskutieren Sie die Fälle im Plenum. ➜ M1-6

Utilitarismus – eine Folgenethik

1789, im Jahr der Französischen Revolution und nur ein Jahr nach der Veröffentlichung von Immanuel Kants *Kritik der praktischen Vernunft*, begründet in England Jeremy Benthams *Einführung in die Grundlagen der Moral und der Gesetzgebung* eine neue Richtung der Moralphilosophie: den Utilitarismus (engl. *utilitarianism*). In scharfem Gegensatz zu Kant sieht Bentham den Maßstab einer moralisch guten Handlung nicht in dem ihr zugrunde liegenden guten Willen, sondern allein in ihrer Utilität (lat. *utilitis* = nützlich), ihrem Nutzen – gemessen an ihren Handlungsfolgen. Der Begriff des Nutzens wird von den Utilitaristen zunächst vor allem als Lustgewinn der von einer Handlung Betroffenen definiert. John Stuart Mill erweitert dabei den rein quantitativen Nützlichkeitsbegriff Benthams, indem er nach verschiedenen Arten von Lust, nach niederen und höheren Freuden unterscheidet.

Im Unterschied zur antiken Individualethik hat sich seit dem 16. Jahrhundert in der englischen Moralphilosophie die Überzeugung durchgesetzt, dass das eigentliche Wesensmerkmal des moralisch Guten die Ausrichtung des menschlichen Handelns auf das *bonum commune*, das Gemeinwohl ist. Der irische Moralphilosoph Francis Hutcheson formuliert dann in der ersten Hälfte des 18. Jahrhunderts erstmals explizit das Grundprinzip des sozial-eudämonistischen Ansatzes der Utilitaristen: Diejenige Handlung ist die moralisch beste, die das größte Glück der größten Zahl befördert.

Gegenwärtig wird Nutzen insbesondere als Verwirklichung von Interessen (Präferenzen) definiert, immer jedoch wird er gleichgesetzt mit einer Vorstellung des Guten, des Glücks, dessen genaue inhaltliche Bestimmung aber offen bleibt. Trotz starker Ausdifferenzierungen innerhalb des Utilitarismus seit seiner Entstehung bis heute lassen sich vier Grundprinzipien als gemeinsamer Kernbestand formulieren:

„Diejenige Handlung bzw. Handlungsregel ist moralisch richtig, deren **(1) Folgen** für das **(2) Wohlergehen (3) aller Betroffenen (4) optimal** sind."

Jeremy Benthams Leben

* 1748 London

† 1832 London

> Jeremy Bentham wird als Sohn einer wohlhabenden Rechtsanwaltsfamilie in Houndsditch, London, geboren.

> Bereits 1860 – mit zwölf Jahren – beginnt er ein Studium am Queen's College in Oxford. Mit 15 Jahren folgt eine Ausbildung als Rechtsanwalt in London.

> Er ist nachhaltig beeindruckt von der Exaktheit der Naturwissenschaften sowie der Aufklärungsphilosophie und setzt sich mit der Französischen und Amerikanischen Revolution auseinander.

> Vor dem Hintergrund der Industrialisierung in England in der zweiten Hälfte des 18. Jahrhunderts und der aufkommenden sozialen Frage findet Bentham im menschlichen Streben nach Glück die Grundlage der Sittlichkeit – und das Kriterium für politische Reformen.

> Mit James Mill, dem Vater von John Stuart Mill, gründet er die politische Vereinigung *„Philosophic Radicals"*. Mitglieder sind liberale Demokraten. Ihre Ziele sind eine Demokratisierung, z. B. durch ein allgemeines und geheimes Wahlrecht, die Abschaffung des Sklavenhandels und eine liberale Reform des Strafrechts.

> 1792 wird Bentham zum Ehrenbürger der Französischen Republik ernannt.

> Bentham setzt wie viele Aufklärer große Hoffnungen auf ein reformiertes Erziehungssystem, zu dem alle unabhängig von ihren finanziellen Möglichkeiten Zugang haben.

> Seine vielseitigen Interessen spiegeln sich in zahlreichen Schriften in den Bereichen Recht, Ethik, Politik, Ökonomie, Religion und Naturwissenschaft wider.

> Sein konservierter Körper soll laut Testament im – von Benthams Vermögen neu gegründeten – University College in London ausgestellt werden; dort steht die Ikone seit seinem Tod im Jahre 1832 bis heute.

John Stuart Mills Leben

* 1806 London

† 1873 Avignon

> John Stuart Mill wird als erstes von neun Kindern in London geboren. Der Vater James Mill ist Ökonom, Historiker und Psychologe und ein Freund von Jeremy Bentham.

> 1820/1821 hält er sich in Frankreich auf. Er begeistert sich für die Ideale der Französischen Revolution, insbesondere das Aufbrechen der Ständeordnung (als Voraussetzung für die Entwicklung eines liberalen Staates).

> Mit nur 16 Jahren wird er Gründungsmitglied der *„Utilitarian Society"*, die liberale Ideen und politische Reformen diskutiert.

> 1823–1858 arbeitet Mill in der Ostindischen Handelsgesellschaft (East India Company). Er macht sich zunächst mit Schriften zur Logik, Wissenschaftstheorie, politischen Ökonomie und Politik einen Namen.

> Als Sozialreformer – unter anderem als Mitglied des Unterhauses – setzt er sich gemeinsam mit seiner Frau Harriet Taylor, einer bekannten Frauenrechtlerin, für die Emanzipation der Frau, ein allgemeines Wahlrecht und eine allgemeine soziale Mindestabsicherung ein.

> 1859 argumentiert er in seiner Schrift *Über die Freiheit* zum einen für den Schutz individueller Freiheiten vor staatlichen Einschränkungen und zum anderen für die Bewahrung einer größtmöglichen inneren Freiheit vor dem „Terror der öffentlichen Meinung", dem Konformitätsdruck durch die Mehrheit der Gesellschaft.

> Sein Essay *Der Utilitarismus* (1861) entwickelt den Ansatz Benthams kritisch weiter. Es ist der bis heute im angelsächsischen Raum wohl am meisten gelesene, diskutierte, aber auch am meisten kritisierte moralphilosophische Text.

> Mill zieht 1868 nach Avignon, wo er 1873 stirbt.

Kleines Lexikon des Utilitarismus

Handlungsutilitarismus: bezieht das Prinzip der Nützlichkeit auf einzelne Handlungen

Hedonismus (gr. *hedone*: Freude, Lust): lehrt, dass das Streben nach Lust das menschliche Handeln und Verhalten bestimmt bzw. bestimmen sollte

hedonistisches Kalkül: Instrument, das Jeremy Bentham zur Messung des sozialen Nutzens von Handlungen entwickelt

hedonistisches Prinzip: Maßstab der moralischen Beurteilung einer Handlung ist das durch diese Handlung erzielte Glück

klassischer Utilitarismus: der Nutzen wird als Lust oder subjektives Wohlbefinden definiert

Konsequenzenprinzip: Folgenprinzip; die moralische Richtigkeit einer Handlung bestimmt sich ausschließlich von den Folgen her

konsequenzialistische Ethik: bemisst den Wert einer Handlung ausschließlich an den Folgen der Handlung

Präferenz (frz. *préférence*: Vorzug, Vorliebe): Wünsche, Interessen, Vorlieben

Präferenzutilitarismus: definiert den Nutzen nicht als innere Befindlichkeit (Lust, Freude oder Glück), sondern als objektive Erfüllung von Präferenzen

qualitativer Hedonismus: qualitative Bestimmung des Nützlichkeitsbegriffs nach John Stuart Mill; unterscheidet qualitativ verschiedene Arten von Lust (niedere und höhere Freuden)

quantitativer Hedonismus: rein quantitative Glücks- und Nützlichkeitsbestimmung nach Jeremy Bentham; Lust und Unlust sollen exakt gemessen und die gemessenen Werte miteinander verglichen werden

Regelutilitarismus: bezieht das Prinzip der Nützlichkeit auf Arten von Handlungen oder Handlungsregeln

Utilität (lat. *utilis*: nützlich): Nutzen, Nützlichkeit

Utilitätsprinzip: Nutzenprinzip; Maßstab für Beurteilung der Folgen einer Handlung ist der Nutzen für das, was als an sich gut erachtet wird

Universalisierung: Verallgemeinerung

universalistisches Prinzip: Maßstab für den moralischen Wert einer Handlung ist das Wohlergehen aller von der Handlung Betroffenen

2 Glück durch Lust

M1 Pleasures

Keith Haring, Untitled, 1984

M2 Antiker Hedonismus – Aristipp

Aristipp (um 435 – um 366 v. Chr.) gilt als Begründer der Philosophenschule der Kyrenaiker. Sein Interesse galt vor allem Fragen der Ethik und er fand deren Grundlage in der menschlichen Natur. Das Ziel des Lebens besteht für Aristipp wie für seinen Lehrer Sokrates in der Eudaimonie, dem guten Leben. Diogenes Laertios, der im 3. Jahrhundert n. Chr. ein berühmtes Buch über die philosophischen Auffassungen antiker Denker verfasste, charakterisiert die Ethik der Kyrenaiker:

Sie nahmen zwei Seelenzustände an, den einen als sanfte Bewegung, nämlich die Lust, den Schmerz aber als rauhe (ungestüme) Bewegung. Zwischen Lust und Lust, sagen sie, ist kein Unterschied, und es gibt nichts, was sich durch einen höheren Grad von Annehmlichkeit vor dem andern Angenehmen hervorhebt. Die Lust ist allen Geschöpfen erwünscht, dem Schmerz aber weicht man aus. [...] Sie machen auch einen Unterschied zwischen Ziel und Glückseligkeit. Ziel nämlich sei die einzelne Lust, Glückseligkeit die Summe der einzelnen Lustempfindungen, in der auch die vergangene und zukünftige mit inbegriffen sind. Die einzelne Lust sei um ihrer selbst willen begehrenswert, die Glückseligkeit dagegen nicht um ihrer selbst willen, sondern wegen der einzelnen Lustempfindungen. Der Beweis dafür, dass die Lust das Ziel ist, liegt in der Tatsache, dass wir ohne alle vorausgegangene Überlegung von Kind auf uns mit ihr verwandt fühlen und dass wir, in ihren Besitz gelangt, nichts weiter begehren, während wir nichts so sehr meiden wie die ihr entgegengesetzte Schmerzempfindung. Und zwar sei die Lust ein Gut selbst dann, wenn ihre Quelle noch so schmutzig wäre.

Diogenes Laertios, Leben und Lehre der Philosophen, S. 116

M3 Quantitativer Hedonismus – Jeremy Bentham

Die Natur hat die Menschheit unter die Herrschaft zweier souveräner Gebieter – *Leid* und *Freude* [pain and pleasure] – gestellt. Es ist an ihnen allein aufzuzeigen, was wir tun sollen, wie auch zu bestimmen, was wir tun werden. Sowohl der Maßstab für Richtig und Falsch als auch die Kette der Ursachen und Wirkungen sind an ihrem Thron festgemacht. Sie beherrschen uns in allem, was wir tun, was wir sagen, was wir denken: Jegliche Anstrengung, die wir auf uns nehmen können, um unser Joch von uns zu schütteln, wird lediglich dazu dienen, es zu beweisen und zu bestätigen. Jemand mag zwar mit Worten vorgeben, ihre Herrschaft zu leugnen, aber in Wirklichkeit wird er ihnen ständig unterworfen bleiben. Das *Prinzip der Nützlichkeit* erkennt dieses Joch an und übernimmt es für die Grundlegung jenes Systems, dessen Ziel es ist, das Gebäude der Glückseligkeit durch Vernunft und Recht zu errichten. [...]

Diese Bezeichnung [Prinzip der Nützlichkeit] hat man unlängst durch das Prinzip des *größten Glücks* oder der *größten Glückseligkeit* [the greatest happiness principle] ergänzt oder ersetzt. [...] Das Wort *Nützlichkeit* verweist nicht so eindeutig auf die Vorstellung von *Freude* und *Leid*, wie es die Wörter *Glück* und *Glückseligkeit* tun; es veranlasst uns auch nicht zur Berücksichtigung der Zahl der betroffenen Interessen, obwohl die *Zahl* der Umstand ist, der in größtem Ausmaß bei der Aufstellung des *Maßstabs, um den es hier geht, mitwirkt: des Maßstabs für Richtig und Falsch*, mit dem allein die Angemessenheit menschlichen Verhaltens in jeder Situation angemessen überprüft werden kann.

nach Jeremy Bentham, Eine Einführung in die Prinzipien der Moral und der Gesetzgebung, S. 55f.

M4 Arten der Freude, Arten des Leids

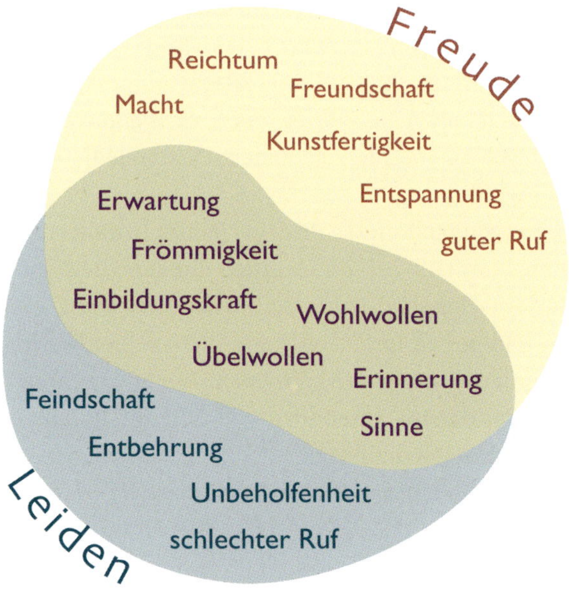

nach Jeremy Bentham, Eine Einführung in die Prinzipien der Moral und der Gesetzgebung, S. 83

1 Benennen Sie die dargestellten Formen der Lust. Tauschen Sie sich anschließend darüber aus, welche Formen der Lust Sie persönlich für besonders befriedigend halten. ➜ M1

2 Setzen Sie sich kreativ mit dem Bild von Keith Haring auseinander, indem Sie
a) zu einer der Figuren einen „Inneren Monolog" verfassen;
b) zu einer Lustart ein Gedicht oder einen kreativen Text schreiben;
c) ein eigenes Bild zu einer Lust Ihrer Wahl gestalten;
d) durch ein Standbild eine Lust Ihrer Wahl darstellen. ➜ M1

3 Erarbeiten Sie Kriterien, nach denen diese Lüste differenziert werden können. Erstellen Sie eine Hierarchie der Lüste. ➜ M1

4 Erläutern Sie den hedonistischen Ansatz Aristipps. ➜ M2

5 Mit welchen Argumenten lässt sich Ihre eigene Lebensweise als kyrenaisch bezeichnen? ➜ M2

6 Erstellen Sie unter Verwendung der zentralen Begriffe eine Argumentationsskizze zu Jeremy Benthams hedonistischer Grundlegung der Ethik. ➜ M3

7 Vergleichen Sie den hedonistischen Ansatz von Aristipp und Bentham. ➜ M2/3

8 Bentham ist der Auffassung, dass alle Freuden gleich wertvoll seien und seine Liste der Arten von Leiden und Freuden vollständig sei. Überprüfen Sie diese Behauptungen, indem Sie eigene Beispiele für Freuden und Leiden suchen und sie den Arten Benthams zuordnen. ➜ M4

9 Führen Sie eine Pro-Contra-Debatte (s. Methodenüberblick, S. 379) zu Benthams These, Kegeln sei eine qualitativ ebenso hochwertige Lust wie Gedichte zu lesen.

10 Erörtern Sie die Behauptung, Leiden mache einen Menschen notwendigerweise unglücklich.

11 Gedankenexperiment (s. Methodenüberblick, S. 380): „Was wäre, wenn alle Menschen ausschließlich nach dem Lustprinzip handelten, d. h., ihre Handlungen einzig danach ausrichteten, ob sie ihnen Lust verschafften?" Welche Folgen hätte dieses allgemeine Verhalten für das handelnde Individuum, für unmittelbar betroffene andere Individuen, für die Gesellschaft, die Menschheit?

3 Glück als berechenbarer Nutzen

M1 Des einen Freud', des anderen Leid'

Eine Familie braucht ein neues Auto. Die Familie besteht aus Vater, Mutter, zwei Kleinkindern und einem großen Hund. Der Vater hat schon immer von einem schnellen Wagen geträumt und möchte dringend einen Sportwagen anschaffen. Er hat bereits in seiner Jugend viele Autorennen besucht. Zugleich ist er ein guter Automechaniker. Das Familienbudget gibt aber nur einen Mittelklassewagen her, so dass höchstens ein älterer Sportwagen gekauft werden kann. Die Mutter ist eher pragmatisch, nüchtern und ökologisch veranlagt. Sie liebt keine schnellen Wagen und denkt vor allem daran, dass im Auto die Kinder, der Hund und Einkäufe oder Gepäck bei Urlaubsfahrten untergebracht werden müssen. Außerdem sollte es günstig im Unterhalt sein. Seit kurzem wird die KFZ-Steuer nach dem CO_2-Ausstoß berechnet und die Feinstaubplakette ist nun auch in ihrer Stadt Pflicht.

nach Annemarie Pieper, Glückssache, S. 113f.

M2 Das Prinzip der Nützlichkeit

Unter dem Prinzip der Nützlichkeit ist jenes Prinzip zu verstehen, das schlechthin jede Handlung in dem Maß billigt oder missbilligt, wie ihr die Tendenz innezuwohnen scheint, das Glück der Gruppe, deren Interesse in Frage steht, zu vermehren oder zu vermindern, oder – das Gleiche mit anderen Worten gesagt – dieses Glück zu befördern oder zu verhindern. Ich sagte: schlechthin jede Handlung, also nicht nur jede Handlung einer Privatperson, sondern auch jede Maßnahme der Regierung.

Unter Nützlichkeit ist jene Eigenschaft an einem Objekt zu verstehen, durch die es dazu neigt, Gewinn, Vorteil, Freude, Gutes oder Glück hervorzubringen [...] oder [...] die Gruppe, deren Interesse erwogen wird, vor Unheil, Leid, Bösem oder Unglück zu bewahren; sofern es sich bei dieser Gruppe um die Gemeinschaft im Allgemeinen handelt, geht es um das Glück der Gemeinschaft; sofern es sich um ein bestimmtes Individuum handelt, geht es um das Glück dieses Individuums. [...]

Die Gemeinschaft ist ein fiktiver *Körper*, der sich aus den Einzelpersonen zusammensetzt, von denen man annimmt, dass sie sozusagen seine *Glieder* bilden. Was ist also das Interesse der Gemeinschaft? – Die Summe der Interessen der verschiedenen Glieder, aus denen sie sich zusammensetzt.

Es hat keinen Sinn, vom Interesse der Gemeinschaft zu sprechen, ohne zu wissen, was das Interesse des Individuums ist. Man sagt von einer Sache, sie sei dem Interesse des Individuums förderlich oder *zugunsten* des Interesses eines Individuums, wenn sie dazu neigt, zur Gesamtsumme seiner Freuden beizutragen: oder [...] die Gesamtsumme seiner Leiden zu vermindern.

Man kann also von einer Handlung sagen, sie entspreche dem Prinzip der Nützlichkeit [...], wenn die ihr innewohnende Tendenz, das Glück der Gemeinschaft zu vermehren, größer ist als irgendeine andere ihr innewohnende Tendenz, es zu vermindern. [...] Von einer Handlung, die mit dem Prinzip der Nützlichkeit übereinstimmt, kann man stets entweder sagen, sie sei eine Handlung, die getan werden soll, oder zum mindesten, sie sei keine Handlung, die nicht getan werden soll [...]: sie sei eine richtige Handlung; zum mindesten, sie sei keine falsche Handlung. So verstanden haben die Wörter *sollen, richtig* und *falsch* [...] einen Sinn; werden sie anders verstanden, haben sie keinen Sinn.

Ist die Richtigkeit dieses Prinzips jemals förmlich bestritten worden? [...] Ist es eines direkten Beweises fähig? Anscheinend nein: Denn was dazu dient, um etwas anderes zu beweisen, kann nicht selber bewiesen werden; eine Beweiskette muss irgendwo anfangen. Es ist ebenso unmöglich wie überflüssig, einen solchen Beweis vorzulegen.

nach Jeremy Bentham, Eine Einführung in die Prinzipien der Moral und der Gesetzgebung, S. 56-58

M3 Das Hedonistische Kalkül

Wenn man einen Menschen *für sich* betrachtet, so ist für ihn der Wert einer Freude oder eines Leids gemäß den folgenden Umständen größer oder geringer:

a) der *Intensität*,
b) der *Dauer*,
c) der *Gewissheit* oder *Ungewissheit*,
d) der *Nähe* oder *Ferne* einer Freude oder eines Leids,
e) der *Folgenträchtigkeit*,
f) der *Reinheit* der Freude oder des Leids.

Für eine *Anzahl* von Personen kommt für die Berechnung noch ein weiterer Umstand hinzu:

g) das *Ausmaß* (das heißt die Anzahl der Personen, die davon betroffen sind).

Wenn man also die allgemeine Tendenz einer Handlung, durch die die Interessen einer Gemeinschaft betroffen sind, bestimmen will, verfahre man so:

1. Man beginne mit einer der Personen, deren Interessen am unmittelbarsten durch eine derartige Handlung betroffen zu sein scheinen, und bestimme den Wert jeder erkennbaren *Freude* und jeden erkennbaren *Leids*, die die Handlung hervorgebracht hat.
2. Man addiere die Werte aller *Freuden* auf der einen und die aller *Leiden* auf der anderen Seite. Wenn die Seite der Freude überwiegt, ist die Tendenz der Handlung im Hinblick auf die Interessen der *einzelnen* Person insgesamt *gut*; überwiegt die Seite des Leids, ist ihre Tendenz insgesamt *schlecht*.
3. Man bestimme die *Anzahl* der Personen, deren Interessen anscheinend betroffen sind, und wiederhole dieses Verfahren im Hinblick auf jeden von ihnen.
4. Man *addiere* die Zahlen, die den Grad der *guten* Tendenz ausdrücken, die die Handlung hat, das Gleiche tue man für die Handlungen, die eine *schlechte* Tendenz zeigen.
5. Man ziehe die *Bilanz*: Befindet sich das Übergewicht auf der Seite der *Freude*, so ergibt sich daraus für die betroffene Gesamtzahl oder Gemeinschaft von Individuen eine allgemein *gute Tendenz* der Handlung; befindet es sich auf der Seite des *Leids*, ergibt sich daraus für die gleiche Gemeinschaft eine allgemein *schlechte Tendenz*.

nach Jeremy Bentham, Eine Einführung in die Prinzipien der Moral und der Gesetzgebung, S. 79-81

M4 Fragen zum Glückskalkül

1. Wie soll der *Umfang der Betroffenen* einer Entscheidung genau bestimmt werden?
2. Inwiefern ist Lust und Leid eines Menschen überhaupt *objektiv bestimmbar?*
3. Kann das Glückserleben eines Menschen gemessen und in Lust- und Unlustwerten *quantifiziert* werden?
4. Sind die Intensitäten von Glückserlebnissen *eines Individuums* (etwa in verschiedenen Situationen oder zu verschiedenen Zeitpunkten) miteinander vergleichbar?
5. Ist es möglich, die Intensität des Glückserlebens *verschiedener Individuen* miteinander zu vergleichen?
6. Sollen *alle Lüste*, auch asoziale, destruktive oder gar sadistische, gleichermaßen berücksichtigt werden?
7. Überwiegt die *Lust vieler Betroffener* grundsätzlich das *unermessliche Leid weniger?*

1 Überschlagen Sie den Nutzen beim Kauf eines Sportwagens für die verschiedenen Familienmitglieder und fällen Sie auf dieser Grundlage eine Entscheidung. ➜ M1

2 Gestalten Sie Benthams Text in ein Interview um, indem Sie zu den einzelnen Abschnitten geeignete Fragen formulieren und die Antworten paraphrasieren. ➜ M2

3 Erläutern Sie, was unter der einer Handlung „innewohnende[n] Tendenz" zu verstehen ist. ➜ M2

4 Nehmen Sie Stellung zur der Behauptung Benthams, das Prinzip der Nützlichkeit könne und müsse nicht weiter begründet werden. ➜ M2

5 Wenden Sie das Hedonistische Kalkül Benthams auf den Kauf des Sportwagens an. Verwenden Sie dabei eine Punkteskala von -5 (großes Leid) bis +5 (große Freude). ➜ M1/3

6 Arbeiten Sie heraus, welche Schwierigkeiten sich bei der Anwendung des Hedonistischen Kalküls ergeben. ➜ M1/3

7 Diskutieren Sie die Probleme des Hedonistischen Kalküls, indem Sie anschauliche Fallbeispiele suchen. ➜ M4

4 Sind alle Freuden qualitativ gleich?

M1 Keine Wünsche mehr offen?

Friederike Groß

M2 Antiker Hedonismus – Epikur

Der griechische Philosoph Epikur (342/41–271/70 v. Chr.) gründete in Athen die „Schule des Gartens". Dort hielt er philosophische Zusammenkünfte ab, an denen auch Frauen und Sklaven teilnahmen, was für die damalige Zeit ungewöhnlich war. Er ist der Begründer des Epikureismus, der davon ausgeht, dass nicht Konsum und sinnliche Genüsse, sondern Erkenntnis, Selbstdisziplin, Freiheit von Leidenschaften und tugendhaftes Handeln Voraussetzungen für ein glückliches Leben sind.

Gesundheit des Körpers und Unerschütterlichkeit der Seele: [...] dies ist das Ziel des glückseligen Lebens. Um dessentwillen tun wir ja alles, damit wir weder Schmerz noch Unruhe empfinden. [...]
Gerade deshalb ist die Lust [gr.: hedoné], wie wir sagen, Ursprung [gr.: arché] und Ziel [gr.: télos] des glückseligen Lebens. Denn sie haben wir als erstes und angeborenes Gut erkannt, und von ihr aus beginnen wir mit jedem Wählen und Meiden, und auf sie gehen wir zurück, indem wir wie mit einem Richtscheit mit der Empfindung ein jedes Gut beurteilen. [...] Jede Lust [...] ist, weil sie eine verwandte Anlage hat, ein Gut, jedoch nicht jede ist wählenswert; wie ja auch jeder Schmerz ein Übel ist, aber nicht jeder ist in sich so angelegt, dass er immer vermeidenswert wäre.

Epikur, Briefe, Sprüche, Werkfragmente, S. 47

M3 Qualitativer Hedonismus – John Stuart Mill

Die Auffassung, für die die Nützlichkeit oder das Prinzip des größten Glücks die Grundlage der Moral ist, besagt, dass Handlungen insoweit und in dem Maße moralisch richtig sind, als sie die Tendenz haben, Glück zu befördern, und insoweit moralisch falsch, als sie die Tendenz haben, das Gegenteil von Glück zu bewirken. Unter „Glück" [happiness] ist dabei Lust [pleasure] und das Freisein von Unlust [pain], unter „Unglück" [unhappiness] Unlust und das Fehlen von Lust verstanden. [...] Zusätzliche Erklärungsversuche ändern nichts an der Lebensauffassung, auf der diese Theorie der Moral wesentlich beruht: dass Lust und das Freisein von Unlust die einzigen Dinge sind, die als Endzwecke wünschenswert sind, und dass alle anderen wünschenswerten Dinge [...] entweder deshalb wünschenswert sind, weil sie selbst lustvoll sind oder weil sie Mittel sind zur Beförderung von Lust und zur Vermeidung von Unlust. [...]
Fragt man mich nun, was ich meine, wenn ich von der unterschiedlichen Qualität von Freuden spreche, und was eine Freude – bloß als Freude, unabhängig von ihrem größeren Betrag – wertvoller als eine andere macht, so gibt es nur eine mögliche Antwort: Von zwei Freuden ist diejenige wünschenswerter, die von allen oder nahezu allen, die beide erfahren haben – ungeachtet des Gefühls, eine von beiden aus moralischen Gründen vorziehen zu müssen –, entschieden bevorzugt wird. Wird die eine von zwei Freuden von denen, die beide kennen und beurteilen können, so weit über die andere gestellt, dass sie sie auch dann noch vorziehen, wenn sie wissen, dass sie größere Unzufriedenheit verursacht, und sie gegen noch so viele andere Freuden, die sie erfahren könnten, nicht eintauschen möchten, sind wir berechtigt, jener Freude eine höhere Qualität zuzuschreiben, die die Quantität so weit übertrifft, dass diese im Vergleich nur gering ins Gewicht fällt.

John Stuart Mill, Der Utilitarismus, S. 13–16

M4 Niedere und höhere Freuden, tierisches und menschliches Glück

Es ist nun aber eine unbestreitbare Tatsache, dass diejenigen, die mit beiden gleichermaßen bekannt und für beide gleichermaßen empfänglich sind, der Lebensweise entschieden den Vorzug geben, an der auch ihre höheren Fähigkeiten beteiligt sind. Nur wenige Menschen würden darein einwilligen, sich in eines der niederen Tiere verwandeln zu lassen, wenn man ihnen verspräche, dass sie die Befriedigung des Tiers im vollen Umfange auskosten dürften. Kein intelligenter Mensch möchte ein Narr, kein gebildeter Mensch ein Dummkopf, keiner, der feinfühlig und gewissenhaft ist, selbstsüchtig und niederträchtig sein – auch wenn sie überzeugt wären, dass der Narr, der Dummkopf oder der Schurke mit seinem Schicksal zufriedener ist als sie mit dem ihren. [...] Wer meint, dass diese Bevorzugung des Höheren ein Opfer an Glück bedeutet – dass das höhere Wesen unter den gleichen Umständen nicht glücklicher sein könne als das niedrigere –, vermengt die zwei durchaus verschiedenen Begriffe des Glücks [happiness] und der Zufriedenheit [content]. Es ist unbestreitbar, dass ein Wesen mit geringerer Fähigkeit zum Genuss die besten Aussichten hat, voll zufriedengestellt zu werden; während ein Wesen von höheren Fähigkeiten stets das Gefühl haben wird, dass alles Glück, das es von der Welt, so wie sie beschaffen ist, erwarten kann, unvollkommen ist. Aber wenn diese Unvollkommenheiten überhaupt nur erträglich sind, kann es lernen, mit ihnen zu leben, statt die anderen zu beneiden, denen diese Unvollkommenheiten nur deshalb nicht bewusst sind, weil sie sich von den Vollkommenheiten keine Vorstellung machen können, mit denen diese verglichen werden. Es ist besser, ein unzufriedener Mensch zu sein als ein zufriedenes Schwein; besser ein unzufriedener Sokrates als ein zufriedener Narr. Und wenn der Narr oder das Schwein anderer Ansicht sind, dann deshalb, weil sie nur die eine Seite der Angelegenheit kennen. Die andere Partei hingegen kennt beide Seiten.

John Stuart Mill, Der Utilitarismus, S. 16–18

M5 Bedürfnishierarchie nach John Stuart Mill

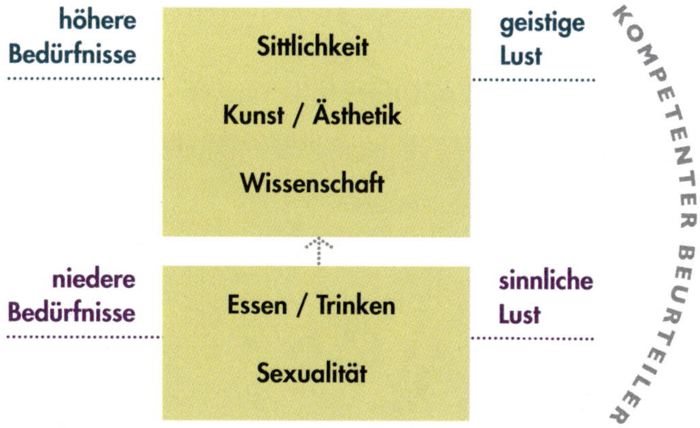

1 Stellen Sie sich vor, Sie wären an eine Erfahrungsmaschine angeschlossen, die Ihnen sofort die Befriedigung aller Ihrer Wünsche simuliert: Welche Erfahrungen sollte diese Maschine für Sie simulieren? Hierarchisieren Sie diese nach ihrer Bedeutung für Sie. Vergleichen und bewerten Sie Ihre Ergebnisse. → M1

2 Wären Sie glücklich an einer solchen Erfahrungsmaschine? Inwiefern würde es einen Unterschied machen, ob Sie sich dabei Ihrer Lage bewusst wären oder nicht? → M1

3 Geben Sie Epikurs Gedankengang in eigenen Worten wieder. → M2

4 Analysieren Sie Mills Grundlegung des qualitativen Hedonismus, indem Sie die zentralen Argumente herausschreiben und sie in einen logischen Zusammenhang bringen. → M3/4

5 Beurteilen Sie das Verfahren Mills zur Bestimmung der Qualität von Freuden und Leiden. → M3

6 Prüfen Sie die Überzeugungskraft von Mills Argument, dass Menschen höhere Freuden niederen immer vorziehen würden, sofern sie beide kennen. → M4

7 Rekonstruieren Sie Mills Menschenbild anhand der Grafik zur Bedürfnishierarchie. → M4/5

8 Grenzen Sie den qualitativen Hedonismus gegen den quantitativen Hedonismus von Bentham ab.

9 Führen Sie ein neo-sokratisches Gespräch (s. Methodenüberblick, S. 380) zu Mills Behauptung: „Es ist besser, ein unzufriedener Mensch zu sein als ein zufriedenes Schwein; besser ein unzufriedener Sokrates als ein zufriedener Narr."

*5 Erziehung zur Moral

M1 Das Spiel mit der Höllenangst

Altargemälde (Ausschnitt) von Hans Memling, 1467/71

M2 Moral durch äußere Sanktionen?

Jeremy Bentham geht auf der Grundlage seiner hedonistischen Anthropologie davon aus, dass Menschen nur deshalb moralisch handeln, weil sie Lust maximieren und Leid minimieren wollen. Daraus leitet er vier verschiedene Arten von Sanktionen ab, die unmoralische Handlungen „bestrafen" und Menschen auf diese Weise dazu bringen, moralisch zu handeln.

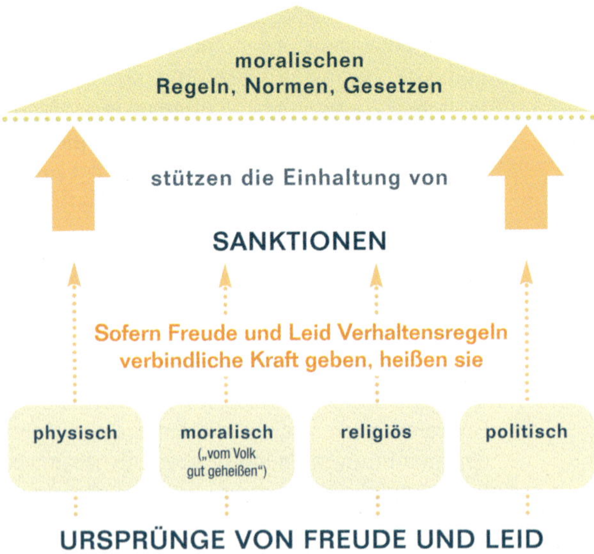

nach Jeremy Bentham, Eine Einführung in die Prinzipien der Moral und Gesetzgebung, S. 74ff.

M3 Edler Charakter und innere Sanktion der Pflicht

Die entscheidende Voraussetzung für die praktische Wirksamkeit des utilitaristischen Prinzips ist nach John Stuart Mill – noch vor den äußeren Sanktionen, die Bentham in den Vordergrund stellte – die Ausbildung eines „edlen Charakters". Dieser zeige sich in einem Handeln aus Pflicht, welches das eigene Wohl und dasjenige der anderen untrennbar miteinander verknüpfe – und darin bestehe die Würde des Menschen.

Der Utilitarismus kann sein Ziel [...] nur durch die allgemeine Ausbildung und Pflege eines edlen Charakters erreichen, selbst wenn für jeden Einzelnen der eigene Edelmut eine Einbuße an Glück und nur jeweils der Edelmut der anderen einen Vorteil bedeuten würde. [...] Die Forderungen, sich dem andern gegenüber so zu verhalten, wie man möchte, dass er sich einem selbst gegenüber verhält, und den Nächsten zu lieben wie sich selbst, stellen die utilitaristische Moral in ihrer höchsten Vollkommenheit dar. Um sich diesem Ideal so weit wie möglich anzunähern, fordert das Nützlichkeitsprinzip erstens, dass Gesetze und gesellschaftliche Verhältnisse das Glück oder [...] die Interessen jedes Einzelnen so weit wie möglich mit dem Interesse des Ganzen in Übereinstimmung bringen; und zweitens, dass Erziehung und öffentliche Meinung, die einen so gewaltigen Einfluss auf die menschliche Gesinnung haben, diesen Einfluss dazu verwenden, in der Seele jedes Einzelnen eine unauflösliche gedankliche Verknüpfung herzustellen zwischen dem eigenen Glück und dem Wohl des Ganzen und insbesondere zwischen dem eigenen Glück und der Gewohnheit, so zu handeln, wie es die Rücksicht auf das allgemeine Glück gebietet; so dass er nicht nur unfähig wird, die Möglichkeit eines Glücks für sich selbst mit einer Handlungsweise, die dem Gemeinwohl zuwider ist, zusammen zu denken, sondern auch so, dass ein unmittelbares Motiv zur Förderung des allgemeinen Wohlseins jedem Einzelnen einer der gewohnheitsmäßigen Handlungsantriebe wird und die damit verbundenen Gefühle und Gesinnungen im Bewusstsein jedes Menschen einen hervorragenden Platz einnehmen.

[...] Die innere Sanktion der Pflicht [...] ist stets ein und dasselbe: ein Gefühl in uns, eine mehr oder weniger starke Empfindung der Unlust, die sich bemerkbar macht, sobald wir unserer Pflicht zuwiderhandeln, und die in einem voll ausgebildeten moralischen Charakter in schwereren Fällen so stark wird, dass er vor einer Pflichtverletzung wie vor einer schieren Unmöglichkeit zurückschreckt. Dieses Gefühl, insoweit es uneigennützig ist und sich auf den reinen Gedanken der Pflicht [...] richtet, macht das Wesen des Gewissens aus. [...] Aber es gibt diese Grundlage [für die utilitaristische Moral] in einem mächtigen natürlichen Gefühl [...]. Dieses unerschütterliche Fundament sind die Gemeinschaftsgefühle der Menschen – das Verlangen nach Einheit mit unseren Mitgeschöpfen [...]. Das gemeinschaftliche Leben ist den Menschen so natürlich, so notwendig und so vertraut, dass er sich niemals [...] anders denn als das Glied des Ganzen denkt; und diese gedankliche Verbindung wird desto unauflöslicher, je weiter sich die Menschheit vom Zustand roher Selbstgenügsamkeit entfernt.

John Stuart Mill, Der Utilitarismus, S. 21, 30f., 49f., 54f.

M4 Moralerziehung heute

Der Mensch ist sicherlich das einzige weitgehend reflektierende Lebewesen, seine Würde besteht in seiner Entscheidungsfreiheit – auch und gerade in moralischen Belangen und ethischen Bereichen. Die moralpädagogische Grundfrage lautet nun, wie man es anstellt, dass – neben der ethischen Reflexion – diese typisch menschliche Entscheidungsfähigkeit nicht zum Nachteil oder Schaden der Sozietät missbraucht wird, wie es zu einem sozialförderlichen Maß an Selbstbindung kommt, wie die Einhaltung des moralischen Minimalkonsens bei jeder nachwachsenden Generation neu ausgebildet werden kann. Dies sollte ja möglichst unter Vermeidung von (weitgehenden) Zwangsmaßnahmen, diktatorischen Durchsetzungen und autoritären Mitteln geschehen; denn genau dadurch würde in der politischen Dimension die Würde der entscheidungsfähigen Bürger mit Füßen getreten. Für die Moralerziehung [heute] gilt dasselbe Postulat wie für die Aufklärung: Es geht darum, dass der Mensch von einer Position der Unmündigkeit zur Autonomie der Entscheidung kommt. [...] Vom erwachsenen Menschen kann man erwarten, dass er aus der Unmündigkeit durch Eigeninitiative herausfindet; Kinder müssen – wie bereits gesagt – herausgeführt werden, im besten Sinne des Wortes Edukation.

Klaus Dehner, Lust an Moral, S. 96f.

1 Versetzen Sie sich in einen der Menschen in der mittelalterlichen Darstellung des Jüngsten Gerichts und schreiben Sie einen kurzen inneren Monolog. ➔ M1

2 Überlegen Sie, welche Rolle der Vorstellung einer Hölle für die moralische Erziehung der Menschen damals zukam. Welche spielt sie heute noch? ➔ M1

3 Erläutern Sie Jeremy Benthams vier Arten von Sanktionen an Beispielen. ➔ M2

4 Begründen Sie, welche dieser äußeren Sanktionen am ehesten moralisches Handeln bewirken kann. ➔ M2

5 Geben Sie die Kerngedanken des Textes unter Verwendung von performativen Verben wieder („Der Autor *behauptet, widerlegt, begründet, erläutert, folgert*"...)." ➔ M3

6 Vergleichen und bewerten Sie die pädagogischen Modelle zur moralischen Erziehung von Bentham, Mill und Dehner. ➔ M2-4

7 „Die Macht der Erziehung ist nahezu unbegrenzt: es gibt keine natürlichen Neigungen, die sie nicht bezwingen kann, und, falls nötig, durch mangelnden Gebrauch zerstören kann." Prüfen Sie diesen pädagogischen Optimismus Mills. ➔ M3

8 Prüfen Sie, mit welchen Mitteln junge Menschen heute zu moralischem Verhalten erzogen werden sollten. ➔ M4

Projektvorschlag:

Entwerfen Sie konkrete Konzepte, wie moralische Erziehung in Ihrer Schule gefördert werden könnte. Stellen Sie sich Ihre Ergebnisse gegenseitig vor und diskutieren Sie ihre Vor- und Nachteile.

6 Vier Grundprinzipien des Utilitarismus

M1 Allgemeines Prinzip der Nützlichkeit

Utilitaristischer Imperativ „Handle so, dass die Folgen deiner Handlung bzw. Handlungsregel für das Wohlergehen aller optimal sind!"

Diejenigen Handlungen bzw. Handlungsregeln sind moralisch richtig, deren

1. **Folgen** →	**Konsequenzenprinzip (Folgenprinzip)**	Moralische Richtigkeit einer Handlung oder Handlungsregel bestimmt sich ausschließlich von den **Folgen** her.
für das 2. **Wohlergehen** →	**hedonistisches Prinzip (Glücksprinzip)**	Kriterium der moralischen Beurteilung einer Handlung ist das durch die Handlung erzielte **Glück**.
3. **aller Betroffenen** →	**universalistisches Prinzip (Verallgemeinerungsprinzip)**	Entscheidend für den moralischen Wert einer Handlung oder Handlungsregel ist das Wohlergehen **aller** von der Handlung **Betroffenen**.
4. **optimal** sind. →	**Utilitätsprinzip (Nutzenprinzip)**	Maßstab für die Beurteilung der Folgen einer Handlung ist der **Nutzen** für das, was als an sich gut erachtet wird.

nach Otfried Höffe, Einleitung, S. 10f.

M2 Fallbeispiele

1. Musikdateien herunterladen?

Sie sind Musikliebhaberin und stellen regelmäßig eigene Dateien auf eine Tauschplattform für Musikdateien ins Internet. Da Ihnen Original-CDs zu teuer sind und Sie sich diese nicht leisten könnten, laden Sie sich die Musikdateien kostenlos aus der Tauschbörse herunter. Dürfen Sie das, *moralisch* gesehen?

2. Ein ausgeliehenes Buch weiterschenken?

Sie haben sich vor langer Zeit von jemandem ein Buch ausgeliehen, was der Besitzer aber schon vergessen hat. Ein anderer Freund, der das Buch schon lange antiquarisch sucht, sieht es bei Ihnen. Dürfen Sie ihm das Buch schenken?

3. Helfen oder Versprechen halten?

Sie haben einem Freund versprochen, mit ihm am Samstag Schach zu spielen. Am Samstagmorgen bittet Sie ein anderer Freund, ihm beim Umzug zu helfen. Sie können Ihren Freund nicht mehr erreichen, um ihm abzusagen. Dürfen Sie das gegebene Versprechen brechen, um beim Umzug zu helfen?

Beispiele 2 und 3 nach Norbert Hoerster, Utilitaristische Ethik und Verallgemeinerung, S. 21, 31

M3 Stärken des Utilitarismus

Der Standpunkt des Utilitarismus ist erstens nicht-transzendent, d. h., er beruft sich auf nichts, das außerhalb des menschlichen Lebens liegt, vor allem nicht auf religiöse Überzeugungen. Dadurch kommt er der durchaus vernünftigen Forderung entgegen, dass die Moral sich heutzutage offen vom Christentum emanzipieren sollte. [...]

Zweitens scheint das oberste Gut der Utilitaristen, das Glück, kaum irgendwelche Probleme aufzuwerfen: wie sehr sich die Menschen auch sonst unterscheiden mögen, sie möchten doch wenigstens alle glücklich sein; und welche anderen Ziele dabei auch aufgegeben werden müssen, das Streben nach einem Maximum an Glück muss sicherlich eine vernünftige Zielsetzung sein. [...] Der springende Punkt hier [...] ist vielmehr, dass es sich beim Utilitarismus um eine Moral handelt, die ein *minimales Engagement* erfordert: Sobald man der Mindestforderung für den Eintritt in das Reich der Moral genügt und bereit ist, die Wünsche und Bedürfnisse anderer ebenso in Betracht zu ziehen wie die eigenen, besitzt der Utilitarismus bereits eine Basis, von der aus er operieren kann. [...]

Der dritte Grund besteht darin, dass moralische Fragen durch die Berechnung ihrer empirischen Konsequenzen entscheidbar sind. Das moralische Denken wird empirisch und damit alle entscheidenden Fragen der Gesellschaftspolitik eine Sache der Sozialwissenschaft. [...]

Und viertens führt der Utilitarismus in das moralische Denken gleichsam eine allgemein gängige Währung ein: Die unterschiedlichen Ziele verschiedener Personen und die unterschiedlichen Ansprüche, denen jeder Einzelne ausgesetzt ist, können (im Prinzip) in Glückseinheiten gegeneinander verrechnet werden. Eine wichtige Konsequenz hieraus ist, dass eine bestimmte Art von moralischem Konflikt [...] unmöglich wird – nämlich, dass zwei legitime Ansprüche einander entgegenstehen. [...] Unterschiedliche Ansprüche werden nach dem Prinzip des größten Glücks gegeneinander aufgerechnet, und was richtiges oder falsches Handeln ist, bestimmt sich einzig und allein danach, welche Handlung, *aufs Ganze gesehen, die beste ist.*

nach Bernard Williams, Der Begriff der Moral, S. 94ff.

M4 Was denn noch?

Jutta Bauer

1 Wenden Sie die utilitaristischen Grundprinzipien auf die Fallbeispiele an. ➜ M1/2
2 Erklären Sie, welche Vor- und Nachteile der utilitaristischen Ethik sich bei der moralischen Beurteilung der Fälle zeigen. ➜ M2
3 Vergleichen Sie den kategorischen Imperativ Kants (s. S. 165) mit dem utilitaristischen Imperativ, indem sie beide auf eines der Fallbeispiele anwenden. ➜ M1/2
4 Schreiben Sie einen Leserbrief, in dem Sie mit utilitaristischen Argumenten einen Trittbrettfahrer davon überzeugen wollen, dass er nicht illegal Musikdateien aus dem Internet herunterladen soll. ➜ M2
5 Erläutern Sie die Stärken des Utilitarismus an Fallbeispielen Ihrer Wahl. ➜ M2/3
6 Führen Sie eine Disputatio (s. Methodenüberblick, S. 379) durch, in der eine Partei den Utilitarismus verteidigt und die andere ihn durch kritische Fragen, geeignete Fallbeispiele und Gegenargumente angreift. ➜ M3
7 Setzen Sie sich kritisch mit der in der Karikatur gestellten Frage auseinander. ➜ M4

7 Handlungs- und Regelutilitarismus

M1 Ein moralisches Dilemma?

A wohnt in der Großstadt x und ist Eigentümer eines Schwimmbades. In einem heißen Sommer werden die Bewohner von x aufgefordert, wegen bestehender Wasserknappheit ihren Verbrauch an Wasser auf das Nötigste zu beschränken. Während sich die übrigen Besitzer von Schwimmbädern an diese Aufforderung halten und im Interesse einer gesicherten Trinkwasserversorgung auf Badefreuden verzichten, setzt A sein Bad in Betrieb. Er geht mit Recht davon aus, dass die Wassermenge für *ein* Schwimmbad im gesamten Wasserhaushalt der Stadt nicht ins Gewicht fällt, dass er andererseits aber mit einem funktionsfähigen Schwimmbad seinen erwarteten Partygästen eine Freude machen wird. A wählt demnach die Handlungsalternative mit den besten Folgen. Handelt er nicht trotzdem *sittlich* falsch?

nach Norbert Hoerster, Utilitaristische Ethik und Verallgemeinerung, S. 21f.

M2 Handlungsutilitarismus

Der klassische Utilitarismus steht vor der Schwierigkeit, dass der Handelnde in jeder Situation neu überlegen muss, wer genau von den Folgen betroffen ist und dann für alle Betroffenen das hedonistische Kalkül durchführen muss. Schon Mill sah, dass dazu oft die Zeit fehlt, und riet, sich an allgemeine Regeln zu halten und zu fragen, ob diese Regeln, allgemein befolgt, aufs Ganze gesehen, nützlich oder schädlich sind. Im 20. Jahrhundert wurde diese Unterscheidung grundlegend für die Weiterentwicklung des Utilitarismus. Der amerikanische Philosoph Richard B. Brandt prägte für diese Unterscheidung die Begriffe Handlungs- und Regelutilitarismus.

Wir müssen zwei Formen des Utilitarismus unterscheiden: den *Handlungsutilitarismus* und den *Regelutilitarismus*. Handlungsutilitaristen sind der Meinung, man solle, was richtig oder pflichtgemäß ist, im Allgemeinen [...] unter unmittelbarer Heranziehung des Prinzips der Nützlichkeit entscheiden; mit anderen Worten, man solle herauszufinden suchen, welche der möglichen Handlungen vermutlich das größte Übergewicht von guten gegenüber schlechten Konsequenzen in der Welt herbeiführen wird. Man muss sich fragen: „Welche Folgen wird *meine* Ausführung *dieser* Handlung in *dieser* Situation haben?" [...] Verallgemeinerungen wie „Die Wahrheit zu sagen, dient wahrscheinlich immer dem größten allgemeinen Wohl" oder „Die Wahrheit zu sagen, dient im Allgemeinen dem größten allgemeinen Wohl" mögen als Faustregeln, gegründet auf in der Vergangenheit gemachte Erfahrungen, von Nutzen sein; aber die entscheidende Frage ist stets, ob es in *diesem* Fall dem größten allgemeinen Wohl dient, die Wahrheit zu sagen oder nicht. Es kann niemals richtig sein, der Regel, die Wahrheit zu sagen, Folge zu leisten, wenn in einem konkreten Fall stichhaltige Gründe für die Annahme bestehen, dass dem genannten Ziel mit einer Lüge besser gedient ist [...].

William K. Frankena, Analytische Ethik, S. 55

M3 Regelutilitarismus

Anderer Meinung ist der Regelutilitarismus, [...] der aber erst in der letzten Zeit populär geworden ist. Der Regelutilitarismus betont die zentrale Rolle von Regeln für die Moral und besteht darauf – wenn schon nicht immer, so doch im Allgemeinen –, konkrete moralische Entscheidungen im Einklang mit einer Regel zu fällen (wie der Regel, die Wahrheit zu sagen), ohne Rücksicht darauf, welche Handlungsalternative in der betreffenden Situation die besten Folgen hat. Aber anders als die deontologische Auffassung verlangt der Regelutilitarismus weiter, Regeln stets so zu wählen, dass sie ihrerseits auf das größte allgemeine Wohl ausgerichtet sind. Das heißt, die Frage lautet nicht mehr, welche *Handlung* am nützlichsten ist, sondern welche *Regel*. Wenn wir eine Handlung in Betracht ziehen, so sollten wir uns nicht fragen „Was werden die Folgen sein, wenn ich in diesem Fall so handle?", sondern „Was wären die Folgen, wenn jeder in derartigen Fällen so handelte?" – eine Frage, die wir uns tatsächlich in unseren moralischen Überlegungen häufig stellen. Das Utilitätsprinzip wird – im Normalfall zumindest – nicht bei der Festlegung unserer konkreten Pflichten relevant, sondern bei der Festlegung von Regeln, nach denen diese sich richten. Die Auswahl, Beibehaltung, Abänderung und Aufhebung dieser Regeln darf allein auf der Basis ihrer Nützlichkeit erfolgen. Das Prinzip der Nützlichkeit bleibt damit der letzte Maßstab, wenn es auch, anstatt auf der Ebene von konkreten Urteilen, auf der Ebene von Regeln eingreift.

nach William K. Frankena, Analytische Ethik, S. 55f.

M4 Hitler oder Churchill?

Man stelle sich einen Mann vor, der jemanden ertrinken sieht. Er springt ins Wasser und rettet ihn. Zeit, die Angelegenheit zu durchdenken, besteht nicht; aber gemeinhin würde ein extremer Utilitarist[1], wenn er die Angelegenheit durchdächte, eben diesen Gang der Handlung anraten. Wäre der Ertrinkende jedoch 1938 in einem Fluss in der Nähe von Berchtesgaden am Ertrinken gewesen und hätte er die wohlbekannte schwarze Stirnlocke und den Schnurrbart Adolf Hitlers, dann würde ein extremer Utilitarist, wenn er die Zeit hätte, die Wahrscheinlichkeit errechnen, dass der Mann der üble Diktator sei, und würde ihn, wäre die Wahrscheinlichkeit groß genug, aus extrem utilitaristischen Gründen ertrinken lassen. Der Retter hat freilich keine Zeit. Er vertraut seinen instinktiven Gefühlen, taucht in das Wasser und rettet den Mann. [...] Ein extremer Utilitarist, der wüsste, dass der Ertrinkende Hitler ist, würde den Retter dennoch loben – nicht verurteilen. Denn wenn er den Mann lobt, dann bestärkt er eine mutige und wohltätige Geisteshaltung, und im Allgemeinen ist diese Haltung von großem positiven Nutzen. (Das nächste Mal ist es vielleicht Winston Churchill, den der Mann rettet!) Wir dürfen nie vergessen, dass ein extremer Utilitarist Handlungen loben kann, von denen er weiß, dass sie falsch sind.

John J. C. Smart, Handlungsutilitarismus und Regelutilitarismus, S. 212f.

[1] Smart bezeichnet in seinem Text Handlungsutilitaristen als „extreme Utilitaristen", im Gegensatz zu den eingeschränkten (Regel-)Utilitaristen.

Universalisierung von Handlungen und Regeln

Was wären die Folgen, wenn ...

↓	↓
... ich in diesem konkreten Fall so handle?	... jeder in derartigen Fällen so handelte?
↓	↓
Verallgemeinerung von tatsächlichen Handlungsfolgen	Verallgemeinerung von Handlungsregeln
↓	↓
Primat der Handlung	Primat der Regel
↓	↓
Handlungs-utilitarismus	**Regel-utilitarismus**

1 Skizzieren Sie eine Argumentation, wie die Handlung von A als moralisch schlecht beurteilt werden kann. ➔ M1

2 Weisen Sie an diesem Fallbeispiel eine Schwierigkeit des klassischen Utilitarismus auf. ➔ M1

3 Erläutern Sie den entscheidenden Unterschied zwischen Handlungs- und Regelutilitarismus. ➔ M2/3

4 Führen Sie einen Rollendialog zwischen dem Handlungsutilitaristen A und einem Regelutilitaristen zum Pool-Dilemma. ➔ M1-3

5 Wenden Sie das Verfahren der Verallgemeinerung im Handlungs- und im Regelutilitarismus auf Smarts Fallbeispiele an. Bewerten Sie die unterschiedlichen Ergebnisse. ➔ M4 und Infokasten

6 Dem Prinzip der hypothetischen Verallgemeinerung, „Was wäre, wenn jeder so handelte?", ließe sich schlicht das empirische Faktum entgegenhalten: „Es handelt aber nicht jeder so." – Also gibt es keinen Grund, es nicht zu tun, etwa einen Pool bei Wasserknappheit doch zu füllen. Entwickeln Sie zusätzliche Argumente, mit denen diesem Einwand begegnet werden kann. ➔ M1/3

8 Moralische Dilemmata

Moralisches Argumentieren

M1 Die Qual der Wahl

Stellen Sie sich eine Straßenbahn vor, die einen Berg hinabrollt. Plötzlich sieht der Fahrer, dass fünf Menschen auf den Schienen stehen. Er versucht zu bremsen – doch die Bremsen versagen. Er hat nun die Wahl, eine Weiche vor der Bahn umzustellen und so in Kauf zu nehmen, einen Menschen auf dem Nachbargleis zu überfahren – oder die fünf anderen Menschen zu überrollen: Was soll er tun? Ist es moralisch besser, der Bahn ihren Lauf zu lassen und fünf Menschen zu töten – oder den Kurs zu ändern und nur einen Menschen zu töten? (Und was, wenn dieser eine Albert Einstein wäre – oder aber ein entflohener Sträfling?)

Ein moralisches Dilemma dieser Art gibt es nicht nur in philosophischen Gedankenexperimenten. Wie real eine solche Situation werden könnte, zeigte die Diskussion um das Luftsicherheitsgesetz [...]: Wäre es moralisch akzeptabel, ein voll besetztes, von Terroristen gekapertes Flugzeug abzuschießen, um zu verhindern, dass es möglicherweise in ein Hochhaus oder Fußballstadion gelenkt wird und noch viel mehr Menschen sterben? Die meisten Menschen – Philosophen eingeschlossen – würden die Weiche im Straßenbahn-Beispiel umstellen, um das Unglück möglichst klein zu halten.

M2 Darf man Leben gegeneinander aufrechnen?

Doch angenommen, die Bahn rattert auf die potenziellen fünf Opfer zu und es gibt keine Weiche – aber eine unbeteiligte Passantin am Schienenrand hätte die Möglichkeit, einen sehr dicken Mann, der neben ihr steht, auf die Schienen zu stoßen, um so die heranrollende Bahn zum Stillstand zu bringen und den fünf Menschen das Leben zu retten. Es steht also wieder fünf zu eins. Sollte die Passantin handgreiflich werden? (Sie selbst ist zu schlank, um durch ihren Märtyrer-Tod die Bahn aufzuhalten.)

Von einem utilitaristischen Standpunkt aus – einer quasi-mathematischen ethischen Kosten-Nutzen-Abwägung – wäre es besser, den dicken Mann zu opfern, um die fünf anderen zu retten. Trotzdem ergaben Umfragen, dass die meisten Menschen, auch viele Philosophen, nicht so handeln würden. Und auch nicht wollen, dass die Passantin so handelt. Was also macht es moralisch (mehr) akzeptabel, den einen Menschen im ersten Fall (Weichenumstellung) zu opfern, um fünf andere zu retten, nicht aber im zweiten?

M1/2: Rüdiger Vaas, Wie das Gehirn sein Urteil fällt, in: bild der wissenschaft 1/2008, S. 88

M3 Was ist ein moralisches Dilemma?

Ein moralisches Dilemma beschreibt eine Situation, in der mindestens zwei moralische Prinzipien miteinander - oder sogar mit sich selbst - in Konflikt geraten, indem sie dem Handelnden einander widersprechende Handlungen vorschreiben. Hinzu kommt ein durch die Situation gegebener Zeitdruck, der eine (baldige) Entscheidung verlangt. Berühmt geworden ist das „Heinz-Dilemma" des amerikanischen Moralpsychologen Lawrence Kohlberg (1927-1987).

Eine Frau in Europa leidet an einer besonderen Krebsart und ist dem Tod nahe. Soeben hat man ein höchstwahrscheinlich wirksames Mittel gegen diese Krankheit entwickelt. Es kann aber nur in der Apotheke des Erfinders und Herstellers gekauft werden, der eine Unsumme für eine kleine Dosis verlangt. Heinz, der Ehemann der Kranken, sammelt verzweifelt Geld unter seinen Freunden und versucht auch, mit dem Apotheker zu verhandeln. Als alle Bemühungen ohne Erfolg bleiben, bricht er in die Apotheke ein, um das Mittel für seine Frau zu stehlen. Hat er richtig gehandelt?

M4 Vorzugsregeln für alltägliche moralische Konflikte

Es ist eine unbestreitbare Tatsache, dass wir trotz untadeliger ethischer Gesinnung immer wieder in Dilemmasituationen geraten können, in denen wir bei der Erfüllung des einen Grundsatzes eine Verletzung eines anderen in Kauf nehmen müssen. Obwohl man die moralische Pflicht hätte, jede der beiden Handlungen auszuführen, müssen wir uns zwischen ihnen entscheiden. Man hat das sich infolgedessen einstellende Gefühl von Ohnmacht und Bedauern als Einwand gegen eine kognitivistische Ethik geltend gemacht [...]. Kehren wir zum Heinz-Dilemma zurück: Tatsächlich dürfte *präferenzutilitaristisch* betrachtet der Wunsch zu leben stärker sein als das Interesse des Apothekers an der kleinen, wieder herstellbaren Dosis des Medikamentes. [..] Nach *kantischer Ethik* hingegen wären verschiedene Rechte und Pflichten zu unterscheiden, die sich in einer hierarchischen Ordnung befinden. Dabei wäre weniger das von Kohlberg benannte Recht auf Eigentum und Recht auf Leben relevant. Zwar rangiert das „Recht auf Leben" höher als das „Recht auf Eigentum" bzw. der Wert menschlichen Lebens höher als der Eigentumswert, weshalb wir einen Diebstahl eindeutig als weniger gravierend einschätzen als einen Mord. Heinz würde jedoch seine Frau mitnichten töten, wenn er vor dem fraglichen Diebstahl aus moralischen Gründen zurückschreckte. Dem „Recht auf Eigentum" kann also nicht das „Recht auf Leben" entgegengestellt werden, sondern allenfalls ein „Recht auf Wohltätigkeit". [...]
Bei vielen alltäglichen moralischen Konflikten hilft es uns zweifellos weiter, auf diese Weise die relevanten Rechte, Prinzipien oder Werte in eine hierarchische Ordnung zu bringen.
Vorzugsregeln für alltägliche moralische Konflikte:

1. Es müssen alle Werte, Prinzipien und Rechte in Betracht gezogen werden, die in einer bestimmten Handlungssituation relevant sind.
2. Moralische Rechte dürfen nicht verletzt werden.
3. Die höherrangigen Prinzipien verdienen den Vorzug.
4. Bei gleichwertigen Prinzipien oder Grundrechten muss ein Kompromiss gefunden werden, der alle Betroffenen gleichermaßen berücksichtigt.
5. Erst dann kommen situationsspezifische Nutzenüberlegungen bezüglich der zu erwartenden Folgen für die Einzelnen ins Spiel, um konkrete, anwendungsorientierte Normen zu formulieren.

M3/4: Dagmar Fenner, Ethik, S. 174, 176f.

1 Überlegen Sie, warum man ein moralisches Dilemma nicht so einfach durch eine Kosten-Nutzen-Analyse entscheiden kann. ➜ M1/2

2 Führen Sie anhand des Heinz-Dilemmas eine moralische Dilemmadiskussion (s. Methodenüberblick, S. 379) durch. ➜ M3

3 Formulieren Sie für Ihr Leben grundlegende Rechte, Prinzipien und Werte, die niemals verletzt werden sollten (z. B. Recht auf Leben, Wahrhaftigkeit), und erstellen Sie eine hierarchische Ordnung.
Diskutieren Sie die Probleme, die hierbei auftreten. ➜ M4

9 Interessen abwägen

M1 Das Ticking-Bomb-Szenario

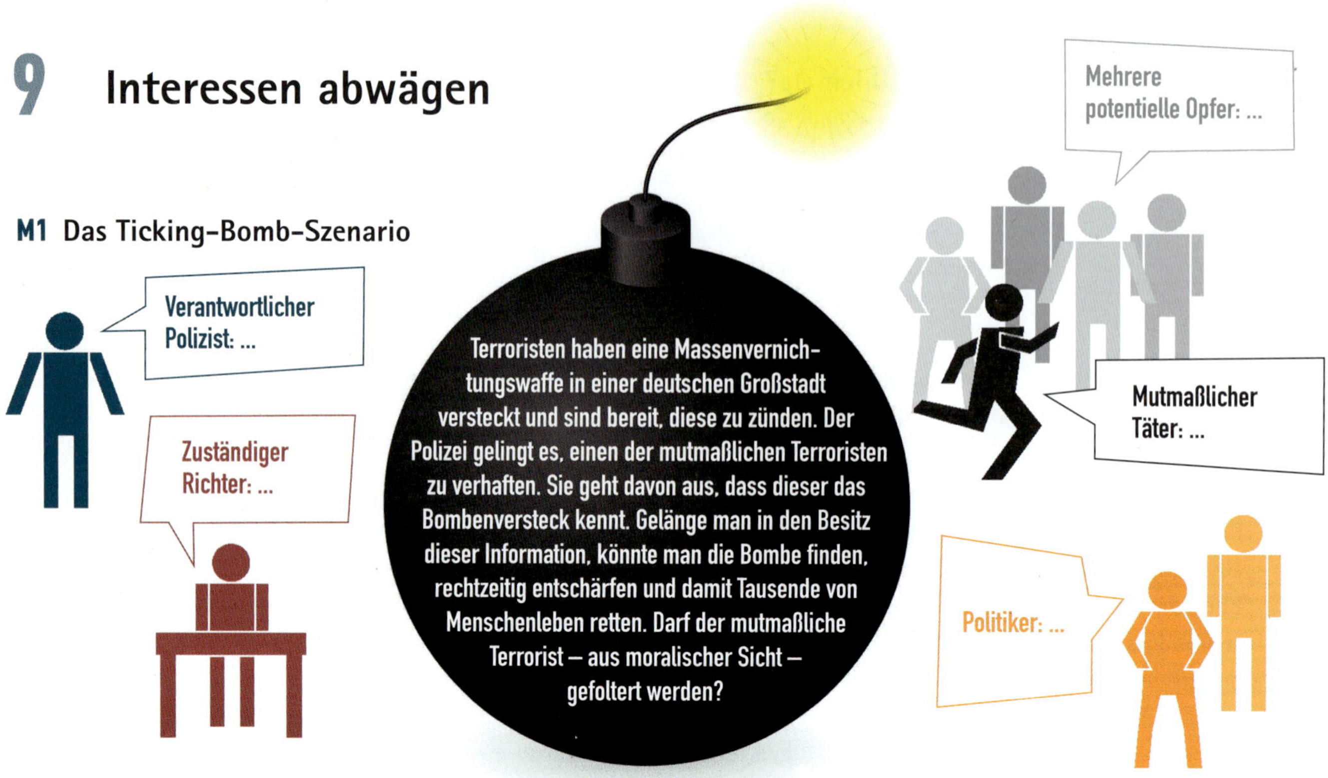

M2 Präferenzutilitarismus

Ethik nimmt einen universalen Standpunkt ein. Dies bedeutet nicht, dass ein einzelnes moralisches Urteil universal anwendbar sein muss. [...] Es bedeutet vielmehr, dass wir dort, wo wir moralische Urteile fällen, über unsere eigenen Neigungen und Abneigungen hinausgehen. Von einem moralischen Standpunkt [*moral point of view*] aus betrachtet ist die Tatsache unerheblich, dass ich es bin, der beispielsweise von einer gleichmäßigeren Einkommensverteilung profitiert, und dass du es bist, der dabei verliert. Die Ethik verlangt von uns, dass wir über „Ich" und „Du" hinausgehen hin zu einem universalen Gesetz, dem universalisierbaren Urteil, dem Standpunkt des unparteiischen Betrachters oder idealen Beobachters, oder wie immer wir es nennen wollen. [...]

Der universale Aspekt der Ethik, meine ich, liefert uns eine überzeugende, wiewohl nicht letztgültige Begründung dafür, eine utilitaristische Position im weiteren Sinn einzunehmen.

Meine Begründung für diese Behauptung ist folgende: Indem ich akzeptiere, dass moralische Urteile von einem universalen Standpunkt aus getroffen werden müssen, akzeptiere ich, dass meine eigenen Interessen nicht einfach deshalb, weil sie meine Interessen sind, mehr zählen als die Interessen von irgendjemand anderem. Daher muss, wenn ich moralisch denke, mein ganz natürliches Bestreben, dass für meine Interessen gesorgt wird, ausgedehnt werden auf die Interessen anderer. [...]

Die hier skizzierte Denkweise ist eine Form von Utilitarismus. Sie unterscheidet sich vom klassischen Utilitarismus dadurch, dass „beste Konsequenzen" das bedeutet, was per saldo die Interessen der Betroffenen fördert, und nicht bloß das, was Lust vermehrt und Unlust verringert.

M3 Prinzip der gleichen Interessenabwägung

Wir haben [...] gesehen, dass ich, wenn ich ein moralisches Urteil fälle, über einen persönlichen oder partikularistischen Standpunkt hinausgehen und die Interessen aller Betroffenen berücksichtigen muss. Dies bedeutet, dass wir Interessen einfach als Interessen abwägen, nicht als meine Interessen oder die Interessen der Deutschen oder die Interessen der Weißen. Dies verschafft uns ein grundlegendes Prinzip der Gleichheit: das Prinzip der gleichen Interessenabwägung. Das Wesentliche am Prinzip der gleichen Interessenabwägung besteht darin, dass wir in unseren moralischen Überlegungen den ähnlichen Interessen all derer, die von unseren Handlungen betroffen sind, gleiches Gewicht geben. Dies bedeutet: Wenn X und Y von einer möglichen Handlung betroffen wären und X dabei mehr zu verlieren als Y zu gewinnen hätte, ist es besser, die Handlung nicht auszuführen. Akzeptieren wir das Prinzip der gleichen Interessenabwägung, so können wir nicht sagen, es sei besser, die Handlung auszuführen, weil uns, trotz der beschriebenen Fakten, Y mehr angehe als X. Worauf das Prinzip in Wirklichkeit hinausläuft, ist folgendes: Interesse ist Interesse, wessen Interesse es auch immer sein mag. [...] Das Prinzip der gleichen Interessenabwägung funktioniert wie eine Waagschale: Interessen werden unparteiisch abgewogen. Echte Waagen begünstigen die Seite, auf der das Interesse stärker ist oder verschiedene Interessen sich zu einem Übergewicht über eine kleinere Anzahl ähnlicher Interessen verbinden; aber sie nehmen keine Rücksicht darauf, wessen Interessen sie abwägen. [...] Das Prinzip der gleichen Interessenabwägung verbietet es, unsere Bereitschaft, die Interessen anderer Personen abzuwägen, von ihren Fähigkeiten oder anderen Merkmalen abhängig zu machen, außer dem einen: dass sie Interessen haben.

M2/3: Peter Singer, Praktische Ethik, S. 28-31, 39-41

M4 Externe und interne Präferenzen

Präferenzen sind beliebige Wünsche, Interessen, Vorlieben, die sich auf Gegenstände, Handlungen oder Zustände beziehen können (etwa ein schönes Auto zu besitzen, Fahrrad zu fahren oder glücklich zu sein). Man unterscheidet interne und externe Präferenzen, wobei externe Präferenzen nicht vom Subjekt selbst erleb- oder herstellbare Zustände bezeichnen (etwa, dass der bei einem Unfall schwer verletzte Sohn des Nachbarn überlebt oder dass Entwicklungsländern geholfen wird). Ein Problem stellt die Feststellung von Präferenzen dar: Gelten nur die geäußerten (bewussten, wohl überlegten) oder auch unbewussten (irrationalen) Präferenzen eines Subjekts, die sich etwa in bestimmten Verhaltensweisen zeigen?

Peter Singer

- 1946 im australischen Melbourne geboren, Professor für Philosophie an den Universitäten Princeton / USA und Melbourne / Australien, gilt als einer der prominentesten Vertreter des zeitgenössischen Utilitarismus und der angewandten Ethik.
- Mit dem Buch *Befreiung der Tiere* (engl. *Animal Liberation*) von 1975 legte er die moralphilosophische Grundlage für die weltweite Tierbefreiungsbewegung.
- Sein 1979 erschienenes Hauptwerk *Praktische Ethik* (engl. *Practical Ethics*, überarbeitete Auflage 1993) entfaltet die Position des Interessen- oder Präferenzutilitarismus, dessen Wertbasis nicht mehr die Maximierung von Lust, sondern die maximale Erfüllung von Interessen ist. In Deutschland besonders umstritten sind seine Thesen, nur einem Wesen mit Selbstbewusstsein, intentionalen Interessen und Zukunftserwartung ein absolutes Lebensrecht zuzugestehen. Einer allgemeinen Euthanasie redet Singer aber nirgendwo das Wort.
- Engagement auf nationaler und internationaler Ebene in verschiedensten Organisationen, z. B. in der Grünen-Partei Australiens, bei Oxfam, Animal Rights International etc.

1 Versetzen Sie sich in die am Szenario beteiligten Personen und formulieren Sie für die Sprech- bzw. Denkblasen Aussagen über ihre (vermutlichen) Interessen in dieser Situation. ➜ M1

2 Schreiben Sie zum Begriff „Präferenzutilitarismus" einen Eintrag für ein Schülerlexikon. ➜ M2/3

3 Erklären Sie am Ticking-Bomb-Szenario das Prinzip der gleichen Interessenabwägung. Unterscheiden Sie dabei zwischen internen und externen Präferenzen. ➜ M1/3/4

4 Erörtern Sie, ob der Präferenzutilitarismus grundlegende Schwierigkeiten des klassischen Utilitarismus lösen kann. ➜ M1-4

5 Schreiben Sie einen Brief an Peter Singer, in dem Sie ihm begründet Ihre offenen Fragen zum Präferenzutilitarismus stellen. ➜ M2-4

*10 Sind wir moralisch verpflichtet zu helfen?

M1 Die Schere zwischen Arm und Reich

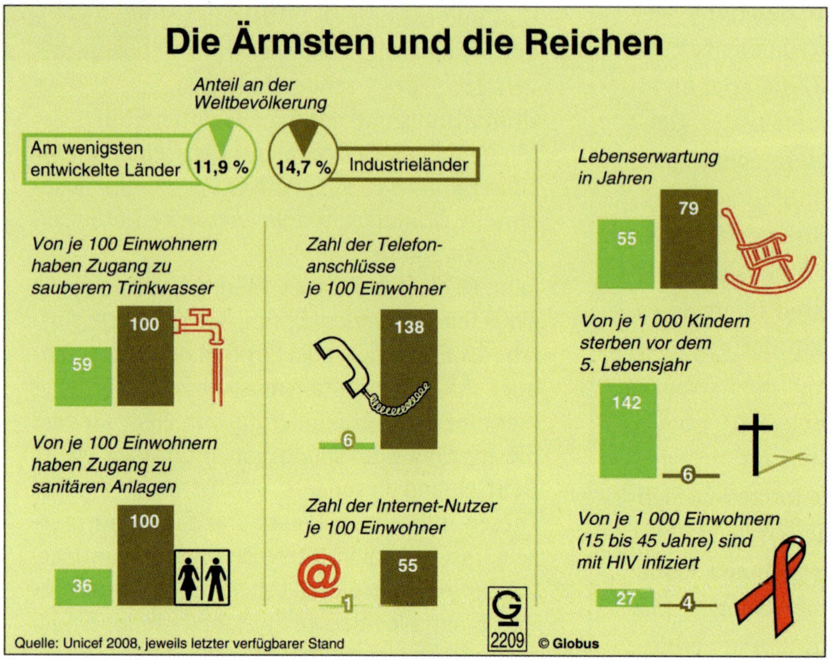

M2 Die Verpflichtung zu helfen

Der Anschein, als sei das Prinzip unumstritten, dass wir Schlechtes verhüten sollten, wenn wir dazu nichts von vergleichbarer moralischer Bedeutung opfern müssen, trügt gleichwohl. Wenn es ernst genommen und wenn danach gehandelt würde, würden sich unser Leben und unsere Welt grundlegend verändern. Denn das Prinzip lässt sich nicht nur auf jene seltenen Situationen anwenden, wo ein Kind aus einem Teich zu retten ist, sondern auf die alltägliche Situation, wo wir denen helfen können, die in absoluter Armut leben. Hierbei unterstelle ich, dass absolute Armut mit Hunger und Unterernährung, mit Obdachlosigkeit, Analphabetismus, Krankheit, hoher Säuglingssterblichkeit und niedriger Lebenserwartung eine schlechte Sache ist. Und ich unterstelle ferner, dass es in der Macht der Reichen steht, diese absolute Armut zu verringern, ohne irgendetwas von vergleichbarer moralischer Bedeutung zu opfern. Wenn diese beiden Annahmen und das eben diskutierte Prinzip richtig sind, dann haben wir eine Verpflichtung, denen zu helfen, die in absoluter Armut leben, eine Pflicht, welche ebenso stark ist wie die, ein ertrinkendes Kind aus einem Teich zu retten. Nicht zu helfen wäre unrecht, ganz gleich, ob dies für sich genommen mit einer Tötung gleichbedeutend wäre oder nicht. Helfen ist nicht, wie man üblicherweise denkt, eine wohltätige Handlung, die zu tun lobenswert ist, die zu unterlassen aber nicht unrecht ist; es ist etwas, das jedermann tun soll.

M3 Das formallogische Argument

Formal dargestellt sähe das Argument für die Verpflichtung zu helfen etwa folgendermaßen aus:

Erste Prämisse: Wenn wir etwas Schlechtes verhüten können, ohne irgendetwas von vergleichbarer moralischer Bedeutsamkeit zu opfern, sollten wir es tun.

Zweite Prämisse: Absolute Armut ist schlecht.

Dritte Prämisse: Es gibt ein bestimmtes Maß von absoluter Armut, das wir verhüten können, ohne irgendetwas von vergleichbarer moralischer Bedeutung zu opfern.

Schlussfolgerung: Wir sollten ein bestimmtes Maß von absoluter Armut verhüten.

Die erste Prämisse ist die wesentliche moralische Prämisse, auf der das Argument beruht, und ich habe zu zeigen versucht, dass es durchaus von Menschen akzeptiert werden kann, die verschiedene ethische Positionen einnehmen. Es ist unwahrscheinlich, dass die zweite Prämisse bestritten wird. Absolute Armut ist, wie McNamara sagt, „jenseits jeder vernünftigen Definition von menschlicher Würde", und es wäre schwierig, einen plausiblen moralischen Standpunkt zu finden, der sie nicht als etwas Schlechtes betrachten würde. Die dritte Prämisse ist stärker umstritten, obgleich sie vorsichtig formuliert ist. Sie behauptet lediglich, dass ein bestimmtes Maß von absoluter Armut verhütet werden kann, ohne dass irgendetwas von vergleichbarer moralischer Bedeutung geopfert werden muss.

M4 Welcher Lebensstandard ist moralisch zu rechtfertigen?

Ich habe den Begriff der moralischen Bedeutung ungeprüft übernommen, um zu zeigen, dass das Argument nicht von irgendwelchen spezifischen Werten oder ethischen Prinzipien abhängt. Ich meine, dass die dritte Prämisse für die meisten in den Industriestaaten lebenden Menschen gilt, welche vertretbare Ansicht darüber, was moralisch relevant ist, man auch nimmt. Unser Reichtum bedeutet, dass wir Einkommen haben, über das wir verfügen können, ohne den lebensnotwendigen Bedarf aufzugeben, und dass wir dieses Einkommen dazu verwenden können, absolute Armut zu verringern. Wie viel genau aufzugeben wir uns für verpflichtet halten, wird davon abhängen, was wir angesichts der Armut, die wir verhüten könnten, als vergleichbar moralisch bedeutsam betrachten: modische Kleider, teure Restaurantbesuche, eine raffinierte Stereoanlage, Ferienreisen nach Übersee, ein (zweites?) Auto, eine größere Wohnung, Privatschulen für unsere Kinder usw. Für Utilitaristen kann kaum etwas davon so bedeutsam sein wie die Verringerung absoluter Armut; und wer kein Utilitarist ist, muss, wenn er das Prinzip der Universalisierbarkeit unterschreibt, auf jeden Fall akzeptieren, dass zumindest einige dieser Dinge eine weit geringere moralische Bedeutung haben als die absolute Armut, die mit dem Geld, dass diese kosten, verhütet werden könnte. So scheint die dritte Prämisse nach jeder plausiblen ethischen Ansicht Gültigkeit zu haben – wenngleich das genaue Maß der Armut, das verhütet werden kann, bevor irgendetwas von moralischer Bedeutung geopfert wird, entsprechend der jeweils vertretenen ethischen Ansicht variieren wird.

M2-M4: Peter Singer, Praktische Ethik, S. 293-295

Praktischer Syllogismus

Die Argumentationsform des Syllogismus (von gr. *syllogismos:* Zusammensetzung, Vernunftschluss) geht auf Aristoteles zurück und war bis ins 19. Jahrhundert Kern der formalen Logik. In ihm wird eine allgemeine Regel auf einen konkreten Fall angewendet. Ein praktischer Syllogismus liegt dann vor, wenn (mindestens) eine der Prämissen präskriptiv bzw. normativ ist, d. h. ein Verhalten vorschreibt bzw. bestimmte Handlungen moralisch bewertet.

1 Stellen Sie die Aussagen der Graphik zu einer kurzen Zeitungsnachricht zusammen und formulieren Sie eine zentrale Schlussfolgerung zur Schere zwischen den Ärmsten und den Reichen. ➜ M1

2 Erarbeiten Sie, mit welchen Argumenten Singer begründet, dass unsere Pflicht, absolute Armut zu bekämpfen, genauso groß ist wie die Pflicht, ein ertrinkendes Kind zu retten. ➜ M2

3 Entwickeln Sie eigene praktische Syllogismen (vgl. auch S. 184) zu konkreten Beispielen aus Ihrem Lebensbereich. ➜ M3/Infokasten

4 Setzen Sie sich mit Singers Argument auseinander, dass wir Menschen in den Industrieländern – unabhängig von unseren ethischen Prinzipien – moralisch verpflichtet sind, absolute Armut in den Entwicklungsländern durch Reduktion unseres hohen Lebensstandards zu bekämpfen. ➜ M4

5 Erstellen Sie eine Liste mit Dingen, auf die Sie verzichten könn(t)en, um Ihrer Verpflichtung, absolute Armut zu bekämpfen, angemessen nachzukommen. Stellen Sie einander Ihre Ergebnisse vor und diskutieren Sie darüber. ➜ M4

Projektvorschläge:

1. Informieren Sie sich im Internet über die verschiedenen Motive, Zielsetzungen und Mittel der staatlichen und nicht-staatlichen Entwicklungshilfe.
2. Entwickeln Sie selbst realisierbare Ideen, wie Sie, Ihre Klasse, Ihre Familie oder Ihre Schule Ihrer utilitaristischen „Verpflichtung zu helfen" konkret nachkommen können.

11 Interessenkonflikt: Abtreibung

Moralisches Argumentieren

Alice Schwarzer, eine Frauenrechtlerin

Es war alles andere als ein Zufall, dass die Frage des Rechtes von Frauen auf Abtreibung bei allen Frauenbewegungen der westlichen Welt in den 1970er Jahren eine initiale und zentrale Rolle gespielt hat. Denn mit dem Recht auf eine selbstbestimmte Mutterschaft und auf den Abbruch einer ungewollten Schwangerschaft ohne Demütigung und Lebensgefahr kann sich das ganze Leben einer Frau entscheiden: ihr Verhältnis zur Sexualität und zu Männern, ihre Lebensplanung privat wie beruflich, ihre Selbstachtung.

Alice Schwarzer, 218-Reform, in: Emma 2/2009, www.emma.de (28.07.2009)

Vorgeburtliche Diagnose:

Sandra und Klaus Staufen sind ein erfolgreiches Eiskunstlaufpaar. Da wird Sandra ungeplant schwanger. Obwohl die beiden zum jetzigen Zeitpunkt noch kein Kind wollten, arrangieren sie sich irgendwie mit der unerwarteten Veränderung. Die Schwangerschaft verläuft normal, bis in der 24. Woche im Ultraschallbild leicht verkürzte Arm- und Beinknochen festgestellt werden. Der Verdacht auf genetisch bedingten Kleinwuchs (Achondroplasie) kommt auf. Nachdem sich der

Frau Staufen, die Mutter

Obwohl ich mir schon lange ein Kind gewünscht habe, habe ich jetzt Angst, das Leben mit einem behinderten Kind nicht zu schaffen. Wenn es wirklich Achondroplasie ist, kann ich davon ausgehen, dass ich längere Zeit aufhören muss zu arbeiten. Ich weiß nicht, ob ich dann jemals wieder in meinem Beruf arbeiten kann, der mir auch sehr wichtig ist. In Deutschland ist das Leben mit einem behinderten Kind besonders schwierig – wenig finanzielle Zuwendung, kaum Betreuungsangebote, das Geld reicht hinten und vorne nicht. Auch auf unsere Ehe können sich die Belastungen katastrophal auswirken, es ist so vieles nicht voraussehbar. Die Vorstellung, dass alle Leute komisch gucken, oder auch nur mitleidig, die schreckt mich ab. Auch das Kind, wenn es mal älter wird, bekommt so zu spüren, dass es anders ist als andere und immer benachteiligt, weil die Welt nun mal für normal große Erwachsene eingerichtet ist. Und was ist, wenn es noch die anderen schweren Gesundheitsprobleme bekommt? Sollten, ja müssen wir ihm das nicht ersparen? Andererseits schreckt mich der Gedanke, es zu töten – oder ihm nicht das Leben zu gönnen. Oder was wäre, wenn es lebend zur Welt käme bei der Abtreibung, das würde ich nicht aushalten.

nach Sibylle Gaisser u. a., Gendiagnostik, S. 103

Herr Staufen, der Vater

Vielleicht können wir nach einer Abtreibung kein Kind mehr bekommen, dann machen wir uns ewig Vorwürfe. Und wenn das nächste Kind etwas anderes hat, nehmen wir es dann auch nicht? Wir wissen ja auch nicht, wie schlimm es wird – vielleicht ist es nur klein und hat sonst nichts! Dann kann es doch ein gutes Leben führen. Wenn wir es annehmen und lieben, können wir ihm jedenfalls eine glückliche Kindheit bereiten. Ich glaube, wir können das schaffen. Was mich auch beunruhigt, ist, dass wir mit einer Abtreibung irgendwie einen Menschen töten würden. Wenn das Kind jetzt geboren würde, könnte es ja wahrscheinlich schon überleben.

nach Sibylle Gaisser u. a., Gendiagnostik, S. 104

Kleinwüchsigkeit

Befund zwei Wochen später nicht verändert hat, rät der Arzt dringend zu einer Fruchtwasseruntersuchung („um Gewissheit zu haben“) und das Paar willigt sofort ein. Das positive Testergebnis wird ihnen 14 Tage später in einer auf Kleinwüchsigkeit spezialisierten Klinik mitgeteilt: Das Kind ist Träger der genetischen Veränderung, die zur Ausprägung der so genannten Achondroplasie führt.

nach Sibylle Gaisser u. a., Gendiagnostik, S. 62

Herr Lehnert, der Seelsorger

Ich kann Ihre Ängste und Sorgen sehr gut verstehen. Es ist wichtig, das Leben mit einem behinderten Kind annehmen zu können. Die Entscheidungsfreiheit macht diesen Schritt in mancher Hinsicht schwerer, weil Sie sich sagen können: Ich hätte es auch anders machen können. Aber glauben Sie mir, es entspringt auch viel Kraft aus einer solchen Entscheidung, erst recht, wenn Sie sie gemeinsam als Paar fällen können. Der Weg ist nicht leicht, vermutlich wird es viele Phasen geben, in denen Sie verzweifeln. Aber ist nur das scheinbar leichte Leben auch ein glückliches? Ein gutes und erfülltes Leben ist doch vor allem von anderem abhängig und nicht durch allgemeine „äußere“ Güter wie Auto, Haus und Urlaubsreisen bestimmt. Menschen, die fest in ihren moralischen Überzeugungen stehen, sind in Krisensituationen oft diejenigen, die sagen, sie haben ein erfülltes Leben. Ihr Kind kann möglicherweise kerngesund zur Welt kommen, sollte es nicht dieselbe Chance bekommen wie jedes andere? Wer sind wir, für jemand anderen zu entscheiden, ob sein Leben gut oder schlecht, lebenswert oder nicht lebenswert wird? Sie müssen die Last der Versorgung stärker tragen als viele andere Eltern, aber sie haben auch die Freude, die ein geliebtes Kind bereiten kann.

nach Sibylle Gaisser u. a., Gendiagnostik, S. 104f.

Peter Singer, ein Moralphilosoph

Ich schlage daher vor, dem Leben eines Fötus keinen größeren Wert zuzubilligen als dem Leben eines nicht menschlichen Lebewesens auf einer ähnlichen Stufe der Rationalität, des Selbstbewusstseins, der Wahrnehmungsfähigkeit, der Sensibilität etc. Da kein Fötus eine Person ist, hat kein Fötus denselben Anspruch auf Leben wie eine Person. [...] In der Zeit zwischen achtzehn Wochen und der Geburt, wenn der Fötus vielleicht bewusst, aber nicht selbstbewusst ist, beendet die Abtreibung ein Leben, das einen gewissen Wert an sich hat, und somit sollte sie nicht leicht vorgenommen werden. Aber die schwerwiegenden Interessen einer Frau haben normalerweise den Vorzug gegenüber den rudimentären Interessen des Fötus.

Peter Singer, Praktische Ethik, S. 197

Paragraph 218 – die Rechtslage

Ein Schwangerschaftsabbruch ist in Deutschland grundsätzlich strafbar, wird aber nicht unter Strafe gestellt: wenn

1. „die Schwangere den Schwangerschaftsabbruch verlangt und dem Arzt durch eine Bescheinigung [...] nachgewiesen hat, dass sie sich mindestens drei Tage vor dem Eingriff hat beraten lassen,
2. der Schwangerschaftsabbruch von einem Arzt vorgenommen wird und
3. seit der Empfängnis nicht mehr als zwölf Wochen vergangen sind.“ (StGB § 218a)

Grundsätzlich straffrei ist ein Schwangerschaftsabbruch auch bei kriminologischen und medizinischen Indikationen auch über die 12. Schwangerschaftswoche hinaus.

1 Führen Sie zu diesem Fallbeispiel eine Fallanalyse (s. Methodenüberblick, S. 380) durch.

2 Untersuchen Sie, welche Interessen bei der moralischen Bewertung berücksichtigt werden müssen. Unterscheiden Sie dabei zwischen internen und externen Präferenzen.

3 Führen Sie eine Rollendiskussion, indem Sie die Rollen der Betroffenen und Beteiligten übernehmen, die oben genannten und eigene Argumente vorbringen und gemeinsam um eine gute Entscheidung ringen.

12 Das Gerechtigkeitsproblem

M1 Ist Hartz IV gerecht?

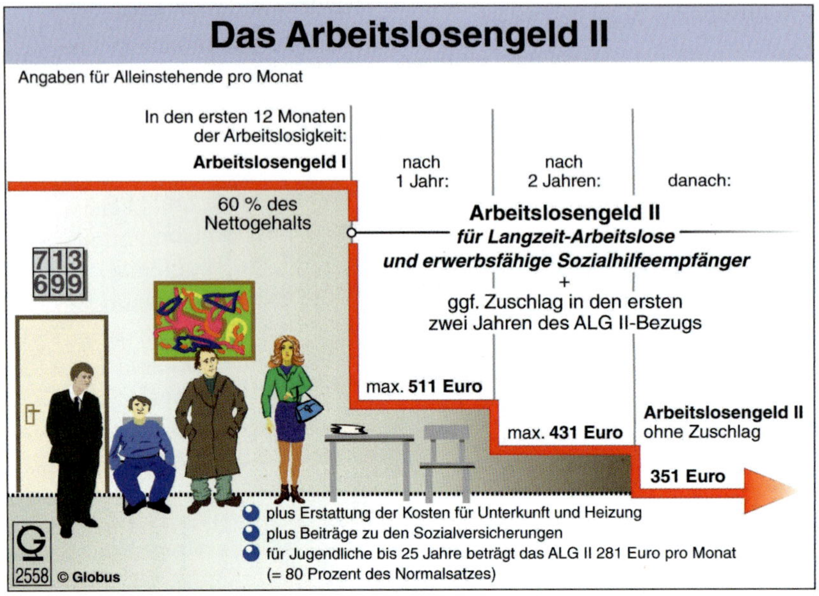

Das neue Arbeitslosengeld (Hartz IV) birgt nach Meinung seiner Kritiker die Gefahr von Ungerechtigkeiten auf Kosten von Minderheiten und zugunsten des Gesamtnutzens der Mehrheit.

M2 Eine Gerechtigkeitslücke im Utilitarismus?

Der Anspruch des zeitgenössischen Utilitarismus, unsere gewöhnlichen Moralvorstellungen rational und kohärent zu rekonstruieren, ist nicht vereinbar mit unseren Gerechtigkeitsvorstellungen. Insbesondere gibt es Prinzipien der distributiven Gerechtigkeit, Prinzipien der Verteilung von öffentlichen Gütern, von Rechten und Pflichten, von Vor- und Nachteilen gemeinsamer Handlungen, die uns als moralisch richtig einleuchten und die zugleich mit dem Prinzip der Nützlichkeit in Konflikt stehen. Wenn von zwei möglichen Handlungen, die den gleichen kollektiven Gesamtnutzen hervorbringen, die eine den Nutzen auf eine kleine Zahl von Personen, die andere auf viele oder alle verteilt, so sind utilitaristisch gesehen beide Handlungen gleichwertig. Nach unseren Gerechtigkeitsüberzeugungen würden wir dagegen die eine als ungerecht verurteilen und die andere als gerecht hervorheben. [...]

Für sich allein genommen, ohne die Gerechtigkeit als Korrektiv, stellt der Utilitarismus eine Art Kollektivegoismus dar, dem eine Unterdrückung oder Benachteiligung von Minderheiten, selbst eine Verletzung unveräußerlicher Menschenrechte erlaubt ist – sofern sie sich mit einer größeren Besserstellung der Mehrheit verbindet und die kollektive Glücksbilanz verbessert. Der Handlungsutilitarismus erlaubt es sogar, in Krisensituationen einen Unschuldigen zu töten, falls dadurch das soziale Wohlergehen befördert werde.

Otfried Höffe, Einleitung, S. 44f.

M3 Humaner Utilitarismus

Jede Form des Utilitarismus beruht auf dem Gedanken, die Interessen bzw. das Glück [...] aller von einer Entscheidung Betroffenen bei seiner „Glücksbilanzierung" zu berücksichtigen. [...] Ein humaner Utilitarist muss auch die Interessen von nicht direkt betroffenen Menschen in seine Berechnung einbeziehen. *Er kann diese Interessen nicht einfach als irrational abqualifizieren.* Genau dies scheint die utilitaristische Standardreaktion angesichts so genannter „externer Präferenzen" zu sein. Externe Präferenzen sind eben diejenigen der Abtreibungsgegner, wenn sie sich Sorgen um die Präferenzen von Embryonen machen. [...] Lautet das Motto, dass *jedes* Interesse zählt, dann kann man externe Präferenzen nicht ausschließen. Ansonsten müsste man Gründe dafür vorbringen, welche Interessen zählen und welche nicht. Diese Gründe würden sich aber kaum auf Nützlichkeit beziehen können und müssten auf andere Ressourcen zurückgreifen. [...]
Damit dürfte klar sein: Ein (humaner) Utilitarist muss auch die moralischen Präferenzen in der Gesellschaft aufgreifen. Diese erhalten also Gewicht, ein Grund

dafür, dass der Utilitarismus nicht beliebig weit von ihnen abweichen kann. Die externen Präferenzen setzen jeder Revolution Grenzen. So werden die moralischen Intuitionen der Menschen zu einem „Korrektiv“ des Utilitarismus, denn moralische Intuitionen haben die Eigenschaft, in Präferenzen darüber überzugehen, was der Fall sein soll. [...]

Aber hat dieser Utilitarismus auf den zweiten Blick betrachtet nicht auch Schwächen? Was passiert, wenn eine große Zahl der Bürger angibt, Homosexualität abzulehnen? Muss man dann dieser antiliberalen Intoleranz einen Raum geben, weil sie auf externen Präferenzen beruht, die zu berücksichtigen sind? Dem Gegner der Homosexualität könnte man begegnen, indem man verschiedene Instrumente auf ihn anwendet, deren Auflistung den humanen Utilitarismus charakterisiert.

(1) *Aufweisen von Rationalitätsdefiziten:* Man könnte bezweifeln, ob die Meinung dessen, der Homosexualität eingeschränkt wissen will, wirklich rational ist. [...]

(2) *Idealere Präferenzlagen erzeugen:* Ein Utilitarist sollte manchmal auf die Erstellung einer idealen bzw. idealeren Präferenzlage hinarbeiten. Als Utilitarist sucht er nach *maximalen* Nutzenwerten. Wird eine Minderheit „für die Mehrheit geopfert“, dann gibt es viele, die eventuell davon profitieren, und einige, die darunter stark leiden. Erstrebenswert wäre eine idealere Präferenzlage, in der alle profitieren, weil niemand ein Interesse hat, eine Minderheit zu opfern. Die Nutzensumme wäre hier jedenfalls größer als in dem Fall, dass man höchst intensive Interessen von Minderheiten übergehen muss.

(3) *Wahrung langfristiger Gesamtinteressen:* Würde man der Forderung der Gegner der Homosexualität nachgeben, dann würde man vielleicht auch allen gleichartigen antiliberalen Forderungen auf anderen Gebieten nachgeben müssen – ein Dammbruch droht. [...] Wir würden dann eventuell in einem Maße zu einer antiliberalen Gesellschaft werden, dass dies für die überwiegende Mehrheit einen eklatant unerwünschten Wandel bedeuten würde.

(4) *Beachtung aller externen Präferenzen:* Toleriert eine Mehrheit in einer Gesellschaft Homosexualität und lehnt Antiliberalismus ab, dann wird diese Mehrheit Präferenzen über die Präferenzen der antiliberalen Gegner der Homosexualität haben, die eventuell ausreichen, um diese Gegner zurückzuweisen, selbst wenn die Präferenzen der Antiliberalen im direkten Vergleich mit denen der Homosexuellen stärker sein würden. Zählen Präferenzen der Gegner der Homosexualität, dann zählen auch die der Gegner der Gegner der Homosexualität.

Mit Gerechtigkeitsproblemen müsste der Utilitarist ebenso wie gerade gezeigt verfahren. Auch hier könnte der Utilitarist auf das vorhandene Interesse vieler Menschen an einer gerechten Welt hinweisen, das im [...] „Gerechtigkeitssinn“ wurzelt. Dieser Sinn ist immerhin eines der stärksten Gefühle, das Menschen leitet. [...] Die Existenz dieser externen Gerechtigkeitspräferenzen ist – neben den jeweiligen internen Interessen – ein starker Grund für die Beachtung von Gerechtigkeit im Utilitarismus.

Bernward Gesang, Nützlichkeit und Glück, S. 95ff.

1 Interpretieren Sie die Graphik zum Arbeitslosengeld II. Stimmen Sie darüber ab, ob Sie diese Regelungen für gerecht halten, und begründen Sie Ihre Position. ➜ M1

2 Erarbeiten Sie, worin genau nach Otfried Höffe die Gerechtigkeitslücke des Utilitarismus besteht. ➜ M2

3 Prüfen Sie am Beispiel der aktuellen Hartz IV-Regelungen, ob der Vorwurf gegen den Utilitarismus gerechtfertigt ist. ➜ M1/2

4 Erarbeiten Sie eine Mindmap zum Begriff des „humanen Utilitarismus“ von Bernward Gesang. ➜ M3

5 Diskutieren Sie am Beispiel der Hartz IV-Gesetze, ob das Konzept des „humanen Utilitarismus“, die Gerechtigkeitslücke des Utilitarismus schließen kann. ➜ M1-3

6 Untersuchen Sie, welche anderen gesellschaftlichen Probleme der gerechten Verteilung von Gütern, Rechten und Pflichten vergleichbare Schwierigkeiten für den Utilitarismus aufwerfen.

1 Denk selbst!

M1 Sensation: Namensgeber zu Besuch!!!

von Jens Weise (mit Unterstützung von Klaus Blesenkemper)

Freitag, 13.15 Uhr. Ich musste noch auf meinen Bus nach Denkendorf warten; da sah ich ihn: Er schlurfte durch die Pausenhalle. Sein Outfit: Wie aus der Mottenkiste der Theater-AG. Kopfschüttelnd schaute er zu, wie die anrückenden Putzfrauen begannen, Papier, Coladosen und anderen Müll zusammenzufegen. Dann steuerte er auf unsere Kantbüste zu, zuckte zusammen und zeigte mit seinem Spazierstock auf den alten Spruch auf dem Sockel: „Handle so, dass du die Menschheit, sowohl in deiner Person, als in der Person eines jeden anderen, jederzeit zugleich als Zweck, niemals bloß als Mittel brauchst." Ich witterte eine Story für unsere Schülerzeitung und haute ihn an. Unser Gespräch werde ich so schnell nicht vergessen:

„Entschuldigung, ich habe Sie beobachtet ..."
„Wo bleibt denn *hier* die Achtung vor dem Selbstzweckcharakter des Menschen?!"
„Was soll das denn heißen? Wer sind Sie überhaupt?"
„Ich bin der, dessen Werk ihr hier verehrt – und gleichzeitig missachtet!"
„?"
„Kant, Immanuel Kant aus Königsberg, heute Kaliningrad. – Dieser Spruch von mir und euer Handeln, das ist ein krasser Widerspruch!"
„Welches Handeln? Was für 'nen Widerspruch?"
„Schau dir ... Entschuldigung, mit wem habe ich das Vergnügen?"
„Jens Weise, Klasse 10b, Redakteur unserer Schülerzeitung ‚Kantig'. Und was soll ich mir nun anschauen?"
„Jens, schau dir diese Frauen an. Sie müssen Müll mühsam vom Boden auflesen, obwohl doch genügend Abfalleimer da sind."
„Ja und? Die werden doch dafür bezahlt, dass es hier wieder sauber wird."
Er seufzte und bat mich, auf der Pausenbank Platz zu nehmen.
„Also, der Reihe nach: Ihr verstreut den Müll, ohne darauf zu achten, dass ihr anderen damit unnötig Arbeit macht. Es wäre eine Kleinigkeit, den Dreck direkt in den Eimer zu werfen."
„Wenn die die Arbeit nicht hätten, würden sie kein Geld verdienen."
„Ich sprach nicht von Arbeit an sich, sondern von *unnötiger* Arbeit, einer Arbeit, bei der die Frauen deshalb das Gefühl haben müssen, von euch erniedrigt zu werden. Ihr behandelt diese Menschen wie Maschinen. Man muss nur auf einen Knopf drücken, und dann funktionieren sie. Der Selbstzweckcharakter dieser Frauen wird damit verletzt."
„Das haben Sie schon mal gesagt. Und das verstehe ich nicht."
„Dann wollen wir das mal gemeinsam aufdröseln: Würdest du sagen, du funktioniertest wie eine Maschine?"
„Manche Lehrer und meine Eltern wollen das wohl manchmal so, ich aber nicht. Ich will nicht einfach auf Knopfdruck funktionieren. Ich habe meinen eigenen Willen." [...]
„Nun stell dir mal vor, du würdest *immer* nur von deinen Mitmenschen als Mittel gebraucht."
„*Miss*braucht, meinen Sie wohl!"
„Würde ich auch sagen. Aber warum ist der Gebrauch eines Menschen als bloßes Mittel ein *Miss*brauch?"
„Weil man das nicht will."
„Schärfer noch: Weil man dann gar nicht mehr wollen kann. Wenn man zum Mittel wird wie eine Maschine, wird der eigene Wille zerstört, man kann sich keine eigenen Zwecke mehr setzen. Es ist daher unmenschlich, von einem Menschen zu verlangen,ausschließlich Mittel zu sein, nur noch blind für andere zu funktionieren." [...]
„Und was bedeutet das nun *praktisch* für den Müll und die Putzfrauen und mich?"
„Ich bin kein Moralprediger. Als vernünftiger Mensch kannst du selber denken und entsprechend handeln."

Und so plötzlich, wie er auftauchte, war der Namensgeber unserer Schule auch wieder verschwunden – als Erscheinung, nicht als Stachel zum eigenen Nachdenken.

„Kantig" (Schülerzeitung am Kant-Gymnasium in Dülmen)

fiktives Interview von Klaus Blesenkemper in: ZDPE, Kant II, Heft 3/2002, S. 197f.

M2 Selber denken

Aufklärung ist der Ausgang des Menschen aus seiner selbst verschuldeten Unmündigkeit. Unmündigkeit ist das Unvermögen, sich seines Verstandes ohne Leitung eines anderen zu bedienen. *Selbstverschuldet* ist diese Unmündigkeit, wenn die Ursache derselben nicht am Mangel des Verstandes, sondern der Entschließung und des Mutes liegt, sich seiner ohne Leitung eines andern zu bedienen. Sapere aude! Habe Mut, dich deines *eigenen* Verstandes zu bedienen! ist also der Wahlspruch der Aufklärung.

Faulheit und Feigheit sind die Ursachen, warum ein so großer Teil der Menschen, nachdem sie die Natur längst von fremder Leitung frei gesprochen (naturaliter maiorennes), dennoch gerne zeitlebens unmündig bleiben; und warum es anderen so leicht wird, sich zu deren Vormündern aufzuwerfen. Es ist so bequem, unmündig zu sein. Habe ich ein Buch, das für mich Verstand hat, einen Seelsorger, der für mich Gewissen hat, einen Arzt, der für mich die Diät beurteilt, u.s.w.: so brauche ich mich ja nicht selbst zu bemühen. Ich habe nicht nötig zu denken, wenn ich nur bezahlen kann; andere werden das verdrießliche Geschäft schon für mich übernehmen.

Es ist also für jeden einzelnen Menschen schwer, sich aus der ihm beinahe zur Natur gewordenen Unmündigkeit herauszuarbeiten. Er hat sie sogar lieb gewonnen und ist vor der Hand wirklich unfähig, sich seines eigenen Verstandes zu bedienen, weil man ihn niemals den Versuch davon machen ließ. Satzungen und Formeln, diese mechanischen Werkzeuge eines vernünftigen Gebrauchs oder vielmehr Missbrauchs seiner Naturgaben, sind die Fußschellen einer immerwährenden Unmündigkeit. Wer sie auch abwürfe, würde dennoch auch über den schmalesten Graben einen nur unsicheren Sprung tun, weil er zu dergleichen freier Bewegung nicht gewöhnt ist. Daher gibt es nur wenige, denen es gelungen ist, durch eigene Bearbeitung ihres Geistes sich aus der Unmündigkeit heraus zu wickeln [...]. Zu dieser Aufklärung aber wird nichts erfordert als Freiheit; und zwar die unschädlichste unter allem, was nur Freiheit heißen mag, nämlich die: von seiner Vernunft in allen Stücken öffentlichen Gebrauch zu machen.

Immanuel Kant, Was ist Aufklärung?, S. 35

M3 Kant lesen

Peter Puszta

M4 Schwierig, aber nicht unmöglich

Der junge Schüler Törless wagt sich auf Anraten seines Lehrers an die Kant-Lektüre.

Aber vor lauter Klammern und Fußnoten verstand er kein Wort, und wenn er gewissenhaft mit den Augen den Sätzen folgte, war ihm, als drehe eine knöcherne Hand ihm das Gehirn in Schraubenwindungen aus dem Kopfe. Als er nach etwa einer halben Stunde erschöpft aufhörte, war er nur bis zur zweiten Seite gelangt, und Schweiß stand auf seiner Stirne.

Robert Musil, Die Verwirrungen des Zöglings Törless, S. 80

1. Formulieren Sie den Spruch auf dem Sockel der Kantbüste in eigenen Worten. ➜ M1
2. Erklären Sie den Widerspruch zwischen diesem Spruch und dem Handeln der Schüler. ➜ M1
3. Erarbeiten Sie aus dem Text, was Kant unter Aufklärung versteht. ➜ M 2
4. Untersuchen Sie die Ursachen der Unmündigkeit und übertragen Sie sie auf ein aktuelles Beispiel. ➜ M2
5. „Satzungen" und „Formeln" sind Hindernisse auf dem Weg in die Mündigkeit. Welche wären heute von besonderer Bedeutung? ➜ M2
6. Informieren Sie sich über das Zeitalter der europäischen Aufklärung. (→ Deutsch, Geschichte)
7. Kant zu lesen, ist schwer. Diskutieren Sie anhand der Karikatur (M3) negative und positive Vorstellungen, die Sie mit der Lektüre originaler Kanttexte verbinden. ➜ M3/4

Kants Leben

* 1724 Königsberg
† 1804 Königsberg

> Kant stammt aus einer ärmeren Handwerkerfamilie. Er wird im Geist des protestantischen Pietismus erzogen, leidet aber in der Schule am Übermaß religiöser Andachten („Jugendsklaverei").

> Ab 1740 studiert er an der Königsberger Universität Philosophie, Mathematik und Naturwissenschaften, ferner aus „Wissbegierde" auch Theologie.

> Von 1746-1755 arbeitet er als Hauslehrer. 1755 erfolgt die Promotion *(Über das Feuer)* und Habilitation *(Erste Prinzipien der metaphysischen Erkenntnis)*. Kant ist als Privatdozent tätig.

> Er leidet unter Geldnot sowie unter einer kränklichen Konstitution und versucht, durch strenge Regelmäßigkeiten mit seinen Kräften hauszuhalten. Sein Lieblingsspruch von Vergil: Gib dem Unglück nicht nach, sondern tritt ihm umso mutiger entgegen!

> 1765 erhält Kant die Stelle eines Unterbibliothekars an der königlichen Schlossbibliothek, ab 1770 ist er Professor für Metaphysik und Logik in seiner Heimatstadt, deren Umkreis er nie verlässt. Den Hörern seiner anspruchsvollen Vorlesungen schärft er ein: selbst denken, selbst forschen, auf eigenen Füßen stehen!

> Bis zu dieser Zeit sind seine kritischen Schriften nicht veröffentlicht. Ab 1781 erscheint nach zehnjährigen Vorarbeiten die *Kritik der reinen Vernunft*. Kant wird daraufhin von Moses Mendelssohn der „Alleszermalmer der Metaphysik" genannt.

> 1786 wird Kant Rektor der Universität. 1796 beendet er seine Lehrtätigkeit. Seine eigene kritische Philosophie war niemals Gegenstand seiner Vorlesungen.

> Als der Arzt wenige Tage vor seinem Tode einen Hausbesuch macht, richtet Kant sich mit viel Mühe auf und bleibt so lange in dieser für ihn qualvollen Stellung, bis der Arzt sich setzt. Dann sagt er: „Das Gefühl für Humanität hat mich noch nicht verlassen."

nach Volker Spierling, Kleine Geschichte der Philosophie, S. 206ff.

Kants Tagesablauf

Kants schwache Gesundheit war Grund für seinen strikten Lebenswandel, denn nur mit viel Selbstdisziplin konnte er sein gewaltiges Werk vollenden.

4.45 Uhr: Wecken durch den Zuruf seines Dieners: „Es ist Zeit!" (zwei Tassen Tee, eine Pfeife)
5-7 Uhr: Vorbereitung auf Vorlesungen
7-9 Uhr: Vorlesungen
9-12.45 Uhr: Hauptarbeitszeit für die Abfassung seiner Bücher
13-16 Uhr: Entspannung und Geselligkeit beim Mittagessen (Gespräche über Philosophie sind verpönt, neue Nachrichten z. B. über die Französische Revolution dagegen sehr erwünscht)

Kant und seine Tischgenossen. Gemälde von Emil Doerstling, um 1900

16 Uhr: Spaziergang (pünktlich, angeblich stellten die Königsberger ihre Uhren nach dem Umlauf des Philosophen)
19 Uhr: Lesen leichter Lektüre (Reisebeschreibungen)
22 Uhr: strengste Bettruhe

Kants Werk

Sapere aude!
Habe Mut dich deines eigenen Verstandes zu bedienen! Dieser Wahlspruch der Aufklärung, wurde auch die Grundlage von Kants philosophischem Denken. Dafür stellte er drei Regeln auf:

1. selbst zu denken,
2. sich an die Stelle eines Andern zu denken,
3. jederzeit mit sich selbst einstimmig zu denken.

Die Grundprobleme des Menschen fasst er unter vier Fragen, die auch das Gebiet der Philosophie umreißen.

Vier Grundfragen der Philosophie

1. Was kann ich wissen? (Erkenntnislehre / Metaphysik)
2. Was soll ich tun? (Moral)
3. Was darf ich hoffen? (Religion)
4. Was ist der Mensch? (Anthropologie)

Kants kritische *Transzendentalphilosophie* beantwortet diese Grundfragen, indem sie untersucht, was allem menschlichen Erkennen und Handeln zugrunde liegt und für alle Menschen gleichermaßen als gültig angesehen werden kann. Kant zeigt, dass diese Bedingungen objektiver Erkenntnis und Gesetzgebung in der Vernunft des erkennenden und handelnden Subjekts und nicht in der empirischen Realität gesucht werden müssen. Auf dem Weg der Selbstprüfung und Selbstrechtfertigung untersucht die *Kritik der reinen Vernunft* (1781/1787) die Prinzipien einer erfahrungsunabhängigen „theoretischen" Vernunft und bestimmt sie hinsichtlich ihrer Möglichkeiten und Grenzen unserer Erkenntnis der Wirklichkeit. Kant leitet im Ergebnis eine grundlegende Neu- oder Umorientierung des Denkens ein, die in der Philosophiegeschichte als *kopernikanische Wende* bezeichnet wird. Dies gilt auch für die Ethik. Die *Kritik der praktischen Vernunft* (1788) weist nach, dass es der Vernunft möglich ist, den Willen des Menschen und sein praktisches Verhalten durch ein reines Vernunftgesetz zu bestimmen. Die *Kritik der Urteilskraft* (1790) enthält eine kritische Ästhetik, besonders des Schönen, des Erhabenen und des Genies.

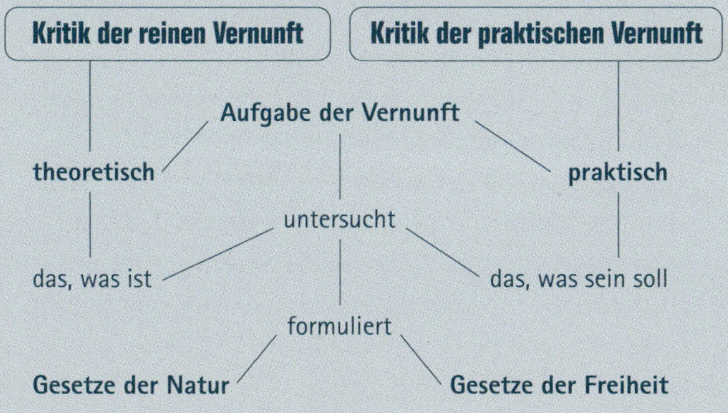

Kleines Kant-Lexikon

a priori: von aller Erfahrung unabhängige Vernunfterkenntnis

a posteriori: aus der Erfahrung stammende Erkenntnis

Autonomie (gr. *autos:* selbst; *nomos:* Gesetz): Unabhängigkeit, Selbstgesetzgebung

Begehrungsvermögen, unteres (lat. *appetitus sensitivus:* Leidenschaft): Teil der Natur, folgt den natürlichen Trieben, Affekten und Neigungen als Äußerungen des Selbstinteresses oder der Eigenliebe

Begehrungsvermögen, oberes (lat. *appetitus rationalis:* Wille): angeborene Anlage zum Guten, ermöglicht die Freiheit, zwischen den beiden ihn bestimmenden Vermögen zu wählen

deontologisch (gr. *to deon:* die Pflicht, das Erforderliche): in der modernen analytischen Moralphilosophie Terminus für ein Handeln aus Pflicht

Heteronomie (gr. *heteros:* der andere; *nomos:* Gesetz): Fremdgesetzlichkeit, Abhängigkeit

hypothetisch: bedingt, in Hinblick auf die Mittel für einen zu erreichenden Zweck: willst du X, wähle Y

Imperativ: allgemein ein normatives Urteil, ein Satz, der ein Sollen, eine praktische Notwendigkeit ausspricht

intelligible Welt: nicht empirisch, in der reinen Vernunft begründet

kategorisch: unbedingt, objektiv, drückt ein unausweichliches Sollen aus

kopernikanische Wende: im Anschluss an Kopernikus (1473-1543, Wende vom geozentrischen zum heliozentrischen Weltbild) grundlegende Neuorientierung des Denkens und Forschens

Legalität: korrekte Handlung ohne Berücksichtigung der zugrunde liegenden Maxime

Maxime: subjektives Prinzip des Wollens, subjektiv-individuell gültiger Vorsatz oder Handlungsgrundsatz

Moralität: das Sittengesetz ist unmittelbarer Bestimmungsgrund der Handlung

Pflicht: häufig missverstandener Grundbegriff der kantischen Ethik (rigorose Pflichtethik); bei Kant stets: Selbstverpflichtung

transzendental (von lat. *transcendere*): das vor aller Erfahrung im Bewusstsein befindliche Vermögen der Erfahrungserkenntnis

transzendent: übersinnlich, übernatürlich

Zweck: vorgestellter und gewollter zukünftiger Vorgang oder Zustand

2 Bürger zweier Welten

M1 Der gestirnte Himmel über mir ...

Anselm Kiefer: Der gestirnte Himmel über mir, das moralische Gesetz in mir, 1980
Der berühmte Titel von Anselm Kiefers Bild verweist auf Immanuel Kants Kritik der praktischen Vernunft. *Der Künstler gestaltet eine Schwarzweiß-Aufnahme seiner eigenen Person und schreibt der schwarzen Acrylfarbe eine verwirrende Komplexität seines Symbolkosmos ein: Er und seine Kunst sollen zu Mittlern werden zwischen Himmel und Erde.*

M2 Zwei Standpunkte

In dem folgenden fiktiven Interview stammen die Antworten aus dem berühmten Schluss von Kants Kritik der praktischen Vernunft.

Moderator: Herr Kant, Sie haben mit Ihrem Nachdenken über Gott, das Weltall und den Menschen die abendländische Philosophie revolutioniert, aber Ihre Texte sind schwer zu verstehen. Können Sie uns mit wenigen Worten sagen, was Sie am meisten beeindruckt hat?

Kant: Zwei Dinge erfüllen das Gemüt mit immer neuer und zunehmender Bewunderung und Ehrfurcht, je öfter und anhaltender sich das Nachdenken damit beschäftigt: *der bestirnte Himmel über mir, und das moralische Gesetz in mir.* Beide darf ich nicht als in Dunkelheiten verhüllt, oder im Überschwänglichen, außer meinem Gesichtskreise suchen und bloß vermuten; ich sehe sie vor mir und verknüpfe sie unmittelbar mit dem Bewusstsein meiner Existenz.

Moderator: Wie sollen wir uns das vorstellen?

Kant: Das erste fängt von dem Platze an, den ich in der äußern Sinnenwelt einnehme, und erweitert die Verknüpfung, darin ich stehe, ins unabsehlich Große mit Welten über Welten und Systemen von Systemen, überdem noch in grenzenlose Zeiten ihrer periodischen Bewegung, deren Anfang und Fortdauer.

Moderator: Damit wäre also unsere Stellung im System der Natur erklärt. Was hat es nun mit dem zweiten „Ding" auf sich?

Kant: Das zweite fängt von meinem unsichtbaren Selbst, meiner Persönlichkeit, an und stellt mich in einer Welt dar, die wahre Unendlichkeit hat, aber nur dem Verstande spürbar ist, und mit welcher (dadurch aber auch zugleich mit allen jenen sichtbaren Welten) ich mich, nicht wie dort, in bloß zufälliger, sondern allgemeiner und notwendiger Verknüpfung erkenne.

Moderator: Sie haben daraus bedeutende Folgerungen für das Selbstbewusstsein des Menschen gezogen. Wie fühle ich mich als reines „Naturwesen"?

Kant: Der erstere Anblick einer zahllosen Weltenmenge vernichtet gleichsam meine Wichtigkeit, als eines *tierischen Geschöpfs*, das die Materie, daraus es ward, dem Planeten (einem bloßen Punkt im Weltall) wieder zurückgeben muss, nachdem es eine kurze Zeit (man weiß nicht wie) mit Lebenskraft versehen gewesen.

Moderator: Diese Gedanken passen sehr gut in unser 21. Jahrhundert. Aber Sie behaupten, dass der Mensch mehr ist als bloße Materie. Können Sie uns auch hierzu eine kurze Erklärung geben?

Kant: Der zweite [Anblick] erhebt dagegen meinen Wert als einer *Intelligenz*, unendlich, durch meine Persönlichkeit, in welcher das moralische Gesetz mir ein von der Tierheit und selbst von der ganzen Sinnenwelt unabhängiges Leben offenbart, wenigstens so viel sich aus der zweckmäßigen Bestimmung meines Daseins durch dieses Gesetz, welche nicht auf Bedingungen und Grenzen dieses Lebens eingeschränkt ist, sondern ins Unendliche geht, abnehmen lässt.

Immanuel Kant, Kritik der praktischen Vernunft, S. 161f.

M3 Wie begründen wir Moral?

Nach Kant ist es unmöglich, die menschliche Natur in einem umfassenden Sinne zu erkennen. Denn nur das Körperliche am Menschen, nur das mit den Sinnen vom Menschen Erfahrbare, kann uns eine solche Kenntnis unserer menschlichen Natur liefern. Ein wissenschaftliches und theoretisches Wissen vom Menschen ist Kant zufolge nur von seiner biologischen Natur möglich, die er mit den Tieren teilt – nur die können wir nämlich mit den Sinnen wahrnehmen. Die menschliche Seele ist kein Gegenstand für die Wissenschaft, weil sie nicht körperlich ist. Wissen gibt es nur von dem, was sich mit unseren Sinnen wahrnehmen lässt. Das reicht aber nicht aus, um Ethik zu begründen, weil die moralische Bewertung unserer Handlungen mit den Methoden der experimentellen Wissenschaften nicht gelingen kann. Ob eine Handlung gut ist oder schlecht, kann man nicht in einem Labor nachmessen; ein moralisches Gebot kann man auch unter dem Mikroskop nicht beobachten.
Und tatsächlich fand Kant heraus, dass der ganze Bereich des mit den Sinnen Wahrnehmbaren nicht ausreicht, um die Ethik zu begründen. Weil wir aber nach seiner Auffassung kein theoretisches Wissen von etwas haben können, das nicht sinnlich wahrnehmbar ist, muss er die Allgemeingültigkeit der moralischen Normen auf andere Weise erklären.
Die Ethik zu begründen, ohne sich dabei auf die Metaphysik zu stützen – das ist die große Herausforderung, der Kant sich zu stellen hat; das ist der *Salto mortale*, der ihm gelingen muss.

Héctor Zagal / José Galindo,
Ethik für junge Menschen, S. 141f.

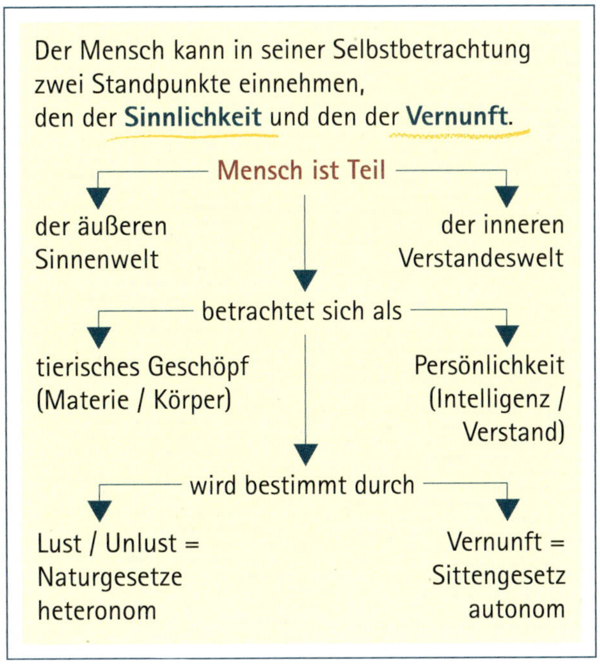

M4 Zwei Gesetzlichkeiten

Neben unserer sichtbaren Welt, in der die Gesetze der Natur walten, gibt es noch eine Welt oder besser: einen Bereich, der darüber hinausgeht und der sich mir nur in Gedanken erschließt. [...] Gibt es in diesem Bereich auch eine Gesetzlichkeit, ähnlich der in der Natur? Ja, denn wenn es schon Gesetze im Bereich der Natur gibt, müsste es auch Gesetzmäßigkeiten bei den Urteilen über die Frage der Moral, welches Handeln richtig oder falsch ist, geben.

Ralf Ludwig, Kant für Anfänger, S. 120

1 Fertigen Sie zu Anselm Kiefers Bild eine genaue Bildanalyse (s. Methodenüberblick, S. 379) an und deuten Sie die dargestellten Symbole. ➜ M1

2 Diskutieren Sie, inwiefern Kiefer Elemente des Kanttextes aufnimmt. ➜ M1/2

3 Übertragen Sie das Schema aus dem Kasten und ergänzen Sie, indem Sie den Text M3 mit einarbeiten. Versuchen Sie auch andere Möglichkeiten der Visualisierung (s. Methodenüberblick, S. 381) von Kants dualistischem Menschenbild. ➜ M2/3

3 Sinnlichkeit und Verstand

M1 Geborene Gutmenschen

Kinder kommen als mitempfindende Moralisten schon zur Welt, es ist nicht nur die Erziehung. Das folgert der US-Psychologe Jean Decety aus einer Studie mit einer Gruppe von 17 Kindern zwischen sieben und zwölf Jahren. Die Kleinen sahen animierte Szenen von Menschen, die sich gerade aus Ungeschick weh taten oder von anderen malträtiert wurden. Zugleich registrierte ein Magnetresonanztomograf, was jeweils in den Gehirnen der Probanden geschah. Ergebnis: Das Miterleben fremden Leids aktivierte die gleichen Hirnregionen, die auch für das eigene Schmerzempfinden zuständig sind; es handelte sich also nicht um erlernte Reflexe. Die Empathie müsse teilweise angeboren sein, meint Decety. Bei Szenen, die das absichtliche Zufügen von Schmerzen zeigten, regten sich außerdem die Areale, in denen moralische Fragen erwogen werden. Hinterher wollten die meisten Kinder wissen, wie sich wohl das Verhalten der beobachteten Quälgeister erklären lasse. *Der Spiegel 29/2008, S. 134*

M2 Junge Lügner

Teenager in den USA beschreiben sich selbst als hochmoralische Menschen, sie wissen, was gut und richtig ist im Leben, dass man nicht lügt, stiehlt und betrügt. Allerdings deckt sich dieses schöne Selbstbild nicht mit der Realität. Das Josephson-Institut aus Los Angeles kam bei der Befragung von knapp 30 000 Highschool-Teenagern zu dem Ergebnis, dass viele Jugendliche gegen die eigenen Wertmaßstäbe verstoßen: Vier von fünf belügen in wichtigen Angelegenheiten ihre Eltern. Zwei Drittel geben zu, ihre Lehrer zu täuschen und bei Klassenarbeiten gelegentlich zu betrügen. 60 Prozent reichen immer wieder mal Hausaufgaben ein, die sie abgeschrieben haben, ein Drittel kopiert sich Referate im Internet zusammen. Etwa ein Viertel hat im vergangenen Jahr Eltern oder Freunde bestohlen. Möglicherweise sind die Ergebnisse noch zu positiv. Bei allen Tests neigen Befragte dazu, erwünschte Antworten zu geben – also zu schummeln. Diesmal gaben sie es sogar zu: Ein Viertel aller Befragten räumte am Ende ein, nicht immer ehrlich geantwortet zu haben.

Der Spiegel 50/2008, S. 96

M3 Der moralische Sinn

Der Mensch kommt mit einem moralischen Kompass auf die Welt, einem angeborenen Sinn für Gut und Böse. [...]

Nicht allein Religionen und Rechtssysteme, nicht allein Eltern und Erzieher bringen einem Menschen demnach Sitte und Anstand bei – er kommt schon mit einem Gespür dafür aus dem Geburtskanal. Moralisches Urteilen ist folglich kein vollkommen bewusster Vorgang, sondern wird auch von Intuitionen geleitet. Allerdings: Der Moralsinn mache einen keineswegs zu einem guten Menschen, sagen die Forscher. Zwar weiß demnach jeder Mensch (sofern sein Gehirn intakt ist) in seinem Innern, was richtig ist und was falsch. Aber es gibt viele psychologische Mechanismen und Umwelteinflüsse, die den Moralsinn überlagern können – anders wären Mord und Totschlag gar nicht zu erklären. [...]

Ihre These vom Moralsinn untermauern die Forscher mit drei Kernargumenten:

- Untersuchungen an gesunden und kranken Gehirnen zeigen: Ethische Entscheidungen spielen sich zumeist in vier Regionen des Denkorgans ab (siehe Graphik). Dieses Netzwerk der Moral wurde durch die Evolution in die Hirnanatomie des Menschen eingewoben. Bei gesunden Menschen wird es weniger von kühler Logik als vielmehr von Gefühlen geprägt.
- Überall auf dem Erdenrund wohnt Menschen offenbar das gleiche Gespür für Fairness, Verantwortung oder Dankbarkeit inne. Jemanden mit Absicht zu verletzen wird in allen Kulturen für schlimmer erachtet, als wenn dies ohne Vorsatz geschieht. Schon Kleinkinder verfügen über diese moralischen Grundurteile.
- Die Rechtssysteme der Nationen fußen auf ähnlichen Geboten und Verboten, deren Ursprünge nicht weiter diskutiert werden.

Jörg Blech / Rafaela von Bredow, Das Böse im Guten, in: Der Spiegel 1/2007, S. 111

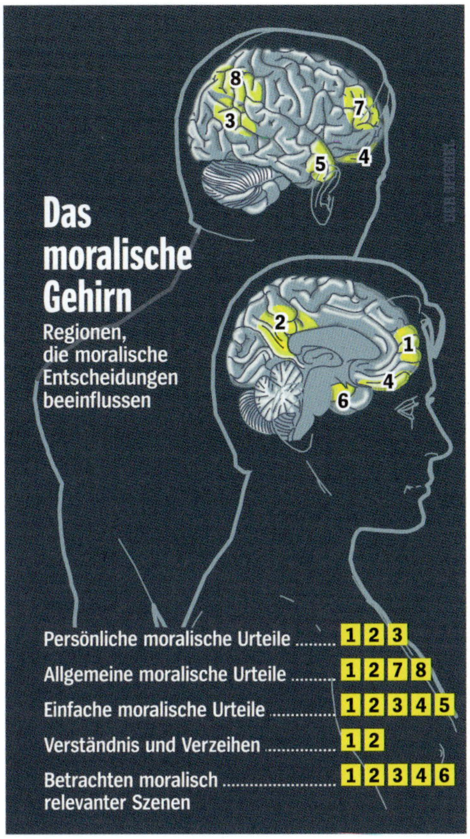

M4 Moralisches Urteilen

Wir wollen also vorerst das Prüfungsmerkmal der reinen Tugend an einem Beispiele zeigen, und, indem wir uns vorstellen, dass es etwa einem zehnjährigen Knaben zur Beurteilung vorgelegt worden, sehen, ob er auch von selber, ohne durch den Lehrer dazu angewiesen zu sein, notwendig so urteilen müsste. Man erzähle die Geschichte eines redlichen Mannes, den man bewegen will, den Verleumdern einer unschuldigen, übrigens nicht vermögenden Person beizutreten. Man bietet Gewinne, d. i. große Geschenke oder hohen Rang an, er schlägt sie aus. Dieses wird bloßen Beifall und Billigung in der Seele des Zuhörers wirken, weil es Gewinn ist. Nun fängt man es mit Androhung des Verlusts an. Es sind unter diesen Verleumdern seine besten Freunde, die ihm jetzt ihre Freundschaft aufsagen, nahe Verwandte, die ihn (der ohne Vermögen ist) zu enterben drohen, Mächtige, die ihn in jedem Orte und Zustande verfolgen und kränken können, ein Landesfürst, der ihn mit dem Verlust der Freiheit, ja des Lebens selbst bedroht. Um ihn aber, damit das Maß des Leidens voll sei, auch den Schmerz fühlen zu lassen, den nur das sittlich gute Herz recht inniglich fühlen kann, mag man seine mit äußerster Not und Dürftigkeit bedrohete Familie ihn um Nachgiebigkeit anflehend, ihn selbst, obzwar rechtschaffen, doch eben nicht von festen unempfindlichen Organen des Gefühls, für Mitleid sowohl als eigener Not, in einem Augenblick, darin er wünscht, den Tag nie erlebt zu haben, der ihn einem so unaussprechlichen Schmerz aussetzte, dennoch seinem Vorsatze der Redlichkeit, ohne zu wanken oder nur zu zweifeln, treu bleibend, vorstellen: so wird mein jugendlicher Zuhörer stufenweise, von der bloßen Billigung zur Bewunderung, von da zum Erstaunen, endlich bis zur größten Verehrung, und einem lebhaften Wunsche, selbst ein solcher Mann sein zu können, erhoben werden. [...]

Die ganze Bewunderung und selbst Bestrebung zur Ähnlichkeit mit diesem Charakter beruht hier gänzlich auf der Reinigkeit des sittlichen Grundsatzes, welche nur dadurch recht in die Augen fallend vorgestellet werden kann, dass man alles, was Menschen nur zur Glückseligkeit zählen mögen, von den Triebfedern der Handlung wegnimmt. Also muss die Sittlichkeit auf das menschliche Herz desto mehr Kraft haben, je reiner sie dargestellt wird.

Immanuel Kant, Kritik der praktischen Vernunft, S. 155f.

1 Diskutieren Sie anhand weiterer Beispiele die These, dass Empathie angeboren sein muss. → M1

2 Analysieren Sie das Verhalten der Jugendlichen in den USA. Bestätigt oder widerspricht es einem angeborenen Moralsinn? → M2

3 Überprüfen Sie die drei Kernargumente der Hirnforscher an Beispielen (vgl. hierzu auch S. 25, 36). → M3

4 Rekonstruieren Sie Kants Beispiel in eigenen Worten, indem Sie den „redlichen Mann" ins 21. Jahrhundert versetzen. → M4

5 Erklären Sie, wodurch sich das Handeln des „redlichen Mannes" als moralisch wertvoll auszeichnet und warum es einen jungen Menschen beeindrucken kann. → M4

4 Praktische Vernunft

M1 Der Schlaf der Vernunft gebiert Ungeheuer

Francisco de Goya: El sueño de la razón produce monstruos (Ausschnitt), 1799
Das spanische Wort „sueño" ist doppeldeutig und kann Traum oder Schlaf bedeuten: Erzeugen die Träume und Visionen der Vernunft die Ungeheuer oder ruft die Abwesenheit von Vernunft die Monster herbei?

M2 Vernunft bestimmt die Moral

In der Vorrede seiner *Grundlegung zur Metaphysik der Sitten* legt Kant den Ansatz seiner Moralphilosophie deutlich dar:

1. Jedermann muss eingestehen, dass ein Gesetz, wenn es moralisch, d. i. als Grund einer Verbindlichkeit, gelten soll, absolute Notwendigkeit bei sich führen müsse (z. B. das Gebot: du sollst nicht lügen);
2. der Grund der Verbindlichkeit liegt nicht in der Natur des Menschen oder den Umständen der Welt, darin er gesetzt ist, sondern a priori in Begriffen der reinen Vernunft;
3. daraus folgt: dass jede andere Vorschrift, die sich auf Prinzipien der bloßen Erfahrung gründet, niemals ein moralisches Gesetz heißen kann.

nach Immanuel Kant,
Grundlegung zur Metaphysik der Sitten, S. 389

M3 Die moralisch-praktische Vernunft

Handeln nach Maßgabe der praktischen Vernunft – mit dieser Forderung zeigt Kant, dass moralisches Urteilen und Handeln nicht Sache eines persönlichen Gefühls oder einer willkürlichen Entscheidung, auch nicht eine Frage der Tradition oder Konvention ist, sondern Gegenstand einer rationalen Argumentation. Diese Behauptung einer moralisch gesetzgebenden, das heißt normsetzenden und zwecksetzenden und insofern motivierenden Vernunft steht im Gegensatz zu den ethischen Theorien, die in dem moralischen Gefühl oder einer Intuition die Motivation moralischen Handelns sehen. Kant stellt dagegen heraus: „Reine Vernunft ist für sich allein praktisch und gibt [dem Menschen] ein allgemeines Gesetz, welches wir das Sittengesetz nennen." Er behauptet damit, dass es unbedingte praktische Gesetze gibt, die in der Vernunft begründet liegen. Damit unterstellt Kant der Vernunft eine *Autonomie*, der zwei mögliche Fremdbestimmungen entgegenstehen:

- göttliche Gebote, die nicht aus Vernunft einsehbar sind;
- natürliche Triebe, Affekte und Neigungen als Äußerungen des natürlichen Selbstinteresses oder der Eigenliebe.

Besonders mit der zweiten Form der *Heteronomie* setzt Kant sich auseinander und zeigt, dass der Mensch als moralisch Handelnder aufgrund seiner Freiheit und Vernünftigkeit eine Autonomie in der Handlungsbestimmung erreichen kann durch die Fähigkeit, das Handeln unabhängig von den empirischen Bestimmungsgründen zu wählen.
Für diese bewussten und absichtlichen Handlungen und die dafür geltenden moralischen Normen grundlegend ist der Begriff der Maxime; sie ist eine selbstgesetzte Handlungsregel. Bedürfnisse und Zwecke bestimmen zwar das Handeln, Maximen aber sind die selbstgesetzten Grundsätze aufgrund dieser Bestimmungen. Maxime kann also eine Art Lebensentwurf sein, z. B.: „Ich will bei jeder Gelegenheit Profit machen."

M4 Maximen

Kants terminus technicus für ein subjektives Prinzip ist „*Maxime*". [...] Von einem Tier könnte man sagen, es habe eine Triebfeder insoweit, als es bei einer besonderen Gelegenheit durch einen besonderen Hungerreiz oder durch einen besonderen Futtergeruch angetrieben wird; aber man könnte nicht auf Grund einer Verallgemeinerung dieser Triebfeder von ihm sagen, dass es eine Maxime habe. Nur ein vernünftiges Wesen kann eine Maxime haben. Wenn ich also Selbstmord begehe, weil mir das Leben mehr Schmerz als Annehmlichkeiten bietet, dann ist meine Maxime: „Wenn das Leben mir mehr Schmerz als Annehmlichkeiten bietet, will ich Selbstmord begehen." Hier nimmt man an, dass sich nicht bloß ein Impuls oder eine Triebfeder in meiner Handlung auswirkt, sondern ein allgemeiner Grundsatz, ein Grundsatz, den ich auf jede ähnliche Situation anwenden würde.

Herbert James Paton, Der kategorische Imperativ, S. 59

M5 Gesetze des Handelns

Alles in der Natur wirkt nach Gesetzen insoweit, als sein Wirken von den Gesetzen von Ursache und Wirkung beherrscht wird; aber obwohl ein Stein nach den Regeln des Gravitationsgesetzes fällt, fällt er (soweit wir wissen) nicht nach seiner Vorstellung dieses Gesetzes. Die Bewegungen und Funktionen des menschlichen Körpers und – nach Kant – sogar des menschlichen Geistes werden gleichfalls von Naturgesetzen, darunter auch dem Gesetz von Ursache und Wirkung, beherrscht. Aber beim Handeln liegt noch etwas mehr vor. Dass jede Handlung ihr subjektives Prinzip hat, ist das Erste, woran Kant denkt, wenn er sagt, dass ein vernünftiges Wesen nach Prinzipien handelt oder nach der Vorstellung von Gesetzen und dass es nur so einen Willen hat. Eine Maxime des Handelns haben ist etwas anderes als sich des Gesetzes bewusst sein, nach dem uns Dinge geschehen oder nach dem sich sogar Dinge in uns abspielen. Der Physiker, der aus einem Flugzeug fällt, ist sich vielleicht bewusst, dass er jetzt nach den Regeln des Gravitationsgesetzes fällt; aber das Gravitationsgesetz kann nicht als Maxime seiner Handlung, des Fallens, angesehen werden.

nach Herbert James Paton, Der kategorische Imperativ, S. 88f.

M6 Das Forschungsprogramm der Moral

Es ist nicht schwer, Kants Gedankengang nachzuvollziehen: Genauso, wie es in der Physik möglich sein sollte, neben dem üblichen empirischen Teil auch einen rationalen, nicht-experimentellen Teil zu sehen, müsste es auch möglich sein, bei der Betrachtung menschlichen Verhaltens neben einem empirischen Bereich (Kant nennt ihn praktische Anthropologie) auch einen reinen, nicht-empirischen Bereich zu sehen (Kant nennt ihn Metaphysik der Sitten). Sollte man in diesem Bereich ein moralisches Gesetz mit absoluter Verbindlichkeit finden, muss es, um absolut zu gelten, *mit der reinen Vernunft begründet werden, und nicht mit meiner Erfahrung, nicht mit der Natur des Menschen und nicht mit Umständen unserer Welt!* Ein Beispiel soll dies verdeutlichen: Begründe ich meine Ehrlichkeit im Umgang mit anderen Menschen damit, dass ich gute Erfahrungen dabei gemacht habe, dann gerät mein Prinzip der Ehrlichkeit ins Wanken, sollten einmal andere Umstände gegenteilige Erfahrungen hervorbringen. Ehrlichkeit wäre dann eine praktische Regel, wie Kant es ausdrückt, die man ändern kann, und nicht ein oberstes Prinzip der Moralität. Ein solches oberstes Prinzip zu finden, macht Kant zu seinem Programm [...].

Ralf Ludwig, Kant für Anfänger, S. 40f.

1 Beschreiben Sie Goyas Radierung und versuchen Sie den Titel zu erklären, indem Sie Beispiele des 20./21. Jahrhunderts heranziehen. ➜ M1

2 Erklären Sie die Begriffe Heteronomie und Autonomie, nehmen Sie dabei auch ein Lexikon zu Hilfe. ➜ M2/3

3 Formulieren Sie Maximen, die Ihr Leben und Ihr Handeln täglich bestimmen. ➜ M4

4 Erklären Sie den Unterschied zwischen Triebfedern, Naturgesetzen und Maximen. ➜ M4/5

5 Unterscheiden Sie Triebhandlungen von Willenshandlungen an Beispielen. Prüfen Sie, ob wir im ersten Fall von Handlungen reden können (vgl. auch S. 18f.). ➜ M4/5

6 Erläutern Sie, welchen Anspruch ein oberstes Prinzip der Moral nach Kant haben muss. ➜ M6

5 Der gute Wille

Moralisches Argumentieren

Eine wichtige Rolle, die die praktische Vernunft in den menschlichen Handlungen spielt, ist die Suche nach dem höchsten Gut, unabhängig von menschlichen Bedürfnissen und Wünschen. Nach Kant ist die praktische Vernunft dabei gerichtet auf:

1. ein bedingtes Gut: die Glückseligkeit,
2. ein unbedingtes Gut: den guten Willen.

Im Gegensatz zur überlieferten Moralphilosophie besteht das schlechthin Gute nicht in einem höchsten Gegenstand des Willens (z. B. der Eudämonie), sondern im guten Willen selbst.
Der Anfang der *Grundlegung zur Metaphysik der Sitten*, einer grundlegenden und einflussreichen Schrift der Moralphilosophie, beginnt mit der Bestimmung des an sich guten Willens.

Text: → **Kommentar:**

Es ist überall nichts in der Welt, ja überhaupt auch außer derselben zu denken möglich, was ohne Einschränkung für gut könnte gehalten werden, als allein ein *guter Wille*.

These: Nur ein guter Wille ist gut an sich bzw. absolut oder unbedingt gut. = zwei Teilthesen:
1. Außer dem guten Willen lässt sich nichts als absolut gut bezeichnen.
2. Der gute Wille ist ohne jede Einschränkung gut.

Verstand, Witz, Urteilskraft, und wie die *Talente* des Geistes sonst heißen mögen, oder Mut, Entschlossenheit, Beharrlichkeit im Vorsatze, als Eigenschaften des *Temperaments*, sind ohne Zweifel in mancher Absicht gut und wünschenswert; aber sie können auch äußerst böse und schädlich werden, wenn der Wille, der von diesen Naturgaben Gebrauch machen soll und dessen eigentümliche Beschaffenheit darum *Charakter* heißt, nicht gut ist.

1. Teil des Begründungsverfahrens:
Prüfung: Gibt es andere Güter, die uneingeschränkt gut sind?
Methode: Einteilung der natürlichen Eigenschaften des Menschen.
Ergebnis: Naturgaben sind moralisch indifferent; sie können sowohl gute wie auch schlechte Handlungen hervorbringen.
Fazit: Gut sind sie nur in Verbindung mit dem guten Willen.

Mit den *Glücksgaben* ist es eben so bewandt. Macht, Reichtum, Ehre, selbst Gesundheit, und das ganze Wohlbefinden und Zufriedenheit mit seinem Zustande, unter dem Namen der *Glückseligkeit*, machen Mut und hiedurch öfters auch Übermut, wo nicht ein guter Wille da ist, der den Einfluss derselben aufs Gemüt, und hiemit auch das ganze Prinzip zu handeln, berichtige und allgemeinzweckmäßig mache [...].

Prüfung: Wie steht es mit von außen kommenden Gütern?
Ergebnis: Auch die „Glücksgaben" können nur in Verbindung mit dem guten Willen gut sein.

Problem: Dass Macht und Reichtum nicht an sich gut sind, leuchtet ein, aber es ist schon etwas schwerer vorstellbar, dass selbst die Gesundheit oder die Glückseligkeit nicht etwas unbedingt Gutes ist.

Einige Eigenschaften sind sogar diesem guten Willen selbst beförderlich und können sein Werk sehr erleichtern, haben aber dem ungeachtet keinen innern unbedingten Wert, sondern setzen immer noch einen guten Willen voraus, der die Hochschätzung, die man übrigens mit Recht für sie trägt, einschränkt, und es nicht erlaubt, sie für schlechthin gut zu halten. Mäßigung in Affekten und Leidenschaften, Selbstbeherrschung und nüchterne

Kritik der Hauptaussage der aristotelischen Ethik:
Im Gegensatz zur überlieferten Moralphilosophie besteht das schlechthin Gute nicht in einem höchsten Gegenstand des Willens, etwa der Glückseligkeit wie bei Aristoteles, sondern im guten Willen selbst.

Überlegung sind nicht allein in vielerlei Absicht gut, sondern scheinen sogar einen Teil vom *innern* Werte der Person auszumachen; allein es fehlt viel daran, um sie ohne Einschränkung für gut zu erklären (so unbedingt sie auch von den Alten gepriesen worden). Denn ohne Grundsätze eines guten Willens können sie höchst böse werden, und das kalte Blut eines Bösewichts macht ihn nicht allein weit gefährlicher, sondern auch unmittelbar in unsern Augen noch verabscheuungswürdiger, als er ohne dieses dafür würde gehalten werden.

Beispiel: So sind z. B. Mut und Entschlossenheit für einen Kriminalkommissar unentbehrliche gute Eigenschaften, bei einem Bankräuber hingegen sind sie äußerst böse und schädlich.

Der gute Wille ist nicht durch das, was er bewirkt oder ausrichtet, nicht durch seine Tauglichkeit zu Erreichung irgendeines vorgesetzten Zweckes, sondern allein durch das Wollen, d. i. an sich gut, und, für sich selbst betrachtet, ohne Vergleich weit höher zu schätzen als alles, was durch ihn zu Gunsten irgendeiner Neigung, ja, wenn man will, der Summe aller Neigungen, nur immer zu Stande gebracht werden könnte.

2. Teil des Begründungsverfahrens: Was sind die Bedingungen für den guten Willen?

Antwort: Der gute Wille darf weder nach seinen Wirkungen noch als Mittel für eine bestimmte Wirkung beurteilt werden. Denn er ist an sich gut, d. h. allein gut durch das gute Wollen.

Folgerung: Daher hat er auch nicht sein Gutsein durch etwas, was außer ihm liegt, und sei es auch eine gute Wirkung.

Wenngleich durch eine besondere Ungunst des Schicksals oder durch kärgliche Ausstattung einer stiefmütterlichen Natur es diesem Willen gänzlich an Vermögen fehlte, seine Absicht durchzusetzen; wenn bei seiner größten Bestrebung dennoch nichts von ihm ausgerichtet würde und nur der gute Wille (freilich nicht etwa ein bloßer Wunsch, sondern als die Aufbietung aller Mittel, so weit sie in unserer Gewalt sind) übrig bliebe: so würde er wie ein Juwel doch für sich selbst glänzen, als etwas, das seinen vollen Wert in sich selbst hat.

Problem: So würde ein guter Wille, auch wenn er gar nichts bewirkt, seinen vollen Wert in sich selbst haben.

Die Nützlichkeit oder Fruchtlosigkeit kann diesem Werte weder etwas zusetzen noch abnehmen. Sie würde gleichsam nur die Einfassung sein, um ihn im gemeinen Verkehr besser handhaben zu können, oder die Aufmerksamkeit derer, die noch nicht genug Kenner sind, auf sich zu ziehen, nicht aber, um ihn Kennern zu empfehlen und seinen Wert zu bestimmen.

Folgerung: Wenn das so ist, dann kann das Gute eines guten Willens auch nicht vom Erfolg oder Misserfolg beim Erreichen der Wirkungen hergeleitet werden. Ein faktisch erreichter Nutzen ist lediglich eine „Einfassung des Juwels".

Immanuel Kant, Grundlegung zur Metaphysik der Sitten, S. 393f.

1 Der Text ist in Sinnabschnitte gegliedert. Formulieren Sie zu jedem Abschnitt die Frage, auf die der Text antwortet.

2 Fassen Sie die wichtigen Aussagen des Textes in Form von Thesen zusammen. Erläutern Sie jede These. Dazu können Sie
- auf den Text und den Kommentar zurückgreifen,
- die Gegenthesen ausformulieren und evtl. widerlegen,
- anhand von Beispielen die Thesen illustrieren.

3 Schreiben Sie einen eigenen Kommentar, in dem Sie Ihren Mitschülern die Grundgedanken des Textes erklären.

4 Antworten Sie in einem Kommentar auf den Text, indem Sie einzelne Aussagen, denen Sie nicht unbedingt zustimmen können, kritisch durchleuchten.

6 Pflicht und Neigung

M1 Warum helfen wir?

Touristin bei der Erstversorgung gestrandeter Bootsflüchtlinge auf Teneriffa, 2006

M2 Pflichtmäßiges Handeln aus Pflicht

Ich übergehe hier alle Handlungen, die schon als pflichtwidrig erkannt werden, ob sie gleich in dieser oder jener Absicht nützlich sein mögen; denn bei denen ist gar nicht einmal die Frage, ob sie *aus Pflicht* geschehen sein mögen, da sie dieser sogar widerstreiten. Ich setze auch die Handlungen bei Seite, die wirklich pflichtmäßig sind, zu denen aber Menschen unmittelbar *keine Neigung* haben, sie aber dennoch ausüben, weil sie durch eine andere Neigung dazu getrieben werden. Denn da lässt sich leicht unterscheiden, ob die pflichtmäßige Handlung *aus Pflicht* oder aus selbstsüchtiger Absicht geschehen sei.
Weit schwerer ist dieser Unterschied zu bemerken, wo die Handlung pflichtmäßig ist und das Subjekt noch überdem *unmittelbare* Neigung zu ihr hat. Z. B. es ist allerdings pflichtmäßig, dass der Krämer seinen unerfahrnen Käufer nicht überteure, und, wo viel Verkehr ist, tut dieses auch der kluge Kaufmann nicht, sondern hält einen festgesetzten allgemeinen Preis für jedermann, so dass ein Kind eben so gut bei ihm kauft, als jeder anderer. Man wird also *ehrlich* bedient; allein das ist lange nicht genug, um deswegen zu glauben, der Kaufmann habe aus Pflicht und Grundsätzen der Ehrlichkeit so verfahren; sein Vorteil erforderte es; dass er aber überdem noch eine unmittelbare Neigung zu den Käufern haben sollte, um gleichsam aus Liebe keinem vor dem andern im Preise den Vorzug zu geben, lässt sich hier nicht annehmen. Also war die Handlung weder aus Pflicht, noch aus unmittelbarer Neigung, sondern bloß in eigennütziger Absicht geschehen.

Immanuel Kant, Grundlegung zur Metaphysik der Sitten, S. 397

M3 Wo bleibt die Neigung?

Wohltätig sein, wo man kann, ist Pflicht, und überdem gibt es manche so teilnehmend gestimmte Seelen, dass sie, auch ohne einen andern Bewegungsgrund der Eitelkeit oder des Eigennutzes, ein inneres Vergnügen daran finden, Freude um sich zu verbreiten, und die sich an der Zufriedenheit anderer, so fern sie ihr Werk ist, ergötzen können. Aber ich behaupte, dass in solchem Falle dergleichen Handlung, so pflichtmäßig, so liebenswürdig sie auch ist, dennoch keinen wahren sittlichen Wert habe, sondern mit andern Neigungen zu gleichen Paaren gehe, z. E. der Neigung nach Ehre, die, wenn sie glücklicherweise auf das trifft, was in der Tat gemeinnützig und pflichtmäßig, mithin ehrenwert ist, Lob und Aufmunterung, aber nicht Hochschätzung verdient; denn der Maxime fehlt der sittliche Gehalt, nämlich solche Handlungen nicht aus Neigung, sondern *aus Pflicht* zu tun.

Immanuel Kant, Grundlegung zur Metaphysik der Sitten, S. 398

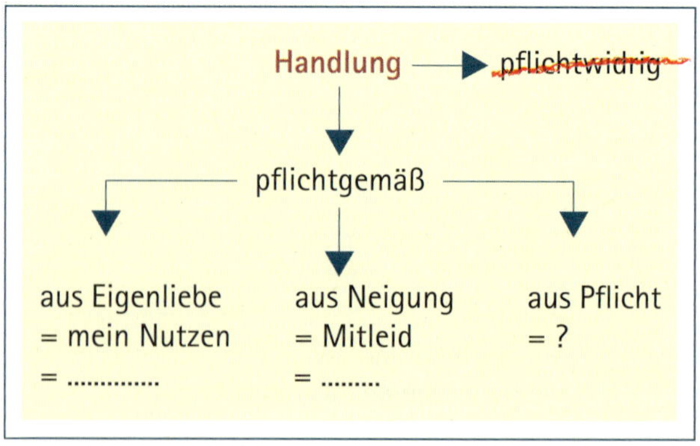

M4 Pflicht: Handlung aus Achtung fürs Gesetz

Der Kern der kantischen Ethik lässt sich in drei Sätzen zusammenfassen:

1. Die Handlung hat nur dann moralischen Wert, wenn sie pflichtgemäß und aus Pflicht geschieht.
2. Die Handlung aus Pflicht hat ihren moralischen Wert nicht in den Folgen, sondern in der Maxime.
3. Pflicht ist die Notwendigkeit einer Handlung aus Achtung für das moralische Gesetz, also Selbstverpflichtung im Sinne von Selbstachtung.

M5 Achtung – ein Gefühl der Vernunft

Wir wollen jetzt versuchen, moralische Handlungen positiver zu beschreiben. *Aus Pflicht handeln ist aus Achtung fürs Gesetz handeln.*

Hier stoßen wir auf zwei neue Gesichtspunkte. Erstens hat die moralische Handlung eine Gefühlsseite, die man „Achtung" nennen kann. Zweitens suchen wir mit der moralischen Handlung ein Gesetz zu befolgen, für das wir Achtung empfinden, und deshalb muss die moralische Maxime heißen: *„Ich will das Gesetz befolgen."* [...] Wir wollen zunächst die Natur dieses Gefühls betrachten.

Es ist falsch, wenn man Kants Haltung gegenüber der Moralität als kalt und herzlos ansieht. Wir haben schon gesehen, dass seiner Ansicht nach – im Gegensatz zur allgemeinen Überzeugung – Neigung oder Gefühl in einer moralischen Handlung vorhanden sein können, obwohl die Handlung ihren besonderen moralischen Wert nur insoweit besitzt, als sie aus Pflicht geschehen ist. [...] Jetzt müssen wir einsehen, dass es ein besonderes Gefühl gibt, das nach Kants Überzeugung in Handlungen vorhanden ist, die aus Pflicht geschehen sind. [...] Für Kant ist das Gefühl der Achtung einzigartig. Es ist nicht auf irgendein sinnlich gegebenes Objekt gerichtet, noch ist es mit der Befriedigung unserer natürlichen Neigungen verknüpft. Das Gefühl der Achtung entsteht aus dem Bewusstsein der Unterordnung meines Willens unter ein Gesetz ohne die Vermittlung irgendwelcher Gegenstände der Sinne. In Kants Sprache ist es ein „durch einen Vernunftbegriff selbstgewirktes Gefühl".

Herbert James Paton, Der kategorische Imperativ, S. 63-65

M6 Gegenstand der Achtung

Achtung geht jederzeit nur auf Personen, niemals auf Sachen. Die Letzteren können *Neigung*, und, wenn es Tiere sind (z. B. Pferde, Hunde etc.), sogar *Liebe*, oder auch *Furcht*, wie das Meer, ein Vulkan, ein Raubtier, niemals aber *Achtung* in uns erwecken. Etwas, was diesem Gefühl schon näher tritt, ist *Bewunderung*, und diese, als Affekt, das Erstaunen, kann auch auf Sachen gehen, z. B. himmelhohe Berge, die Größe, Menge und Weite der Weltkörper, die Stärke und Geschwindigkeit mancher Tiere, usw. Aber alles dieses ist nicht Achtung. Ein Mensch kann mir auch ein Gegenstand der Liebe, der Furcht oder der Bewunderung, sogar bis zum Erstaunen und doch darum kein Gegenstand der Achtung sein. Seine scherzhafte Laune, sein Mut und Stärke, seine Macht, durch seinen Rang, den er unter anderen hat, können mir dergleichen Empfindungen einflößen, es fehlt aber immer noch an innerer Achtung gegen ihn.

Immanuel Kant, Kritik der praktischen Vernunft, S. 76

1 Schreiben Sie einen Zeitungskommentar zu dem Bild. → M1

2 Analysieren Sie den Argumentationsgang des Textes. → M2
Ausgeschlossen werden: ...
Untersucht wird: ...
Fazit ist: ...

3 Übertragen Sie das Schema aus dem Kasten und vervollständigen Sie es, indem Sie M4 und M5 berücksichtigen. → M4/5

4 Überprüfen Sie den moralischen Wert einer Handlung an folgendem Beispiel:
Ich erweise einem Menschen einen Dienst und fühle mich danach gut. → M4

5 Schreiben Sie einen fiktionalen Text in der ersten oder dritten Person über einen Menschen,
- den fremde Not nicht rührt, weil er mit seiner eigenen genug beschäftigt ist,
- der aber, obwohl ihn keine Neigung dazu treibt, anderen aus Pflicht Gutes tut (Beispiel nach Kant, *Grundlegung zur Metaphysik der Sitten*).

6 Grenzen Sie die Gefühle der Neigung und der Achtung gegeneinander ab. → M3-6

7 Finden Sie ein Beispiel für einen Menschen, der uns Achtung abnötigt. → M6

7 Willst du X, wähle Y!

M1 Regeln der Geschicklichkeit

Wie die praktische Vernunft in der Handlungsbestimmung das menschliche Handeln wirklich beeinflusst, zeigt Kant an den Imperativen der praktischen Vernunft. Imperative sind praktische objektive Gesetze, sie gelten für jedermann und unterscheiden sich von den bloß subjektiven Maximen. Auf die praktische Grundfrage „Was soll ich tun?" antworten Imperative nicht mit äußeren und inneren Zwängen, sondern mit mehr oder weniger anerkannten Gründen der Vernunft.

Im Bereich des *unteren Begehrungsvermögens* ist es die Aufgabe der empirisch praktischen Vernunft, die Bedürfnisse, die nach dem Nützlichen und dem Glück ausgerichtet sind, optimal zu befriedigen. Sie entdeckt Regeln, *hypothetische Imperative,* die vorschreiben, was der Handelnde tun soll, wenn er erreichen will, was er begehrt. Bei den hypothetischen Imperativen, es sind vor allem *Regeln der Geschicklichkeit,* geht es um die Bestimmung der optimalen Wahl der Mittel zur Erreichung eines Ziels oder Zwecks, der nicht notwendigerweise ein moralisch guter oder vertretbarer Zweck sein muss. Hierunter fallen technische Vorschriften, die richtigen Mittel zur Erstellung des beabsichtigten Produkts zu wählen.

M2 Der Zweck heiligt die Mittel

Alle Wissenschaften haben irgendeinen praktischen Teil, der aus Aufgaben besteht, dass irgendein Zweck für uns möglich sei, und aus Imperativen, wie er erreicht werden könne. Diese können daher überhaupt Imperative der *Geschicklichkeit* heißen. Ob der Zweck vernünftig und gut sei, davon ist hier gar nicht die Frage, sondern nur, was man tun müsse, um ihn zu erreichen. Die Vorschriften für den Arzt, um seinen Mann auf gründliche Art gesund zu machen, und für einen Giftmischer, um ihn sicher zu töten, sind insofern von gleichem Wert, als eine jede dazu dient, ihre Absicht vollkommen zu bewirken.

Immanuel Kant, Grundlegung zur Metaphysik der Sitten, S. 415

M3 Das Dilemma technischer Imperative

Vernunft gegen Freiheit
Porsche, Symbol für das Auto als Lebensgefühl, schadet der Umwelt im Übermaß – sagt die EU. Die EU, Wächter über den Klimaschutz, erlässt Regeln, die das Recht auf Luxus begraben – sagt Porsche. Dahinter steht der Zusammenstoß zweier Lebenswelten, die nicht miteinander vereinbar sind.

Die EU fordert von der Automobilindustrie eine drastische Reduzierung des CO_2-Ausstoßes. Ab dem Jahr 2012 darf ein Neuwagen EU-weit nur noch 130 Gramm Kohlendioxid pro Kilometer in die Luft entlassen. Porsche stößt im Schnitt 282 Gramm pro Kilometer aus, viel mehr als andere.

Für Porsche wäre die Erfüllung der EU-Norm ein Rückschritt der bisher erreichten Automobiltechnik. „Wollten wir erreichen, was die EU will, müssten wir andere Autos bauen. Solche mit 100 PS. Dann aber wäre Porsche nicht mehr Porsche." Porsche baut Motoren, vielleicht die besten der Welt. Der gemeine Boxster braucht sechs Sekunden von null auf hundert, 245 PS, 258 km/h, der 911 Turbo Cabriolet braucht gut vier Sekunden, 480 PS, 310 km/h. Der Achtzylindermotor des Cayenne sei heute, was den mechanischen Wirkungsgrad angehe, absolute Spitze, und der neue Carrera mit dem neuen Motor und dem neuen Hochleistungsgetriebe, einem Doppelkupplungsgetriebe, dieser neue Carrera lasse sich mit acht Litern auf hundert Kilometer fahren. Mit mehr als 300 PS im Rücken. Physikalisch sei nicht darstellbar, was die Brüsseler wollten, außer Porsche verleugne fortan seine Identität. Aber opfere man Porsche, opfere man ein Stück deutsche Kultur.

nach Erwin Koch, Der Spiegel, 43/2008, S. 94-100

M4 Ratschläge der Klugheit

Die technischen Imperative der Geschicklichkeit haben mit den *Ratschlägen der Klugheit*, einer zweiten Stufe hypothetischer Imperative, gemeinsam, dass ihre Gültigkeit unter der Voraussetzung steht: Wenn du den Zweck willst, dann wähle die geeigneten Mittel. Unterschieden aber ist der zu erreichende Zweck, denn die pragmatischen Imperative der Klugheit schreiben Handlungen vor, die die tatsächliche Absicht bedürftiger Vernunftwesen befördern: die *Glückseligkeit*. Glück, so behauptet Kant, ist der tatsächliche Zweck, den sich jedes bedürftige Vernunftwesen setzt. Die Schwierigkeit liegt nur darin, dass der Begriff der Glückseligkeit als Endzweck so unbestimmt und ungenau ist. Darum kann die Klugheit zur Erreichung der Glückseligkeit nur individuelle Ratschläge geben.

M5 Paradoxien des Glücks

Allein es ist ein Unglück, dass der Begriff der Glückseligkeit ein so unbestimmter Begriff ist, dass, obgleich jeder Mensch zu dieser zu gelangen wünscht, er doch niemals bestimmt und mit sich selbst einstimmig sagen kann, was er eigentlich wünsche und wolle.

Die Ursache davon ist: dass alle Elemente, die zum Begriff der Glückseligkeit gehören, insgesamt empirisch sind, d. i. aus der Erfahrung müssen entlehnt werden, dass gleichwohl zur Idee der Glückseligkeit ein absolutes Ganzes, ein Maximum des Wohlbefindens, in meinem gegenwärtigen und jedem zukünftigen Zustande erforderlich ist.

Nun ist's unmöglich, dass das einsehendste und zugleich allervermögendste, aber doch endliche Wesen sich einen bestimmten Begriff von dem mache, was er hier eigentlich wolle. Will er Reichtum, wie viel Sorge, Neid und Nachstellung könnte er sich dadurch nicht auf den Hals ziehen! Will er viel Erkenntnis und Einsicht, vielleicht könnte das ein nur um desto schärferes Auge werden, um die Übel, die sich für ihn jetzt noch verbergen und doch nicht vermieden werden können, ihm nur um desto schrecklicher zu zeigen, oder seinen Begierden, die ihm schon genug zu schaffen machen, noch mehr Bedürfnisse aufzubürden. Will er ein langes Leben, wer steht ihm dafür, dass es nicht ein langes Elend sein würde? Will er wenigstens Gesundheit, wie oft hat noch Ungemächlichkeit des Körpers von Ausschweifung abgehalten, darein unbeschränkte Gesundheit würde haben fallen lassen, usw.

Kurz, er ist nicht vermögend, nach irgendeinem Grundsatze, mit völliger Gewissheit zu bestimmen, was ihn wahrhaftig glücklich machen werde, darum, weil hiezu Allwissenheit erforderlich sein würde. Man kann also nicht nach bestimmten Prinzipien handeln, um glücklich zu sein, sondern nur nach empirischen Ratschlägen, z. B. der Diät, der Sparsamkeit, der Höflichkeit, der Zurückhaltung usw., von welchen die Erfahrung lehrt, dass sie das Wohlbefinden im Durchschnitt am meisten befördern.

Immanuel Kant, Grundlegung zur Metaphysik der Sitten, S. 418

1. Grenzen Sie noch einmal genau Maximen gegen Imperative ab. ➔ M1/2
2. Stellen Sie dar, inwiefern die Zwecksetzung die Wahl der Verhaltensregeln impliziert. ➔ M2/3
3. Analysieren Sie die Zweck-Mittel-Relation (Willst du X, wähle Y!) anhand des Beispiels, indem Sie die Zwecksetzung bestimmen und die Wahl der tauglichen Mittel untersuchen. ➔ M3

	Zielsetzung	Mittel	Imperative
Porsche:			
EU:			

4. Erläutern Sie, inwiefern die technischen Imperative, nach denen sich Porsche richtet, mit den Ratschlägen der Klugheit, die die EU fordert, kollidieren. ➔ M3
5. Spielen Sie das Problem technischer Imperative an einem anderen Beispiel durch, z. B. Tempolimit auf deutschen Autobahnen.
6. Warum ist es unmöglich, verbindlich zu bestimmen, wie wir unser Glück erreichen können (vgl. hierzu auch S. 129)? ➔ M4/5
7. Finden Sie aktuelle Ratschläge für ein glückliches Leben: z. B. Diät, Reichtum. ➔ M4/5
8. Schreiben Sie einen Ratgeber des Glücks, der die kantischen Gedanken berücksichtigt.

8 Der Moraltest

M1 Soll ich oder soll ich nicht?

Als Richard am Bankautomaten Geld abhob, erlebte er eine erfreuliche Überraschung: Obwohl er den Betrag von einhundert Pfund eingab, bekam er zehntausend Pfund ausgezahlt – mit einer Quittung über hundert. Zuhause überprüfte er seinen Kontostand online und stellte fest, dass ihm tatsächlich nur einhundert Pfund abgebucht worden waren. Er versteckte die Scheine an einem sicheren Ort, weil er fest damit rechnete, dass die Bank den Fehler bald bemerken und das Geld zurückfordern würde. Doch Wochen später hatte sich immer noch niemand gemeldet. Nach zwei Monaten war Richard sicher, dass die Bank ihn nicht mehr kontaktieren würde, und machte sich auf den Weg zum BMW-Händler.

Unterwegs bekam er ein schlechtes Gewissen. Hatte er die Bank nicht bestohlen? Nun, dachte er, davon konnte nicht die Rede sein, denn schließlich hatte er das Geld ja nicht absichtlich genommen, sondern ungefragt erhalten. Für die Bank waren das Peanuts, und bestimmt hatte sie für solche Fälle eine gute Versicherung. Letztlich war alles der Fehler der Bank – sie brauchte sich nur um ein besseres Sicherheitssystem zu bemühen. Nein, es handelte sich definitiv nicht um einen Diebstahl, sondern um den größten Glücksfall, der ihm je widerfahren war.

Julian Baggini, 100 philosophische Gedankenspiele, S. 48

M2 Ein Handlungstest

Es gibt verschiedene Arten von Handlungstests, die einem dabei helfen sollen, ethische Entscheidungen mit Hilfe der Vorstellungskraft zu treffen.

- **Der Öffentlichkeitstest:** Wie würde ich mich fühlen, wenn über meine Handlungen, von denen ich mir vorstelle, dass ich sie tun würde, in der Zeitung oder im Fernsehen berichtet werden würde?
- **Der Mentorentest:** Wie würde ich mich fühlen, wenn meine Handlungen von meinem am meisten verehrten Mentor (etwa meinem Professor, Vater, Mutter oder Priester) gesehen würden?
- **Der Vorbildtest:** Was täte mein größtes Vorbild an meiner Stelle? (Die religiöse Formulierung dieses Tests lautete „Was würde Jesus tun?")
- **Der Spiegeltest:** Wenn ich dies tue, kann ich dann noch mit einem Gefühl von Stolz und Würde in den Spiegel schauen?

Tom Morris, Philosophie für Dummies, S. 149f.

M3 Das falsche Versprechen

Ein anderer sieht sich durch Not gedrungen, Geld zu borgen. Er weiß wohl, dass er nicht wird bezahlen können, sieht aber auch, dass ihm nichts geliehen werden wird, wenn er nicht festiglich verspricht, es zu einer bestimmten Zeit zu bezahlen. Er hat Lust, ein solches Versprechen zu tun; noch aber hat er so viel Gewissen, sich zu fragen: Ist es nicht unerlaubt und pflichtwidrig, sich auf solche Art aus Not zu helfen?

Gesetzt, er beschlösse es doch, so würde seine Maxime der Handlung so lauten: Wenn ich mich in Geldnot zu sein glaube, so will ich Geld borgen und versprechen es zu bezahlen, ob ich gleich weiß, es werde niemals geschehen. Nun ist dieses Prinzip der Selbstliebe oder der eigenen Zuträglichkeit mit meinem ganzen künftigen Wohlbefinden vielleicht wohl zu vereinigen, allein jetzt ist die Frage: ob es recht sei?

Der Moraltest:

1. Beschreibe das moralische Dilemma.

2. Formuliere eine zweckrationale Maxime (immer wenn ..., dann ...).

Ich verwandle also die Zumutung der Selbstliebe in ein allgemeines Gesetz und richte die Frage so ein: wie es dann stehen würde, wenn meine Maxime ein allgemeines Gesetz würde. Da sehe ich nun sogleich, dass sie niemals als allgemeines Naturgesetz gelten und mit sich selbst zusammenstimmen könne, sondern sich notwendig widersprechen müsse. Denn die Allgemeinheit eines Gesetzes, dass jeder, nachdem er in Not zu sein glaubt, versprechen könne, was ihm einfällt, mit dem Vorsatz, es nicht zu halten, würde das Versprechen und den Zweck, den man damit haben mag, selbst unmöglich machen, indem niemand glauben würde, dass ihm was versprochen sei, sondern über alle solche Äußerung als eitles Vorgeben lachen würde.

Immanuel Kant, Grundlegung zur Metaphysik der Sitten, S. 422

3. Überprüfe diese Maxime im Verallgemeinerungstest.

4. Ergebnis: Denkunmöglichkeit der zweckrationalen Maxime als allgemeines Gesetz

5. Fazit für die Anwendung in der Praxis

M4 Formeln des kategorischen Imperativs

Der kategorische Imperativ bestimmt, welche Maximen zur Bestimmung einer moralisch guten Handlung tauglich sind. Die allgemeine Gesetzesfähigkeit der Maxime, die sie für jedes sinnlich-vernünftige Wesen zum unbedingten objektiven Prinzip macht, wird ausgedrückt durch die **Grundformel:** *„Handle nur nach derjenigen Maxime, durch die du zugleich wollen kannst, dass sie ein allgemeines Gesetz werde."*

Dies setzt folgende Annahmen voraus:

1. Das Prinzip moralischen Handelns muss für alle vernünftigen Wesen dasselbe sein, es darf keine Ausnahmen zugunsten subjektiver Vorlieben zulassen.
2. Das oberste moralische Gesetz muss allgemein sein, d. h. objektiv und unpersönlich – unparteiisch, als solches kann es aber nur die Form der moralischen Verbindlichkeit enthalten.

Während die erste Formulierung nur die Form betrifft, gibt dagegen die **Naturgesetzformel** eine inhaltliche Bestimmung: *„Handle so, als ob die Maxime deiner Handlung durch deinen Willen zum allgemeinen Naturgesetz werden sollte."*

Durch die vorsichtige Formulierung „als ob" wird das Sittengesetz nicht zum Naturgesetz im empirischen Sinne, sondern Kant überträgt nur die Form der Gesetzmäßigkeit. Analog formulieren wir eine Regel, die wie die Naturgesetze ohne Ausnahme, bedingungslos gültig wäre. Kant fordert den Handelnden auf, sich selbst zu fragen, „ob die Handlung, die du vorhast, wenn sie nach einem Gesetz der Natur, von der du selbst ein Teil wärest, geschehen sollte, du sie wohl als durch deinen Willen möglich ansehen könntest".

Formeln des kategorischen Imperativs

Grundformel
Handle nur nach derjenigen Maxime, durch die du zugleich wollen kannst, dass sie ein allgemeines Gesetz werde.

Formel des Naturgesetzes
Handle so, als ob die Maxime deiner Handlung durch deinen Willen zum allgemeinen Naturgesetz werden sollte.

Formel des Zweckes an sich selbst
Handle so, dass du die Menschheit, sowohl in deiner Person, als in der Person eines jeden andern, jederzeit zugleich als Zweck, niemals bloß als Mittel brauchst.

1 Teilen Sie sich in vier Gruppen und wenden Sie je einen Test auf das gegebene Beispiel an. ➜ M1/2

2 Übertragen und vervollständigen Sie die Randspalte „Moraltest". ➜ M3

3 Wenden Sie den kantischen Moraltest auf das Anfangsbeispiel an. ➜ M1/3

4 Stellen Sie dar, inwiefern sich der kantische Moraltest von den anderen Handlungstests unterscheidet. ➜ M2-4

5 Wenden Sie den kantischen Moraltest auf das Beispiel des Schwarzfahrens an:
Ich beabsichtige, mit den öffentlichen Verkehrsmitteln in die Stadt zu fahren, möchte aber den Fahrpreis sparen. So steige ich ohne Fahrkarte in die U-Bahn, in der Hoffnung, nicht erwischt zu werden.

*9 Das System der Pflichten

M1 Einteilung der Pflichten

Moralische Pflichten	vollkommene Pflichten	unvollkommene Pflichten
Pflichten gegen sich selbst	Selbstmord-verbot	Verbot der Nicht-entwicklung eige-ner Fähigkeiten
Pflichten gegen andere	Verbot des falschen Versprechens	Verbot der Gleichgültigkeit gegen fremde Not

Die Prüfung der Verallgemeinerbarkeit der Maxime führt Kant unter zwei systematischen Aspekten vor. Die erste und strengere Form der Verallgemeinerung betrifft die vollkommenen Pflichten und überlegt, ob sich eine Maxime als allgemeines Gesetz widerspruchsfrei *denken* lässt. Die zweite und schwächere Form des Gedankenexperiments der Verallgemeinerung prüft, ob man die Maxime als allgemeines Gesetz auch widerspruchslos *wollen* kann. Kant teilt die moralischen Pflichten gemäß der Tradition einerseits in vollkommene und unvollkommene Pflichten und andererseits in Pflichten gegenüber sich selbst und solche gegenüber anderen, wobei die *eigene Vollkommenheit* und die *Glückseligkeit der anderen* als Orientierungsprinzipien gelten. Die Verbindung beider Einteilungen ergibt insgesamt vier Klassen von Pflichten:
Anhand von vier Fällen bringt Kant jeweils ein Beispiel für eine nicht verallgemeinerungsfähige Maxime. Bei den vollkommenen Pflichten gegenüber sich selbst erörtert er das Selbstmordverbot, bei den vollkommenen Pflichten gegenüber anderen das Verbot eines falschen, lügnerischen Versprechens, bei den unvollkommenen Pflichten gegenüber sich selbst das Verbot, seine Talente und Fähigkeiten nicht zu nutzen, und bei den unvollkommenen Pflichten gegenüber anderen das mit dem Utilitarismus verwandte Verbot der Gleichgültigkeit gegenüber fremder Not. In dem Verfahren der Verallgemeinerung wird in allen vier Fällen ein Gedankenexperiment durchgeführt, in dem sich die Frage stellt, ob die zur Untersuchung stehende Maxime als ein allgemeines Gesetz des Lebens und Zusammenlebens gedacht und gewollt werden kann.

M2 Rechts- und Tugendpflichten

Alle Pflichten sind entweder Rechtspflichten, d. i. solche, für welche eine äußere Gesetzgebung möglich ist, oder Tugendpflichten, für welche eine solche nicht möglich ist.

Immanuel Kant, Metaphysik der Sitten, S. 240

Die Pflichten, die der Mensch gegenüber anderen hat, sind teils Achtungs-, teils Liebespflichten. Die Gefahren, die das Zusammenleben der Menschen als moralische Wesen in ihrer Gemeinschaft bedrohen, sind *Hochmut, Afterreden* [üble Nachrede] und die *Verhöhnung*. Das, was die *Pflicht der Achtung* fordert, die Negation dieser *Laster*, schuldet ein Mensch dem anderen gleichsam als Minimum eines moralischen Miteinanders. Positiv und über das Geschuldete hinaus wird die Tugend in *Liebespflichten* wirksam, zu denen vor allem *Wohltätigkeit, Dankbarkeit* und *Teilnahme* gehören. Kant verzichtet damit entschieden auf Mitleid als eine Triebkraft, die pathologisch [triebhaft] auf den Willen einwirkt; seine Moral widerspricht nicht nur hier christlichen Vorstellungen.

nach Uwe Schultz, Kant, S. 134

M3 Legalität – Moralität

Man nennt die bloße Übereinstimmung oder Nichtübereinstimmung einer Handlung mit dem Gesetze ohne Rücksicht auf die Triebfeder derselben die *Legalität* (Gesetzmäßigkeit), diejenige aber, in welcher die Idee der Pflicht aus dem Gesetze zugleich die Triebfeder der Handlung ist, die *Moralität* (Sittlichkeit) derselben. Die Pflichten nach der rechtlichen Gesetzgebung können nur äußere Pflichten sein, weil diese Gesetzgebung nicht verlangt, dass die Idee dieser Pflicht, welche innerlich ist, für sich selbst Bestimmungsgrund der Willkür des Handelnden sei [...]. Aber eben darum, weil die ethische Gesetzgebung die innere Triebfeder der Handlung (die Idee der Pflicht) in ihr Gesetz mit einschließt, [...] so kann die ethische Gesetzgebung keine äußere (selbst nicht die eines göttlichen Willens) sein.

Immanuel Kant, Metaphysik der Sitten, S. 219

M4 Recht und Moral

Kant lehnt jede Moralisierung des Rechts ab. Denn als die Vernunft im menschlichen Zusammenleben, als sittliches Recht oder politische Gerechtigkeit, fällt das Recht weder seinen Inhalten noch seinen Triebfedern nach mit der Vernunft des handelnden Subjekts, der personalen Sittlichkeit, zusammen. Folgerichtig gehört von den in der Tugendlehre entwickelten spezifischen Pflichten persönlicher Moral die erste Gruppe, die Pflichten zur eigenen Vollkommenheit, auf keinen Fall zu den Rechtspflichten. Deshalb hat Kant zum Beispiel den Selbstmord zwar für moralisch unerlaubt gehalten, aber die Versuche von Juristen seiner Zeit kritisiert, die Erhaltung des eigenen Lebens zu einer Rechtspflicht zu machen. Selbst bei der zweiten Gruppe, den Pflichten gegen andere, sind die Pflichten der Wohltätigkeit, der Dankbarkeit und des Mitleids bloße Tugendpflichten. Zu den Rechtspflichten gehören nur jene sozialen Verbindlichkeiten, deren Missachtung wie beispielsweise der Vertragsbruch, der Diebstahl oder das Töten die Koexistenz äußerer Freiheit a priori unmöglich machen. Und sogar in diesem Bereich ist man nicht verpflichtet, die Rechtsverbindlichkeiten frei anzuerkennen; man darf sie aufgrund irgendwelcher Bestimmungsgründe, namentlich der Angst vor Strafen, erfüllen. *Otfried Höffe, Immanuel Kant, S. 216*

M5 Probleme der Tugendpflichten

Jeder kennt genügend Beispiele davon, wie – streng innerhalb der Legalität – Menschen einander das Leben zur Hölle machen können. Da wird Vertrauen untergraben, da werden Versprechen, auf die jemand seinen Lebensplan gegründet hatte, plötzlich als nichtig behandelt. Es gibt rechtlich ungreifbaren psychischen Sadismus, hämische Schadenfreude, es gibt die Ausnützung elementarer Gefühlsbindungen bis hin zur menschlichen Erniedrigung eines Partners – der Katalog menschlicher Bosheit ließe sich lange fortsetzen. In diesem Bereich werden Schäden angerichtet, die bei den Betroffenen alle Lebensfreude abtöten können, Schäden, die schwerer zu verschmerzen sind als der Verlust eines Zehnmarkscheins oder einer Flasche Wein, deren Diebstahl im Selbstbedienungsgeschäft dem Täter schon die Strenge des Gesetzes auf den Hals ziehen kann. [...] Warum ist Diebstahl strafbar, aber nicht die niederträchtige Lüge? Warum ist fahrlässige Körperverletzung (die doch jedem einmal unterlaufen kann) strafbar, nicht aber schreiender Undank, erkältende Herzlosigkeit und hämische Schadenfreude? Die Antwort scheint nahezuliegen: In allen Fällen, in denen der Staat rechtens Strafe androht, geht es um die Erhaltung eines *allgemeinen Rechtsguts*, das für das Funktionieren einer Gesellschaft von vitaler Bedeutung ist. Sicherheit, Frieden, Gewaltlosigkeit und Ordnung sind die wichtigsten unter diesen Rechtsgütern.

Günther Patzig, Ethik ohne Metaphysik, S. 14f., 19

1 Erarbeiten Sie in Gruppen die vier Beispiele aus der *Grundlegung zur Metaphysik der Sitten*. Warum können wir nicht wollen, dass Menschen ihre Fähigkeiten vernachlässigen oder gegen die Not anderer gleichgültig sind? → M1
2 Erstellen Sie eine Graphik, in der Sie Rechts- und Tugendpflichten, Achtungs- und Liebespflichten, Pflichten gegen sich selbst und gegen andere, Moralität und Legalität einander zuordnen. → M2/3
3 Gestalten Sie eine Podiumsdiskussion: Was sind die Grundlagen eines guten Zusammenlebens? → M4/5

10 Anwendung und Grenzen des kategorischen Imperativs

M1 Immer die Wahrheit sagen?

Wäre die Lüge gegen einen Mörder, der uns fragte, ob unser von ihm verfolgter Freund sich nicht in unser Haus geflüchtet hätte, moralisch verwerflich oder nicht?

nach Richard Osborne, Philosophie, S. 111

M2 Es kommt auf die Situation an

Nehmen wir das Beispiel der Lüge. Kant hat zwar bestritten, dass es irgendeine Situation geben könnte, in der es erlaubt sein könnte, zu lügen oder die Unwahrheit zu sagen. Aber er geht dabei von der irrigen Voraussetzung aus, es sei eine Handlung unter Menschen durch *einen* ihrer Charaktere schon voll bestimmt. Aber in den Fällen, in denen uns die sittliche Entscheidung schwer fällt, ist es regelmäßig anders. Da wäre eine Handlung zwar vielleicht einerseits eine Lüge, aber andererseits der einzige Weg, einen Menschen zu retten. Man denke an den Fall dessen, der einen politisch Verfolgten vor der Geheimpolizei verbirgt. Sagt er auf Fragen der Polizei die Wahrheit, so liefert er den Verfolgten einer ungerechten Anklage und Verurteilung aus. Ähnlich sehen sich auch demokratische Regierungen erpresserischen Drohungen von Entführern ausgesetzt. Hier stehen Pflicht zur Hilfe in Gefahr und Standfestigkeit gegenüber dem Unrecht in Konkurrenz. Man soll seine Versprechen einhalten, aber niemand wird seinen Kindern während einer gefährlichen Epidemie erlauben, schwimmen zu gehen, bloß weil er es ihnen vorher versprochen hat. Denn die Handlung, die eine Erfüllung des Versprechens wäre, wäre zugleich leichtsinnige Gefährdung von Leben und Gesundheit der uns anvertrauten Kinder. So viel ist wahr: Ein Versprechensbruch oder eine Lüge machen jede Handlung sittlich verwerflich, falls nicht noch andere, sittlich relevante Züge an ihr auftreten. Aber es können doch andere Faktoren hinzutreten, die diesen negativen Charakter wieder aufwiegen.

Günther Patzig, Ethik ohne Metaphysik, S. 59f.

M3 Der kantische Formalismus

Aber wozu fordert mich eigentlich der kategorische Imperativ auf? Worin besteht meine Pflicht? Auf diese Fragen gibt Kant in seiner Moralphilosophie keine inhaltliche Antwort wie zum Beispiel „Du sollst das Leid in der Welt vermindern“ oder „Du sollst immer deinen Vorgesetzten gehorchen“. [...] Diese Regel ähnelt einer mathematischen Formel, die immer gültig bleibt, egal was man in sie einsetzt. Wie 2 + 2 immer 4 ergibt und daher 2 Äpfel + 2 Äpfel = 4 Äpfel sind, so lässt sich auch der kategorische Imperativ auf jede möglich Situation anwenden. Wenn ich vor der Entscheidung stehe, ob ich die Wahrheit sagen oder lügen soll, dann muss ich prüfen, ob die Richtschnur meines Handelns für alle Menschen gelten könnte. Wenn ich beispielsweise dazu neige, nach dem Grundsatz zu handeln: „Ich darf in bestimmten Situationen lügen“ (etwa wenn es mir einen Vorteil verschafft), so muss ich mich fragen: Wäre die Kommunikation zwischen Menschen überhaupt noch möglich, wenn alle nach diesem Grundsatz verfahren – wenn alle zu ihrem Vorteil lügen? Nein. Deshalb kann die Lüge keine allgemeine Verhaltensregel sein, und darum kommt es nicht in Frage, dass ich lüge. Allein der Grundsatz: „Ich sage immer die Wahrheit“, kann – so meint Kant – für alle Menschen gelten.

Héctor Zagal / José Galindo, Ethik für junge Menschen, S. 144f.

M4 Aus Pflichtbewusstsein das absolut Böse tun

Adolf Eichmann (1906–1962), ehemaliger SS-Obersturmbannführer, war im Nationalsozialismus Hauptorganisator der Judentransporte in die Vernichtungslager. 1961 in Israel vor Gericht gestellt und angeklagt, führte er zu seiner Verteidigung aus:

Zur Norm habe ich die kantische Forderung erhoben, und zwar schon sehr lange. Nach dieser Forderung habe ich mein Leben ausgerichtet, und ich habe hier auch nicht Halt gemacht in meinen Apostrophierungen vor meinen eigenen Söhnen, wenn ich die Erkenntnis hatte, dass sie sich gehen ließen. [...]
Ich war nichts anderes als ein getreuer, ordentlicher, korrekter, fleißiger – und nur von idealen Regungen für mein Vaterland, dem anzugehören ich die Ehre hatte, beseelter – Angehöriger der SS und des Reichssicherheitshauptamtes. Ein innerer Schweinehund und ein Verräter war ich nie. Trotz gewissenhafter Selbstprüfung muss ich für mich feststellen, dass ich weder ein Mörder noch ein Massenmörder war. [...] Meine subjektive Einstellung zu den Dingen des Geschehens war mein Glaube an die Notwendigkeit eines totalen Krieges, weil ich an die steten Verkündigungen der Führung des damaligen Deutschen Reiches – Sieg in diesem totalen Krieg oder Untergang des deutschen Volkes – stets in zunehmendem Maße glauben musste. Aus dieser Einstellung heraus tat ich reinen Gewissens und gläubigen Herzens meine mir befohlene Pflicht.

Jochen von Lang, Das Eichmann-Protokoll, S. 250–252

M5 Mit Freude Gutes tun

Kant war der Ansicht, dass man dann von Sittlichkeit sprechen könne, wenn die Handlungen allein auf der Basis von Pflichten erfolgten. Er ging sogar so weit zu sagen, dass, wenn man eine Handlung gern tut und aus ihr Nutzen zieht und dies gar ein Teil der Motivation ausmacht, dass dann die Handlung nicht als ein reiner moralischer Akt zählen könne. Das stimmt so natürlich nicht. Einige der besten und moralischsten Handlungen sind von guten Menschen begangen worden, die Freude daran hatten, das Richtige zu tun. Diese Freude ist ein durchaus akzeptabler Teil ihrer Handlungsmotivation.

Tom Morris, Philosophie für Dummies, S. 124f.

M6 Gewissensskrupel und Entscheidung

Kant sagt, der Wert des Charakters hebe erst da an, wenn jemand, ohne Sympathie des Herzens, kalt und gleichgültig gegen die Leiden anderer, und nicht eigentlich zum Menschenfreunde geboren, doch bloß der leidigen Pflicht halber Wohltaten erzeigte. Diese, das echte moralische Gefühl empörende Behauptung, diese der christlichen Sittenlehre, welche die Liebe über alles setzt und ohne sie nichts gelten lässt, gerade entgegengesetzte Apotheose der Lieblosigkeit, diesen taktlosen, moralischen Pedantismus hat Schiller in zwei treffenden Epigrammen persifliert.

Arthur Schopenhauer, Über die Grundlage der Moral, S. 173

Gerne dien ich den Freunden, doch tu ich es leider mit Neigung,
Und so wurmt es mir oft, dass ich nicht tugendhaft bin.

Da ist kein anderer Rat! Du musst suchen, sie zu verachten,
Und mit Abscheu alsdann tun, wie die Pflicht dir gebeut.

Friedrich Schiller, Xenien, S. 743

1 Wiederholen Sie, was der kategorische Imperativ fordert, und überprüfen Sie, ob die Karikatur ihn richtig verstanden hat. ➜ M1

2 Begründen Sie, warum es nach der kantischen Ethik ausnahmslos verboten ist, die Unwahrheit zu sagen. ➜ M1/3

3 Stellen Sie in eigenen Worten den Konflikt dar, in den der Handelnde nach den Beispielen geraten kann. ➜ M2

4 Erläutern Sie an einem selbstgewählten Beispiel, welche Zusatzüberlegungen („andere Faktoren") angestellt werden müssen, um moralisch richtig zu handeln. ➜ M2

5 Die jüdische Philosophin Hannah Arendt schrieb als Berichterstatterin des Eichmann-Prozesses, dass Eichmanns unbewusste Einstellung dem entsprach, was er selbst den „kategorischen Imperativ für den Hausgebrauch des kleinen Mannes" nannte. Erläutern Sie das Zitat und diskutieren Sie das hier angesprochene Missverständnis kantischer Ethik. ➜ M4

6 Überprüfen Sie, ob Schiller in seinen Sinngedichten (M6) die kantische Ethik richtig verstanden hat. Würde Kant etwas dagegen haben, wenn die Neigung eine Handlung begleitet (s. auch S. 160f.)? ➜ M5/6

11 Instrumentalisiere niemanden!

M1 Dieser Junge näht Ihr Hemd

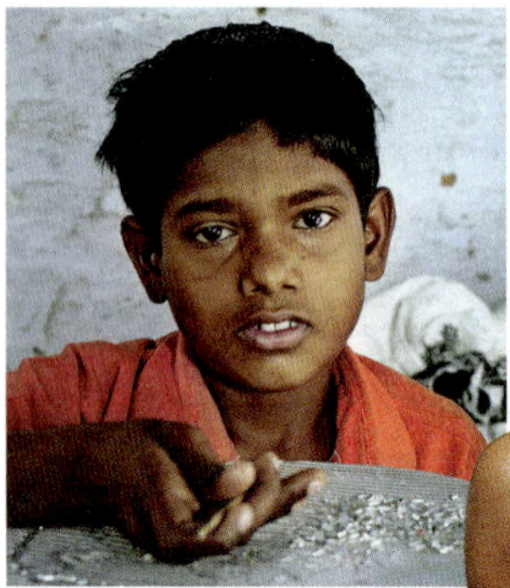

Mohammed aus Neu-Delhi, 10 Jahre alt

Necki-Top Nr. S40762 aus der Sommerkollektion eines deutschen Bekleidungshauses, bestickt mit 200 Perlen, Preis: 25,95 Euro

M2 Die Idee der Würde

Im Reiche der Zwecke hat alles entweder einen *Preis* oder eine *Würde*. Was einen Preis hat, an dessen Stelle kann auch etwas anderes als *Äquivalent* gesetzt werden; was aber dagegen über allen Preis erhaben ist, mithin kein Äquivalent verstattet, das hat eine Würde. Was sich auf die allgemeinen menschlichen Neigungen und Bedürfnisse bezieht, hat einen *Marktpreis*; [...] das aber, was die Bedingung ausmacht, unter der allein etwas Zweck an sich selbst sein kann, hat nicht bloß einen relativen Wert, d. i. einen Preis, sondern einen innern Wert, d. i. *Würde*.

Immanuel Kant, Grundlegung zur Metaphysik der Sitten, S. 434f.

M3 Was ist ein Opfer wert?

Mit der Aufgabe, den Wert der Anschlagsopfer vom 11. September zu bemessen, wurde der Rechtsanwalt Kenneth Feinberg betraut. Er rechnete zunächst die wirtschaftlichen Schäden aus, die Menschen erlitten, weil der Verdienst ihrer Angehörigen verloren war. Die Familien von erfolgreichen Bankern bekamen viel Geld, die von Putzfrauen weniger. Das war das Grundprinzip. Es gab aber auch eine Grenze: Mehr als 231 000 Dollar Jahreseinkommen wurden nicht ausgeglichen. Warum das Leben ihres Mannes, eines Feuerwehrmannes, eine Million Dollar weniger wert sei als das Leben eines Börsenmaklers, wollte eine Witwe wissen. „Weil Amerika so funktioniert", antwortete Feinberg.

M4 Jedes Menschenleben hat seinen Preis

Den Wert eines Menschen ausrechnen? Darf man das? Nach Zugunglücken oder Flugzeugabstürzen erhalten die Angehörigen Entschädigungen. An der Börse fällt der Kurs der Apple-Aktie, als Gerüchte die Runde machen, Apple-Chef Steve Jobs sei schwer erkrankt. Im staatlichen Gesundheitswesen der Engländer entscheidet ein Institut, dass es höchstens 30 000 Pfund kosten darf, das Leben um statistisch ein Jahr zu verlängern. Täglich wird der Wert des Menschen beziffert. Trotzdem erscheint die Frage, wie viel das Leben wert ist, den meisten Menschen als unethisch. In Umfragen geben sie an, das Leben sei ihnen unendlich viel wert oder es sei nicht in Geld auszudrücken. Doch sie verhalten sich nicht so. Sonst müssten sie alle auf dem Land wohnen, an jeder roten Ampel stehen bleiben und die Finger von Zigaretten lassen.

Das tun sie nicht. Und das ist unproblematisch, weil sie allein entscheiden. Schwierig wird es, wenn andere dem eigenen Leben einen Wert zuordnen. So etwa nach dem 11. September 2001, als die Familie eines umgekommenen Bankers höhere Entschädigungen erhielt als die eines Feuerwehrmanns. Oder im Gesundheitswesen, wenn ein Patient Leistungen nicht mehr erstattet bekommt, weil sie zu teuer sind. Oder nach einem Verkehrsunfall, wenn der stark verletzte Überlebende mehr Geld erhält als die Angehörigen der Toten. Über den Wert des Lebens zu bestimmen geht fast immer schief.

M3/4: Lisa Nienhaus / Winand von Petersdorff, Frankfurter Allgemeine Zeitung am Sonntag, 10.8.08, S. 38

M5 Der Mensch als Zweck an sich selbst

Nun sage ich: Der Mensch und überhaupt jedes vernünftige Wesen *existiert* als Zweck an sich selbst, *nicht bloß als Mittel* zum beliebigen Gebrauche für diesen oder jenen Willen, sondern muss in allen seinen sowohl auf sich selbst, als auch auf andere vernünftige Wesen gerichteten Handlungen jederzeit *zugleich als Zweck* betrachtet werden. [...]
Der Grund dieses Prinzips ist: *Die vernünftige Natur existiert als Zweck an sich selbst.* So stellt sich notwendig der Mensch sein eignes Dasein vor; sofern ist es also ein *subjektives* Prinzip menschlicher Handlungen. So stellt sich aber auch jedes andere vernünftige Wesen sein Dasein zufolge eben desselben Vernunftgrundes, der auch für mich gilt, vor; also ist es zugleich ein *objektives* Prinzip, woraus als einem obersten praktischen Grunde alle Gesetze des Willens müssen abgeleitet werden können. Der praktische Imperativ wird also folgender sein:
Handle so, dass du die Menschheit sowohl in deiner Person, als in der Person eines jeden andern jederzeit zugleich als Zweck, niemals bloß als Mittel brauchst.

Immanuel Kant, Grundlegung zur Metaphysik der Sitten, S. 428f.

M6 Dasein um seiner selbst willen

Das Grundgesetz proklamiert das Grundrecht auf Leben und die Unantastbarkeit der Menschenwürde. Dass diese Garantien als rechtlich verbindliche Garantien vorhanden sind, ist kein Zufall. Es waren die Erfahrungen aus der NS-Zeit, die dazu führten, dass gerade die Unverletzlichkeit und das Achtungsgebot der Menschenwürde sowie das Grundrecht auf Leben in das Grundgesetz aufgenommen wurden.
Die Anerkennung und Achtung der Würde des Menschen wurde bewusst an den Anfang des Grundgesetzes gestellt. Sie sollte das (normative) Fundament der neu zu errichtenden staatlichen Ordnung verdeutlichen, damit sich das, was während der NS-Herrschaft an Erniedrigung der Menschen, an Verletzung ihres Rechts, ihrer Freiheit, ihrer Würde geschehen war, nicht mehr wiederholen könne. Und man ließ es nicht dabei, die Unantastbarkeit der Würde des Menschen nur zu proklamieren, vielmehr fügte man dieser Proklamation den Satz an: „Sie zu achten und zu schützen ist Aufgabe aller staatlichen Gewalt." Damit wurden die Anerkennung und Achtung der Menschenwürde als verbindliches normatives Prinzip für alles staatliche Handeln und auch für das Zusammenleben in der Gesellschaft festgelegt. Das bedeutet, dass die Anerkennung und Achtung jedes Menschen als Subjekt, als Träger grundlegender Rechte und der Freiheit zu verantwortlichem Handeln, vorgegeben ist und nicht zur Disposition steht.
Somit steht ein Halte- und Orientierungspunkt bereit, der nicht nur ein ethisch-moralisches Angebot ist, das man annehmen kann, vielmehr als Teil der Verfassung ein verbindliches normatives Prinzip darstellt.

Ernst-Wolfgang Böckenförde, Deutsches Ärzteblatt, Heft 19/2003

1 In Ländern der Dritten Welt werden von Kindern unter unmenschlichen Bedingungen Damen-Tops, T-Shirts usw. hergestellt und verziert, die in unseren Geschäften verkauft werden. Diskutieren Sie, welche Haltung wir diesen Kindern gegenüber einnehmen. ➜ M1/2

2 Erklären Sie, warum nach Kant nur Menschen (vernünftigen Wesen) eine Würde zugesprochen werden kann, nicht aber Sachen oder Tieren. ➜ M2/5

3 Recherchieren und beurteilen Sie Fälle, in denen das Menschenleben „berechnet" wird oder werden muss (z. B. Entschädigung nach dem ICE-Unfall in Eschede). ➜ M3/4

4 Kant unterscheidet Zweck und Mittel. Erläutern Sie an Beispielen, inwiefern subjektive Zwecke relativ sind und worin sie sich von objektiven Zwecken unterscheiden. ➜ M5

5 Überprüfen Sie die Behauptung Kants, dass sich jeder Mensch sein eigenes Dasein als „Zweck an sich selbst" vorstellt und nicht instrumentalisiert werden will. Kann er sich hier auf eine Erfahrungstatsache berufen? ➜ M5

6 Gibt es Ihrer Ansicht nach Fälle, in denen Menschen in berechtigter Weise als Mittel benutzt werden? Wo liegen die Grenzen?

7 Entwickeln Sie aus der „Mensch-Zweck-Formel" Grundsätze für alltägliches Handeln. ➜ M5

8 Böckenförde bezieht sich auf die NS-Verbrechen. Recherchieren Sie Menschenwürdeverletzungen in unserer Zeit. ➜ M6

*12 Die moralische Gemeinschaft

M1 Utopien wagen

Pablo Picasso, Les quatre parties du monde, 1952, Kapelle von Vallauris (Musée Picasso)

M2 Reich der Zwecke

Der Begriff der Menschheit enthält nach Kant die Idee der Persönlichkeit, die den Besitz der Vernunft, der Freiheit und die Befähigung zur Selbstgesetzgebung, durch die der Mensch Zweck an sich selbst ist, umfasst. Diese Überlegungen führen Kant zu einer idealen moralischen Gemeinschaft, die er „Reich der Zwecke" nennt.

1. Ein Reich der Zwecke ist die systematische Verbindung verschiedener vernünftiger Wesen durch gemeinschaftliche Gesetze.
2. Dabei muss man von den persönlichen Unterschieden vernünftiger Wesen sowie den Inhalten ihrer Privatzwecke abstrahieren.
3. Vernünftige Wesen stehen alle unter dem Gesetz, dass jedes derselben sich selbst und alle anderen *niemals bloß als Mittel*, sondern jederzeit *zugleich als Zweck an sich* selbst behandeln solle.
4. Hierdurch entspringt eine systematische Verbindung vernünftiger Wesen durch gemeinschaftliche objektive Gesetze, in der jeder als Zweck an sich selbst geachtet wird.
5. Diese Welt vernünftiger Wesen *(mundus intelligibilis)* als ein Reich der Zwecke ist möglich durch die moralische Gesetzgebung aller Personen als Glieder. Demnach muss ein jedes vernünftiges Wesen so handeln, als ob es durch seine Maximen jederzeit ein gesetzgebendes Glied im allgemeinen Reiche der Zwecke wäre.

nach Immanuel Kant, Grundlegung zur Metaphysik der Sitten, S. 433-438

M3 Allgemeine Erklärung der Menschenpflichten

Präambel

Da die Anerkennung der allen Mitgliedern der menschlichen Familie innewohnenden Würde und der gleichen und unveräußerlichen Rechte die Grundlage für Freiheit, Gerechtigkeit und Frieden in der Welt ist und Pflichten oder Verantwortlichkeiten (responsibilities) einschließt, [...]
da alle Menschen nach bestem Wissen und Vermögen eine Verantwortung haben, sowohl vor Ort als auch global eine bessere Gesellschaftsordnung zu fördern – ein Ziel, das mit Gesetzen, Vorschriften und Konventionen allein nicht erreicht werden kann,
da menschliche Bestrebungen für Fortschritt und Verbesserung nur verwirklicht werden können durch übereinstimmende Werte und Maßstäbe, die jederzeit für alle Menschen und Institutionen gelten,

deshalb verkündet
die Generalversammlung der Vereinten Nationen

diese allgemeine Erklärung der Menschenpflichten. Sie soll ein gemeinsamer Maßstab sein für alle Völker und Nationen, mit dem Ziel, dass jedes Individuum und jede gesellschaftliche Einrichtung, dieser Erklärung stets eingedenk, zum Fortschritt der Gemeinschaften und zur Aufklärung all ihrer Mitglieder beitragen mögen. Wir, die Völker der Erde, erneuern und verstärken hiermit die schon durch die Allgemeine Erklärung der Menschenrechte proklamierten Verpflichtungen: die volle Akzeptanz der Würde aller Menschen, ihrer unveräußerlichen Freiheit und Gleichheit und ihrer Solidarität untereinander. Bewusstsein und Akzeptanz dieser Pflichten sollen in der ganzen Welt gelehrt und gefördert werden.

Den Vereinten Nationen und der Weltöffentlichkeit zur Diskussion vorgelegt vom InterAction Council

M4 Take it or leave it

Der Philosoph Ernst Tugendhat setzt sich in seiner Kantinterpretation besonders mit der Frage nach den Motiven und Gründen auseinander, die für die Annahme einer moralischen Gemeinschaft im kantischen Sinne sprechen. Warum sollen wir moralisch sein? Warum sollen oder wollen wir uns überhaupt auf ein Konzept des Guten beziehen?

Natürlich müssen wir uns nicht auf ein Konzept des Guten beziehen, weder in der jetzigen Moral, noch in irgendeiner Moral, denn wir können immer für den *lack of moral sense* optieren; also kann die Frage nur lauten: Warum wollen wir? Und das ist eine Frage nach *Motiven.* [...] Nehmen wir an, das kantische Konzept folge, wie Kant offenbar selbst meinte, zwingend aus dem Begriff des Guten, dann könnte der Einzelne, dem das vorgehalten wird, immer noch sagen: es mag ja sein, dass das und nur das gut ist, aber was geht mich das an, ich kümmere mich um das, was gut für mich ist. [...]

Hier geht es nicht mehr um die Frage, ob die moralischen Urteile, wie sie sich aus dem kantischen Konzept ergeben, besser begründet sind als andere, sondern um die Frage, ob man sich als Mitglied erstens einer moralischen Gemeinschaft überhaupt und zweitens als Mitglied derjenigen moralischen Gemeinschaft verstehen will, die durch dieses Konzept des Guten bestimmt ist. Diese Frage kann nur noch den Sinn haben, ob wir dazu gute Motive haben. Anders formuliert ist das die Frage, ob wir die Mitgliedschaft in der moralischen Gemeinschaft in unsere Identität aufnehmen wollen. [...]

Jemandem, der wirklich einen *lack of moral sense* hat oder der aus freien Stücken entschlossen ist auszusteigen, die Moral erstens überhaupt und zweitens in ihrem kantischen Verständnis anargumentieren zu wollen, wäre sinnlos. Wir können unserem Freund nur sagen: *Take it or leave it.* [...]

Wer die Frage „Will ich zur moralischen Gemeinschaft gehören?“ stellt, muss sich also fragen: „Wer will ich überhaupt sein, woran liegt mir im Leben, und was hängt für mich davon ab, ob ich mich als zugehörig zur moralischen Gemeinschaft verstehe?“

Ernst Tugendhat, Vorlesungen über Ethik, S. 85, 89, 96f.

M5 Alle Menschen werden Brüder ...

Charles M. Schulz

1. Erarbeiten Sie anhand des Bildes die Elemente einer idealen menschlichen Gemeinschaft. ➜ M1
2. Bestimmen Sie die Begriffe „Privatzwecke“ – „Zwecke an sich“. Finden Sie Beispiele für „allgemeine Zwecke“. ➜ M2
3. Prüfen Sie, ob Kants Entwurf einer „Welt vernünftiger Wesen *(mundus intelligibilis)*“ als Leitidee einer globalen gerechten Gesellschaftsordnung taugen kann. ➜ M2/3
4. Erläutern Sie, inwiefern die Erklärung der Menschenpflichten eine Ergänzung der Menschenrechte darstellt. ➜ M3
5. Formulieren Sie politische Leitsätze für eine zukünftige moralische Gemeinschaft aller Menschen. ➜ M1–3
6. Finden Sie Beispiele für einen *lack of moral sense*, d. h. dafür, dass Menschen völlig egoistisch und amoralisch, oft gewissen- und skrupellos handeln. ➜ M4
7. Entwerfen Sie einen Rollendialog zwischen einem solchen Menschen und einem Vertreter Tugendhats bzw. Kants, indem Sie Gründe für oder gegen eine moralische Gemeinschaft (Reich der Zwecke) entwickeln. ➜ M2/4
8. Finden Sie Pro- und Contra-Argumente für Linus' Behauptung am Schluss. ➜ M5

13 Freiheit und Autonomie

M1 Wer hat das verursacht?

Ohne Ursache gäbe es keine Wirkung. Was aber ist die Ursache dafür, dass der Kellner die Teller fallen lässt: der schlecht gespielte Ball, der zu hohe Tellerstapel oder dass er in der Schusslinie ist – oder alle drei Gründe zusammen?

M2 Ursache und Wirkung

Wenn etwas Bedeutendes passiert, wollen wir den Grund dafür wissen. Die Vorstellung einer Wirkung ohne Ursache ist nicht widersprüchlich, für uns jedoch zutiefst mysteriös. Normalerweise schauen wir nach den Ursachen, wenn wir herausfinden wollen, warum etwas passiert. Was aber bedeutet es, dass eine Sache eine andere verursacht?

Zunächst mag man in rein physikalischen Begriffen an Kausalität denken, als Kraft oder Energie, die zwischen zwei Körpern wirkt. Es ist jedoch klar, dass der Energietransfer nur ein Beispiel für Kausalität ist und nicht deren Wesen ausmacht. Im täglichen Leben haben wir kein Problem, Behauptungen wie: „Die starke Währung des Landes ließ Investoren vor den Märkten zurückschrecken“, zu verstehen, was wir jedoch nicht auf einen physikalischen Energietransfer zurückführen. Aber nicht deshalb, weil die Welt eine mysteriöse „nicht-physikalische Energie“ enthalten würde, sondern weil Kausalität eine Vorstellung ist, die mehr umfasst als nur den Energietransfer oder die Arbeit, die durch eine physikalische Kraft geleistet wird.

Betrachten wir ein konkretes Beispiel für die Suche nach den Ursachen. Man stelle sich vor, dass ein Feuer ein Haus zerstört hätte und Sachverständige suchten nun nach der Ursache dafür. Wonach würden sie, allgemein gesprochen, suchen? Offenkundig muss es etwas sein, das vor dem Ausbruch des Feuers passierte, weil alle Ursachen ihren Wirkungen vorausgehen müssen. [...] Traditionellerweise denkt man hier in Begriffen der Notwendigkeit: Aus einer Ursache folgt notwendigerweise eine Wirkung. Wenn also der Eindringling seine Zigarette auf einen Haufen alten Papiers geworfen hat – dann sorgen die allgemein bekannten Phänomene der Verbrennung usw. dafür, dass das Papier brennt.

M1/2 : David Papineau, Philosophie, S. 20

M3 Der Widerstreit der Vernunft

Antithesis

Es ist keine Freiheit, sondern alles in der Welt geschieht lediglich nach Gesetzen der Natur.

Thesis

Die Kausalität nach Gesetzen der Natur ist nicht die einzige, aus welcher die Erscheinungen der Welt insgesamt abgeleitet werden könne. Es ist noch eine Kausalität durch Freiheit zur Erklärung derselben anzunehmen notwendig.

Für die Antithese spricht:

1. Alle Handlungen vernünftiger Wesen, sofern sie Erscheinungen [= empirisch nachweisbar] sind, stehen unter der Naturnotwendigkeit.
2. Der Mensch ist eine von den Erscheinungen der Sinnenwelt und insofern auch eine der Naturursachen, deren Kausalität unter empirischen Gesetzen stehen muss.
3. Als eine solche muss er demnach auch einen empirischen Charakter haben, so wie alle Naturdinge. Wir bemerken denselben durch Kräfte und Vermögen, die er in seinen Wirkungen äußert.

4. So sind alle Handlungen des Menschen in der Erscheinung aus seinem empirischen Charakter und den mitwirkenden anderen Ursachen nach der Ordnung der Natur bestimmt.
5. Wenn wir alle Erscheinungen seiner Willkür bis auf den Grund erforschen könnten, so würde es keine einzige menschliche Handlung geben, die wir nicht mit Gewissheit vorhersagen und aus ihren vorhergehenden Bedingungen als Notwendigkeit erkennen könnten.

Für die These spricht:

1. Wenn wir aber eben dieselben Handlungen in Beziehung auf die Vernunft erwägen, sofern praktische Vernunft die Ursache ist, sie selbst zu erzeugen; so finden wir eine ganz andere Regel und Ordnung, als die Naturordnung ist.
2. Denn da sollte vielleicht alles das nicht geschehen sein, was doch nach dem Naturlaufe geschehen ist und nach seinen empirischen Gründen unausbleiblich geschehen musste.
3. Bisweilen aber finden wir, oder glauben wenigstens zu finden, dass die Ideen der Vernunft wirklich Kausalität in Ansehung der Handlungen des Menschen als Erscheinungen bewiesen haben und dass sie darum geschehen sind, nicht weil sie durch empirische Ursachen, nein, sondern weil sie durch Gründe der Vernunft bestimmt waren.

nach Immanuel Kant, Kritik der reinen Vernunft, S. 585, 589

M4 Kausalität aus Freiheit

Nun behaupte ich: dass wir jedem vernünftigen Wesen, das einen Willen hat, notwendig auch die Idee der Freiheit leihen müssen, unter der es allein handle. Denn in einem solchen Wesen denken wir uns eine Vernunft, die praktisch ist, d. i. Kausalität in Ansehung ihrer Objekte hat. [...]

Um deswillen muss ein vernünftiges Wesen sich selbst als *Intelligenz* (also nicht von Seiten seiner untern Kräfte), nicht als zur Sinnen-, sondern zur Verstandeswelt zugehörig ansehen; mithin hat es zwei Standpunkte, daraus es sich selbst betrachten und Gesetze des Gebrauchs seiner Kräfte, folglich aller seiner Handlungen erkennen kann, *einmal*, sofern es zur Sinnenwelt gehört, unter Naturgesetzen (Heteronomie), *zweitens* als zur intelligiblen Welt gehörig, unter Gesetzen, die, von der Natur unabhängig, nicht empirisch, sondern bloß in der Vernunft gegründet sind.

Als ein vernünftiges, mithin zur intelligiblen Welt gehöriges Wesen kann der Mensch die Kausalität seines eigenen Willens niemals anders als unter der Idee der Freiheit denken; denn Unabhängigkeit von den bestimmenden Ursachen der Sinnenwelt (dergleichen die Vernunft jederzeit sich selbst beilegen muss) ist Freiheit. Mit der Idee der Freiheit ist nun der Begriff der *Autonomie* unzertrennlich verbunden, mit diesem aber das allgemeine Prinzip der Sittlichkeit, welches in der Idee allen Handlungen *vernünftiger* Wesen eben so zum Grunde liegt, als das Naturgesetz den Erscheinungen.

Immanuel Kant, Grundlegung zur Metaphysik der Sitten, S. 448, 452

1 Klären Sie den Begriff der Kausalität unter Bezug auf die Naturwissenschaften. ➜ M1/2

2 Unterscheiden Sie am Beispiel des Feuers physikalische Ursachen (Phänomene der Verbrennung) von Gründen des Verursachers. ➜ M2

3 Informieren sie sich über die Positionen des Determinismus / Indeterminismus in der Tradition der philosophischen Ethik (s. S. 29).
Stellen Sie die Argumente der beiden gegensätzlichen Positionen aus den Materialien zusammen. ➜ M3
Worin erscheint Ihnen der Determinismus, worin der Indeterminismus überzeugender?
Welche Position scheint Ihnen für Ihre eigene Lebensführung akzeptabel?

4 Formulieren Sie in eigenen Worten, wie Kant den Widerspruch zwischen Freiheit und Notwendigkeit auflöst. ➜ M3/4

5 Erörtern Sie an einem alltäglichen Beispiel, dass menschliche Handlungen sowohl durch Naturnotwendigkeit als auch durch Freiheit verursacht sind (s. auch S. 18f.).

6 Kausalität aus Vernunft bzw. Freiheit ist der Schlüssel zur kantischen Ethik. Fassen Sie anhand des Textes die Grundlagen seiner Position zusammen, indem Sie sich auf das in den vorhergehenden Doppelseiten Erarbeitete (v. a. S. 152f.) beziehen. ➜ M4

7 Nehmen Sie Stellung zu dem Gedanken, dass Selbstbestimmung für unsere Lebensführung unverzichtbar ist. ➜ M4

*1 Der kritische Diskursbegriff

M1 Gedudel aus dem Radio

Tony stört die Popmusik, die im Druckerraum den ganzen Tag aus dem Radio dudelt. Er selbst spielt einigermaßen gut Violine und hat hochempfindliche Ohren, so seine Argumentation. Aber sein unmittelbarer Vorgesetzter macht eine informelle Umfrage unter den Leuten, die im Druckerraum arbeiten, und die Mehrheit von ihnen ist für die Beibehaltung der Popmusik. Daraufhin wendet sich der gekränkte Tony an Mustafa, den Abteilungsleiter.

Was sollte der Chef machen?

A Nichts, weil die Mehrheit Popmusik mag.

B Dem Verantwortlichen des Druckerraums empfehlen, unterschiedliche Musikrichtungen zu spielen, zum Beispiel am Montag klassische Streichquartette, am Mittwoch Funk Jazz, am Freitag Techno ...

Oder, falls er von moderner Musik nichts hält, etwas ganz anderes.
Vielleicht sollte er, der Beschwerden über die Musik überdrüssig, einfach den Stecker herausziehen und basta?

Martin Cohen, 99 moralische Zwickmühlen, S. 71

M2 Was ist ein Diskurs?

„Diskurs" ist eine Argumentation, die man zur Prüfung einer aufgestellten Behauptung durchführt und die einen idealen dialogischen Anspruch erhebt. Sie kann jederzeit und mit jedermann als gleichberechtigtem Dialogpartner durchgeführt werden und führt immer zu demselben Ergebnis. Natürlich kann man eine solche Prüfung, empirisch gesehen, für sich allein, zum Beispiel am Schreibtisch sitzend, durchführen. Aber auch dann erhebt man diesen Anspruch auf Wiederholbarkeit des Diskurses mit prinzipiell jedem, der vernünftig fragt. Man beansprucht eben, das Ergebnis eines solchen Diskurses gegenüber jedem, der einzig sinnvolle Argumente gelten lässt, verteidigen und es so als das richtige Ergebnis erweisen zu können.

Dietrich Böhler, Philosophischer Diskurs, nach Funkkolleg Praktische Philosophie / Ethik, Studientexte, Band 2, S. 331

M3 Konfliktlösung durch Diskurs

Eine moderne Ethik, die durch vernünftiges Miteinanderreden Konflikte zu lösen versucht, ist die Ethik der Kommunikation oder Diskursethik mit den Hauptvertretern Jürgen Habermas und Karl-Otto Apel. Für Jürgen Habermas ist der Diskurs die „dialogförmige kritische Prüfung erhobener Geltungsansprüche allein aufgrund von Argumenten und unter Voraussetzung der Gleichberechtigung der Argumentierenden".
Ziel ist es, Konflikte im zwischenmenschlichen Bereich durch kommunikative Entscheidungsfindung vernünftig zu lösen. In einem gewaltlosen Prozess des Sich-Miteinander-Beratens soll aus den ursprünglich konkurrierenden Meinungen durch Argumentation eine gemeinsame Überzeugung erarbeitet werden. Damit ist nicht jedes beliebige Miteinandersprechen gemeint, sondern eine Kommunikation, die unter besonderen idealen Bedingungen stattfindet und grundlegende normative Prinzipien erfüllen muss.

M4 Wie funktioniert ein Diskurs?

Für das Verfahren der moralischen Argumentation stellt die Diskursethik folgende Grundsätze auf:
- Nur diejenigen Normen dürfen Geltung beanspruchen, die die Zustimmung aller Betroffenen als Teilnehmer eines praktischen Diskurses finden könnten.
- Bei gültigen Normen müssen Ergebnisse und Nebenfolgen, die sich voraussichtlich aus einer allgemeinen Befolgung für die Befriedigung der Interessen eines jeden ergeben, von allen zwanglos akzeptiert werden können.

Universalistisch nennen wir schließlich eine Ethik, die behauptet, dass dieses (oder ein ähnliches) Moralprinzip nicht nur die Intuitionen einer bestimmten Kultur oder einer bestimmten Epoche ausdrückt, sondern allgemein gilt. Man muss nachweisen können, dass unser Moralprinzip nicht nur die Vorurteile des erwachsenen, weißen, männlichen, bürgerlich erzogenen Mitteleuropäers von heute widerspiegelt.

nach Jürgen Habermas, Erläuterungen zur Diskursethik, S. 12

M5 Diskursformen

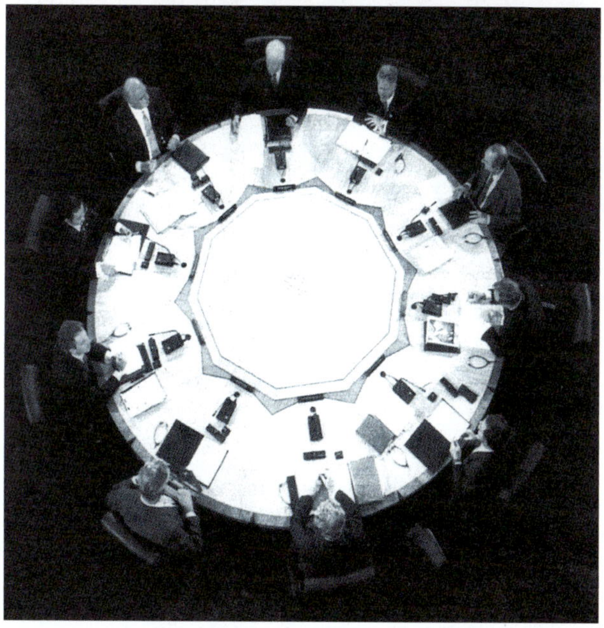

M6 Kant neu verstehen

Alle kognitivistischen Ethiken[1] knüpfen [...] an jene Intuition an, die Kant im kategorischen Imperativ ausgesprochen hat. Mich interessieren hier nicht die verschiedenen kantischen Formulierungen, sondern die zugrunde liegende Idee, die dem unpersönlichen oder allgemeinen Charakter von gültigen moralischen Geboten Rechnung tragen soll. Das Moralprinzip wird so gefasst, dass es die Normen als ungültig ausschließt, die nicht die qualifizierte Zustimmung aller möglicherweise Betroffenen finden könnten. Das konsensermöglichende Brückenprinzip soll also sicherstellen, dass nur die Normen als gültig akzeptiert werden, die einen *allgemeinen Willen* ausdrücken: sie müssen sich, wie Kant immer wieder formuliert, zum „allgemeinen Gesetz" eignen. Der kategorische Imperativ lässt sich als ein Prinzip verstehen, welches die Verallgemeinerungsfähigkeit von *Handlungsweisen* und *Maximen* bzw. der von ihnen berücksichtigten (also in den Handlungsnormen verkörperten) *Interessen* fordert. Kant will alle diejenigen Normen als ungültig eliminieren, die dieser Forderung „widersprechen". Er hat „jenen inneren Widerspruch im Auge, der in der Maxime eines Handelnden dann auftritt, wenn seine Verhaltensweise überhaupt nur dadurch zum Ziele führen kann, dass sie nicht die allgemeine Verhaltensweise ist".

Jürgen Habermas, Moralbewusstsein und kommunikatives Handeln, S. 73f.

[1] kognitivistische Ethik (lat. *cognitio*: Erkenntnis): geht davon aus, moralische Aussagen seien grundsätzlich rational begründbar und wahrheitsfähig

1 Spielen Sie die Situation nach und suchen Sie nach einer Lösung, mit der alle Beteiligten zufrieden sein können. ➜ M1

2 Geben Sie die Definition in eigenen Worten wieder. ➜ M2

3 Arbeiten Sie die Konfliktlösungsstrategie der Diskursethik heraus und wenden Sie sie auf den Fall an. ➜ M1/3

4 Überprüfen Sie die Grundsätze der Diskursethik auf ihre Anwendbarkeit. ➜ M4

5 Welchen Bedingungen muss eine universalistische Ethik genügen? ➜ M4

6 Erarbeiten Sie den Unterschied zwischen dem kantischen Moraltest (s. S. 164f.) und dem Verfahren der moralischen Argumentation. ➜ M4

7 Analysieren Sie anhand der Bilder die verschiedenen kommunikativen Situationen. Achten Sie auf die Haltung der Personen etc. ➜ M5

8 Welche Formen des Diskurses werden hier dargestellt? ➜ M5

9 Fassen Sie Habermas' Interpretation des kategorischen Imperativs zusammen. ➜ M6

10 Informieren Sie sich über die Theorie des herrschaftsfreien Diskurses bei Jürgen Habermas.

*2 Grundsätze der Diskursethik

M1 Ein realer Diskurs

Dik Browne, Hägar

M2 Die Kommunikationsgemeinschaft

Karl Otto Apel entwirft ein Letztbegründungsprogramm, das im Aufdecken der Unhintergehbarkeit von Intersubjektivität als letzter Argumentationsvoraussetzung besteht. Aus der sich daraus ergebenden Idee einer realen und idealen Kommunikationsgemeinschaft folgen die Grundsätze für eine Ethik.

Die logische Geltung von Argumenten kann nicht überprüft werden, ohne im Prinzip eine Gemeinschaft von Denkern vorauszusetzen, die zur intersubjektiven Verständigung und Konsensbildung befähigt sind. [...] Der Sinn der moralischen Argumentation könnte geradezu in dem – nicht eben neuen – Prinzip ausgedrückt werden, dass alle *Bedürfnisse* von Menschen – als virtuelle *Ansprüche* – zum Anliegen der Kommunikationsgemeinschaft zu machen sind, die sich auf dem Wege der Argumentation mit den Bedürfnissen aller übrigen in Einklang bringen lassen.

Damit scheint mir das Grundprinzip einer Ethik der Kommunikation angedeutet zu sein, das zugleich die [...] Grundlage einer Ethik der demokratischen Willensbildung durch *Übereinkunft* („Konvention") darstellt. [...]

Wer nämlich argumentiert, der setzt immer schon zwei Dinge gleichzeitig voraus: erstens eine *reale Kommunikationsgemeinschaft*, deren Mitglied er selbst durch einen Sozialisationsprozess geworden ist, und zweitens eine *ideale Kommunikationsgemeinschaft*, die prinzipiell imstande sein würde, den Sinn seiner Argumente adäquat zu verstehen und ihre Wahrheit definitiv zu beurteilen. Das Merkwürdige und Dialektische der Situation liegt aber darin, dass er gewissermaßen die ideale Gemeinschaft *in* der realen, nämlich als reale Möglichkeit der realen Gesellschaft, voraussetzt; obgleich er weiß, dass (in den meisten Fällen) die reale Gemeinschaft einschließlich seiner selbst weit davon entfernt ist, der idealen Kommunikationsgemeinschaft zu gleichen.

Karl-Otto Apel, Transformation der Philosophie, Bd. 2., S. 399, 425f., 429

M3 Norm 1: Argumentiere rational!

Wir wollen nun den Gang der Argumentation aus der Perspektive eines Menschen wiederholen, der sich angesichts einer Entscheidungssituation überlegt, was er jetzt tun soll. Die Person soll dabei durch Folgendes charakterisiert sein:

- Sie will wirklich ernsthaft wissen, was hier das Richtige ist. Dass sie hier das Richtige trifft, davon soll für sie alles abhängen.
- Daher will sie so viel Sicherheit, Gewissheit wie irgend möglich, dass sie das Richtige tut. Sie ist so skeptisch und misstrauisch wie nur möglich.
- Sie hat viel Zeit für ihre Überlegung, sie entscheidet nicht unter Zeitdruck.

Zuerst wird diese Person alle inhaltlichen Handlungsvorschläge zurückstellen und sich den Kriterien und Normen zuwenden, mit deren Hilfe sich die konkreten Handlungsvorschläge bewerten lassen. Im zweiten Schritt wird sie an der Möglichkeit, überhaupt sichere Bewertungskriterien zu finden, inhaltliche Normen absolut sicher zu begründen, radikal zweifeln, ja verzweifeln. Der dritte, entscheidende Schritt wird die Einsicht bringen, dass sie – bei aller Skepsis – am Sinn ihres Zweifels, ihrer Überlegungen und Argumentationen nicht zweifeln darf, soll nicht alles zusammenbrechen. Sie wird unsere *Norm 1* als unhintergehbar einsehen, nach der sie in ihrer Situation verpflichtet ist, rational weiterzuargumentieren, und es ihr verboten ist, blind zu handeln oder zu würfeln.

Die Person wird sich dann fragen, was sie eigentlich damit anerkannt hat, und muss zu dem Resultat gelangen, dass sie immer schon die wirklich richtige Lösung ihres Problems will, die Lösung, gegen die kein berechtigter Einspruch erhoben werden kann, die Lösung, der jedermann als der richtigen Lösung zustimmen könnte. Sie gelangt zu dem Resultat, dass sie die Verpflichtung, sich um eine konsensuelle Lösung des Problems zu bemühen, immer schon anerkannt hat.

M3/4: nach Wolfgang Kuhlmann, Philosophische Letztbegründung, in: Funkkolleg Praktische Philosophie, Studienbegleitbrief 8, S. 69f.

M4 Norm 2: Sei konsensfähig!

Wenn wir an der Lösung eines Problems ernsthaft interessiert sind, dann müssen wir uns um eine vernünftige Lösung bemühen, der jedermann zustimmen könnte: *Wir müssen uns um einen vernünftigen Konsens bemühen.* Denn wir sind als ernsthaft Argumentierende verpflichtet zu kooperieren und einander dabei als gleichberechtigte, wahrheits- und zurechnungsfähige Argumentationspartner anzuerkennen und zu behandeln. Diese Verpflichtung zum Konsens und die damit verbundene gegenseitige Anerkennung ist eine bindende, letztbegründete Metanorm, die inhaltliche Normen ihrerseits begründen kann. Was sich nicht sinnvoll, d. h. ohne Selbstwiderspruch bestreiten lässt, weil es bei jeder sinnvollen Argumentation vorausgesetzt werden muss, das ist eine sichere, durch nichts zu erschütternde Basis. Normen, in denen bestimmte Handlungstypen geboten oder verboten werden, wie etwa „Du sollst nicht töten!“ können dagegen nicht unmittelbar letztbegründet werden.

Damit entwirft die Diskursethik ein zweistufiges Verfahren der Normbegründung. Die erste Stufe der Konsenspflicht erhebt Anspruch auf Letztbegründung, auf der zweiten Stufe muss die Begründung inhaltlicher situationsbezogener Normen dagegen möglichst revidierbar sein, da sie in realen praktischen Diskursen der Betroffenen geleistet wird.

1 Analysieren Sie anhand des Comics, woran reale Diskurse oft scheitern. → M1
2 Diskutieren Sie anhand des Comics, ob hier eine ideale Kommunikationsgemeinschaft vorausgesetzt wird. → M1/2
3 Ein Jurastudium konnte der 17-jährige Julian sich bisher gut vorstellen, doch nun hat er eine brasilianische Austauschschülerin kennengelernt und viel über die Probleme Lateinamerikas erfahren. Er will jetzt Medizin studieren, um dort als Arzt bei einer Hilfsorganisation zu arbeiten. Seine Mutter, eine erfolgreiche Rechtsanwältin, möchte aber, dass er einmal ihre Kanzlei übernimmt. Wie müsste eine rationale Argumentation zwischen Julian und seiner Mutter verlaufen? → M3
4 Erklären Sie den Begriff Metanorm. → M4
5 Erläutern Sie, inwiefern die Verpflichtung zum Konsens eine allgemein verbindliche Metanorm darstellen kann. → M4

*3 Anwendung und Grenzen der Diskursethik

M1 Interview mit einem Diskursethiker

Was ist nach der Diskursethik oder Kommunikationsethik gutes, gerechtes Verhalten?

Die Grundnorm der Konsensbildungspflicht (Basisnorm) lautet: Wenn wir an der Lösung eines praktischen Problems ernsthaft interessiert sind, eines Problems, in dem es um die Berechtigung von Handlungsnormen, Zielen, Bedürfnissen, Interessen geht, und dies insbesondere im Falle eines Konfliktes zwischen Ansprüchen verschiedener Beteiligter, dann müssen wir uns um eine Lösung bemühen, der jeder irgendwie Betroffene zustimmen könnte: Wir müssen uns um einen vernünftigen Konsens bemühen. Wobei „vernünftig", wie wir erinnern wollen, heißen soll, dass kein Zwang außer dem des besseren Arguments ausgeübt werden darf.

Die Diskursethik gibt mir also keine direkte Antwort auf meine Frage, sondern schreibt mir nur ein Verfahren vor?

Ja. Die Diskursethik ist zweistufig. Wir müssen nämlich genau unterscheiden zwischen den konkreten Handlungsnormen (2. Stufe), die uns sagen, was wir hier und jetzt tun sollen, und den Basisnormen (1. Stufe), auf deren Grundlage die konkreten Handlungsnormen allererst herausgefunden werden können. Die wichtigste Basisnorm ist die eben genannte „Grundnorm der Konsensbildungspflicht".

Aber der Dialog mit den Betroffenen ist doch in den meisten Fällen gar nicht möglich?

Aber in den wichtigsten Fällen! Sonst gilt folgender Zusatz zur genannten Basisnorm: „Handle auch in einsamer Entscheidung wenigstens nach einer konsensfähigen Handlungsnorm!"

Kann man das alles nicht kürzer sagen?

Doch: Handle so, dass deiner Handlung alle von dieser Handlung möglicherweise Betroffenen tatsächlich zwanglos zugestimmt haben oder doch wenigstens zustimmen würden!

Gut, dies ist eine Ethik. Aber aus welchen Gründen sollte ich überhaupt ethisch handeln? Warum sollte ich das alles befolgen?

Aus egoistischen Gründen: um zu überleben! Dass heutzutage viele praktische Probleme in ihrer Komplexität lebensbedrohliche Dimensionen angenommen haben, zeigen Daten und Prognosen zur ökologischen Situation. Um „Wege aus der Gefahr" zu finden, bedarf es der Mithilfe aller. Zur Veranschaulichung: In einem Bericht des Worldwatch-Instituts Washington steht, dass in 100 Jahren möglicherweise nur noch 50 Prozent der „Naturvölker" existieren werden. Diese besäßen aber ein „unschätzbares Wissen über das weltweite Ökosystem", das der ganzen Menschheit zugute komme. Millionen Pflanzen- und Tierarten würde es nicht mehr geben, wenn ihre Kulturen den herrschenden Kulturen untergeordnet oder ausgerottet würden. Außerdem meine ich, dass wir von diesen Kulturen vielleicht etwas für unser Lebensglück lernen können.

Ein Problem nicht nur junger Leute: Was ist, wenn z. B. ein Vater erklärt, dass er von den (auch an „heißen" Stellen) löchrigen Jeans seiner Tochter „betroffen" ist, weil ihn das „provoziert"? Muss dann die Tochter die Jeans so lange wieder ausziehen, bis sie sich mit dem Vater geeinigt hat?

Meiner Meinung nach nicht, denn der Vater bringt keine diskursethisch ernst zu nehmenden Einsprüche vor. „Diskursethisch ernst zu nehmen" sind ja nur Einsprüche, die nicht gegen die Diskursregeln wie z. B. Unvoreingenommenheit, Toleranz usw. verstoßen, was der Vater ja tut. Es gibt nämlich zwei Arten von ethischen Fragen, existentielle und moralische Fragen. Bei existentiellen Fragen (wie z. B. meiner Meinung nach die Fragen des Stils, der Mode oder der sogenannten „Sexualmoral") geht es nicht um moralische Probleme, da es keine Betroffenen gibt, die diskursethisch ernstzunehmende Einsprüche vorbringen könnten. Es geht allerdings um mein eigenes Lebens-

Gehören löchrige Jeans zu den existentiellen oder moralischen Fragen?

glück, für dessen Klärung ich auf (existentielle) Diskurse angewiesen bin. Wenn aber in existentiellen Diskursen ein Dissens mit meinen Diskurspartnern besteht, dann darf ich die Handlung trotzdem ausführen. Denn ein Konsenszwang in existentiellen Fragen wäre totalitär. Bei moralischen Fragen dagegen, wo diskursethisch ernstzunehmende Einsprüche vorliegen, besteht dieser Konsenszwang m. E. zu Recht. Hier hat der Betroffene tatsächlich ein Veto-Recht, weil das moralisch Richtige ja gerade in der Konsensfähigkeit der Handlung für alle wirklich Betroffenen besteht. Hier muss der Dissens handlungsaufschiebende Wirkung haben.

nach Hauke Thomas, Hubert Würger, Gibt es moralische Normen, die kein Mensch bestreiten kann?, in: Ethik & Unterricht 2/1994, S. 26f.

M2 Kritik an der Diskursethik

Die Annahme, dass konkrete moralische Fragen durch einen realen Diskurs entschieden werden können oder gar sollen, erscheint nicht nur unbegründet, sondern auch abwegig. Gewiss ist es wichtig, die eigenen moralischen Überzeugungen dadurch zu überprüfen, dass man sie zur Diskussion stellt, genauso wie seine theoretischen Überzeugungen. Hier gilt das einfache Prinzip, dass andere mich auf Fehler und evtl. Perspektiven aufmerksam machen können, die ich nicht gesehen habe. Nun meint aber Habermas, dass der Diskurs gerade mit den von einer moralischen Entscheidung Betroffenen stattfinden soll, während doch das Umgekehrte der Fall ist, weil die von einer moralischen Entscheidung Betroffenen unweigerlich parteiisch sind, während wir an einer unparteiischen Klärung interessiert sein müssen.

Ich will [...] Beispiele geben. Nehmen wir an, zwischen zwei Ehepartnern besteht eine wechselseitige Treueverpflichtung und einer ist dem anderen gleichwohl untreu geworden. Dann entsteht für denjenigen, der den Seitensprung getan hat, das moralische Dilemma, ob er das – aus Achtung – dem anderen sagen soll oder ob er es ihm – aus Schonung – verschweigen soll. Soll er nun in einem „realen Diskurs" mit dem anderen darüber zu Rate gehen, welchen Weg er einschlagen soll? Man sieht, dass in diesem Fall ein realer Diskurs sogar unmöglich ist, weil mit der Entscheidung, den anderen in die moralische Überlegung einzubeziehen, das Dilemma bereits zugunsten einer der beiden Alternativen entschieden ist.

Ernst Tugendhat, Vorlesungen über Ethik, S. 171

1 Was versteht die Diskursethik unter einem „vernünftigen Konsens"? ➜ M1
2 Erörtern Sie die Probleme, die sich bei der Formulierung von konkreten Handlungsnormen ergeben. ➜ M1
3 Prüfen Sie die Argumente, warum wir ethisch handeln sollen. ➜ M1
4 Unterscheiden Sie an Beispielen existentielle (d. h. hier: die eigene Lebensweise betreffende) und moralische Fragen. ➜ M1
5 Gestalten Sie einen Dialog zwischen Vater und Tochter über die „löchrige Jeans". ➜ M1
6 Welche Probleme ergeben sich, wenn konkrete moralische Fragen durch reale Diskurse entschieden werden sollen? ➜ M2

*4 Moral durch Vertrag

M1 Wann lassen wir uns auf einen Vertrag ein?

Klasse 11 eines Gymnasiums irgendwo in Deutschland: Jan ist der coolste Typ in der Klasse. Er kleidet sich immer nach dem neuesten Trend, ist ein guter Sportler, kommt bei den Mädchen an und gibt zumeist den Ton an. Was Jan sagt, wird gemacht. Er setzt sich auch für die Klasse ein, vertritt ihre Anliegen gegenüber den Lehrern. Da haben schon manche von ihm profitiert. Seine dunkle Seite ist aber die Boshaftigkeit, mit der er jene überziehen kann, die ihm aus irgendeinem Grund missfallen. Zurzeit trifft es Tim, einen ruhigen zurückgezogenen Einzelgänger, etwas altmodisch gekleidet, schüchtern und schmächtig. Jan lässt keine Möglichkeit aus, ihn vor der Klasse lächerlich zu machen: sei es, dass er seine etwas unbeholfenen Bewegungen imitiert oder dass er einen dummen Spruch über ihn an die Tafel schmiert. Tim erträgt dieses Mobbing scheinbar gleichmütig. Aber im Innern entwickelt er eine solche Aggression gegen Jan, dass er ihm, als dieser ein heimlich aufgenommenes Foto von ihm herumzeigt, das Handy entreißt und auf dem Fußboden zertritt.

Das Gespräch mit dem Klassenlehrer führt zu einem Streitschlichtungsprozess, bei dem Jan und Tim einen Vertrag schließen, sich gegenseitig zu respektieren und Distanz zueinander zu halten.

Wird dieser Vertrag Bestand haben?

M2 Das Wesen des Vertrages

Das Wesen des Vertrages besteht darin, dass jemand für den anderen etwas unterlasse oder tue [...], lediglich, damit dieser wieder für ihn etwas unterlasse oder tue, dass darum jeder nicht eigentlich für den andern handelt, sondern für sich, und für den andern nur handelt, weil er außerdem nicht für sich handeln kann; also in der Unterlassung – um der Unterlassung willen, und der Leistung – um der Leistung willen. [...]

Jeder Vertrag hebt an von zweien Willen, die mit einander streiten, weil jeder von beiden ein und dasselbe

Objekt für die Wirkungssphäre seiner Freiheit begehrt. Die Wirkungssphäre ist allgemein: Alle haben Anspruch auf alles. Dabei besteht nun aber die Freiheit der Einzelnen nicht, und einer beschränkt den andern in seiner Freiheit; sie müssen darum jeder von seinem Teile nachgeben, bis ihr Wille nicht weiter streitet. So entsteht der gemeinsame Wille beider, das Beisammen ihrer Willen ohne Widerstreit. Ihr sich Vertragen oder das sich Vertragen ihres Willens.

Johann Gottlieb Fichte, Das System der Rechtslehre, 2.Teil, Erstes Kapitel

M3 Warum moralisch sein?

Von Natur nämlich, sagen die meisten, sei das Unrechttun gut, das Unrechtleiden aber übel; das Unrechtleiden aber zeichne sich aus durch größeres Übel als durch Gutes das Unrechttun. So dass, wenn sie Unrecht einander getan und voneinander gelitten und beides gekostet haben, es denen, die nicht vermögend sind, das eine zu vermeiden und nur das andere zu wählen, vorteilhaft erscheint, sich gegenseitig darüber zu einigen, weder Unrecht zu tun noch zu leiden. Und daher haben sie denn angefangen, Gesetze und Verträge untereinander einzurichten und das von dem Gesetz Auferlegte das Gesetzliche und Gerechte zu nennen. Und dies also sei die Entstehung sowohl als auch das Wesen der Gerechtigkeit, welche in der Mitte liege zwischen dem Vortrefflichsten, wenn einer Unrecht tun kann, ohne Strafe zu leiden, und dem Übelsten, wenn man Unrecht leiden muss, ohne sich rächen zu können. Das Gerechte aber, mitteninne liegend zwischen diesen beiden, werde nicht als gut geliebt, sondern durch das Unvermögen, Unrecht zu tun, sei es zu Ehren gekommen. Denn wer es nur ausführen könnte und der wahrhafte Mann wäre, würde auch nicht mit einem den Vertrag eingehen, weder Unrecht zu tun noch sich tun zu lassen; er wäre ja wohl wahnsinnig.

Platon, Der Staat, Buch II, 358 e–359 b

M4 Politischer und moralischer Kontraktualismus

Als Vertragstheorien bezeichnet man moral-, sozial- und politikphilosophische Konzeptionen, die die moralischen Prinzipien menschlichen Handelns, die rationale Grundlage der institutionellen gesellschaftlichen Ordnung und die Legitimationsbedingungen politischer Herrschaft in einem hypothetischen, zwischen freien und gleichen Individuen in einem wohldefinierten Ausgangszustand geschlossenen Vertrag erblicken und damit die allgemeine Zustimmungsfähigkeit zum fundamentalen normativen Gültigkeitskriterium erklären. [...] Der neuzeitliche normative Individualismus stattet das Individuum mit moralischer Autonomie aus und ersetzt die gesetzgebenden Traditionsautoritäten Gottes und der Natur durch das Recht jedes Individuums, nur durch solche Gesetze in seiner Freiheit eingeschränkt zu werden, auf die es sich mit allen anderen im Rahmen fairer Verfahren und Diskurse und auf der Grundlage gleichberechtigter Teilnahme – gleichsam vertraglich – geeinigt hätte. [...] Gesellschaftsvertragsmotive finden sich bereits im Denken der Sophisten [...] und im Epikureismus, der sich gegen Platon und das Naturrecht wandte und Gerechtigkeit als interessengeleitete Übereinkunft auslegte. [...] Erst in der Neuzeit ist der Vertrag in den Rang eines theoretischen Legitimationskonzepts erhoben worden. Dessen Begründer ist Thomas Hobbes. Die von Hobbes entwickelten Konzepte und Argumentationsformen prägen das gesamte neuzeitliche politikphilosophische Denken; sie bilden den kategorialen Rahmen, in dem bis in Kants und Fichtes Zeiten über Herrschaft, Recht und Staat reflektiert wurde. [...] Der Kern des frühen *staatsphilosophischen Kontraktualismus* ist die Idee der Autoritäts- und Herrschaftslegitimation durch freiwillige Selbstbeschränkung aus eigenem Interesse unter der Rationalitätsbedingung einer strikten Wechselseitigkeit. [...] Das kontraktualistische Theorieprogramm ist [...] keinesfalls auf die klassische Problemstellung der Herrschaftslegitimation und Herrschaftslimitation eingeschränkt. Die gegenwärtige praktische Philosophie zeigt, dass man unter dem kontraktualistischen Motto *volenti non fit iniuria* [dem Einwilligenden geschieht kein Unrecht] auch die Aufgaben der moralischen Prinzipien- und Institutionenrechtfertigung [...] angehen kann. Wenn jemand mit anderen eine vertragliche Vereinbarung trifft, gibt er seine Zustimmung zu den Pflichten und korrelativen Rechten, die ihm und dem Partner aufgrund dieser Vereinbarung zugeteilt werden. Sofern seine Zustimmung freiwillig erfolgt ist und faire Vertragsverhandlungen stattgefunden haben, hat er kein Recht, sich über die sich aus dieser vertraglichen Vereinbarung ergebenden normativen Konsequenzen zu beklagen und muss sie als verbindlich akzeptieren.

Wolfgang Kersting, in: Marcus Düwell u. a. (Hg.), Handbuch Ethik, S. 163f., 168, 175

1. Geben Sie eine begründete Prognose zur Schlussfrage des Fallbeispiels. ➔ M1
2. Erörtern Sie notwendige Bedingungen für das Funktionieren eines Vertrages. ➔ M1–3
3. Versuchen Sie eine Deutung des Bildes: Wie sind die Fesseln zu interpretieren? Inwiefern passt das Bild bzw. passt es nicht zu Fichtes Vertragsdefinition? Entwerfen Sie ein genaueres Bildmotiv zur Darstellung des Wesens eines Vertrages. ➔ M2
4. Übersetzen Sie Platons Text in ein modernes Deutsch und überprüfen Sie die darin enthaltene Aussage über das menschliche Motiv zum Moralischsein. ➔ M3
5. Formulieren Sie einen kurzen Lexikonartikel (10 Zeilen) zum Stichwort „Vertragstheorien". ➔ M4

*5 Moral durch Egoismus

Moralisches Argumentieren

M1 Sind wir alle nur Egoisten?

Der Spiegel 22/1994

M2 Ist das Tötungsverbot logisch begründbar?

Der Philosoph Norbert Hoerster sieht im Kontraktualismus die Möglichkeit einer rein rationalen Moralbegründung ohne Metaphysik. Damit müssten moralische Normen allein durch eine logisch zwingende Ableitung geschlossen werden können.
In der Logik nennt man die einfachste Form eines solchen Schlusses Syllogismus. Aus zwei Aussagen (Prämissen) mit Bezug auf einen die Sätze verbindenden Mittelbegriff kann ein dritter Satz geschlussfolgert werden:

- **Alle Menschen sind sterblich.** (1. Prämisse)
- **Sokrates ist ein Mensch.** (2. Prämisse)
- **Sokrates ist sterblich.** (Conclusio)

Wenn ich den beiden Prämissen zustimme, muss ich logisch zwingend auch der Schlussfolgerung, der conclusio, zustimmen, weil diese nichts enthält, was nicht schon in den Prämissen enthalten ist. Solche Syllogismen nennt man dann im Bereich der Ethik bzw. der praktischen Philosophie praktische Syllogismen, weil sie den Anspruch haben, eine moralische Handlungsnorm zu begründen:

- **Stehlen ist verwerflich.**
- **Ein geliehenes Gut nicht zurückzugeben ist wie Stehlen.**
- **Man soll Geliehenes wieder zurückgeben.**

Die Gültigkeit der Sollensaussage fällt und steht mit den Prämissen, vor allem mit der moralischen Basisaussage. Wie man aber einen solchen moralischen Basissatz logisch begründen könnte, versucht Hoerster am Beispiel eines allgemeinen Tötungsverbots zu zeigen. Er braucht also Prämissen, die als unabweisbare Aussagen logisch den Satz folgern lassen:

- **Man darf niemanden töten.**

Die Prämissen müssen dafür lauten:

- **Jeder ist an seinem Überleben interessiert.**
- **Jeder hat ein größeres Interesse am eigenen Überleben als am (gelegentlichen) Töten.**
- **Jeder kann sein Überlebensinteresse in der Gesellschaft dadurch und nur dadurch sichern, dass er auf sein (ihm geringerwertiges) Tötungsinteresse verzichtet.**

Unter Voraussetzung dieser Prämissen ist es begründet, nicht nur ein auf sich selbst bezogenes Tötungsverbot, sondern ein allgemeines Tötungsverbot zu wollen. Denn jeder ist zur Respektierung des Lebens aller anderen nur bereit, sofern auch sein eigenes Leben von jedem anderen respektiert wird. Und diesen wechselseitigen Respekt des Lebens von jedem durch jeden kann nur ein allgemeines Tötungsverbot sicherstellen.

nach Norbert Hoerster, Moralbegründung ohne Metaphysik, in: Aufklärung und Kritik, Sonderheft 7/2003, S. 24f.

M3 Interessen begründen Moral

Die kontraktualistische Moral ist eine Moral, die ihre Basis in den Interessen der Beteiligten hat. Der Inhalt der Interessen bestimmt deshalb den Inhalt der Moral. Wenn niemand daran interessiert wäre, nicht getötet zu werden, dann wäre das Tötungsverbot nicht Teil der Moral. Da es zu einem Agreement zwischen zwei oder mehreren Personen nur kommt, wenn ihre Interessen konvergieren, ist der Raum des Moralischen ein Raum konvergierender oder gemeinsamer Interessen. Für die genauere Bestimmung dieser Interessen ist es wichtig, sich erneut klarzumachen, dass es das Ziel einer kontraktualistischen Moral ist, moralisches Verhalten als rational zwingend zu erweisen. Die kontraktualistische Moral ist so konstruiert, dass es für jeden und damit auch für den moralischen Skeptiker rational zwingend ist, an ihr teilzuhaben und sich moralisch zu verhalten. [...]
In einer kontraktualistischen Moral haben folglich nur solche Interessen Bedeutung, von denen niemand sagen kann, dass er sie nicht hat. Es sind die Interessen, die man jedem fraglos unterstellen kann. [...]
Wie kann man diese basalen allgemeinen Interessen, die man jedermann berechtigterweise unterstellen kann, bestimmen? [...] Zum einen kann man sagen: Alle Menschen haben, einfach aufgrund der Tatsache, dass sie Lebewesen dieser Art sind, die und die basalen Interessen. Diese Strategie ist der Idee nach empirisch, sie sucht nach anthropologischen Grunddaten. Hobbes ist ein Vertreter dieser Strategie: Das basale Interesse aller Menschen ist das Interesse an Selbsterhaltung. Sicher kommen noch weitere Interessen hinzu. Denn die Menschen wollen, wie Platon und Aristoteles immer wieder betont haben, nicht nur leben, sie wollen gut leben. Das heißt, sie kennen verschiedene Möglichkeiten, ihr Leben zu führen, und sie beurteilen sie nach „besser" und „schlechter". Und sie wollen unter den ihnen jeweils offenstehenden Möglichkeiten die realisieren, die ihnen die für sie beste zu sein scheint. [...] Unbefriedigend an dieser Strategie ist, dass das empirische Vorgehen in aller Regel nur eine Idee bleibt und deshalb nicht klar ist, anhand welcher Gesichtspunkte die Liste der Grundgüter eigentlich zusammengestellt wird. Letzten Endes sind es die Intuitionen des jeweiligen Autors, die die Liste so oder so ausfallen lassen. Und das führt oft dazu, dass alles Mögliche zum Wesen des Menschen und zu seinen wesentlichen Interessen erklärt wird.
Aussichtsreicher erscheint deshalb die zweite Vorgehensweise. Sie lässt offen, welche Interessen die Menschen haben, und geht allein davon aus, dass sie überhaupt Interessen haben, welche auch immer, und dass sie zudem das höherstufige Interesse haben, ihre Interessen zu verfolgen und zu befriedigen. Dieses höherstufige Interesse ist es, das jeder Mensch einfach hat. Dieses, man kann vielleicht sagen, „formale" Interesse kann man allen Menschen unterstellen, gleichgültig wie sie sich ansonsten in ihren „materialen" Interessen unterscheiden. Und von diesem einen höherstufigen Interesse kann man, so die Strategie, zu weiteren allgemein unterstellbaren Interessen kommen. Nämlich indem man überlegt, welche anderen Interessen rational zwingend sind, wenn man an der Verfolgung seiner materialen Interessen interessiert ist. [...] Das Paradebeispiel für ein solches abgeleitetes, rational zwingendes und deshalb allgemein unterstellbares Interesse ist natürlich das Interesse an der Selbsterhaltung: Wer erreichen will, woran er interessiert ist, muss notwendigerweise auch seine Selbsterhaltung wollen.

Peter Stemmer, Handeln zugunsten anderer, S. 193-196

1 Diskutieren Sie die implizite These des Spiegel-Titels, dass Egoismus moralisch verwerflich sei. Unter welchen Bedingungen trifft das zu, unter welchen nicht? ➔ M1

2 Konstruieren Sie weitere Beispiele für praktische Syllogismen (s. auch Infokasten, S. 143). ➔ M2

3 Prüfen Sie, ob sich neben dem Tötungsverbot auch das zweite grundlegende Moralprinzip, das Verbot willkürlicher Ungleichbehandlung, logisch herleiten lässt. ➔ M2

4 Erarbeiten Sie aus dem Text Stemmers kontraktualistische Position: These, Argumente, Beispiele. ➔ M3

1 Freiheit – Schuld – Verantwortung

M1 Ich bin nicht schuld!

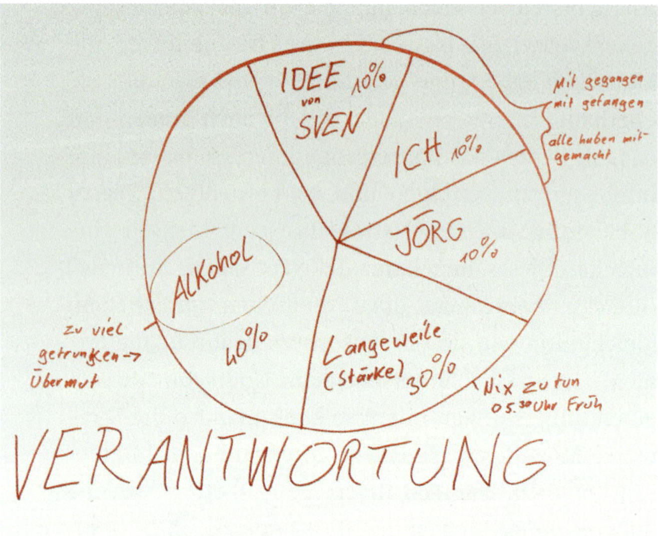

Zu dritt sind sie auf ihr Opfer losgegangen, um ihm Geld und Zigaretten abzunehmen. Beim „Sozialen Trainingskurs" in Bautzen stellt Christian, 21, die Schuldanteile aus seiner Sicht dar: Hauptverantwortlich waren die Umstände.

Junge Männer zwischen 18 und 21 Jahren werden fast viermal so oft straffällig wie ältere und zehnmal so oft wie Frauen. Den Gefährdeten in dieser Phase Selbstverantwortung nahe zu bringen, ist so verdienstvoll wie das Entschärfen von Bomben. Die Sozialpädagogen Katja Sturm und Malte Rastemborski kennen die Blockaden ihrer Schützlinge: „Es ist nicht leicht, einzusehen, was für ein Schwein oder Idiot man in bestimmten Situationen war." Die beiden leiten in Bautzen soziale Trainingskurse für junge Intensivtäter. Jeweils ein Wochenende plus elf Gruppensitzungen à drei Stunden, in denen es um Recht und Unrecht, um Toleranz und um Alternativen zum Zuschlagen geht – die letzte Chance vor dem Jugendarrest.

Thema heute: Schuld. Erste Aufgabe: Jeder soll aufschreiben, wen oder was er verantwortlich macht für das, was er angerichtet hat; für die Idee, den Asia-Imbiss anzuzünden, das Clubheim abzufackeln, Menschen zusammenzuschlagen, zu bedrohen, zu berauben. Sechs dicke Filzstifte kratzen übers Papier und schreiben: Alkohol. Hass. Rache. Angst. Dummheit. Familie. Gruppenzwang. „Umfällt", heißt es bei Holger. Ein „Ich" taucht immerhin auf vier von sechs Zetteln auf. Die Kursleiter weisen darauf hin, dass dieses „Ich" nein sagen könnte zum Alkohol, zum Ausleben von Hass und Rache. Holger setzt die Limoflasche an. Daniel wirft Kaugummis in die Runde.

Rauchpause.

Danach wird es ernst. Mit leiser Stimme liest Katja Sturm Martins Fall vor. Die Geschichte jener Nacht, die mit Alkohol und einem Streit nach der Disco begann und mit einer Anklage nach § 226 StGB endete. „Wir haben ihn mit einer Holzlatte und Fußtritten so lange bearbeitet, bis er blutüberströmt am Boden lag und sich nicht mehr bewegt hat ..." Alle in der Gruppe werden still. Holger vergisst, sich Chips in den Mund zu schieben. Jörg hört auf, mit Christian zu reden. Marcel im „Angry Aryans"-T-Shirt starrt ins Leere.

Und Martin, 19 Jahre alt, kurz geschorenes dunkles Haar, sonst nie um einen Spruch verlegen, betrachtet stumm seine roten Turnschuhe.

Hanne Tügel, in: GEO Wissen, Nr. 35, 2004/05, S. 102 f.

M2 Die Challenger-Tragödie

Am 28. Januar 1986 kam es in Cape Canaveral (Florida) zu einer der größten Katastrophen der Raumfahrtgeschichte. 73 Sekunden nach dem Start explodierte der Raumgleiter Challenger. Sieben Astronauten, die gesamte Besatzung, kamen ums Leben. [...] Die unmittelbare Unglücksursache war ein spröder Gummidichtungsring an einer der Antriebsraketen. An dieser Stelle trat Treibstoff aus und entzündete sich, worauf der Raumgleiter explodierte.

Ingenieure von Morton Thiokol, der Herstellerfirma der Raketen, hielten die Dichtungsringe schon seit längerer Zeit für eine der Schwachstellen. [...] Noch am Vorabend des geplanten Raumflugs hatten sich Ingenieure des Raketenherstellers – vor allem Allen

McDonald, der Projektleiter, und Roger Boisjoly, der Experte für Raketendichtungen – gegen einen Start ausgesprochen. In einer Telefonkonferenz mit der NASA machten sie nochmals auf die Schwierigkeiten bei solch niedrigen Temperaturen aufmerksam, wie sie für den kommenden Tag, den Tag des Abflugs, zu erwarten waren. Die NASA und deren Projektmanager, Larry Mulloy, drängen aber auf einen Start. Er wies insbesondere darauf hin, dass es keine Starteinschränkungen wegen bestimmter Temperaturen gebe. Die Telefonkonferenz wurde daraufhin abgebrochen. Die Ingenieure trugen ihre Bedenken auch Robert Lund vor, dem stellvertretenden Direktor der Ingenieurabteilung bei Morton Thiokol. Lund schloss sich den Bedenken an und erstattete seinem Vorgesetzten, dem Ingenieur Jerry Mason, Bericht. In einer internen Besprechung beim Raketenhersteller Thiokol sagte Mason dann zu Lund den entscheidenden, die Diskussion beendenden Satz: [...] „Nimm Deinen Ingenieurs-Hut ab und setze Deinen Management-Hut auf!" Lund kapitulierte und stimmte der Startfreigabe zu. Er teilte dies dem Projektleiter der NASA mit. Dieser wiederum meldete seinen Vorgesetzten die Startfreigabe durch den Raketenhersteller Thiokol, ohne dessen Bedenken zu erwähnen. So nahm das Unglück seinen Lauf.

Christoph Hubig / Hans Lenk / Matthias Maring, in: Funkkolleg Technik, Studienbrief 2, S. 4/10

M3 Verantwortungsbereiche

Handlungs(ergebnis)verantwortung

= Verantwortung für die kausalen Folgen des eigenen Handelns (auch für voraussehbare physische und psychische direkte Folgen)

Aufgaben- und Rollenverantwortung

= Verantwortung im Rahmen einer Aufgabe oder Rolle (Mutter – Kind; Ingenieur – Firma)

universalmoralische Verantwortung

= universelle, nicht auf bestimmte Bereiche eingeschränkte Verantwortung. Sie gilt grundsätzlich für jeden Menschen im gleichen Maß.

rechtliche Verantwortung

= Verantwortung vor einer Rechtsinstanz im Hinblick auf eine Rechtsnorm (Gesetz)

nach Christoph Hubig / Hans Lenk / Matthias Maring, in: Funkkolleg Technik, Studienbrief 2, S. 4/12

1. Diskutieren Sie den „Fall Martin": Können Sie die Aufteilung der Schuldanteile aus Christians Sicht akzeptieren? Zeichnen Sie einen „Verantwortungskuchen", der Ihre Einschätzung der Verantwortung Christians wiedergibt, und begründen Sie Ihre Sicht. ➜ M1
2. Wer trägt welchen Anteil an der Verantwortung für die Challenger-Katastrophe? Ordnen Sie den verschiedenen beteiligten Personen den ihnen zurechenbaren Verantwortungsanteil zu. ➜ M2
3. Welchen grundsätzlichen Unterschied sehen Sie zwischen den beiden Verantwortungsbeispielen? ➜ M1/2
4. Ordnen Sie in einer Tabelle die von Ihnen in Aufgabe 1 und 2 benannten Verantwortlichkeiten den vier verschiedenen Verantwortungsbereichen zu. ➜ M1-3
5. Erzählen Sie einen Fall aus Ihrem Erfahrungsbereich, an dem sich zeigen lässt, mit welchen Verantwortungsproblemen Menschen in Ihrem Lebensumfeld konfrontiert sind.

2 Wer verantwortet was?

M1 Der Contergan-Skandal

Das von der Firma Grünenthal entwickelte Beruhigungsmittel Contergan wurde von 1957 bis 1961 vertrieben und vor allem Schwangeren empfohlen, da es auch gegen morgendliche Übelkeit helfen sollte. Der enthaltene fruchtschädigende Wirkstoff Thalidomid führte zum Tod oder zu Missbildungen bei Tausenden von Ungeborenen. Auf entsprechende Hinweise wurde zunächst nicht reagiert und das Mittel erst im November 1961 vom Markt genommen.

M2 Wer trägt hier die Verantwortung?

Die Philosophieprofessorin Weyma Lübbe hat sich mit dem Problem der Verantwortung für Schäden und Risiken befasst, die sich aus den Handlungen vieler Personen ergeben, und diskutiert in diesem Zusammenhang Fälle kollektiver Verursachung und kollektiver Verantwortung. Als Musterfall einer kollektiven Tat analysiert sie einen gemeinsam geplanten Mord, den A und B auch gemeinsam an C begehen: Der kräftige A hält das sich heftig wehrende Opfer C fest, während B es am Hals packt und erwürgt.

Die Handlung des B hat ihre Wirkung nur dadurch, dass A das Opfer an erfolgreicher Gegenwehr hindert. Was den Tod des Opfers angeht – das ist die Wirkung, um deren Zurechnung es geht, die also zu verantworten ist – so ist er nicht teilbar. [...] Plausibel ist vielmehr, dass jeder der Beteiligten die ganze Tat zu verantworten hat. Jeder der beiden ist ein Mörder – gerade so, wie wenn er das Opfer alleine getötet hätte. Dies ist auch tatsächlich die Konsequenz, die im beschriebenen Fall das Strafrecht zieht. [...]

In größeren, hierarchisch organisierten Unternehmen pflegt die Arbeitsteilung anders geregelt zu sein als im Falle der beiden Mörder. Wer sich z. B. als Laborant oder als LKW-Fahrer einstellen lässt, weiß vielleicht nicht einmal, wie das Endprodukt der Firma aussieht, und jedenfalls ist er nicht um seine Zustimmung gefragt worden. Was aber, wenn er erfährt, dass er mit seiner Arbeit tatsächlich einen Beitrag zu einem Schädigungsprozess leistet? Soll z. B. die gesamte Belegschaft einer Fabrik für Ledersprays wegen Körperverletzung oder wenigstens wegen Beihilfe zur Körperverletzung belangt werden, wenn allgemein bekannt wird, dass Schadensmeldungen von Benutzern eingegangen sind, aber dennoch „von oben" kein Produktions- oder Auslieferungsstopp verfügt wird und daher die Belegschaft wie gewohnt ihre Arbeit fortsetzt?

Arbeitsteilung bei der Produktion von Gütern involviert auch die Aufteilung der Zuständigkeit für die Kontrolle und gegebenenfalls die Verhinderung schädigender Nebeneffekte der Produktion. Die Reaktion auf Schadensmeldungen z. B. ist normalerweise Aufgabe der Geschäftsführung. Es fragt sich freilich, [...] ob man es akzeptieren soll, wenn diejenigen, die mit der Reaktion auf Schadensmeldungen nicht speziell beauftragt sind, mit ihrer Arbeit fortfahren, als wenn nichts wäre, und sich für nicht verantwortlich erklären.

Weyma Lübbe, Kollektive Verursachung, S. 23

M3 Mitverantwortung

Es ist vollkommen schlüssig zu behaupten, dass mehrere Individuen dieselbe Verantwortlichkeit auch gemeinsam tragen können. Wenn sie dies tun, können wir von *kollektiver Verantwortlichkeit* oder *Gruppenverantwortlichkeit* sprechen, ohne dass von der jeweiligen individuellen Verantwortlichkeit auch nur ein Jota abgestrichen würde. Ich würde sie unmissverständlicher *gemeinschaftlich getragene* (oder zu tragende) *(Einzel-)Verantwortung* in Gruppen oder *Mitverantwortung* nennen.

M4 Einzelverantwortung in Gruppen

Die Aufgaben- und Rollenverantwortung umfasst die Wahrnehmung von Pflichten, die mit der eigenen Stelle, den beruflichen Aufgaben und Pflichten und der jeweiligen Rolle verbunden sind. Mit jeder beruflichen Rolle und ihrem Aufgabenspektrum ist eine entsprechende Aufgaben- und Rollenverantwortung verbunden. So ist jeder Techniker seinem Vorgesetzten, der Firmenleitung oder dem Vorstand der betreffenden (privaten oder öffentlichen) Organisation (auch etwa seiner Standesorganisation) im Sinne der Rollenerwartung, Stellenbeschreibung usw. für Handlungen, Unterlassungen und vorsorgende Aufmerksamkeit verantwortlich. Rechenschaftsverantwortung bzw. Loyalitätsverantwortung (der Untergebenen) gegenüber Einzelnen (Vorgesetzten oder Personen bzw. Gruppen, denen gegenüber der Verantwortungsträger verpflichtet ist) sind ebenfalls Teil der Aufgabenverantwortung wie auch im Sonderfall die Haftbarkeits- oder Entschädigungsverantwortung oder gar (in Überwachungsfunktionen) Verhinderungs- oder Präventionsverantwortung. Die institutionelle Verantwortung ist Teil der Aufgabenverantwortung, wenn der Handelnde als Repräsentant (Leiter, Manager, Vorgesetzter) einer Institution (Unternehmen, Behörden, Organisationen usw.) die entsprechende Verantwortung zu übernehmen hat. Aufgaben- und Rollenverantwortung ist vielfach auch in Teams, in Gruppen zu tragen.

M3/4: Hans Lenk, in: Verantwortung, Arbeitstexte, S. 69, 66f.

M5 Das Problem der kollektiven Verantwortung

Die gegenwärtigen Verantwortungsdebatten haben sich an Schäden und Risiken entzündet, die nicht als Folgen von Handlungen einer einzelnen Person beschreibbar sind. Es gibt die Person nicht, zu der man – wie bei einem Autofahrer, der ein Loch in einen Gartenzaun gefahren hat – sagen könnte: Sie haben das Loch in der Ozonschicht verursacht. Vielmehr handelt es sich typischerweise bei den industrialisierungsbedingten Schäden und Risiken um Folgen aus mehreren Handlungen mehrerer Subjekte, oft um Folgen aus unbestimmt vielen Handlungen unbestimmt vieler Subjekte. [...] Insbesondere die Umweltschäden – Vergiftung von Böden, Grundwasser und Ozeanen, Artensterben, Destabilisierung des Klimas – kumulieren sich aus Millionen von Alltagshandlungen, die von den Einzelnen nicht deshalb vollzogen werden, damit im Zusammenwirken mit anderen Beteiligten diese Effekte entstünden. Vielmehr handelt jeder so, wie er handelt, weil seine Handlung für sich alleine Sinn hat. [...] Ist dies auch der maßgebliche Grund dafür, dass wir – z. B. als Kühlschrankbenutzer – uns nicht als Totschläger empfinden, obgleich wir von statistischen Evidenzen gehört haben, die belegen, dass infolge des Ozonlochs schon der eine oder andere Australier an Hautkrebs erkrankt und daran auch gestorben ist?

Weyma Lübbe, Kollektive Verursachung, S. 19, 27

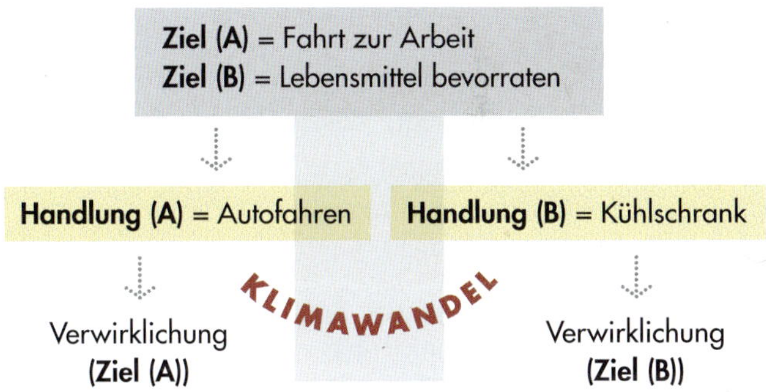

1 Informieren Sie sich über die Hintergründe des Contergan-Skandals und beurteilen Sie, wie es dazu kommen konnte. → M1

2 Im Prozess um den Mordfall macht A geltend, er sei nicht für den Tod verantwortlich, sondern er habe das Opfer ja nur festgehalten. Versetzen Sie sich in die Rolle des Richters und argumentieren Sie. → M2

3 Erarbeiten Sie die Unterschiede von kollektiver Verursachung und kollektiver Verantwortung der Mörder und des Laboranten oder LKW-Fahrers. → M2

4 Stellen Sie die von Hans Lenk in M4 genannten Verantwortungsarten in einem Schema dar, indem Sie die Begriffe einander zuordnen. Geben Sie den Gedanken der Mitverantwortung in eigenen Worten wieder. → M3/4

5 Was trägt alles zum Klimawandel bei? Ergänzen Sie weitere Ursachen und diskutieren Sie das Problem der kollektiven Verantwortung. → M5

3 Handlungs- und Fürsorgeverantwortung

M1 Die Verantwortungsrelation

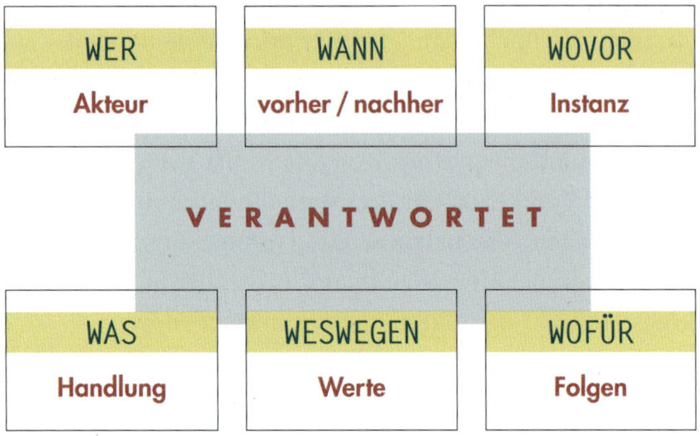

Dieses Schema veranschaulicht den Begriff der Verantwortung und zeigt, dass „Verantwortung" ein „mehrstelliger Relationsbegriff" ist. Was darunter zu verstehen ist, kann der folgenden Definition entnommen werden:

> Verantwortung ist „das Aufsichnehmen der Folgen des eigenen Tuns, zu dem der Mensch als sittliche Person sich innerlich genötigt fühlt, da er sie sich selbst, seinem eigenen freien Willensentschluss zurechnen muss."

In dieser Definition werden vier Elemente der Verantwortungsrelation angesprochen:
- die *Folgen*,
- der *Akteur* („Mensch als sittliche Person"),
- die *Werte* („sich innerlich genötigt fühlt")
- und die *Handlung* („des eigenen Tuns").

Eine *Instanz* tritt dann zum Beispiel auf den Plan, wenn ein Täter seine Tat vor Gericht verantworten muss. Die *Zeit* kann dann eine Rolle spielen, wenn die Tat lange zurückliegt und erwogen werden muss, ob sie verjährt ist.

Dass es wichtig ist, diese Relationselemente zu betrachten, kann an den Folgen verdeutlicht werden. Jede Handlung hat beabsichtigte, aber auch unbeabsichtigte Folgen. Auch die unbeabsichtigten, jedoch voraussehbaren Folgen sind zu verantworten.

nach Hans Lenk / Günter Ropohl (Hg.), Technik und Ethik, S. 155

M2 Kausalhandlungsverantwortung

Der nächstliegende und allgemeinste Typ von Verantwortung ist die Verantwortung für die Folgen und das Ergebnis des eigenen Handelns. Wir können hier von *Kausalhandlungsverantwortung* sprechen: Man ist für die durch das eigene Handeln verursachten Ergebnisse und Folgen gegenüber mindestens einer der möglichen Instanzen [z. B. Gott, Gesellschaft, Staat, Recht, einer Person] verantwortlich oder mitverantwortlich (falls ein übergeordneter Verantwortungsträger existiert). Der Ingenieur, der einen Damm plant, ist für das Ergebnis seines Entwurfs und seiner Berechnungen verantwortlich. – Verantwortung wird oft nicht durch den Regelfall der positiven Kausalhandlungs(ergebnis)verantwortung, sondern durch negative Fälle brisant und bekannt: Ein Dammbruch kann auf falsche oder schludrige Berechnungen zurückzuführen sein. Deshalb gibt es eine *negative* Kausalhandlungsverantwortung: Die Sorgfalt der Handlungsausführung umfasst die Vermeidung von Unterlassungen. Doch auch Unterlassungen an sich – gerade ohne jede Handlung – können ursächlich sein und Verantwortung aktivieren: Aufgrund unterlassener Hilfeleistung kann z. B. jemand sterben.

Neben der Verantwortung zur Vermeidung von Unterlassungen gibt es auch eine aktive Verhinderungsverantwortung *(Präventionsverantwortung)*: Der Kontrollingenieur muss aktiv und systematisch nach Schwachstellen suchen. Dies gehört zu seiner besonderen positiven wie negativen Kausalhandlungs- und Aufgabenverantwortung. Sie dient der Abwendung von Unfällen oder Störungen sowie der Vorsorge für das Wohlergehen der vom reibungslosen Ablauf des betreffenden Systems abhängigen Menschen (oder auch Tiere).

nach Hans Lenk / Günter Ropohl (Hg.), Technik und Ethik, S. 116f.

Tat → Folgen → Verantwortung

M3 Sorge-für-Verantwortung

Nun gibt es aber noch einen ganz andern Begriff von Verantwortung, der nicht die ex-post-facto[1] Rechnung für das Ganze, sondern die Determinierung des Zu-Tuenden betrifft; gemäß dem ich mich also verantwortlich fühle nicht primär für mein Verhalten und seine Folgen, sondern für die *Sache*, die auf mein Handeln Anspruch erhebt. Verantwortung zum Beispiel für die Wohlfahrt anderer „sichtet" nicht nur gegebene Tatvorhaben auf ihre moralische Zulässigkeit hin, sondern verpflichtet zu Taten, die zu keinem andern Zweck vorgehabt sind. Das „für" des Verantwortlichseins hat hier offenbar einen völlig anderen Sinn als in der vorigen, selbstbezogenen Klasse. Das „wofür" liegt außer mir, aber im Wirkungsbereich meiner Macht, auf sie angewiesen oder von ihr bedroht. Ihr setzt es entgegen sein Recht auf Dasein aus dem, was es ist oder sein kann, und nimmt durch den sittlichen Willen die Macht in ihre Pflicht. Die Sache wird meine, weil die Macht meine ist und einen ursächlichen Bezug zu eben dieser Sache hat. Das Abhängige in seinem Eigenrecht wird zum Gebietenden, das Mächtige in seiner Ursächlichkeit zum Verpflichteten. Für das so ihr Anvertraute wird die Macht objektiv verantwortlich und durch die Parteinahme des Verantwortungsgefühls affektiv engagiert: in dem Gefühl findet das Verbindliche seine Verbindung zum subjektiven Willen. Die Parteinahme des Gefühls aber hat ihren ersten Ursprung nicht in der Idee der Verantwortung überhaupt, sondern in der erkannten selbsteigenen Güte der Sache, wie sie das Empfinden affiziert und die bloße Selbstsucht der Macht beschämt. Das Erste ist das Seinsollen des Objekts, das Zweite das Tunsollen des zur Sachwaltung berufenen Subjekts.

Hans Jonas, Das Prinzip Verantwortung, S. 174f.

---

[1] ex post facto = nach dem Faktum, z. B. Befragungen in den Sozialwissenschaften, die durchgeführt werden, nachdem die zu untersuchenden Vorgänge abgeschlossen sind

Verantwortung → Sache → Tat

M4 Erweiterung der Verantwortlichkeit

Hans Jonas hat gegenüber der traditionellen Kausalhandlungsergebnisverantwortung eine moralische Erweiterung der Verantwortlichkeit auf eine generelle moralische Fürsorge- und Erhaltungsverantwortung gefordert, die er „Seinsverantwortung" oder „*Sorge-für-Verantwortung*" nennt. Wie Eltern üblicherweise für das Wohl ihrer abhängigen Kinder verantwortlich sind, ist der technische Mensch im Maße seiner gewachsenen technologischen Macht für die künftige Existenz und das Wohlergehen der von dieser Macht abhängigen Menschen und Naturwesen verantwortlich. Diese Fürsorgeverantwortung geht über die positive und negative Kausalhandlungsverantwortung hinaus, obwohl sie diese wie auch die Präventionsverantwortung in konkreten Fällen aktiviert.

Hans Lenk, in: Technik und Ethik, S. 117

„Ich jedenfalls verleihe nie wieder etwas!" *Horst Haitzinger*

1 Denken Sie sich Beispiele von Handlungen aus und ordnen Sie die Elemente (Akteur, Instanz, ...) der Verantwortungsrelation zu. → M1

2 Erläutern Sie die beiden Schemata, die die „Kausalhandlungsverantwortung" und die „Sorge-für-Verantwortung" veranschaulichen sollen. Finden Sie Beispiele, an denen Sie diese Gegenüberstellung erläutern können. → M2/3

3 Hans Jonas sieht in der Verantwortung für die Nachkommenschaft den Paradefall der Sorge-für-Verantwortung. Diskutieren Sie die These: „Die zukünftige Menschheit und die uns umgebende Natur sind uns wie unsere Kinder in die sorgende Verantwortung gegeben." → M4

4 Verantwortungsethik als Zukunftsethik

Hans Jonas – Leben und Werk

- 1903 in Mönchengladbach geboren; aus jüdischem Elternhaus; als Schüler schon Bekenntnis zum Zionismus[1];
- 1921-1928 Studium der Philosophie, Theologie und Kunstgeschichte; 1930 Promotion;
- 1933 Emigration nach England;
- 1935-1949 Leben und Lehre in Jerusalem; Beitritt zur Haganah, der israelischen Selbstschutzorganisation gegen die Araber;
- 1944/1945: Kampf als britischer Soldat gegen Hitlers Wehrmacht;
- 1948 Teilnahme am israelischen Befreiungskrieg;
- 1949 Übersiedlung nach Kanada;
- 1955-1976 Professor an der New School for Social Research in New York;
- 1979 Veröffentlichung des Hauptwerks *Das Prinzip Verantwortung*;
- philosophisches Hauptbestreben: Überwindung des Dualismus[2] von Mensch und Natur; die Ausarbeitung einer neuen Naturphilosophie, die Begründung einer Verantwortungsethik im *Prinzip Verantwortung*, religionsphilosophische Fragestellungen bezüglich eines Gottesbegriffs nach Auschwitz;
- 1993 Tod in seinem Haus bei New York.

M1 Alle bisherige Ethik war Präsenzethik

Hans Jonas grenzt in seinem Werk Das Prinzip Verantwortung *seine neue Ethik der Verantwortung von aller bisherigen Ethik ab. Diese nennt er zusammenfassend eine „Präsenzethik", wohingegen seine Verantwortungsethik den Namen einer echten Zukunftsethik verdiene. Im Folgenden erläutert er vier Merkmale der bisherigen Ethik. An der Kritik dieser Merkmale setzt Jonas' Verantwortungsethik an:*

1 Aller Umgang mit der außermenschlichen Welt, das heißt der ganze Bereich der *techne* (Kunstfertigkeit) war – mit Ausnahme der Medizin – ethisch neutral – im Hinblick auf das Objekt sowohl wie auf das Subjekt solchen Handelns: Im Hinblick auf das Objekt, weil die Kunst die selbsterhaltende Natur der Dinge nur unerheblich in Mitleidenschaft zog und somit keine Frage dauernden Schadens an der Integrität ihres Objektes, der natürlichen Ordnung im Ganzen, aufwarf; und im Hinblick auf das handelnde Subjekt, weil *techne* qua Tätigkeit sich selbst als begrenzten Tribut an die Notwendigkeit verstand [...]. Kurz, Wirkung auf nichtmenschliche Objekte bildete keinen Bereich ethischer Bedeutsamkeit.

2 Ethische Bedeutung gehörte zum direkten Umgang von Mensch mit Mensch, einschließlich des Umganges mit sich selbst; alle traditionelle Ethik ist *anthropozentrisch*.

3 Für das Handeln in dieser Sphäre wurde die Entität „Mensch" und ihr fundamentaler Zustand als im Wesen konstant angesehen und nicht selber als Gegenstand umformender *techne* (Kunst).

4 Das Wohl oder Übel, worum das Handeln sich zu kümmern hatte, lag nahe bei der Handlung, entweder in der *Praxis* selbst oder in ihrer unmittelbaren Reichweite und war keine Sache entfernter Planung. Diese Nähe der Ziele galt für Zeit sowohl als Raum. Die wirksame Reichweite der Aktion war klein, die Zeitspanne für Voraussicht, Zielsetzung und Zurechenbarkeit kurz, die Kontrolle über Umstände begrenzt.

Hans Jonas, Das Prinzip Verantwortung, S. 22f.

---

[1] Zionismus: Bezeichnung für die politische (nationale) und soziale Bewegung zur Errichtung eines jüdischen Staates in Palästina

[2] Dualismus (lat.): in der Philosophie die Annahme, dass alles Seiende auf nur zwei Prinzipien gegründet ist; z. B. Gott-Welt, Leib-Seele. Vgl. auch S. 43.

M2 Warum versagt die bisherige Ethik?

Ethik hatte es demgemäß mit dem Hier und Jetzt zu tun, mit Gelegenheiten, wie sie zwischen Menschen sich einstellen, mit den wiederkehrenden, typischen Situationen des privaten und öffentlichen Lebens. Der gute Mensch war ein solcher, der diesen Gelegenheiten mit Tugend und Weisheit begegnete, der die Fähigkeit dazu in sich selbst kultivierte und im Übrigen sich mit dem Unbekannten abfand.

Alle Gebote und Maximen überlieferter Ethik, inhaltlich verschieden wie sie immer sein mögen, zeigen diese Beschränkung auf den unmittelbaren Umkreis der Handlung. „Liebe deinen Nächsten wie dich selbst“; „Tue Anderen, wie du wünschest, dass sie dir tun“; „Unterweise dein Kind im Wege der Wahrheit“; „Strebe nach Vorzüglichkeit durch Entwicklung und Verwirklichung der besten Möglichkeiten deines Seins qua Mensch“; „Ordne dein persönliches Wohl dem Gemeinwohl unter“; „Behandle deinen Mitmenschen niemals bloß als Mittel, sondern immer auch als einen Zweck in sich selbst“; und so fort. Man beachte, dass in all diesen Maximen der Handelnde und der „Andere“ seines Handelns Teilhaber einer gemeinsamen Gegenwart sind. [...] Alle Sittlichkeit war auf diesen Nahkreis des Handelns eingestellt.

Hans Jonas, Das Prinzip Verantwortung, S. 23

M3 Auf die Zukunft hin denken!

Hans Jonas plädiert für eine Erweiterung der bisherigen Ethik, die er als anthropozentrisch und in der jeweiligen Gegenwart befangen sieht. Die neue Ethik müsse eine Ethik sein, die die Natur zum Gegenstand macht und die in die ferne Zukunft reicht.

Das **zentrale Argument** für diese Position ist das folgende: Die moderne Technik verleiht unseren Handlungen eine Reichweite und eine Macht, wie sie allen vorangegangenen Zeitaltern unbekannt war.

Was wir mit Hilfe der Technik tun, betrifft:

- die gesamte Biosphäre des Planeten;
- den Menschen selbst in seinem inneren Wesen.

Die **Biosphäre** als Ganze sei betroffen, weil das technische Handeln die natürlichen Kreisläufe so beeinträchtigen könne, dass sie sich nicht mehr selbst regenerieren können. Verantwortlich dafür sind die folgenden Merkmale technischen Handelns:

- Unumkehrbarkeit;
- kumulativer [anhäufender] Charakter;
- unendlicher Vorwärtsdrang.

Unumkehrbar ist beispielsweise der Verbrauch fossiler Brennstoffe. **Kumulativ** beispielsweise war die Erfindung des Otto-Motors, die es notwendig machte, eine aufwändige Abgastechnologie (Katalysator, Rußpartikelfilter) zu entwickeln. Der **Vorwärtsdrang** zeigt sich beispielsweise in allen Bereichen, in denen die Effizienz noch gesteigert werden kann.

Der **Mensch** selbst wird zum **Objekt der Technik**: Viele Organe sind transplantierbar, sein Genom kann entschlüsselt und womöglich bald repariert werden, seine Lebensspanne kann verlängert werden, sein Verhalten kann genetisch und (was Jonas noch nicht abschätzen konnte) neurophysiologisch kontrolliert werden.

Jonas zieht die **Folgerung**: „Wenn die Sphäre des Herstellens in den Raum wesentlichen Handelns eingedrungen ist, dann muss Moralität in die Sphäre des Herstellens eindringen.“

nach Hans Jonas, Das Prinzip Verantwortung, S. 26, 32, 47–53

1 Informieren Sie sich über den jüdischen Philosophen Hans Jonas und sein Hauptwerk *Das Prinzip Verantwortung* und bereiten Sie eine Kurzpräsentation zu Leben und Werk Jonas' vor. ➜ Infokasten

2 Stellen Sie die Merkmale „bisheriger Ethik“ zusammen, die Jonas aufführt. Formulieren Sie Ihnen bekannte Imperative der traditionellen Ethik (z. B. Kant oder Utilitarismus) und diskutieren Sie die Frage, ob Sie der Charakterisierung dieser Ethik durch Jonas zustimmen können. ➜ M1

3 Was ist nach Jonas grundsätzlich anders in der von ihm geforderten „Zukunftsethik“? Warum ist es so schwierig, eine solche Zukunftsethik zu begründen? ➜ M2

4 Halten Sie ein kurzes Plädoyer für die Notwendigkeit einer „Zukunftsethik“, indem Sie ein Ihnen bekanntes Beispiel einer technologischen Entwicklung herausgreifen und daran zeigen, wie sie „Handlungen von neuer Größenordnung“ ermöglichen, die eine neue Ethik erfordern. ➜ M3

5 Verantwortungsethische Imperative

M1 Jonas versus Kant?

M2 Neue Imperative

1. Kants kategorischer Imperativ sagte: „Handle so, dass du auch wollen kannst, dass deine Maxime allgemeines Gesetz werde.“ Das hier angerufene „kann“ ist das der Vernunft und ihrer Einstimmung mit sich selbst: Die Existenz einer Gesellschaft menschlicher Akteure (handelnder Vernunftwesen) *vorausgesetzt*, muss die Handlung so sein, dass sie sich ohne Selbstwiderspruch als allgemeine Übung dieser Gemeinschaft vorstellen lässt. [...]

2. Ein Imperativ, der auf den neuen Typ menschlichen Handelns passt und an den neuen Typ von Handlungssubjekt gerichtet ist, würde etwa so lauten: „Handle so, dass die Wirkungen deiner Handlung verträglich sind mit der Permanenz echten menschlichen Lebens auf Erden“;
oder negativ ausgedrückt: „Handle so, dass die Wirkungen deiner Handlung nicht zerstörerisch sind für die künftige Möglichkeit solchen Lebens“;
oder einfach: „Gefährde nicht die Bedingungen für den indefiniten Fortbestand der Menschheit auf Erden“;
oder, wieder positiv gewendet: „Schließe in deine gegenwärtige Wahl die zukünftige Integrität des Menschen als Mit-Gegenstand deines Wollens ein“.

3. Es ist ohne weiteres ersichtlich, dass kein rationaler Widerspruch in der Verletzung dieser Art von Imperativ involviert ist. Ich *kann* das gegenwärtige Gut unter Aufopferung des zukünftigen Guts wollen. Ich kann, so wie mein eigenes Ende, auch das Ende der Menschheit wollen. Ich kann, ohne in Widerspruch mit mir selbst zu geraten, wie für mich so auch für die Menschheit ein kurzes Feuerwerk äußerster Selbsterfüllung der Langeweile endloser Fortsetzung im Mittelmaß vorziehen.
Aber der neue Imperativ sagt eben, dass wir zwar unser eigenes Leben, aber nicht das der Menschheit wagen *dürfen*; und dass Achill zwar das Recht hatte, für sich selbst ein kurzes Leben ruhmreicher Taten vor einem langen Leben ruhmloser Sicherheit zu wählen (unter der stillschweigenden Voraussetzung nämlich, dass eine Nachwelt da sein wird, die von seinen Taten zu erzählen weiß); dass wir aber nicht das Recht haben, das Nichtsein künftiger Generationen wegen des Seins der jetzigen zu wählen oder auch nur zu wagen. Warum wir dieses Recht nicht haben, warum wir im Gegenteil eine Verpflichtung gegenüber dem haben, was noch gar nicht ist und „an sich“ auch nicht zu sein braucht, jedenfalls als nicht existent keinen *Anspruch* auf Existenz hat, ist theoretisch gar nicht leicht und vielleicht ohne Religion überhaupt nicht zu begründen. Unser Imperativ nimmt es zunächst ohne Begründung als Axiom.

Hans Jonas, Das Prinzip Verantwortung, S. 35f.

M3 Utilitarismus als Zukunftsethik

Es gibt neben Kant und Jonas noch mindestens eine dritte Möglichkeit, eine oberste verantwortungsethische Norm zu formulieren, nämlich die utilitaristische. Dieter Birnbacher passt mit seinem Grundprinzip des „intergenerationellen Nutzensummenutilitarismus“ den klassischen Utilitarismus an die Zukunftsethik an. Er geht von folgender Überlegung aus:

Wenn wir zwischen verschiedenen Handlungen wählen können, so sollen wir diejenige wählen, die für die Gesamtheit aller von dieser Handlung betroffenen Menschen in der Summe das meiste Glück bringt.

Ein Beispiel: Wenn wir einen Kuchen unter zehn Menschen zu verteilen haben, so sollen wir ihn so verteilen, dass nicht einer sich den Magen füllen kann, die anderen aber nur ein Probierhäppchen bekommen, sondern so, dass alle einen angemessenen Genuss davon haben.

Diese Überlegung wendet Birnbacher auf das globale technische Handeln an, von dem die gesamte zukünftige Menschheit betroffen ist: Alle von unseren jetzigen technischen Taten betroffenen zukünftigen Generationen (einschließlich uns selbst) sollen davon in der Summe den größten Nutzen haben; Birnbacher nennt dies „Maximierung des in der gesamten zukünftigen Welt verwirklichten Guten".

Beispiel: Wenn wir heute die Energiefrage angehen wollen, so sollen wir sie nicht so lösen, dass die übernächste Generation mit den Schäden zu kämpfen hat, die wir angerichtet haben; wir sollen zum Beispiel die Erde nicht radioaktiv verseuchen.

nach Dieter Birnbacher, Verantwortung für zukünftige Generationen, S. 102f.

M4 Praxisnormen

Weder die allgemeine Menschenliebe noch die praktische Vernunft sind hinreichend wirksame Motive für die Wahrnehmung von Zukunftsverantwortung. [...] Praxisnormen sollen auch in Fällen von begrenztem Wissen, begrenzter Intelligenz und begrenztem guten Willen eine Orientierung ermöglichen und dadurch ein Optimum von Normerfüllung sicherstellen. [...] Praxisnormen haben nur dann eine Chance, praktische Wirksamkeit zu entfalten, wenn sie nicht nur abstrakt postuliert werden, sondern in eine Umgebung unterstützender Werte eingebettet sind: in entsprechende Werthaltungen, Gesinnungen, Einstellungen, und in soziale, rechtliche und politische Institutionen, die diesen Werten objektiv Ausdruck geben. [...]

Ein Katalog von Praxisnormen:

1. Keine Gefährdung der Gattungsexistenz des Menschen und der höheren Tiere: kollektive Selbsterhaltung
2. Keine Gefährdung einer zukünftigen menschenwürdigen Existenz: nil nocere [lat.: nicht schaden]
3. Keine zusätzlichen irreversiblen Risiken: Wachsamkeit
4. Erhaltung und Verbesserung der vorgefundenen natürlichen und kulturellen Ressourcen: Bebauen und Bewahren
5. Unterstützung anderer bei der Verfolgung zukunftsorientierter Ziele: Subsidiarität
6. Erziehung der nachfolgenden Generation im Sinne der Praxisnormen.

nach Dieter Birnbacher, Verantwortung für zukünftige

Imperative und ihre Grundwerte

Freiheit, Autonomie	→	Kategorischer Imperativ
Glück, Nutzen	→	intergenerationelles Nutzensummenprinzip
Natur, Sein, Menschheit	→	Prinzip des Fortbestands der Menschheit

1 Verfassen Sie einen kurzen Dialog zwischen Kant und Jonas, in dem die beiden sich darüber unterhalten, welches ethische Grundgesetz gewählt werden müsse. Überlegen Sie dabei, ob der Dialog eher auf eine Konfrontation hinausläuft oder ob es Möglichkeiten der Verständigung gibt. ➜ M1

2 Wie setzt Jonas seinen Imperativ dem kantischen entgegen? Sehen Sie eine Möglichkeit, die Jonas'schen Imperative mit Hilfe des kantischen zu begründen? ➜ M2

3 Formulieren Sie den von Birnbacher vorgeschlagenen Imperativ analog zu dem kantischen, indem Sie beginnen: Handle so, ...! ➜ M3

4 Erarbeiten Sie die einzelnen Praxisnormen mit selbstgewählten Beispielen. Welche Maßnahmen müsste eine verantwortungsvolle Politik zu ihrer Verwirklichung ergreifen? ➜ M4

5 Diskutieren Sie, inwiefern unsere Gesellschaft durch Erziehung zu einer Zukunftsethik beitragen könnte.

6 Welche Argumente können Sie für die jeweilige Theorie ins Feld führen? ➜ Infokasten

*6 Gesinnungs- und Verantwortungsethik

Moralisches Argumentieren

M1 Zwei gegensätzliche Maximen

Der Nationalökonom, Soziologe und Politiker Max Weber (1864-1920) setzt gegen die traditionelle Ethik der „Gesinnung" den Gedanken einer Verantwortungsethik, die den eigentlich moralischen Wert einer Handlung in den realen oder möglichen Folgen sieht.

Wir müssen uns klarmachen, dass alles ethisch orientierte Handeln unter zwei voneinander grundverschiedenen, unaustragbar gegensätzlichen Maximen stehen kann: es kann „gesinnungsethisch" oder „verantwortungsethisch" orientiert sein. Nicht dass Gesinnungsethik mit Verantwortungslosigkeit und Verantwortungsethik mit Gesinnungslosigkeit identisch wäre. Davon ist natürlich keine Rede. Aber es ist ein abgrundtiefer Gegensatz, ob man unter der gesinnungsethischen Maxime handelt – religiös geredet: „Der Christ tut recht und stellt den Erfolg Gott anheim" – oder unter der verantwortungsethischen: dass man für die (voraussehbaren) Folgen seines Handelns aufzukommen hat. [...]

Wenn die Folgen einer aus reiner Gesinnung fließenden Handlung üble sind, so gilt ihm nicht der Handelnde, sondern die Welt dafür verantwortlich, die Dummheit der anderen Menschen oder – der Wille des Gottes, der sie so schuf. Der Verantwortungsethiker dagegen rechnet mit eben jenen durchschnittlichen Defekten der Menschen, – er hat [...] gar kein Recht, ihre Güte und Vollkommenheit vorauszusetzen, er fühlt sich nicht in der Lage, die Folgen eigenen Tuns, soweit er sie voraussehen konnte, auf andere abzuwälzen. Er wird sagen: Diese Folgen werden meinem Tun zugerechnet. „Verantwortlich" fühlt sich der Gesinnungsethiker nur dafür, dass die Flamme der reinen Gesinnung, die Flamme z. B. des Protestes gegen die Ungerechtigkeit der sozialen Ordnung, nicht erlischt. Sie stets neu anzufachen, ist der Zweck seiner, vom möglichen Erfolg her beurteilt, ganz irrationalen Taten, die nur exemplarischen Wert haben können und sollen.

Aber auch damit ist das Problem noch nicht zu Ende. Keine Ethik der Welt kommt um die Tatsache herum, dass die Erreichung „guter" Zwecke in zahlreichen Fällen daran gebunden ist, dass man sittlich bedenkliche oder mindestens gefährliche Mittel und die Möglichkeit oder auch die Wahrscheinlichkeit übler Nebenerfolge mit in den Kauf nimmt, und keine Ethik der Welt kann ergeben: wann und in welchem Umfang der ethisch gute Zweck die ethisch gefährlichen Mittel und Nebenerfolge „heiligt".

Max Weber, Politik als Beruf,
in: Monika Sänger (Hg.), Verantwortung, S. 115f.

M2 Verantwortung oder Gesinnung?

Eine systematische Debatte um den *Begriff* „Verantwortung" setzt erst gegen Mitte des 19. Jh.s ein und gewinnt seit Ende des Ersten Weltkriegs stark an Intensität. [...]

Neue Impulse erhielt die Diskussion nach dem ersten Weltkrieg durch Max Webers Gegenüberstellung von *Gesinnungs-* und *Verantwortungsethik*. Wesentliches Kennzeichen der Letzteren ist, dass die in der konkreten Handlungssituation in der Außenwelt erwartbaren Handlungsfolgen bei der verantwortungsethischen Beurteilung der Handlungsweise Berücksichtigung finden, während der Gesinnungsethiker die situationsspezifisch erwartbaren äußeren Folgen der von ihm für moralisch richtig gehaltenen Handlungsweise als ethisch irrelevant betrachtet. Verantwortungs- und Gesinnungsethik unterscheiden sich also durch die Definition des Gegenstands bzw. Bereichs der moralischen Verantwortung: Der Bereich, für den der Gesinnungsethiker Verantwortung übernimmt, beschränkt sich auf sein eigenes Gewissen, der Verantwortungsethiker sorgt sich auch um die Außenwelt und nimmt – i. S. einer Güterabwägung – unter Umständen auch moralisch bedenkliche Mittel in Kauf, um größere Übel zu vermeiden.

Micha H. Werner, in: Marcus Düwell u. a. (Hg.),
Handbuch Ethik, S. 543f.

M3 Der gute Zweck

Sauberkeit und Gerechtigkeit auf einen Streich!

Luiz Inácio Lula da Silva, der Präsident Brasiliens, möchte sein Land zum größten Treibstofflieferanten der Welt machen. 2008 wurden in Brasilien 26 Mrd. Liter Ethanol aus Zuckerrohr gewonnen. Diese Menge soll bis 2020 vervielfacht werden, so dass zum Beispiel die USA und die EU ihren Treibstoffbedarf zu annähernd 15 % durch das biologisch gewonnene Ethanol decken können. Lula plant darüber hinaus, einen Zuckerrohrgürtel um den Äquator herum zu schaffen: Die Regierungen der betreffenden Länder sollen sich zu einer „Art OPEC des Biosprits" zusammenschließen.
Der positiven Effekte wäre:
1. Die bislang reichen Länder würden mit klimafreundlichem Ethanol versorgt, denn wenn „Ethanol verbrennt, entsteht nur so viel Kohlendioxid, wie die Pflanze zuvor aus der Luft gezogen hat." (Spiegel)
2. Die armen Länder der Äquatorregion würden selbst reich werden. Ein Schritt in Richtung einer gerechteren Verteilung auf der Welt wäre getan.
„Im Ethanol-Zeitalter, so prophezeit der Präsident, wird die Welt moderner, grüner und, global gesehen, auch viel gerechter sein als heute." (Spiegel) – Diesen Plan unterstützen viele Politiker auf der ganzen Welt, viele multinationale Konzerne, Investoren und Regierungen. Die Schweden haben einen Vertrag mit Brasilien geschlossen, ebenso die deutsche Regierung.

M4 Das böse Mittel

Ausbeutung der Plantagenarbeiter!

Die Zuckerrohrernte wird dadurch vorbereitet, dass in der Nacht davor die Felder angezündet werden: Das Feuer verbrennt die scharfen Zuckerrohrblätter, verjagt Schlangen und tötet Vogelspinnen. Das Zuckerrohr selbst übersteht die Flammen und wird von den Arbeitern mit den Macheten geschnitten. Diese Arbeit ertragen die Zuckerrohrschneider im Durchschnitt nur 12 Jahre, dann sind sie gesundheitlich ruiniert. Der Spiegelbericht porträtiert den Schneider Antônio da Silva, der mit 43 Jahren und nach einem Leistenbruch als Greis gilt und jeden Tag fürchten muss, von den Plantagenbesitzern davongejagt zu werden und ohne Einkünfte für seine Familie dazustehen. Die Arbeit beginnt in den frühen Morgenstunden. Das Tagessoll eines Schneiders beträgt 3 1/2 Tonnen Zuckerrohr, der Rohstoff für etwa 300 Liter Biosprit, das entspricht 3000 Machetehieben. Das alles findet zwischen Asche und Glut und unter sengender Sonne statt. Die Zuckerrohrschneider siedeln in elenden Schlafdörfern wie zum Beispiel Araçoiaba im Nordosten Brasiliens. Zur Arbeit auf den Zuckerfeldern gibt es keine Alternative und die Abhängigkeit von den Großplantagenbesitzern grenzt an Sklaverei, denn die Monokultur lässt den ansässigen Familien keine Alternative. Der Lohn beträgt etwa 130 Euro im Monat; das reicht gerade zum Überleben. Ein Kilo Bohnen kostet umgerechnet 2 Euro. Biosprit muss billig sein, soll er konkurrenzfähig bleiben. Das geht zu Lasten der Arbeiter. Eine maschinelle Ernte ist in den bergigen Plantagengebieten des brasilianischen Nordens nicht möglich oder aber nicht rentabel.

M3/4: nach Clemens Höges, in: Der Spiegel 4/2009, S. 84–89

M5 Der gute Mensch und das Gute

Man kann darauf bedacht sein, das Gute durchzusetzen und zu verwirklichen, oder man kann darauf bedacht sein, ein guter Mensch zu werden – das ist zweierlei, es schließt sich gegenseitig aus. Die meisten wollen gute Menschen sein.

Max Frisch, Tagebuch 1946–1949, S. 253

1. Arbeiten Sie die Merkmale der Gesinnungsethik und der Verantwortungsethik heraus. ➜ M1
2. Informieren Sie sich anhand philosophischer Lexika über die historische Entwicklung des Verantwortungsbegriffs. ➜ M2
3. Verfassen Sie einen Dialog eines Gesinnungsethikers und eines Verantwortungsethikers, in dem sich die beiden über die Frage streiten, ob der brasilianische Zuckeranbau international gefördert oder ob er scharf kritisiert werden soll. ➜ M3/4
4. Diskutieren Sie an einem Beispiel, inwiefern „Gutes durchsetzen" und „ein guter Mensch sein wollen" in Gegensatz zueinander geraten können. ➜ M5

*1 Die Zerstörung der abendländischen Moral

M1 Mein Vermächtnis

Ich beschwöre euch, meine Brüder, bleibt der Erde treu und glaubt denen nicht, welche euch von überirdischen Hoffnungen reden!

Friedrich Nietzsche, Werke, Bd. II, S. 279

Friedrich Nietzsche

- **15.10.1844** Geburt bei Leipzig, Vater (Tod 1848) und Großvater protestantische Pfarrer
- **1858** Schulpforta (klassische Bildung – glänzende philologische Ausbildung – kritische Distanz zum Glauben)
- **1864** Studium an den Universitäten Bonn und Leipzig: Altphilologie, Theologie, Philosophie Schopenhauers
- **1869** Außerordentlicher Professor für klassische Philologie an der Universität Basel, Freundschaft mit Richard Wagner (bis 1874)
- **1879** Aufgabe des Lehramtes wegen zunehmender Krankheit, Befreiung vom Dienst, unstetes Wanderleben und häufiger Ortswechsel; freie philosophische Tätigkeit, Entstehen der wichtigsten Werke
- **1889** Geistiger und körperlicher Zusammenbruch in Turin, Ausbruch der Geisteskrankheit
- **25.08.1900** Tod in Weimar

M2 Jenseits von Gut und Böse

Die radikalste Kritik aller objektiven und subjektiven Wertsetzungen und die Umwertung aller Werte finden sich in der Philosophie Friedrich Nietzsches. Sie zerstört von einer Position „jenseits von Gut und Böse" aus die in der abendländischen Tradition überlieferten Werte und Normen und führt so auch einen unerbittlichen Kampf gegen die bestehende Philosophie, Religion und Moral. Zu den Grundthemen der Moralkritik Nietzsches gehört die Frage nach der Herkunft, dem Ursprung der Wertbegriffe gut und böse, die für ihn gleichbedeutend ist mit der Frage, unter welchen Bedingungen sich der Mensch jene Werturteile gut und böse erfand. Im Unterschied zu allen anderen Lebewesen ist der Mensch das „abschätzende Tier an sich". Schaffen, d. i. Schätzen und Werten, das zu seinen Grundtätigkeiten und Überlebenstechniken gehört, ist aus den Bedürfnissen des Menschen zu erklären und erhebt ihn über das Tier.

Ursprünglich – so Nietzsches Hauptthese – steht alles Geschehen unter der Herrschaft der Instinkte, die sich manifestiert als „Wille zur Macht". In der Entwikklung des Lebens setzt sich der mächtigste Instinkt durch, denn das Leben selbst wertet in den Kategorien Stärke und Schwäche. Der Geist ist nur eine andere Form des Triebgeschehens und seine Stärke besteht vor allem im Wissen um den Willen zur Macht. Die aus dem lebenserhaltenden, machtstrebenden Instinkt heraus entstehenden Wertsysteme sind gekennzeichnet durch Stärke, Gesundheit und Macht.

M3 Die Herrschaft der Triebe

Gesetzt, dass nichts anderes als real „gegeben" ist als unsre Welt der Begierden und Leidenschaften, dass wir zu keiner andern „Realität" hinab oder hinauf können als gerade zur Realität unsrer Triebe – denn Denken ist nur ein Verhalten dieser Triebe zueinander –, ist es nicht erlaubt, den Versuch zu machen und die Frage zu fragen, ob dies Gegeben nicht *ausreicht,* um aus seinesgleichen auch die sogenannte mechanistische (oder „materielle") Welt zu verstehn? Ich meine nicht als eine Täuschung, einen „Schein", eine „Vorstellung", sondern als vom gleichen Realitätsrange, welchen unser Affekt selbst hat – als eine primitivere Form der Welt der Affekte, in der noch alles in mächtiger Einheit beschlossen liegt, was sich dann im organischen Prozesse abzweigt und ausgestaltet (auch, wie billig, verzärtelt und abschwächt) – als eine Art von Triebleben, in dem noch sämtliche organische Funktionen, mit Selbst-Regulierung, Assimilation, Ernährung, Ausscheidung, Stoffwechsel, synthetisch gebunden ineinander sind - als eine *Vorform* des Lebens? – [...]

Gesetzt endlich, dass es gelänge, unser gesamtes Triebleben als die Ausgestaltung und Verzweigung *einer* Grund-Form des Willens zu erklären – nämlich des Willens zur Macht, wie es *mein* Satz ist –; gesetzt, dass man alle organischen Funktionen auf diesen Willen zur Macht zurückführen könnte und in ihm auch die Lösung des Problems der Zeugung und Ernährung – es ist ein Problem – fände, so hätte man damit sich das Recht verschafft, alle wirkende Kraft eindeutig zu bestimmen als: *Wille zur Macht.* Die Welt von innen gesehen, die Welt auf ihren „intelligiblen Charakter" hin bestimmt und bezeichnet – sie wäre eben „Wille zur Macht" und nichts außerdem.

Friedrich Nietzsche, Werke, Bd. II, S. 600f.

M4 Das neue Menschenbild

Die Moralphilosophie Nietzsches ist der traditionellen Ethik deswegen so entgegengesetzt, weil auch seine Sicht des Menschen im völligen Gegensatz zum herkömmlichen Menschenbild steht. Worin unterscheiden sich Nietzsches Sicht des Menschen und das herkömmliche Menschenbild? Sie unterscheiden sich vor allem darin, dass sie das Verhältnis zwischen der Vernunft und den Trieben, zwischen der geistigen und der tierischen Natur des Menschen völlig anders bestimmen. In der klassischen Tradition glaubte man, dass der Mensch erst dann im vollen Sinne Mensch geworden ist, wenn er seine spezifisch menschlichen Fähigkeiten voll entwickelt hat: seinen Verstand und seinen Willen. Die natürliche Ordnung bestehe darin, dass Wille und Verstand das Tierische im Menschen kontrollieren, seine Triebe und seine Instinkte. Das bedeutet nicht, dass wir unsere tierischen Antriebe völlig ausschalten sollen; die Tugenden sollen vielmehr dafür sorgen, dass der Mensch nicht zum Spielball seiner Triebe und Instinkte wird. Die Kraft der Triebe und Instinkte soll so angeordnet sein, dass sie dem Menschen im Einklang mit seiner geistig-körperlichen Natur zur Fülle des Menschseins verhilft.

In einer solchen Ordnung sieht Nietzsche eine Verkehrung, eine Karikatur des Übermenschen, eine Karikatur auch des Lebens, das für ihn entfesselter Instinkt ist. Denn eine Kontrolle durch Wille *und* Verstand würde den Willen zur Macht, den wahren Motor des Lebens, einschränken. Nietzsches Menschenbild und seine Moralphilosophie sind wie die zwei Seiten einer Medaille. Der Mensch ist nur dann er selbst, wenn er sich den blinden Kräften seiner Triebe und Instinkte widerstandslos überlässt; der Mensch ist nur dann Herr über sich, wenn er sich in den ewigen Fluss des Lebens hineinstürzt und sich von ihm fortreißen lässt.

Héctor Zagal / José Galindo, Ethik für junge Menschen, S. 178f.

1 Wiederholen Sie die Begründung von Werten und Normen in der abendländischen Ethik (Kant, Utilitarismus). Wie erklärt sie den Ursprung der Wertbegriffe gut und böse? → M2

2 Erarbeiten Sie die Grundmerkmale des Menschenbildes Friedrich Nietzsches. Welche Funktion kommt dem Geist zu? → M2

3 Der „Wille zur Macht" ist oft missverstanden worden. Versuchen Sie eine Deutung, die dem Text gerecht wird. → M3

4 Diskutieren Sie, warum Nietzsches Menschenbild eine Provokation der abendländischen Kultur darstellt. → M1/4

*2 Herren- und Sklavenmoral

M1 Umwertung der Werte

Der zunehmende Verfall der lebenserhaltenden Instinkte hat eine Schwächung und Verneinung des Lebens und damit des Typus Mensch ins Mittelmäßige zur Folge. Nietzsche prägt dafür den Ausdruck Dekadenz, ihre Kennzeichen sind Wertrelativismus bis hin zum Wertnihilismus. Seine Moralkritik will dieser heraufziehenden Gefahr des „europäischen Nihilismus“ begegnen durch eine erneute Umwertung der Werte, d. h. den Sturz alter Wertetafeln und die Errichtung neuer. Dazu muss zunächst die Zwei-Welten-Lehre des Platonismus und des Christentums zerstört werden, weil sie alle Geltung der Werte und damit das Schwergewicht des Seins in ein Jenseits verlegen und damit das Diesseits, d. h. das Irdische, Leibliche entwerten.

M2 Die Herrenmoral

Die moralischen Wertunterscheidungen sind entweder unter einer herrschenden Art entstanden, welche sich ihres Unterschieds gegen die beherrschte mit Wohlgefühl bewusst wurde – oder unter den Beherrschten, den Sklaven und Abhängigen jeden Grades. Im ersten Falle, wenn die Herrschenden es sind, die den Begriff „gut" bestimmen, sind es die erhobenen stolzen Zustände der Seele, welche als das Auszeichnende und die Rangordnung Bestimmende empfunden werden. Der vornehme Mensch trennt die Wesen von sich ab, an denen das Gegenteil solcher gehobener stolzer Zustände zum Ausdruck kommt: er verachtet sie. Man bemerke sofort, dass in dieser ersten Art Moral der Gegensatz „gut" und „schlecht" so viel bedeutet wie „vornehm" und „verächtlich" – der Gegensatz „gut" und „böse" ist andrer Herkunft. Verachtet wird der Feige, der Ängstliche, der Kleinliche, der an die enge Nützlichkeit Denkende, ebenso der Misstrauische mit seinem unfreien Blicke, der Sich-Erniedrigende, die Hunde-Art von Mensch, welche sich misshandeln lässt, der bettelnde Schmeichler, vor allem der Lügner – es ist ein Grundglaube aller Aristokraten, dass das gemeine Volk lügnerisch ist. „Wir Wahrhaftigen" – so nannten sich im alten Griechenland die Adeligen. [...] Die vornehme Art Mensch fühlt sich als wertbestimmend, sie hat nicht nötig, sich gutheißen zu lassen, sie urteilt „was mir schädlich ist, das ist an sich schädlich", sie weiß sich als das, was überhaupt erst Ehre den Dingen verleiht, sie ist *werteschaffend*. Alles, was sie an sich kennt, ehrt sie: Eine solche Moral ist Selbstverherrlichung. Im Vordergrunde steht das Gefühl der Fülle, der Macht, die überströmen will, das Glück der hohen Spannung, das Bewusstsein eines Reichtums, der schenken und abgeben möchte – auch der vornehme Mensch hilft dem Unglücklichen, aber nicht oder fast nicht aus Mitleid, sondern mehr aus einem Drang, den der Überfluss von Macht erzeugt. Der vornehme Mensch ehrt in sich den Mächtigen, auch den, welcher Macht über sich selbst hat, der zu reden und zu schweigen versteht, der mit Lust Strenge und Härte gegen sich übt und Ehrerbietung vor allem Strengen und Harten hat.

M3 Die Sklavenmoral

Es steht anders mit dem zweiten Typus der Moral, der *Sklaven-Moral.* Gesetzt, dass die Vergewaltigten, Gedrückten, Leidenden, Unfreien, ihrer selbst Ungewissen und Müden moralisieren: Was wird das Gleichartige ihrer moralischen Wertschätzungen sein? Wahrscheinlich wird ein pessimistischer Argwohn gegen die ganze Lage des Menschen zum Ausdruck kommen, vielleicht eine Verurteilung des Menschen mitsamt seiner Lage. Der Blick des Sklaven ist abgünstig für die Tugenden des Mächtigen: Er hat Skepsis und Misstrauen, er hat *Feinheit* des Misstrauens gegen alles so „Gute", was dort geehrt wird –, er möchte sich überreden, dass das Glück selbst dort nicht echt sei. Umgekehrt werden die Eigenschaften hervorgezogen und mit Licht übergossen, welche dazu dienen, Leidenden das Dasein zu erleichtern: Hier kommt das Mitleiden, die gefällige hilfsbereite Hand, das warme Herz, die Geduld, der Fleiß, die Demut, die Freundlichkeit zu Ehren –, denn das sind hier die nützlichsten Eigenschaften und beinahe die einzigen Mittel, den Druck des Daseins auszuhalten. Die Sklaven-Moral ist wesentlich Nützlichkeitsmoral. Hier ist der Herd für die Entstehung jenes berühmten Gegensatzes „gut" und „böse" – ins Böse wird die Macht und Gefährlichkeit hinein empfunden, eine gewisse Furchtbarkeit, Feinheit und Stärke, welche die Verachtung nicht aufkommen lässt. Nach der Sklaven-Moral erregt also der „Böse" Furcht; nach der Herren-Moral ist es gerade der „Gute", der Furcht erregt und erregen will, während der „schlechte" Mensch als der verächtliche empfunden wird.

M2/3: Friedrich Nietzsche, Werke, Bd. II, S. 730-732

M4 Nietzsche bewerten

Man kann Nietzsche den Verräter der Vernunft nennen. Er verneint nicht nur Gott („Gott ist tot"), er verneint auch den Menschen. Für Nietzsche ist der Mensch ein wildes Tier und sein Wert nicht größer als der anderer hoch entwickelter Tiere. Bei Nietzsche gibt es weder Gott noch Vernunft, noch Freiheit. Was übrig bleibt, ist allein die nackte Bejahung der Triebe und Instinkte. Niemals zuvor hatte es jemand gewagt, seine eigene menschliche Würde so scharf von sich zu weisen. *Héctor Zagal/José Galindo, Ethik für junge Menschen, S. 179f.*

M5 Nietzsches Moralkritik verstehen

Als Erstes kann man darin eine radikale Form des Antihumanismus sehen, eine noch nie da gewesene Dekonstruktion der Ideale der Aufklärungsphilosophie. Und es ist tatsächlich so, dass der Fortschritt, die Demokratie, die Menschenrechte, die Republik, der Sozialismus usw., alle diese „Götzen" gemeinsam mit einigen anderen von Nietzsche [...] gründlich weggefegt worden sind [...].

Man kann in ihm aber im Gegensatz dazu auch einen paradoxen Fortsetzer der Philosophie der Aufklärung sehen, einen Erben Voltaires und der französischen Moralisten des achtzehnten Jahrhunderts. Was gar nichts Absurdes hat. Denn in vielerlei Hinsicht setzt Nietzsche die Arbeit fort, die sie mit ihrer Kritik an der Religion, an der Tradition und am Ancien Regime begonnen haben, indem er unermüdlich auf die uneingestandenen Interessen und versteckten Heucheleien aufmerksam macht, die hinter den groß verkündeten Idealen stecken.

Und schließlich kann man Nietzsche lesen als jemanden, der die Geburt einer neuen Welt begleitet, als jemanden, bei dem die Begriffe von Sinn und Ideal verschwinden zugunsten einer einzigen Logik, des Willens zur Macht.

Luc Ferry, Leben lernen: Eine philosophische Gebrauchsanweisung, S. 232f.

1 Kant und der Utilitarismus sind die Hauptgegner Nietzsches. Weisen Sie nach, inwiefern sich Nietzsches Kritik der abendländischen Moral aus seiner Theorie vom Menschen ergeben muss. ➜ M1/4

2 Stellen Sie durch eine Visualisierung der Texte (s. Methodenüberblick, S. 381) M2 und M3 die Umwertung der Herren- in die Sklavenmoral dar. ➜ M2/3

3 Nietzsche als Verräter der Vernunft oder als Fortsetzung der Aufklärung? Nehmen Sie Stellung zu diesen unterschiedlichen Interpretationen. ➜ M4/5

*3 Moral ist falsches Bewusstsein

M1 Entlarvung der Moral

Rius, Marx für Anfänger, S. 131

Das zentrale Argument der marxistischen Moralkritik hat die Form einer Entlarvung [...]: Moral und Moralphilosophie gehören zu jenen theoretischen Gebilden und Normensystemen, denen zwar gemeinhin Wahrheit bzw. Objektivität attestiert werden, die tatsächlich aber falsch bzw. interessenabhängig sind. Sie sind Formen von „falschem Bewusstsein", „Ideologie".

Winfried Schröder, Moralischer Nihilismus, S. 113

M2 Bürgerlicher Egoismus und allgemeine Menschenrechte

Die Erklärung der Menschenrechte in der Französischen Revolution ist der politisch-rechtliche Ausdruck einer Moral der europäischen Aufklärung. Marx will an diesem Beispiel zeigen, dass der universelle Anspruch dieser Rechte, nämlich Rechte von Menschen als Menschen zu sein, die eigentlichen Interessen des sich emanzipierenden Bürgertums verschleiert.

Die radikalste Konstitution, die Konstitution von 1793, mag sprechen:

Erklärung der Menschen- und Bürgerrechte.

Artikel 2. „Die Rechte usw. (die natürlichen und unabdingbaren Rechte) sind: *Gleichheit, Freiheit, Sicherheit, Eigentum.*"

Worin besteht die liberté?

Artikel 6. „Freiheit ist das Recht des Menschen, alles tun zu dürfen, was den Rechten eines anderen nicht schadet", oder nach der Deklaration der Menschenrechte von 1791 „Die Freiheit besteht darin, alles tun zu dürfen, was keinem anderen schadet."

Die Freiheit ist also das Recht, alles zu tun und zu treiben, was keinem andern schadet. Die Grenze, in welcher sich jeder dem andern *unschädlich* bewegen kann, ist durch das Gesetz bestimmt, wie die Grenze zweier Felder durch den Zaunpfahl bestimmt ist. [...]

Das Menschenrecht der Freiheit basiert nicht auf der Verbindung des Menschen mit dem Menschen, sondern vielmehr auf der Absonderung des Menschen von dem Menschen. Es ist das Recht dieser Absonderung, das Recht des *beschränkten,* auf sich beschränkten Individuums.

Die praktische Nutzanwendung des Menschenrechtes der Freiheit ist das Menschenrecht des *Privateigentums.* Worin besteht das Menschenrecht des Privateigentums?

Artikel 16. (Verfassung von 1793): „Das Eigentumsrecht ist das Recht jedes Bürgers, willkürlich seine Güter, seine Einkünfte, die Früchte seiner Arbeit und seines Fleißes zu genießen und darüber zu disponieren."

Das Menschenrecht des Privateigentums ist also das Recht, willkürlich, ohne Beziehung auf andre Menschen, unabhängig von der Gesellschaft, sein Vermögen zu genießen und über dasselbe zu disponieren, das Recht des Eigennutzes. Jene individuelle Freiheit, wie diese Nutzanwendung derselben, bilden die Grundlage der bürgerlichen Gesellschaft. Sie lässt jeden Menschen im andern Menschen nicht die Verwirklichung, sondern vielmehr die Schranke seiner Freiheit finden. [...]

Keines der sogenannten Menschenrechte geht also über den egoistischen Menschen hinaus, über den Menschen, wie er Mitglied der bürgerlichen Gesellschaft, nämlich auf sich, auf sein Privatinteresse und seine Privatwillkür zurückgezogenes und vom Gemeinwesen abgesondertes Individuum ist.

Karl Marx, Zur Judenfrage, MEW 1, S. 364-366

M3 Herrschende Moral, herrschende Verhältnisse

Ideologien enthalten keine zutreffenden Aussagen über die Wirklichkeit. Religion, Moralphilosophie und Metaphysik sind vielmehr jeweils Systeme von Aussagen über etwas, das es nach Marx und Engels nicht gibt. Die Religion trifft Aussagen über Gott, der nach Marx und Engels nicht existiert; die Philosophie hat es mit Hirngespinsten wie „Substanz“, „Subjekt“, „Geist“ oder „Freiheit“ zu tun; und bei der Moral, von der die Moralphilosophen sprechen, handelt es sich in Wahrheit um ein System von imaginären Werten, Pflichten und Tugenden, die bloße „Nebelbildungen“ des Bewusstseins sind. Falsch ist [...] der der Moral zugeschriebene Anspruch auf universelle Geltung, d. h. die Prätention, „ihr Interesse“ sei „das gemeinschaftliche Interesse aller Mitglieder der Gesellschaft“. Dieser Anspruch kommt darin zum Ausdruck, dass die Ideologen „ihren Gedanken die Form der Allgemeinheit“ geben und sie als die „einzig vernünftigen allgemein gültigen“ darstellen. In Wirklichkeit aber sind Ideologen partikularistisch, sie sind der ideelle Ausdruck der Interessen ganz bestimmter Gruppen bzw. Klassen. Inhalt der „Moral sind bürgerliche Vorurteile, hinter denen sich bürgerliche Interessen verstecken“. Damit ist die Moral zeitgebunden; sie ist dem Wandel der Verhältnisse unterworfen. Es gibt keine „ewigen Wahrheiten, wie Freiheit, Gerechtigkeit usw., die allen gesellschaftlichen Zuständen gemeinsam sind“. [...] Seit Platon, der die „Barbaren“ aus der moralischen Gemeinschaft ausschloss, weil sie und die Griechen „von Natur einander verfeindet“ seien, und Aristoteles, der meinte, dass jemand ein Sklave sei, liege in der Natur des Betreffenden, gibt es zahllose Beispiele eines interessengebundenen, sich aber autonom und objektiv wähnenden Denkens. Marx und Engels wollen mit ihrem ideologiekritischen Einwand nicht bloß auf bestimmte Instrumentalisierungen der Moral aufmerksam machen. Sie sprechen ein Verdikt über die Moral überhaupt aus. Der Erklärungsanspruch der Ideologiekritik ist total: Die Moral ist „nichts als der ideelle Ausdruck der herrschenden materiellen Verhältnisse“.

Winfried Schröder, Moralischer Nihilismus, S. 113-115

Karl Marx

* 05.05.1818 in Trier
† 14.03.1883 in London

- gilt als Begründer des „wissenschaftlichen Sozialismus und Kommunismus“ (nach ihm Marxismus genannt);
- verfasste zusammen mit Friedrich Engels (1820-1895) das *Kommunistische Manifest* (1848); Hauptwerke: *Zur Kritik der politischen Ökonomie* (1859) und *Das Kapital*, eine umfassende Analyse des kapitalistischen Wirtschaftssystems (Band 1: 1867; Bd. 2 u. 3 posthum von Engels herausgegeben: 1885-1894);
- die politischen marxistischen Bewegungen und die kommunistischen Staaten des 20. Jahrhunderts beriefen sich auf seine Analysen als theoretische Grundlage.

Roland Beier, Karikatur aus dem Jahre 1990

1 Formulieren Sie eine Definition des Begriffs Ideologie. → M1

2 Zeigen Sie am Beispiel der Kritik der Menschenrechte auf, wie die ideologiekritische Methode der Entlarvung funktioniert. → M2

3 Untersuchen Sie das Menschenbild, das Marx seiner Kritik zugrunde legt. → M2

4 Finden Sie Beispiele aus Ihrer Lebenswelt, bei denen man von einer Instrumentalisierung der Moral zu außermoralischen Zwecken sprechen kann. → M3

5 Informieren Sie sich im Kapitel Geschichtsdeutung auch über die Geschichtsauffassung von Karl Marx (s. S. 76f.). Halten Sie seine Kritik an Moral und Gesellschaft heute noch für zutreffend? Begründen Sie Ihre Ansicht.

*4 Sein und Bewusstsein

M1 Die Produktion des Bewusstseins

In der gesellschaftlichen Produktion ihres Lebens gehen die Menschen bestimmte, notwendige, von ihrem Willen unabhängige Verhältnisse ein, Produktionsverhältnisse, die einer bestimmten Entwicklungsstufe ihrer materiellen Produktivkräfte entsprechen. Die Gesamtheit dieser Produktionsverhältnisse bildet die ökonomische Struktur der Gesellschaft, die reale Basis, worauf sich ein juristischer und politischer Überbau erhebt und welcher bestimmte gesellschaftliche Bewusstseinsformen entsprechen. Die Produktionsweise des materiellen Lebens bedingt den sozialen, politischen und geistigen Lebensprozess überhaupt.

Es ist nicht das Bewusstsein der Menschen, das ihr Sein, sondern umgekehrt ihr gesellschaftliches Sein, das ihr Bewusstsein bestimmt.

Karl Marx, Vorwort zur Kritik der politischen Ökonomie, MEW 13, S. 8f.

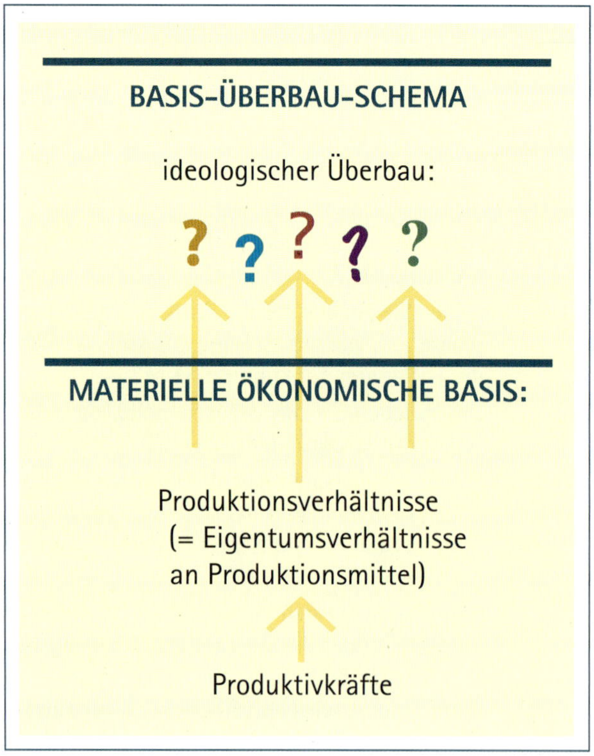

M2 Predigt der Marxismus eine neue Moral?

Die Kommunisten [machen] weder den Egoismus gegen die Aufopferung noch die Aufopferung gegen den Egoismus geltend [...] und [fassen] theoretisch diesen Gegensatz weder in jener gemütlichen noch in jener überschwänglichen ideologischen Form [...], vielmehr weisen sie seine materielle Geburtsstätte nach [...], mit welcher er von selber verschwindet. [...] Die Kommunisten predigen überhaupt keine Moral. [...] Sie stellen nicht die moralische Forderung an die Menschen: Liebet euch untereinander, seid keine Egoisten usw.; sie wissen im Gegenteil sehr gut, dass der Egoismus ebenso wie die Aufopferung eine unter bestimmten Verhältnissen notwendige Form der Durchsetzung der Individuen ist. Die Kommunisten wollen also keineswegs [...] den „Privatmenschen" dem „allgemeinen", dem aufopfernden Menschen zuliebe aufheben. [...] Die [...] Kommunisten [...] wissen, dass dieser Gegensatz nur scheinbar ist, weil die eine Seite, das so genannte „Allgemeine", von der anderen, dem Privatinteresse, fortwährend erzeugt wird und keineswegs ihm gegenüber eine selbständige Macht mit einer selbständigen Geschichte ist [...].

Karl Marx, Deutsche Ideologie, MEW 3, S. 229

M3 Gut und Böse

Gut und Böse: Dieser Gegensatz bewegt sich ausschließlich auf moralischem, also auf einem der Menschengeschichte angehörigen Gebiet [...]. Von Volk zu Volk, von Zeitalter zu Zeitalter haben die Vorstellungen über Gut und Böse so sehr gewechselt, dass sie einander oft geradezu widersprachen. [...] Wie steht es aber heute? Welche Moral wird uns heute gepredigt? Da ist zuerst die christlich-feudale, [...], die sich wesentlich wieder in eine katholische und protestantische teilt, wobei wieder Unterabteilungen von der jesuitisch-katholischen und orthodox-protestantischen bis zur laxaufgeklärten Moral nicht fehlen. Daneben *besteht* die modern-bürgerliche und neben dieser wieder die proletarische Zukunftsmoral, so dass Vergangenheit, Gegenwart und Zukunft allein in den fortgeschrittensten Ländern Europas drei große Gruppen gleichzeitig und nebeneinander geltender Moraltheorien liefern. Welche ist nun die wahre? Keine einzige, im Sinn absoluter Endgültigkeit [...]. Wenn wir nun aber sehen, dass die drei Klassen der modernen Gesellschaft, die Feudalaristokratie, die Bourgeoisie und das Proletariat jede ihre besondere Moral haben, so können wir daraus nur den Schluss ziehen, dass die Menschen, bewusst oder unbewusst, ihre sittlichen Anschauungen in letzter Instanz aus den praktischen Verhältnissen schöpfen, in denen ihre Klassenlage begründet ist – aus den ökonomischen Verhältnissen, in denen sie produzieren und austauschen [...].

Friedrich Engels, Herrn Eugen Dührings Umwälzung der Wissenschaft, MEW 20, S. 86f.

M4 Marx heute?

Vor hundertfünfzig Jahren fasste Karl Marx seine Theorie der Geschichte in einem Satz so zusammen: Die handbetriebene Mühle bringt uns eine Gesellschaft mit Feudalherren; die dampfbetriebene Mühle eine Gesellschaft mit Industriekapitalisten.
Heute hätte er hinzufügen können:
Flugzeug, Telefon und Internet erschaffen eine globale Gesellschaft mit transnationalen Konzernen und dem Forum der Weltwirtschaft.
Marx glaubte auch, dass die Moral einer Gesellschaft ihre durch Technologien bestimmte ökonomische Struktur widerspiegelt. Darum resultiert eine feudale Wirtschaft, in der Leibeigene an das Land ihrer Herren gebunden sind, in einer Moral feudaler Tugend, die auf der Loyalität der Knechte und Vasallen ihrem Landherrn gegenüber basiert und auf den Verpflichtungen des Herrn, sie in Kriegszeiten zu schützen. Eine kapitalistische Wirtschaft verlangt nach beweglicher Arbeitskraft, die die Bedürfnisse des Marktes erfüllt, darum brechen in ihr die Bindungen zwischen Landesherren und Vasallen auseinander und werden durch eine Moral ersetzt, in der das Recht Arbeit zu verkaufen und zu kaufen zentral wird. Unsere neuerdings unabhängige Weltgesellschaft, mit ihren bemerkenswerten Möglichkeiten, die Menschen rund um den Globus zu verbinden, gibt uns die materielle Basis für eine neue Moral. Marx hätte angenommen, dass eine solche Moral den Interessen der herrschenden Klasse dient, das heißt, den reichen Nationen und den transnationalen Konzernen, die sie hervorbringen. Vielleicht steht jedoch unsere Moral mit unserer Technologie in einer weniger determinierten, loseren Weise in Verbindung, als Marx vermutete.
Moral scheint sich vom Verhalten und den Gefühlen sozialer Säugetiere her zu entwickeln. Doch unsere Moral unterscheidet sich von allem, was wir bei unseren engsten nicht-menschlichen Verwandten beobachten können; als Menschen fangen wir an, unsere argumentativen Fähigkeiten dafür einzusetzen, unser Verhalten gegenüber Mitgliedern unserer Gruppe zu rechtfertigen. Wenn die Gruppe, vor der wir uns rechtfertigen, ein Stamm ist oder eine Nation, dann ist unsere Moral wahrscheinlich entweder stammesgebunden oder nationalistisch. Wenn jedoch die Kommunikationsrevolution ein weltweites Publikum geschaffen hat, dann spüren wir vielleicht den Zwang, unser Verhalten vor der ganzen Welt zu rechtfertigen. Diese Veränderung schafft die materielle Basis für eine neue Moral, die im Interesse aller ist, die in dieser Welt leben – trotz viel rhetorischem Aufwand vermochte dies bisher noch keine Ethik.

Peter Singer, Globalisierungsethik, Vortrag an der Uni Leipzig am 02.06.2005, www.heise.de

1. Übertragen Sie das Basis-Überbau-Schema aus dem Infokasten in Ihr Heft und setzen Sie ein, was Marx als Überbauphänomene bezeichnet. An welchem Ort im Schaubild können Sie die Moral notieren? ➜ M1
2. Erläutern Sie in eigenen Worten die Marx'sche These, dass das Sein das Bewusstsein bestimmt und nicht umgekehrt. Überprüfen Sie die Aussage an Beispielen. ➜ M1
3. Zeigen Sie, wie Marx und Engels moralische Verbote (Egoismus) und Gebote (Nächstenliebe) bzw. generell die Unterscheidung „gut" und „böse" bewerten. ➜ M2/3
4. Diskutieren Sie: Unter welchen Bedingungen wäre eine Gesellschaft ohne Moralvorstellungen denkbar?
5. Erarbeiten Sie, wie Peter Singer im Gegensatz zu Marx das Phänomen Moral begründet. ➜ M4

*5 Geschlechter – so ähnlich und so fremd

M1 Typisch männlich – typisch weiblich?

Frauen und Männer wollen nicht wissen, was sie eint. Sie lieben alles, was sie trennt – weil nur das Gegenbild sexy ist. [...]

Bei Adam und Eva anfangen, das geht, ohne dass es langweilig wird. Tatsächlich beginnt alles da: Ich bin ein Mann. Ich bin eine Frau. Kaum etwas wurzelt tiefer im Menschen als seine eigene geschlechtliche Identität. [...]

Gleichzeitig ist diese Gewissheit, die sogenannte Kern-Geschlechtsidentität, der größte aller Unterschiede zwischen den Geschlechtern. In allen anderen Merkmalen überschneiden sich Männer und Frauen. So sind Erstere zwar im Schnitt ein gutes Stück größer als ihre weiblichen Gegenparts, aber es gibt doch einige, die kleiner sind als viele Frauen. Ebenso ist es mit mathematischen und sprachlichen Fähigkeiten oder der Aggressivität. Aber nur einer von 30 000 Männern will sich in eine Frau und nur eine von 100 000 Frauen in einen Mann verwandeln.

Rafaela von Bredow, Der Männchenmacher, Spiegel Wissen, 1/2009, S. 31

M2 Denken Frauen und Männer unterschiedlich?

Frauen sind emotionaler, Männer aggressiver; Frauen haben mehr Sprachgefühl, Männer werfen besser: Die Unterschiede zwischen männlichen und weiblichen Gehirnen scheinen größer zu sein, als Wissenschaftler noch vor zehn Jahren angenommen haben. So sind männliche Gehirne im Mittel etwa elf Prozent größer (bezogen auf das Körpergewicht ist der Unterschied jedoch nur gering), und ihre Großhirnrinde, in der das bewusste Denken stattfindet, hat einige Milliarden Neurone mehr.

Weibliche Hirne haben dagegen mehr Bereiche mit besonders dicht gepackten Nervenzellen, ihre Gehirnhälften sind besser vernetzt, und ihre Großhirnrinde weist mehr Furchen auf. Doch welche Schlüsse sich daraus ziehen lassen, ist unklar – nur so viel wissen die Forscher bislang: Bei Intelligenztests schneiden Frauen und Männer gleich gut ab.

Wie und wann es in Embryos zu der unterschiedlichen Entwicklung von männlichen und weiblichen Gehirnen kommt, ist Gegenstand der aktuellen Forschung – denn unterschiedliche Hormonkonzentrationen sind wahrscheinlich nicht allein verantwortlich für die ungleiche Ausbildung der Denkorgane. Experimente an Mäusen zeigen, dass bei männlichen und weiblichen Embryonen bereits vor der Hodenbildung beim Männchen (und damit vor der erhöhten Ausschüttung des Hormons Testosteron) 51 der 12000 im Gehirn wirkenden Gene anders aktiv sind.

Auf den Menschen übertragen, hieße dies, dass bei Männern und Frauen möglicherweise unabhängig von Hormonen unterschiedliche Hirnstrukturen entstehen. Auch können äußere Einflüsse, wie die nach Geschlecht unterschiedliche Behandlung der Babys durch die Eltern, auf die Entwicklung des Hirns einwirken. Viele Wissenschaftler sind davon überzeugt, dass gesellschaftliche Einflüsse sowie Erziehung eine so große Rolle für das Denken spielen, dass der biologische Faktor fast bedeutungslos ist. Studien zeigen,

dass Männer bei einigen Aufgaben nur dann überlegen sind, wenn ihnen bewusst ist, dass sie eine typische männliche Leistung erbringen sollen.
Ob die anatomischen Unterschiede männlicher und weiblicher Gehirne überhaupt das Denken beeinflussen, bleibt also nach wie vor offen.

Hauke Friedrichs / Sebastian Witte, 7 Rätsel der Neurowissenschaften, Geo kompakt Nr. 15/2008, S. 133f.

M3 Der kleine Unterschied in der Moral

Gibt es eine „weibliche" Moral? Ja – so meinen viele, insbesondere männliche Denker, darunter nicht wenige namhafte Philosophen aus Antike, Neuzeit und Gegenwart. Spätestens nachdem Frauen im 14. Jahrhundert laut päpstlicher Doktrin eine Seele erhielten, war ihnen damit ein Gewissen und so, über instinktives Tun hinaus, ein Verhalten zuerkannt, das prinzipiell auch unter moralischen Dimensionen beurteilt werden konnte. Die weibliche Vernunft ließ in ihrer Qualität jedoch immer noch zu wünschen übrig, was Frauen in größere Nähe zur Natur stellte als andere Menschen und ihrem Handeln einen weniger planerisch-rationalen als vielmehr emotional-spontanen Aspekt verlieh – und diesen zugleich legitimierte, denn ethische Forderungen können nur im Rahmen der realen Handlungsmöglichkeiten, grundsätzlich also nur im Rahmen der Definition und Potentialität der jeweiligen moralischen Person berechtigt sein. Nicht nur die empirische Moral der Frauen schien mithin anders zu sein, sondern es wurden für sie, mit Blick auf ihre wesenhafte Andersartigkeit, auch andere ethische Rechtfertigungsstrategien in Anschlag gebracht.
Viele Philosophen begnügten sich damit, ihnen lediglich weniger moralisches Bewusstsein zu attestieren und das mit Verweis auf ihr emotional-naturhaftes Wesen zu rechtfertigen (was sie praktischerweise zugleich weniger tauglich für Entscheidungen außerhalb des engen „Gefühlsbereichs" Familie werden ließ). Einige unterzogen sich jedoch auch der Mühe, eine spezifisch weibliche Moral auszumachen, die allerdings, ob nun explizit oder gemessen an den allgemein vorherrschenden Wertmaßstäben der Gesellschaft, stets eine Stufe unterhalb der männlichen Moral stand.
Für Philosophinnen (und für ihre um Gleichberechtigung bemühten männlichen Kollegen) stehen im Grunde nur zwei Wege offen, sich mit solch einer Herabstufung weiblicher Moralität auseinanderzusetzen. Entweder bestreiten sie, dass es überhaupt einen Unterschied zwischen Männern und Frauen gibt bezüglich der Rechtfertigungsweisen und -gründe ihrer Handlungen. Diese im Ansatz defensive Strategie mündet meist in ermüdende Debatten darüber, ob die empirisch kaum übersehbare Andersartigkeit vollständig durch die verschiedene Sozialisation von Männern und Frauen erklärt werden kann oder doch eher die metaphysische Hypothese ihrer wesenhaften Andersheit belegt.
Offensiver und erfolgreicher, nämlich weder in empirischen Niederungen noch in spekulativen Höhen verloren, sind Versuche, die Unterschiede (ob nun biologisch oder sozial bedingt) gelten zu lassen, jedoch beide Weisen als einander gleichwertig oder gar die Umkehrung ihrer Wertigkeit zu behaupten. Dies Vorgehen ist zugleich fruchtbarer, impliziert das Resultat doch, dass – im gemäßigten Fall – beide Geschlechter voneinander lernen können beziehungsweise in der aggressiveren Version, eines vom anderen.

Eva Jelden, Der kleine Unterschied in der Moral, S. 126

1 Beschreiben Sie die sogenannte „Kerngeschlechtsidentität". Was bedeuten für Sie die Sätze „Ich bin ein Mann." bzw. „Ich bin eine Frau."? ➜ M1

2 Erstellen Sie in Gruppen eine Tabelle mit typisch männlichen und typisch weiblichen und beiden Geschlechtern zugehörigen Eigenschaften. ➜ M2

3 Vergleichen und diskutieren Sie Ihre Ergebnisse. Erweitern Sie die Tabelle durch eine Umfrage in Ihrer Schule o. Ä. ➜ M2

4 Diskutieren Sie, wodurch die Unterschiede zwischen den Geschlechtern verursacht sein könnten. ➜ M2

5 Erläutern Sie die Konsequenzen für die „weibliche" Moral, die sich aus der Geschlechterdifferenz in der Geschichte ergeben haben. ➜ M3

*6 Gerechtigkeit und Fürsorge

M1 Alle Moral war „männliche Moral"

Die feministische Ethik entsteht im Rahmen und als Ergebnis der Frauenbewegung und der feministischen Philosophiekritik. Sie geht von der Voraussetzung aus, dass alle bisherigen Moralvorstellungen androzentristisch bzw. patriarchal sind, d. h. sich männlichen Denk- und Handlungsgewohnheiten verdanken, die als durch „die Natur" vorgeprägte allgemein-menschliche Normen, im Regelfall männliche Vernunftnormen, unterstellt wurden. Auf der Ebene des Handelns analysiert die feministische Ethik die Defizite dieser „männlichen" Moral und stellt fest, dass die eine Hälfte der Menschheit diese Normen besser durchzusetzen wusste als die andere und dieses mit der natürlichen Überlegenheit des männlichen Geschlechts über das weibliche begründet. Bis ins 21. Jahrhundert hinein wird dadurch die Geschlechterhierarchie legitimiert.

M2 Kritik der Verallgemeinerungsidee

Feministische Philosophinnen haben gezeigt, dass die Benutzung eines geschlechtsneutralen Vokabulars einfach verschleiert, dass sich praktisch ungebrochen der Standpunkt des Mannes artikuliert und mit „Menschen" meist Männer und nicht Frauen gemeint sind. Als klassisches Beispiel sei nur Aristoteles erwähnt, der eine Ethik und eine Konzeption des guten Lebens entwickelt, die nur für eine bestimmte Gruppe von Männern gilt, was sich nicht zuletzt in seinem Tugendkatalog niederschlägt. Diese Verdeckung einer eindeutig geschlechtsspezifischen, allerdings männlichen, Perspektive durch eine geschlechtsneutrale Sprache beschränkt sich nicht auf antike Denker wie Aristoteles, die zu entschuldigen „liberal und aufgeklärt denkende" moderne Philosophen stets mit dem Hinweis auf deren vormodernes gesellschaftliches Umfeld geneigt sind. [...]

Die feministische Kritik richtet sich so betrachtet gegen die Struktur jener an der Verallgemeinerungsidee orientierten Moralansätze, welche die neuere moralphilosophische Diskussion weitgehend dominierten. Der kritische Punkt ist natürlich nicht die Voraussetzung eines Universalisierungsprinzips per se, sondern dessen geringe Aussagekraft und die mit der Konzentration auf die Idee der Universalisierung einhergehende Ausgrenzung anderer wichtiger Aspekte von Moralität. So bietet die Überlegung, ob eine bestimmte Handlungsweise verallgemeinert werden kann, keine hinreichende Beantwortung der Frage, ob sie moralisch legitim ist. Zudem gerät hier völlig aus dem Blickfeld, was auch ein Teil der Moral ist, nämlich wie wir anderen gegenübertreten, mit welcher Anteilnahme, Sympathie und Rücksichtnahme. Der moralische Wert vieler unserer Handlungen hängt davon ab, dass sie eine direkte Reaktion auf andere und ein Besorgtsein um deren Wohlergehen darstellen, nicht aber davon, dass sie universalisierbar sind in dem Sinn, dass alle so handeln können.

Herlinde Pauer-Studer, Moraltheorie, S. 39

M3 Zwei moralische Perspektiven

Mit dem Entwurf eines alternativen Standpunkts möchte ich die moralische Entwicklung aus zwei moralischen Perspektiven rekonstruieren, die in moralisch relevanten Unterschieden der Beziehungsformen begründet sind. Die Gerechtigkeitsperspektive, die man oft mit moralischem Urteilen schlechthin gleichsetzt, wird neu verstanden als eine Art und Weise, moralische Probleme aufzufassen; als alternative Sichtweise oder alternativer Bezugsrahmen wird eine Perspektive der Fürsorge entwickelt. Die Unterscheidung zwischen Gerechtigkeit und Fürsorge als alternative Perspektiven oder moralische Orientierungen ist empirisch auf die Beobachtung gegründet, dass ein Wechsel der Aufmerksamkeitsfokussierung von Gerechtigkeitserwägungen zu Fürsorgeerwägungen die Definition dessen, was ein moralisches Problem konstituiert, verändert und dazu führt, dass die gleiche Situation auf unterschiedliche Weise wahrgenommen wird. Theoretisch liegt die Unterscheidung zwischen Gerechtigkeit und Fürsorge quer zu den geläufigen Einteilungen in Denken und Fühlen, Egoismus und Altruismus, theoretisches und praktisches Urteil. Sie lenkt die Aufmerksamkeit auf den Umstand, dass alle menschlichen Beziehungen, öffentliche wie private, sowohl mit Rekurs auf Gleichheit wie auf Bindung charakterisiert werden können und dass sowohl Ungleichheit wie Trennung oder Gleichgültigkeit moralische Probleme aufwerfen können. Da jedermann von Unterdrückung wie von Verlassenheit betroffen werden kann, gibt es in der menschlichen Erfahrung allenthalben zwei moralische Sichtweisen – die der Gerechtigkeit und die der Fürsorge. Die beiden moralischen Gebote, anderen gegenüber nicht unfair zu handeln und jemanden, der in Not ist, nicht im Stich zu lassen, entsprechen diesen beiden Sichtweisen.

Carol Gilligan, Moralische Orientierung, S. 80f.

M4 Sex and Gender

Der kritische Neuansatz der feministischen Ethik verdankt sich einem Perspektivenwechsel durch die Einführung der neuen Kategorie „gender", die das Geschlecht als soziales Konstrukt in den Blick rückt und damit eine Abgrenzung gegen das natürliche Geschlecht (sex) ermöglicht. Aus der Gender-Perspektive stellen sich menschliche Individuen nicht als biologische Wesen mit unterschiedlichen natürlichen bzw. genetischen Ausstattungen dar, sondern als Wesen, die in ihrem Selbstverständnis, ihrer Geschlechtsidentität durch historische, soziale, kulturelle Prozesse geprägt sind. Das erkennende, fühlende, wollende, handelnde Subjekt ist weder geschlechtslos noch neutral, aber auch nicht unausweichlich determiniert durch soziale Geschlechterrollen. Auch wenn der Schwerpunkt feministischer Untersuchungen auf der weiblichen Sozialisation in einer patriarchalischen Gesellschaft liegt, nehmen sie auch die männliche Sozialisation in den Blick, die jene Stereotype des Männlichen als Vorbild des Allgemeinmenschlichen herausgebildet hat, von denen her das Weibliche stets als minderwertig deklariert wurde.

1 Formulieren Sie die Grundgedanken der feministischen Kritik der Moral in zwei Thesen. → M1

2 Untersuchen Sie anhand der bisher behandelten Philosophen (Aristoteles, Kant, Mill), inwieweit hier typisch männliche Denkstrukturen sichtbar werden. → M2

3 Unterscheiden Sie die beiden Standpunkte, die Gilligan entwickelt, und führen sie für jede Position Beispiele an. → M3

4 Diskutieren Sie, ob Männer sich mehr an der Gerechtigkeit und Frauen sich mehr an der Fürsorglichkeit orientieren. → M3/4

Projektvorschlag:

Recherchieren Sie die verschiedenen Positionen der feministischen Ethik (z. B. Careethik) und ihre Vertreterinnen (z. B. Simone de Beauvoir, Carol Gilligan, Nel Nodding) und veranstalten Sie eine Präsentation.

Glücks- und Strebensethik

- Aristoteles sieht den Menschen als ein von Natur aus vernünftiges und zur Gemeinschaft bestimmtes Wesen *(zoon logon echon* und *zoon politikon).*
- Er unterscheidet Grundformen des menschlichen Handelns: Herstellen *(poiesis)* und Handeln *(praxis).*
- Ausgehend vom *telos*-Gedanken (Ziel / Zweckgerichtetheit der Natur und des menschlichen Handelns) wird das Glück *(eudaimonia)* empirisch-deskriptiv als „Endziel allen Handelns" bestimmt.
- Aristoteles unterscheidet verschiedene Lebensformen, von denen aber nur zwei Wege ein glückliches Leben realisieren: das sittliche-politische und das theoretisch-kontemplative Leben.
- Basis für die aristotelische Tugendlehre bildet die Teilung der Seele: Der rationale Seelenteil bildet die Verstandestugenden (dianoëtische Tugenden), das Strebevermögen die Charaktertugenden (ethische Tugenden) als Ergebnis von Übung und Gewohnheit aus.
- Die sittlich gute Handlung liegt zwischen Extremen; die *phronesis* (sittliche Einsicht) bestimmt das rechte Maß (Mesoteslehre) und nennt Mittel und Wege zum Guten.
- Glücklich-Sein ist also Tätig-Sein im Sinne der wesenhaften Bestimmung des Menschen.
- Ziel der Ethik der Stoa ist es, mit der Natur (der göttlichen Ordnung) in Einklang zu leben.
- Voraussetzung eines glücklichen und tugendhaften Lebens sind die stoischen Ideale: Ataraxie, Apathie Autarkie und Autonomie.
- Die Forderung einer aktiven Teilnahme am öffentlichen Leben ist eng verbunden mit dem Kosmopolitismus.
- Zeitgenössische Ansätze der Glücks- und Strebensethik bestimmen grundlegende Fähigkeiten für ein gutes Leben und fordern Staaten auf, nötige Rahmenbedingungen zu schaffen (Nussbaum, Sen), oder entwickeln Ratschläge für eine individuelle „Ethik der richtigen Lebensführung" (Hans Krämer).

Folgenethik: Utilitarismus

- Der Utilitarismus berücksichtigt ausschließlich die Folgen einer Handlung als Beurteilungsgrundlage (Folgenprinzip / Konsequenzenprinzip) und gehört so zu den konsequentialistischen Ethiken.
- Der moralische Wert einer Handlung bemisst sich nach der Nützlichkeit ihrer Folgen (Nutzenprinzip / Utilitätsprinzip).
- Kriterium der Nützlichkeit wiederum ist das Glück – im klassischen Utilitarismus verstanden als sinnliche oder geistige Lust (Glücksprinzip).
- Der ethische Kern des Utilitarismus ist die Gemeinwohlorientierung im Prinzip des „größten Glücks der größten Zahl", d. h. entscheidend ist das Wohlergehen *aller* Betroffenen (universalistisches Prinzip).
- Das hedonistische Kalkül ist ein Instrumentarium zur Berechnung des moralischen Wertes einer Handlung, der dann erreicht wird, wenn die Glücksbilanz, als Summe aller Lust- und Unlusteinheiten, die von einer Handlung erzeugt werden, positiv ist.
- Während Jeremy Bentham Glück nur durch *sinnliche* Lust definiert, unterscheidet John Stuart Mill niedere (sinnliche) und höhere *(geistige)* Freuden (Bedürfnishierarchie).
- Die objektive Berechnung des moralischen Wertes einer Handlung setzt voraus, dass der Beurteilende einen moralischen Standpunkt einnimmt, d. h. er muss *unparteiisch* seine eigenen und fremde Bedürfnisse und Interessen berücksichtigen und gewichten.
- Der Handlungsutilitarismus beurteilt die (voraussehbaren) *realen* Folgen einer konkreten Einzelhandlung, während der Regelutilitarismus fragt, welche *hypothetischen* Folgen es hätte, wenn jeder so handelte – er beurteilt also eine Handlungs*regel.*
- Der Präferenzutilitarismus bemisst den Nutzen einer Handlung danach, inwiefern deren Folgen die Interessen aller Betroffenen befriedigen.

Sollensethik: Immanuel Kant

- Immanuel Kant sieht den Menschen als Bürger zweier Welten: der Sinnlichkeit und der Vernunft.
- Der Mensch kann als vernünftiges Wesen prinzipiell unabhängig von sinnlichen Bestimmungsgründen handeln; darin bestehen seine Freiheit und Autonomie.
- Für das moralische Handeln entscheidend ist der gute Wille, der allein ohne Einschränkung für gut gehalten werden kann.
- Der Mensch handelt als moralisches Wesen, wenn er sich freiwillig der Pflicht (unabhängig von seinen Neigungen) unterwirft, dem von der reinen praktischen Vernunft aufgestellten Gesetz zu folgen.
- Die Achtung vor dem moralischen Gesetz ist dabei die Triebfeder des Handelns.
- Kant unterscheidet Maximen als subjektive Grundsätze von Gesetzen als objektiven Bestimmungsgründen des Handelns.
- Die praktische Vernunft bestimmt das Handeln durch hypothetische und kategorische Imperative.
- Der kategorische Imperativ stellt das höchste Beurteilungsvermögen (Test) für moralisch richtige Handlungen dar (Grundformel).
- In einem Verfahren der Verallgemeinerung prüft der kategorische Imperativ, ob der in der Maxime gesetzte subjektive Grundsatz auch als objektiver, d. h. als allgemeines Gesetz gedacht (vollkommene Pflichten) und gewollt (unvollkommene Pflichten) werden kann.
- Von den verschiedenen Formulierungen des kategorischen Imperativs ist die Selbstzweckformel, die eine Instrumentalisierung des Menschen verbietet, die wirkungsmächtigste.
- Der Begriff der Menschheit enthält nach Kant die Idee der Persönlichkeit, die den Besitz der Vernunft, der Freiheit und die Befähigung zur Selbstgesetzgebung, durch die der Mensch Zweck an sich selbst ist, umfasst. Diese Überlegungen führen Kant zu einer idealen moralischen Gemeinschaft, die er „Reich der Zwecke“ nennt.

Diskursethik und Moralischer Kontraktualismus

- Die Diskurs- oder Kommunikationsethik will durch argumentativ-dialogische Prüfung von Behauptungen einen universalen Konsens aller vernünftig Argumentierenden erreichen.
- Sie enthält zwei Grundnormen: Argumentiere rational! Sei konsensfähig!
- Voraussetzung ist die wechselseitige Anerkennung der Argumentierenden als zurechnungsfähige, gleichberechtigte, aufrichtige Subjekte / Personen.
- Die kontraktualistische Moral hat ihre Basis in den Interessen der Beteiligten und begründet ihre Normen rein rational ohne Metaphysik.

Verantwortungsethik

- Verantwortung ist ein mehrstelliger Relationsbegriff, der sich auf ein Verantwortungs-Subjekt (wer), einen -Bereich (was), eine -Instanz (wovor) bezieht.
- Unterschieden werden individuelle und kollektive, moralische und rechtliche, Aufgaben- und Rollenverantwortung.
- Hans Jonas fordert im Unterschied zur bisherigen Kausalhandlungsverantwortung eine Fürsorgeverantwortung und entwickelt neue verantwortungsethische Imperative.

Funktion und Kritik der Moral

- Die Frage nach der Funktion von und Kritik an der Moral beginnt schon in der Antike und wird in der Neuzeit vor allem vertreten durch:
- Friedrich Nietzsche, der von einer materiellen Deutung des Lebens als Triebgeschehen die abendländische Moral als Sklavenmoral bezeichnet und eine Umwertung der Werte fordert;
- Karl Marx, der Moral als falsches Bewusstsein entlarvt: Inhalt der Moral sind bürgerliche Vorurteile, beruhend auf bürgerlichen Interessen. Moral ist zeitgebunden; es gibt keine ewigen Wahrheiten.
- den Feminismus, der alle bisherigen Moralvorstellungen als androzentrisch bzw. patriarchal, d. h. von männlichen Denk- und Handlungsgewohnheiten geprägt, bewertet.

1 Was ist gerecht?

> Ein gerechtes Urteil findet nur,
> wer sich öffentlich berät.
>
> *Chinesisches Sprichwort*

M1 Justitia – Sinnbild der Gerechtigkeit

Klassische Justitia-Figur

> *Wenn die Gerechtigkeit untergeht,*
> *hat es keinen Wert mehr,*
> *dass Menschen auf Erden leben.*
>
> *Immanuel Kant*

Justizkritische Karikatur von Rainer Pahl

Der Begriff der „Gerechtigkeit“ wird häufig auf eine bestimmte Weise versinnbildlicht: als „Justitia“ mit verbundenen Augen, in der einen Hand eine Waage, in der anderen ein Schwert. Die verbundenen Augen symbolisieren die Unparteilichkeit, die ihr zentrales Merkmal ist; die Waage repräsentiert die Idee der Ausgewogenheit, des gleichen Maßes, das „jedem das Seine“ gewährt; das Schwert unterstreicht die Endgültigkeit und die Autorität ihres Urteils. Die Gerechtigkeit ist die oberste politisch-moralische Tugend, an der rechtliche, politische und soziale Verhältnisse insgesamt – die Grundstruktur einer Gesellschaft – gemessen werden.

Bei genauerem Hinsehen melden sich jedoch Zweifel an dieser Darstellung der Idee der Gerechtigkeit. Worin ist ihre normative Autorität gegründet, wenn das göttliche oder das natürliche Gesetz ihre Geltung verloren haben? Besagt „Gerechtigkeit“ nicht jeweils etwas anderes, abhängig davon, in welcher Zeit und in welcher Kultur man sich auf sie beruft? [...]

Auch die Augenbinde gibt Anlass zu fragen: Was für eine Vorstellung von Unparteilichkeit ist es, die davon ausgeht, „ohne Ansehen der Person“ einzelnen Personen „gerecht“ zu werden? Läuft eine Vernunft, die sich von konkreten menschlichen Erfahrungen abschottet, nicht Gefahr, selbst blind zu werden für die unterschiedlichen Bedürfnisse von Menschen? Wie kann sie, wenden wir uns dem Symbol der Waage zu, ein einheitliches Maß für die Komplexität widerstreitender Ansprüche finden? Und setzt der Einsatz des Schwertes nicht ein für Menschen unerreichbares, endgültiges und unfehlbares Urteil auf der Basis absolut geltender Normen voraus?

Rainer Forst, Kontexte der Gerechtigkeit, S. 9

M2 „Gerecht ist ..."

„Menschen, die Fußballschiedsrichter werden, haben meist einen ausgeprägten Sinn für Gerechtigkeit."
„Der Lehrer hat gerecht gehandelt, indem er beiden Schülern die gleiche Note gab."
„Der Richter hat ein gerechtes Urteil gefällt."
„Die Abseitsregel im Fußball ist gerecht."
„Unser Steuersystem ist ungerecht."
„Tiere sollten artgerecht gehalten werden."
„Die Erhöhung der Diäten finde ich absolut ungerecht."
„Das deutsche Bildungssystem wird von vielen Experten als ungerecht bezeichnet."
„Die vereinbarten Tariflöhne in dieser Branche sind leistungsgerecht."
„Der Verbrecher hat seine gerechte Strafe bekommen."
„Die Mannschaften haben sich mit einem gerechten Unentschieden getrennt."
„Wir haben uns umweltgerecht verhalten."
„Das Auswahlverfahren für die Besetzung der Stelle war gerecht."

Die wahre Freiheit ist nichts anderes als Gerechtigkeit.
Johann Gottfried Seume

Eigentlich ist es nur des Menschen, gerecht zu sein und Gerechtigkeit zu üben; denn die Götter lassen alle gewähren: Ihre Sonne scheint über Gerechte und Ungerechte.
Johann Wolfgang von Goethe

Was sind Staaten anderes als große Räuberbanden, wenn es in ihnen keine Gerechtigkeit gibt?
Augustinus

Das Leben ist nicht gerecht, und für die meisten von uns ist das gut so.
Oscar Wilde

Zitate nach www.gratis-spruch.de

M3 Gerechtigkeitsfragen

stellen sich in unterschiedlichsten Lebensbereichen, im Alltag wie in großen gesellschaftlichen und internationalen Zusammenhängen, z.B.

+ wenn Eltern den Kindern Geburtstagsgeschenke machen,
+ wenn Lehrer Zensuren vergeben,
+ wenn Regierungen Steuern oder Abgaben erhöhen oder senken,
+ wenn ein Unternehmen neue Stellen ausschreibt,
+ wenn die entwickelten Industrienationen überproportional Schadstoffe ausstoßen,
+ wenn Frauen und Männer für gleiche Tätigkeit ungleich entlohnt werden,
+ wenn die Ureinwohner z. B. Australiens, die ihres Landes und ihrer Kultur beraubt wurden, auf eine späte Anerkennung ihrer Ansprüche hoffen,
+ wenn die „Unberührbaren" in Indien angesichts der verheerenden Erdbeben im Bundesstaat Gujarat als Letzte, wenn überhaupt staatliche Hilfeleistungen erhalten,
+ wenn verschiedene Kulturgruppen in einer Stadt miteinander leben wollen,
+ wenn ...

Die Gerechtigkeit wohnt in einer Etage, zu der die Justiz keinen Zugang hat.
Friedrich Dürrenmatt

1 Erarbeiten Sie aus dem Text, welche inhaltlichen Probleme der Autor in der traditionellen Versinnbildlichung von Gerechtigkeit durch die Figur der Justitia sieht. Vergleichen Sie die Bedenken mit der Aussage der Karikatur. ➜ M1
2 Bestimmen Sie, in welchen verschiedenen Verwendungsweisen der Begriff „gerecht" gebraucht wird. Prüfen Sie dabei, ob der Begriff immer im moralischen Sinne gebraucht wird. ➜ M2
3 Ergänzen Sie das Spektrum der Gerechtigkeitsfragen um weitere Bereiche. Konstruieren Sie in Gruppen zu einem der Problemstellungen ein Fallbeispiel, eine andere Gruppe soll dann jeweils einen Lösungsvorschlag entwickeln. ➜ M3
4 Erörtern Sie die Thesen über die Bedeutung von Gerechtigkeit, die jeweils in den auf der Doppelseite verstreuten Zitaten enthalten sind. Formulieren Sie eine eigene Definition.

2 Gerechtigkeit ist – ein Gefühl

M1 Wachsende gefühlte Ungerechtigkeit in Deutschland

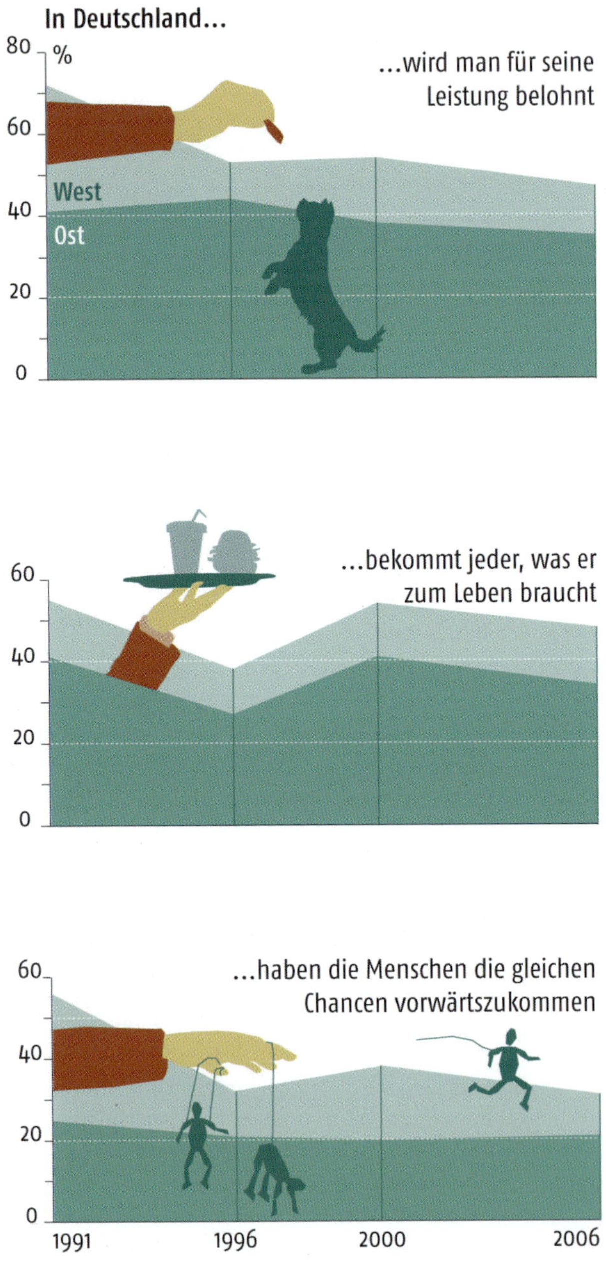

Quelle: ISIP 1991-2006
GEO Nr. 10/2007, Gerechtigkeit, S. 136

M2 „Gerechtigkeit macht glücklich"

Die Autorin Elisabeth Niejahr der Hamburger Wochenzeitung Die Zeit *befragte den Bochumer Sozialforscher Hans-Werner Bierhoff (*1948) zu Fragen der psychologischen Gerechtigkeitsforschung.*

ZEIT: Ist unser Gerechtigkeitsempfinden angeboren oder erlernt?

Bierhoff: Was wir als gerecht oder ungerecht wahrnehmen, hängt von gesellschaftlichen Werten ab, ist also erlernt. Aber das Bedürfnis, Gerechtigkeit herzustellen, steckt in unseren Genen. Das gilt sogar für einige Affenarten: Wenn sie bei der Verteilung von Futter eine kleinere Portion bekommen als andere oder weniger schmackhafte Nahrung, weigern sie sich unter Umständen, ihre Ration zu essen.

ZEIT: Was sie ohne den Vergleich mit anderen getan hätten?

Bierhoff: Ja. Der Grund dafür ist, dass hier ein Grundbedürfnis nach Ausgeglichenheit verletzt wird. Nach demselben Muster sind Menschen verärgert, wenn sie schlechter behandelt werden als andere, die keine bessere Leistung erbracht haben. Sie freuen sich über eine Gehaltserhöhung von hundert Euro nur so lange, bis Sie erfahren, dass der Kollege nebenan 150 Euro bekommen hat.

ZEIT: Gilt das auch umgekehrt, wenn ich selbst besser abschneide?

Bierhoff: Ja, wenn auch mit anderer Intensität. Wenn ich für eine bestimmte Leistung eine Belohnung bekomme, dann möchte ich auch, dass andere in gleicher Position ähnlich behandelt werden. Zu viel Belohnung für die gleiche Leistung führt ebenfalls zu negativen Empfindungen und kann zu geringerer Motivation und schlechterer Arbeitsleistung führen.

ZEIT: Das widerspricht der klassischen Ökonomie, die den Menschen als Maximierer des eigenen Nutzens sieht. Wie kommen sie zu Ihren Einsichten?

Bierhoff: Dazu sind Paare, aber auch Gruppen von Arbeitskollegen vielfach befragt worden. Die Ergebnisse sind immer gleich: Am glücklichsten sind diejenigen, die das Gefühl haben, sie bekommen, was sie verdient haben. Am unglücklichsten sind diejenigen, die sich benachteiligt fühlen. Aber die Überprivilegierten sind auch nicht besonders glücklich. Der Wunsch nach Ausgeglichenheit geht sogar so weit, dass wir Menschen bestrafen wollen, die sich auf unangemessene Weise hervortun – selbst wenn wir dadurch Nachteile erleiden.

ZEIT: Woher kommt dieses Verhaltensmuster?

Bierhoff: Das lässt sich am ehesten evolutionspsychologisch erklären: Der Mensch ist ein kooperatives Wesen. In allen kooperativen Organisationen besteht die Gefahr der Ausbeutung durch Einzelne, die nur Belohnungen abholen, aber selbst nichts beitragen. Das ist gefährlich für das gesamte System, deshalb muss solche Ausbeutung sanktioniert werden.

ZEIT: Ist das eine Erklärung dafür, warum sich viele Menschen über hohe Managergehälter empören?

Bierhoff: Das kann schon sein. Allerdings sind auch sehr große Einkommensunterschiede nicht grundsätzlich ein Problem für unser Gleichheitsbedürfnis. Menschen akzeptieren ohne Weiteres unterschiedliche Einkommen für unterschiedliche Leistungen. Aber wer kann schon sagen, ob ein Vorstand zehnmal, hundertmal oder dreihundertmal so viel leistet wie beispielsweise ein Dachdecker? Gefühlte Gerechtigkeit lässt sich schwer in solche Zahlen pressen.

Die Zeit Nr. 19 vom 03.05.2007, www.zeit.de

M3 Das Ultimatumspiel

Dieses Spiel beschäftigt Spieltheoretiker bereits seit 20 Jahren. Es wurde in vielen verschiedenen Varianten durchgeführt, doch die Grundidee ist einfach: Ein Betrag von 1000 Euro soll unter zwei Personen aufgeteilt werden. Spieler A muss Spieler B ein Angebot machen, wie viel Letzterer erhalten soll. Spieler B kann dem Angebot zustimmen oder es ablehnen.

Wenn Spieler B zustimmt, wird das Geld dem Vorschlag gemäß aufgeteilt. Lehnt er jedoch ab, so gehen beide leer aus. Die Regeln sind sehr streng: Beide Personen dürfen nicht miteinander kommunizieren, sodass Feilschen unmöglich ist. Spieler A stellt B ein Ultimatum. Die Summe verschwindet, wenn sie nicht beim ersten Versuch aufgeteilt wird [...].

Kein sehr aufregendes Spiel, möchte man meinen. Und tatsächlich sind die wenigsten überrascht, wenn sie hören, dass die meisten Angebote (zwischen 60 Prozent und 80 Prozent) sich auf 400 bis 500 Euro belaufen. Nur drei Prozent der Angebote liegen unter 200 Euro. Es ist natürlich gefährlich, so ein niedriges Angebot zu machen: Denn Angebote unter 300 Euro werden in der Regel von der anderen Person verworfen. Warum aber verwirft man ein „zu niedriges“ Angebot? Rational wäre es doch, auch das geringste Angebot zu akzeptieren, denn schließlich sind schon ein paar Euro besser als gar nichts. Wenn man damit rechnen könnte, dass der andere rational ist, kann man also einen Minimalbetrag anbieten und den Rest des Geldes für sich behalten. Und doch wagen das nur die wenigsten: Sie wissen, dass ihre Gier höchstwahrscheinlich bestraft würde. Die andere Person würde ablehnen, und die Aufteilung käme nicht zustande.

Mittlerweile wurde dieses Experiment mit unterschiedlichen Anfangsbeträgen und in verschiedenen Kulturkreisen hundertfach wiederholt, doch die Resultate erwiesen sich als bemerkenswert robust. Das Verhalten der Spieler hängt nur wenig von Geschlecht, Alter, Ausbildung oder Rechenfertigkeit ab.

Im Gegensatz zur bloßen Maximierung des Einkommens legen die meisten Menschen überall auf der Welt hohen Wert auf Fairness. Das passiert selbst dann, wenn der aufzuteilende Betrag aus mehreren Monatsgehältern besteht.

Barbara Kreppel / Stefan Müller, Spektrum direkt, 01.11.2002

1 Formulieren Sie eine Pressemeldung zu den Umfrageergebnissen. ➔ M1
2 Fassen Sie die Forschungsergebnisse von Bierhoff zusammen. ➔ M2
3 Entwickeln Sie weitere Interviewfragen an Prof. Bierhoff. ➔ M2
4 Führen Sie das Ultimatumspiel mit verschiedenen Klassen verschiedener Altersstufen in Ihrer Schule durch und vergleichen Sie die Ergebnisse mit den im Text genannten. Warum verhalten wir uns nicht rational? ➔ M3

3 Gerechtigkeit ist – Gleichheit

Seit der Antike versuchen Philosophen Antworten zu geben auf die Frage, was Gerechtigkeit eigentlich ist und wie sie begründet werden kann. In ihren Gerechtigkeitstheorien haben Platon und Aristoteles Gerechtigkeit als Tugend definiert, und zwar als höchste Tugend in einem Gemeinwesen. Aristoteles unterscheidet verschiedene Formen von Gerechtigkeit, die bis heute Geltung haben.

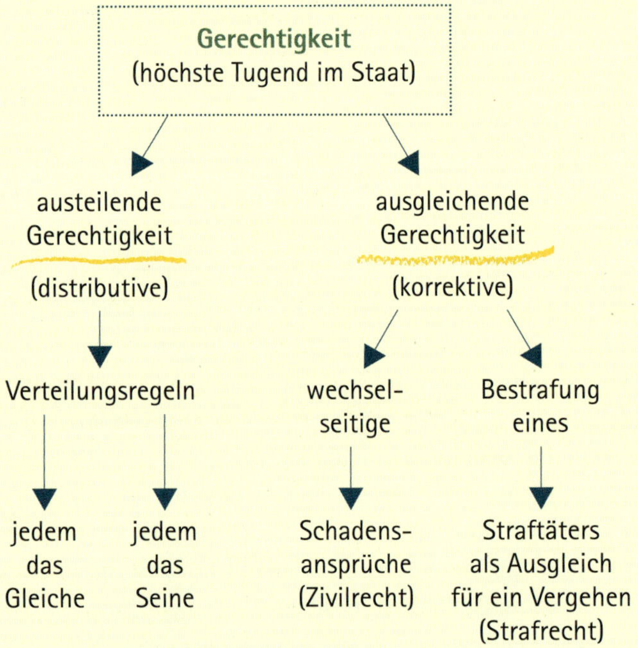

M1 Gleichheit bedarf keiner Begründung

Der grundsätzlichste Streitpunkt bei der Theorie der distributiven Gerechtigkeit betrifft natürlich die Frage, wie die Verteilungsregel auszusehen hat: verdienen alle die gleiche Menge der zu verteilenden Güter oder nicht? Seit den Anfängen des Nachdenkens stehen sich hier zwei Positionen gegenüber. Die eine ist die egalitäre; die andere ist die, die Aristoteles vertreten hat und die ich hier als die aristotelische bezeichnen will. Sie besagt: nur denjenigen das Gleiche, die gleich viel verdienen; es wäre ungerecht, denjenigen, die Ungleiches verdienen, gleich viel auszuteilen. [...]

Es ist zuerst wichtig zu sehen, dass die beiden Auffassungen nicht ganz so entgegengesetzt sind, wie es auf den ersten Blick scheinen kann. Es gibt Übereinstimmungen. Erstens ist der Vertreter des egalitären Konzeptes mit dem Aristoteliker darin einer Meinung, [...] dass, *wenn* keine relevanten Gründe für ungleiches Verdienst angeführt werden können, gleich zu verteilen ist. Dass dies zwingend ist, kann man sich an dem häufig für Fragen der distributiven Gerechtigkeit herangezogenen Beispiel einer Tortenverteilung gut veranschaulichen. Ist eine Torte unter mehreren Kindern zu verteilen, können verschiedene Gründe für eine ungleiche Verteilung angeführt werden. Ein Kind könnte erklären, dass es besonders großen Hunger hat. Das ist das sogenannte Bedürfnisargument. Ein anderes Kind könnte sagen, dass ihm die Mutter bereits die Hälfte der Torte versprochen hat: das Argument aus erworbenen Rechten. Ein drittes könnte anführen, dass es für die Mutter gearbeitet hat: das Argument aus Verdienst im engeren Sinn (Leistung). Viertens könnte ein Kind sagen, ihm gebühre ein größeres Stück, weil es das erstgeborene ist. Dieser Grund läuft darauf hinaus, dass es vorweg einen größeren Wert hat. Alles das sind gegebenenfalls relevante Gründe. Kann jedoch kein relevanter Grund angeführt werden, so bleibt nur die egalitäre Teilung übrig. Es muss nicht nur ein Grund angegeben werden können, er muss auch als relevant einleuchten. Würde ein Kind sagen, ihm gebühre das größte Stück, weil es blaue Augen hat, würde das (es sei denn, dass zusätzliche Prämissen anerkannt werden) als irrelevant abgewiesen werden.

Der Aristoteliker setzt also das egalitäre Konzept als

Grundlage voraus: Die gleiche Verteilung ist auch für ihn die gerechte, wenn es nicht Gründe gibt, die gegen sie sprechen. Es ist deswegen falsch, wenn häufig versucht wird, die egalitäre Position in einen primären Begründungszwang zu bringen. Die egalitäre Position bedarf an und für sich keiner Begründung. [...] Die ausgezeichnete Stellung der Gleichheit ergibt sich daraus, dass sie die einfachste Vereilungsregel ist. Der Gegenbegriff zu einer gerechten Verteilung – wie überhaupt zu jeder gerechten Entscheidung – ist der der willkürlichen Verteilung bzw. Entscheidung. Die erste Alternative, die sich bei einer Verteilung stellt, ist: soll sie willkürlich oder nicht-willkürlich sein? Ist sie nicht willkürlich, wird ein objektiver Maßstab befolgt. Man betritt damit den Bereich des Gleichen, der auch für den Aristoteliker erhalten bleibt.

Ernst Tugendhat, Vorlesungen über Ethik, S. 373-375

M2 Kern einer universellen Minimalmoral

Es gibt in jeder Moral anzutreffende moralische Regeln, die einen wesentlichen Teil dessen ausmachen, was heute als „Minimalmoral" bezeichnet wird und von der Antike bis weit in die Neuzeit hinein mit dem Begriff „Gerechtigkeit" zusammengefasst wurde. Dieser traditionelle (von speziellen Begriffen wie der Strafgerechtigkeit oder der Verteilungsgerechtigkeit unterschiedene) Begriff umfasst das Verbot der Verletzung von Mitmenschen und deren willkürliche Ungleichbehandlung. Es handelt sich um die in allen Moralen und in kodifizierten Rechtssystemen enthaltenen Grundnormen. Auch dem traditionellen Verständnis entsprechend stellen diese Grundnormen nur ein Minimum der Regeln dar, die unser Handeln bestimmen sollen. [...] So groß der Dissens über den Umfang der Minimalmoral und erst recht darüber ist, welche Elemente zu einem vollständig entwickelten Moralbegriff gehören, so gibt es doch einen weitgehenden Konsens darüber, dass zumindest diese Minimalbedingungen erfüllt sein müssen, wenn überhaupt sinnvoll von Moral gesprochen werden soll.

Winfried Schröder, Moralischer Nihilismus, S. 16f.

M3 Die Gerechtigkeit

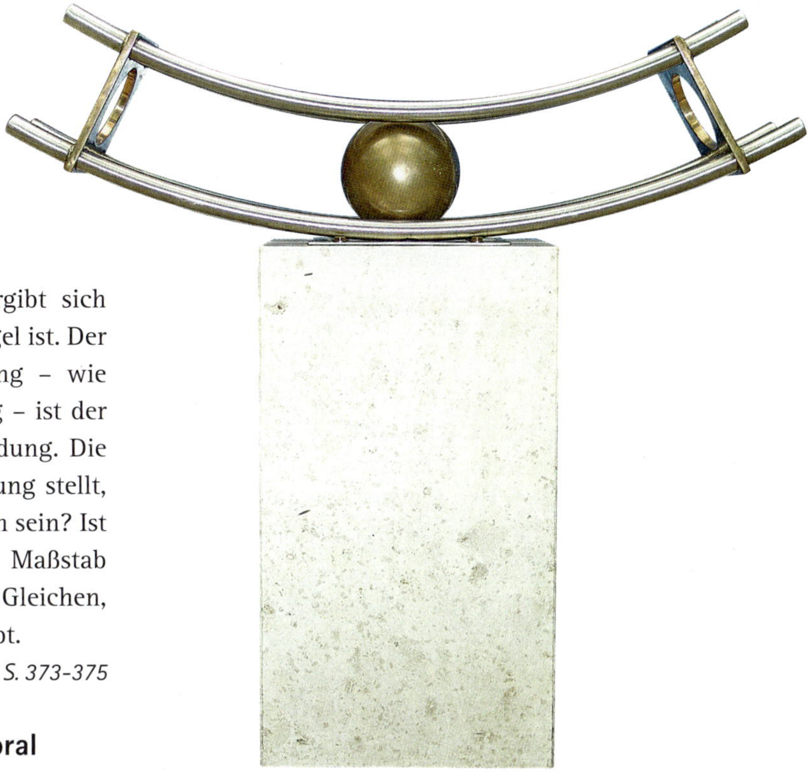

Plastik von André Bucher,
Casino des Bundesverfassungsgerichts in Karlsruhe

1 Übertragen Sie das Schaubild aus dem Infokasten in Ihr Heft und ergänzen Sie es um die möglichen Verteilungskriterien (= Gerechtigkeitsformeln), die Tugendhat zur Rechtfertigung für Ungleichverteilung (jedem das Seine) anführt. Gibt es noch weitere? ➜ M1

2 Analysieren Sie Tugendhats Argumentation für seine These, dass gleiche Verteilung – das egalitäre Prinzip – keiner weiteren Rechtfertigung bedarf. Überprüfen Sie seine Begründung an eigenen Beispielen. ➜ M1

3 Legen Sie dar, welche Rolle dem Gleichheitsgedanken in Schröders Beschreibung einer Minimalmoral zukommt. ➜ M2

4 Beschreiben und interpretieren Sie die Plastik von Bucher. Worauf reduziert Bucher die herkömmlichen Justitiadarstellungen? Diskutieren Sie im Kurs, inwieweit die Plastik Tugendhats These von der Gleichheit als Kern von Gerechtigkeit versinnbildlicht. ➜ M3

4 Gerechtigkeit ist – Fairness

M1 Das Toskana-Experiment

SOZIALPSYCHOLOGISCHES EXPERIMENT

Teilnehmer/innen gesucht

Das JOHN-RAWLS-INSTITUT / PRINCETON führt IN ZUSAMMENARBEIT mit dem INSTITUT FÜR SOZIALPSYCHOLOGIE AN DER UNIVERSITÄT DER TOSKANA einen sozialpsychologischen Großversuch zur Erforschung von Gerechtigkeits- und Kooperationsfragen in sozialen Gemeinschaften durch.

Das Setting sieht folgendermaßen aus:

Uns steht ein verlassenes Dorf in der Toskana zur Verfügung, wo die Teilnehmer und Teilnehmerinnen ein Jahr lang leben und arbeiten werden. Zu Beginn des Experiments werden alle Teilnehmer in einer Versammlung grundlegende Regeln für ihre Gemeinschaft erstellen, ohne dass sie wissen, welche Rolle und welche finanziellen Mittel sie später im Dorf haben werden. Nach dieser Versammlung wird das Dorf bezogen und sie bekommen ihre Rollen bzw. Funktionen, die nicht ihren jetzigen Fähigkeiten und sozialen Positionen entsprechen, und unterschiedliche finanzielle Startbeträge zugewiesen. Unter wissenschaftlicher Beobachtung können die Dorfbewohner dann ihr Gemeinschaftsleben entfalten und ihre vereinbarten Regeln überprüfen und gegebenenfalls revidieren.

Nähere Informationen und Bewerbungsunterlagen erhalten Sie bei: Instituto Psicologia sociale, università di Toscana, Ponti, Via Gambetti 8, Tel.: 00394543397, mail: psisoc@unitoscana.it

M2 Theorie der Gerechtigkeit als Fairness

Der 2002 im Alter von 81 Jahren verstorbene amerikanische Philosoph John Rawls hat mit seinem 1971 erschienen Werk Eine Theorie der Gerechtigkeit *wie kein Zweiter die politisch-philosophische Diskussion zur Frage der sozialen Gerechtigkeit geprägt.*

Ich möchte eine Gerechtigkeitsvorstellung darlegen, die die bekannte Theorie des Gesellschaftsvertrages verallgemeinert und auf eine höhere Abstraktionsebene hebt.

I. ……………

Dazu darf man sich den ursprünglichen Vertrag nicht so vorstellen, als ob er in eine bestimmte Gesellschaft eingeführt würde oder eine bestimmte Regierungsform errichtete. Der Leitgedanke ist vielmehr, dass sich die ursprüngliche Übereinkunft auf die Gerechtigkeitsgrundsätze für die gesellschaftliche Grundstruktur bezieht. Es sind diejenigen Grundsätze, die freie und vernünftige Menschen in ihrem eigenen Interesse in einer anfänglichen Situation der Gleichheit zur Bestimmung der Grundverhältnisse ihrer Verbindung annehmen würden. Ihnen haben sich alle weiteren Vereinbarungen anzupassen; sie bestimmen die möglichen Arten der gesellschaftlichen Zusammenarbeit und der Regierung. Diese Betrachtungsweise der Gerechtigkeitsgrundsätze nenne ich Theorie der Gerechtigkeit als Fairness.

II. ……………

In der Theorie der Gerechtigkeit als Fairness spielt die ursprüngliche Situation der Gleichheit dieselbe Rolle wie der Naturzustand in der herkömmlichen Theorie des Gesellschaftsvertrags. Dieser Urzustand wird natürlich nicht als ein wirklicher geschichtlicher Zustand vorgestellt, noch weniger als primitives Stadium der Kultur. Er wird als rein theoretische Situation aufgefasst, die so beschaffen ist, dass sie zu einer bestimmten Gerechtigkeitsvorstellung führt. Zu den wesentlichen Eigenschaften dieser Situation gehört, dass niemand seine Stellung in der Gesellschaft kennt, seine Klasse oder seinen Status, ebenso wenig sein Los bei der Verteilung natürlicher Gaben wie Intelligenz oder Körperkraft. Ich nehme sogar an, dass die Beteiligten ihre Vorstellung vom Guten und ihre besonderen psychologischen Neigungen nicht kennen. Die Grundsätze der Gerechtigkeit werden hinter einem Schleier des Nichtwissens festgelegt. Dies gewährleistet, dass dabei niemand durch die Zufälligkeiten der Natur oder der gesellschaftlichen Umstände bevorzugt oder benachteiligt wird. Da sich alle in der gleichen Lage befinden und niemand Grundsätze ausdenken kann, die ihn aufgrund seiner besonderen Verhältnisse bevorzugen, sind die Grundsätze der Gerechtigkeit das Ergebnis einer fairen Übereinkunft oder Verhandlung.

III.

Den Urzustand könnte man den angemessenen Ausgangszustand nennen, und damit sind die in ihm getroffenen Grundvereinbarungen fair. Das rechtfertigt die Bezeichnung „Gerechtigkeit als Fairness“: Sie drückt den Gedanken aus, dass die Grundsätze der Gerechtigkeit in einer fairen Ausgangssituation festgelegt werden. Sie will nicht besagen, die Begriffe der Gerechtigkeit und der Fairness seien ein und dasselbe. Die Gerechtigkeit als Fairness beginnt, so sagte ich, mit der allgemeinsten Entscheidung, die Menschen überhaupt zusammen treffen können, nämlich mit der Wahl der ersten Grundsätze einer Gerechtigkeitsvorstellung, die für alle spätere Kritik und Veränderung von Institutionen maßgebend sein soll. Nachdem sie nun eine Gerechtigkeitsvorstellung festgelegt haben, können wir uns vorstellen, dass sie eine Verfassung, ein Gesetzgebungsverfahren und anderes wählen müssen, alles gemäß den anfänglich vereinbarten Gerechtigkeitsgrundsätzen.

IV.

Ich werde jetzt in einer vorläufigen Form die beiden Gerechtigkeitsgrundsätze angeben, auf die man sich nach meiner Auffassung im Urzustand einigen würde.

1. Jedermann soll gleiches Recht auf das umfangreichste System gleicher Grundfreiheiten haben, das mit dem gleichen System für alle anderen verträglich ist. [= Gleichheitsprinzip]
2. Soziale und wirtschaftliche Ungleichheiten sind so zu gestalten, dass (a) vernünftigerweise zu erwarten ist, dass sie zu jedermanns Vorteil dienen, und (b) sie mit Positionen und Ämtern verbunden sind, die jedem offenstehen. [= Differenzprinzip]

Diese Grundsätze sollen in lexikalischer Ordnung stehen, derart, dass der erste dem zweiten vorausgeht. Diese Ordnung bedeutet, dass Verletzungen der vom ersten Grundsatz geschützten gleichen Grundfreiheiten nicht durch größere gesellschaftliche oder wirtschaftliche Vorteile gerechtfertigt oder ausgeglichen werden können.

John Rawls, Eine Theorie der Gerechtigkeit, S. 27-30, S. 81f. (gekürzt)

1 Führen Sie in Ihrem Kurs die Versammlung zur Festlegung der Grundregeln durch. → M1

2 Formulieren Sie für die einzelnen Abschnitte I-IV des Rawls-Textes Zwischenüberschriften und fassen Sie die Überlegungen in diesen Abschnitten thesenartig zusammen. → M2

3 Vergleichen Sie Ihre Regeln aus Aufgabe 1 mit den Regeln von Rawls und deren Herleitung. Worin besteht der Unterschied zwischen der Versammlung im Toskana-Experiment und Rawls' „ursprünglicher Versammlung"? → M1/2

4 Rawls bietet kein politisches Rezept zur Reform des Sozialstaats, sondern ihm geht es um die Grundsätze einer solchen Reform. Dabei zielt er auf eine „reine Hintergrund-Verfahrensgerechtigkeit". Das heißt: Die gesamte Grundstruktur einer Gesellschaft muss so gestaltet sein, dass keine ungerechtfertigten Ungleichheiten entstehen, die umfangreiche Korrekturen erforderlich machen würden. Überprüfen Sie, ob unser Bildungssystem als gesellschaftlicher Teilbereich in diesem Sinne gerecht ist.

5 Gerechtigkeit ist – Würde

M1 Balkenwaage oder digitale Waage?

Die an der Universität Basel lehrende Philosophieprofessorin Angelika Krebs befasst sich vor allem mit den philosophischen Grundlagen sozialer Gerechtigkeit. Im politischen Jugendmagazin fluter *wurde sie zu diesem Thema interviewt.*

fluter: Frau Krebs, Politiker scheinen „Gleichheit" als Zauberformel zu sehen – ob bei Bildungschancen, Lebensbedingungen oder Arbeitslosengeld. Zu Recht?
Krebs: Gleichheit ist ein Hurra-Wort. Es wird heute in der Politik tatsächlich alles in die Gleichheitsterminologie verpackt. Man kann das verstehen, Politiker müssen die Bürger erreichen. Weil Gleichheit ein so abstrakter Begriff ist, kann man auch alles darin verpacken. Oft ist es jedoch wirklich nur eine Verpackung, bloße Rhetorik. Eine gerechte Gesellschaft kann man nicht auf Gleichheit aufbauen.
fluter: Sondern?
Krebs: Im Zentrum müssen Menschenwürde und Verteilungsgerechtigkeit stehen.
fluter: Was bedeutet dann Gleichheit überhaupt?
Krebs: Gleichheit ist die Ununterscheidbarkeit oder Identität von mindestens zwei Dingen in einer bestimmten Hinsicht. [...] Eine Hinsicht wäre bei eineiigen Zwillingen zum Beispiel das äußere Erscheinungsbild. Da gibt es Gleichheit.
fluter: Das klingt einfach.
Krebs: So weit gibt es auch noch kein Problem mit der Gleichheit. Spannend wird es, wenn wir nach Gerechtigkeit fragen. Da sagen die einen: Eine gerechte Gesellschaft ist eine, die Gleichheit zwischen den Menschen in einer bestimmten Hinsicht anstrebt. In der Philosophie sind das die Egalitaristen.
fluter: Gleichheit in welcher Hinsicht?
Krebs: Die typische Antwort der Egalitaristen ist: Freiheit. Denn die Menschen wüssten selbst am besten, wie sie glücklich werden. Eine gerechte Gesellschaft sei eine, die allen Menschen gleichermaßen die Freiheit gibt zu leben, wie sie es möchten. [...]
fluter: Aber jeder kann immer noch selbst entscheiden, wie er leben möchte?
Krebs: Ja, deswegen: Freiheit. Die Hinsicht ist die Freiheit und nicht irgendeine Vorstellung, wie die Menschen zu leben haben. Den Egalitaristen kann man also nicht vorwerfen, dass es ihnen um Gleichmacherei geht, dass alle grüne Anzüge tragen oder in der Stadt leben müssen. [...]
Könnte man die Lebensaussichten der Menschen mit Waagen abwiegen, würde der Egalitarismus mit einer Balkenwaage operieren. Diese Waage müsste dann möglichst gerade sein, wenn man die Lebensaussichten verschiedener Menschen misst. Im Egalitarismus kommt es darauf an, wie der eine im Vergleich zum anderen abschneidet – das ist die eine Idee der Gleichheit.
fluter: Dem kann man doch nur zustimmen!
Krebs: Die Non-Egalitaristen, zu denen ich mich zähle, sehen das anders. [...] Bei Gerechtigkeit geht es im Wesentlichen darum, allen Menschen in einer Gesellschaft ein menschenwürdiges Leben zu ermöglichen, ein Leben, das eine bestimmte Schwelle des guten Lebens erreicht. Also etwa, dass niemand in materieller Armut leben muss, dass keiner sozial ausgeschlossen, stigmatisiert wird, dass alle die Chance haben zu persönlichen Beziehungen und zu privater wie politischer Autonomie. Diese Schwelle markieren wir mit dem Begriff der Menschenwürde. [...] Oberhalb dieses Niveaus mag es Ungleichheiten geben, sogar große. Aus der Perspektive der Gerechtigkeit sind diese Ungleichheiten aber nicht unbedingt zu beanstanden.
fluter: Und welche Waage wäre dann Ihre?
Krebs: Bei den Non-Egalitaristen könnte dies eine digitale Küchenwaage sein, bei der es einen roten und einen grünen Bereich gibt. Solange jemand im roten Bereich ist – also nicht genug zu essen hat, kein Auto, das er auf dem Land braucht, um flexibel genug für seine Arbeit zu sein, und so weiter –, herrscht Ungerechtigkeit. Sobald aber der Zeiger im grünen Bereich ist und dort verschieden stark ausschlägt, würde ich sagen: So what?

Dirk Schönlebe in: fluter, Magazin der bpb, Heft 54, Dezember/Januar 2006/2007

M2 Gerechtigkeitsdisplay

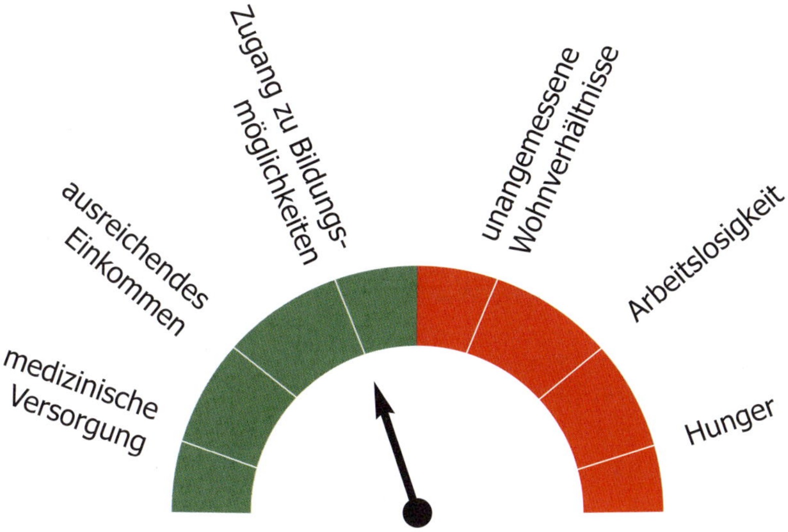

M3 Achtung statt Gleichheit

*Auch der US-amerikanische Philosoph Harry Frankfurt (*1929) kritisiert den Egalitarismus.*

Meiner Ansicht nach ist Gleichheit nicht um ihrer selbst willen moralisch wertvoll. [...] Wenn das Streben nach Gleichheit moralisch geboten ist, dann deshalb, weil dadurch ein anderer Wert gefördert wird, und nicht, weil Gleichheit als solche moralisch erstrebenswert ist. [...] Man betrachte eine Person, der an Gleichheit um ihrer selbst willen nicht gelegen ist, und die außerdem recht zufrieden damit ist, von allem so viel zu besitzen, wie sie benötigt, die aber von bestimmten Dingen weniger besitzt als andere. Die Tatsache, ungleich behandelt zu werden, mag sie auch dann verletzen, wenn sie gegen Ungleichheit als solche nichts einzuwenden hat. Sie mag die Ungleichheit zwischen den Bedingungen, unter denen sie lebt, und den Bedingungen anderer verwerflich finden, weil es ihr naheliegend scheint, dass, wer auch immer für die Diskrepanz verantwortlich ist, es an einer bestimmten Art von Achtung ihr gegenüber fehlen lässt. Mit einer entsprechenden Achtung behandelt zu werden und Gleichbehandlung werden leicht durcheinander gebracht. Es handelt sich aber nicht um dasselbe. [...] Die grundlegende Differenz zwischen Gleichheit und Achtung hat mit dem Fokus und der Absicht zu tun. Bezüglich irgendeines Parameters – egal, ob es sich dabei um Ressourcen handelt – geht es bei Gleichheit darum, ob eine Person gleich viel davon hat wie andere. Achtung hingegen ist persönlicher. Einer Person Achtung entgegenzubringen bedeutet [...], mit ihr ausschließlich auf der Grundlage der Aspekte ihres besonderen Charakters oder ihrer Rahmenbedingungen umzugehen [...]. Personen mit Achtung zu behandeln schließt aus, ihnen spezielle Vor- oder Nachteile zukommen zu lassen, es sei denn, dies geschieht aus Gründen, die verschiedene Geltung für verschiedene Personen haben. Dies beinhaltet Unparteilichkeit und das Vermeiden von Willkür. Jene, denen es an Gleichheit gelegen ist, zielen auf Resultate, die in bestimmter Hinsicht ununterscheidbar sind. Wer andererseits Menschen mit Achtung begegnen will, zielt auf Resultate, die den Besonderheiten des Individuums angemessen sind. Es ist offensichtlich, dass die Richtung, in die ein Wunsch nach Gleichheit verweist, abweichen kann von der Richtung, in die ein Interesse an Achtung und Unparteilichkeit führt.

Harry Frankfurt, Gleichheit und Achtung, S. 39-45

1 Erarbeiten Sie aus dem Interview die einzelnen Bestimmungen des egalitaristischen und des nonegalitaristischen Ansatzes. Stellen Sie diese in Form einer Tabelle gegenüber. → M1

2 Sammeln Sie weitere Markierungen für den grünen und roten Bereich des Gerechtigkeitsdisplays. → M2
Diskutieren Sie über strittige Punkte. Vergleichen Sie mit der Güterliste von Martha Nussbaum (s. S. 116f.).

3 Legen Sie dar, was Frankfurt unter Achtung versteht und warum er diese als grundlegender erachtet als Gleichheit. → M3

4 Formulieren Sie die Gleichheitskritik von Krebs und Frankfurt zusammenfassend als Pressemeldung für einen „Philosophischen Informationsdienst". → M1/3

6 Gerechtigkeit ist – Trennung

M1 Güter zu verteilen

Stellen Sie sich vor, eine gute Fee habe Ihnen diese Güter unterschiedlichster Art in Aussicht gestellt. Einzige Bedingung: Sie müssen sich darüber einigen, wer was bekommen soll. Versuchen Sie in Gruppen eine Verteilung untereinander auszuhandeln, die Sie als gerecht ansehen. Worin liegen die Schwierigkeiten? Notieren Sie die jeweiligen Argumente, die in der Gruppe angeführt werden.

M2 Sphären der Gerechtigkeit

*Der US-amerikanische Philosoph Michael Walzer (*1935) hat die Unterschiedlichkeit der zu verteilenden Güter in einer Gemeinschaft zum Kern seiner These gemacht, dass es notwendig ist, verschiedene Verteilungssphären zu unterscheiden, in denen jeweils spezifische Gerechtigkeitsprinzipien gelten.*

Die menschliche Gesellschaft ist eine Distributions-, eine Verteilungsgemeinschaft. Damit ist zwar nicht alles über sie gesagt, aber doch das Wesentliche, denn es sind tatsächlich der gemeinsame Besitz, die Verteilung und der Tausch von Dingen, die uns zweckhaft zusammenführen. […]

Was alles zu verteilen ist

Die Idee der distributiven Gerechtigkeit betrifft aber nicht nur das Haben, sondern ebenso sehr das Sein und das Tun. Sie ist mit der Produktion ebenso eng verknüpft wie mit der Konsumtion [Verbrauch] und mit Identität und Status nicht minder eng als mit Grundbesitz, Kapital oder persönlicher Habe. Unterschiedliche politische Ordnungen und unterschiedliche Ideologien erzwingen bzw. rechtfertigen unterschiedliche Verteilungen von Zugehörigkeit oder Mitgliedschaft, von ritueller Herausgehobenheit und göttlicher Gnade, von Verwandtschaft und Liebe, von Wissen, Reichtum, physischer Sicherheit, Arbeit und Muße, von Gratifikationen und Sanktionen sowie von einer Vielzahl von Gütern, die wir uns sehr viel konkreter und materieller vorstellen dürfen – wie z. B. Nahrung, Wohnung, Kleidung, Beförderung, medizinische Versorgung […]. Und dieser Vielfalt von Gütern entspricht eine Vielfalt von Distributionsverfahren, Distributionsagenten und Distributionskriterien. […]

Geld reicht als Verteilungsinstrument nicht aus

Dabei lässt sich allerdings kein singulärer Zugangspunkt zu dieser Welt der distributiven Arrangements und Ideologien ausmachen, denn es hat niemals ein universelles Tauschmittel gegeben. Seit dem Niedergang der Tauschwirtschaft, des Naturaltauschs, ist das Geld zwar das allgemeinste und gebräuchlichste Medium, aber die alte Maxime, der zufolge es Dinge gibt, die für Geld nicht zu haben sind, ist nicht nur normativ, sondern auch sachlich nach wie vor richtig. Was käuflich sein soll und was nicht, ist etwas, worüber stets und zu allen Zeiten die Menschen entscheiden und worüber sie bisher in vielerlei Weise entschieden haben. […]

Es gibt kein einziges Prinzip, das für alle Verteilungsvorgänge gültig wäre

[Es hat] niemals ein singuläres Kriterium oder ein singuläres Set von miteinander verknüpften Kriterien gegeben, die für alle Verteilungsvorgänge gleichermaßen gegolten hätten. Verdienst, Eignung, Abstammung und Geblüt, Freundschaft, Bedürfnis und Bedarf, freier Austausch, politische Loyalität und demokratische Entscheidung, sie alle hatten und haben, miteinander verwechselt und vermengt und von konkurrierenden Gruppen ins Feld geführt, im schwierigen Nebeneinander mit zahllosen weiteren Einflusskomponenten ihren je speziellen Stellenwert im Gesamtgeschehen. [...]

Die einzelnen sozialen Güter bilden spezifische Verteilungssphären mit spezifischen Verteilungskriterien

Das je einzelne soziale Gut oder Set von Gütern konstituiert gewissermaßen seine eigene Distributionssphäre, innerhalb deren sich nur ganz bestimmte Kriterien und Arrangements als angemessen und dienlich erweisen. [...]
Was es [...] gibt, sind (wenn auch umstrittene, so doch in etwa erkennbare) Maßstäbe für das je einzelne soziale Gut und die je einzelne Distributionssphäre in der je einzelnen Gesellschaft; und diese Maßstäbe werden häufig dadurch verletzt, dass mächtige Männer und Frauen willkürlich Güter für sich usurpieren und in Sphären eindringen, in denen sie nichts zu suchen haben.

M3 Komplexe Gleichheit

Eine gerecht organisierte Gesellschaft, die die Trennung der verschiedenen Verteilungssphären berücksichtigt, nennt Walzer ein System der komplexen Gleichheit.

Das System der komplexen Gleichheit [...] erzeugt ein Netz von Beziehungen, das Dominanz und Vorherrschaft verhindert. Formal gesprochen bedeutet komplexe Gleichheit, dass die Position eines Bürgers in einer bestimmten Sphäre oder hinsichtlich eines bestimmten sozialen Gutes nicht unterhöhlt werden kann durch seine Stellung in einer anderen Sphäre oder hinsichtlich eines anderen sozialen Guts. So kann Bürger X Bürger Y bei der Besetzung eines politischen Amtes vorgezogen werden mit dem Effekt, dass die beiden in der Sphäre der Politik nicht gleich sind. Doch werden sie generell so lange nicht ungleich sein, wie das Amt von X diesem keine Vorteile über Y in anderen Bereichen verschafft, also etwa eine bessere medizinische Versorgung, Zugang zu besseren Schulen für seine Kinder [...] usw. Solange das Amt kein dominantes Gut ist, ist es nicht allgemein konvertierbar; die es innehaben, stehen [...] in einem Verhältnis der Gleichheit zu den von ihnen regierten oder verwalteten Männern und Frauen.

M2/3: Michael Walzer, Sphären der Gerechtigkeit, S. 26–50

Verteilungsregeln nach Michael Walzer

Walzer unterscheidet folgende Verteilungssphären, die voneinander getrennt je eigene Verteilungsregeln benötigen:
Mitgliedschaft und Zugehörigkeit / Sicherheit und Wohlfahrt / Geld und Waren / Ämter / harte Arbeit und Dreckarbeit / Freizeit / Erziehung und Bildung / Verwandtschaft und Liebe / göttliche Gnade / Anerkennung / Politische Macht
Nach Walzer ergeben sich die einzelnen Verteilungsregeln in diesen Sphären nach dem sozialen Sinn der Güter. Er unterscheidet dabei unbedingte von bedingten Verteilungsregeln. So gilt beispielsweise im Bereich „Erziehung und Bildung" die unbedingte Versorgung eines jeden mit einer Grundbildung, die die Befriedigung des Bedürfnisses nach Autonomie und Zugehörigkeit ermöglicht. Darüber hinaus kann höhere Bildung unter der Bedingung von Fähigkeit und Interesse verteilt werden.

1. Ordnen Sie die „Geschenke der Fee" gemäß Walzer verschiedenen Verteilungssphären zu und formulieren Sie jeweils mögliche Verteilungskriterien. → M1/2
2. Erarbeiten Sie aus dem Text eine Definition für den Begriff des sozialen Gutes. → M2/3
3. Konstruieren Sie realitätsnahe Fallbeispiele für mögliche Ungerechtigkeiten durch den Besitz dominanter Güter. → M2/3
4. Diskutieren Sie: Entspricht unsere Gesellschaft weitgehend der Walzerschen Vorstellung von komplexer Gleichheit? Unterscheiden Sie dabei Verfassung und Verfassungswirklichkeit.

7 Gerechtigkeit ist – Rechtfertigung

M1 Der Mensch ist ein Rechtfertigungswesen

*Der Frankfurter Professor für politische Philosophie, Rainer Forst (*1964), leitet seine Bestimmung vom Wesen der Gerechtigkeit aus einer anthropologischen Grundannahme ab.*

Die Philosophie hat den Menschen auf vielerlei Weisen bestimmt: als Wesen, das mit Vernunft begabt *(animal rationale)*, mit der besonderen Fähigkeit der Sprache ausgestattet *(zoon legon echon)*, das zugleich endlich und begrenzt, ein „Mängelwesen" ist – und nicht zuletzt als ein gesellschaftliches *(animal sociale)* bzw. politisches Wesen, ein *zoon politicon*. In der Kombination dieser Bestimmungen zeigt sich meines Erachtens, dass der Mensch als ein *Rechtfertigungswesen* anzusehen ist: Er hat nicht nur die Gabe, sich für seine Handlungen und Überzeugungen gegenüber anderen mit Gründen zu rechtfertigen bzw. zu verantworten, sondern er sieht dies in bestimmten Kontexten als Verpflichtung an und setzt voraus, dass andere dies auch tun. Wenn wir menschliche Praktiken verstehen wollen, müssen wir sie stets als mit Rechtfertigungen verbundene Praktiken begreifen; was immer wir denken und tun, wir stellen an uns (und andere) den Anspruch, dass dies aus Gründen geschieht, seien sie ausdrücklich genannt oder (zunächst) implizit bleibend. „Politisch" nennen wir aus dieser Perspektive einen sozialen Zusammenhang, in dem sich Menschen in einer „Rechtfertigungsordnung" wiederfinden, welche aus Normen und Institutionen besteht, die das Zusammenleben – Konflikte ebenso wie Kooperationen – auf eine gerechtfertigte bzw. zu rechtfertigende Weise regeln sollen. Der wichtigste normative Begriff, der auf diese Ordnung Anwendung findet, ist der der *Gerechtigkeit*. Er überwölbt eine jede politische Form des Zusammenlebens, indem er nicht nur nach den Gründen fragt, weshalb wer welche Rechte oder Güter hat oder nicht hat, sondern in erster Linie danach, wie bestimmt wird, wer worauf einen Anspruch hat und wie die Beteiligten – im demokratischen Verständnis in ihrer Doppelrolle als Autoren und Adressaten der Rechtfertigung – zueinander stehen.

M2 Willkür ist der Gegenbegriff zu Gerechtigkeit

Nähern wir uns dem Begriff der Gerechtigkeit, so zeigt sich zunächst, dass er einen Bedeutungskern besitzt, der als wesentlichen Gegenbegriff den der Willkür hat: sei es die Willkürherrschaft Einzelner, sei es die eines Teils der Gemeinschaft (etwa einer Klasse), sei es die bestimmter Strukturen, die Privilegien bergen und reproduzieren, sei es die sozialer Kontingenzen, die als schicksalhaft hingenommen werden. Die Herrschaft der Willkür ist Herrschaft ohne legitimen Grund, und wo der Kampf gegen Ungerechtigkeit aufgenommen wird, richtet er sich gegen solche Formen der Herrschaft, die in einer mehr oder weniger personalisierten Form auftreten können.

M3 Das Grund-Recht auf Rechtfertigung

Der Grundimpuls gegen die Ungerechtigkeit ist nicht primär der des Etwas- oder Mehr-haben-Wollens, sondern der, nicht mehr unterdrückt, bedrängt oder übergangen werden zu wollen in seinem Anspruch und *Grund-Recht auf Rechtfertigung:* Es drückt die Forderung aus, dass es keine politischen oder sozialen Herrschaftsverhältnisse geben soll, die gegenüber den Betroffenen nicht adäquat gerechtfertigt werden können. In welcher [...] Sprache diese Empörung, dieser Protest auch ausgedrückt wird, stets geht er im Kern auf das Einfordern des Rechts zurück, nicht Gesetzen, Strukturen oder Institutionen unterworfen zu werden, die „grundlos" sind [...]. Die Forderung nach Gerechtigkeit ist eine emanzipatorische, die mit Begriffen wie Fairness, Wechselseitigkeit, Symmetrie, Gleichheit oder Balance beschrieben worden ist; reflexiv gesprochen, liegt ihr der Anspruch zugrunde, als Rechtfertigungswesen respektiert zu werden [...]. Als Opfer der Ungerechtigkeit ist nicht primär die Person anzusehen, der bestimmte Güter fehlen, sondern die, die bei der Herstellung und Verteilung von Gütern nicht „zählt".

M1-3: Rainer Forst, Das Recht auf Rechtfertigung, S. 9-11

M4 Gerechtigkeitstheorien im Überblick

Autor	Ausgangspunkt / Grundannahme	Abgeleitete Gerechtigkeitskriterien
Ernst Tugendhat (in Anlehnung an Aristoteles)	Gleiche Verteilung muss nicht begründet werden. Sie ist intuitiv die gerechte Verteilung sozialer Güter.	Von Gleichheit abweichende Verteilungen bedürfen einer relevanten Begründung: Verdienst / Leistung, Bedürfnis, erworbene Rechte
John Rawls	Gedankenexperiment: Vernünftige Menschen unter dem Schleier des Nichtwissens würden sich auf gerechte Basisregeln zur Herstellung einer gerechten Ordnung einigen.	Zwei Basisregeln: 1. Gleichheitsprinzip: gleiches Recht für alle auf das umfangreichste System gleicher Grundfreiheiten 2. Differenzprinzip: Soziale und wirtschaftliche Ungleichheiten sind so zu gestalten, dass alle, auch die am schlechtest Gestellten davon profitieren.
Angelika Krebs / Harry Frankfurt	Gleichheit ist ein leerer, rein relationaler Begriff und kann nicht die Basis für eine substantielle Bestimmung von Gerechtigkeit sein. Entscheidend ist, dass alle und jeder für sich genug haben.	Vorstellungen vom guten menschlichen Leben, das in einer gerechten Ordnung alle führen können müssen. Gerechtigkeit ist Frage der Achtung und Würde.
Michael Walzer	Gerechtigkeit ist menschliches Konstrukt, das sich nicht in einem allumfassenden Prinzip erfassen lässt. Verschiedene soziale Güter konstituieren verschiedene soziale Sphären mit je eigenen Gerechtigkeitsmaßstäben.	Entscheidend für gerechte Verhältnisse ist die Trennung der Distributionssphären: Es ist darauf zu achten, dass der Besitz eines sozialen Gutes aus einer Sphäre (z. B. Ökonomie / Geld) nicht die Verteilung der Güter in anderen Sphären dominiert.
Rainer Forst	Der Mensch ist ein Rechtfertigungswesen. Er hat nicht nur die Gabe, sondern auch die Pflicht, sich für seine Handlungen und Überzeugungen gegenüber anderen mit Gründen zu rechtfertigen bzw. zu verantworten. Gerechte soziale Ordnungen sind demnach allgemein und gegenseitig gerechtfertigte Ordnungen. Nichtgerechtfertigte ungerechte Ordnungen sind willkürlich.	Substantieller Kern von Gerechtigkeit ist nicht primär das Etwas- oder Mehr-haben-Wollen, sondern der Wunsch, nicht unterdrückt, bedrängt oder übergangen werden zu wollen in seinem Anspruch und *Grund-Recht auf Rechtfertigung.* Gerechtigkeit ist nicht nur die Frage, wie viel wer von welchen Gütern erhalten soll, sondern zuallererst die politische Machtfrage, wer aus welchen Gründen verteilt (gegenüber allen gerechtfertigte Verteilungsordnung).

1 Erläutern Sie mithilfe der Materialien folgende zentrale Grundbegriffe in Forsts Gerechtigkeitsüberlegungen: Mensch als Rechtfertigungswesen – Rechtfertigungsordnung – Gerechtigkeit als Grundnorm – Willkür – Grundrecht auf Rechtfertigung. ➜ M1-3

2 Vervollständigen Sie den Satz im Sinne Forsts: Gerechtigkeit bedeutet im Kern, ... ➜ M3

3 Vergleichen Sie die in der Übersicht aufgezeigten gerechtigkeitstheoretischen Positionen miteinander: Gibt es Gemeinsamkeiten jenseits der Widersprüche? ➜ M4

Projektvorschläge

Die philosophische Bestimmung von Gerechtigkeit ist eine Sache. Die Tauglichkeit theoretischer Entwürfe erweist sich allerdings erst, wenn sie normative Grundlagen für Lösungswege in wichtigen gesellschaftlichen Gerechtigkeitsfragen bieten können. Die Anregungen auf dieser Doppelseite stellen verschiedene reale Gerechtigkeitsdiskurse vor, die in unserer Gesellschaft sehr strittig geführt werden und noch keine nachhaltige politische Lösung gefunden haben.

> Wählen Sie in Ihrem Kurs ein Thema aus (oder mehrere in Gruppen),
> recherchieren Sie dazu weitere Fakten und verschiedene Positionen (mögliche Quellen sind jeweils angegeben),
> arbeiten Sie die jeweiligen grundsätzlichen Gerechtigkeitsfragen heraus und
> prüfen Sie, welche Antworten auf Basis welcher Gerechtigkeitstheorie gegeben werden könnten.

Thema 1 Können wir uns Krankheit noch leisten? Wie sollen die Kosten für das Gesundheitswesen verteilt werden?

> **Problembeschreibung**

Die Kosten im Gesundheitswesen steigen stetig. Grund: die Gesellschaft überaltert, die Fortschritte in der Medizin machen immer mehr kostenintensive Therapien bzw. operative Eingriffe möglich. Deshalb wird schon seit langem diskutiert, wie die Kosten aufgebracht und sinnvoll unter Effizienz- und Gerechtigkeitsgesichtspunkten verteilt werden können. Der gegenwärtige Reformkompromiss seit 2007 ist dabei sicherlich nur ein Zwischenschritt für weitergehende Lösungen. Dahinter steht ein Streit zwischen zwei grundsätzlichen Modellen zur Finanzierung des Gesundheitssystems: Bürgerversicherung (alle Bürger zahlen Prozentsatz all ihrer Einkommensarten) und Kopfpauschale (einheitlicher Pauschalbetrag für alle).

> **Mögliche Gerechtigkeitsfragen**

Ist die solidarische Verteilung der Kosten für die Gesundheitsvorsorge überhaupt gerecht, vor allem auch im Hinblick auf selbst verschuldete Krankheitsrisiken? Ist es gerecht, wenn Besserverdienende proportional stärker zur Kasse gebeten werden, um das Risiko für alle zu tragen?

> **Recherchetipps**

Hans-Böckler-Stiftung: www.boeckler.de
Bundesministerium für Gesundheit: www.bmg.bund.de
kostenloser Archivzugang der Wochenzeitschrift *Die Zeit*: www.zeit.de/archiv/index

Thema 2 Verschärfen Erbschaften die Spaltung der Gesellschaft?

> **Problembeschreibung**

Zurzeit werden in der Bundesrepublik jedes Jahr um die 100 Milliarden Euro privaten Vermögens vererbt, den Löwenanteil davon bekommt jedoch nur eine kleine Gruppe. Nur bei 2,5 % aller deutschen Haushalte wird ein Vermögen von über einer halben Million Euro hinterlassen. Knapp die Hälfte aller Haushalte erbt nichts. Es wird demnach nicht nur Vermögen, sondern vor allem soziale Ungleichheit vererbt.
Beim Übergang des Vermögens von einer Generation zur nächsten ist das wichtigste Instrument die Erbschaftssteuer, die aber für das Gesamtsteueraufkommen nur eine sehr geringe Rolle spielt. Die Staatseinnahmen belaufen sich auf ca. drei Milliarden Euro, was einer durchschnittlichen steuerlichen Belastung von Erbschaften von drei Prozent entspricht.

> **Mögliche Gerechtigkeitsfragen**

Erben setzt das Leistungsprinzip völlig außer Kraft; wie lässt sich das rechtfertigen? Wäre es gerecht, wenn der Staat in den innerfamiliären Vermögenstransfer eingreift und Erbschaften höher besteuern würde, um mit den Einnahmen Chancengleichheit zu fördern?

> **Recherchetipps**

Daten, Fakten und Positionen zur Erbschaftssteuer finden sich auf www.spiegel.de/wirtschaft, http://debatte.welt.de
Wichtiger Grundsatzbeitrag: Jens Beckert, *Das ungleiche Erbe*, in: böll Thema, Magazin der Heinrich-Böll-Stiftung Berlin 1/2005, S.28.
Im Netz: www.boell.de/publikationen

Thema 3 Steuergerechtigkeit durch Flat Tax oder Progression?

> **Problembeschreibung**

Die Frage, wer sich mit welchem Anteil seiner Einnahmen an den öffentlichen Ausgaben in einem Gemeinmeinwesen beteiligen soll, ist ein grundlegendes Gerechtigkeitsproblem. In Sozialstaaten wie Deutschland gilt generell, dass der Prozentsatz vom Einkommen mit der Einkommenshöhe steigen soll, Reichere also höhere prozentuale Lasten zu tragen haben (in Deutschland bis zum Spitzensteuersatz von 45 %). Diesem Progressionsmodell wird in der Diskussion in den letzten Jahren verstärkt das Modell eines einheitlichen Steuersatzes (Flat Tax) entgegengestellt. Auf der Basis eines Grundfreibetrags zahlen alle einen einheitlichen Prozentsatz (z. B. 25 %).

> **Mögliche Gerechtigkeitsfragen**

Wie ist eine progressive Steuer gerechtigkeitstheoretisch begründbar? Würde eine „flatrate" gerechte Verhältnisse schaffen können?

> **Recherchetipps**

Zur steuerpolitischen Debatte finden sich Artikel auf
www.focus.de/finanzen
www.zeit.de/archiv/index
Grundlegende Informationen:
www.bundesfinanzministerium.de
Artikel zu Flat Tax bei Wikipedia (enthält auch die wichtigsten Pro- und Contraargumente)

Thema 4 Ist das bedingungslose Grundeinkommen der Stein der Weisen?

> **Problembeschreibung**

Aufgrund der ungeheuren Produktivitätsentwicklung mittels neuer Technologien in hochentwickelten Industriegesellschaften verringert sich der Bedarf an Arbeitskräften dramatisch. Das führt zu einem dauerhaften Sockel von Arbeitslosigkeit trotz Wirtschaftswachstum. Die an Erwerbsarbeit gekoppelten Sozialsysteme (Arbeitslosengeld, Rente) sind finanziell überlastet. Millionen von Menschen bleiben von Transferleistungen aus der Arbeitsgesellschaft abhängig und aus dem gesellschaftlichen Produktionsprozess ausgeschlossen. Seit einiger Zeit propagieren einige Politiker, Wirtschaftswissenschaftler und auch Unternehmer diesem Problem durch eine radikale Umstellung unseres Sozialsystems auf ein „bedingungsloses Grundeinkommen" oder ein „Bürgergeld" zu begegnen. Grundidee: Das bedingungslose Grundeinkommen stellt ein aus Steuermitteln finanziertes Einkommen für alle dar, das eine Grundlage zur Sicherung der Existenz und gesellschaftlichen Teilhabe darstellen soll, ohne dass eine Bedürftigkeitsprüfung erfolgt und ohne dass eine Bereitschaft zur Arbeit gefordert wird. Wer über mehr Geld als das Grundeinkommen verfügen möchte, könnte sich dies immer noch (z. B. durch Erwerbsarbeit) verdienen – es bestünde nur keine existenzielle Notwendigkeit mehr zur Erwerbsarbeit. Finanziert werden soll dieses Grundeinkommen durch eine radikale Erhöhung der Verbrauchssteuern. Die Befürworter eines solchen Modells erwarten sich davon eine Entfaltung gesellschaftlichen Kreativpotentials jenseits von Lohnarbeitsverhältnissen.

> **Mögliche Gerechtigkeitsfragen**

Kann die Aufhebung des Leistungsprinzips gerechtfertigt werden? Welche Folgen hätte die Umstellung des Steuersystems auf die Konsumbesteuerung für die Frage des gerechten Zugangs zu Konsumgütern? Wie soll die vorhandene Erwerbsarbeit verteilt werden, wenn die Nachfrage danach immer noch zu hoch ist?

> **Recherchetipps**

Website des Unternehmers Götz Werner:
www.unternimm-die-zukunft.de
Informierende Artikel auf:
www.heise.de
Wichtige kritische Stellungnahme von Ralf Fücks: *Bedingungslose Sicherheit* vom 22.10.2007 in *die tageszeitung*, auffindbar auf www.taz.de

*8 Gerechtigkeit oder Ökonomie?

M1 „Auch in der Wirtschaft muss es Anstand geben"

Als im Frühjahr 2008 der Handy-Hersteller Nokia seinen Entschluss bekannt gab, das Bochumer Werk zugunsten einer neuen Produktionsstätte in Rumänien zu schließen, obwohl auch in Bochum Gewinne gemacht wurden, war die Empörung groß.

Nokia-Pressespiegel

IG-Metall-Chef Huber wirft dem finnischen Konzern vor, Menschen zu verhöhnen – und die Öffentlichkeit in Deutschland zu belügen. Die Gewerkschaft droht mit Widerstand und Streiks.

Die Welt vom 22.01.08

Der wirtschaftspolitische Sprecher der SPD-Fraktion, Thomas Eiskirch, warf Nokia derweil „Subventions-Hopping" vor. Das Verhalten des Unternehmens erinnere „fatal an Heuschrecken", die nur Fördermittel abgrasen wollten.

WDR vom 16.01.08

Bundesverbraucherminister Horst Seehofer tauscht aus Solidarität mit den Beschäftigten des Nokia-Werks in Bochum sein Handy aus. „Weil die Art und Weise, wie das abläuft, mir nicht gefällt", sagte Seehofer heute laut dpa. SPD-Bundestagsfraktionsvorsitzender Peter Struck habe sein Nokia-Gerät bereits zurückgegeben.

Der Deutsche Gewerkschaftsbund (DGB) geht so weit, zu einem Boykott des finnischen Konzerns aufzurufen. Dessen geplante Produktionsverlagerung nach Rumänien sei ein Beispiel für eine skandalöse Abzocke von Fördermitteln, sagte laut Hamburger Abendblatt der DGB-Landeschef von Rheinland-Pfalz, Dietmar Muscheid.

heise-online.de vom 18.01.08

Ex-Ministerpräsident Edmund Stoiber: „Die Unternehmensführung von Nokia handelt unanständig, bringt mit ihrer allein auf Profitmaximierung ausgerichteten Geschäftspolitik die soziale Marktwirtschaft in Verruf."

heise-online.de vom 18.01.08

Bundesarbeitsminister Olaf Scholz: „Ich sage ganz klar: Das ist nicht anständig. Auch im Wirtschaftsleben muss es Anstand geben."

heise-online.de vom 18.01.08

M2 Rheinischer Kapitalismus am Ende

Der Begriff „Rheinischer Kapitalismus" umschreibt das Wirtschaftsmodell der „alten" Bundesrepublik. Gemeint ist – in Abgrenzung zu Wirtschaftsordnungen angelsächsischer oder asiatischer Ausformung – ein System korporatistischer [körperschaftlicher], auf Konsens zielender Strukturen, die sich innerhalb eines demokratischen und die freie Marktordnung schützenden Rechtsstaates konstituieren und darauf gerichtet sind, breite Bevölkerungsschichten über einen ausgebauten Sozialstaat an der gesamtwirtschaftlichen Wertschöpfung teilhaben zu lassen. „Wohlstand für alle" hieß dies in Ludwig Erhards prägnanter Formel. Die Zeitschrift *The Economist* verkündete zum Ausklang des Jahrhunderts das Ende des Rheinischen Kapitalismus und das Heraufziehen eines neuen Modells, des *shareholder capitalism*, in dem die Interessen der Aktionäre (die Wertsteigerung der Aktie = shareholder value) im Mittelpunkt stehen. Symbol dieses Wandels: die „feindliche Übernahme" der Mannesmann AG durch die britische Vodafone. Europa sei auf dem (besten) Weg „to be just another United States".

Lars Castellucci, in: Bundeszentrale für politische Bildung (Hg.), Aus Politik und Zeitgeschichte, B 6-7/2001, S. 20

M3 Wachstum schlägt Gerechtigkeit

Es ist zugespitzt, aber nicht irreführend, wenn man konstatiert, dass die Ökonomie als selbständige, von der Moralphilosophie getrennte Wissenschaft die [...] Frage nach Gerechtigkeit in einem umfassenden Sinne sowohl aus dem Aussagezusammenhang ökonomischer Analysen als auch aus der Praxis des Wirtschaftens selbst weitgehend ausgeblendet hat. An die Stelle weitreichender Konzepte von Gerechtigkeit trat nunmehr die Wertgleichheit von Leistung und Gegenleistung im Sinne einer eng gefassten Tauschgerechtigkeit. Die vorher bestimmende Frage nach der angemessenen Verteilung von Einkommen und Vermögen wurde nunmehr ersetzt durch die *Untersuchung über das Wesen und Ursachen des Reichtums der Völker* (Smith, 1776), die dann später überführt wurde in die verwandte, aber besser formal handhabbare Frage nach den Bedingungen effizienten Wirtschaftens. [...] Wachstum und Fortschritt, das sind seit Adam Smith und dem klassischen Liberalismus Zauberworte, die an die Stelle des Streits um die Verteilung eines gegebenen Reichtums treten (sollen). Die Gerechtigkeitsfrage erscheint daher in dieser Sichtweise nicht nur analytisch störend, weil sie die Nationalökonomie unter das Kuratel der Moralphilosophie stellt, sondern auch als praktisch obsolet, weil gerade vom Wachstum die ärmeren Schichten der Bevölkerung einen besonders großen Nutzen ziehen. [...] Dass das Thema „Gerechtigkeit" [...] zumindest lebensweltlich nicht mit ihrer weitgehenden Verbannung aus dem ökonomischen Fachdiskurs „erledigt" war, das zeigen schon die sozialen Konflikte und gesellschaftlichen Umwälzungen, die sich in den folgenden zweieinhalb Jahrhunderten innerhalb und außerhalb Europas vollzogen.

Hans G. Nutzinger (Hg.), Gerechtigkeit in der Wirtschaft, S. 7f.

M4 „Ruinieren Sie Ihre Nächsten"

*Der Münchner Professor für Wirtschaftsethik Karl Homann (*1943) im Interviev mit* der tageszeitung.

taz: Herr Homann, erstmals, so hat eine Umfrage gezeigt, unterstützt eine Mehrheit der Bundesbürger die soziale Marktwirtschaft nicht mehr. Sind die großen Unternehmen für diese Entwicklung verantwortlich?

Karl Homann: Ja. Die Menschen fragen nach Gerechtigkeit. Und da reicht ihnen der Hinweis auf die ökonomische Leistung überhaupt nicht. Im Gegenteil, diese Art von Antwort brüskiert sie eher. Dass die Zahl der Arbeitslosen in Deutschland um eine Million gesunken ist, verbessert die Akzeptanz für unser Wirtschaftssystem nicht.

taz: Was machen die Unternehmen falsch?

Karl Homann: Wir haben es mit einem sehr grundsätzlichen Problem zu tun. Unsere ethischen Vorstellungen wie Teilen, Mitleid und Solidarität stammen aus der vormodernen Gesellschaft, aus der Zeit vor dem Kapitalismus. Heute dagegen leben wir unter den Bedingungen des Marktes und des Gewinnstrebens – diese Realität steht für viele Menschen noch immer in einem intuitiven Gegensatz zum Gebot der Solidarität. [...] Der Wettbewerb ist ein zentrales Element der Marktwirtschaft. Er kann die Lage der Menschen dramatisch verbessern, wenn der politische Rahmen stimmt. Trotzdem ist es intuitiv ungeheuer schwer zu verstehen, dass Konkurrenz ein sittlicher Imperativ sein soll. Solange die Mittel fair bleiben, dürfen, ja sollen Sie Ihren Nächsten in den Ruin treiben. Und sonntags sitzen Sie mit ihm zusammen auf der Kirchenbank. Das muss man erst einmal kapieren.

taz vom 07.07.2008, S. 15

1. Erarbeiten Sie aus den Pressemeldungen zum Nokia-Konflikt die darin enthaltenen moralischen Forderungen an unternehmerisches Handeln. → M1
2. Recherchieren Sie den Fall Nokia (oder ein vergleichbares Beispiel) genauer und prüfen Sie, inwieweit die Unternehmensführung die Werksverlagerung nach Rumänien ebenso moralisch rechtfertigen könnte. → M1
3. Zeigen Sie auf, wie die Wirtschaftsethiker Nutzinger und Homann jeweils das Verhältnis von Wirtschaft und Moral bestimmen. → M3/4
4. Ist Gewinnstreben unmoralisch? Stellen Sie in Gruppenarbeit ethische Standards für unternehmerisches Handeln zusammen. → M2-4

*9 Gerechte Löhne

M1 Die Pausenbrot-AG

Lisa und Sascha hatten die Idee. Sie gründeten eine Schülerfirma, um die neue Cafeteria in der Schule zu betreiben und bauten auch einen Catering-Service für Schulveranstaltungen auf. Sie stellten ein Team zusammen, das abwechselnd in den Freistunden sich die Arbeit aufteilte, und der Gewinn wurde einfach in der Gruppe entsprechend den Arbeitszeiten aufgeteilt. Jetzt, nachdem der Betrieb aufgebaut ist und gut läuft, haben Lisa und Sascha andere Vorstellungen, die auf einer Mitarbeitervollversammlung diskutiert werden: Die Servicekräfte sollen für einen festen Stundenlohn (5 €) arbeiten, die Macher der Firma sollen sich den erwirtschafteten Gewinn aufteilen: Jürgen (Einkauf), Daniel und Murat (Marketing), Katharina (Snackkreationen) sollen zusammen 60% erhalten. Lisa und Sascha wollen sich aus der operativen Arbeit zurückziehen, nur noch Überwachungsfunktion übernehmen und beanspruchen dafür 40% des Gewinns.

M3 Fragen der Lohngerechtigkeit

Ist es gerecht, dass Ältere mehr verdienen als Junge? Ist es gerecht, dass ein Sachbearbeiter in der Stahl- oder Holzbranche beinahe ein Drittel weniger verdient als einer bei Banken und Versicherungen? Ist es gerecht, dass ein Frankfurter 13% mehr verdient als ein Braunschweiger? Ist es gerecht, dass Frauen 22% weniger verdienen als Männer? Ist es gerecht, dass ein Akademiker von vornherein in eine höhere Gehaltsstufe kommt als beispielsweise Arbeitnehmer mit einem Fachschulabschluss? Die Beantwortung dieser Fragen hängt davon ab, wie die Kriterien der Lohnbildung jeweils gewichtet werden:

- **Markt:** die Produktivität der Branche
- **Leistung:** gleicher Lohn für gleiche Leistung
- **Situation:** Der Lohn bemisst sich nach den unterschiedlichen Lebenshaltungskosten in verschiedenen Städten und Regionen.
- **Aufwand:** Der Lohn vergütet Anstrengungen z. B. für die Ausbildung.
- **Bedarf:** Berücksichtigung sozialer Verpflichtungen wie Familie, Kinder etc.

M2 Löhne und Gehälter nach Branchen

Wirtschaftsbereich[1]	Bezahlte Wochenarbeitszeit für vollzeitbeschäftigte Arbeitnehmer[2] in Stunden	Bruttomonatsverdienst ohne Sonderzahlungen in Euro
Bergbau und Gewinnung von Steinen und Erden	41,2	3 302
Verarbeitendes Gewerbe	38,5	3 270
Energie- und Wasserversorgung	38,4	3 973
Baugewerbe	39,9	2 679
Dienstleistungsbereich	39,2	3 017
Handel	39,2	2 890
Gastgewerbe	39,5	1 896
Verkehr und Nachrichtenübermittlung	40,4	2 758
Kredit- und Versicherungsgewerbe	38,7	3 988
Grundstücks- und Wohnungswesen	39,0	3 118
Erziehung und Unterricht	38,5	3 121
Gesundheits-, Veterinär- und Sozialwesen	39,1	3 021

[1] Dienstleistungsbereich ohne öffentliche Verwaltung, Verteidigung, Sozialversicherung

[2] Ohne Beamte

Statistisches Bundesamt, Vorläufige Ergebnisse für das 3. Quartal 2008, www.destatis.de

M4 Der Wert der Arbeit

*Die Ethiker Hans Ruh (*1933) und Thomas Gröbly (*1958) forschen zu Fragen der Lohngerechtigkeit und werden hier von Redakteuren der Zeitschrift* EBKURS, *Magazin der EB Zürich, interviewt.*

EBKURS: Wenn jemand am Ende des Monats 5000 Franken auf dem Lohnkonto hat und jemand anders 25 000 Franken, kann man davon ausgehen, dass die zweite Person fünfmal mehr geleistet hat als die erste?

Ruh: Lohnunterschiede widerspiegeln die Leistung nur zum Teil. Abgesehen davon ist es grundsätzlich schwierig, Leistung zu messen. Da müsste man sofort fragen, welche Kriterien angelegt werden. Zum Beispiel kann man darüber streiten, ob die Leistung eines Professors größer ist als diejenige einer Kindergärtnerin. Der Kindergarten ist unheimlich wichtig für die Entwicklung eines Kindes, also müsste diese Leistung gut honoriert werden.

EBKURS: In der Wirtschaft gibt es die Tendenz, die Fixlöhne durch Leistungslöhne zu ersetzen, also variable Lohnanteile an messbare Leistungen zu knüpfen. Was sagen Sie als Ethiker zum Leistungslohn?

Gröbly: Ich würde das eher als problematisch anschauen: Die Starken, Schnellen, Fitten werden belohnt. Das ist jetzt sehr en vogue, ist aber natürlich fatal für eine gut funktionierende Gesellschaft.

EBKURS: Wieso?

Gröbly: Weil nicht alle immer stark, schnell und fit sein können. Der Druck am Arbeitsplatz nimmt immer mehr zu, was in der Schweiz Kosten in Folge von Stress von jährlich mehr als vier Milliarden Franken erzeugt. In dieser Zahl sind die psychischen Leiden der Betroffenen und ihrer Angehörigen noch nicht eingerechnet.

EBKURS: Weshalb gibt es überhaupt so große Lohnunterschiede?

Ruh: [...] Zum einen widerspiegeln Lohnunterschiede einfach die Macht- und Interessenordnung. Aber es gibt auch vernünftige Begründungen für Lohnunterschiede. Eine erste wäre: Wir müssen Anreize schaffen, dass fähige Leute sehr viel leisten. Dafür besteht ein volkswirtschaftliches Interesse. Der zweite Punkt: Wer gute Arbeit leistet, der muss auch belohnt werden.

EBKURS: Dann müsste Daniel Vasella [Vorstandsvorsitzender des Schweizer Pharmakonzerns Novartis], der 300-mal mehr verdient als der Durchschnittslohn in seiner Firma, also 300-mal bessere Arbeit leisten. Lassen sich solche Unterschiede ethisch rechtfertigen?

Ruh: Nein. Die oberste Managerschicht erbringt nicht so gigantische Leistungen, dass das die Höhe ihrer Gehälter rechtfertigen würde. Auch der Markt bestimmt diese Löhne nicht, wie Manager oft behaupten. Der Markt spielt hier gar nicht, vielmehr setzt ein Kartell mit gleichen Interessen die Löhne fest. [...]

EBKURS: Gibt es ethische Kriterien für einen gerechten Lohn?

Ruh: Am ehesten findet man Lösungen, wenn man vom System her denkt und sagt: Die Löhne müssen so ausgestaltet sein, dass für die gesamte Gesellschaft wünschbare Resultate herauskommen. [...] Wir müssen die Voraussetzungen für eine Gesellschaft schaffen, in der die Menschen so frei leben können, wie es die liberale Ideologie eigentlich verspricht. Aber der Markt allein bringt das nicht zustande, das muss sozial verwirklicht werden. Der Grad der Freiheit jedes Einzelnen misst sich zuallererst am Alltag: Wie lebe ich, wie wohne ich, wie esse ich, wie gesund kann ich sein? Entsprechend müssen wir da hohe Löhne zahlen, wo wir in diesen Bereichen Verbesserungen erzielen können.

EBKURS: Zum Beispiel?

Ruh: Zum Beispiel für Kindergärtnerinnen und Kindergärtner, in Pflegeberufen oder auch für Personen, die sich um Behinderte kümmern. Die brauchen einen hohen Lohn, erstens weil sie etwas Wichtiges leisten und zweitens weil sie etwas leisten, das die Gesellschaft zum Teil nicht mehr übernimmt.

EBKURS 19/2008, S. 6-11

1 Führen Sie die Betriebsversammlung der Pausenbrot-AG im Rollenspiel durch. → M1
2 Untersuchen Sie die Statistik nach auffälligen Lohnunterschieden. Überlegen Sie, wovon diese Differenzen abhängen. → M2
3 Diskutieren Sie in Kleingruppen die Gerechtigkeitsfragen und entscheiden Sie, welche Kriterien Sie jeweils stärker gewichten würden. → M3
4 Stellen Sie aus den Aussagen von Ruh und Gröbly einen Kriterienkatalog für gerechte Entlohnung zusammen. → M4

*10 Mit Ethik Geld verdienen

Moralisches Argumentieren

M1 Sauberer geht's nicht ...

M2 Ethische Marketingstrategien

*Der Zukunftsforscher und Unternehmensberater Matthias Horx (*1955) stellt in seiner Internetzeitschrift* Zukunftsletter.de *Strategien des sogenannten „moral marketing" als zukunftsweisend für Unternehmen vor. Unter dem betriebswirtschaftlichen Stichwort der Corporate Social Responsibility (CRS) haben sich, so Horx, innovative Marketinginstrumente entwickelt, die gemeinnütziges Engagement und wirtschaftlichen Nutzen verbinden. Wie viele neue wirtschaftliche Trends kommt auch dieser aus den USA und so nimmt Horx die englischen Schlüsselbegriffe in seine Darstellung auf. Hier einige Beispiele.*

Moral-Marketing:
Wie Sie mit gutem Gewissen Geld verdienen

- **Cause Promotion:**
  Unternehmen als Wachrüttler

Das Bestreben, ein ökologisches oder soziales Problem aufzuklären und einer breiten Öffentlichkeit bekannt zu machen, bezeichnet man als Cause Promotion.
Hoffnung auf 4 Rädern: 700 Hyundai-Händler haben sich in den USA mit der gemeinnützigen Organisation **CureSearch** zusammengeschlossen, die sich für die Erforschung von Kinderkrebs einsetzt, um auf die hohe Zahl krebskranker Kinder aufmerksam zu machen. Kern der Aktion **„Hope on Wheels"** ist die Roadshow eines weißen Hyundai Tucson zu 30 Kinderkliniken in 22 US-Bundesstaaten. Erkrankte Kinder, die bereits Heilungserfolge erreicht haben, verewigen sich mit bunten Handabdrücken auf dem Auto, um anderen ein Zeichen der Hoffnung zu geben.

- **Cause-related Marketing:**
  Feel-good-Aktionen gegen Gewissensbisse

Wenn ein Teil des Umsatzes für einen guten Zweck gespendet wird, ist das die direkteste Form der Kundeneinbindung in den CSR-Prozess. Öko-sozialer Mehrwert kann aber genauso auch durch aktive Beteiligung der Kunden an der Kostenreduktion erzielt werden.
Grüne Klicks: Von Juli 2005 bis April 2006 spendete **AT&T**, größter Telekommunikationsanbieter in den USA, für jeden Kunden, der auf Online-Rechnung umstellte, Geld für die Pflanzung eines Baumes an die **National Arbor Day Foundation**, die sich für den Aufbau und Schutz des Waldes einsetzt. Innerhalb der ersten 9 Monate der Aktion stieg die Online-Rechnungsrate um 54 %, was dem Konzern mit 70 Mio. Telefon- und 10 Mio. Breitbandkunden jede Menge Kosten spart.

- **Corporate Volunteering:**
  Das Do-it-yourself des neuen Moralismus

Unternehmen können das freiwillige Engagement ihrer Mitarbeiter fördern.
Do-it-yourself-Charity: Die größte US-Baumarktkette, **The Home Depot**, hat Corporate Volunteering zum festen Bestandteil ihres gesellschaftlichen Engagements gemacht. Allein 2006 engagierten sich 40.000 Home-Depot-Mitarbeiter ehrenamtlich für öffentliche Einrichtungen. Insgesamt spendete die Baumarktkette so über **1 Mio. Arbeitsstunden**, lieferte Baumaterial und unterstützte ca. 6.000 gemeinnützige Organisationen.

Matthias Horx, www.zukunftsletter.de

M3 Positionen der Wirtschaftsethik

„Der systematische Ort der Moral ist die Rahmenordnung."

Der Münchener Wirtschaftsethiker Karl Homann und seine Schüler verorten die Moral in einer modernen Marktwirtschaft vor allem in den Rahmenbedingungen. Das moralische Verhalten eines Einzelnen kann auf Dauer nur dann erhalten werden, wenn es sich als vorteilhaft erweist. Denn warum sollte ein Einzelner Zeit und Mühe auf sich nehmen und besonders umweltfreundlich produzieren, wenn sich andere weiterhin – und vielleicht nun erst recht – verschwenderisch verhalten? Die Rahmenbedingungen müssen daher so ausgestaltet werden, dass der Gute nicht auch der Dumme ist. [...]

„Gewinnstreben ist kategorisch der normativen Bedingung der Legitimität unterzuordnen."

Prominentester Kritiker einer solchen Ordnungsethik ist Peter Ulrich, der wie Homann zu den Mitbegründern der deutschsprachigen Wirtschaftsethik zählt. [...] Ulrich kritisiert Homanns Ansatz als „ökonomischen Rahmendeterminismus" und hält dessen implizite Voraussetzung, dass der einzelne Unternehmer durch die Rahmenordnung quasi fremddiszipliniert werden kann, für einen modelltheoretischen Idealfall. Das Gewinnmaximierungsverhalten, das bei Homann ein natürliches Marktprinzip darstellt und unter der Voraussetzung einer geeigneten Rahmenordnung sogar zu einer „moralischen Pflicht" des Unternehmers wird, stellt Ulrich mit seiner „Integrativen Wirtschaftsethik" prinzipiell in Frage. Er glaubt an einen „Primat der Ethik", der jede unternehmerische Handlung unter einen „Legitimitätsvorbehalt" stellt. Legitimes Gewinnstreben ist für ihn „stets moralisch begrenztes Gewinnstreben": Unternehmen sollen Handlungsspielräume im „Schnittmengenbereich" von Ethik und Erfolg aufspüren – im ethischen Konfliktfall notfalls aber auch auf Gewinne verzichten. [...]

„Ethik, die um ihrer selbst willen betrieben werden will, ist in der Wirtschaft irrelevant."

Ein dritter Ansatz stammt vom Konstanzer Ökonomen Josef Wieland. Wieland sieht in dem von Ulrich postulierten „Primat der Ethik" eine durch nichts begründbare Sonderstellung der Ethik. Er lehnt eine hierarchische Ordnung der Entscheidungslogiken von Ethik und Ökonomie ab. Die Beziehung zwischen beiden Systemen beschreibt er in seinem „moralökonomischen Paradoxon" so: „Es gibt ökonomische Voraussetzungen von Moral und moralische Voraussetzungen von Ökonomie. Es gibt moralische Konsequenzen von Ökonomie und ökonomische Konsequenzen von Moral." Sowohl moralisch naive als auch ökonomisch verengte Unternehmensstrategien seien daher zum Scheitern verurteilt. Wieland selbst geht es in seiner „Governanceethik" darum, die Strukturen eines Unternehmens so zu gestalten, dass die „Tugendethik" des Einzelnen zur Geltung kommen kann. [...] Unternehmensethik hat dabei für Wieland immer auch einen betriebswirtschaftlichen Aspekt. Denn Werte wie Ehrlichkeit, Loyalität oder Fairness sind in einer Welt unvollständiger Verträge wesentliche Elemente jeder gelungenen Kooperation.

Wertevolle Zukunft, Stiftung für ethisches Handeln, www.wertevolle-zukunft.de

1 Interpretieren Sie die Fotomontage. Entwerfen Sie dazu passende Werbeslogans. → M1
2 Macht „moral marketing" die Wirtschaft ethischer oder handelt es sich dabei um eine bloße Instrumentalisierung von Ethik? Diskutieren sie diese Frage. → M2
3 Überlegen Sie, mit welcher Absicht die Schlüsselbegriffe als englische Ausdrücke übernommen werden. → M2
4 Setzen Sie sich in Kleingruppen arbeitsteilig mit den drei wirtschaftsethischen Grundpositionen auseinander und formulieren Sie ein Statement zu „moral marketing" aus der Sicht der jeweiligen Position. → M3
5 Recherchieren Sie bei örtlichen Firmen nach ethischen Leitbildern.

*11 Nachhaltigkeit ist Gerechtigkeit

M1 Das Prinzip der Nachhaltigkeit

Die Grundlage der Nachhaltigkeit ist das Bemühen um die Bewahrung der natürlichen Lebensgrundlagen (Naturkapital), die Grundvoraussetzung jeglichen Lebens und Wirtschaftens sind. Unser Wohlstand gründet jedoch nicht nur auf den Naturvorräten, sondern auch auf gesellschaftlichen Bedingungen (Sozialkapital) und ökonomischen Grundlagen (produziertes Kapital). Auch diese gilt es zu bewahren und zu entwickeln. Nachhaltige Entwicklung bedeutet daher umfassende Substanzerhaltung zur Sicherung zukünftiger Entwicklung. Für Unternehmen heißt nachhaltige Entwicklung, die eigenen Produkte und Leistungen sowie Geschäftsprozesse so zu gestalten, dass sie ökonomischen, ökologischen und sozialen Zielen gerecht werden.

Institut für Betriebswirtschaftslehre der Universität Kassel, Forschungsgruppe Betriebliche Umweltpolitik 2003

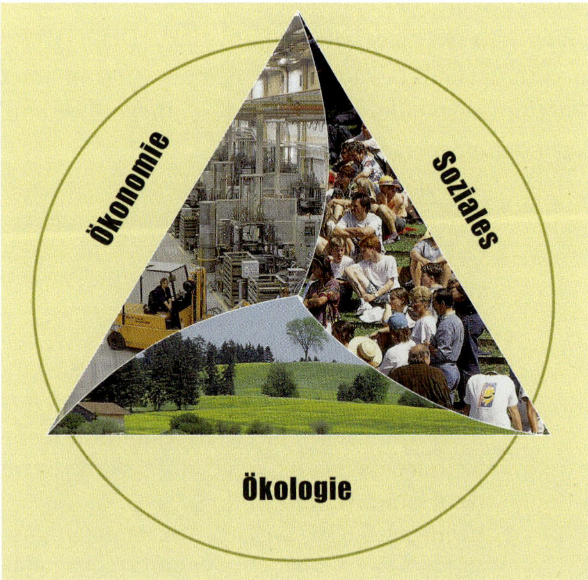

M2 Checkliste für nachhaltige Unternehmensgründungen – ein Auszug

1 Bereich Produkte / Leistungen

Nutzungsfolgen: Ist sichergestellt, dass keine negativen Effekte für Nutzer und Umwelt bei der Produktnutzung zu erwarten sind?

Langlebigkeit / Modularität: Lassen sich einzelne Verschleißteile des Produktes austauschen bzw. modifizieren (Module), um die Nutzung zu verlängern?

Recyclebarkeit: Lassen sich die Produkte nach Gebrauchsende / Verschleiß in ihre ursprünglichen Bestandteile trennen?

2 Bereich Materialien / Ressourcen

Material- und Energieeinsatz: Ist bei der Herstellung von Produkten ein minimaler Material- und Energieeinsatz sichergestellt?

Schadstoffe: Sind Schadstoffe im Produktionsmaterial vermeidbar bzw. auf ein Minimum reduzierbar?

Nachwachsende Rohstoffe: Lassen sich nachwachsende Rohstoffe bei der Herstellung der Produkte einsetzen?

Regionalisierung: Lassen sich die zur Produktion benötigten Güter, Vorprodukte, Materialien etc. in der Region beschaffen?

3 Personal

Mitarbeiterbeteiligung: Lassen sich bestimmte Formen der Mitarbeiterbeteiligung anwenden (z. B. Betriebliches Vorschlagwesen, Arbeitskreise, Workshops etc.)?

Integration: Können Programme zur Integration von benachteiligten Arbeitnehmergruppen umgesetzt werden (z. B. gleichberechtigte Einstellung und Förderung älterer, ausländischer und behinderter Arbeitnehmer/Innen)?

Berufliche Ausbildungsplätze: Können Ausbildungsplätze geschaffen werden?

Sozialleistungen: Können zusätzliche Sozialleistungen für die Mitarbeiter gewährt werden (z. B. zusätzliche Altersversorgung, Zuschüsse zum öffentlichen Nahverkehr etc.)?

Frauenförderung: Lassen sich Maßnahmen zur Frauenförderung umsetzen (spezifische Qualifizierungsangebote, Förderung von Frauen in Führungspositionen, Frauenquote)?

Familienförderung: Können Maßnahmen der Familienförderung umgesetzt werden (z. B. Betriebskindergärten, verlängerte Babypause, Teilzeitprogramme etc.)?

4 Leistungsprozesse

Betriebsgrundstück / Altlasten: Ist das Betriebsgelände frei von Schadstoffen, z. B. Schwermetallen oder anderen chemischen Substanzen?

Reduktion des Energieeinsatzes / Energiemix: Können regenerative Energiequellen eingesetzt werden und

lassen sich Einsparpotenziale ausschöpfen?
Abfallvermeidung / -reduktion: Lässt sich bereits bei der Konstruktion und Materialauswahl die Menge des anfallenden Abfalls berücksichtigen?
Verkehr: Können umweltfreundliche Verkehrsmittel genutzt werden?

Kunden / Lieferanten / sonstige Partner
Faire Handelsbeziehungen: Kann die Beschaffung von Materialien zur Herstellung / Produktion unter Berücksichtigung fairer Preis-, Liefer- und Arbeitsbedingungen erfolgen?
Kooperation / Symbiosen: Lassen sich Kooperationen nutzen? (z. B. in den Bereichen: Beschaffung, Entsorgung, Energie, Gebäude, Fuhrpark, Maschinen, Anlagen etc.)?

Institut für Betriebswirtschaftslehre der Universität Kassel, Forschungsgruppe Betriebliche Umweltpolitik 2003, gekürzt

M3 Nachhaltigkeit und Gerechtigkeit

Gerechtigkeit – viele sprechen auch von der sozialen Dimension der Nachhaltigkeit – ist neben dem Ziel der ökologischen Tragfähigkeit die zentrale Kategorie des Nachhaltigkeitskonzepts. Was ist damit gemeint? Allgemein geht es darum, dass jedermann fair und moralisch „angemessen" behandelt wird. [...] Menschen können voneinander bestimmte Handlungen verlangen, ja unter Umständen schulden sie sich diese. Bei Gerechtigkeit geht es also um soziale Verbindlichkeit, um Rechte, die zu erfüllen ein anderer die Pflicht hat. Damit ist sie zu unterscheiden von Solidarität, Großzügigkeit oder Barmherzigkeit, die man nur erhoffen oder erbitten kann. Für die Einzelnen geht es um Grundversorgung mit Lebensmitteln, Wohnung, Kleidung, Gesundheit und elementare politische Rechte, für die Gemeinschaft um Toleranz, Solidarität, Integrationsfähigkeit und Gemeinwohlorientierung.
Im Sinne der Nachhaltigkeitsdefinition der Brundtland-Kommission lassen sich zwei Prinzipien unterscheiden: Gerechtigkeit zwischen und innerhalb der Generationen. Die grundlegenden Menschenrechte haben beispielsweise Gerechtigkeit innerhalb der gegenwärtigen Generation zum Ziel. [...]
Gerechtigkeit zwischen den Generationen meint, knapp formuliert, dass wir nicht auf Kosten unserer Enkel und Urenkel leben. Was das für den gegenwärtigen Lebensstil der Menschen in den Entwicklungs-, Schwellen- und Industrieländern konkret bedeutet und in welchem Zustand die Natur den nächsten Generationen überlassen werden soll, darüber sind sich die Politiker, Wissenschaftler und Interessenvertreter der Welt nicht ganz einig. In Rio verständigte man sich zumindest darauf, dass die Industrieländer ihren Ressourcenverbrauch tendenziell einschränken müssen, während den Entwicklungsländern noch eine zunehmende Nutzung der Natur zugestanden wurde.

Michael Kopatz, Nachhaltige Entwicklung, S. 13f.

M4 Ethisches Investment

Rendite ist nicht alles. Anlagen, die in soziale oder ökologische Bereiche investieren, sind in Deutschland im Kommen. Zwar ist ethisches Investieren hierzulande ein noch junges Thema, aber zugleich auch ein Markt, der dynamisch wächst. Nach dem vom „Forum Nachhaltige Geldanlagen" herausgegebenen Statusbericht waren in Deutschland Ende 2005 rund 4,1 Milliarden Euro nach ökologischen und sozialen Kriterien angelegt. Vier Jahre zuvor waren es nur 2,9 Milliarden Euro. Ethische Investments sind deshalb so beliebt, weil sie im Vergleich zu klassischen Kapitalanlagen einen Mehrwert bieten. Neben den üblichen Anlagekriterien Rentabilität, Sicherheit und Liquidität können Geldgeber ihren Wunsch nach beispielsweise sozialem oder ökologischem Engagement in die Tat umsetzen und Verantwortung übernehmen.

Focus-Money, Nr. 39/2007, www.focus.de

1 Warum sollen Unternehmen nach dem Prinzip der Nachhaltigkeit wirtschaften? → M1
2 Gehen Sie die Checkliste durch und bestimmen Sie den jeweiligen betriebswirtschaftlichen Nutzen, der durch die Beachtung der Maßnahme erreicht werden kann. → M2
3 Erstellen Sie eine entsprechende Checkliste, mit der Sie die Nachhaltigkeit Ihrer Schule überprüfen können. → M2
4 Entwickeln Sie eine Argumentation für eine ethische Begründung des Nachhaltigkeitsprinzips. → M3
5 Entwerfen Sie einen Werbe-Flyer für ethisches Investment. → M4

*12 Fairer Handel

M1 Was will fairer Handel?

Fairer Handel ist eine Handelspartnerschaft, die auf Dialog, Transparenz und Respekt beruht und nach mehr Gerechtigkeit im internationalen Handel strebt. Durch bessere Handelsbedingungen und die Sicherung sozialer Rechte für benachteiligte ProduzentInnen und ArbeiterInnen – insbesondere in den Ländern des Südens – leistet der Faire Handel einen Beitrag zur nachhaltigen Entwicklung.

Motto des „Eine-Welt-Netz NRW – Projekt für fairen Handel"

M2 Trade not aid

Fairer Handel ist ein Ansatz zur Armutsbekämpfung in über 50 Entwicklungsländern. Die Fair-Trade-Bewegung verwandelt den Nord-Süd-Handel von einem Instrument sozialer Ausbeutung in eines zur Stärkung der Kleinproduzenten. Fairer Handel verbindet ethisch orientierte Konsumenten im Norden mit demokratisch organisierten Produzentengruppen im Süden und bietet benachteiligten Produzenten und Anbietern die Chance der Kontrolle über ihre eigene Zukunft, einen gerechten Lohn für ihre Arbeit und menschliche Arbeits- und Lebensbedingungen durch nachhaltige Entwicklung. [...] 498 Produzentenorganisationen in 50 Entwicklungsländern und damit rund eine Million Produzenten sind beteiligt. Fünf Millionen Menschen profitieren direkt vom Fairen Handel. Fair gehandelte Waren im Wert von einer Milliarde US-Dollar wurden im letzten Jahr umgesetzt. [...] Der Faire Handel hat sich mit der Entstehung der Siegelinitiativen, die Ende der achtziger Jahre in den Niederlanden begannen, von der Nische zum Mainstream entwickelt. Neben 800 Weltläden in Deutschland sind fair gehandelte Produkte in über 23000 Supermärkten erhältlich. 70 Unternehmen sind Transfair-Lizenznehmer. Über 60 Prozent der fair gehandelten Produkte sind mittlerweile auch ökologisch zertifiziert. Nach einigen Jahren der Stagnation verzeichnet der Faire Handel in Deutschland zurzeit wieder zweistellige Wachstumsraten. Dazu beigetragen haben Produktneueinführungen, wie fair gehandelte Bananen, Rosen, Wein und Fußbälle, aber vor allem auch Kampagnen, die sich an Verbraucher und Großkunden richten.

Tina Gordon, Schritt für Schritt, DED-Brief 1/2006, S. 33f.

M3 Weltarmut und Ethik – Gibt es eine moralische Pflicht zur Hilfe?

*Barbara Bleisch (*1973) und Prof. Peter Schaber (*1958) vom Ethik-Zentrum der Universität Zürich haben eine Publikation herausgegeben, die nach unserer Verantwortung hinsichtlich der Weltarmut fragt. Die Universitätszeitschrift* unipublic *hat sich mit Barbara Bleisch darüber unterhalten.*

unipublik: Die Publikation *Weltarmut und Ethik* geht der Frage nach, ob es eine moralische Pflicht gibt, armen Menschen zu helfen. Darüber scheint kein Konsens zu bestehen?

Bleisch: Es ist nicht nur in der Politik und Gesellschaft, sondern auch unter Ethikerinnen und Ethikern eine umstrittene Frage, ob und inwiefern es eine solche Pflicht zur Hilfe gibt. Eine wichtige Erkenntnis ist, dass Menschen Moral in erster Linie als eine Sache der näheren Umgebung betrachten. Wenn wir einen verletzten Menschen auf der Straße liegen sehen, fühlen wir uns direkt angesprochen, ihm zu helfen.

unipublik: Im Gegensatz zum Hilfebedarf in der näheren Umgebung geht es in Ihrer Publikation um die „Weltarmut". Gemeint ist damit die extreme, existenzbedrohende Armut. Diese Form von Armut ist für uns weiter weg.

Bleisch: Genau, und deshalb empfinden wir auch weniger die moralische Pflicht, zu helfen. Unsere Fähigkeit, uns ins Leiden anderer einzufühlen, ist auf Distanz oft nicht vorhanden. Es fällt uns leichter, uns vorzustellen, selber arbeitslos zu werden, als in einem Slum in Nairobi zu leben. Wenn wir einen Einzahlungsschein erhalten für die Flüchtlinge in Somalia, fühlen wir uns deshalb moralisch nicht zur Hilfe verpflichtet, sondern betrachten eine Spende als freiwillig. Wenn alle Menschen gleichwertig sind, dürfte die Distanz aus ethischer Sicht jedoch keine Rolle spielen.

unipublik: Welche ethischen Positionen lassen sich grundsätzlich hinsichtlich der Weltarmut unterscheiden?

Bleisch: Grob gesagt lassen sich vier Positionen unterscheiden. Die erste Position ist der Ansicht, wir schuldeten anderen Menschen nichts. Ob wir helfen wollen, sei eine persönliche Entscheidung, und entsprechend dürfe Hilfe beispielsweise nicht über Steuern zwangsweise finanziert werden. Die zweite Position postuliert, dass eine Pflicht zur Hilfe in extremer Not besteht, wobei sich diese Pflicht beispielsweise mit der Menschenwürde begründen lässt.

Die dritte Position sieht zwar keine Pflicht zur Hilfe, verlangt aber, dass wir zumindest keinen Schaden anrichten. Diese Sichtweise beruht auf der empirischen These, dass die Weltarmut von den Industriestaaten zumindest mitverursacht sei, beispielsweise durch ungerechte Regeln der Weltwirtschaft. Die vierte Position postuliert eine globale Umverteilung, die aufgrund des massiven Wohlstandsgefälles zwischen Nord und Süd gefordert sei. Im Blick ist hier eine Art globale soziale Gerechtigkeit. [...]

unipublik: Sie und Peter Schaber argumentieren im Buch vor allem mit dieser zweiten Position. Warum?

Bleisch: Wir gehen davon aus, dass bei extremer Armut eine Pflicht zur Hilfe besteht, die sich aus der Menschenwürde ergibt. Ums nackte Überleben kämpfen zu müssen, nicht für sich und die Seinen aufkommen zu können und von der Gesellschaft ausgeschlossen zu sein ist ein Zustand, der dem Menschen unwürdig ist und es ihm unmöglich macht, sich selber zu achten. [...]

unipublik: Entwicklungshilfe und Entwicklungszusammenarbeit werden bisweilen als nutzlos oder gar schädlich kritisiert.

Bleisch: Es ist eine Tatsache, dass die Gelder bisweilen in korrupten Staatskassen versickern oder erreichte Verbesserungen durch Kriege wieder zunichte gemacht werden. Das ist aber kein Grund, die Entwicklungszusammenarbeit abzuschaffen. Wir müssen nach Möglichkeiten suchen, es in Zukunft besser zu machen, wozu nicht zuletzt Forschung nötig ist. Im Übrigen können wir auch als Konsumentinnen und Konsumenten einen Beitrag leisten. Denn Produkte aus fairem Handel zu kaufen ist vermutlich ohnehin die effizienteste Art der Entwicklungshilfe.

unipublik, Zeitschrift der Universität Zürich vom 23.01.2008

1 Interpretieren Sie die Symbolik des Bildes in Verbindung mit dem Selbstverständnis der Bewegung für einen Fairen Handel. → M1
2 Stellen Sie die Kriterien zusammen, die ein Produkt erfüllen muss, damit es als „fair gehandelt" betrachtet werden kann. → M2
3 Recherchieren Sie in Ihrer Stadt, welche fair gehandelte Produkte in welchen Läden zu kaufen sind.
4 Diskutieren Sie die im Interview genannten ethischen Positionen zur Frage der Hilfe gegenüber den Armen. → M3
5 Entwerfen Sie verschiedene Rollen für eine Talkshow zum Thema:
Gibt es eine ethisch begründbare Pflicht, fair gehandelte Produkte zu kaufen, auch wenn diese teurer sein sollten als vergleichbare andere Produkte?
Führen Sie die Talkshow in Ihrem Kurs durch.

13 Legal, illegal, legitim

M1 Wer ist im Recht?

Polizisten räumen eine Blockade vor dem Atommülllager in Gorleben

Von Demonstranten nachgebildetes Ortsschild

M2 Ziviler Ungehorsam und gewaltfreie Aktion

„Lieber heute aktiv als morgen radioaktiv". So stand es auf einem der Transparente, als am 18. Februar 1975 in Wyhl bei Freiburg der Bauplatz des dort geplanten Atomkraftwerks von einigen hundert Menschen aus der Umgebung besetzt wurde. Die Polizei räumte den Platz, was aber zur Folge hatte, dass drei Tage später 20.000 Menschen auf das Gelände zogen. Das war der Anfang vom Ende dieses Kraftwerksprojektes und gilt gleichzeitig als Beginn einer breiten Anti-AKW-Bewegung in der Bundesrepublik. Begrenzte Regelverletzungen hatten also von Anfang an im Protest und Widerstand gegen das Atomprogramm ihren festen Platz. [...]

Große Bauplatzbesetzungen oder Besetzungs-Versuche gab es nach Wyhl auch an anderen AKW-Standorten, wobei es dabei nicht immer nur gewaltfrei zuging, Stichworte sind hier Brokdorf und Grohnde. Als bedeutendste gewaltfreie Besetzung gilt die „Republik Freies Wendland", in der 1980 mehrere tausend Menschen 33 Tage lang auf dem geplanten Bohrloch 1004 über dem Salzstock Gorleben gegen die Errichtung des Atommüll-Lagers Widerstand leisteten. [...]

In der Atompolitik wurden und werden immer wieder Gesetze so hingebogen, dass sie nicht mehr den Interessen der Bevölkerung, sondern nur noch der Atomindustrie dienen. So entstand der Slogan: „Wo Recht zu Unrecht wird, wird Widerstand zur Pflicht". [...]

1988 ging das letzte AKW ans Netz, Neubauten waren nach der Tschernobyl-Katastrophe nicht mehr durchzusetzen. Jetzt verlagerte sich die Auseinandersetzung immer mehr auf das Atommüllproblem und hier auf die Castor-Transporte. [...]

Auch hier stand eigentlich nie in Frage, ob es legitim ist, auf der Strecke eines Atommülltransportes zu demonstrieren, sei es Schiene oder Straße. Deutlich wird dies beispielsweise 1995 in einer öffentlichen Ankündigung des Lüchow-Dannenberger Landrates und von 17 Bürgermeistern der Region, sich trotz Demonstrationsverbotes dem Castor-Transport in den Weg zu stellen. Oder anders ausgedrückt: Im Wendland ist es gute Tradition, dass sich kein Mensch an Versammlungsverbote hält. [...]

Bisheriger Höhepunkt war dabei die 52-stündige Blockade der Straße direkt vor dem Castor-Kran in Dannenberg 1997, an der sich 9.000 Menschen beteiligten und die von der Polizei nur mit brutaler Gewalt geräumt werden konnte. Trotz Wasserwerfereinsatz bei minus fünf Grad Kälte und trotz Schlägen und Tritten blieben die Menschen auf der Straße ruhig und besonnen und ließen die Situation nicht eskalieren. [...] Die Auseinandersetzung um Atomenergie ist noch längst nicht beendet. [...] So wird also auch die Anti-Atom-Bewegung noch gebraucht und der zivile Ungehorsam wird weiter eine große Rolle in diesem Konflikt spielen. Ganz nach dem Motto von 253 Lüchower SchülerInnen, die in einer Zeitungsanzeige erklärten: „Wenn Ihr unser Leben nicht achtet, achten wir Eure Gesetze nicht, denn die Gesetze schützen die Atomindustrie und nicht das Leben."

Jochen Stay, in: Friedensforum 5/2004, www.friedenskooperative.de

M3 Rechtsgehorsam ist in einer Demokratie Ehrenpflicht

Spätestens bei den jährlich stattfindenden Atommülltransporten ins Zwischenlager Gorleben wird die Öffentlichkeit Zeuge, wie mit großem finanziellem Aufwand – man spricht von mehreren Millionen Euro – staatliches Interesse gegen Bürgerinteressen durchgesetzt wird. Mit virtuoser Begriffsakrobatik werden Blockaden zu „gewaltfreien Aktionen" umformuliert, wohlwissend, dass dort gezeigte Blokkadeformen durchaus den Tatbestand von Straftaten erfüllen. [...] Was üblicherweise bestraft wird, wenn ich jemandem den Weg versperre, scheint im Wendland nicht zu gelten. Dass die Täter den Zweck ihrer Gewaltan-wendung für edel halten, sie diese mit moralischen Attributen schmücken, scheint den Gerichten auszureichen, um den Tatbestand schwerer Nötigung für nicht gegeben zu halten. Der Begriff „Gewaltfreiheit" wird mit immer gewaltsameren Inhalten gefüllt, das heißt zunehmend auch als Begründung für das Beschmieren von Häusern, Kirchen, dem Besprühen von Orts- oder Verkehrsschildern verwandt. Nicht weniger führt das vom Zeitgeist in Umlauf gesetzte Wort „ziviler Ungehorsam" in die Irre, weil er etwas Einschmeichelndes verkörpert und ein Hauch von „Zivilcourage" in ihm anklingt. In Wirklichkeit soll „ziviler Ungehorsam" die bewusste Gesetzesübertretung für politische Zwecke schönreden. Aber warum zivil? In einem demokratischen Staat werden die Gesetze von Parlamenten beschlossen, die die Bürger in Wahlen bestimmt haben. Insofern muss es den Bürgern eine Art Ehrenpflicht sein, diese Gesetze zu respektieren. Gesetzesungehorsam mag für den Untertan in einer Diktatur in Betracht kommen, der freie Bürger hingegen schuldet zivilen Gehorsam.

Von „Regelverletzung" sprechen verharmlosend bestimmte Gruppen gerne, wenn es um die Missachtung von Gesetzen geht. [...] Die übelste Worthülse aber, mit der Rechtsbrecher ihr Unrecht zu tarnen versuchen, lautet: Der Staat wolle gewaltfreie Aktionen „kriminalisieren". Dass eine solche Sprachversion bei manchem Mitbürger automatisch mittuende Unterstützung auslöst, entspricht den Absichten der gewaltbereiten Störenfriede. Indem man das Tun der Friedensbewegten so hinstellt, als täten sie ausschließlich etwas rechtlich durchaus Erlaubtes, von der Moral erst recht Gebotenes, während Polizei und Justiz daherkämen, um willkürlich einzuschreiten, entschuldigt man Rechtsbrüche. [...]

Der Trick, Legitimität gegen Legalität einzusetzen, wenn einer Minderheit die Entscheidung der Mehrheit nicht in den Kram passt, hat sich oft schon bewährt.

Gottfried Loeck, Preußische Allgemeine Zeitung

1 Deuten Sie die Aussage, die mit dem nachgebildeten Ortsschild beabsichtigt wird. → M1

2 Versetzen Sie sich in die Lage eines Polizisten, der blockierende Demonstranten von der Straße räumen muss. Wie könnte er sich fühlen? Was könnte er denken? Inwiefern handelt er rechtmäßig? → M1

3 Stellen Sie die Argumente zusammen, mit denen die Demonstrationen gezielte Rechtsbrüche (ziviler Ungehorsam) rechtfertigen. Wo sehen dabei die Demonstranten selbst die Grenze, deren Überschreiten sie nicht mehr rechtfertigen könnten? → M2

4 Verfassen Sie ein fiktives Streitgespräch (oder führen Sie es in einem Rollenspiel durch) zwischen Gottfried Loeck und Jochen Stay. → M2/3

14 Recht und Moral

M1 Naturrecht auf Widerstand?

Friedrich Schiller hat der Idee eines überstaatlichen Naturrechts in seinem Schauspiel Wilhelm Tell *mit der Rütlischwur-Szene ein eindringliches Bild gegeben.*

Nein, eine Grenze hat Tyrannenmacht:
Wenn der Gedrückte nirgends Recht kann finden,
Wenn unerträglich wird die Last – greift er
Hinauf getrosten Mutes in den Himmel,
Und holt herunter seine ew'gen Rechte,
Die droben hangen unveräußerlich
Und unzerbrechlich wie die Sterne selbst –
Der alte Urzustand der Natur kehrt wieder,
Wo Mensch dem Menschen gegenübersteht –
Zum letzten Mittel, wenn kein andres mehr
Verfangen will, ist ihm das Schwert gegeben –
Der Güter höchstes dürfen wir verteid'gen
Gegen Gewalt.

Friedrich Schiller, Wilhelm Tell, 2. Aufzug, 2. Szene, S. 46

M2 Wann wird Recht zu Unrecht?

*Gustav Radbruch (*1878–1949) war Justizminister in der Weimarer Republik und verfasste als Rechtsprofessor in Heidelberg im September 1945 für seine Studenten das berühmte Merkblatt* Fünf Minuten Rechtsphilosophie.

Befehl ist Befehl, heißt es für den Soldaten. Gesetz ist Gesetz, sagt der Jurist. Während aber für den Soldaten Pflicht und Recht zum Gehorsam aufhören, wenn er weiß, dass der Befehl ein Verbrechen oder ein Vergehen bezweckt, kennt der Jurist, seit vor etwa hundert Jahren die letzten Naturrechtler unter den Juristen ausgestorben sind, keine solche Ausnahmen von der Geltung des Gesetzes und vom Gehorsam der Untertanen des Gesetzes. Das Gesetz gilt, weil es Gesetz ist, und es ist Gesetz, wenn es in der Regel der Fälle Macht hat sich durchzusetzen.

Diese Auffassung vom Gesetz und seiner Geltung (wir nennen sie die positivistische Lehre) hat die Juristen wie das Volk wehrlos gemacht gegen noch so willkürliche, noch so grausame, noch so verbrecherische Gesetze. Sie setzt letzten Endes das Recht der Macht gleich, nur wo die Macht ist, ist das Recht. [...]

Recht ist Wille zur Gerechtigkeit. Gerechtigkeit aber heißt: ohne Ansehen der Person richten, an gleichem Maß alle messen.

Wenn die Ermordung politischer Gegner geehrt, der Mord am Andersrassigen geboten, die gleiche Tat gegen die eigenen Gesinnungsgenossen aber mit den grausamsten, entehrendsten Strafen geahndet wird, so ist das weder Gerechtigkeit noch Recht.

Wenn Gesetze den Willen zur Gerechtigkeit bewusst verleugnen, z. B. Menschenrechte Menschen nach Willkür gewähren und versagen, dann fehlt diesen Gesetzen die Geltung, dann schuldet das Volk ihnen keinen Gehorsam, dann müssen auch die Juristen den Mut finden, ihnen den Rechtscharakter abzusprechen.

Gustav Radbruch, Rechtsphilosophie, S. 327f.

M3 Rache statt Recht?

*1996 hatte das Bundesverfassungsgericht zu entscheiden, ob Grenzsoldaten der ehemaligen DDR für ihre Todesschüsse auf Republikflüchtlinge zu Recht nach der Wiedervereinigung verurteilt wurden, obwohl das DDR-Grenzgesetz den Schusswaffengebrauch ausdrücklich erlaubt hatte. Das BVG sah eine rückwirkende Verurteilung als rechtens an, da das Grenzgesetz „in unerträglichem Maß gegen die Gerechtigkeit und damit gegen die internationalen Menschenrechte" verstoße. Der Philosoph Ernst Tugendhat (*1930) nahm dagegen in einem Interview entschieden Stellung:*

Ich folge diesem Argument nicht. Es gibt kein Naturrecht. Dass Gustav Radbruch unter dem Eindruck der Nazizeit einen solchen Satz aufstellte, ist aus der Situation heraus verständlich, vernünftig finde ich ihn nicht.

Ich bin meinerseits in der Moral kein Relativist und würde sagen, es gibt moralische Sätze, die sich begründen lassen. Ich würde aber eine sehr klare Trennung zwischen Moral und Recht machen wollen. Wir streben ein Recht an, das möglichst unseren moralischen Vorstellungen entspricht. Aber es entspricht unseren moralischen Überzeugungen auch, dass wir mögliche Täter schützen müssen. Eine dieser Schutzvorkehrungen ist der Satz: Keine Strafe ohne Gesetz. Sobald man diesen Satz in Frage stellt, wird es völlig willkürlich, wo man die Grenze zieht.

Was wiegt schwerer, das Rückwirkungsverbot, das ein formeller Rechtssatz ist, oder materielle Rechtssätze, wie zum Beispiel das Tötungsverbot?

Es ist falsch, das Tötungsverbot als Rechtssatz zu bezeichnen. Es ist ein moralischer Satz. Und eben deswegen kann nur innerhalb eines politischen Rechtssystems bestraft werden. Selbst wenn wir der Meinung sind, dass moralische Überzeugungen universal sind, gilt für einen vermeintlichen Verbrecher ausschließlich die Strafrechtsordnung seines Staates. Auch wenn er in einer moralisch unmöglichen Ordnung moralisch unmöglich gehandelt hat, darf ich ihn nicht rechtlich, sondern nur moralisch verurteilen. [...] Man muss erklären, dass der Wunsch zu bestrafen Ausdruck eines Rachedenkens ist.

Ernst Tugendhat, taz vom 06.11.1996, S. 3

Thesen zu Recht, Moral und Sitte – eine kleine Mengenlehre

- Recht ist die Summe aller Rechtsnormen, die objektive äußere Rechtsordnung.
- Gerechtigkeit bezeichnet den inneren Gehalt des Rechts, seine innere Stimmigkeit.
- Gerechtigkeit gehört in den Bereich der Moral.
- Wir können rechtlich korrekt, aber unmoralisch handeln.
- Wir können aus moralischen Motiven gegen Recht verstoßen.
- Es gibt Rechtsnormen, die überhaupt nichts mit Moral zu tun haben (z. B. Verkehrsregeln).
- Von Recht und Moral unterscheiden wir noch Sitte oder Konvention als die Gesamtheit der kulturell gewachsenen Regeln des gesellschaftlichen Umgangs: Höflichkeitsformen, Kleiderregeln, Bräuche usw.
- Sitte und Konvention können sich mit Rechtsnormen oder moralischen Normen decken oder auch nicht.

nach Uwe Wesel, Fast alles, was Recht ist, S. 388f.

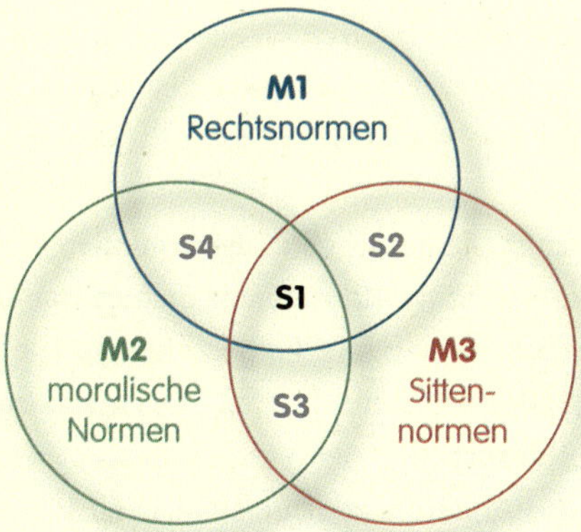

1 Erläutern Sie Schillers Metaphorik. Wann ist Widerstand gegen die Obrigkeit erlaubt? ➜ M1

2 Erarbeiten Sie aus Radbruchs Text die Position des Rechtspositivismus und die des Naturrechts. ➜ M2

3 Erfinden Sie ein Streitgespräch zwischen Radbruch und Tugendhat über den Zusammenhang von Recht und Moral. ➜ M2/3

4 Ordnen Sie folgende Handlungsregeln den Mengen bzw. Schnittmengen im Schaubild (Infokasten) zu:
- Wenn man in eine neue Wohnung zieht, sollte man sich bei seinen Nachbarn vorstellen.
- Einen Freund, eine Freundin sollte man nicht anlügen.
- Nach 22 Uhr sollte man keinen Lärm mehr machen, der die Nachbarn stört.
- Wer über genügend finanzielle Mittel verfügt, sollte an gemeinnützige Organisationen spenden.
- Ohne entsprechende Erlaubnis darf niemand einen privaten Sender betreiben.
- In der Öffentlichkeit sollte man auch bei großer Hitze bekleidet sein.
- Ein gegebenes Ehrenwort darf man auf keinen Fall brechen.
- Ein veraltetes Auto, das hohe Abgasmengen ausstößt, sollte man auch dann nicht mehr fahren, wenn es noch vom TÜV zugelassen ist.
- Andere Menschen sollte man nicht verunglimpfen.

Sammeln Sie weitere Beispiele und diskutieren Sie die Frage, ob es wünschenswert wäre, wenn alle moralischen Normen auch rechtliche Normen wären.

15 Schuld und Sühne

M1 Du bist schuld!

Foto: Viktor Peschel

M2 Schuld und Schuldgefühle

Der Text ist ein Auszug aus einem Rundfunkfeature von Eva-Maria Götz im Deutschlandradio, gesendet am 20.11.2008:

Nehmen wir Markus zum Beispiel: der heute 20-jährige Mann kommt als Jugendlicher in ein Heim für schwer Erziehbare. Seine Mutter hat sich umgebracht, der Vater gibt dem einzigen Sohn die Schuld daran: Allein dessen zu nichts nützendes Dasein, wo ihn doch nie jemand gewollt habe, dazu später sein Alkohol- und Drogenproblem, hätten die Mutter ins Grab gebracht. Markus, der von seinem Vater von klein auf schwer geprügelt und misshandelt worden war, als 12-Jähriger musste er seinen Hund erschießen, wird kriminell. Es beginnt mit Autodiebstählen. Wegen gefährlicher Körperverletzung bei einer Prügelei wird er schließlich zu dreieinhalb Jahren Haft verurteilt. Eine Einsicht in diese Taten hat er nicht: er hätte ja nur Autos von „Reichen" geklaut und die hätten es nicht anders „verdient". Und auch sein Prügelopfer hätte ihn schließlich provoziert. Schuld? Schuld sind immer die anderen. Ein Gefühl für seine eigene Schuld entwickelt Markus nicht.

Schuldgefühle wurzeln nicht in bösen Taten, sondern in dem, wie wir unsere Taten beurteilen.

Meint Professor Jürgen Körner, Psychologe am Institut für Erziehungswissenschaften der Freien Universität Berlin.

Wenn wir ein sehr strenges Gewissen haben, dann genügen schon allerkleinste Verfehlungen, und wir fühlen uns schon schuldig. Das heißt, es geht immer um Bewertungsprozesse. [...]

Schuld ist kein absoluter Begriff, sondern hat eine Voraussetzung: der schuldig Gewordene muss die Möglichkeit gehabt haben, die Tat als schlecht zu definieren und sie deshalb zu unterlassen, meint auch der Psychoanalytiker Ludwig Haesler:

Schuld hat immer etwas mit Handeln zu tun, mit der Freiheit meines Handelns und Entscheidens. Das ist bei Heidegger die existenzielle Schuld: Ich entscheide mich für das, und nicht für das andere, und deswegen bin ich immer in der Schwierigkeit, und in dem inneren Vorwurf, ich hätte das, wogegen ich mich entschieden habe, vernachlässigt.

Die Erkenntnis von Schuld ist dabei untrennbar verknüpft mit der Angst vor der Entdeckung und Vergeltung.

Dann haben Sie natürlich in der kriminellen Schuld die Gesetze. Das ist die Konsequenz meines Handelns. Und es geht immer um die Folgen meines Handelns. In der moralischen Schuld ist es etwas, was zu tun hat mit der Angst vor der vernichtenden Beschämung durch die Anderen zum Beispiel, weil ich moralisch gefehlt habe. [...]

Um ein Gefühl für die eigene Schuld zu entwickeln, muss der Schuldige also auch bereit sein, den nächsten Schritt zu gehen: Er muss die Konsequenzen, die sich aus seinem Handeln ergeben haben, akzeptieren.

Ludwig Haesler:
Das Schuldgefühl ist die innere Repräsentanz dieser Konsequenzen. [...] Die Psychoanalyse hat sich von Anfang an vor allem um Schuldgefühle gekümmert. Die Patienten haben sehr häufig zu starke Schuldgefühle und kommen auch deswegen in die Praxis, weil sie darunter leiden, dass sie etwas getan haben, unter dem sie sich sehr schuldig fühlen. Und damit beschäftigt sich die Psychoanalyse sehr stark: Wie kommt es, dass ich ein überstrenges Gewissen habe? [...] Die Psychoanalytiker beschäftigen sich aber sehr wenig mit realer Schuld. [...] Wir treten nicht auf als Vertreter der Normen einer Gesellschaft. Wir beschäftigen uns dann mit den Menschen, wenn sie an diesen Normen scheitern. Entweder, dass sie sich sehr schuldig fühlen für Nichtigkeiten oder dass sie sich sehr wenig schuldig fühlen für wirkliche Straftaten.

Jürgen Körner interessiert sich vor allem für den letzteren Fall: wenn jemand wie zum Beispiel Markus kein Bewusstsein entwickelt für die Taten, die er begangen hat. Er entwickelte ein Trainingsprogramm für straffällig gewordene Jugendliche.

[...] Der Jugendliche lernt bestimmte Kompetenzen. Er lernt die Fähigkeit, sich in andere Menschen hineinzuversetzen, deren Standpunkt zu berücksichtigen, er lernt die Fähigkeiten, die Folgen seiner Tat vorauszubedenken.

Eva-Maria Götz, www.dradio.de

M3 Schuld im Strafrecht

Tatbestandsmäßigkeit, Rechtswidrigkeit und Schuld: das ist das Schema, nach dem deutsche Juristen prüfen, ob jemand sich strafbar gemacht hat. Seine Handlung muss dem Tatbestand eines Strafgesetzes entsprechen und rechtswidrig sein, und er muss schuldhaft gehandelt haben. Die Rechtswidrigkeit ist das Unwerturteil über die Tat, deren objektive Rechtswidrigkeit, und die Schuld der Vorwurf gegenüber dem Täter, dessen subjektive Schuld. Wenn der Tatbestand erfüllt ist, geht man davon aus, dass rechtswidrig und schuldhaft gehandelt wurde. Das ist die Regel. Die Untersuchung der subjektiven Schuld kann aber zu Ausnahmen führen. Im Grunde geht es um drei Fälle, in denen die Schuld fehlt. Wenn der Täter nicht schuldfähig ist, in einem Verbotsirrtum gehandelt hat oder in einem entschuldigenden Notstand.

Schuldfähigkeit fehlt zum Beispiel bei Geisteskrankheit oder bei Strafunmündigkeit (unter 14 Jahre alt). Im zweiten Fall regelt entgegen dem Volksmund („Unwissenheit schützt vor Strafe nicht“) das Strafrecht, dass der Täter, der bei Begehung der Tat keine Einsicht in das Unrecht haben konnte (unvermeidbarer Verbotsirrtum) ohne Schuld gehandelt hat. Der Bundesgerichtshof erklärte klipp und klar: Strafe setzt Schuld voraus und dazu gehört auch die Kenntnis von Recht und Unrecht. Es gebe Situationen, in denen nicht immer selbstverständlich sei, was Recht und Unrecht ist.

Im dritten Fall, dem entschuldigenden Notstand, ist derjenige ohne Schuld, der eine rechtswidrige Tat begeht, weil er eine gegenwärtige, nicht anders abwendbare Gefahr für Leben, Leib oder Freiheit von sich, einem Angehörigen oder einer anderen ihm nahestehenden Person dadurch abwenden möchte.

Davon zu unterscheiden sind die Fälle der Notwehr, der Nothilfe und des rechtfertigenden Notstands, die schon als Tatbestand nicht rechtswidrig sind.

nach Uwe Wesel, Fast alles, was Recht ist, S. 209-213

1 Beschreiben Sie die Wirkung, die von dem Bild auf Sie ausgeht. Unterscheiden Sie dabei die beiden möglichen Positionen (ich zeige mit dem Finger auf jemanden – auf mich wird gezeigt). ➜ M1
2 Entwerfen Sie zum Begriffsfeld „Schuld“ eine Mindmap. ➜ M1
3 Legen Sie dar, worin der Unterschied zwischen realer Schuld und Schuldgefühl besteht. ➜ M2
4 Geben Sie eine mögliche Erklärung für das mangelnde Schuldgefühl von Markus. ➜ M2
5 Konstruieren Sie mögliche Fallbeispiele zu den einzelnen Möglichkeiten rechtswidriger Tatbestände ohne Schuld. ➜ M3
6 Das Strafrecht unterscheidet erst seit etwa 100 Jahren Schuld von Rechtswidrigkeit und Tat. Was wird dadurch gewonnen? Diskutieren Sie. ➜ M3

16 (Wie viel) Strafe muss sein?

M1 Unterschiedliche Strafen für gleiche Taten

	Vorsätzliche Tötung	Vergewaltigung	Rauschgifthandel	Diebstahl	Fahren ohne Führerschein
USA (Florida)	Lebenslänglich oder Todesstrafe	Bis 40 Jahre Gefängnis	Bis 15 Jahre Gefängnis	Bis 15 Jahre Gefängnis	Bis 60 Tage Gefängnis
Russland	Sechs bis 15 Jahre Gefängnis	Drei bis sechs Jahre Gefängnis	Vier bis acht Jahre Gefängnis	Geldstrafe oder bis zwei Jahre Gefängnis	Geldstrafe von sieben bis 15 Mindestmonatslöhnen
China	Zehn Jahre bis lebenslänglich oder Todesstrafe	Drei bis zehn Jahre Gefängnis	Geldstrafe oder bis drei Jahre Gefängnis	Geldstrafe oder bis drei Jahre Gefängnis	Geldstrafe oder bis 15 Tage Gefängnis
Iran	Todesstrafe	Todesstrafe	Sechs Monate bis zwei Jahre Gefängnis	Abschneiden von vier Fingern der rechten Hand	Bis zu 74 Peitschenhiebe
Elfenbeinküste	Lebenslänglich	Fünf Jahre bis lebenslänglich	Fünf bis zehn Jahre Gefängnis	Fünf bis 20 Jahre Gefängnis	Zwei Monate bis zehn Jahre Gefängnis
Deutschland	Fünf Jahre Gefängnis bis lebenslänglich	Zwei bis 15 Jahre Gefängnis	Geldstrafe oder bis fünf Jahre Gefängnis	Geldstrafe oder bis fünf Jahre Gefängnis	Geldstrafe oder bis ein Jahr Gefängnis

Geo 10/2007, S. 82

M2 Warum wird gestraft?

*Uwe Wesel (*1933), Professor für Rechtsgeschichte und Zivilrecht, meint in seinem Buch* Fast alles, was Recht ist:

Welchen Zweck hat Strafe? Warum gibt es Strafrecht? Im bürgerlichen Recht und im Staats- und Verwaltungsrecht lässt sich eine solche Frage ziemlich leicht beantworten. Hier wie dort geht es um unsere Freiheit und um soziale Gerechtigkeit [...] und ihre Einschränkungen durch den Staat, der beides garantieren soll, Freiheit und soziale Gerechtigkeit, und gegen dessen Verwaltungshandeln der Einzelne wieder geschützt werden muss, weil auch dadurch seine Freiheit gefährdet werden kann.

Beim Strafrecht ist das alles viel schwieriger. Denn hier ist es genau umgekehrt. Es schränkt die Freiheit von Menschen ein, sehr lange, zum Teil lebenslang. Sie werden gezwungen, unter Bedingungen zu leben, die ihre Persönlichkeit verändern, ihre seelische Gesundheit gefährden und ihre Würde verletzen. Wie kann man das rechtfertigen?

M3 Theorien über den Strafzweck

Seit Jahrhunderten zerbrechen sich Philosophen und Juristen darüber den Kopf. Es geht um die sogenannten Straftheorien. Wir behandeln Strafgefangene als Objekte, wie Sachen, und nicht als Subjekte, Personen, und verstoßen damit gegen ihre Menschenwürde. Jeder findet es richtig, dass Verbrecher hinter Schloss und Riegel gehören. Aber niemand kann einen vernünftigen Grund nennen. Im wesentlichen gibt es drei Straftheorien: Vergeltungstheorie, Generalprävention, Spezialprävention.

Die *Vergeltungstheorie* sagt, der Zweck der Strafe sei die Vergeltung. Auf Deutsch: Rache. Wenn jemand getötet hat oder gestohlen oder betrogen, dann muss es dafür Rache geben. Deshalb wird bestraft. [...] Rache im zwanzigsten Jahrhundert? Obwohl man um die sozialen Gründe von Kriminalität weiß? Rache ist neues Unrecht, sagt ein altes Sprichwort. Sicher, Rachegefühle sind menschlich. Jeder hat sie bisweilen. Aber können sie in einer freiheitlichen Demokratie der Grund sein,

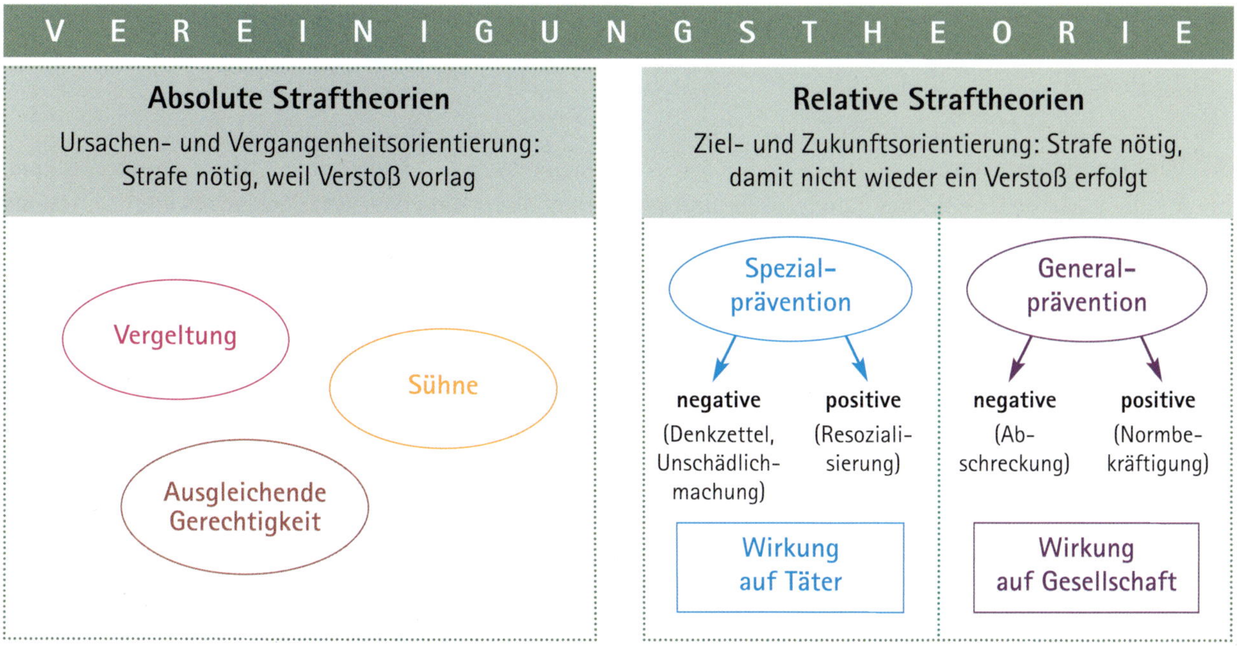

täglich sechzig- bis siebzigtausend Menschen wie Hühner einzusperren? Die Frage beantwortet sich von selbst.

Generalprävention. Auf Deutsch: *Abschreckung.* Das Strafrecht und die Existenz von Gerichten und Gefängnissen haben den Zweck, sagt man, die Menschen durch Angst vor Strafe davon abzuhalten, dass sie Straftaten begehen. Wie gut das funktioniert, kann man daran sehen, dass tagtäglich Tausende von Straftaten begangen werden.

Bleibt also die *Spezialprävention.* Das war die Lösung Franz von Liszts. Er sah den sozialen Hintergrund von Kriminalität und meinte, das Strafrecht habe die Aufgabe, solche Fehlentwicklungen wieder auszugleichen, indem man auf den einzelnen Straftäter positiv einwirkt und ihn dazu erzieht, dass er nicht wieder Straftaten begeht. Das Mittel dazu sei das Gefängnis. Damit solle speziell auf den einzelnen Täter eingewirkt werden, nicht auf die Allgemeinheit. Spezialprävention statt Generalprävention, die ohnehin nicht möglich sei. Der Gefangene soll allmählich wieder in das normale gesellschaftliche Leben eingegliedert werden.

Resozialisierung. So steht es heute im Strafvollzugsgesetz. Sicher ist das ein gewisser Fortschritt an Menschlichkeit, wenn man es mit früheren Zeiten vergleicht. *M2/3: Uwe Wesel, Fast alles, was Recht ist, S. 214f.*

M4 Vereinigungstheorie

Das Bundesverfassungsgericht hat es als allgemeine Aufgabe des Strafrechts bezeichnet, die elementaren Werte des Gemeinschaftslebens zu schützen. Schuldausgleich, Prävention, Resozialisierung des Täters, Sühne und Vergeltung für begangenes Unrecht werden als Aspekte einer angemessenen Strafsanktion bezeichnet.

nach Heribert Ostendorf, www.bpb.de

1. Untersuchen Sie die unterschiedlichen Bestrafungen und stellen Sie die auffälligsten Differenzen fest. ➜ M1
2. Geben Sie Erklärungsversuche für die unterschiedliche Bestrafung. ➜ M1
3. Stellen Sie aus den Medien Urteile aus Strafprozessen zusammen. Finden Sie die Strafen gerecht? Begründen Sie Ihre Bewertungen.
4. Erläutern Sie, worin der entscheidende Unterschied zwischen der Strafe im bürgerlichen und im Strafrecht besteht. ➜ M2
5. Erläutern Sie das Schaubild mit Hilfe von ➜ M3 und M4.
6. Knüpfen Sie nochmals an Ihre Diskussion zur Frage der Bedeutung von Schuld im Strafrecht an (Aufgabe 6, S. 243). Lässt sich diese Frage jetzt genauer beantworten? ➜ M1
7. Untersuchen Sie die Bestrafungen aus M1 und Ihre Beispiele aus Aufgabe 3 hinsichtlich der zugrundeliegenden Strafzwecke. ➜ M1-4

17 Mit Gerechtigkeit Handel treiben

Moralisches Argumentieren

M1 Wie Recht entsteht ...

Im Januar 2007 verurteilte das Landgericht Braunschweig den früheren VW-Manager Peter Hartz wegen Untreue und Begünstigung eines Betriebsrats zu zwei Jahren Haft auf Bewährung und einer Geldstrafe von 576 000 Euro. Peter Hartz war bundesweit bekannt geworden als der Leiter einer 2002 unter der Regierung Schröder (SPD) eingesetzten Regierungskommission zur Reform des Arbeitsmarktes. Die aus den Vorschlägen hervorgegangenen Gesetze tragen seinen Namen (z. B. Hartz IV: Neuregelung von Arbeitslosengeld und Sozialhilfe). Im Jahre 2005 wurde Hartz zu einer der Hauptfiguren in einem bei VW aufgedeckten Skandal um Schmiergelder, Lustreisen und Prostituiertendienste für Betriebsräte auf Konzernkosten. Seiner Verurteilung ist eine Absprache zwischen Gericht, Staatsanwaltschaft und Verteidigung vorausgegangen. Gegen ein umfassendes Geständnis wurde der Verzicht auf eine langwierige Hauptverhandlung mit peinlichen Zeugenvernehmungen und eine „milde" Strafe vereinbart.

M2 Brutales Urteil!

Klaus Stuttmann

M3 Die Großen lässt man kaufen

Die Kleinen hängt man, die Großen lässt man laufen. Diesen Eindruck wird das Urteil gegen Peter Hartz wohl bei vielen hervorrufen. Es wirft nicht nur die Frage auf, ob die Strafe angemessen ist, sondern viel mehr noch die Frage, ob es korrekt zustande kam. Denn Peter Hartz ließ sich noch vor Beginn der Hauptverhandlung vom Gericht eine milde Strafe, das heißt eine auf Bewährung, zusagen – und versprach dafür im Gegenzug, in der Hauptverhandlung ein Geständnis abzulegen. So soll ein kurzer, reibungsloser Prozess ermöglicht werden. Die Vorteile für die Beteiligten liegen auf der Hand.

Die Strafprozessordnung sieht ein derartiges Vorgehen nicht vor. Dies soll sich jedoch nach den Plänen der Bundesregierung bald ändern. So soll der Zusammenbruch der Strafjustiz abgewendet werden, der sonst angeblich wegen Arbeitsüberlastung droht. Zugleich werde damit auch dem Trend zur einvernehmlichen Lösung Rechnung getragen.

Die übliche und inzwischen auch offen betriebene Praxis der so genannten Absprachen ist jedoch auch dann, wenn sie in Gesetzesform gegossen sein sollte, nicht mit der Idee eines rechtsstaatlichen Strafverfahrens zu vereinbaren.

Eine Absprache wird in der Regel, wie auch im Fall Peter Hartz geschehen, hinter verschlossenen Türen getroffen. Der Öffentlichkeit wird nur deren Ergebnis präsentiert. Der vermeintliche Konsens der Beteiligten macht jedoch die Kontrolle der Rechtsprechung durch Öffentlichkeit nicht überflüssig und bietet keine Gewähr dafür, dass das Ergebnis richtig ist. Denn die Beteiligten verfolgen mit der schnellen Erledigung des Verfahrens durch eine Absprache jeweils eigene Vorteile, sei es die bequeme Erledigung des Verfahrens oder eine milde Strafe.

Diese Ziele müssen aber mit dem Ziel, ein richtiges und gerechtes Urteil zu finden, nicht zwangsläufig übereinstimmen. Absprachen beruhen auf dem Prinzip „Tausche Geständnis gegen milde Strafe". Sie sind also das Ergebnis der Drohung, dass dem Angeklagten ohne sein Geständnis Schlimmeres bevorstehe.

[...] Ein Geständnis, das abgelegt wird, um angekündigtes Schlimmeres, wie die Haft, zu vermeiden, ist erzwungen. Dies ist verboten. Nicht zuletzt deshalb, weil die Richtigkeit eines erzwungenen Geständnisses zweifelhaft ist. Ein zweifelhaftes, unter Umständen falsches Geständnis taugt nicht als Grundlage eines gerechten Urteils. [...]

Sind Verfahren tatsächlich oder rechtlich schwierig und noch dazu eine konfliktbereite, also teure Verteidigung engagiert, dann haben Angeklagte die Möglichkeit, Absprachen zu erreichen. Denn sie können dem Gericht und der Staatsanwaltschaft eine komplizierte und langwierige Hauptverhandlung androhen – und sich so mit einem Geständnis auch in gravierenden Fällen eine Zusage für eine milde Strafe erkaufen. [...]

Judith Hauer, taz vom 26.01.2007, S. 11

M4 Gut für das Recht und die Bürger

Wenn ein Strafverfahren per „Deal“ abgeschlossen wird, provoziert das. Nicht nur im Fall Peter Hartz. Mit der Gerechtigkeit soll man keinen Handel treiben, sagen besorgte Leitartikler. Die Strafen fielen skandalös niedrig aus, warnen die einen, weil die Richter ein Geständnis mit zu viel Milde belohnen. Andere befürchten, dass Unschuldige verurteilt werden, weil sie von einer faulen oder überlasteten Justiz zum Geständnis erpresst werden. Jedenfalls wollen die Kritiker den guten alten Strafprozess zurückhaben, bei dem das Ergebnis noch akribisch und gerecht ermittelt wurde. Früher war alles besser? Auch vor hundert Jahren wurde auf den Gerichtsfluren gefeilscht und gehandelt. Schließlich erleichterte ein Geständnis auch damals die Arbeit der Justiz. Und wenn das Geständnis die Aufklärung anderer Straftaten erlaubte, wurde auch dies strafmildernd berücksichtigt. Seit zwei, drei Jahrzehnten geschieht so etwas aber offen. Eine Absprache zwischen Staatsanwaltschaft und Verteidigung muss heute in der Hauptverhandlung transparent gemacht werden. Und das ist gut. [...]

Künftig sollen solche Deals und ihre Voraussetzungen sogar gesetzlich in der Strafprozessordnung geregelt werden. Auch das ist zu begrüßen, schließlich ist die Regel die Feindin der Willkür. Und wer die vorgesehenen Sicherungen nicht für ausreichend hält, soll bessere vorschlagen.

Der völlige Verzicht auf verfahrensabkürzende Absprachen wäre dagegen eine zu starke Belastung der Justiz. Die Wartezeiten auf einen Strafprozess würden stark ansteigen. Die Folge wären Verhandlungen, bei denen sich kaum ein Beteiligter noch richtig ans Tatgeschehen erinnern kann. Keiner will das. Manche fordern deshalb eine drastische Erhöhung der Richterzahl. Doch das ist vollkommen unrealistisch. [...]

Ob ein Hartz-Prozess mit 50 Verhandlungstagen und noch mehr Zeugen bessere Ergebnisse erbracht hätte als der jetzige zweitägige Prozess mit Deal-Geständnis? Das ist reine Spekulation. Hartz’ Aussage ist jedenfalls plausibel, und das verabredete Urteil – maximal zwei Jahre Freiheitsstrafe auf Bewährung – scheint angemessen, da Hartz nicht vorbestraft ist und sich bei den rechtswidrigen Zahlungen an Betriebsrat Volkert nicht bereichert hat.

Natürlich hat Peter Hartz von einem guten Verteidiger profitiert, der bei den Absprachen seine Interessen wahrte. Aber das ist im „klassischen“ Strafprozess nicht anders, auch dort sind reiche Angeklagte mit teuren Anwälten privilegiert. Gute Richter und Staatsanwälte haben das im Blick – mit oder ohne Deal.

Deals wird es also immer geben. Angesichts knapper Ressourcen sogar mehr als früher. Es besteht deshalb Grund zur Wachsamkeit, aber nicht zum Gruseln.

Christian Rath, taz vom 26.01.2007, S. 11

1 Recherchieren Sie weitere öffentlichkeitswirksame Urteile, die nach sogenannten „Deals“ getroffen wurden (z. B. Kohl: Parteispendenprozess, Mannesmannprozess, etc.), und vergleichen Sie die jeweiligen Begründungen und Ergebnisse miteinander.
Diskutieren Sie in der Klasse darüber, ob solche Absprachen zu rechtfertigen sind. Stimmen Sie ab. ➜ M1

2 Interpretieren Sie die Karikatur. Welchen Aspekt des Verfahrens greift der Karikaturist heraus? ➜ M2

3 Erarbeiten Sie die Pro- und Contra-Argumente aus den beiden Stellungnahmen. Welche ethischen Argumente werden dabei angeführt. ➜ M3/4

4 Stimmen Sie jetzt ein zweites Mal ab, wer für oder gegen die Möglichkeit gerichtlicher Absprachen ist. Begründen Sie Ihre eventuelle Meinungsänderung.

18 Frei und an Würde und Rechten gleich

M1 Die Allgemeine Erklärung der Menschenrechte

„Alle Menschen sind frei und an Würde und Rechten gleich geboren"

Artikel 1, Satz 1 der Allgemeinen Erklärung der Menschenrechte der Vereinten Nationen 1948

Der Begriff der Menschenrechte formuliert die Verbindung zweier Komponenten: Es geht um Rechte, die mit dem Menschsein als solchem gegeben sind. Den ethischen Grund dafür bietet die Menschenwürde, die in jedem Menschen gleichermaßen zu respektieren ist. [...] Bildhaft wird davon gesprochen, dass die Menschenwürde und die Menschenrechte dem Menschen „angeboren" seien. In dieser Anknüpfung an das allgemeine Menschsein besteht der Universalismus der Menschenrechte.

Respekt für die Menschenwürde zeigt sich darin, dass jeder Mensch als ein *Subjekt freier Selbstbestimmung und freier Mitbestimmung* geachtet wird und dies auch rechtlich abgesichert wird. Als Rechtsansprüche auf freie Selbst- und Mitbestimmung sind die Menschenrechte wesentlich *Freiheitsrechte*. [...] Keineswegs selbstverständlich ist die Einsicht, dass auch *soziale Menschenrechte* Freiheitsansprüche formulieren. Zum Beispiel tragen das Recht auf eine soziale Mindestsicherung und das Recht auf Gewerkschaftsbildung dazu bei, dass Menschen im Arbeitsleben vor einseitigen Abhängigkeiten und daraus resultierender Unfreiheit geschützt sind. Zu den sozialen Menschenrechten zählt übrigens auch das Recht auf Bildung. [...] Das menschenrechtliche Freiheitsprinzip ist unauflöslich verbunden mit dem Anspruch der *Gleichberechtigung* [...]. Seine konkrete Ausformung findet der Gleichberechtigungsanspruch im *Diskriminierungsverbot*, das in allen menschenrechtlichen Dokumenten eine zentrale Stellung innehat.

Heiner Bielefeldt / Oliver Trisch, Menschenrechtsbildung, Ausgabe 1/Juli 2006

M2 Straße der Menschenrechte

Dani Karavan, Straße der Menschenrechte, 1993

In Nürnberg hat der israelische Künstler Dani Karavan die *Straße der Menschenrechte* geschaffen als Verbindung des alten und neuen Teils des Germanischen Nationalmuseums. Eine Fassade aus weißem Beton mit drei Torbögen auf der einen Seite, auf der anderen Seite die alte Stadtmauer. Der Raum zwischen den beiden Gebäuden des Museums wird von Säulen beherrscht, die die 30 Paragraphen der Allgemeinen Erklärung der Menschenrechte von 1948 tragen. Die Paragraphen sind auf der einen Seite in Deutsch, auf der anderen in einer Sprache zu lesen, die von einem Volk gesprochen wird, das weltweit Opfer von Diskriminierung war oder ist oder das sich durch seinen Widerstand gegen das Naziregime hervorgetan hat.

nach Pierre Restany, in: Dani Karavan, Eine ausdrücklich politische Kunst

M3 Die Würde des Menschen ist antastbar

Im Zeitalter der modernen Naturwissenschaften bestehen erhebliche Zweifel an der angeborenen Menschenwürde überhaupt. So erschüttert etwa die neuzeitliche Kosmologie die stolze Anmaßung der Erdenbürger, eine besondere Würde zu besitzen, indem sie die Erde und die darauf lebenden Menschen nicht einmal wie flüchtige Pünktchen erscheinen lässt. Ähnliches bewirkt die biologische Evolutionslehre, wodurch die Menschheit als Zufallsergebnis einer langen, ungerichteten Entwicklung erbarmungslos in das Naturgeschehen hineingezogen wird. Dazu passen die moderne Genetik und die seit einigen Jahren in den Mittelpunkt philosophischen Interesses gerückten Neurowissenschaften, nach denen unser Verhalten und Geistesleben stärker als bisher angenommen von Erbanlagen und unbewussten Hirnprozessen bestimmt wird. Die Würde scheint heute dem Raubbau von Neuronen und Genen zu unterliegen, die sie sich mit wachsendem Appetit einverleiben. Offenbar gibt es in der Natur kein Zeichen, das der Mensch als Indiz für seine Wesenswürde auf sich beziehen könnte. [...] Dennoch werden wir uns mit einer völligen Verwerfung der Würdeidee weder anfreunden wollen noch abfinden können. [...] Nach alledem gibt es selbst heute noch einen allgemein gültigen Weg zur Menschenwürde: Er verläuft von der Bedürftigkeit und Verletzbarkeit des Einzelnen über seine Fähigkeit und Bereitschaft zu selbtdistanzierter Erkenntnis der allgemein menschlichen Situation hin zu ethischen Grundsätzen. So gesehen ist Würde nichts Vorgegebenes, kein abstraktes Wesensmerkmal mehr, sondern etwas Aufgegebenes, ein konkreter Gestaltungsauftrag. [...] Was aber ein würdevolles Dasein ist, das beschreiben wohl noch am besten die allgemeinen Menschenrechte [...]. Sie formulieren auf leicht verständliche Weise Rechtsansprüche des Einzelnen auf Leben, Freiheit und Sicherheit; Nahrung und Bildung; Gleichheit vor dem Gesetz, Unabhängigkeit der Justiz und überhaupt das Recht auf ein Gemeinwesen, das die Voraussetzungen dafür schafft. Diese Gleichsetzung von Leben in Würde mit verwirklichten Menschenrechten bleibt nicht ohne Folgen für das herkömmliche Verhältnis beider Begriffe zueinander. Normalerweise betrachtet man die Menschenwürde als tragendes Fundament der Menschenrechte, als deren unverbrüchlichen Ableitungsgrund [...]. Man sagt, die Menschenrechte seien Forderungen, die sich aus der Idee der Menschenwürde ergeben. Im Gegensatz dazu wird hier die Menschenwürde von den Menschenrechten her interpretiert: Die Menschenwürde sei der höchste Gipfel der Menschenrechte, weniger deren Grundlage als vielmehr deren Ziel. [...] Der zu erwartende Einwand, dass die Menschenrechte ihre Legitimation verlieren, wenn sie nicht auf die Idee der Wesenswürde als deren wahre Quelle gegründet werden, lässt sich nicht aufrechterhalten. Denn es ist einfach falsch, dass allein die Idee der angeborenen Wesenswürde die Menschenrechte garantieren kann. [...] Die Menschenrechte [können] durchaus ethisch begründet werden und dadurch für sich stehen. Es bedarf keiner tiefsinnigen Reflexion, um zu erkennen, dass Schmerz, Leid oder Unterdrückung nicht nur für einen selbst, sondern für alle etwas Schlimmes sind.

Franz Josef Wetz, Die Würde des Menschen: antastbar?, S. 13-16

1 Erläutern Sie, inwiefern Artikel 1 der UNO-Menschenrechtserklärung die Grundforderungen aller Artikel im Kern enthält. ➜ M1

2 Diskutieren Sie ausgehend vom Beispiel des Nürnberger Projekts (weitere Informationen auf der Homepage der Stadt Nürnberg: www.nuernberg.de), welchen Beitrag künstlerische Darstellungen zur Mahnung an die Menschenrechte leisten können. ➜ M2

3 Erarbeiten Sie die Argumentation von Wetz bezüglich des Verhältnisses von Menschenwürde und Menschenrechten. ➜ M3

Projektvorschlag:

Verteilen Sie die Artikel der Menschenrechtserklärung (www.un.org/depts/german) im Kurs. Entwerfen Sie Plakate zu jedem einzelnen Artikel (eigene Zeichnungen, passende Fallbeispiele, Zeitungscollagen etc.). Daraus kann eine interessante Ausstellung für die Aula entstehen.

19 Sind die Menschenrechte westlich?

M1 Ordnung gegen Freiheit

Im Frühjahr 1994 erregte ein Fall die Weltöffentlichkeit, nämlich die Verurteilung des 18 Jahre alten Amerikaners Michael Fay, der in Singapur lebte und wegen Besprühens von Autos und des Diebstahls von öffentlichen Straßenschildern zu sechs Stockschlägen mit dem Bambusrohr verurteilt wurde, wobei davon auszugehen war, dass jeder Schlag die Haut platzen lässt und der so Gezüchtigte dabei halb oder ganz ohnmächtig wird. Die amerikanische Regierung, der zuständige Botschafter in Singapur und liberale Journalisten empörten sich über diese „barbarische asiatische" Form der Strafe und über das Strafmaß. [...]
Die Kontroverse kam in Gang, als der Vergleich von Rechtsstaatlichkeit und Kriminalität etwa durch Charles Krauthammer in der Washington Post durchgeführt wurde. Los Angeles habe 1993 1.063 Morde zu verzeichnen gehabt, Singapur, etwa gleich groß, nur 58. Los Angeles habe 38.167 Raubüberfälle vorzuweisen, Singapur 1.008 [...]. Und diese Leistung werde erreicht durch eine Polizeitruppe, die nur halb so groß wie die in Los Angeles sei. Krauthammer wollte nicht Singapur verteidigen; er wollte nur dem (westlichen) Argument begegnen, dass die Freiheit so wertvoll sei, dass andere Güter für ein Abwägen nicht mehr herangezogen werden dürften. In Singapur konnte man für Kaugummikauen, Wegwerfen von Zigarettenschachteln, Tragen zu langer Haare und für das Vergessen, die Spülung in öffentlichen Toiletten zu ziehen, bestraft werden. [...]
Es zeigte sich freilich recht bald, dass das Menschenrechtsproblem von Michael Fay weniger darin bestand, ob er die Strafe bekommen oder ob man ihn lediglich zu einer Geldstrafe verurteilen und ausweisen sollte, sondern vielmehr darin, ob er die ihm zur Last gelegten Vergehen tatsächlich begangen habe. Sein Schuldgeständnis konnte unter Umständen erpresst worden sein [...]. Kurzum, es wurde deutlich, dass ein Minimum an rechtsstaatlicher Urteilsfindung in diesem Prozess wohl nicht vorhanden war. Außerdem betonten Sachkenner, dass bisher noch niemand wegen solcher Vergehen mit Stockschlägen bestraft worden war. Nicht „asiatische Härte" stand mithin zur Debatte, sondern akulturelle Willkür mit politischer Absicht.
[...] Es musste aber den Verantwortlichen in Singapur eine besondere Freude bereitet haben, darauf hinzuweisen, dass die Strafform mit den Stockschlägen nicht asiatischen Ursprungs sei, sondern von der englischen Kolonialmacht eingeführt wurde, gewissermaßen als asiatische Variante des Public-School-Systems von Oxford und Cambridge. Gegen den Protest im Westen, vor allem in den USA, wurde die Strafe exekutiert – allerdings wurden zwei Stockschläge erlassen.

Jakob Schissler, Menschenrechte zwischen Universalismus und Kulturrelativismus, S. 29f.

M2 Die Lage der Menschenrechte in Togo ... um 1885

Deutscher Kolonialherr in Togo

... und heute

In einer Antwort auf eine parlamentarische Anfrage im Jahre 2006 bezeichnete die Bundesregierung die Lage der Menschenrechte in Togo als unbefriedigend. Vor allem nach den Präsidentschaftswahlen im April 2005 haben die Sicherheitskräfte schwere Ausschreitungen gegen Teile der Zivilbevölkerung verübt und sich zahlreicher Menschenrechtsverletzungen schuldig gemacht.

nach: Pressedienst des Deutschen Bundestages, hib-Meldung vom 28.02.2006

M3 Der Vorwurf des Eurozentrismus

Vor allem in den 1990er Jahren wurde die Universalität der Menschenrechte mit Hinweis auf ihre Genese im Westen politisch massiv bestritten. Einige Vertreter asiatischer Staaten – allen voran China, Singapur, Malaysia, Iran – stellten den, wie es hieß, „westlichen" Menschenrechten „asiatische Werte" oder islamische Rechtsnormen gegenüber. Hinter dem Anspruch auf weltweite Geltung der Menschenrechte, so die Botschaft der Kritiker, stehe ein kultureller und politischer Imperialismus des Westens. Menschenrechte seien letztlich nichts anderes als eine Fortsetzung des europäischen Kolonialismus mit anderen Mitteln, nämlich eine eurozentrische Bevormundung, die es abzuwehren gelte.

M4 Menschenrechte sind interkulturell übersetzbar

Die Menschenrechte mussten auch im Westen gegen erhebliche politische und kulturelle Widerstände erkämpft werden [...]. Die katholische Kirche hat erst vor vierzig Jahren ihr klares Bekenntnis zur Religionsfreiheit ausgesprochen, die noch in päpstlichen Dokumenten des 19. Jahrhunderts als gesellschaftlicher Irrweg verdammt worden war. [...] Auch die Gleichberechtigung von Frauen und Männern hat sich erst im Lauf des 20. Jahrhunderts als Anspruch in zähen Auseinandersetzungen allmählich durchgesetzt; bis zur tatsächlichen Einlösung dieses Anspruchs bleibt noch viel zu tun. Mit anderen Worten: Die Vorstellung, Menschenrechte seien in der Tradition des Westens tief „verwurzelt", erweist sich bei näherem Hinsehen als vordergründig. [...]

Menschenrechte sind nicht in einem kulturellen Vakuum entstanden. Dass ihre historische Formulierung, Konzeptionalisierung und Reflexion von Ideen der westlichen Aufklärung, der europäischen Naturrechtstradition und auch von Motiven der christlichen Theologie mitgeprägt worden ist, kann also nicht überraschen. Wichtiger als die kulturellen „Sprachen", in denen sie erstmals zu Wort kamen, sind allerdings die gesellschaftlichen Lernprozesse, die ihnen zugrunde liegen. An ihrem Beginn stehen Erfahrungen strukturellen Unrechts, auf die die Menschenrechte eine politisch-rechtliche Antwort gaben. Entscheidend ist, dass die durch Unrechtserfahrungen ausgelösten Lernprozesse und Lernergebnisse interkulturell „übersetzbar" sind. Mit anderen Worten: Auch wenn die Menschenrechte zunächst im Medium westlicher Kultur formuliert wurden, ist ein Zugang zu ihrem Verständnis nicht nur im Horizont westlicher Kultur möglich. Dass Menschen auch außerhalb des „Westens" sich auf die Menschenrechte berufen, ist nicht nur möglich, sondern längst unbestreitbares Faktum. Dies gilt es zur Kenntnis zu nehmen. Nachdem etwa mit Shirin Ebadi 2003 eine muslimische Menschenrechtsanwältin und Frauenrechtlerin aus dem Iran mit dem Friedensnobelpreis ausgezeichnet worden ist, sollte sich die Frage, ob ein islamisches Bekenntnis mit den Menschenrechten vereinbar sei, eigentlich erledigt haben. [...]

Die internationale Menschenrechtsdebatte ist in den letzten Jahrzehnten zunehmend von den Ländern des Südens mitgeprägt worden, die ihre besonderen Unrechtserfahrungen – Kolonialismus, imperialistische Bevormundung, Armut, wirtschaftliche Abhängigkeit – in die Sprache und Institutionen der Menschenrechte einbringen. Im Rahmen der UNO haben die Länder des Südens – gegen den Widerstand einiger westlicher Staaten – den Stellenwert wirtschaftlicher, sozialer und kultureller Rechte gestärkt.

M3/4: Heiner Bielefeldt, Die Menschenrechte, in: Magazin der Heinrich-Böll-Stiftung 2/2005, S. 29-31

1 Entwerfen Sie einen Leserbrief an die Washington Post, in dem Sie Krauthammers Vergleich kritisch beurteilen. ➜ M1

2 Verfassen Sie einen Dialog zwischen einem deutschen Diplomaten und einem Mitarbeiter des diktatorisch regierenden Präsidenten von Togo über die Einhaltung der Menschenrechte in Togo gestern und heute. ➜ M2

3 Stellen Sie die Argumente gegen und für den universalen Anspruch der Menschenrechte zusammen.
Diskutieren Sie im Kurs, welche Argumentation die überzeugendere ist. Finden Sie dabei weitere Argumente. ➜ M3/4

20 Gerechte Kriege

M1 Moralische Begründungen für Krieg

In diesem Moment sind wir dabei, den Fehdehandschuh dieses natürlichen Feindes der Freiheit aufzunehmen [...]. Wir sind froh [...], für den endgültigen Weltfrieden und für die Befreiung aller Völker, das deutsche Volk eingeschlossen, zu kämpfen: für die Rechte der Nationen, gleich ob groß und klein, sowie das Vorrecht der Menschen, sich ihre Lebensweise und ihre politische Loyalität selbst aussuchen zu können, gleich wo sie leben. [...] Wir haben keine selbstischen Ziele, denen wir dienen. [...] Wir sind lediglich einer der Vorkämpfer für die Rechte der Menschheit.

US-Präsident Woodrow Wilsons Kriegsbotschaft an den Kongress zum Eintritt der USA in den 1. Weltkrieg vom 02.04.1917, Praxis Geschichte, 6/2005, S. 22-26

Meine Mitbürger, zu dieser Stunde befinden sich Truppen der USA und der Koalition in den Frühphasen von Militäroperationen, um Irak zu entwaffnen, sein Volk zu befreien und die Welt vor großer Gefahr zu verteidigen. [...] Wir kommen nach Irak mit Respekt für seine Bürger, für ihre große Zivilisation und für die religiösen Überzeugungen, die sie praktizieren. Wir haben keine Ambition in Irak außer der, eine Bedrohung zu beseitigen und die Kontrolle über jenes Land an sein eigenes Volk zurückzugeben.

Präsident George W. Bush zum Kriegsbeginn gegen den Irak, Net-Zeitung vom 20.03.2003

Liebe Mitbürgerinnen und Mitbürger, heute Abend hat die NATO mit Luftschlägen gegen militärische Ziele in Jugoslawien begonnen. Damit will das Bündnis weitere schwere und systematische Verletzungen der Menschenrechte unterbinden und eine humanitäre Katastrophe im Kosovo verhindern. Der jugoslawische Präsident Milosevic führt dort einen erbarmungslosen Krieg. Wir führen keinen Krieg, aber wir sind aufgerufen eine friedliche Lösung im Kosovo auch mit militärischen Mitteln durchzusetzen.

Bundeskanzler Gerhard Schröder zum Kosovo-Einsatz, Presse- und Informationsamt der Bundesregierung, Pressemitteilung Nr. 111/99 vom 24.03.1999

M2 Theorie des gerechten Krieges

Die Tradition des gerechten Krieges unterscheidet zwischen den Kriterien des Rechts zum Kriegseintritt, **jus ad bellum**, und den Kriterien der Gerechtigkeit im Krieg, **jus in bello**. [...]

Es gibt fünf Kriterien des **jus ad bellum**: **Erstens** muss ein gerechtfertigter Krieg einen gerechten Grund haben. Der einzige traditionelle Grund eines gerechten Krieges ist die Notwehr. Auf sie beruft man sich zu Recht, um die Einheit des Staats oder das Leben seiner Staatsbürger zu verteidigen, wenn sie angegriffen oder klar bedroht sind. Heute ist es auch allgemein anerkannt, dass ein Staat das Recht hat, einen Nachbarstaat vor einem anderen feindlichen Staat zu schützen. [...] **Zweitens** muss ein gerechter Krieg von einer legitimen Autorität erklärt werden. Eine legitime Autorität hat Verantwortung für das allgemeine Wohl und ist normalerweise die Regierung eines Staats. Private Individuen und Gruppen sind nicht berechtigt, einen Krieg zu erklären. [...] **Drittens**: Um gerechtfertigt zu sein, muss eine Entscheidung, in den Krieg zu ziehen, mit einer rechten Absicht getroffen werden. Diese muss die Absicht sein, den Frieden zu fördern oder wiederherzustellen. Jede andere Absicht, z. B. Rache, Herrschaft, wirtschaftlicher Gewinn usw., ist falsch. **Viertens** darf ein gerechter Krieg nur das letzte Mittel sein. Alle nichtmilitärischen alternativen Mittel müssen ausgeschöpft worden sein. [...]

Schließlich muss ein gerechtfertiger Krieg eine vernünftige Hoffnung auf Erfolg haben. Wenn es keine ausreichend hohe Wahrscheinlichkeit gibt, dass das gerechte Ziel des Krieges erreicht wird, ist es unmoralisch, Zerstörung und Vernichtung zu verursachen. Ein aussichtsloser Widerstand ist nicht gerecht. [...]

Es gibt zwei Kriterien des **jus in bello**: Erstens muss die Unterscheidung zwischen Kombattanten und Nicht-Kombattanten eingehalten werden. Man darf keine Nichtkämpfenden und nicht-militärischen Ziele absichtlich vernichten und muss versuchen, ihnen nicht unabsichtlich zu schaden. [...] Zweitens muss eine angemessene Verhältnismäßigkeit zwischen den Schäden und Kosten des Krieges und den guten Folgen bestehen, die dadurch erreicht werden sollen.

David Lutz, Kann es gerechte Kriege geben?, www.friedenspaedagogik.de

M3 Der Staat ist bloß ein Bahnhof

*Der Philosoph Rüdiger Bittner (*1945) spricht Staaten einen moralischen Status ab. Dieser sei aber eine entscheidende Annahme für die Lehren vom gerechten Krieg. Er legt zunächst die Denktradition dar, in der seine Staatsauffassung steht.*

Es ist diejenige [Tradition], die in der Neuzeit durch Thomas Hobbes repräsentiert wird. Staaten sind hier geschickte Veranstaltungen, sozusagen Geräte, die die Menschen um ihres Vorteils willen aufgestellt haben und die im günstigen Fall praktisch sind, aber keinerlei moralische Dignität besitzen. Ein anderes Bild: denken wir uns die Staatswesen mit ihrer internen Verfassung und ihrer Ausdehnung als Bauten, etwa als Bahnhof. Nun gibt es wohl mannigfache moralische Ansprüche hinsichtlich eines Bahnhofs: die Rechte der Eigentümer, die Rechte der Benutzer, vielleicht auch die Rechte derer, die mit ihm frohe oder trübe Erinnerungen verbinden. Aber einen eigenen moralischen Status hat ein Bahnhof nicht. Er steht da, wo er steht, und tut seinen Dienst, gut oder schlecht. Wenn ihn jemand über Nacht abbaute, würde das enorme Ungelegenheiten machen [...]. Aber moralisch wäre nichts Schlimmes geschehen. Moralisch können wir ihn entbehren. [...]
Die Lehre vom gerechten Krieg achtet nur auf die Gründe und die Ziele, die Krieg rechtfertigen oder eben nicht rechtfertigen. [...]. Diese Theorien nehmen die Fürsten-Perspektive ein: gravierende Verletzungen der Souveränität unseres Staatswesens oder seiner Rechte sind ein Grund für Krieg. Aber auch ein Grund, der es rechtfertigt, vielen Menschen den Tod zu bringen? Die Fürsten waren an dieser Frage gewöhnlich weniger interessiert, aber moralisch ist sie entscheidend. Von ihr sollten wir ausgehen und demgemäß die Frage, wann Krieg zulässig ist, als Sonderfall der Frage behandeln, wann es erlaubt ist, Menschen, und gegebenenfalls viele Menschen, in den Tod zu schicken.

Rüdiger Bittner, Gute Kriege, böse Feinde, in: Information Philosophie, online-Ausgabe vom 22.02.2006

M4 Die Folgen des Krieges

Peter Paul Rubens, Die Folgen des Krieges, 1637/38
Mit blutigem Schwert überrennt der Kriegsgott Mars die Personifikation der Harmonie, deren Laute zerbricht. Selbst Venus kann ihn nicht aufhalten: Mars bringt den Menschen Pest, Hunger, Tod und Verwüstung.

1 Erarbeiten Sie das jeweilige moralische Argument aus den politischen Kriegsbotschaften. Vergleichen Sie diese untereinander und mit der Lehre vom gerechten Krieg. ➜ M1/2

2 Recherchieren Sie die jeweiligen historischen Kontexte und überprüfen Sie, inwieweit moralische Begründungen für politische Zwecke instrumentalisiert wurden. ➜ M1

3 Rekonstruieren Sie Bittners Argument. Schreiben Sie den Text weiter, indem Sie seine moralische Frage zu beantworten versuchen. Beziehen Sie dabei auch die ethischen Grundpositionen – deontologische, utilitaristische oder tugendethische Argumentation – mit ein. ➜ M3

4 Deuten Sie Rubens' allegorische Darstellung der Folgen des Krieges. Überlegen Sie, wie eine heutige allegorische Darstellung des Krieges gestaltet werden könnte. ➜ M4

21 Wege zum Frieden

M1 Gerechtigkeit und Friede umarmen sich

Dirck de Quade van Ravensteyn zugeschrieben, um 1603

M2 Zum Ewigen Frieden

Am Schluss der 1795 in Königsberg erschienenen Schrift von Immanuel Kant heißt es:

Wenn es Pflicht, wenn zugleich gegründete Hoffnung da ist, den Zustand eines öffentlichen Rechts, obgleich nur in einer ins Unendliche fortschreitenden Annäherung, wirklich zu machen, so ist der e w i g e F r i e d e, der auf die bisher fälschlich so genannten Friedensschlüsse (eigentlich Waffenstillstände) folgt, keine leere Idee, sondern eine Aufgabe, die nach und nach aufgelöst, ihrem Ziele (weil die Zeiten, in denen gleiche Fortschritte geschehen, hoffentlich immer kürzer werden) beständig näher kommt.

Immanuel Kant, Zum Ewigen Frieden, S. 104

M3 Konkrete Utopie: Föderale Weltrepublik

*Der Tübinger Professor für politische Philosophie Otfried Höffe (*1943) entwirft die Konturen einer den Weltfrieden sichernden föderalen Weltrepublik. Seine Idee lässt sich in folgenden Thesen beschreiben:*

- Die Weltrepublik muss als eine freiheitliche Demokratie gestaltet werden und eine föderale Struktur haben.
- Die Einzelstaaten bleiben erhalten und werden durch die globale Rechts- und Staatsordnung lediglich ergänzt. (Subsidiaritätsprinzip: staatliche Aufgaben werden so weit als möglich von der jeweils unteren bzw. kleineren Einheit wahrgenommen)
- Dennoch erhält die Weltrepublik zentrale bindende Entscheidungsbefugnisse.
- Die moralischen Werte, die schon heute in der Charta der Vereinten Nationen und in ihren Menschenrechtspakten weitgehende Anerkennung gefunden haben, müssen weiter entwickelt werden.
- Dieses globale Demokratiemodell knüpft an die Gedanken des Philosophen Immanuel Kant zu einer weltweiten Friedens- und Rechtsordnung an.
- Nach Kant ist es den Menschen geboten, ihr Zusammenleben rechts- und staatsförmig zu organisieren. Dieses Gebot werde erst dort umfassend erfüllt, wo man zusätzlich zu den uns vertrauten Gemeinwesen einen Völkerbund, eine Weltrepublik und ein Weltbürgerrecht einrichtet.
- Die Gedanken Kants werden ergänzt durch konkrete Vorschläge, etwa die Einrichtung von Institutionen wie einem Weltschiedsgericht und einem Weltstrafrecht.
- Ein Weltparlament sollte aus zwei Kammern gebildet werden, einem „Welttag" aller Bürger und einem „Weltrat" aller Staaten.
- Eine solche Weltdemokratie kann in verschiedenen Entwicklungsstufen erreicht werden. Zunächst sollte es kontinentale Zwischenstufen geben nach dem Muster der Europäischen Union.
- Es ist ein moralisches Gebot, die Herrschaft von Recht, Gerechtigkeit und Demokratie auch auf globaler Ebene durchzusetzen. Das lässt sich letztlich nur durch eine

subsidiäre und föderale Weltrepublik erfüllen. An diesem Ziel muss sich die künftige Weltordnung orientieren.

* Innovationskräfte, die jedem Wettbewerb innewohnen, sind auch in einer Weltrepublik enthalten. Die Konkurrenz der Sprachen und Religionen, der Wirtschaftsräume und -formen, letztlich auch der Bildungswesen bleiben weiterhin erhalten. Die Weltdemokratie setzt einzig den rechtsmoralischen Rahmen, auf den die Menschen gegeneinander Anspruch haben und der dafür sorgt, dass der Freiraum des Wettbewerbs die Selbstlosigkeit und Friedensbereitschaft der Menschen nicht überfordert.

nach Otfried Höffe, Demokratie im Zeitalter der Globalisierung, passim

M4 Global governance

Da kein Staat formal berechtigt ist, die Nichteinhaltung international vereinbarter Regeln zu sanktionieren, besteht ein grundsätzliches Vertrauensproblem in den internationalen Beziehungen. [...] Dieses Vertrauensproblem kann zwar durch freiwillige Selbstbindungen – wie etwa zwischenstaatliche Verträge – reduziert, aber nicht aufgehoben werden, solange es keine zur autoritativen Steuerung befugte und durchsetzungsfähige Weltregierung gibt.

Eine Weltregierung, zum Beispiel im Rahmen der VN in New York, stellt aber sowohl aus normativen als auch aus praktischen Erwägungen keine befriedigende Lösung dar. Alle Probleme, die bereits im nationalstaatlichen Rahmen aus der Entfernung zwischen Regierung und Regierten entstehen, würden sich auf globaler Ebene noch vervielfältigen. Den für modernes Regieren notwendigen Legitimationsnachweis kann eine Weltregierung daher nur unzureichend erbringen. [...]

Wie aber soll Politik auf globaler Ebene organisiert werden, wenn eine Weltregierung weder wahrscheinlich noch wünschenswert ist? Seit einigen Jahren wird in diesem Zusammenhang über Global Governance diskutiert. [...] Ziel von Global Governance ist [...] die auf Effektivität und demokratische Legitimität gerichtete Koordination der politischen Steuerungsleistungen verschiedener Akteure auf unterschiedlichen politischen Ebenen – lokal, national, regional und global. [...] Sowohl souveränitätsgebundene Akteure, also die Nationalstaaten, als auch souveränitätsfreie Akteure, etwa supranationale Mehrebenensysteme wie die Europäische Union, Nichtregierungsorganisationen wie das Internationale Komitee vom Roten Kreuz, internationale (Regierungs-) Organisationen wie die Welthandelsorganisation oder politikfeldspezifische internationale Regime leisten einen Beitrag zu effektivem und demokratisch legitimiertem Regieren. [...] Oft wird überhaupt erst durch das Zusammenwirken staatlicher und nichtstaatlicher Akteure die effektive und legitime Problemregelung jenseits des Nationalstaates möglich. Beispielsweise ist eine wirksame Menschenrechtspolitik ohne die internationalen und regionalen Menschenrechtskonventionen, die von nationalen Regierungen unterzeichnet und von nationalen Parlamenten ratifiziert werden, nicht denkbar. Gleichzeitig leistet die geduldige und unparteiische Überwachung der Menschenrechte durch NRO wie Amnesty International einen wichtigen Beitrag zur schrittweisen Annäherung an das Ziel der globalen Durchsetzung der Menschenrechte.

Lars Brozus / Michael Zürn, Regieren im Weltmaßstab, in: Informationen zur politischen Bildung, Heft 280, 2003, www.bpb.de

1 Führen Sie ein Schreibgespräch (s. Methodenüberblick, S. 383) durch: Wege zum Frieden.
2 Analysieren Sie das Gemälde hinsichtlich der Vorstellung friedlichen Zusammenlebens und vergleichen Sie es mit der Kriegsdarstellung von Rubens (S. 253). → M1
3 Erläutern Sie Kants Unterscheidung von „Ewigem Frieden" und bloßen „Friedensschlüssen". → M2
4 Entwerfen Sie jeweils Schaubilder zu den Vorstellungen des Philosophen Otfried Höffe und der Idee von „global governance". Erläutern Sie, worin der Unterschied zwischen einem philosophischen und einem politologischen Text besteht. → M3/4
5 Diskutieren Sie: Ist eine moralphilosophische Begründung für Frieden (Kant, Höffe) nützlich für die politische Herstellung von Frieden? → M2/3

1 Dürfen wir alles machen, was wir können?

M1 Wissenschaft und Technik: Chance und Risiko

Ich halte dafür, daß das einzige Ziel der Wissenschaft darin besteht, die Mühseligkeit der menschlichen Existenz zu erleichtern.

Bertolt Brecht, Leben des Galilei, S. 125

Freischwebend im Kraftfeld. Karikatur von Sepp Buchegger

Der Inhalt der Physik geht die Physiker an, die Auswirkung alle Menschen.

Friedrich Dürrenmatt, Die Physiker, S. 92

M2 Technik: Vision oder Alptraum?

Die Technik hat Berge versetzt und Flüsse verlegt, aber auch Wälder zerstört und Städte zerrissen. Die Technik hat Märchenwünsche erfüllt, aber auch Alpträume wahrgemacht. Das Schlaraffenland als Automatenparadies oder die Apokalypse des atomaren Infernos – beide Zukunftsvisionen können Wirklichkeit werden. Kühn waren die technischen Phantasien, die unsere Ahnen in Mythen, Fabeln und Utopien ausgemalt haben: Der Flug des Ikarus bis in die Nähe der Sonne, Peterchens Mondfahrt, die Wundertaten des Herkules, die Unterwasserexpeditionen des Jules Verne; doch nur weniges blieb unerreicht. Im Gegenteil: Oft genug wurde die Phantasie von der technischen Wirklichkeit überboten.

Wir fliegen in wenigen Stunden von Kontinent zu Kontinent; Astronauten umrunden die Erde in der gleichen Zeit viermal. Kein Winkel des Planeten erscheint mehr unerreichbar: selbst in Tiefseegräben fahren unbemannte Tauchboote. Kleinkameras lichten Magen und Blutadern von innen ab, rechnergesteuerte Diagnosegeräte prüfen den Körper scheibchenweise auf Herz und Nieren. Schon wurden Kröten aus dem Erbgut von sechs Eltern und Großmäuse mit eingesetzten Rattengenen künstlich erzeugt. Schon kann man das Erbgut bei Lebewesen vervielfältigen und kopieren. Schon werden Verfahren patentiert, mit denen man neuartige Bakterienstämme erzeugt, die beispielsweise Öl verzehren können. [...]

Tatsächlich haben die Menschen beträchtliche Teile der Erde in eine technische Landschaft verwandelt. Und seit 1969 der „Mann im Mond" zur Wirklichkeit wurde, schicken sich die Menschen an, ihre Herrschaft über die Erde auch in den Weltraum auszudehnen. All dies – und vieles mehr – ist das Ergebnis technischer Handlungsmacht.

Hans Lenk und Günter Ropohl (Hg.), Technik und Ethik, S. 5f.

M3 ... ganz normaler Rechnereinsatz der Zukunft?

Liebermann / Baaske Cartoons

M4 Roboter auf dem Weg zum Menschen

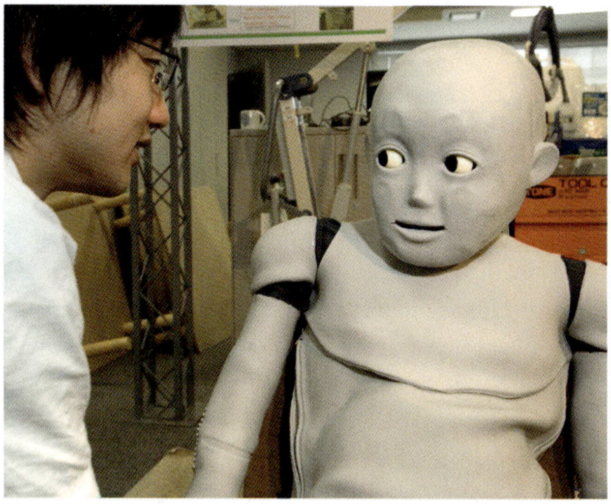

Skeptisch dreinblickend und mit verkniffenem Mund verfolgt „CB2", was seine Betreuerin tut. Der kleine Roboter in Menschengestalt, den Wissenschaftler der japanischen Osaka University entwickelt haben, kann ähnlich wie ein Kleinkind auf seine Umwelt reagieren – etwa durch menschenähnliche Bewegungen, Gesten und Töne und durch das Spiel mit Gegenständen. Seine Schöpfer wollen CB2 nutzen, um etwa die Kommunikationsmöglichkeiten zwischen Menschen und Robotern zu erforschen.

bild der wissenschaft, 9/2007, S. 10

M5 Supercomputer im Einsatz: Koloss von Stuttgart

Auf dem Stuttgarter Uni-Campus brummt einer der stärksten Rechner Europas. Wissenschaftler und Industrieforscher nutzen das elektronische Ungetüm, um knifflige Probleme zu lösen, die sie ohne die Hilfe eines Supercomputers nicht in den Griff bekommen würden.

bild der wissenschaft plus, S. 6

M6 Die Frage nach einer Ethik von Wissenschaft und Technik

Wer die Frage nach der Verantwortung in Wissenschaft und Technik aufwirft, stößt inzwischen kaum mehr auf Vorbehalte. Längst ist dieses Thema im öffentlichen Bewusstsein verankert, fester Bestandteil der Reden von Politikern, Industriellen und Umweltschützern. [...] Die Problemlage ist klar. Erstmals absehbare Makrorisiken bedrohen im Zuge unrevidierbarer Prozesse die Menschheit als Gattung. Da es sich um problematische *Folgen* handelt, wird allgemein dementsprechend eine neue *Verantwortungsethik* gefordert. Als Erscheinungsfelder dieser Makrorisiken werden immer wieder übereinstimmend benannt:

- Atomphysik und Kerntechnologie, deren Folgelasten und Risiken als nicht mehr beherrschbar erscheinen,
- Genetik und Gentechnologie, die nichtrevidierbare Eingriffe in Naturprozesse und -kreisläufe ermöglichen,
- Informatik und Kommunikationsforschung, deren Modelle menschliches Denken und Kommunizieren prägen und unsere traditionellen soziokulturellen Identitäts- und Orientierungsstandards zu zerstören drohen,
- naturwissenschaftlich orientierte Sozialwissenschaften, die den Menschen „verdinglichen",
- der Einsatz von Technik, der die Biosphäre, Biotope, Artenvielfalt beschädigt u. v. a. mehr.

Christoph Hubig, Technikethik, S. 13, 15

1 Halten Sie einen Kurzvortrag (5 Minuten) zu dem Zitat von Brecht oder Dürrenmatt. ➔ M1
2 Führen Sie eine Umfrage an Ihrer Schule durch: Technik: ja bitte / nein danke. ➔ M1
3 Erstellen Sie eine Tabelle, in der Sie die positiven und negativen Seiten technischer Entwicklungen eintragen und gegeneinander abwägen. ➔ M2
4 Analysieren Sie in Filmen (z. B. *I, Robot*) die Zukunft der Roboter. ➔ M4
5 Schreiben Sie einen Artikel für Ihre Schülerzeitung über die Geschichte und die Bedeutung des Computers für unsere Zivilisation. Beziehen Sie auch die Karikatur mit ein. ➔ M3/5
6 Diskutieren Sie die Notwendigkeit einer Ethik der Technik. ➔ M6

2 Das Wesen moderner Technik

M1 Moderne Zeiten ...

M2 Das Bacon-Projekt

Mit dem Namen „Bacon-Projekt" bezeichnet Lothar Schäfer das Unternehmen der Menschheit, durch Wissenschaft die Ursache-Wirkungs-Zusammenhänge in der Natur zu erkennen und diese durch Technik zu nutzen, um sich damit die Verfügungsmacht über die Naturdinge zu verschaffen und die wichtigsten materiellen Bedürfnisse zu erfüllen.

Francis Bacon (1561-1626) hatte in der wissenschaftlich fundierten technischen Nutzung von Kräften und Stoffen der Natur ein Mittel gesehen, durch dessen Einsatz das materielle Wohlergehen aller Menschen gemehrt und gesichert werden könne.

War für die Antike das Wissen erstrebenswert, sofern es einen Wert in sich darstellte, so wird es seit dem 17. Jahrhundert erstrebt, weil es als ein Mittel verstanden wird, die Lebensbedingungen des Menschen zu bessern und zu sichern. Von den „wahren Zielen" der Wissenschaft sagt Bacon, dass wir sie erstreben „zum Wohle und Nutzen für das Leben". [...] durch die Entwicklung der Wissenschaft wird sich der Mensch, wie er [Bacon] meint, (wieder) in einen Zustand versetzen, wie er ihn vor der Vertreibung aus dem Paradies innehatte. Um diesen Anspruch jedoch nicht über Gebühr zu mystifizieren, darf man annehmen, dass Bacon hier nicht an den Zustand der Unschuld denkt, sondern zunächst an den der Bedürfnislosigkeit: Im paradiesischen Zustand fehlte es dem Menschen an nichts, während er im gefallenen Zustand hungern, darben und Not leiden muss. Zum anderen aber, und das ist das Wichtigere, dachte er an die Verfügungsmacht über die Naturdinge, die er im noch nicht gefallenen Adam besaß [...].

Im Vorwort von Bacons *Großer Erneuerung der Wissenschaften* heißt es: „Ich arbeite daran, die Grundlagen zu schaffen, nicht für eine Schule oder Doktrin, sondern für Nutzen und Macht des Menschen." Die Macht des Menschen wurzelt im angemessenen Wissen von den Naturprozessen, von den ursächlichen Wirkfaktoren. Deshalb muss man zuerst die Wirkmechanismen der Natur erfassen. „Menschliches Wissen und menschliche Macht sind eins; denn wo die Ursache nicht bekannt ist, kann die Wirkung nicht hervorgerufen werden. Will man der Natur befehlen, so muss man ihr gehorchen; denn was im Überlegen als Ursache gilt, das gilt im Tun als Regel." [...]

Die eigentliche, die erstrebte und erstrebenswerte Wissenschaft von der Natur ist damit die angewandte, praktische Naturwissenschaft, eine auf Technikerzeugung ausgerichtete Wissenschaft. Die auf die Wissenschaft gestützte Technik erzeugt mit ihren Erfindungen „Glück und Wohlergehen, ohne jemandem Unrecht und Leid anzutun", heißt es bei Bacon. [...] Wenn der Mensch nur über das richtige Wissen verfügt (das aber wird ihm quasi automatisch zufließen, wenn er sich nur der experimentell-induktiven Methode bedient, meint Bacon) und es gezielt einsetzt, dann kann er die Natur anregen, Früchte hervorzubringen ohne Grenzen und ohne Mühen.

Dieses Ideal hat Bacon in seinem Fragment *Neu-Atlantis* skizziert, in dem nicht nur materieller Wohlstand herrscht, sondern ineins mit der wissenschaftlich-technischen Kultur blüht auch die Humanität. Die dort dargestellte Gesellschaft ist nicht von einem ständigen Kampf um die Macht geprägt, sondern von Güte, Wohlwollen und Weisheit.

Lothar Schäfer, Das Bacon-Projekt, S. 102f., 106f.

M3 Vormoderne und moderne Technik

Hans Jonas und andere Kritiker der zerstörerischen Wirkungen industrietechnischer Nutzung der Natur machen das Bacon'sche Ideal für die Destruktion des Lebensraumes verantwortlich und verlangen, den utopischen Vorgriff zu verabschieden zugunsten eines reinen Bewahrungsdenkens.

Wenn der Begriff „Technik", grob beschrieben, den Gebrauch künstlicher Werkzeuge und Vorrichtungen für das Geschäft des Lebens bezeichnet, zusammen mit deren ursprünglicher Erfindung, wiederholender Herstellung, hin und wieder Verbesserung und gelegentlich auch Hinzufügung zum bestehenden Arsenal, dann trifft solch eine geruhsame Beschreibung wohl auf die meiste Technik im Verlauf der Menschheitsgeschichte (mit der sie gleichaltrig ist) zu, aber nicht auf die moderne Technologie. Denn in der Vergangenheit pflegte ein bestehendes Inventar von Werkzeugen und Verfahren ziemlich konstant zu sein und auf ein gegenseitig angepasstes, statisches Gleichgewicht von anerkannten Zwecken und geeigneten Mitteln hin zu tendieren. War ein solches Verhältnis einmal hergestellt, so blieb es für lange Zeiten ein nicht weiter herausgefordertes Optimum technischer Kompetenz. [...] Im Ganzen hatten die klassischen Kulturen relativ früh einen technologischen Sättigungspunkt erreicht – eben das vorerwähnte „Optimum" im Gleichgewicht von Mitteln und Fertigkeiten mit anerkannten Bedürfnissen und Zielen – und fanden später wenig Grund, darüber hinauszugehen. [...]. Doch selbst in den Zeiten kräftiger Blüte gab es keine proklamierte *Idee* einer Zukunft *beständigen Fortschritts* in den Künsten; und wichtiger noch: niemals eine vorsätzliche *Methode*, ihn herbeizuführen – wie Forschung, Experiment, risikowilliges Ausprobieren unorthodoxer Pfade, weitreichender Austausch von Informationen darüber usw. Am allerwenigsten aber gab es *Naturwissenschaft* als ein wachsendes Korpus der Theorie, die solche halbtheoretischen, vorpraktischen Tätigkeiten hätte leiten können – von einer gesellschaftlichen Institutionalisierung all dieser Dinge gar nicht erst zu reden. Kurz, sowohl in Routine wie Instrumentarium erschienen die „Künste" ihren Zwecken adäquat und standen daher so fest wie diese Zwecke selbst. [...]

Das gerade Gegenteil dieses Bildes gilt für die moderne Technik [...].

1. Jeder neue Schritt in irgendwelche Richtung in irgendeinem Gebiet steuert nicht etwa auf einen Gleichgewichts- oder „Sättigungs"-Punkt in der Anpassung von Mitteln an vorgegebene Zwecke zu, sondern – im Gegenteil – wird im Erfolgsfalle der Anlass zu weiteren Schritten in alle möglichen Richtungen, wobei die Zwecke selber sich „verflüssigen" [...].
2. Jeder technischen Neuerung ist es sicher, sich schnell durch die technologische Ökumene zu verbreiten, wie dies auch bei theoretischen Entdeckungen in den Wissenschaften der Fall ist. [...]
3. Das Verhältnis von Mitteln zu Zwecken ist hierbei nicht einsinnig linear, sondern dialektisch zirkulär. Vertraute, seit je erstrebte Zwecke mögen bessere Befriedigung durch neue Techniken finden, deren Entstehung sie eingegeben hatten. Aber ebenso – und zunehmend typisch – mögen umgekehrt neue Techniken neue Zwecke, an die niemand je zuvor gedacht, eingeben, erzeugen, sogar aufzwingen, einfach durch das Angebot ihrer Ausführbarkeit.

Hans Jonas, Technik, Medizin und Ethik, S. 17-20

1 Interpretieren Sie das Bild aus Charlie Chaplins Film *Modern Times* in Bezug auf das Verhältnis von Mensch und Technik. ➜ M1
2 Erläutern Sie das „Bacon-Projekt" und bestimmen Sie die Aufgabe der Wissenschaft im Rahmen dieses Projekts. ➜ M2
3 Diskutieren Sie, ob man das Bacon-Projekt als gescheitert betrachten kann, und begründen Sie Ihre Meinung. ➜ M2
4 Stellen Sie in einer Tabelle die Merkmale von vormoderner und moderner Technik gegenüber. Beachten Sie insbesondere das Verhältnis von Technik und Zielen / Mitteln und Zwecken. ➜ M3
5 Erläutern Sie an Beispielen (Informationstechnologie, Medizin) die neuen Zwecke, die durch neue Techniken erzeugt werden können. ➜ M3

3 Werkzeug – Maschine – System

M1 Wie Produkte entstehen können

M2 Werkzeug

Die Ansicht, technische Geräte, Automaten, ja selbst Computer seien Werkzeuge, die uns – sozusagen wertfrei und unverbindlich – die Möglichkeit geben, unsere Ziele besser, schneller oder bequemer erreichen zu können, ist weit verbreitet. Ein Werkzeug ist ja auch, für sich genommen, unschädlich und harmlos; es kann nichts tun ohne die Absicht und den körperlichen Einsatz der Person, die es gebraucht. Es ermöglicht ihr lediglich die Ausführung einer bestimmten Handlung – etwa Nägel in einen Balken zu schlagen –, nimmt ihr aber überhaupt nichts von der *Kontrolle über den Vollzug ihrer Handlung:* Um überhaupt ein Werkzeug benutzen zu können, muss sie (wie bei jeder nichttechnischen Handlung) den Zweck ihres Handelns bestimmen und verantworten, und sie muss ein bestimmtes Werkzeug auswählen, das zur Erreichung dieses Zwecks geeignet und in seinen Risiken vertretbar ist. Um etwa einen Hammer führen zu können, muss sie um dessen kraftverstärkende Wirkung wissen und um die Notwendigkeit, den Nagel mit den Fingern festzuhalten. Daher *sieht* sie unmittelbar auch die Gefahr, sich auf den Daumen zu schlagen. Auch ein mögliches Scheitern des *Handlungsplans* erfährt die handelnde Person sofort: Es bleibt ihr nicht verborgen, wenn der Nagel krumm wird oder wenn der Balken beim Nageln splittert. Das heißt: Handlungsbestimmung und Handlungsvollzug sind nicht losgelöst von der *Handlungssituation* – durch ein Werkzeug wird eben nichts automatisiert.

M3 Maschine

Seit langem bemüht sich die Industrie, immer mehr Werkzeuge zu kleinen Maschinen weiterzuentwickeln, um unser Handeln immer stärker zu vereinfachen und schneller oder effizienter zu machen. Elektrische Zahnbürste, vollautomatische Waschmaschine, Computer-Schreibsysteme – nur ihre *Bedienung*, im Idealfall der simple Knopfdruck, ist erforderlich, um einen bestimmten Zweck zu erreichen.

Zwar hat auch der Hersteller eines Werkzeugs schon einen Zweck im Kopf, zu dem sein Werkzeug Mittel sein soll. Aber erst in der Maschine wird diese *Zweck-Mittel-Beziehung vergegenständlicht*, weil in ihr ein ganzer Handlungsvollzug verkörpert – materialisiert – sein kann. Damit wird dieser Handlungsvollzug aber auch, zumindest in Teilen, zu einem sozusagen automatisierten Tun, und zwar oft ohne Wissen und Wollen der Person, die eine Maschine bedient. Sie muss nämlich nur den (obersten) Zweck, dem die Maschine dient, sowie ihre Bedienungsanleitung kennen, nicht aber die Details seiner Realisierung in dem technischen Gerät, nicht die *Zweck-Mittel-Kette*. Wer beispielsweise versteht wirklich, wie sein Auto funktioniert, und wer andererseits – bei Strafe eines Verkehrsunfalls – würde sich nicht möglichst genau an die Bedienungsregeln für sein Fahrzeug halten?

Eine Maschine formt und ersetzt also nicht nur physische Arbeit, sondern ist ein Stück weit *Materie gewordenes Wissen*, im Gerät verkörpertes Wissen darüber, wie etwas zu machen sei. Der weitgehend selbständige Vollzug der Handlung durch die Maschine bedingt natürlich auch, dass ihre Unbrauchbarkeit, also ein Scheitern des Handlungsplans, für die Benutzerin oder den Benutzer oftmals erst viel zu spät sichtbar wird, vielleicht erst dann, wenn schon ein Schaden eingetreten ist. Und naheliegenderweise ist ihm oder ihr damit auch die Entscheidungsmöglichkeit genommen, ob in bestimmten Situationen die Zweck-Mittel-Kette nicht vielleicht unterbrochen oder variiert werden sollte: Dies kann nur geschehen, soweit der Konstrukteur Wahlmöglichkeiten vorgesehen hat, etwa an der Waschmaschine die verschiedenen Programme für Woll-, Bunt- und Kochwäsche. Da die Benutzerin oder der Benutzer die Details der Realisierung dieser Programme zumeist gar nicht kennt, sondern Entscheidungen aufgrund der Bedienungsanleitung fällt, kann er oder sie die jeweiligen Folgen und Nebenfolgen auch nicht selbst abschätzen: [...] Wird Energie oder Wasser gespart, wenn man die „Öko-Taste“ drückt – oder ist sie einfach nur für weniger Wäsche da? Im Normalfall muss sich hier die Benutzerin oder der Benutzer auf die – wertenden! – Aussagen des Herstellers verlassen. Ist sie oder er dennoch für diese Folgen (Gewässerverseuchung, Energieverschwendung) verantwortlich zu machen? Oder ist der Konstrukteur zumindest teilweise schuld – „handelt“ er „mit“?

M4 Systeme

Wer sich in seinen ganz alltäglichen von der Technik unterstützten Handlungen dieser Eigenverantwortlichkeit stellen will, stößt allerdings sehr rasch auf Grenzen. Die Übernahme von Verantwortung ist nämlich auch schon bei relativ einfacher Technik nicht ohne weiteres möglich. So muss überhaupt eine *reale Alternative* bestehen, die einen Verzicht auf den Technikeinsatz bei unverhältnismäßig großen und schädlichen Nebenfolgen erlaubt: Zumindest in Dörfern und Kleinstädten kommt der Verzicht auf ein Auto einem weitgehenden Ausschluss aus dem gesellschaftlichen Leben gleich. Und jeder Mensch, der versucht, beispielsweise auf Atomstrom zu verzichten oder der Erfassung personenbezogener Daten durch Personeninformationssysteme zu entgehen, würde sich wohl auf eine Robinson-Insel verbannen: kein Anschluss an die Energieversorgung, kein Bankkonto, keine Anstellung bei einer größeren Firma, keine Versicherung ... Der Grund dafür ist, dass die meisten technischen Geräte, mit denen wir in unserem privaten, beruflichen und öffentlichen Leben umgehen, an eine Infrastruktur angebunden sind, die sie zu Bestandteilen *komplexer großtechnischer Systeme* werden lässt (Elektrizitätsversorgung, Telefonnetz, Rundfunk und Fernsehen, Verkehrssysteme usw.). Das heißt, eine Unzahl unserer Handlungsvollzüge ist institutionell oder organisatorisch mit derartigen Systemen verwoben, die – und das ist entscheidend – eine Art Automatismus entfalten, indem sie uns zu bestimmten Verfahrensweisen zwingen. Denn eine Lösung aus diesen großtechnischen Systemen steht heute nicht mehr im Belieben des Einzelnen: Niemand kann ohne größte Einschränkungen seinen Haushalt vom elektrischen Netz abkoppeln, und niemand kann ohne schwerwiegende persönliche Folgen die Benutzung des Telefons am Arbeitsplatz verweigern.

M2-4: Christoph Hubig / Eva Jelden, in: Funkkolleg Technik. Studienbrief 1, S. 1/14-18

1 Suchen und sammeln Sie Bilder von der Technik aus älteren und aus modernen Zeiten. → M1
Vergleichen Sie die verschiedenen technischen Prozesse im Hinblick auf das Verhältnis des Menschen zu seinen Geräten und zu seinen Produktzielen.

2 Legen Sie eine Tabelle an: Stellen Sie darin die Merkmale von Werkzeugen, Maschinen und Systemen gegenüber. → M2/3/4

3 Welche „Grenzen“ der „Eigenverantwortlichkeit“ haben sich durch die Entwicklung vom Werkzeug zu den technischen Systemen ergeben? Benennen und beschreiben Sie diese Grenzen und überlegen Sie, auf welche Weise die größtmögliche Verantwortlichkeit gewährleistet werden kann. → M4

4 Das technische Weltbild und seine Grenzen

M1 Zwei Sichtweisen auf den Mond

Caspar David Friedrich, Zwei Männer in Betrachtung des Mondes, 1819–1820

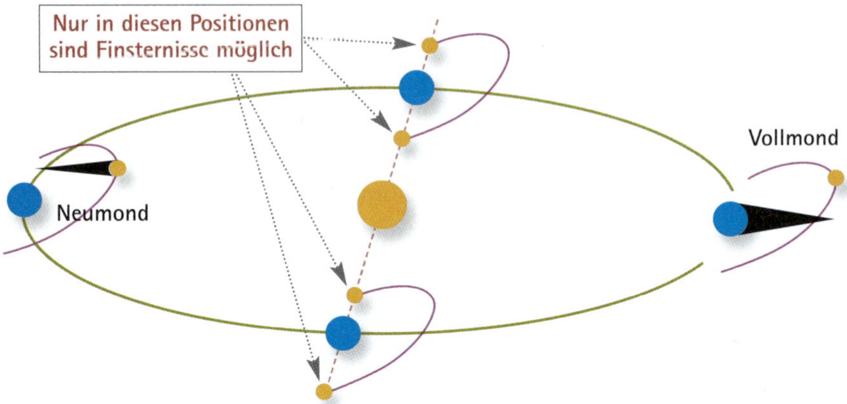

Die Skizze von Thomas Gebhardt zeigt grün die Ekliptik und violett die Mondbahn.

M2 Homo Faber

Der überzeugte Techniker Walter Faber begeht in Max Frischs Roman Homo Faber *(1957) aufgrund seiner technisch oder naturwissenschaftlich orientierten Lebenseinstellung einen verhängnisvollen Lebensirrtum. Die Flugreise Fabers von New York nach Caracas wird durch eine Notlandung in der Wüste Tamaulipas in Mexiko unterbrochen.*

Als der Mond aufging (was ich ebenfalls gefilmt habe) zwischen schwarzen Agaven am Horizont, hätte man noch immer Schach spielen können, so hell war es, aber plötzlich zu kalt; wir waren hinausgestapft, um eine Zigarette zu rauchen, hinaus in den Sand, wo ich gestand, dass ich mir aus Landschaften nichts mache, geschweige denn aus einer Wüste. – „Das ist nicht Ihr Ernst!“, sagte er. – Er fand es ein Erlebnis. – „Gehen wir schlafen!“, sagte ich, „– Hotel Super-Constellation, Holiday In Desert With All Accomodations!“ Ich fand es kalt. – Ich habe mich schon oft gefragt, was die Leute eigentlich meinen, wenn sie von Erlebnis reden. Ich bin Techniker und gewohnt, die Dinge zu sehen, wie sie sind. Ich sehe alles, wovon sie reden, sehr genau; ich bin ja nicht blind. Ich sehe den Mond über der Wüste von Tamaulipas – klarer als je, mag sein, aber eine errechenbare Masse, die um unseren Planeten kreist, eine Sache der Gravitation, interessant, aber wieso ein Erlebnis? Ich sehe die gezackten Felsen, schwarz vor dem Schein des Mondes; sie sehen aus, mag sein, wie die gezackten Rücken von urweltlichen Tieren, aber ich weiß: Es sind Felsen, Gestein, wahrscheinlich vulkanisch, das müsste man nachsehen und feststellen. Wozu soll ich mich fürchten? Es gibt keine urweltlichen Tiere mehr. Wozu sollte ich sie mir einbilden? Ich sehe auch keine versteinerten Engel, es tut mir leid; auch keine Dämonen, ich sehe, was ich sehe: die üblichen Formen der Erosion, dazu meinen langen Schatten auf dem Sand, aber keine Gespenster.

M3 Die Weltlosigkeit des Technikers

Einen Gegenpol zu Fabers Einstellung bietet die Kunsthistorikerin Hanna, seine ehemalige Geliebte. Ihre Argumentation zielt auf die These, dass der Mensch sich selbst verfehle, wenn er nur noch technisch oder modern wissenschaftlich denke.

Diskussion mit Hanna! – über Technik (laut Hanna) als Kniff, die Welt so einzurichten, dass wir sie nicht erleben müssen. Manie des Technikers, die Schöpfung nutzbar zu machen, weil er sie als Partner nicht aushält, nichts mit ihr anfangen kann: Technik als Kniff, die Welt als Widerstand aus der Welt zu schaffen, beispielsweise durch Tempo zu verdünnen, damit wir sie nicht erleben müssen. (Was Hanna damit meint, weiß ich nicht.) Die Weltlosigkeit des Technikers. (Was Hanna damit meint, weiß ich nicht.) [...] Mein Irrtum: dass wir Techniker versuchen, ohne den Tod zu leben. Wörtlich: Du behandelst das Leben nicht als Gestalt, sondern als bloße Addition, daher kein Verhältnis zur Zeit, weil kein Verhältnis zum Tod. Leben sei Gestalt in der Zeit. Hanna gibt zu, dass sie nicht erklären kann, was sie meint. Leben ist nicht Stoff, nicht mit Technik zu bewältigen.

M2/3: Max Frisch, Homo faber, S. 25f., 184f.

M4 Die drei Säulen des mechanistischen Weltbilds

Das Weltbild der klassischen Physik, das in der Beherrschung des Denkens weit über die Fachwissenschaft Physik hinausreichte, beruht auf dreierlei: auf dem *Prinzip der Kausalität*, auf dem mit ihm verbundenen *Prinzip des Determinismus* und auf dem *Prinzip der Objektivierbarkeit*.

Die klassische Physik sagt: Alles Geschehen läuft nach dem Kausalitätsprinzip ab, d. h., unter gleichen Umständen führen die Naturgesetze zu gleichen Ergebnissen. [...] Dieses Denken in Kausalzusammenhängen, das der klassischen Physik zugrunde liegt, entspricht weitgehend der täglichen Erfahrung: keine Wirkung ohne Ursache. [...] Das Kausalitätsprinzip der klassischen Physik ist [...] mit dem Prinzip des Determinismus eng verknüpft. [...] Alles Geschehen in der Welt ist durch (kausale) Gesetzmäßigkeiten in seinem Verlauf unabänderlich bestimmt. [...] Der französische Mathematiker Laplace (1749-1827) hat dem Determinismus mit dem Bild vom *Laplace'schen Dämon* den klassischen Ausdruck gegeben: „Wenn der Zustand der Welt bei ihrer Erschaffung einem unendlich begabten und unendlich fleißigen Mathematiker bis in alle Einzelheiten dargelegt worden wäre, so müsste ein solches Wesen imstande sein, daraus die ganze folgende Weltgeschichte abzuleiten. Für ihn würde es keine Unsicherheit geben und Zukunft sowohl wie Vergangenheit wären seinen Augen allgegenwärtig."

Die klassische Physik geht schließlich aus von dem Prinzip der Objektivierbarkeit. [...] Der beobachtete Naturvorgang läuft unabhängig und unbeeinflusst vom Beobachter ab. Das Naturgeschehen ist objektivierbar, es lässt sich unabhängig vom Beobachter objektiv beschreiben.

Joachim Grehn / Joachim Krause (Hg.), Metzler Physik, S. 107

M5 Verwissenschaftlichte Natur

Das Naturbild der modernen Physik, dessen Anfänge man bis auf Galilei zurückverfolgen kann und das dadurch entstand, dass das Vermögen des menschlichen Sinnesapparats, Wirklichkeit zu vermitteln, in Frage gestellt wurde, zeigt uns schließlich ein Universum, von dem wir nicht mehr wissen, als dass es in bestimmter Weise unsere Messinstrumente affiziert. [...] Anstatt mit objektiven Eigenschaften, mit anderen Worten, finden wir uns mit den von uns selbst erbauten Apparaten konfrontiert, und anstatt der Natur oder dem Universum begegnen wir gewissermaßen immer nur uns selbst. [...] Sein wird überhaupt nur noch als Prozess erfahren. Und wenn es einst zum Wesen des Seins gehörte, dass es sich zeigte und in Erscheinung trat, so liegt es im Wesen des Prozesses, dass er selbst unsichtbar bleibt, dass sein Vorhandensein nur aus bestimmten Daten, die nicht eigentlich mehr Phänomene sind, erschlossen werden kann.

Hannah Arendt, Vita activa oder vom tätigen Leben, S. 377f.

1. Betrachten Sie die beiden Abbildungen und formulieren Sie zu jeder eine Aussage über den Mond. → M1
2. Fassen Sie die Einstellung Walter Fabers zum Leben thesenartig zusammen. Überlegen Sie, welche Folgen für die Lebensführung seine technizistische Einstellung haben kann. → M2
3. Antworten Sie aus der Sicht Hannas und erweitern Sie ihre Argumentation, indem Sie die Gedanken Hannah Arendts mit einbeziehen. → M3/5
4. Zeigen Sie am Beispiel eines naturwissenschaftlichen Experiments (Beispiel: die Experimente Galileis zum freien Fall), das erdacht wurde, um eine naturwissenschaftliche Hypothese zu bestätigen, inwiefern die Natur hier zu einem bloßen Prozess, zu einer Folge von Zuständen wird. → M4

*5 Die Suche nach einer universalen Theorie

M1 Strukturschema wissenschaftlichen Vorgehens

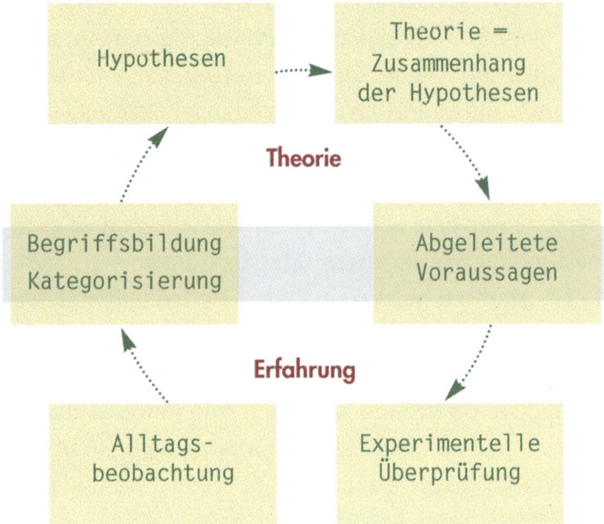

M2 Was ist eine wissenschaftliche Theorie?

Für die philosophische Analyse wissenschaftlicher Theorien ist die so genannte Wissenschaftstheorie zuständig. Von der Wissenschaftstheorie werden vor allem empirische Theorien unter die Lupe genommen. Empirie bedeutet Erfahrung oder Erfahrungswissen. Empirische Theorien stützen sich also auf die durch Wahrnehmung gesammelten Beobachtungen der natürlichen oder auch der psychischen Wirklichkeit. Physik, Chemie und Biologie sind die klassischen empirischen Wissenschaften. Diese grenzen sich ab von den nicht-empirischen Wissenschaften wie Logik, Mathematik und Philosophie, deren Aussagen aus logischen, formalen oder semantischen Gründen wahr oder falsch sind. Auch die Rechts-, Literatur- und Sprachwissenschaften zählen zu den nicht-empirischen Wissenschaften. Von der gewöhnlichen Alltagserfahrung unterscheidet sich die empirische Wissenschaft durch Systematik, kontrollierte Wiederholbarkeit der Beobachtungen, durch die methodisch durchgeführte Erhebung der empirischen Daten (Experiment).

M3 Leistung empirischer Theorien

Eine empirische Theorie über einen bestimmten Gegenstandsbereich ist bereits ein sehr hoch entwickeltes Produkt wissenschaftlicher Tätigkeit. Diese Tätigkeit beginnt zunächst mit der *Beschreibung und Klassifizierung* einzelner Phänomene und Objekte des Gegenstandsbereichs, mit der Sammlung von Beobachtungsmaterial und dem Aufbau eines begrifflichen Apparats zur genauen Bestimmung der Objekte und Phänomene des Bereichs.

Auf dieses empirische Material stützen sich dann die empirischen *Generalisierungen*: Es werden *Hypothesen* aufgestellt als Verallgemeinerungen und Zusammenfassungen von Beobachtungen. So stellt man z. B. fest, dass alle bisher überprüften Gegenstände aus Holz auf Wasser schwimmen und dass alle bisher überprüften Gegenstände aus Eisen im Wasser untergehen, und formuliert dann die beiden Hypothesen: „Alle Gegenstände aus Holz schwimmen auf Wasser“ und „Alle Gegenstände aus Eisen schwimmen nicht auf Wasser“. Da solche Verallgemeinerungen über die bisherigen Beobachtungen hinausgehen – und auch über alle möglichen Beobachtungen, da der Gegenstandsbereich echter Generalisierungen immer potentiell unendlich, d. h. nicht von vornherein auf endlich viele Gegenstände beschränkt ist – haben sie hypothetischen oder problematischen Charakter, d. h. sie können durch künftige Beobachtungen widerlegt werden.

Solche Hypothesen stehen nun zunächst mehr oder weniger unverbunden nebeneinander. Es ist dann die Aufgabe der Theoriebildung, Bezüge zwischen diesen Hypothesen herzustellen, sie in einen systematischen Zusammenhang zu bringen, indem man gewisse allgemeine Hypothesen als Grundgesetze annimmt, aus denen die spezielleren Hypothesen und die einfachen empirischen Generalisierungen logisch folgen. In unserem Beispiel kann man etwa den Begriff des spezifischen Gewichts einführen und das Gesetz formulieren: „Genau die Körper, die ein geringeres spezifisches

Gewicht haben als eine Flüssigkeit, schwimmen auf ihr.“ Dieses Gesetz befasst die beiden oben angegebenen Generalisierungen und viele weitere unter sich. [...] Die präziseste und übersichtlichste Form nehmen Theorien in ihrer axiomatischen Formulierung an, in der eine wohldefinierte Menge von Axiomen als Grundgesetze angegeben wird, aus denen dann mit rein logischen Mitteln alle übrigen Aussagen der Theorie abgeleitet werden können, so dass der gesamte materiale Gehalt der Theorie in den Axiomen festgehalten ist. Erst wenn die Grundgesetze einer Theorie vollständig und genau fixiert und explizit angegeben werden, so dass für jede Aussage festliegt, ob sie aus der Theorie folgt oder nicht – wenn das auch nicht immer entscheidbar sein mag –, ist der Gehalt dieser Theorie genau beschrieben und erst dann liegt fest, ob ein empirischer Sachverhalt im Einklang mit der Theorie steht oder nicht.

M1-3: Franz von Kutschera, Wissenschaftstheorie I, S. 252-254

M4 Eine Theorie für das ganze Universum

Der 1942 geborene, an einer schweren Nervenkrankheit leidende, berühmte Astrophysiker Stephen William Hawking schreibt in dem 1988 erschienenen Bestseller Eine kurze Geschichte der Zeit:

Wenn wir uns mit der Beschaffenheit des Universums befassen und Fragen erörtern wollen wie die nach seinem Anfang oder seinem Ende, müssen wir eine klare Vorstellung davon haben, was eine wissenschaftliche Theorie ist. [...] Gut ist eine Theorie, wenn sie zwei Voraussetzungen erfüllt: Sie muss eine große Klasse von Beobachtungen auf der Grundlage eines Modells beschreiben, das nur einige wenige beliebige Elemente enthält, und sie muss bestimmte Voraussagen über die Ergebnisse künftiger Beobachtungen ermöglichen. So war beispielsweise die aristotelische Theorie, dass alles aus den vier Elementen Erde, Luft, Feuer und Wasser bestehe, einfach genug, um den genannten Bedingungen zu genügen, führte aber zu keinen deutlichen Voraussagen. Newtons Gravitationstheorie dagegen, die auf einem noch einfacheren Modell beruht – Körper ziehen sich mit einer Kraft an, die ihrer Masse proportional und dem Quadrat der Entfernung zwischen ihnen umgekehrt proportional ist –, sagt die Bewegungen der Sonne, des Mondes und der Planeten mit großer Präzision voraus. Immer wenn die Beobachtungen aus neuen Experimenten mit den Vorhersagen übereinstimmen, überlebt die Theorie; doch sobald man auch nur auf eine Beobachtung stößt, die von den Voraussagen abweicht, muss man die Theorie aufgeben oder modifizieren. In der Praxis sieht dies oft so aus, dass man eine neue Theorie entwickelt, die in Wahrheit nur eine Erweiterung der vorigen ist. Beispielsweise ergaben sehr genaue Beobachtungen des Planeten Merkur, dass seine Bewegung geringfügig von den Vorhersagen der Newton'schen Gravitationstheorie abweicht. Genau diese Abweichung hatte Einsteins allgemeine Relativitätstheorie vorausgesagt. Letztlich ist es das Ziel der Wissenschaft, eine einzige Theorie zu finden, die das gesamte Universum beschreibt.

nach Stephen Hawking, Eine kurze Geschichte der Zeit, S. 23-26

1 Zeichnen Sie in Anlehnung an das in M1 vorgestellte Strukturschema ein Schema des Vorgehens bei der wissenschaftlichen Theoriebildung in Bezug auf das von Franz von Kutschera angeführte Beispiel (Schwimmen von Körpern auf Flüssigkeiten). ➜ M1/2

2 Suchen Sie in Ihrem Physiklehrbuch ein Beispiel eines naturwissenschaftlichen Gesetzes und skizzieren Sie in schematischer Form den Werdegang dieses Gesetzes von den Alltagsbeobachtungen bis zur Theoriebildung. ➜ M1-3

3 Informieren Sie sich über die internationalen Forschungsprojekte, beispielsweise am CERN, am Fermilab u. a. Wie beurteilen Sie die Sinnhaftigkeit solcher wissenschaftlicher Großprojekte? ➜ M4

Projektvorschlag:

Erstellen Sie tabellarisch Kurzbiographien zu folgenden Forschern:

Meilensteine der Physik

Klassische Physik:	17. Jh.:	Isaac Newton;
	19. Jh.:	Michael Faraday; James Clerk Maxwell
Moderne Physik:	20. Jh.:	Max Planck; Albert Einstein; Werner Heisenberg

Welche Hauptwerke haben sie wann verfasst? Wer von ihnen bekam wann und wofür den Physiknobelpreis?

6 Die Verantwortung des Forschers

Grundgesetz Artikel 5, 3
Forschungsfreiheit
Kunst und Wissenschaft,
Forschung und Lehre sind frei.
Die Freiheit der Lehre entbindet nicht
von der Treue zur Verfassung.

M1 Erinnerung an Werner Heisenberg

M2 Über Schuld und Verantwortung

Werner Heisenberg berichtet in dem Gesprächsprotokoll, dem er den Titel Über die Verantwortung des Forschers *gegeben hat, von einem Gespräch mit seinem Freund Carl Friedrich von Weizsäcker, das sie beide im August 1945 in britischer Gefangenschaft miteinander führten, nachdem sie erfahren hatten, dass die Amerikaner über Hiroshima eine Atombombe abgeworfen hatten. Otto Hahn, der Erfinder der Uranspaltung, war auch unter den Kriegsgefangenen und die Physikerfreunde hatten Sorge, dass Hahn die Nachricht vom Atombombenabwurf nicht verkraften würde.*

Weizsäcker: Man kann verstehen, dass Otto Hahn darüber verzweifelt ist, dass seine größte wissenschaftliche Entdeckung jetzt mit dem Makel dieser unvorstellbaren Katastrophe behaftet ist. Aber hat er Grund, sich in irgendeiner Weise schuldig zu fühlen? Hat er mehr Grund dazu als irgendeiner von uns anderen, die wir an der Atomphysik mitgearbeitet haben? Sind wir alle an diesem Unglück mitschuld, und worin besteht diese Schuld?

Heisenberg: Ich glaube nicht, dass es Sinn hat, hier das Wort „Schuld" zu verwenden, selbst wenn wir in irgendeiner Weise in diesen ganzen Kausalzusammenhang verwoben sind. Otto Hahn und wir alle haben an der Entwicklung der modernen Naturwissenschaft teilgenommen. Diese Entwicklung ist ein Lebensprozess, zu dem sich die Menschheit, oder wenigstens die europäische Menschheit, schon vor Jahrhunderten entschlossen hat – oder wenn man vorsichtiger formulieren will, auf den sie sich eingelassen hat. Wir wissen aus Erfahrung, dass dieser Prozess zum Guten und Schlechten führen kann. Aber wir waren überzeugt – und das war insbesondere der Fortschrittsglaube des 19. Jahrhunderts –, dass mit wachsender Kenntnis das Gute überwiegen werde und dass man die möglichen schlechten Folgen in der Gewalt behalten könne. [...] An diesem Lebensprozess der Entwicklung der Wissenschaft teilzunehmen, kann nicht als Schuld angesehen werden.

Weizsäcker: Es wird natürlich jetzt radikale Geister geben, die meinen, man müsse sich in Zukunft von diesem Entwicklungsprozess der Wissenschaft abwenden, da er zu solchen Katastrophen führen könne. Es gebe wichtigere Aufgaben sozialer, wirtschaftlicher und politischer Art als den Fortschritt der Naturwissenschaft. Damit mögen sie sogar Recht haben. Aber wer so denkt, verkennt dabei, dass in der heutigen Welt das Leben der Menschen weitgehend auf dieser Entwicklung der Wissenschaft beruht. Würde man sich schnell von der ständigen Erweiterung der Kenntnisse abwenden, so müsste die Zahl der Menschen auf der Erde in kurzer Zeit radikal reduziert werden. [...] Die Aufgabe muss daher nach wie vor darin bestehen, diesen Entwicklungsprozess zum Guten zu lenken, die Erweiterung des Wissens nur zum Wohl der Menschen auszunutzen, nicht aber diese Entwicklung selbst zu verhindern. Die Frage lautet also: Was kann der Einzelne dafür tun; welche Verpflichtung entsteht hier für den, der in der Forschung tätig mitwirkt?

Heisenberg: Wenn wir die Entwicklung der Wissenschaft in dieser Weise als einen historischen Prozess im Weltmaßstab ansehen, so erinnert deine Frage an das alte Problem von der Rolle des Individuums in der Weltgeschichte. Sicher wird man auch hier annehmen müssen, dass die Individuen im Grunde weitgehend ersetzbar sind. Wenn Einstein nicht die Relativitätstheorie entdeckt hätte, so wäre sie früher oder später von anderen, vielleicht von Poincaré oder Lorentz formuliert worden. Wenn Hahn nicht die Uranspaltung gefunden hätte, so wären vielleicht einige Jahre später Fermi oder Joliot auf dieses Phänomen gestoßen. Ich glaube, man schmälert die große Leistung des Einzelnen nicht, wenn man dies ausspricht. Daher kann man auch dem Einzelnen, der den entscheidenden Schritt wirklich tut, nicht mehr Verantwortung für seine Folgen aufbürden als allen anderen, die ihn vielleicht auch hätten tun können. Der Einzelne ist von der geschichtlichen Entwicklung an die entscheidende Stelle gesetzt worden, und er hat den Auftrag, der ihm hier gegeben war, auch ausführen können; mehr nicht.

Werner Heisenberg, Quantentheorie und Philosophie, S. 76-82

M3 Rückzug als Lösung?

In Friedrich Dürrenmatts Drama Die Physiker *hat der geniale Physiker Möbius seine Forschungen aufgegeben, da er in ihren Ergebnissen eine Gefährdung der Menschheit sah, und sich in eine Irrenanstalt zurückgezogen.*

Die Vernunft forderte diesen Schritt. Wir sind in unserer Wissenschaft an die Grenzen des Erkennbaren gestoßen. Wir wissen einige genau erfassbare Gesetze, einige Grundbeziehungen zwischen unbegreiflichen Erscheinungen, das ist alles, der gewaltige Rest bleibt Geheimnis, dem Verstande unzugänglich. Wir haben das Ende unseres Weges erreicht. Aber die Menschheit ist noch nicht soweit. Wir haben uns vorgekämpft, nun folgt uns niemand nach, wir sind ins Leere gestoßen. Unsere Wissenschaft ist schrecklich geworden, unsere Forschung gefährlich, unsere Erkenntnis tödlich. Es gibt für uns Physiker nur noch die Kapitulation vor der Wirklichkeit. Sie ist uns nicht gewachsen. Sie geht an uns zugrunde. Wir müssen unser Wissen zurücknehmen, und ich habe es zurückgenommen. Es gibt keine andere Lösung, auch für euch nicht.

Friedrich Dürrenmatt, Die Physiker, S. 74

M4 Verantwortung übernehmen

Produktive Verantwortung der Wissenschaft bedeutet [...] nicht den Verzicht auf Wissenschaft. Nicht den Verzicht auf Wahrheitssuche; das hieße unserer Kultur das Herz herausoperieren. Auch nicht den Verzicht auf ihre Öffentlichkeitsform. Dürrenmatts *Physiker* ironisieren vortrefflich die Sinnlosigkeit dieses Wegs. Geh ins Irrenhaus, um deine Erkenntnisse zu verbergen, und der Irrenarzt wird sie dir entlocken und verwenden. Die heutige Gesellschaft mit der Privatisierung der Kultur ist eine Spielart dieses Irrenhauses. Die Aufgabe ist schwerer und schöner, als der Verzicht es wäre. Der Wissenschaftler als Staatsbürger und Weltbürger hat, mit den Gaben, die er als Person jeweils in sich vorfindet, an der Gestaltung der unvermeidlichen Gesellschafts- und Weltveränderung mitzuwirken. Diese Gaben sind verschieden. Nicht jeder Wissenschaftler hat den Mut, die Einsicht, die Schlauheit und die Nüchternheit, ohne die man nicht erfolgreich politisch handeln kann. Aber jeder Wissenschaftler hat den Verstand, die Wichtigkeit dieser Aufgabe sehen zu können. Die Handelnden bedürfen stets des Chors derer, die mitdenken, vernehmlich kritisieren und vernehmlich zustimmen. Die Wissenschaft hat insbesondere die spezifische Verantwortung, ihre eigenen Folgen und Verstrickungen selbst rational zu durchdenken. Von dieser Verantwortung kann sie sich nicht freisprechen, bei Strafe des Untergangs.

Carl Friedrich von Weizsäcker, Wissenschaft und Ethik, S. 97

1 Informieren Sie sich über den Physiker Werner Heisenberg. Welche weiteren Physiker des 20. Jahrhunderts spielten bei der Entwicklung der Atomphysik bis hin zur Erfindung der Atombombe eine wichtige Rolle? ➜ M1

2 Recherchieren Sie das sogenannte „Manhattan-Projekt". Erweitern Sie anschließend die Liste der Argumente pro oder kontra Verantwortung des Forschers. ➜ M2

3 Bilden Sie ein Diskussionsforum über einen anderen umstrittenen Forschungsbereich (Beispiel Gentechnik oder Stammzellforschung) und führen Sie in Ihrer Arbeitsgruppe ein ähnliches Gespräch wie das zwischen Weizsäcker und Heisenberg. ➜ M2-4

7 Die Verantwortung der Ingenieure

M1 Techne, die Tugend der Ingenieure

Techne ist Handeln, das auf die Herstellung eines Dinges gerichtet ist und dabei durch einen richtigen Plan geleitet wird. Der Zweck der Tätigkeit wird hierbei „von außen", wie Aristoteles sagt, vorgegeben, z. B. durch den Auftrag, eine Brücke zu errichten. Wenn die Tugend der Techne fehlt, können sich Katastrophen ereignen.

„Schlecht entworfen, schlecht gebaut und schlecht gewartet" – mit diesen Worten schließt der Untersuchungsbericht über den Einsturz der Brücke über den Firth of Tay in Schottland. Das Unglück geschah am 28. Dezember 1879, als ein Postzug während eines Orkans über die Brücke fuhr. Über 75 Menschen kamen ums Leben. Die bis dahin größte Eisenbahnbrücke der Welt galt bei ihrer Vollendung zwei Jahre zuvor als technische Meisterleistung. Der Bericht enthüllte nun, dass man minderwertiges Gusseisen verbaut hatte und dem leitenden Ingenieur gravierende Fehler unterlaufen waren. So hatte er u. a. bei der statischen Berechnungen die Belastung durch den seitlichen Winddruck nur unzureichend berücksichtigt. Die Katastrophe verstörte – ähnlich wie der Untergang der Titanic im Jahr 1912 – das fortschrittsgläubige Europa, was z. B. Theodor Fontanes Ballade *Die Brück' am Tay* deutlich zeigt.

M2 Fehlende Techne?

ICE-Unglück bei Eschede, 1998

M3 Der Pinto-Skandal

Der Pinto war ein amerikanischer Kleinwagen, der übereilt entwickelt wurde (die Werkzeugmaschinen wurden vor den Auffahrtests der Prototypen gebaut!). Bei Auffahrunfällen von hinten wurde der Benzintank aufgerissen, was wegen des dadurch auslaufenden Benzins mit an Sicherheit grenzender Wahrscheinlichkeit zu einem Brand führen musste. Die Firma weigerte sich aus Kostengründen, eine Plastikpufferung (Preis 11 Dollar) bzw. eine Gummiinnenverkleidung (Preis 5 Dollar) einzubauen, weil ihre Kosten-Nutzen-Analyse ergeben hatte, dass Schadenbegleichung und Prozesskosten bei Zugrundelegung von jährlich durchschnittlich 180 Toten und einer (falsch geschätzten) entsprechenden Anzahl von Brandverletzten weit billiger seien als der Aufwand von 11 Dollar pro Auto, das angesichts der scharfen Konkurrenz von VW preisgünstig und knapp kalkuliert werden musste. Es gelang der Firma übrigens auch, die entsprechende staatliche Versicherungsverordnung zu den Auffahrunfällen durch alle möglichen Verzögerungs- und Ablenkungsstrategien (besonders durch die ständige Forderung nach weiteren externen Untersuchungen über andere Faktoren) um acht Jahre zu verzögern. Das Wirken der Lobby führte dazu, dass bis 1977 fast zwanzig Millionen der absolut gefährlichen Kleinwagen ausgeliefert wurden und dass bei Auffahr-Brandunfällen häufig Todes- und Verbrennungsfolgen eintraten (rund 9000 Todesopfer in *vier* Jahren!). Ein leitender Ingenieur der Firma, gefragt, warum niemand dem Firmendirektor dauernd mit dem Sicherheitsproblem in den Ohren gelegen habe, antwortete: „Diese Person wäre sofort entlassen worden. Sicherheit war kein populäres Thema in [der Firma] jener Tage, für [den Direktor] war es ‚tabu'." „Safety doesn't sell", sagte der frühere Automobilkonzernchef Lee Iacocca. Hatten die Ingenieure in ihrer Verantwortung gegenüber der Öffentlichkeit versagt?

Hans Lenk, Ethikkodizes für Ingenieure, in: Technik und Ethik, S. 198f.

M4 Vier Entschuldigungen

Ingenieur: Aber ich würde meinen Arbeitsplatz verlieren, wenn ich nicht mitgemacht hätte.

Ethiker: Eine Antwort lautet, dass der Ingenieur seine Berufstätigkeit freiwillig begonnen und fortgeführt hat, wohl wissend, dass die gewählte Arbeit mit gewissen Vorteilen und bestimmten Verpflichtungen verbunden ist.

Ingenieur: Wenn ich es nicht tue, wird es jemand anderes tun.

Ethiker: Wenn auch nur eine gewisse Verbesserung erreicht werden kann, mag widerwilliges Mitläufertum moralisch der beste Weg sein, aber in anderen Fällen wird die einzige moralisch akzeptable Form des Handelns darin bestehen, die Mitwirkung aufzukündigen.

Ingenieur: Das ist nicht meine Aufgabe.

Ethiker: Selbst wenn die eigene Arbeit nicht unmittelbar zu schädlichen Ergebnissen beiträgt, kann man sich dennoch moralische Kritik zuziehen, weil man indirekt ein unmoralisches Unternehmen unterstützt.

Ingenieur: Es gibt keine Alternative ...

Ethiker: Wenn man seine Ingenieurslaufbahn nur dadurch verfolgen kann, dass man z. B. Brandbomben für die Zerstörung von Großstädten konstruiert, dann ist es an der Zeit, einen Auswanderungsversuch zu unternehmen oder den Beruf zu wechseln.

nach Kenneth D. Alpern, Ingenieure als moralische Helden, S. 183-191

M5 Ingenieure: Erlöser oder Verbrecher?

Es gibt eine Vorstellung vom Ingenieur, die bis vor kurzem sehr verbreitet war. In dieser Vorstellung erscheint der Ingenieur als ein Zauberer. Wenn Menschen einsam sind, erfinden die Ingenieure Telefone, Autos und Flugzeuge, um sie einander näher zu bringen. Wenn Menschen Hunger haben, produzieren die Ingenieure Mähdrescher, Düngemittel und Pestizide, um ihnen zu essen zu geben. Wenn es Menschen an Behaglichkeit fehlt, entwickeln die Ingenieure Heizungen, Klimaanlagen und Schaumstoffe, um ihnen Komfort zu verschaffen. Wenn sich Menschen langweilen, erfinden die Ingenieure Kino, Fernsehen und Videospiele, um sie zu unterhalten. Kurz: immer wenn Menschen ein Problem haben, werden es die Ingenicure lösen [...]. Früher war diese Vorstellung vom Ingenieur weit verbreitet. In bestimmten Kreisen, beispielsweise bei Technikwissenschaftlern, herrscht sie auch heute noch. Viele Menschen glauben also immer noch, dass selbst unsere schwierigsten Probleme – Energie, Frieden, Hunger, menschliches Leid und menschliches Glück – rein technisch gelöst werden können, ohne dass wir Opfer bringen, unsere Bedürfnisse und Werte ändern oder unsere Lebensweise umstellen müssten: Unsere gute alte abendländische Tüchtigkeit wird uns schon durchbringen.

In anderen Kreisen jedoch ist diese Vorstellung, in der Ingenieure als Zauberer und Erlöser erscheinen, erschüttert worden. Neben nutzbringenden Erfindungen wie dem elektrischen Licht und der Mikroelektronik sind uns auch Atombomben, Drogen, Pflanzengifte, Kernkraftkatastrophen und Umweltskandale beschert worden. Die Technik ist nicht immer gut gewesen. Eine beträchtliche Anzahl schlimmer Tragödien kann unmittelbar bestimmten technischen Entwicklungen angelastet werden. Ingenieure, so scheint es nun, sind doch nicht immer und überall nur Wohltäter der Menschheit. Manche Leute sind sogar so weit gegangen, die Ingenieure als Verbrecher anzuklagen, welche die Umwelt zerstören, die persönliche Freiheit einschränken und die nukleare Vernichtung heraufbeschwören.

Kenneth D. Alpern, Ingenieure als moralische Helden, S. 177f.

1 Sammeln Sie weitere Beispiele, in denen mangelnde Techne zu Unfällen geführt hat. Schreiben Sie dann einen kurzen Essay (s. Methodenüberblick, S. 379) für die Schülerzeitung mit dem Titel „Lob der Techne". → M1/2

2 Analysieren Sie den Pinto-Skandal unter verantwortungsethischen Gesichtspunkten (vgl. hierzu S. 188f.). → M3

3 Bewerten Sie die Aussagen des Ingenieurs und des Ethikers. Wo würden Sie sich in das Gespräch einschalten und gegebenenfalls anders argumentieren? → M4

4 Erstellen Sie eine Liste technischer Ingenieurskunst und erörtern Sie die Vorteile und Nachteile. → M5

8 Technikbewertung

Moralisches Argumentieren

M1 Lesen Sie den Beipackzettel oder fragen Sie ...

Sepp Buchegger

M2 Fortschritt oder Rückschritt?

Die Besonderheiten des technischen Handelns will ich an einem konstruierten Beispiel erläutern, dem eine reale Produktinnovation zugrunde liegt.

Unlängst hat die Industrie einen Laubsauger auf den Markt gebracht. Das ist ein Gerät, mit dem der Kleingärtner im Herbst von seinem Grundstück die welken Blätter entfernen kann, die von den Bäumen herabgefallen sind. Ein Motor treibt ein Gebläse an, das, ähnlich wie beim Staubsauger, einen Unterdruck erzeugt, der die welken Blätter in das Gerät hineinzieht und einem Häckselwerk zuführt, in dem sie zerkleinert und von dort in einen Auffangbehälter geleitet werden, den man von Zeit zu Zeit entleert. Inzwischen hat sich herausgestellt, dass dieses Produkt, so nützlich es auf den ersten Blick erscheinen mag, unerfreuliche Nebenwirkungen erzeugt: Bei seinem Betrieb entsteht ein hoher Geräuschpegel, der möglicherweise sogar den Verwender schädigt, auf jeden Fall aber die Nachbarschaft empfindlich belästigt. Des Weiteren erfasst das Gerät nicht nur das Laub, sondern auch ökologisch wichtige Kleintiere wie Käfer, Würmer und dergleichen, die im Häckselwerk vernichtet werden. Vordergründig erleichtert der Laubsauger die Gartenarbeit, doch bei genauerer Betrachtung beeinträchtigt er die menschliche Gesundheit und das natürliche Ökosystem.

M3 Schuld kurzsichtiger Ingenieure?

Da gibt es zunächst die Möglichkeit, dass die betreffenden Entwicklungsingenieure ihr technisches Handeln völlig kurzsichtig und verantwortungslos betrieben haben; besessen von der Idee, eine lästige Gartenarbeit endlich technisieren zu können. [...]

Diese Problemsicht verkennt jedoch den Umstand, dass die Entwicklung eines Produkts mehr ist als individuelles technisches Handeln. Erstens arbeiten mehrere Ingenieure in einem Team zusammen, und die Bedenken, die einen Einzelnen durchaus befallen mögen, bewirken nichts, wenn er die Anderen nicht zu überzeugen vermag; technisches Handeln ist nicht nur individuelles, sondern meist auch *kooperatives Handeln*. Zweitens aber arbeiten diese Ingenieure für ein Wirtschaftsunternehmen, dem es nicht in erster Linie um menschliche Gesundheit und ökologisches Gleichgewicht geht, sondern um ökonomischen Erfolg. Falls ein Entwicklungsingenieur allfällige Bedenken seiner Geschäftsleitung vorgetragen hat, wird ihm diese geantwortet haben, man brauche das neue Produkt dringend, um die Marktposition zu verbessern, die Gewinnlage zu stabilisieren und Arbeitsplätze zu sichern; schließlich könnten die Verbraucher mit ihrer Nachfrage entscheiden, ob sie den Laubsauger für wünschenswert halten. Technisches Handeln ist meist in *korporatives Handeln* eingebunden und, da die industriellen Korporationen durchweg tausch- und erwerbswirtschaftliche Ziele verfolgen, zugleich ökonomisches Handeln.

M2/3: Günter Ropohl, Technikethik, in: Annemarie Pieper (Hg.), Angewandte Ethik, S. 275f.

M4 Handlungsleitende Werte

Wissenschaftler und Ingenieure, die die Resultate ihrer Arbeit nicht nur an den Kriterien der Effektivität (hervorzubringende Wirkung, neues Resultat) und Effizienz (Minimierung des Aufwands) orientieren, finden sich vor die Herausforderung gestellt, den Dreischritt „Folgenabschätzung – Bewertung – ethische Begründung" zu vollziehen. Der Bewertung kommt dabei in zweifacher Hinsicht eine Schlüsselfunktion zu: Folgenabschätzung operiert mit unsicherem Wissen, das hinsichtlich seiner Gültigkeit immerfort bewertet werden, d. h. in seiner angenommenen Relevanz anerkannt werden muss (im Blick auf die Methoden und Kriterien seiner Gewinnung, des Einräumens von Risiken z. B. beim Akzeptieren von Nachweisbarkeitsgrenzen etc.). Folgenabschätzung setzt insofern Bewertung voraus. Auf der anderen Seite stellt das Feld ethischer Begründungsstrategien abstrakte Prinzipien vor, die der Umsetzung bedürfen, und zwar einer Umsetzung, die, wie anderenorts gezeigt, sich nicht zwangsläufig aus diesen Prinzipien ergibt, sondern eigener Kriterien bedarf, die die Überbrückung in die Praxis leisten. Im Vollzug der Bewertung erfahren diese Prinzipien allererst ihre Aktualisierung und Herausforderung. Die Umsetzung bedarf materialer Werte, an denen sich das Handeln im Einzelfall orientieren kann, d. h. an denen es seine Mittel und Zwecke qualifiziert.

Christoph Hubig, Technik- und Wissenschaftsethik, S. 133

M5 Werteoktogon

Ein weithin bekannter Versuch, moralische Grundintuitionen als Basiswerte einer Technikbewertung zu systematisieren, wurde im Rahmen der Richtlinie *Technikbewertung* des Vereins Deutscher Ingenieure (VDI) unternommen. In ihr sind acht Grundwerte in einem Werteoktogon (Werteachteck) zusammengefasst:

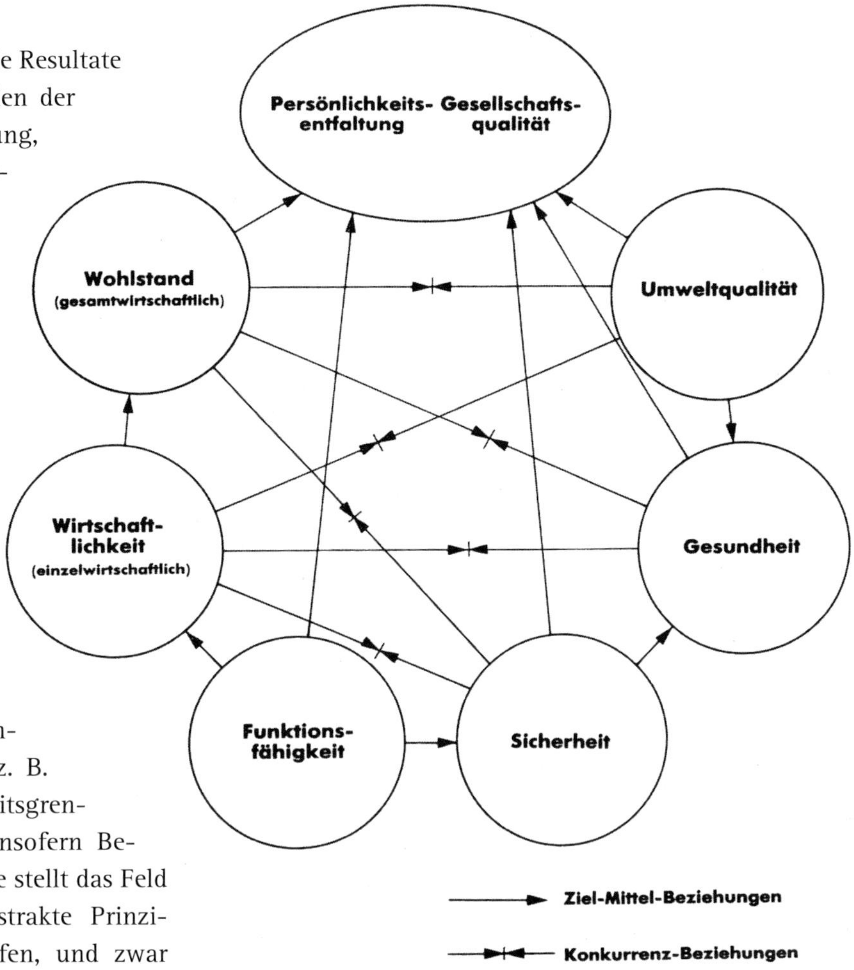

Werteoktogon, Werte im technischen Handeln (aus: VDI 1991, S. 12), in: Funkkolleg Technik, Studienbrief 2, S. 4/14

1. Wer sollte Ihrer Meinung nach Auskunft über die Nebenwirkungen technischer Produkte geben? → M1
2. Versetzen Sie sich in die Rolle eines Entwicklungsingenieurs und antworten Sie auf einen Leserbrief, der Ihnen Verantwortungslosigkeit vorwirft. → M2/3
3. Bearbeiten Sie das Beispiel „Laubsauger" nach dem Dreischritt: Folgenabschätzung – Bewertung – ethische Begründung. → M2/4
4. Erörtern Sie an Beispielen, welche Wertkonflikte sich innerhalb des Werteoktogons ergeben könnten. → M5
5. Teilen Sie sich in Gruppen und erstellen Sie jeweils eine Rangordnung der grundlegenden Werte und begründen Sie diese. → M5

9 Grundsätze einer Technikethik

M1 Nur einmal in 100.000 Jahren?

Einer der gefährlichsten Atomunfälle der Welt ereignete sich im März 1979 in Harrisburg im US-Bundesstaat Pennsylvania. In Block 2 des Atomkraftwerkes Three Mile Island kam es infolge einer ganzen Pannenserie zum Verlust von Kühlwasser. Der Reaktor überhitzte und ein Teil des Brennstoffs schmolz. Im Reaktordruckbehälter bildete sich eine Wasserstoffblase, die glücklicherweise nicht explodierte. Trotzdem gelangten radioaktive Substanzen ins Freie. Die Langzeitfolge sind erhöhte Leukämieraten in der betroffenen Bevölkerung. Was nach den Prognosen der Atomindustrie und der sonstigen „Experten" eigentlich nur einmal in 100.000 Jahren passieren dürfte, geschah dann, nur sieben Jahre später, in katastrophalem Ausmaß 1986 in dem weltweit bisher folgenschwersten Atomunfall im Atomkraftwerk Tschernobyl. Eine Explosion und ein Feuer setzten radioaktive Wolken frei, die über Europa zogen. Hunderttausende Menschen mussten aus der Umgebung evakuiert werden.

M2 Verhängnisvolle Denkfehler

Harrisburg hat mit schonungsloser Deutlichkeit aufgezeigt: Der vereinigte Sachverstand aller Experten, seien sie nun „unabhängig" oder nicht, kann uns vor Unvorhergesehenem nicht schützen. Das mag zunächst wie eine Binsenweisheit klingen, hat aber weitreichende Konsequenzen. Wir haben uns nämlich in den letzten Jahrzehnten an einen verhängnisvollen Denkfehler gewöhnt: Wir haben das für Entscheidungen dienliche Sachwissen mit den Entscheidungen selbst verwechselt und daher viel zu viel Entscheidungslast auf die auch nur begrenzt tragfähigen Schultern der „Experten" abgewälzt. Wir waren (und sind es noch!) unterwegs zur „Expertokratie". Hier hat Harrisburg den nun nicht mehr wegzudiskutierenden Schlussstrich unter eine längerdauernde Entwicklung gezogen: Experten sind auch nur – eben: Experten; Entscheidungen können weder sie noch sonst jemand uns abnehmen, Entscheidungen müssen wir – unter möglichst optimaler Nutzung der dazu dienlichen Informationen – als Bürger selbst treffen. Da macht auch der Politiker keine Ausnahme. Und solche Entscheidungen unterliegen selbstverständlich auch ethischen Überlegungen, die im Falle der Energiegewinnung aus Kernspaltung einen offensichtlich neuen Charakter annehmen bzw. schon angenommen haben: Wir müssen in unsere ethischen Prinzipien nicht mehr nur die Mitverantwortung für Mitmenschen und Umwelt, sondern auch die für eine unabsehbar lange Kette von „Nach-Mitmenschen" aufnehmen. Und da niemand unter diesen Bedingungen wollen kann, dass „nach uns die Sintflut" kommen möge, ergeben sich im Zusammenhang einer so verstandenen *futurischen Ethik* eindeutige Maximen, die eine Minimierung des Risikos fordern, dass unsere Erde zu einer Wüste gemacht wird: Vermeidung aller zentralisierten Großtechnologien, deren Folgen unabsehbar sind, vermehrte Begehung von „soft energy paths", kontrollierte Reduktion des Wachstums.

Walther Zimmerli, Einmischungen, S. 23f.

M3 Grundsätze einer „futuristischen" Ethik

Institutionelle Handlungen müssen daraufhin überprüft werden, ob sie (positiv) individuelles moralisches Handeln ermöglichen oder (negativ) ein Handeln, das an die Existenzbedingungen von „Menschheit" als Handlungskompetenz rührt, ausschließen. Menschheit insgesamt darf nicht als Mittel, d. h. hier als Risikoeinsatz zugunsten „höherer Werte“ dienen. [...]

Erster Schritt: „Moralische Rechte jedes betroffenen Individuums abwägen“; diese gehen vor Nutzenüberlegungen; es sind prädistributive (Grund-)Rechte. Das Recht auf Freiheit und Unantastbarkeit kann nur relativiert werden, wenn seine eigenen Bedingungen in Gefahr sind.

Zweiter Schritt: „Kompromiss suchen, der jeden gleich berücksichtigt“ – im Falle eines unlösbaren Konflikts „zwischen gleichwertigen Grundrechten“. (Vergl. Habermas.)

Dritter Schritt: „Erst nach Abwägung der moralischen Rechte jeder Partei darf und sollte man für die Lösung votieren, die den geringsten Schaden für alle Parteien mit sich bringt“. („Negativer“ Utilitarismus)

Vierter Schritt: „Erst nach ‚Anwendung‘ der Regeln 1, 2 und 3 kann man Nutzen gegen Schaden abwägen“. Es gilt also, dass nichtaufgebbare moralische Rechte vor Schadensabwendung und -verhinderung und diese vor Nutzenserwägungen stehen.

Fünfter Schritt: Bei praktisch unlösbaren Konflikten sollte man faire Kompromisse suchen. (Faire Kompromisse sind z. B. annähernd gleichverteilte oder gerechtfertigt proportionierte Lasten- bzw. Nutzenverteilung, vergl. Rawls.)

M4 Methoden der Technikfolgenabschätzung

Die Wahl der Methoden ist zunächst von dem Auftraggeber bzw. Adressaten einer Technikfolgen-Abschätzung abhängig, da durch diese entsprechende Fragestellungen und Problemwahrnehmungen vorgegeben werden. Zur Verdeutlichung ein extremes Beispiel: Ein Umweltverband, der ein Kernenergieprojekt bewertet oder eine solche Bewertung in Auftrag gibt, wird ganz andere Bewertungskriterien anlegen als ein Unternehmen aus dem Bereich der Kernenergie, welches dasselbe Projekt bewertet oder bewerten lässt.

Auftraggeber	zentrale Fragestellungen	Interesse	präferierte Methoden
„Befürworter“	Welcher zukünftige Nutzen ist zu erwarten? (technologie-, industrie-, verteidigungs-, außenpolitisch)	Machbarkeit	• Abschätzung von Technologiepotenzialen, Marktpotenzialen • Untersuchung von Spin-off-Effekten • quantitative Wirtschaftlichkeitsrechnungen • Bewertung des Nutzens
„Kritiker“	Welcher zukünftige Schaden ist zu erwarten? (ökologisch, sozial, friedenspolitisch)	Verhinderung	• Abschätzung von technischen Risiken • Umweltverträglichkeit • Analyse gesellschaftlicher Kontroversen • Bewertung des Nutzens
Technologie-politiker	Was und wie soll gefördert werden?	vertretbare Entscheidung	• Analyse konkurrierender Technikkonzepte • Szenarien (weltraumpolitische Konzepte) • Folgenanalyse mit unterschiedlichen Bewertungsansätzen • Entwicklung von alternativen (politischen) Handlungsoptionen

1 Recherchieren Sie die Folgen eines technischen Unfalls nach folgendem Raster: direkte – indirekte; berechenbare – unberechenbare; kurzfristige – langfristige usw. → M1

2 Formulieren Sie Forderungen an die Politik im Sinne einer futuristischen Ethik. → M2

3 Erläutern Sie die Grundsätze einer Technikethik in Bezug auf die Ihnen bekannten moralphilosophischen Positionen. → M3

4 Diskutieren Sie die Vorrangregeln 1-3. → M3

5 Spielen Sie an einem selbstgewählten Beispiel die Methoden der Technikfolgenabschätzung durch. → M4

10 Neue Möglichkeiten der Energienutzung

M1 Ein Wunder der Technik?

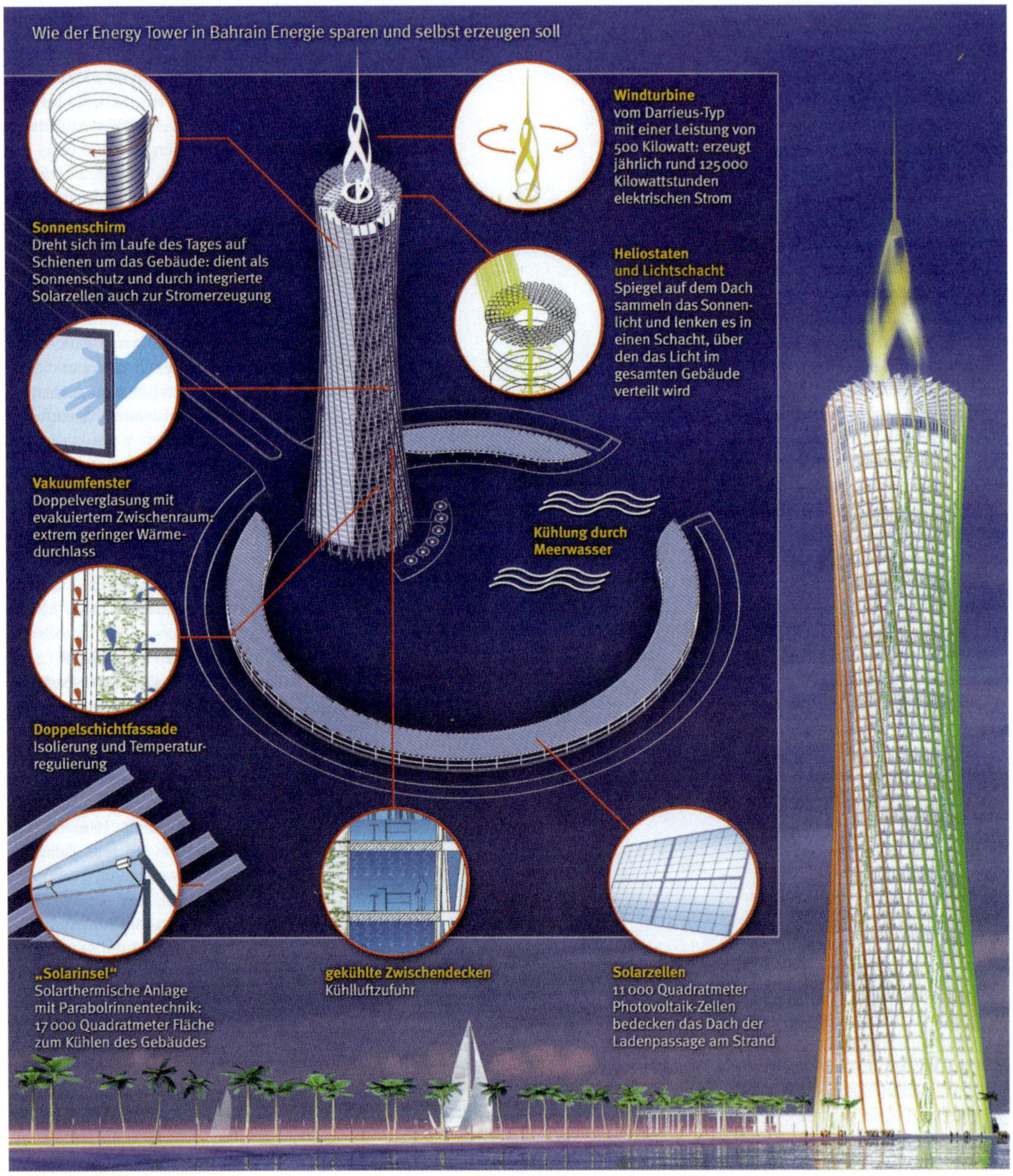

Der Asket vom Persischen Golf. Wie der Energy Tower in Bahrein Energie sparen und selbst erzeugen soll

Wie eine flammende Kerze soll sich der Energy Tower bald über Manama, der Hauptstadt des arabischen Königreichs Bahrein, erheben. Der Clou an dem 322 Meter hohen Gebäude: Es wird ohne Energie von außen auskommen. Dazu sollen zum einen technische Kniffe wie eine Doppelschichtfassade und neuartige Vakuumfenster den Energiebedarf gering halten. Zum anderen sollen eine Windturbine auf dem Dach sowie Solarzellen über der Standpromenade und an einem beweglichen Sonnenschutz elektrischen Strom liefern.

Klaus Jacob, in: bild der wissenschaft 1/2008, S. 97

M2 Effizientere Energienutzung

Worin besteht nun unser Energieproblem? Es besteht in dem hohen Energieverbrauch, der mit immensen sozialen und ökologischen Belastungen und Gefahren verbunden ist. Beispiele hierfür sind:

(1) die Zerstörung der Lebensgrundlagen der Bevölkerung an Stätten des Uranabbaus und die dadurch bedingten Krankheits- und Todesfälle, wie in den Zeugenaussagen des World Uranium Hearing (1992 in Salzburg) beschrieben;

(2) die Gefahr von Radioaktivitätsfreisetzungen beim bestimmungsgemäßen Betrieb von Kernkraftwerken (einschließlich seiner vielen Störungen) und bei Kernkraftwerksunfällen, ferner bei Unfällen in Fertigung und Transport von Kernbrennstoffen sowie bei Wiederaufbereitung und / oder Lagerung abgebrannter Brennelemente (mit der Gefahr einer Zerstörung der Lebensgrundlagen der Bevölkerung in den Industrieländern);

(3) die Landschaftszerstörung durch Braunkohleabbau; sowie

(4) die Gefahr einer Klimaveränderung und daraus resultierender Umwälzungen als Folge des anthropogenen Treibhauseffekts, der zu etwa 50 Prozent von energiebedingten CO_2-Emissionen herrührt. Aufgrund des zu erwartenden Treibhauseffekts kann die Verfeuerung fossiler (nichtnuklearer) Brennstoffe nicht als unproblematische Alternative zugelassen werden.

Wegen solcher Belastungen und wegen der Risiken, die von der Energiebereitstellung nicht zu trennen sind, besteht unsere Aufgabe darin, die Nutzung von Energie und die Bereitstellung von Energie zu Bedingungen zu bewerkstelligen, die eher akzeptabel sind als die heutigen Strukturen. Was aber ist akzeptabel, und für wen?

Zur Minderung energiebedingter Gefahren und Risiken liegt es jedenfalls nahe, in den Industrieländern den Energieverbrauch drastisch zu senken. Rund ein Viertel der Weltbevölkerung lebt in den Industrieländern, und rund drei Viertel des globalen Primärenergieverbrauchs ist ihnen zuzuschreiben. Ihren Bewohnern steht eine Vielzahl verlässlicher Techniken und organisatorischer Maßnahmen zur Verfügung, mit deren Hilfe Energie effizienter genutzt werden *könnte*, ohne dass Komforteinbußen die Folge wären. Die Wirtschaftlichkeit der Effizienzsteigerung hängt von der Höhe der jeweiligen Energiepreise und der Sichtweise ab: Werden „externe Kosten" der Energiebereitstellung und des Energieeinsatzes in die Rechnung miteinbezogen? Und wenn ja, bis zu welcher Höhe?

Unter externen Kosten versteht man bei Produktion und Konsum entstehende Kosten bzw. Folgen, die bei der unternehmerischen Kalkulation oder beim privaten wie öffentlichen Konsum nicht in die Preise bzw. die allgemeine Kostenrechnung eingehen.

Funkkolleg Technik, Studienbrief 4, S. 13,15

M3 Neue Quellen der Energienutzung

Eine langfristig und global einsetzbare Technologie muss mindestens die drei folgenden Bedingungen erfüllen:

(1) *Quellen* unserer Energienutzung müssten jene Energiemengen sein, die von der Sonne kommend ständig auf die Erde treffen und von der Erde wieder in den Weltraum abgestrahlt werden;

(2) die *Form* der Energienutzung darf kein Verbrennungsvorgang sein, sondern wir müssen (bildlich gesprochen) unsere „Turbinen" von den in der Natur ständig fließenden Energieströmen antreiben lassen;

(3) die dabei unvermeidbar auftretenden Störungen der Energieflüsse in unserer Umwelt müssen im Rahmen des globalen Haushaltes der physiologischen Natur verkraftbar sein.

Lothar Schäfer, Das Bacon-Projekt, S. 260

1 Analysieren Sie das Beispiel aus Bahrein. Recherchieren Sie Bemühungen von Energiesparhäusern in unserem Land. ➜ M1

2 Erstellen Sie eine Liste von Möglichkeiten effizienter Energienutzung ohne wesentliche Komforteinbußen. ➜ M2

3 Informieren Sie sich in Fachliteratur und Internet über die Perspektiven alternativer Energieversorgung. Erörtern Sie die Frage, ob eine vollständige Umstellung auf eine nachhaltige Wirtschaft zu erhoffen ist. ➜ M3

*11 Verantwortung der Medien

M1 Die Macht der Bilder

Der Spiegel 36/2006

Das Fernsehen ist ein flüchtiges Medium – eine Bilderflut, die den Verstand ertränkt. Aber auch das Gegenteil stimmt: Das Fernsehen prägt Wahrnehmungen, Debatten und Erinnerungen. Es brennt Bilder tief ins kollektive Gedächtnis einer Gesellschaft ein.
Wie am 11. September 2001. Seitlich leicht geneigt, kracht das zweite der von Terroristen gekaperten Flugzeuge in den Südturm des World Trade Center. Dieses Bild – mehr als die Szenen der Flüchtenden, der Staubwolken, der einstürzenden Türme – steht für eine Epochenzäsur: Der Terror bringt das Machtsymbol der westlichen Welt zu Fall. Es war wohlkalkuliert, dass genau dieses Bild um die Welt ging. Die 18 Minuten, die seit dem ersten Flugzeug-Attentat vergangen waren, reichten aus, um genügend Kameraleute in Stellung zu bringen. Die Terroristen wollten durch dieses Schreckensbild demonstrieren, dass auch die stärkste Weltmacht verletzlich ist. [...]
Das Wichtigste im Nachrichtengeschäft scheinen überwältigende Bilder des miterlebten Augenblicks zu werden. Von überall her und fast ohne Zeitverzögerung sind „heiße Bilder" zu bekommen. Man muss nur eine Kamera halten können und im richtigen Moment am Ort des Geschehens sein.
Die Fernsehberichterstattung zum Terroranschlag in Beslan hat dies erneut bestätigt. Wird die Schule gestürmt? Haben die Terroristen Bomben gezündet? Warum laufen da Kinder herum? Hauptsache, wir haben Bilder. Hauptsache, wir sind „live" dabei. Es war schrecklich, auf allen Kanälen. Für die Selbsttäuschung einer Informationsgesellschaft ist der Glaube typisch, die schnellstmögliche Übertragung sei mit dem höchstmöglichen Maß an Information identisch. Deshalb wird in Zukunft die Nutzung vieler sich ergänzender Medien immer wichtiger. Zuschauen allein reicht nicht. Lesen, hören, vergleichen, sich übers Internet, über SMS und E-Mail informieren wird unerlässlich – sonst spaltet sich die Gesellschaft vollends in eine reflektierende „Informationselite" und eine mit banalen Bildern abgespeiste Konsumentenmasse.

Bernd Gäbler, Journalisten. Botschafter des Terrors, in: Geo Wissen 5/2005, S. 143

M2 Was ist Medienethik?

Gegenstandsbereich der Medienethik sind Kommunikationsmittel, insofern sie Institutionen für die Vermittlung von Informationen, Meinungen und Kulturgütern darstellen. Als bereichsspezifische Ethik beschäftigt sich die Medienethik einerseits mit den verschiedenen Medientechniken sowie den damit handelnden Personen, andererseits mit den vieldimensionalen gesellschaftlichen Wirkungen der Medien. Auf der Ebene der Sachtechnik stehen Fernsehen, Hörfunk und Presse als Massenmedien im Mittelpunkt der medienethischen Diskussion. Wichtig, aber bei weitem nicht so stark beachtet sind Film und Kinoindustrie [...]. Erweitert wurden diese Schwerpunkte seit den 1980er Jahren um die Informations- und Kommunikationstechnik (IT) und hier insbesondere das Internet. Das Internet vereinigt sowohl Eigenschaften der Massen- als auch der Individualkommunikation. *Jessica Heesen, in: Marcus Düwell u. a. (Hg.), Handbuch Ethik, S. 269*

M3 Medienethik – eine normbegründende Ethik

1. Auf einer untersten, sehr konkreten Ebene liegen die moralischen *Urteile* (Beispiel: „Das Foto des toten Uwe Barschel in der Badewanne hätte nicht abgedruckt werden dürfen“). Solchen abschließenden Urteilen geht eine mehr oder weniger systematische Situationsanalyse voraus, auch die Frage nach (professionellen) Regeln, den geltenden Normen und Loyalitäten. Im moralischen Urteil wird ausgedrückt, was zu tun oder zu unterlassen ist, was als richtig oder falsch zu gelten hat. In den Entscheidungen des Presserates werden solche Urteile gefällt, aber auch in der täglichen Arbeit der Redaktionen – z. B. bei der Frage, ob ein bestimmtes Detail veröffentlicht werden soll oder nicht.
2. Auf einer zweiten Ebene finden sich konkrete *Regeln oder Normen*, oft von beschränkter Reichweite (Beispiel: „Bei der Beschaffung von Nachrichten, Informationsmaterial und Bildern dürfen keine unlauteren Methoden angewandt werden“ – Ziffer 4 des Pressekodex). Diese Selbstverpflichtungen haben viele Berührungspunkte mit medienrechtlichen Bestimmungen; aber sie sind zunächst einmal moralische Regeln, die sich eine Profession selbst gegeben hat.
3. Auf einer dritten Ebene befinden sich die allgemeinen moralischen *Grundüberzeugungen oder Haltungen (Tugenden)*, aus denen heraus man intuitiv handelt und die eine hohe Plausibilität besitzen. Es ist Aufgabe der Ethik, diese Intuitionen zu begründen, d. h. die in ihnen enthaltenen Prinzipien herauszuarbeiten, eine Rangordnung der angesprochenen Normen und Werte aufzustellen.
4. Schon wesentlich abstrakter sind die ethischen *Prinzipien*. Dazu zählt die Anerkennung der Personalität (oder Selbstzwecklichkeit) jedes Menschen. Jede menschliche Handlung kann daraufhin beurteilt werden, welche Bedeutung sie für den einzelnen Menschen selbst hat, für seine Entwicklungschancen und die Sicherung personaler Freiheit (Individualverträglichkeit des Handelns). Ferner lässt sich die Bedeutung einer Handlung für die Mitwelt, die Entwicklungschancen anderer, die Erhaltung ihrer personalen Freiheit, die Gestaltung eines gerechten Miteinanders abschätzen (Sozialverträglichkeit). Und schließlich kann man nach der Auswirkung für die natürliche Umwelt fragen, ob die betreffende Handlung geeignet ist, die Lebensgrundlage der gegenwärtigen und zukünftigen Generationen zu erhalten (Umweltverträglichkeit).
5. Auf einer hochabstrakten, fünften Ebene befinden sich die *ethischen Theorien*, mit denen diskutiert wird, wie man das Grundprinzip des moralischen Handelns bestimmen kann. Damit ist die Ebene der Allgemeinen Ethik oder der Metaethik erreicht. Da wird der tugendethische Ansatz von Aristoteles erörtert oder die deontologische Begründung von Kant diskutiert, die diskursethische von Habermas und Apel. Oder man geht eher pragmatische Wege: vom Verantwortungsbegriff oder von den Menschenrechten aus. *Rüdiger Funiok, Medienethik, S. 38–40*

M4 Im Sog der Medien

Thomas Klefisch

1. Sammeln Sie weitere Beispiele für die „Faszination“ der Bilder. → M1/4
2. Diskutieren Sie die Verantwortung der Journalisten bei der Berichterstattung über Terroranschläge, Amokläufe u. Ä. → M1
3. Nehmen Sie Stellung zu der Spaltung der Gesellschaft in eine „Informationselite“ und eine „Konsumentenmasse“. → M1
4. Erstellen Sie eine Tabelle zu den Bereichen der Medienethik und subsumieren Sie entsprechende Beispiele. → M2
5. Bilden Sie eine Redaktionskonferenz eines großen Fernsehsenders, die vor der Entscheidung steht, einen blutigen Amoklauf mit mehreren Toten in einer Schule zu übertragen. Wenden Sie die Grundsätze der Medienethik an, indem Sie Bezug auf die in M3 angesprochenen und Ihnen bekannten ethischen Positionen nehmen. → M3

*12 Kommunikation ohne Grenzen

M1 Die Sucht nach der virtuellen Welt

M2 Der geschwätzige Affe

Wie beim Skifahren ist es auch beim Surfen so, dass man nicht an ein Ziel kommen, sondern die Fahrt genießen will. Deshalb ist die Metapher vom Surfen im Internet gut gewählt. Denn es geht hier gar nicht primär um Information und Wissen. Wir genießen uns selbst, indem wir unsere Sinne in den Medien baden. Wenn Menschen im Internet surfen, geht es ihnen also nicht vorrangig darum, Informationen aufzunehmen oder auszutauschen. Sie wollen gerade in der Redundanz der Botschaft mitschwingen, oben auf der Welle bleiben. Es geht nicht um Information, sondern um Faszination. [...]

Das Internet ist, genau so wie die Telefonie, im Wesentlichen Geschwätz. Gerade Intellektuelle und Geschäftsleute übersehen leicht diesen wichtigsten Faktor der neuen Medienwelt, die Kommunikationslust. Zu Luthers und Gutenbergs Zeiten hat die Religion von Kult auf Kommunikation umgestellt. Heute haben wir eine interessante Ersatzreligion: Kommunikation als Kult. [...] Die moderne Gesellschaft ersetzt Anwesenheit durch kommunikative Erreichbarkeit. Hier kann man nun eine faszinierende Beobachtung machen. Die Kommunikation in die Ferne gelingt uns sehr viel besser als die mit dem „Nächsten“. Das weckt den Verdacht, dass die Begeisterung für Telekommunikation und die Political Correctness der Fernstenliebe als Alibi für die gescheiterte Nähe herhalten müssen. Jedenfalls wird Gemeinschaft heute radikal von Kommunikation her gedacht. Nicht der Weltbürger, sondern der Netzbürger ist im globalen Dorf zu Hause. Die Weltkommunikation der Internet-Kultur setzt zwar weltweit bestimmte technische Standards durch, aber keine universalistischen Prinzipien. Im Gegenteil. Zur Weltkommunikation gehören die Nischenwelten, das heißt die Selbstbehauptung der Minderheiten als virtueller Gemeinschaften im Netz.

Norbert Bolz, Der geschwätzige Affe, in: Der Spiegel 12/01, S. 142f.

M3 Second Life, Third Dimension

Second Life ist ein Muster dafür, wie die nächste Stufe des Internet, das Web 3.0 aussehen könnte. [...] Klickt man dann auf den Browser, wird man von seinem Avatar begrüßt, der über die eigenen Körpermaße, Kontoverbindungen, kulinarischen und musikalischen Vorlieben verfügt. Mit ihm kann man beispielsweise einen Bekleidungsladen besuchen, dort an der virtuellen Mode vorbeischlendern und Textilien anprobieren. [...] Das Internet wäre nicht mehr gesichtslos. Auf virtuellen Spaziergängen durch Innenstädte, Geschäfte und Parks würde man anderen Avataren begegnen und sich mit ihnen unterhalten. Dass man seinen Avatar zur Bank schickt, um ein Konto zu eröffnen und Geldgeschäfte abzuwickeln, wird in einem künftigen 3D-Internet eine Selbstverständlichkeit sein.

Sandra Murr, Second Life, Third Dimension, in: bild der wissenschaft 10/07, S. 96

M4 Vom Nutzen und Nachteil des Internets

Mehr als zehn Jahre nach der Entstehung des Internet stehen wir vor einer paradoxen Situation: Je mehr der anfängliche Mythos einer von der realen Welt sich unterscheidenden *Cyberwelt* verblasst und das Internet zum Alltag von Millionen von Menschen gehört, um so mehr wachsen die Erwartungen, dieses Medium werde uns, in einer anderen Weise als dies die Individual- und Massenmedien des 20. Jahrhunderts zu tun vermochten, einander näher bringen, womit das kulturelle, wissenschaftliche, wirtschaftliche und politische Leben der Menschen in einer gemeinsamen Welt gemeint ist. [...]

Was bringt die digitale Globalisierung für diese oder jene Gesellschaft oder Gruppe innerhalb dieser oder jener Kultur unter diesen oder jenen wirtschaftlichen Verhältnissen konkret an Veränderungen der Lebensbedingungen? Bedeutet sie zum Beispiel, dass eine privilegierte Minderheit von der digitalen Weltvernetzung profitiert und dadurch die schon vorhandene Kluft zwischen Armen und Reichen noch tiefer wird? Steigen die Chancen für eine bessere Ausbildung? Können sich die bisher unterdrückten Stimmen im politischen oder kulturellen Umfeld besser Gehör verschaffen? Steigen die Chancen für eine fortschreitende Demokratisierung? Eröffnen sich neue Betätigungsfelder, so dass die *lokale* Wirtschaft neue Impulse, sprich: neue Arbeitsplätze, schafft? Kann sich die kulturelle Vielfalt im Medium der digitalen Globalisierung so artikulieren, dass ihre *Aneignung* auf der Basis und in Auseinandersetzung mit der lokalen Geschichte, deren Traditionen und Metaphern und in der eigenen Sprache stattfindet? [...]

Der bloße technische Anschluss *(access)* der sog. Dritten Welt an die digitale Infrastruktur des *World Wide Web* löst *per se* keine sozialen oder ökonomischen Fragen. Im Mittelpunkt einer auf die konkreten Bedürfnisse der Menschen sich ausrichtenden digitalen Kultur muss, paradox ausgedrückt, die Leiblichkeit stehen. Die Spannung zwischen dem Digitalen und der physischen Existenz bildet die eigentliche Antriebskraft für die Fragen einer Informationsethik im 21. Jahrhundert. Zugleich ist hervorzuheben, dass die vielfältigen Formen menschlicher Kommunikation, die die Weltvernetzung bietet, zu neuen Formen von Gemeinschaften führen, die sozusagen *quer* zu den bisherigen geographisch und kulturell bedingten Lokalitäten stehen, so dass Netz-Gemeinschaften sich vielfältig mit *physischen* Lokalitäten überschneiden und somit zur Erweiterung und Bereicherung des lebensweltlichen Horizontes, aber auch zur Austragung neuer und alter Konflikte führen können.

Rafael Capurro, Führt die digitale Weltvernetzung zu einer globalen Informationsethik?, in: Concilium 1/2005, S. 39-45

M5 Medienethik als angewandte Ethik

Medienethik ist somit eine Form angewandter Ethik – wie die Umweltethik, die Medizinethik und die Wirtschaftsethik. Angewandte Ethiken werden immer dann notwendig, wenn sich aufgrund wissenschaftlich-technischer Entwicklungen neue Handlungsmöglichkeiten und mit ihnen Bewertungsprobleme ergeben, für welche die allgemeine Moral (oder die bisherige Berufsmoral) keine ausreichend trennscharfen Kriterien bereithält. Die Wahl- und Orientierungsprobleme, vor welche die Massenmedien und Informationsnetze die Gesellschaft sowie den Einzelnen stellen, erfordern eine bereichsspezifische ethische Reflexion. Dieser Forderung nach einer expliziten Medienethik stimmen wenigstens diejenigen zu, die im ständig wachsenden Informations- und Unterhaltungsangebot nicht nur Chancen für die Demokratie und die Entwicklung des Einzelnen sehen, sondern auch Gefahren. Worin die Chancen und Gefahren für bestimmte Bevölkerungsgruppen konkret bestehen, das zu bestimmen ist Aufgabe der Empirie. Die Rolle der Ethik ist es, mit dem Verweis auf die Grundbedingungen des Humanen (z. B. auf das Schutzbedürfnis von Heranwachsenden) darauf zu insistieren, dass diese Chancen auch wirklich genutzt und Gefahren minimiert werden. Medienethik ist also, wie die anderen angewandten Ethiken auch, sowohl empirie- wie prinzipiengeleitet.

Rüdiger Funiok, Medienethik, S. 41

1. Nehmen Sie Stellung zu der These, dass die virtuelle Welt eine Kompensation für die darstellt, die Bestätigung oder sozialen Anschluss in der realen Welt vermissen. ➜ M1
2. Stellen Sie die Kommunikationsformen im Internet zusammen (Chat, Blog, Twitter usw.) und diskutieren Sie Vor- und Nachteile. ➜ M2
3. Überlegen Sie an Beispielen ob es zutrifft, dass die Kommunikation über Medien (Mails, SMS usw.) uns sehr viel besser gelingt als die mit dem „Nächsten" (face to face). ➜ M2
4. Diskutieren Sie die Faszination, die von Second Life ausgeht. Warum ist es so interessant, sich von einem Avatar vertreten zu lassen? ➜ M3
5. Erarbeiten Sie Argumente für und gegen die digitale Weltvernetzung und schreiben Sie einen Artikel für Ihre Schülerzeitschrift: Total global-lokal! ➜ M4/5

*13 Künstliche Intelligenz

M1 Können Maschinen denken?

Unser Nachwuchs – der Roboter? Diese Mensch-Maschine begrüßt Besucher in einem Computermuseum.

M2 Was ist künstliche Intelligenz?

„Wir sind der Zeit sehr nahe, in der nahezu keiner wesentlichen menschlichen Funktion, sei sie physisch oder mental, ein künstliches Gegenstück fehlen wird.“ – Prognosen wie diese werden seit den 1950er-Jahren von ernsthaften Wissenschaftlern – in diesem Fall von dem kanadischen Robotikspezialisten Hans Moravec (*1948) – vertreten. Und die Arbeit von Mathematikern, Informatikern, Ingenieuren, Linguisten, Psychologen und sogar Philosophen hat diese Prognosen wissenschaftlich fundiert. Mit „künstlicher Intelligenz“ wird nicht allein der Forschungsbereich bezeichnet, der bestimmte mentale Funktionen des Menschen zum Gegenstand hat, auch auf dessen theoretische und ingenieurtechnische Resultate selbst wird dieser Begriff angewandt. In letzterem Sinne bestimmt künstliche Intelligenz längst das moderne Leben in Gestalt von Flugsteuerung und -überwachung, Berechnung und Produktion von Fahrzeugkarosserien, Diagnoseprogrammen in Krankenhäusern und vielem mehr. *Brok-*

M3 Forschungsprojekt: künstliche Intelligenz

Die Theoretiker der Künstlichen Intelligenz gehen von der These aus, dass irgendwann Maschinen (bzw. Roboter) geschaffen werden, die in der Lage sind, selbständig Probleme zu lösen oder intelligente Handlungen durchzuführen. Im Rahmen der KI-Forschung resultiert die Intelligenz nicht aus der Hardware, sondern ist eine Eigenschaft der Software, die versucht, die nichtlinearen Phänomene im Gehirn, die zu Intelligenz und Bewusstsein führen, nachzubilden. Die Künstliche Intelligenz ist sowohl eine neue Form theoretischer und experimenteller Psychologie und Biologie als auch ein neuer Typ von Ingenieurwissenschaften [...]. Im Rahmen der KI-Forschung wird das menschliche Gehirn als eine überaus leistungsstarke Maschine angesehen. [Es wird] behauptet, dass die Ersetzung physikalischer Teile des Gehirns dessen Funktionieren so lange nicht beeinflusst, wie die Abfolge von Zuständen nicht beeinflusst wird. Diese Behauptung erscheint jedoch als zu oberflächlich, da die Beurteilung von Intelligenz auch eine subjektive Dimension hat. Es ist möglich, dass das Verhalten eines Objektes von einer Person als intelligent, von der anderen als unintelligent eingestuft wird. Um so wichtiger ist es, allgemeine und objektive Kriterien für Intelligenztests aufzustellen, die auch Intuition und Kreativität berücksichtigen. *Arthur P. Schmidt, Wissensnavigator, S. 101f.*

M4 Grenzen künstlicher Intelligenz

Inzwischen dürfte klar sein, dass künstliche Intelligenz in absehbarer Zeit nicht zu Robotern führen wird, die klüger sind als Menschen. Nehmen Sie die Mustererkennung: Keiner der heutigen Supercomputer schafft es auch nur, einen Tisch eindeutig zu identifizieren. Denn es gibt Tische mit vier, drei oder zwei Beinen, es gibt gewaltige Unterschiede in Design und Funktion – das ist kaum in Formeln zu übersetzen. Kinder erfassen solche Muster mit zwei Jahren, der beste Computer der Welt lernt es nie.

Ortwinn Renn in: Geo kompakt Nr. 3/2005, S. 166

M5 Der Turing-Test

nach George Retseck

Der Turing-Test

Der englische Mathematiker Alan M. Turing stellte 1950 den nach ihm benannten Test zur Diskussion: Ein menschlicher Gutachter führt zwei Konversationen zugleich, mit einem Computer und einem menschlichen Wesen. Wenn er außerstande ist, anhand der Antworten den Menschen und den Computer zu identifizieren, hat die Maschine den Test bestanden.

Gegenwärtig kann die Überzeugung, dass natürliche Intelligenzleistungen eine sehr komplexe Art von Rechnen sind, nur als Hypothese gelten. Wir sehen allerdings keinen guten Grund, warum ein geistiger Vorgang nicht auf diese Weise beschreibbar sein sollte. [...] Das wissenschaftliche Ziel der KI ist, eine informatische Gesamtsicht der Intelligenz oder – allgemeiner – aller geistigen Fähigkeiten zu liefern, nicht nur der menschlichen. Wenn das gelingt, werden wir zwangsläufig der Einzigartigkeit menschlichen Denkens abschwören müssen – und dadurch imstande sein, es zu erweitern und zu verbessern. [...] Turings Endziel – dem wir freudig zustimmen – war nicht die Beschreibung der Unterschiede zwischen denkenden Menschen und nichtdenkenden Maschinen, sondern ihre Beseitigung. Das bedeutet keine Herabwürdigung des Menschseins und schon gar nicht seine Bedrohung. [...] Sollte sich unser Gehirn tatsächlich als eine Art biologischer Computer entpuppen, dann haben wir es wahrlich mit einem bemerkenswerten Computer zu tun.

Spektrum Special, 3/1999, S. 83

M6 Mythos Computer

Wir statten Computer mit übermenschlichen (gottähnlichen) Eigenschaften aus, die sie gegenüber ethischer Kritik „moralisch immun" machen. Wir neigen dazu, uns auf sie zu verlassen, gerade wenn wir es nicht sollten; wir hoffen, vom Computer Antworten zu erhalten, die wir nicht erhoffen sollten; und wir geben Probleme, die wir selbst nicht lösen können, dem Computer mit der kühnen Vorstellung ein, dass er sie lösen wird. Wenn wir scheitern, ist das *unsere* Schuld, nicht die der Computer. All dies ist Teil des „Mythos" Computer, der ihn eher als einen idealen Selbstzweck behandelt statt als Werkzeug, das er letztendlich wirklich ist. Solange wir Computer als kleine Götter behandeln, werden wir nicht in der Lage sein, realistisch und ethisch mit ihnen umzugehen.
Statt dessen sollten wir lernen, Computer als Werkzeuge zu behandeln. Das bedeutet, dass wir ständig bereit sein müssen, zu untersuchen, was ein Computer tut, was er tun kann, wie er helfen kann, wie er benutzt wird und werden kann und wofür er nicht benutzt werden kann und sollte.

John Ladd, in: Wissenschaft und Ethik, S. 283

1 Angenommen, wir könnten eines Tages Roboter bauen, die fast wie wir aussehen, sprechen und sich bewegen. Sie scheinen zu verstehen, was wir zu ihnen sagen, und haben offensichtlich sogar Gefühle, Hoffnungen, Wünsche und so weiter. Sie können uns mitteilen, was sie tun möchten. Würden solche Maschinen wirklich denken? Hätten sie so etwas wie einen Verstand? → M1
2 Sammeln Sie Beispiele künstlicher Intelligenz, die uns jetzt schon das Leben erleichtern. → M2
3 Erläutern Sie die Auffassung der KI-Forschung, die das menschliche Gehirn als Maschine ansieht, in Bezug auf die neueren Ergebnisse der Hirnforschung (s. hierzu S. 36f.). → M3/4
4 Informieren Sie sich über den Turing-Test. Überlegen Sie, warum es dem Computer bisher nicht gelungen ist, den Gutachter davon zu überzeugen, dass er ein Mensch sei. → M5
5 Bilden Sie zwei Gruppen: Befürworter und Skeptiker der künstlichen Intelligenz. Erarbeiten Sie anhand der Texte die Argumente und diskutieren Sie die Ergebnisse. → M2-6

Projekt 1 Testfragen zur Technikbewertung

Begründungsansätze einer Technik- und Wissenschaftsethik lassen sich nicht in Form von Rezepten umsetzen, in Form einer „Lebenssoftware" etwa im Blick auf feste Entscheidungsalgorithmen. Eine Ethik der Technik kann nicht in eine Technik der Ethik münden. Zur Umsetzung der ethischen Ansprüche können lediglich Orientierungsvorschläge unterbreitet werden; diese sollen hier in vier Fragestellungen, die die unterschiedlichen Ebenen der Umsetzung betreffen, zusammengefasst werden. Auf diese Weise kann das *kluge Abwägen* bei der Bewertung der Innovationen und Handlungsstrategien systematisiert werden, so dass man an der jeweiligen Stelle des Diskurses auch weiß, wo man sich befindet.

Vier Testfragen:

1. Wie weit sollen Optimierungen vorangetrieben werden?
2. Ist es zu befürworten, dass ein bestimmter technischer Nutzen erkauft wird durch einen Abbau von Handlungskompetenz?
3. Sollen bestimmte Systeme der Technik bzw. des Wirtschaftens weiter ausgebaut werden? Wollen wir diese Systeme?
4. Identifizieren wir unsere Subjektivität, gewinnen wir unser Selbstbild zu sehr über die Technik?

Wenden Sie die vier Testfragen auf weitere Bereiche wie z. B. die globale Vernetzung an.

> Beispiel Energiebereitstellung

Testfrage 1	Erhöhung des Wirkungsgrades (fossil / solar)	versus	Ressourcenproblem Ökobilanz
Testfrage 2	Energiedienstleistung	versus	Makrorisiken (Klima / Endlagerung)
Testfrage 3	Energiebereitstellungstechnologie	versus	Energieeinspartechnologie
Testfrage 4	Mensch als „Kraftmaschine"	versus	Notwendigkeit qualitativer Selbstidentifikation

> Beispiel Künstliche Intelligenz

Testfrage 1	Mehr Information, bessere Kommunikation	versus	Semantische Einschränkung un und Monopolisierung des Wissens, Datenschutzverletzung
Testfrage 2	Antizipation von Erfahrung durch Simulation	versus	Kreativitätseinschränkung, Realitätsverlust
Testfrage 3	Bessere Kontrollmöglichkeit der Artefakte	versus	Kontrollverlust durch die Subjekte qua Delegation von Verantwortung, Programmwucherung
Testfrage 4	Selbstidentifikation der Natürlichen über Künstliche Intelligenz	versus	Verlust der Einsicht in die Notwendigkeit der Abgrenzung in praktischer Hinsicht

> Beispiel Gentechnologie

Testfrage 1	Somatische Gentherapie DNA-Sonden	versus	Restrisiko
Testfrage 2	Keimbahntherapie	versus	Integrität der Person
Testfrage 3	Regler-Gen-Kombination	versus	Offenheit der Evolution
Testfrage 4	Gene als Überlebensmaschinen	versus	Einsicht in die Transzendenz der Freiheit

> Beispiel Medizin

Testfrage 1	Leistungssteigerung	versus	Auswirkung auf die Gesamtlebensweise
Testfrage 2	Schnelle Genesung	versus	Selbstheilungskompetenz
Testfrage 3	Medizinisch-industrieller Komplex	versus	Favorisierung der Prävention un Verringerung der Eingriffstiefe
Testfrage 4	Instrumentell verengte Definition von Gesundheit	versus	physisches / psychisches / soziales Wohlbefinden (WHO)

nach Christoph Hubig, Technik- und Wissenschaftsethik, S. 161-176

Projekt 2 „Szenario-Writing"

Hier versucht man, in interdisziplinärer Zusammenarbeit unter Einschaltung von Sozial-, Wirtschafts- und Geisteswissenschaftlern, zukünftige Kontexte zu modellieren, die eine Fiktion der Auswirkungen zukünftiger Innovationen anschaulich werden lassen. Prominente Beispiele für eine solche Szenario-Erstellung sind die Szenarien, die im Zusammenhang mit einer möglichen Einführung der Plutonium-Wirtschaft in der Bundesrepublik in Auftrag gegeben wurden. Interessanterweise harmonierten die Befunde des „alternativen" Öko-Instituts mit denen der als „konservativ" geltenden KFA Jülich. Beide kamen zu dem Ergebnis, dass die Einführung der Plutonium-Wirtschaft mit den Standards der freiheitlich-demokratischen Grundordnung aufgrund der erhöhten Sicherheits- und Kontrollerfordernisse nicht vereinbar sei. Ein prominentes Beispiel für das Fehlen entsprechender Szenarien wird ersichtlich, wenn man Überlegungen über die umweltentlastende Wirkung der Einführung des Katalysators anstellt. Die objektiv schadstoffmindernde Wirkung des Katalysators wird kompensiert durch eine radikale Veränderung des Umgangs mit dem Automobil, so dass vorab festzustellen gewesen wäre, dass der Schadstoffausstoß nicht verringert, sondern sogar linear erhöht wird, weil die voranliegenden Spar- und Zurückhaltungsstrategien im Umgang mit dem Automobil nicht mehr gefragt sind. Die Entwicklung von Magermotoren und die Reduzierung des Einsatzes von Automobilen wurde zurückgestellt zugunsten einer Favorisierung starker Maschinen mit seit 1980 wieder konstant steigendem Kraftstoffverbrauch. Szenarien spielen eine große Rolle bei Überlegungen über die Gestaltung zukünftiger technischer Systeme. [...] Oftmals können auf den ersten Blick kurzfristig wirkende Reparaturtechniken sich langfristig nachteiliger auswirken als ihre Unterlassung. Dies gilt zum Beispiel für kurzfristig gedachte Techniken zum Krisenmanagement der Müllproblematik, wie etwa die „Grüne-Punkt-Strategie", das duale System der Entsorgung. Im günstigsten Falle reduziert diese ab 1995 den Hausmüll-Anfall um 25%, verhindert jedoch, dass die Mehrwegverpackungen sich durchsetzen und sich eine notwendige Veränderung des Bewusstseins der sie verwendenden Subjekte weiter verbreiten kann.

Christoph Hubig, Technik- und Wissenschaftsethik, S. 89f.

Durchführung eines Szenarios

1. Den Auftraggeber festlegen, z. B.:
- > Umweltschutzverband?
- > Industriekonzern?
- > Ministerium, Behörde?

2. Den Gegenstand des Projekts bestimmen, z. B.:
- > Kernenergieprojekt (vgl. S. 272f.)
- > Genmais (vgl. S. 292f.)
- > Solarenergie (vgl. S. 274f.)
- > Embryonenforschung (vgl. S. 320f.)

3. Potentialabschätzung (Delphi-Methode):
- > technologische Entwicklungschancen beschreiben
- > Befragung von Experten, Entwicklern, potentiellen Anwendern
- > evtl. Ausblick auf andere Länder

4. Alternative Zukunfts- bzw. Entwicklungsmöglichkeiten beschreiben:
- > Festlegen der Leitbilder / Zielvorstellungen (gut / schlecht / Trend)
- > Grenz- und Trendentwicklungen beschreiben, mögliche Störfaktoren mit einbauen
- > unterschiedliche politische und technische Lösungen entwickeln

Stellen Sie sich in einem kleinen Szenario vor, wie die wirtschaftliche Nutzung bei einem Marsflugunternehmen um das Jahr 2020 aussehen könnte. Lassen Sie dazu Ihrer Fantasie freien Lauf.

*1 „Lasst uns der Natur folgen!"

M1 Tücken unserer Rede von „Natur"

Nach Dieter Birnbacher verwenden wir den Begriff der Natur ethisch in vielfältiger Weise.

Diese Vielfältigkeit geht so weit, dass nahezu das einzige Merkmal, das allen ethischen Verwendungen des Naturbegriffs gemeinsam ist, die eindeutig positive, billigende Konnotation ist. Während „unnatürlich" durchweg pejorativ gebraucht wird, steht das „Natürliche" für das Richtigere, Angemessene, Legitimere. [...] Worin die ethische Überlegenheit des „Natürlichen" über das „Unnatürliche" dabei gesehen wird, ist allerdings hochgradig variabel. [...] Je weniger diese vielfältigen und in der Tat gegensätzlichen Inhalte des Naturbegriffs transparent gemacht werden, desto mehr bietet sich der ethische Naturbegriff dazu an, als „Leerformel" zu fungieren: als positiv besetzte, aber in weiten Grenzen deutbare Begriffshülse, die zwischen Sprecher und Hörer ein scheinbares Einverständnis herbeiführt, ohne den Sprecher darauf zu verpflichten, seine inhaltlichen Wertprämissen offenzulegen, und den Hörer, seine Zustimmung und Ablehnung an diesen zu überprüfen.

Wolf-Rüdiger Marunde

M2 Der Natur nachfolgen?

Die ökologischen Probleme im Zuge des unkontrollierten Wachstums der zivilisatorischen Natureingriffe haben mit der Erkenntnis der Bedrohtheit der Naturhaushalte zugleich auch eine Restauration idealisierender Naturbilder begünstigt. Bezeichnend dafür ist der Gedanke, eine hypothetisch von allen menschlichen Eingriffen befreite Natur könne den Maßstab abgeben für einen harmonischen menschlichen Umgang mit ihr. Der ursprünglichen Natur wird dabei ein „Gleichgewichts"-zustand zugeschrieben, der infolge der Expansion menschlicher Aktivitäten verloren gegangen und nur durch konsequente Nutzungsverzichte wiederherzustellen sei. Bezeichnend für diese Denkweise ist das von dem Ökologen Barry Commoner formulierte so genannte „dritte Gesetz der Ökologie": „Nature knows best".

M3 Handeln wie die Natur?

Nach John Stuart Mill taugt die amoralische Natur nicht zum Modell menschlichen Handelns.

Sie pfählt Menschen, zermalmt sie, wie wenn sie aufs Rad geflochten wären, wirft sie wilden Tieren zur Beute vor, verbrennt sie, steinigt sie wie den ersten christlichen Märtyrer, lässt sie verhungern und erfrieren, tötet sie durch das rasche oder schleichende Gift ihrer Ausdünstungen und hat noch hundert andere scheußliche Todesarten in Reserve [...]. [...] Entweder ist es richtig, dass wir töten, weil die Natur tötet, martern, weil die Natur martert, verwüsten, weil die Natur verwüstet; oder wir haben bei unseren Handlungen überhaupt nicht danach zu fragen, was die Natur tut, sondern nur danach, was zu tun richtig ist.

John Stuart Mill, Drei Essays über Religion, S. 31-34

M4 Der naturalistische Fehlschluss

Indem der Naturbegriff sowohl deskriptive als auch normative Bedeutungen annehmen kann, ist er wie kein anderer prädestiniert, die Kluft zwischen Sein und Sollen [...] zu verschleiern. Nicht zufällig ist diejenige Formulierung einer Norm die wirkungsvollste, die diese in das Gewand einer Naturtatsache kleidet [...] Aber die Kluft zwischen Sein und Sollen, zwischen Beschreibungen und Bewertungen ist immer nur zum Schein überbrückbar. Zwar können bestimmte Beschreibungen als Gründe, Kriterien oder Argumente für eine Bewertung fungieren, aber niemals ist die logische Beziehung zwischen Deskription und Evaluation so eng, dass die Letztere aus noch so vielen Beschreibungen der Sache logisch folgt. Logisch ist vielmehr jede noch so große Menge zutreffender Beschreibungen mit jeder möglichen Bewertung verträglich. Diese schlichte Tatsache verbirgt sich hinter dem Argument des „naturalistischen Fehlschlusses“ [...].

Mit anderen Worten: Ich kann mich zur Rechtfertigung einer Bewertung niemals alleine auf (reale oder vermeintliche) Tatsachen der Natur berufen. Die Natur kann niemals als alleinige „Grundlage und Maßstab ethischen Handelns“ dienen. Jeder Versuch, sich durch den Rückgriff auf eine objektiv vorgegebene Natur von der Aufgabe (und der Verantwortung) einer eigenen Bewertung und Entscheidung zu entlasten, ist zum Scheitern verurteilt. [...]

Die Kritik am „naturalistischen Fehlschluss“ besagt [...] nicht mehr. Sie besagt vor allem nicht, dass [...] Tatsachen über die Natur [...] nicht durchaus als gute Gründe, Kriterien oder Argumente für moralische Wertungen in Frage kommen. Die Ableitbeziehung zwischen deskriptiven Prämissen und wertenden Konklusionen ist dann allerdings schwächer als im Falle einer deduktiven Ableitung. Sie wird allenfalls den Status eines Plausibilitätsarguments beanspruchen können.

M5 „Natürlichkeit“ als Argument?

[...] dass die natürliche Radioaktivität oder die (partiell dadurch bedingte) natürliche Krebsrate zur erwartbaren Normalität gehören, besagt nicht, dass sie deshalb auch schon akzeptabel sind. Wäre die natürliche Radioaktivität mit technischen Mitteln und kostengünstig wesentlich reduzierbar, wären wir zweifellos verpflichtet, dies zu tun. Da manche „natürlichen“ Vorgänge – wie etwa die „natürliche“ Geburt – mit beträchtlichen Risiken verknüpft sind [...], wäre es grob unvernünftig, sie allein ihrer „Natürlichkeit“ wegen zum Maßstab der Risikoakzeptabilität zu machen. [...] Oder verletzt etwa auch der Kaiserschnitt „die basale Naturwüchsigkeit des Menschen“ [...]? Die naheliegende Frage wäre im Gegenteil: Warum ist „Naturwüchsigkeit“ überhaupt ein Wert? Schließlich ist nicht nur die gesamte Medizin, ja die ganze Kultur darauf angelegt, den Zumutungen der Natur zu begegnen, sondern der Mensch ist auch „von Natur aus“ darauf angewiesen, die äußere (und seine innere) Natur zu überformen und zu transformieren. Das „Unnatürliche“ ist insofern keine Beeinträchtigung, sondern geradezu eine Bestätigung seiner menschlichen Würde.

M1/2 und M4/5: Dieter Birnbacher, Bioethik zwischen Natur und Interesse, S. 145-147, 161, 150-152, 162f.

1 Erstellen Sie eine Mindmap zu den ökologischen Problemen, die sich infolge der menschlichen Natureingriffe ergeben haben.

2 Stellen Sie Verwendungsweisen des Naturbegriffes zusammen (z. B. „Naturkosmetik", „Naturrecht", „Klonen ist naturwidrig") und beschreiben Sie, worin jeweils die positive Konnotation des Naturbegriffs begründet ist. ➜ M1

3 Erläutern Sie, welche Vorstellung von Natur hinter dem „dritten Gesetz der Ökologie" steht. Was würde eine Befolgung dieses „Gesetzes" hinsichtlich der in Aufgabe 1 genannten Problembereiche Ihrer Meinung nach bedeuten? ➜ M2

4 Diskutieren Sie in Ihrer Gruppe, ob Sie die Kritik an der „idealisierenden" Naturvorstellung teilen. Welche Konsequenzen ergeben sich aus der jeweiligen Position für eine ökologische Ethik? ➜ M3

5 Unterscheiden Sie, welche Rolle der Hinweis auf die Natur in ethischen Argumentationen (nicht) spielen kann. ➜ M4

6 Erklären Sie, worin nach Birnbacher die Würde des Menschen besteht. Gibt es dann für die „Überformung" der Natur keine Grenze? ➜ M5

*2 Landkarte für die ökoethische Argumentation

M1 Das Unterscheidungskriterium

Es gibt verschiedene Typen von „Ethiken über die Umwelt“, die unterschieden, beschrieben und auf ihre jeweiligen Stärken hin verglichen werden müssen. Sie unterscheiden sich darin, welche Arten von Lebewesen sie als *moralische Objekte* betrachten. Kurz gefasst geht es dabei um die Frage, *gegenüber* welchen Arten von Lebewesen wir Pflichten haben. Genauer lautet die Frage: „Was ist die Bedingung für den Anspruch darauf, von moralischen Akteuren *berücksichtigt* zu werden?“

nach William K. Frankena, Ethik und Umwelt, S. 273

M2 Der Mensch im Zentrum

Der anthropozentrische Ansatz erkennt ausschließlich dem Menschen bzw. bestimmten menschlichen Eigenschaften intrinsischen Wert zu. Maßstab für die menschliche Inanspruchnahme der Natur ist danach der Mensch selbst, wobei „der Mensch“ neben der gegenwärtig lebenden Menschheit die gesamte Reihe der in Zukunft existierenden Generationen umfasst. Der außermenschlichen Natur kommt nach diesem Ansatz lediglich ein extrinsischer (abgeleiteter) Wert zu, und zwar insoweit, als sie mit dem Menschen in ein wie immer geartetes Verhältnis der Wechselwirkung tritt. Intrinsisch wertvoll sind letztlich nur die durch sie im Menschen hervorgerufenen oder bedingten Fähigkeiten, Zustände und Aktivitäten.

[...] Der Wert der Natur für den Menschen erschöpft sich nicht im Aspekt der Nutzbarkeit, sondern umfasst ästhetische, religiöse und ontologische Qualitäten wie Schönheit, Heiligkeit, kosmische Ordnung usw., die sie einer kontemplativen, nicht unmittelbar auf Verfügung zielenden Haltung erschließen. Auch der Anthropozentriker erkennt derartige „inhärente Werte“ (Frankena) der Natur an – freilich ohne sie aus ihrer Subjektbezogenheit herauszulösen. [...] Der scheinbar am Objekt haftende Wert ist für ihn ein Wert-für-den-Menschen und kein „Wert an sich“.

Dieter Birnbacher, Mensch und Natur, S. 281

M3 Positionen

Anthropozentrismus

in der Moral:

die Position, nach der nur der Mensch, nicht aber die Natur einen moralischen Status, moralischen Wert (inhärenter Wert, Eigenwert) hat bzw. Mitglied des moralischen Universums ist

↕

nicht anthropozentrische, sogenannte **physiozentrische Gegenposition:**

Pathozentrismus:	Biozentrismus:	Radikaler Physiozentrismus:
Alle empfindungsfähigen Wesen verdienen Rücksicht um ihrer selbst willen.	Alles Lebendige verdient Rücksicht um seiner selbst willen.	Die ganze Natur (holistische Version) bzw. alles in der Natur (individualistische Version) verdient Rücksicht um ihrer (seiner) selbst willen.

in der Erkenntnis:

die Position, nach der die menschliche Perspektive, insbesondere die menschliche Wertperspektive, mitkonstitutiv ist für unser Bild der Welt: Werte sind relational, Werte für uns.

↕

physiozentrische Gegenposition:

Es gibt absolute Tatsachen und Werte: Werte sind unabhängig vom Menschen; sie waren zum Beispiel vor der Menschheit in der Welt.

nach Angelika Krebs, Naturethik, S. 345

M4 Das Leid im Zentrum

Das pathozentrische Argument will moralischen Respekt für das leiblich-emotionale Wohlbefinden aller Menschen auf die empfindungsfähige Natur ausdehnen. Es gliedert sich in fünf Schritte:

1. Die intersubjektiven Kriterien für die Zuschreibung von Empfindungen an andere Menschen lassen sich auf (bestimmte) Tiere [...] anwenden. Tiere zeigen in ihrem Ausdrucksverhalten, z. B. durch Stöhnen, dass sie Empfindungen wie z. B. Schmerz besitzen.

❷ In Empfindungen ist im Unterschied zu Wahrnehmungen ein Moment der positiven oder negativen Bewertung eingelassen, man denke an die Empfindung wohliger Wärme oder an ziehende Kopfschmerzen. [...] Es gelingt einem in der Regel nicht, schrille Geräusche, den Gestank von faulen Eiern oder drückende Schwüle als angenehm zu erleben. Bei empfundenem Leben kann man von einer (subjektiven) Qualität des Lebens sprechen. Positive Empfindungen befördern das (subjektiv) gute Leben, negative behindern es. Empfindende Tiere haben Interesse an positiven Empfindungen und am Vermeiden negativer Empfindungen.

❸ Moralisch handelt, nach dem traditionellen, anthropozentrischen Moralverständnis, wer auf das gute Leben, die Interessen aller Menschen gleichermaßen Rücksicht nimmt.

❹ Nun haben aber nicht nur Menschen, sondern auch Tiere ein gutes Leben, auf das Rücksicht genommen werden könnte. Der Ausschluss von Tieren aus dem moralischen Universum aufgrund ihrer Nichtzugehörigkeit zur menschlichen Spezies ist so willkürlich wie der Ausschluss von Schwarzen aufgrund ihrer „Rasse" oder von Frauen aufgrund ihres Geschlechts. Speziesismus (= Anthropozentrismus) ist moralisch so wenig begründbar wie Rassismus oder Sexismus.

❺ Moralisch handelt daher nur, wer auch auf das gute Leben von Tieren Rücksicht nimmt. Konkreter bedeutet moralische Rücksicht auf Tiere z. B. den Verzicht auf Tierhaltung und Tierversuche, die schwere und / oder dauerhafte Schmerzen, große Angst, ständige Isolation und Bewegungsunfreiheit involvieren.

M5 Das Leben im Zentrum

Das Argument von der Ehrfurcht vor dem Leben will moralischen Respekt für das Leben anderer Menschen auf alles Leben in der Natur ausdehnen. Auch das biozentrische Argument verfährt analog dem pathozentrischen Argument. An die Stelle von „Empfindung" tritt „Leben". Ein gravierender Unterschied besteht allerdings darin, dass das biozentrische Argument moralischen Respekt für das Leben anderer nicht als Teil des Respektes für ihr subjektiv gutes Leben erweisen will, sondern die moralische Grundformel aus Schritt 3 des pathozentrischen Argumentes umformuliert zu: Moralisch handelt, wer auf das Leben aller Menschen Rücksicht nimmt. Danach hat das bloß biologische menschliche Leben moralischen Wert, und das moralische Recht auf Leben hängt zum Beispiel nicht am Vorliegen eines subjektiven Lebenswillens.

M4/5: Angelika Krebs: Ökologische Ethik I, S. 354, 359

M6 Das Ganze

Ein anderer Ethik-Typus geht noch weiter und vertritt, dass in gewissem Sinne alles als moralisch relevant zu berücksichtigen sei, und zwar direkt [...]. [Diese] Variante des „planetarischen Altruismus" ist im engeren Sinn „holistisch" oder „ökosystemisch" [...]. Danach bildet alles ein System oder Ganzes, und es ist das System oder das Ganze, dem moralische Bedeutung zukommt. Inwiefern unsere Handlungen oder Charakterzüge also moralisch richtig oder gut sind, bemisst sich an ihren Auswirkungen auf das System. Was mit Personen, empfindungsfähigen Wesen etc. geschieht, ist nicht an sich moralisch relevant, sondern nur aufgrund seines Einflusses auf das Ganze. Wie Rolston es ausdrückt [...]: „Der Focus erweitert sich nicht nur vom Menschen zu anderen ökosystemischen Mitgliedern, sondern von Individuen welcher Spezies auch immer auf das System ... Hier hat die Gemeinschaft Wert."

William K. Frankena, Ethik und die Umwelt, S. 275, 285

1 Erstellen Sie einen „Wegweiser" (z. B. als Plakat) durch die ökoethische Diskussionslandschaft, z. B. mithilfe folgender Fragen:
- Was bedeutet Naturschutz?
- Wie wird der Schutz der Natur begründet?
- Welche praktischen Auswirkungen hat die jeweilige Position z. B. auf die Frage der Legitimität von Massentierhaltung und Tierexperimenten? ➜ M1-6

2 Diskutieren Sie Vor- und Nachteile der verschiedenen Positionen, die Sie sehen. ➜ M1-6

*3 Moralische Gleichheit von Tier und Mensch

M1 Alle Tiere sind gleich

Es gibt bedeutende Unterschiede zwischen Menschen und anderen Tieren, und diese Unterschiede müssen sich in gewissen Unterschieden zwischen den Rechten beider Gruppen niederschlagen. Die Anerkennung dieser offensichtlichen Tatsache ist jedoch kein Hindernis für die Ausdehnung des grundlegenden Prinzips der Gleichheit auf nichtmenschliche Tiere. Die Unterschiede, die zwischen Männern und Frauen bestehen, kann man ebenso wenig bestreiten. [...] Viele Feministinnen meinen, dass Frauen ein Recht auf Abtreibung haben. [...] Da ein Mann nicht abtreiben kann, ist es sinnlos, über sein Recht auf Abtreibung zu sprechen. Da ein Schwein nicht wählen kann, ist es sinnlos, über sein Wahlrecht zu sprechen. [...] Die Ausdehnung des grundlegenden Prinzips der Gleichheit von einer Gruppe auf eine andere beinhaltet nicht, dass wir beide Gruppen in genau derselben Weise behandeln oder beiden genau dieselben Rechte gewähren müssen. Ob wir das tun sollten, wird von der Natur der Mitglieder beider Gruppen abhängen. Das grundlegende Prinzip der Gleichheit, so lautet mein Argument, ist die Gleichheit der Rücksichtnahme; und gleiche Rücksicht auf verschiedene Wesen kann zu unterschiedlicher Behandlung und zu unterschiedlichen Rechten führen. [...]

Ein [...] Utilitarist, Henry Sidgwick, brachte es so auf den Punkt: „Das gute Leben irgendeines Individuums hat vom Standpunkt [...] des Universums nicht mehr Bedeutung als das gute Leben eines jeden anderen.“ [...] Das Prinzip der Gleichheit beinhaltet, unsere Rücksicht auf andere nicht davon abhängig zu machen, wie sie aussehen oder welche Fähigkeiten sie besitzen – obwohl das, was diese Rücksicht im Einzelnen von uns verlangt, sich nach den Besonderheiten der von unserem Handeln Betroffenen richtet. Dies muss letztlich die Grundlage für die Argumente gegen Rassismus und Sexismus sein; und im Einklang mit diesem Prinzip ist auch der Speziesismus zu verurteilen. Wenn der Besitz eines höheren Intelligenzgrades einen Menschen nicht berechtigt, einen anderen für seine Zwecke zu benutzen, wie kann er dann Menschen berechtigen, nichtmenschliche Wesen auszunutzen? [...]

Die Fähigkeit zum Leiden – oder genauer, zum Leiden und / oder zum Genießen oder zum Glück – ist nicht einfach eine andere Eigenschaft, wie es die Fähigkeit zum Sprechen oder die zu höherer Mathematik sind. [...] Die Fähigkeit zu leiden oder zu genießen ist eine Voraussetzung, um überhaupt Interessen zu haben, eine Bedingung, die erfüllt sein muss, bevor wir in einer sinnvollen Weise von Interessen sprechen können. Es wäre Unsinn zu sagen, es sei nicht im Interesse eines Steins, von einem Schuljungen die Straße entlang gekickt zu werden. Ein Stein hat keine Interessen, weil er nicht leiden kann. [...] Dagegen hat eine Maus ein Interesse daran, nicht gequält zu werden, weil sie sonst leiden würde. [...] Wenn ein Wesen leidet, kann es keine moralische Rechtfertigung für die Weigerung geben, dieses Leiden zu berücksichtigen. Egal, um welche Art von Wesen es sich handelt, das Prinzip der Gleichheit verlangt, dass sein Leiden genauso viel zählt wie ein vergleichbares Leiden anderer

Fragen an den Text:

Was bedeutet Gleichheit?

Inwiefern sind Männer und Frauen (un-)gleich?

Analogie: Was heißt dies hinsichtlich des Verhältnisses Tier-Mensch?

Rücksichtnahme auf was?

Was sagt der Utilitarismus (z. B. J. Bentham) zu Interessen?

Rassismus / Sexismus bedeutet ...
Speziesismus: Bevorzugung der eigenen Spezies aufgrund ...

Welches Interesse hat ein leidendes Wesen?

Wer leidet: Flüsse, Bäume, Füchse, Bakterien, menschliche Föten, Elefanten, Kleinkinder, Insekten?

Die moralische Handlungsregel lautet: ...

Wesen – soweit grobe Vergleiche angestellt werden können. Wenn ein Wesen nicht fähig ist, zu leiden bzw. zu genießen oder Glück zu erfahren, gibt es nichts zu berücksichtigen. Deshalb ist die Grenze der Empfindungsfähigkeit [...] die einzig vertretbare Grenze der Rücksicht auf die Interessen anderer. Diese Grenze durch irgendeine Eigenschaft wie Intelligenz oder Vernünftigkeit zu setzen, hieße, sie zufällig zu setzen. Warum dann keine andere Eigenschaft wählen, wie die Farbe der Haut? [...]
Für den Fall, dass es jemanden gibt, der immer noch meint, man könnte eine relevante Eigenschaft finden, die alle Menschen von allen Mitgliedern anderer Spezies unterscheidet, weise ich [...] auf die Existenz einiger Menschen hin, die recht deutlich unter der Stufe des Bewusstseins [...], der Intelligenz und der Empfindungsfähigkeit von vielen nichtmenschlichen Wesen sind. Ich denke an Menschen mit [...] nicht behebbaren Hirnschädigungen und auch an menschliche Säuglinge.

Peter Singer, Alle Tiere sind gleich, S. 15-29

Wieso zählt der Mensch nicht mehr? Er ist doch das einzige vernunftbegabte Wesen?
Begründung 1: ...
Begründung 2: ...

M2 Entgegnung

Unsere moralische Verpflichtung gegenüber dem Schaf hat ein geringeres Gewicht als die gegenüber dem Menschen, nicht weil das Schaf irgendwelche Qualitäten nicht hätte (etwa die, die es als Subjekt der moralischen Gemeinschaft haben müsste), sondern weil das Schaf ein Schaf ist und der Mensch ein Mensch und weil wir Menschen sind. Das soll heißen: Daraus, dass wir in mehreren Stufen gelernt haben, dass der Sinn von Moral es verlangt, den partikularen eigenen Standpunkt zu überschreiten, von der Gruppe, der Nation, der Rasse schließlich zur Menschheit, folgt mitnichten, dass diese letzte Grenze auch noch ohne Verlust an moralischem Gewicht überschritten werden kann. Der Sinn des schrittweise Überschreitens war ja, dass wir begreifen, dass die Menschheit eine große Familie ist, dass jeder Mensch, der mir begegnet, meine Schwester oder mein Bruder sein könnte, aber nicht, dass wir uns in eine Abstraktion verflüchtigen. Das Schaf könnte nicht meine Schwester oder mein Bruder sein. [...] Die Moral ist ihrem Sinn nach „zugunsten des Eigenen", nämlich eines rechtverstandenen „wir", das so umfassend wie möglich verstanden werden muss, aber auch nur eben so weit. Unsere moralische Lage besteht darin, dass wir uns einerseits [...] als Glieder der einen menschlichen Familie vorfinden, die die moralische Gemeinschaft ausmacht, und andererseits als umgeben von vielen anderen Tieren, die fühlen und leiden wie wir, und

doch nicht zu dieser Familie gehören. [...] Worin genau [...] besteht die Differenz? Ist das, was uns von Schafen unterscheidet, die allgemeine Eigenschaft, dass wir moralische Subjekte sein können, oder das partikulare biologische Faktum, dass wir Menschen sind? Ich habe [...] beide Antworten gegeben [...].

Ernst Tugendhat, Wer sind alle?, S. 107f.

1. Erarbeiten Sie den Text mit Hilfe der Fragen in der rechten Spalte. Finden Sie weitere Fragen an den Text. → M1
2. Ordnen Sie die Position Peter Singers einem Ansatz der ökologischen Ethik zu (vgl. S. 286f.).
3. Formulieren Sie eine kurze Zusammenfassung der Position Peter Singers (vgl. S. 140ff.). → M1
4. Diskutieren Sie, ob Sie Ernst Tugendhats Einwände überzeugen. → M2

*4 Besitzen Tiere Eigenwert?

Moralisches Argumentieren

M1 Leiden für den Menschen?

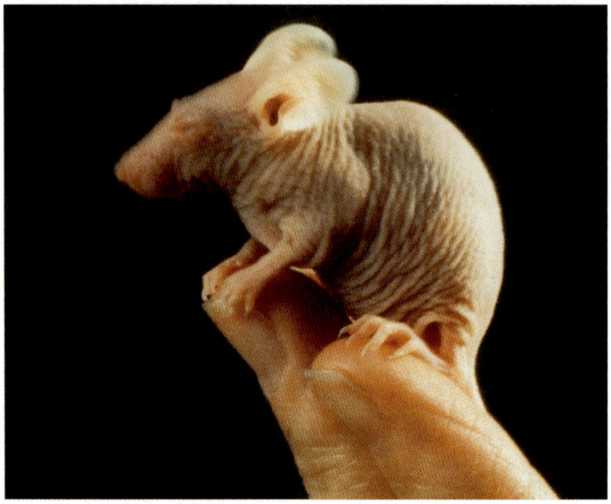

Sie sieht nicht anders aus als irgendeine weiße Maus, und doch wird sie gehütet wie ein Schatz – die TG-20-Maus. Ihr verdankt die medizinische Forschung bahnbrechende Erkenntnisse. Im Biologischen Zentrallabor der Universität Zürich ist sie eine von gut 6000 transgenen, das heißt gentechnisch veränderten Mäusen [...], die hier hergestellt wurden. [...] „Die Maus hat viele physiologische Ähnlichkeiten mit dem Menschen", sagt der Forschungsmediziner Sebastian Brandner. „Das Mausmodell dient dazu, einzelne krankhafte Stoffwechselprozesse zu untersuchen. Diese Erkenntnisse lassen sich wie Puzzlesteine zusammensetzen." Und Alfred Schweizer von Novartis ergänzt: „Aus den gewonnenen Informationen können gezielt Therapien entwickelt werden."

Meili Dschen, Forschung, Beobachter 5/2000

M2 Herzklappenzucht im Bioreaktor

Maßgeschneiderte und lang haltbare Herzklappen aus den Zellen von Patienten zu entwickeln und einzusetzen – dieses zukunftsweisende Ziel verfolgt seit Frühjahr 2007 die herzchirurgische Klinik am Heidelberger Uniklinikum. Das innovative Projekt *Kardiales Tissue Engineering* wird von der Dietmar-Hopp-Stiftung mit rund 850 000 Euro gefördert. Besonderer Schwerpunkt der Heidelberger Arbeitsgruppe ist die Entwicklung von Herzklappen für Kinder. Weltweit kommen jährlich rund 170 000 Kinder mit angeborenen Klappenfehlern zur Welt. Und bislang stehen keine Herzklappen zur Verfügung, die das Körperwachstum mitmachten. Die maßgeschneiderten biologischen Herzklappen sollen diese Voraussetzung erfüllen. „Die gezüchteten Herzklappen werden zunächst im Tiermodell und in voraussichtlich drei Jahren im Zuge klinischer Studien an Patienten erprobt."

www.uni-heidelberg.de

M3 Der Wert (nicht-)menschlicher Tiere

Wenn man Lebewesen einen „inhärenten Wert" zuspricht, dann meint man, dass sie „mehr und etwas anderes sind als bloße Behälter" (Tom Regan). Der den Lebewesen innewohnende Wert kommt ihnen in gleicher Weise als Individuum zu, unabhängig davon, welche Fähigkeiten sie besitzen und ob sie für andere nützlich sind oder nicht. Sie dürfen also niemals als Ressource für andere(s) und damit als Ding betrachtet und behandelt werden.

Es ist wahr, Tieren fehlt es an vielen Fähigkeiten, die Menschen besitzen. Sie können nicht lesen, sind nicht zu höherer Mathematik befähigt [...]. Aber das können auch viele Menschen nicht, gleichwohl würden (und sollten) wir nicht sagen, dass sie (diese Menschen) deswegen einen geringeren inhärenten Wert, ein geringeres Recht, mit Respekt behandelt zu werden, besäßen als andere. Worauf es [...] ankommt, sind die Gemeinsamkeiten zwischen den Menschen, die offensichtlich und völlig unumstritten einen solchen Wert besitzen (die Menschen, die dies lesen, zum Beispiel), und nicht die Unterschiede zwischen ihnen. Und die wirklich [...] grundlegende Gemeinsamkeit ist schlicht die: Jeder von uns ist das empfindende Subjekt eines Lebens (experiencing subject of a life), eine bewusste Kreatur mit einem individuellen Wohl, das für uns von Bedeutung ist, unabhängig davon, wie nützlich wir für andere sein mögen. [...] Und da dasselbe für Tiere gilt, die uns etwas angehen (die, die wir essen und fangen, zum Beispiel), müssen auch sie als empfindende Subjekte eines Lebens mit eigenem inhärentem Wert angesehen werden. [...] Es gibt Menschen, die sich der Idee, dass Tiere einen inhärenten Wert besitzen, widersetzen. [...] Sollen wir sagen, nur Menschen hätten die erforderliche Intelligenz oder Autonomie oder Vernunft? Aber es gibt doch viele, viele Menschen, die diesen Standard nicht erfüllen und die dennoch zu Recht als wertvoll angesehen werden, unabhängig von ihrer Nützlichkeit für andere. [...] *Alle*, die inhärenten Wert haben, haben ihn *gleichermaßen*, egal, ob sie menschliche Tiere sind oder nicht.

Tom Regan, Wie man Rechte für Tiere begründet, S. 42-44

M4 Kategorienfehler

Menschen haben viele Pflichten gegenüber Tieren [...]. Aber sicher folgt daraus nicht, dass Tiere Rechte haben, denn es ist sicher nicht wahr, dass jede unserer Pflichten aus den Rechten anderer hervorgeht. [...] Man kann Pflichten freiwillig übernehmen [...]. Oft erwachsen Pflichten aus speziellen Beziehungen: [...] Meine Hündin hat kein Recht auf tägliche Bewegung [...], aber ich habe die Pflicht, ihr diese Dinge zu bieten. [...] Die Behauptung, dass Rechte und Pflichten *reziprok* seien, dass *jede* Pflicht vom Recht eines anderen herrühre, ist falsch. [...] Tiere können nicht Träger von Rechten sein, weil das Rechtskonzept seinem Wesen nach *menschlich* ist. Menschen müssen mit Ratten umgehen [...], man kann aber ebenso wenig behaupten, eine Ratte habe Rechte, wie man sagen kann, ein Tisch habe Ehrgeiz. Wenn man sagt, eine Ratte habe Rechte, bringt man Kategorien durcheinander, man wendet auf ihre Welt eine moralische Kategorie an, die ausschließlich in der moralischen Welt des Menschen Bedeutung hat.

Carl Cohen, Haben Tiere Rechte?, S. 94f.

M5 Der Sinn moralischer Normen

Gültige Normen verdienen die intersubjektive Anerkennung aller potentiell Betroffenen, weil diese sich als Argumentationsteilnehmer davon überzeugen könnten, dass diese Normen im gleichmäßigen Interesse aller liegen. Nun sind Tiere nicht Wesen von der Art, dass sie „mit uns in eine Beziehung prinzipieller Gegenseitigkeit treten könnten“.

Jürgen Habermas, Erläuterungen zur Diskursethik, S. 220

M6 Werte sind Werte für Menschen

Selbst wenn es der Fall ist, dass wir alle die meisten Tiere wertschätzen, so folgt daraus in keiner Weise, dass wir diese Tiere auch *in gleichem Maße* wie andere Menschen wertschätzen. [...] Ebenso wie man etwa das eigene Joggen [...] wertschätzen kann, kann man selbstverständlich auch [...] Existenz und Wohlergehen von Elefanten sowohl als Selbstzweck als auch zum Zweck der Gewinnung von Elfenbein wertschätzen. Im ersteren Fall kann man dann tatsächlich sagen, dass Elefanten einen gewissen intrinsischen Wert oder „Eigenwert“ besitzen – einen Eigenwert nämlich für jene Individuen, die Elefanten um ihrer selbst willen wertschätzen.

Norbert Hoerster, Haben Tiere eine Würde?, S. 38f.

1. Recherchieren Sie Beispiele aus der Medizin- bzw. Gentechnik, in denen Tiere in Experimenten verbraucht werden.
2. Überlegen Sie, inwiefern das Leiden oder der Tod der Tiere zum Wohle des Menschen gerechtfertigt werden kann. ➜ M1/2
3. Rekonstruieren Sie Tom Regans Argumentation. Worin besteht die Gemeinsamkeit zwischen Mensch und Tier? ➜ M3
4. Erläutern Sie die Konsequenzen, die sich aus dem Rechte-Ansatz von Regan ergeben (z. B. Massentierhaltung, Tierversuche). ➜ M3
5. Suchen Sie Beispiele dafür, dass Rechte und Pflichten einander nicht notwendig bedingen. ➜ M4
6. Erklären Sie die Redeweise von einem „Kategorienfehler“. ➜ M4/5
7. Nach Norbert Hoerster kann man nur in einem Sinn vom „Eigenwert“ der Tiere sprechen. Diskutieren Sie die Konsequenzen, die sich hieraus im Unterschied zu Regan (Aufgabe 4) ergeben. ➜ M6
8. Erarbeiten Sie Stellungnahmen für eine Diskussion über das Thema. Diskutieren Sie in Ihrer Gruppe. ➜ M1-6

*5 Grüne Gentechnik

M1 Superpflanzen ...

Links wird konventioneller Mais angebaut, rechts eine aus gentechnisch verändertem Saatgut gezogene Sorte: MON 810. Nur eine Brachfläche von 20 Metern Breite trennt die beiden Felder in der Gemeinde zwischen Schönebeck und Köthen.

Vor elf Jahren ging der amerikanische Saatgutkonzern Monsanto mit der ersten gentechnisch veränderten Sorte Mais auf den Markt. [...] Das Saatgut mit dem suspekten Kürzel wurde mit einem Gen des Bodenbakteriums Bacillus thuringiensis (Bt) ausgestattet, durch das es automatisch ein für die Maiszünsler-Raupen tödliches Eiweiß produziert. [...] Während MON 810 und MON 863 durch ein neues Gen ein eigenes Insektizid produzieren, sind die beiden Sorten GA 21 und MON 863x810 mit einem Gen ausgestattet worden, das sie gegen das Herbizid „Round up Ready“ widerstandsfähig macht. Wird ein Feld damit besprüht, bleiben einzig die gentechnisch veränderten Maisstauden am Leben. MON 863x810 behält darüber hinaus die Produktion eines eigenen Insektizids bei – ist also doppelt gegen Insekten gefeit.

Der Sprecher des Konzerns Monsanto fühlt sich durch die wissenschaftlichen Erkenntnisse [...] genügend bestätigt. „Wir können nicht auf die fünfmillionste Studie warten, bis wir endlich mit dem Fortschritt anfangen“, so Andreas Thierfelder. „Ertragssichere, qualitativ hochwertigere und schädlingsresistentere Pflanzen liegen vor uns.“ In den Entwicklungsländern könnten beispielsweise Pflanzen mit geringerem Wasserbedarf angepflanzt werden. Das würde auch Konflikte um die in Zukunft wertvollste Ressource verhindern. [...] „Wer dann kritisiert, wir würden die Bauern von uns abhängig machen, der verkennt die landwirtschaftlichen Realitäten im Zeitalter der Globalisierung“, so Thierfelder. „Die Stigmatisierung der Grünen Gentechnologie behindert die wissenschaftliche und wirtschaftliche Entwicklung und mindert die Chance, etwas gegen den Hunger in der Welt zu tun.“

Jerome Cholet, Nebenwirkungen (noch) unbekannt, S. 8

M2 950 Millionen hungernde Menschen

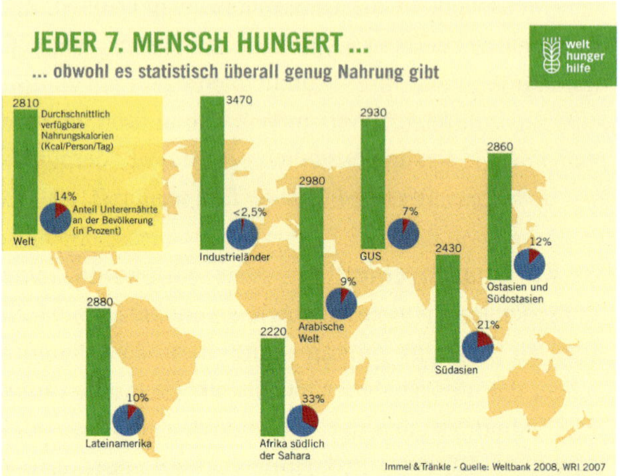

www.welthungerhilfe.de

M3 Einwände gegen die grüne Gentechnik

Betrachtet man die Gentechnik unter gesellschaftspolitischen Aspekten, dann werden drei Dinge deutlich:

1. Der Hunger auf der Welt ist ein Gerechtigkeits- und Demokratieproblem. Er ist nicht ein Problem des mangelhaften genetischen Bauplans unserer Agrarpflanzen, wie uns einige Saatgutfirmen glauben machen möchten.
2. Bisher ist kein Einsatz von grüner Gentechnik erkennbar, bei dem der Nutzen die ökologischen, ökonomischen und gesundheitlichen Risiken überwiegt. In der Realität wird sie von den Agrarmultis vor allem dafür eingesetzt, der Natur neue Vermarktungsmöglichkeiten für ihre Produkte abzutrotzen durch den Einsatz von Terminatorgenen, die eine Aussaat im Folgejahr unmöglich machen, oder durch Patente auf manipulierte Gene, mit denen sich Besitzansprüche durchsetzen lassen.
3. Die Einführung genveränderter Organismen in unser Ökosystem ist irreversibel. Die Erfahrung zeigt, dass kein Sicherheitsabstand die Ausbreitung des manipulierten Erbguts auf Dauer verhindern kann. Wir sollten daher sehr genau wissen, was wir da tun, und wir sollten es jetzt diskutieren.

Ole von Uexküll, Gentechnik-Streit, S. 46

M4 Blockade unverständlich

Christel Happach-Kasan, Biologin und MdB, versteht die Haltung der deutschen Bevölkerung nicht.

Was haben die Verbraucher davon, wenn sie ihre Ängste überwinden?

Beim Mais hat sich herausgestellt, dass die Bt-Mais-Sorten einen geringeren Gehalt an Pilzgiften haben [...]. Aus Mexiko zum Beispiel wissen wir, dass aufgrund von solchen Pilzgiften eine erhöhte Zahl von Fehlgeburten zu verzeichnen ist. [...] Pflanzen, die nicht von Insekten befallen sind, sind oftmals auch gesünder. Trotzdem ist für viele die Gentechnik eine weitere „Technisierung" ihrer Nahrung. Ich kann das als Biologin nicht ganz nachvollziehen. Wir Politiker müssen klarmachen, dass wir es erst mit der „Grünen Revolution" geschafft haben, so viele Menschen auf der Erde zu ernähren als nie zuvor. 1950 gab es zwei Milliarden Menschen, heute sind es über sechs Milliarden. Damals hat eine Milliarde Menschen gehungert, heute auch. Aber heute werden vier Milliarden mehr ernährt. Die „Grüne Revolution" ist ein großer Erfolg. Es ist menschenverachtend, ihn kleinzureden.

Diese Menschen haben eher das Problem, dass sie zu arm sind, um Lebensmittel zu kaufen.

Das stimmt. Sie haben zu geringe Einkommen. Aber gerade mit Sorten der grünen Gentechnik können diese Menschen ein höheres Einkommen erwirtschaften, um sich Lebensmittel zu kaufen. Deshalb denke ich, dass wir die Entwicklung von etwa schädlings-, trockenheits- und salzresistenten Sorten auch mit öffentlichen Mitteln fördern sollten. Außerdem brauchen wir angesichts des Klimawandels neue Pflanzensorten und sollten den Entwicklungsländern helfen, sie zu entwickeln. *Dagmar Dehmer, Fünf Fragen, S. 3*

M5 Hungerhilfe – Verpflichtung für Unternehmen?

Angesichts der Tatsache, dass die Mehrzahl der gentechnischen Patente in privater Hand ist, ergibt sich die Frage, welcher Anreiz für die Unternehmen besteht, zur Lösung der brennenden Frage des Welthungers beizutragen. Der privatwirtschaftliche Sektor ist dem Gewinn verpflichtet. Gerade die Länder, in denen der Bedarf an ertragssichernden und -steigernden Technologien am größten ist, sind häufig aufgrund fehlender Kaufkraft und Investitionssicherheit als Märkte für private Unternehmen wenig interessant. Für die reichen Industrieländer hingegen hat die Ertragsteigerung – in Zeiten der landwirtschaftlichen Überproduktion – keine hohe Priorität.

Nicole Heine u. a. (Hg.), Diskurs Grüne Gentechnik des BMVEL, S. 115

1 Klären Sie die Dimensionen der Verantwortung im Fallbeispiel „grüne Gentechnik" (vgl. hierzu S. 190f.).

2 Erstellen Sie eine Übersicht über die strittigen Fragen. Vertiefen Sie Ihr Wissen mit Hilfe der folgenden Gruppenarbeitsaufträge 3-7. ➜ M1-5

3 Recherchieren Sie bei einem der führenden Unternehmen der „grünen Gentechnik", welche Produkte angeboten werden und welche Vorteile die genetisch veränderten Pflanzen aus der Sicht des Unternehmens haben.
Zum Beispiel: www.monsanto.de;
www.corporate.basf.com/de.

4 Stellen Sie die Argumente der Gegner des Einsatzes der Gentechnik in der Landwirtschaft zusammen.
Zum Beispiel: www.greenpeace.de;
www.keine-gentechnik.de.

5 Informieren Sie sich über neuere Entwicklungen im Bereich der der Biotechnologie in Deutschland.
Zum Beispiel: www.biotechnologie.de;
www. transgen.de.

6 Erstellen Sie eine Übersicht über die wichtigsten ethischen Fragen hinsichtlich der Verwendung der Gentechnik in der Landwirtschaft.
Zum Beispiel: www.drze.de;
www.transgen.de/wissen/diskurs.

7 Verschaffen Sie sich eine Übersicht darüber, wie Hilfsorganisationen die Chancen beurteilen, mit Hilfe der „grünen Gentechnik" den Hunger in der Welt zu bekämpfen.
Zum Beispiel: www.brot-für-die-welt.de;
www.welthungerhilfe.de.

8 Führen Sie eine Podiumsdiskussion durch.

9 Fassen Sie Ihre Ergebnisse zusammen und veröffentlichen Sie diese in einem Diskussionsforum zur „grünen Gentechnik".
Zum Beispiel: www.transgen.de/forum/.

Konsequenz ziehen!

Sie könnten *leicht* etwas tun, um zu helfen, um das Ausmaß an unnötigem Leid in der Welt zu verringern, indem sie davon absehen, Fleisch zu essen und ganz einfach statt dessen etwas anderes essen. Die Überzeugung [...] – dass unnötige Grausamkeit weder unterstützt noch gefördert werden sollte – verpflichtet Sie zu der Sichtweise, dass wir davon absehen sollten, Fleisch zu essen, und wenn Sie die Person sind, die Sie zu sein glauben, wenn Sie wirklich eine Person von moralischer Authentizität und Integrität sind, dann werden Sie [...] aufhören, Fleisch zu essen und sich statt dessen für Nahrungsmittel pflanzlichen Ursprungs entscheiden. *Mylan Engel Jr., Tierethik, Tierrechte und moralische Integrität, S. 128*

1 Schreiben Sie
- ein Flugblatt, das zum Verzicht auf den Fleischkonsum aufruft.
- ein Plädoyer, das gegen die Forderungen von Mylan Engel argumentiert.

„Der Naturvernutzer“

2 „Zwischen Bioladen und Billigflug“ – Verfassen Sie einen Tagebucheintrag / einen Bericht über einen Großstadtmenschen. Beschreiben Sie dabei, auf welche Weise er mit Natur umgeht.

Schreibwerkstatt

Die Idee der Schreibwerkstatt kommt aus den USA,
wo sie seit langem unter dem Begriff des „kreativen Schreibens“ Tradition hat.
Ihre Aufgabe ist, einen der hier vorgestellten Themenaspekte zu wählen.
Erstellen Sie Ihren Text, Ihre eigene, subjektive Sicht ist erwünscht!
Organisieren Sie eine Lesung, in der Sie Ihre Texte vorstellen.

Anthropozentrismus ohne Alternative?!

Wir können nicht von Anfang an ausschließen, dass auch wir eine Natur haben und dass [...] sie vielleicht von der Art der Natur eines Raubtieres ist. Die Einstellungen vieler Menschen zu diesem Thema [...] stellen ein merkwürdiges Paradox dar. Einerseits lehnen diese Leute nämlich traditionelle Bilder von der Transzendenz des Menschen über die Natur aufgrund seiner Vernunft ab und erinnern uns ständig daran, dass andere Spezies die gleiche Welt sozusagen unter gleichen Konditionen mit uns teilen. Andererseits übernehmen dieselben Leute ohne Weiteres die Vorstellung von der moralischen Transzendenz des Menschen über den Rest der Natur in ihr Menschenbild, wobei diese moralische Transzendenz uns allein befähige und damit verpflichte, uns von jeder Determination unseres Verhaltens durch die Natur freizumachen. Solche Sichtweisen festigen die traditionelle Doktrin unserer Transzendenz über die Natur, und damit unsere Herrschaft über die Welt; sie fordern uns lediglich dazu auf, diese Herrschaft in einer wohlwollenderen Art auszuüben. *Bernard Williams, Muss Sorge um die Umwelt vom Menschen ausgehen?, S. 302*

3 Schreiben Sie einen Essay: Gibt es eine Alternative zur anthropozentrischen Haltung?

Natur – Harmonie

4 „Mein Leben – in Harmonie mit der Natur". Sammeln Sie Bilder zu diesem Thema und schreiben Sie Bildkommentare für eine Ausstellung.

Zukunftsbilder

In Frank Schätzings Roman Der Schwarm *(2004) steht die Existenz der Menschheit auf dem Spiel: Eine unbekannte, maritime Lebensform schlägt nach vielen Jahren der immer stärker werdenden Ausbeutung der Meere und ihrer Verschmutzung zurück.*

5 „Wo werde ich sein?" – Schildern Sie einen Tag in der Zukunft, in der sich Ihre Befürchtungen bewahrheitet haben – die ökologische Katastrophe ist eingetreten.

Keine neue Ethik!

„Neue Lampen statt der alten" ist einmal mehr die Lösung. Es gibt allerdings eine andere Möglichkeit, die zuerst bedacht werden sollte, nämlich, dass unsere alte Ethik, oder zumindest ihre besten Teile, als Grundlage für unser Leben in der Welt völlig ausreicht und das Problem nur ist, dass wir nicht wirklich danach leben. Das heißt, was wir brauchten, wäre keine neue Ethik, sondern eine neue „moralische Aufrüstung", eine Wiederbelebung moralischen Engagements. Man mag zustimmen, dass unser Umgang mit der Natur falsch ist und wir entscheidende Veränderungen in unseren Handlungen, Gesetzen und Praktiken vornehmen müssen, und dennoch argumentieren, dass das, was falsch ist, nicht unserer Ethik zuzuschreiben ist, sondern unserem Versäumnis, nach ihr zu leben. Immerhin handeln viele von uns aus Gedankenlosigkeit, Eigennutz oder einer Geringschätzung für moralische Ideale, und der Status quo in Sachen Umwelt könnte eine Unzulänglichkeit nicht unserer Ethik, sondern unserer Moral widerspiegeln. Ich persönlich glaube, dass für diese Auffassung einiges spricht und dass man schon eine Menge erreichen könnte, wenn nur genug Leute dazu gebracht werden könnten, nach ihren eigenen moralischen Standards auch wirklich zu leben. Wie dem auch sei, meine These hier ist nicht, dass wir keine neue Ethik, sondern nur eine neue Ergebenheit gegenüber der alten Ethik brauchten.

William K. Frankena, Ethik und die Umwelt, S. 272

6 Brauchen wir Ihrer Meinung nach eine neue Ethik? Verfassen Sie einen Kommentar für eine der großen Tageszeitungen.

1 Was ist Medizinethik?

M1 Fallbeispiel: Was soll Dr. B. tun?

Bei Frau Hein wurde vor zwei Jahren ein Tumor im Oberkieferknochen diagnostiziert. Keine therapeutische Maßnahme zeigte Erfolg, der Tumor breitete sich immer weiter im Gesicht aus. Zudem leidet Frau Hein unter stärksten Schmerzen, wegen der Entstellung im Gesicht traut sie sich nicht mehr auf die Straße. Frau Hein bittet Dr. B, ihr eine Substanz zu verschaffen, die sie sicher tötet. Außerdem bespricht sie mit ihrem Mann und ihren Kindern diesen Wunsch, die Verständnis für diese Entscheidung haben.

nach Christian Hick (Hg.), Klinische Ethik, S. 108

M2 Berufsethos

Die Humanmedizin [...] ist wohl diejenige Disziplin, die auf die älteste Tradition ihrer ethischen Reflexion zurückblicken kann. Der sogenannte Hippokratische Eid, der [...] aus dem 4. Jahrhundert vor unserer Zeitrechnung stammt, regelt bereits ethische Fragen in der Medizin, die noch heute aktuell sind. So verbietet der Eid die Tötung auf Verlangen, die beratende wie auch die tätige Beihilfe zur Selbsttötung und zumindest bestimmte Formen der Abtreibung. Ebenso verbietet er den sexuellen Missbrauch von Patienten und verfügt die ärztliche Schweigepflicht. Die ärztliche Tätigkeit darf den Kranken nicht schaden, darf nicht in ungerechter Weise angewandt werden und soll nach bestem Wissen und Gewissen auf den Nutzen für die Kranken orientiert sein. Wesentliche Teile dieses Moralkodex wurden in [...] nationale Berufsordnungen der Ärzteschaft übernommen.

Peter Fischer, Politische Ethik, S. 159

M3 Medizinethik als Krisenphänomen

Generell wird die philosophische Ethik dort aktuell, wo die überkommenen Lebensweisen, Grundsätze und Institutionen ihre Geltung oder zumindest ihre Orientierungskraft verlieren. Betreibt man die Ethik nicht als bloßes Glasperlenspiel, sondern gibt ihr wie in den medizinethischen Debatten ein existenzielles Gewicht, so ist sie ein Krisenphänomen. Sie drückt Unsicherheit aus; bisweilen ist sie sogar ein Alarmzeichen. Nur dort, wo sich die Moral nicht mehr von selbst versteht, muss man über sie nachdenken. [...] Die genauere Diagnose sagt: Das überlieferte Berufsethos bleibt gültig, reicht aber nicht aus.

Otfried Höffe, Medizin ohne Ethik?, S. 14f.

M4 Darf man das Machbare tun?

Die Gründe für diese Entwicklung sind weithin bekannt: Der medizinisch-technische Fortschritt eröffnet neue Handlungs- und Eingriffsmöglichkeiten, die nicht nur unsere moralische Urteilsfähigkeit, sondern auch das menschliche Selbstverständnis in besonderer Weise herausfordern. Beispielhaft erwähnt seien die intensivmedizinischen Möglichkeiten der Lebensverlängerung (z. B. die assistierte Beatmung), die Organtransplantation, die künstliche Befruchtung oder die Diagnostik des menschlichen Genoms. Dass die verfügbaren medizinischen Maßnahmen auch tatsächlich eingesetzt werden sollen, versteht sich nicht mehr von selbst, sondern erfordert häufig eine sorgfältige Abwägung von Nutzen und Risiken. Gleichzeitig sind moderne Gesellschaften durch eine Pluralität von Wertüberzeugungen und Lebensformen gekennzeichnet. Auf einen gesellschaftlichen Konsens kann in vielen moralischen Streitfragen im biomedizinischen Bereich nicht mehr zurückgegriffen werden. Die anhaltenden Debatten um den moralischen Status des Embryos oder die Zulässigkeit der aktiven Sterbehilfe mögen dies exemplarisch verdeutlichen. Auch das Arzt-Patient-Verhältnis hat sich gewandelt: Die ärztliche Entscheidungsautorität wird hinterfragt, die Selbstbestimmung der Patienten gewinnt an Gewicht, der Patient wird zunehmend Partner in einem gemeinsamen Entscheidungsprozess.

Urban Wiesing, Allgemeine Einführung in die medizinische Ethik, S. 29f.

M5 Typen medizinethischer Argumentation

1 PRINZIPIENORIENTIERTES VORGEHEN:

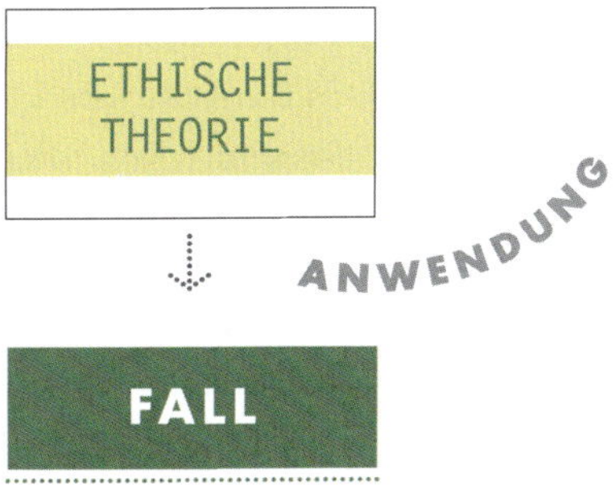

- aus allgemeiner Theorie keine Handlungsanweisungen
- andere Theorie besser begründet?

2 ÜBERLEGENSGLEICHGEWICHT:

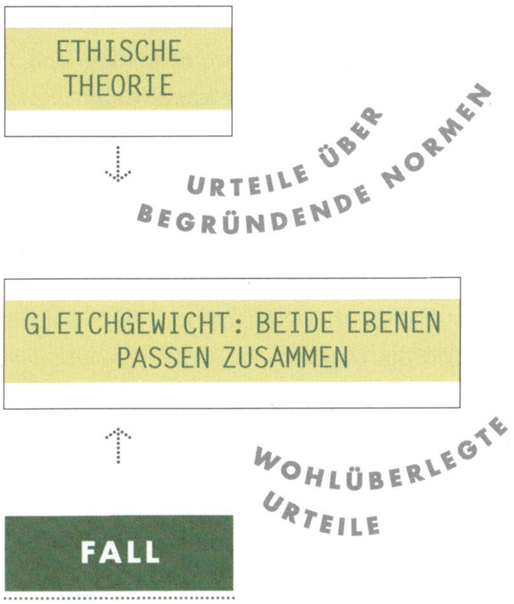

- keine sicheren Urteile
- hoher Diskussionsbedarf

3 FALLORIENTIERTES VORGEHEN:

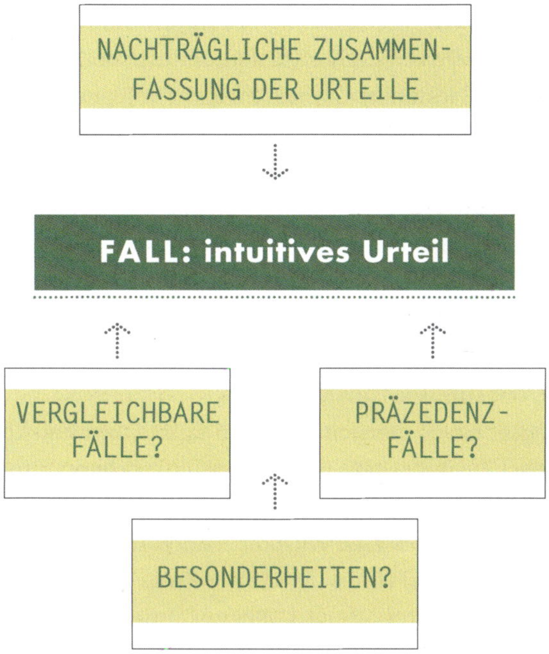

- In den Urteilen anerkannte Normen bleiben undiskutiert
- Intuitive Entscheidungen werden nicht begründet

1 Erarbeiten Sie in Gruppen zu dem geschilderten Fall eine Stellungnahme (s. Methodenüberblick, S. 380). ➜ M1
2 Erläutern Sie mit Hilfe einer Mindmap die Behauptung, dass die hohe Relevanz der Medizinethik ein „Krisenphänomen" sei. ➜ M2-4
3 Diskutieren Sie, welche Funktion die ethische Reflexion in den Problemfeldern der Medizinethik übernehmen kann und welche Haltungen ihr entgegenstehen. ➜ M3
4 Wenden Sie die Typen medizinethischer Argumentationen auf den geschilderten Fall an. ➜ M1/5
5 Überprüfen Sie anhand der Ergebnisse aus Aufgabe 4 Ihre anfängliche Stellungnahme (Aufgabe 1). ➜ M1/5

2 Ziel der Medizin

M1 Sind wir alle krank? – Gesundheitsdefinition

Nach der Definition der Weltgesundheitsorganisation WHO ist Gesundheit 1. der Zustand völligen körperlichen, geistigen, seelischen und sozialen Wohlbefindens; 2. das subjektive Empfinden des Fehlens körperlicher, geistiger und seelischer Störungen oder Veränderungen bzw. 3. ein Zustand, in dem Erkrankung und pathologische Veränderungen nicht nachgewiesen werden können. *nach Pschyrembel, S. 648*

M2 Gesundheit als Primärgut

Fraglos haben Langlebigkeit, Schmerzfreiheit und körperliche wie geistige Funktionsfähigkeit hohe Priorität auf der subjektiven Werteskala der allermeisten Menschen, wobei die entsprechenden Ansprüche, Erwartungen und Hoffnungen im Gefolge des medizinischen Fortschritts steigen. Hinzu kommt, dass bereits die subjektive Gewissheit, im Krankheitsfall Zugang zu guter Versorgung zu haben, ohne dadurch in finanzielle Nöte geraten zu müssen, einen wichtigen Beitrag zur Lebensqualität vieler Gesunder leistet. Überdies ist Gesundheit insofern ein „Primärgut" [...], als sie – ähnlich wie eine materielle Grundversorgung, Ausbildungs- und Arbeitschancen oder Rechtsbeistand – Voraussetzung für die Verwirklichung zahlreicher Lebenspläne, unabhängig von deren genauerem Inhalt, ist. Und schließlich sind Krankheiten und Krankheitsveranlagungen zumeist das Resultat der unverschuldeten „natürlichen Lotterie", die zu kompensieren überwiegend für gerecht gehalten wird.

Bettina Schöne-Seifert, Grundlagen der Medizinethik, S. 178

M3 Lebenserwartung einer 60-jährigen Person

Jahr	Männer	Frauen
1960/62	15,5	18,5
1991/93	17,8	22,1
1998/00	19,2	23,5
Schätzung		
2035	22,7	28,2

nach www.bpb.de

M4 Gesund-Sein als Segen ...

Dem „Medizinsystem" als Ganzem wird vorgeworfen, es mache mit seiner ausgetüftelten Diagnostik die Gesunden zu Halbkranken und die Halbkranken zu vollends Kranken und unterwerfe sie dann Therapien, die oft nicht helfen, sondern nur unangenehme Nachwirkungen produzieren würden. Und bezahlen lasse sich das Ganze bald auch nicht mehr. [...] Als ich 1959 sechs Wochen wegen einer Herzmuskelentzündung in der Charité verbrachte, war ich der Einzige im Krankensaal, der wieder gesund herauskam. Links und rechts von mir lagen junge Menschen, die während meines Aufenthaltes oder bald danach starben. Der eine hatte einen schweren Nierenschaden und war davon erblindet. Der Zweite litt an Leukämie und verblutete nach innen. Der Dritte hatte einen schweren Herzklappenfehler. Seine Lunge war mit Wasser gefüllt. Er kämpfte mit jedem Atemzug gegen die drohende Erstickung. [...] All diese Menschen [...] würden sich heute weit weniger quälen und nicht sterben müssen. [...] Dies sind unsystematische Beobachtungen und Erlebnisse, aber ihre Häufung zeigt, was man ohne Weiteres [...] belegen könnte: Die Medizin hat uns ein längeres und dabei im Durchschnitt gesünderes Leben gebracht.

Jens Reich, Leben und Vergehen, in: Die Zeit Nr. 13/2008, S. 38

M5 ... und als Fluch?!

„Und das höchste Gut ist doch die Gesundheit!" – Kaum eine Geburtstagsansprache kommt ohne diesen Satz aus, und doch ist er blanker Unsinn. Niemals in der gesamten philosophischen Tradition [...] ist etwas so Zerbrechliches wie die Gesundheit der Güter höchstes gewesen. [...] Doch heute ist alles anders. Wir leben im Zeitalter der real existierenden Gesundheitsreligion. Alle Üblichkeiten der Altreligionen sind inzwischen im Gesundheitswesen angekommen. Halbgötter in Weiß, Wallfahrten zum Spezialisten, Krankenhäuser als die Kathedralen unserer Zeit, die das „Gefühl schlechthinniger Abhängigkeit" erzeugen, das nach

Friedrich Schleiermacher Religion charakterisiert. Wir erleben den bruchlosen Übergang von der katholischen Prozessionstradition in die Chefarztvisite. Diätbewegungen gehen als wellenförmige Massenbewegungen übers Land, in ihrem Ernst die Büßer- und Geißlerbewegungen des Mittelalters bei Weitem übertreffend. Unbewusst, aber umso machtvoller richtet sich die religiöse Ursehnsucht der Menschen nach ewigem Leben und ewiger Glückseligkeit heute an Medizin und Psychotherapie. Bei Nichterfüllung Klage, versteht sich. [...] Die Gesundheitsreligion ist eine gigantische Anleitung zum Unglücklichsein. Sie suggeriert unerreichbare Utopien und unterhält eine florierende Industrie, die ihren trügerischen Versprechungen die sehnsüchtigen Massen zutreibt. [...] Unmerklich, aber umso wirkungsvoller hat die Gesundheitsreligion unser Menschenbild verändert.

Manfred Lütz, Erhebet die Herzen, beuget die Knie, Die Zeit Nr. 17/2008, S. 45

M6 Krankheit?

Der Spiegel 40/2009

M7 Was ist Ziel der Medizin?

So wird es im Wege gendiagnostischer Verfahren möglich, bereits präsymptomatisch bestimmte Krankheitsdispositionen festzustellen. Dadurch erhält nicht nur die ohnehin schwierige Frage, was Krankheit und Gesundheit ist, eine neue Dimension, sondern es gilt auch zu bestimmen, was die Aufgaben der Medizin sind. Inwieweit ist beispielsweise eine erhöhte Disposition für bestimmte Krankheiten ein Grund für ärztliches Handeln? Wenn es möglich wird, bestimmte Behinderungen vorgeburtlich zu erkennen, stellt sich etwa die Frage, wie mit diesen Möglichkeiten umzugehen ist. Auch stellt sich das Problem wie Behinderungen zu sehen sind und ob sich Behinderungen von lediglich unerwünschten Eigenschaften abgrenzen lassen. Zugleich wird deutlich, dass es sich nicht um Fragen handelt, die auf den Binnenraum einer Arzt-Patienten-Beziehung beschränkt sind, sondern deren Beantwortung gesellschaftlich beeinflusst ist und selbst wiederum Rückwirkungen auf die Gesellschaft hat. Verbunden mit der Erweiterung des medizinischen Angebots und der höheren Lebenserwartung der Menschen wird [...] die Finanzierung und Gestaltung des Gesundheitswesens zu einem immer dringlicheren Problem, das ebenfalls die Rahmenbedingungen der Medizin berührt.

Marcus Düwell / Klaus Steigleder, Bioethik, S. 22f.

1. Erläutern Sie mit Hilfe von Beispielen, welche Bedeutung Gesundheit für Sie im Vergleich mit anderen „Primärgütern" hat. Was ist für Sie „Gesundheit"? ➜ M1/2
2. Diskutieren Sie: „Gesundheit" – Segen oder Fluch? ➜ M3-6
3. Erklären Sie, inwiefern die neuen genetischen Diagnoseverfahren das Verständnis von Krankheit und Gesundheit noch einmal verändern. ➜ M7
4. Wie viel Ressourcen (Zeit, Geld usw.) sollten wir Ihrer Meinung nach in die gesundheitliche Vorbeugung für viele und wie viel in die Intensivmedizin für wenige investieren?

3 Verhältnis Arzt – Patient

M1 Die Schwäche des Patienten

Ein grundlegendes Charakteristikum der Arzt-Patient-Beziehung ist ihre *Asymmetrie*. Der Patient begegnet dem Arzt als Hilfesuchender in einer häufig existenziellen Notlage, getragen von dem Vertrauen, dass der Arzt dank seiner Fachkompetenz die Krankheit heilen oder zumindest die Beschwerden zu lindern vermag. Aufgrund seiner Erkrankung ist der Patient verletzlich, von anderen abhängig und folglich in einer schwachen Position.

Georg Marckmann / Matthias Bormuth, Einführung, in: Urban Wiesing (Hg.), Ethik in der Medizin, S. 91f.

M2 Fall 1: Aufklärung – ein Recht mündiger Bürger

Frau Beller wartet auf die Visite. Der Chefarzt soll heute kommen. Vor drei Tagen war sie wegen vaginaler Blutungen nach der Menopause ins Krankenhaus gekommen. Sie fürchtet, dass irgendetwas nicht stimmen könnte. Die Assistenzärztin war immer sehr freundlich gewesen, aber Frau Beller hatte sich nicht getraut zu fragen. Die Tür geht auf, Professor Kirchhoff tritt ein: „Guten Morgen, Frau Beller, die Gebärmutter muss raus", und wendet sich an seinen Oberarzt: „Wann ist sie dran? – Morgen um 8? – Gut. Sie schaffen das schon, Frau Beller." Und noch mal zum Oberarzt, im Rausgehen: „Haben wir alle Blutwerte?"

M3 Fall 2: Hilfe, nicht Aufklärung

Herr Reinhard wird ungeduldig. Seit 20 Minuten trägt ihm Dr. Sanwald Zahlen vor. Zu den Risiken der Koronarangiographie: Herzinfarkt, Schlaganfall, Herzrhythmusstörungen, Lungenödem, Nierenversagen, Allergischer Schock, Verletzung der Hauptschlagader, und schließlich der Tod, in immerhin 0,05% der Fälle. Herr Reinhard spürt, wie der Druck auf der Brust wieder zunimmt. „Müssen Sie mir das alles so genau erzählen?", fragt er.

M4 Fall 3: Aufklärung tötet

Der Chirurg Billroth [...] sah sich gezwungen, einem Offizier die Bösartigkeit und Unheilbarkeit seiner Erkrankung zu offenbaren. Der Kranke empfahl sich unter aufrichtigen Danksagungen, verließ das Zimmer und stürzte sich sofort vom Gangfenster des ersten Stockes herab, wobei er sich tödlich verletzte und beinahe einen Assistenten der Klinik erschlagen hätte.

M2–4: Christian Hick (Hg.), Klinische Ethik, S. 5f., 7, 29

M5 Fall 4: Grenze der Autonomie?

Eine ambitionierte Bogenschützin möchte ihre Fähigkeiten verbessern, indem sie sich eine Brust amputieren lässt. Sie würde den Eingriff als Verbesserung ihrer Lebensqualität ansehen. Vorausgesetzt, sie ist entscheidungskompetent und bereit, für die Kosten selbst aufzukommen; welchen Grund haben wir, die Maßnahme abzulehnen oder gar zu verbieten? Schließlich wird niemand durch einen solchen Eingriff geschädigt und die Frau selbst wünscht ihn in autonomer Weise. Ein Verbot des Eingriffs scheint liberale Prinzipien zu unterlaufen. Zudem, was unterscheidet diesen Fall von anderen nicht-therapeutischen Eingriffen in die körperliche Unversehrtheit wie Brustvergrößerungen, Beschneidungen, ja selbst Sterilisationen, die bei autonomen Menschen als legitim angesehen werden?

Thomas Schramme, Bioethik, S. 46

M6 Fall 5: Kunst-Körper

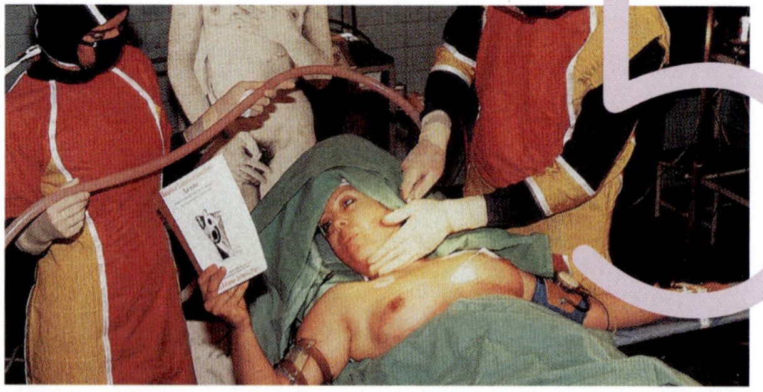

Die französische Künstlerin Orlan ließ sich 1993 zwei Silikonimplantate in die Stirn einsetzen, viele weitere Gesichtsoperationen aus Protest gegen die „Diktate von Schönheitsidealen" folgten.

M7 Modelle der Arzt-Patient-Beziehung

Modell 1

Das erste Modell ist das *paternalistische* Modell, manchmal auch das Eltern- oder Priestermodell genannt. [...]
Das paternalistische Modell geht davon aus, dass es allgemein geteilte objektive Kriterien gibt, nach denen bestimmt werden kann, was das Beste ist. Folglich kann der Arzt unter eingeschränkter Beteiligung des Patienten beurteilen, was in dessen bestem Interesse wäre. [...] Das Konzept der Patientenautonomie entspricht der Zustimmung des Patienten zu dem, was der Arzt für das Beste hält, entweder gleich oder zu einem späteren Zeitpunkt.

Modell 2

Das zweite ist das *informative* Modell, das manchmal auch als wissenschaftliches, technisches oder Konsumentenmodell bezeichnet wird. [...]
Das informative Modell setzt eine ziemlich klare Unterscheidung zwischen Tatsachen und deren Bewertung voraus. Die Wertvorstellungen des Patienten sind genau definiert und bekannt; dem Patienten fehlen lediglich die Fakten. Der Arzt ist verpflichtet, für alle verfügbaren Informationen zu sorgen. Von den Wertvorstellungen des Patienten hängt es dann ab, welche Behandlung durchgeführt wird. [...] Das Konzept der Patientenautonomie entspricht der Kontrolle des Patienten über den medizinischen Entscheidungsprozess. [...]

Modell 3

Gemäß dem *interpretativen* Modell sind die Wertvorstellungen des Patienten nicht unbedingt festgelegt und diesem selbst bewusst. Sie sind häufig unvollständig und vom Patienten vielleicht nur teilweise verstanden [...]. Folglich muss der behandelnde Arzt diese Wertvorstellungen klären und in einen kohärenten Zusammenhang bringen. [...] Demgemäß entspricht das Konzept der Patientenautonomie einer Selbsterkenntnis; der Patient wird sich klarer darüber, wer er ist und wie sich die verschiedenen medizinischen Möglichkeiten auf seine Identität auswirken.

Modell 4

Das vierte ist das *deliberative* Modell. Das Anliegen der Arzt-Patient-Interaktion ist es, dem Patienten bei der Bestimmung und Auswahl der Behandlungsziele zu helfen [...]. Zu diesem Zweck muss der Arzt [...] über die klinische Situation informieren und [...] helfen die Wertvorstellungen herauszuarbeiten, die mit den verfügbaren Möglichkeiten realisiert werden können. Es ist dabei Aufgabe des Arztes darauf hinzuweisen, warum bestimmte gesundheitliche Wertvorstellungen sinnvoller sind und deshalb auch angestrebt werden sollten. [...] Das Modell der Patientenautonomie betont die moralische Entwicklung des Patienten; der Patient wird dazu befähigt, [...] im Gespräch alternative gesundheitliche Zielsetzungen und deren Wert und Konsequenzen für die Behandlung zu erwägen.

Ezekiel J. und Linda L. Emanuel, Vier Modelle, in: Urban Wiesing (Hg.), Ethik in der Medizin, S. 101-104

1. Erläutern Sie, ob sich die Ärzte ihrer Meinung nach richtig verhalten. ➜ M 2/3/4
2. Diskutieren Sie mit Hilfe dieses Gedankenexperimentes und des Falls Orlan, welche Grenze die Selbstbestimmung von Patienten ihrer Meinung nach finden muss. ➜ M5/6
3. Das sog. „barmherzige Lügen" des Arztes wird mit Argumenten verteidigt, die auf mögliche Schock- oder Panikreaktionen des Patienten verweisen, dass der Patient die Wahrheit gar nicht wissen wolle bzw. diesen intellektuell überfordere. Diskutieren Sie die Vor- und Nachteile einer vollständigen Diagnoseaufklärung. ➜ M4
4. Erarbeiten Sie, auf welche Weise eine Arzt-Patient-Beziehung gestaltet werden kann. Erklären Sie dabei die zugrundeliegende Vorstellung von Patientenautonomie. ➜ M1/7
5. Ordnen Sie die Fälle 1-4 den verschiedenen Vorstellungen von Patientenautonomie zu.
6. Erörtern Sie, welche Arzt-Patient-Beziehung ihnen unter welchen Umständen angemessen erscheint.
7. Recherchieren Sie im Internet die Regelungen zur Aufklärung des Patienten in der ärztlichen Berufsordnung bzw. in den Empfehlungen der Bundesärztekammer. Stimmen diese mit den in Aufgabe 6 von ihnen benannten Kriterien überein?

4 Diskursblocker

Moralisches Argumentieren

M1 Der „normativistische" Fehlschluss

Im Bereich z. B. der Kliniken oder der Politikberatung haben sich Ethik-Kommissionen etabliert. Dahinter steht oftmals ein bestimmtes Verständnis über die Leistungsfähigkeit „großer" ethischer Theorien (z. B. Utilitarismus).

Indem [...] [„die Bioethiker"] so taten, als wären die ihnen gestellten Probleme tatsächlich nach einem Technikermodell zu lösen, schufen sie Hoffnungen, die sie nicht einlösen konnten. Sie stellten den Fall so dar, als bräuchten sie als Fachleute für ethische Fragen nur ihre Theorien auf den zu lösenden Fall anzuwenden, schon folge die richtige Lösung. Aber ethische Theorien geben keine unumstößlichen Axiome vor, aus denen Antworten einfach abgeleitet werden können. [...] Zu dieser verfehlten Auffassung beigetragen hat wahrscheinlich die verbreitete, aber missverständliche Beschreibung von Bioethik als Bereich der angewandten Ethik. Das klingt, als würde man eine bestimmte Moraltheorie [...] anwenden. Eine angemessene Interpretation lautet hingegen, dass die Ethik als Disziplin [...] sich Themen zuwendet, die aus der Praxis stammen. Die ethische Reflexion ist demnach anwendungsorientiert.

Thomas Schramme, Bioethik, S. 15

M3 „Humanitaristische Fehlschlüsse"

Mit der Ethik des Heilens und Helfens im Hintergrund berufen sich manche medizinische Forscher auf die pathetische Diagnose einer „schuldhaften Verstrickung". Man befinde sich nämlich in dem „tragischen Dilemma", entweder an A, beispielsweise heutigen menschlichen Embryonen, oder aber an B, zukünftigen Patienten, schuldig zu werden. [...] Diesem Rechtfertigungsversuch liegt ein Fehlschluss zugrunde. Wegen der Berufung auf die „humanitäre" Ethik des Heilens und Helfens kann er „humanitaristischer Fehlschluss" genannt werden. Dieser tritt sogar in mehrfacher Gestalt auf.

M2 Diskussionstabus

Die mörderischen Menschenversuche, Eugenikprogramme und sogenannten „Euthanasie"-Aktionen der Nationalsozialisten und die ungeheuerliche Demoralisierung und Verrohung vieler Ärzte und Nichtärzte, die solches geduldet, unterstützt und ausgeführt hatten, haben Fragen etwa der Sterbehilfe oder der humangenetischen Diagnostik und ihrer Folgen nachhaltig tabuisiert. Seit in den späten 80er Jahren offene Befürwortungen der Pränataldiagnostik oder aktiven Sterbehilfe vorgebracht worden sind, werden solche Positionen von manchen ihrer Kritiker durch Kontinuitäts- und Analogiebehauptungen als faschistisch diffamiert. Ja, zum Teil werden solche befürwortenden oder erlaubenden Positionen geradezu als Definitionsmerkmale der „Bioethik" wahrgenommen, die deswegen durch regelrechte „Anti-Bioethik"-Kampagnen verschiedener gesellschaftlicher Gruppierungen bekämpft worden ist [...].

Bettina Schöne-Seifert, Medizinethik, S. 558f.

M4 Rechts- sind keine Tugendpflichten

Der erste und moralisch gravierendste Fehlschluss ergibt sich aus der Verkennung, dass unterschiedliche Verpflichtungsgründe [...] vorliegen. Schon die Alltagsmoral trifft [...] die Unterscheidung einer unverzichtbaren Elementarmoral von den darüber hinausreichenden, gleichwohl moralisch gebotenen Mehrleistungen. Die philosophische Ethik bringt diese Unterscheidung auf den Begriff: Während die Anerkennung gewisser Pflichten, der sogenannten Rechtspflichten, den Mitmenschen geschuldet ist, sie deshalb notfalls mit Zwang durchgesetzt werden dürfen, reichen andere Pflichten, die Tugendpflichten, über das Geschuldete und Zwangsbefugte hinaus in den Bereich freiwilliger Mehrleistungen. [...] Der [...] Fehlschluss besteht nun im Verkennen des grundsätzlichen Vorrangs, den der Lebensschutz vor dem Hilfsgebot genießt.

M5 Medizinische Forschung = Nächstenliebe?

Es gibt die Meinung, medizinische Forschung sei der Nächstenliebe verpflichtet.

[Dies ist] [...] aber [...] nur ein „Viertel“ der Wahrheit. Wer auf das Muster der Nächstenliebe, den barmherzigen Samariter, blickt, entdeckt einen beträchtlichen Anteil an Selbsttäuschung. Der Samariter hilft nämlich selbstlos; medizinische Hilfe wird dagegen bezahlt, herausragende Arbeit überdies mit wissenschaftlichem Prestige und Forschungspreisen, nicht selten auch mit Wohlstand belohnt. [...] Pauschal und universal reine Selbstlosigkeit anzunehmen wäre [...] eine Illusion. Weiterhin hilft der Samariter jemandem [...] aus existentieller Not. Während andere Technik häufig nur der Lebenserleichterung [...] dient, geht es in der Medizin zwar auch um Leben und Tod, glücklicherweise [...] aber nicht immer. [...] Der Samariter behandelte die Wunden, brachte den Verletzten in eine Herberge, bat den Wirt, Sorge zu tragen, und bezahlte ihn dafür. [...] [Die] Hilfe besteht in der Übernahme der Kosten, was weder bei Ärzten und Pflegern noch bei Forschern der Fall ist.

M6 Forschung ist Hilfe für jetzt Leidende?

Seriöse Diskursteilnehmer [...] halten es für einen Unsinn, mit der Hoffnung derjenigen Patienten zu argumentieren, die jetzt an [...] Erkrankungen leiden. [...] Medizinische Forschung [bringt] keine konkrete Hilfe, sondern erst eine Diagnose- und Therapiemöglichkeit, für deren kundige Anwendung bei einem individuellen Patienten die derzeitig Forschenden gar nicht zuständig sind. [...] Schließlich ist eine moralisch problematische Forschung selten alternativenlos. Und dann will der Forscher lediglich auf „seiner“ Methode beharren, obwohl es andere, eventuell moralisch unbedenkliche Methoden gibt.

M3-6: Otfried Höffe, Medizin ohne Ethik, S. 44-48

M7 Die Unverfügbarkeitsthese

Dass wir dem menschlichen Leben einen sehr hohen Wert zuschreiben, ist evident. Das Menschenrecht der Unverletzlichkeit von Leib und Leben und die medizinischen Anstrengungen zur Rettung menschlichen Lebens geben davon Zeugnis.

In den schwierigsten und erbittersten Kontroversen der Medizinethik geht es jedoch gerade um die Zulässigkeit von Ausnahmen vom Lebensschutzgebot [...]. Nach der [...] „Unverfügbarkeits“-These ist alles menschliche Leben [...] absolut schützenswert. [...] Selbst passive Sterbehilfe könnte dann konsequenterweise gar nicht gerechtfertigt werden oder allenfalls damit, dass es unter bestimmten Umständen (z. B. während des bereits irreversibeln Sterbeprozesses) gegen Gott oder die Natur wäre, den betreffenden Patienten mit medizinischem Aufwand am Leben zu halten. Dieses Argument ist offensichtlich schon deshalb problematisch, weil man einerseits ein Merkmal braucht, um das Natürliche vom Unnatürlichen (bzw. das von Gott Gewollte vom Nichtgewollten) zu unterscheiden, und weil sich andererseits alles medizinische Eingreifen „gegen die Natur“ richtet [...]. Außerdem gibt diese Position bei der Lebenserhaltung weder der Zumutbarkeit noch dem Selbstbestimmungsrecht Raum.

Bettina Schöne-Seifert, Medizinethik, S. 558f., S. 583

1. Beschreiben Sie den Unterschied in der Art, wie wir die folgenden Probleme bearbeiten:
   a) Ein PKW ist funktionsunfähig.
   b) Wir zweifeln an der Berechtigung von Abtreibung.
2. Erklären Sie, welches Missverständnis durch den Begriff „angewandte Ethik“ im Gegensatz zu einer „anwendungsorientierten Reflexion“ Schramme befürchtet, und betrachten Sie mögliche Konsequenzen, z. B. hinsichtlich der Bedeutung von Ethik-Kommissionen. ➜ M1
3. Sammeln Sie Antworten auf die Frage, wozu medizinische Forschung Ihrer Meinung nach dient.
4. Stellen Sie diesen Antworten die Überlegungen von Höffe gegenüber und diskutieren Sie deren Berechtigung. ➜ M3-6
5. Erläutern Sie die Thesen der Tabuisierung (z. B. der Euthanasie) und der „Heiligkeit“ des Lebens bzw. des Handelns wider die Natur. ➜ M2/7
6. Nehmen Sie Stellung zu der Frage, ob es Ihrer Meinung nach Tabus in ethischen Diskussionen geben muss.

5 Selbstbestimmt den Tod regeln

M1 Moderne Intensivstation

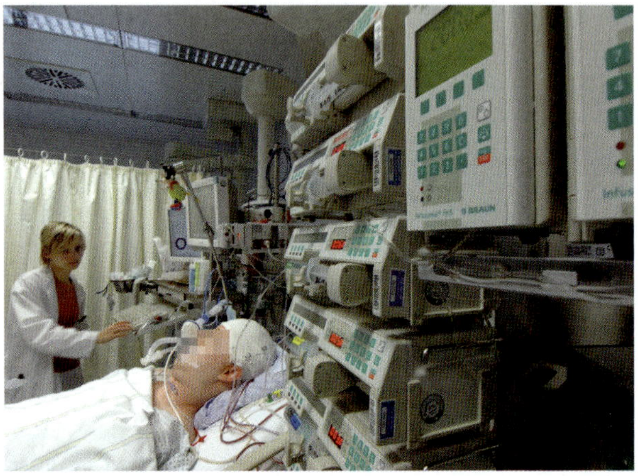

Chance auf Heilung oder unnötige Qualen am Ende des Lebens?

M2 Wenn der Tod naht

§ 1901a Patientenverfügung

(1) Hat ein einwilligungsfähiger Volljähriger für den Fall seiner Einwilligungsunfähigkeit schriftlich festgelegt, ob er in bestimmte, zum Zeitpunkt der Festlegung noch nicht unmittelbar bevorstehende Untersuchungen seines Gesundheitszustands, Heilbehandlungen oder ärztliche Eingriffe einwilligt oder sie untersagt (Patientenverfügung), prüft der Betreuer, ob diese Festlegungen auf die aktuelle Lebens- und Behandlungssituation zutreffen. Ist dies der Fall, hat der Betreuer dem Willen des Betreuten Ausdruck und Geltung zu verschaffen. Eine Patientenverfügung kann jederzeit formlos widerrufen werden.

(2) Liegt keine Patientenverfügung vor oder treffen die Festlegungen einer Patientenverfügung nicht auf die aktuelle Lebens- und Behandlungssituation zu, hat der Betreuer die Behandlungswünsche oder den mutmaßlichen Willen des Betreuten festzustellen und auf dieser Grundlage zu entscheiden, ob er in eine ärztliche Maßnahme nach Absatz 1 einwilligt oder sie untersagt. Der mutmaßliche Wille ist aufgrund konkreter Anhaltspunkte zu ermitteln. Zu berücksichtigen sind insbesondere frühere mündliche oder schriftliche Äußerungen, ethische oder religiöse Überzeugungen und sonstige persönliche Wertvorstellungen des Betreuten.

(3) Die Absätze 1 und 2 gelten unabhängig von Art und Stadium einer Erkrankung des Betreuten.

(4) Niemand kann zur Errichtung einer Patientenverfügung verpflichtet werden. Die Errichtung oder Vorlage einer Patientenverfügung darf nicht zur Bedingung eines Vertragsschlusses gemacht werden.

www.gesetzesportal.de

M3 Eine Fallgeschichte

Mein 77-jähriger Vater hatte eine Patientenverfügung, die besagte, dass er Notfallmedizin ablehne. Er litt unter einem Schmerzsyndrom, Diabetes und [...] Demenz und war schon sehr schwach. Schon länger hatte er sterben wollen, weil ihm sein Leben zu einer unerträglichen Last geworden war. [...] Ein Notarzt war gerufen worden, der [...] mir sagte, dass mein Vater eine Lungenentzündung entwickeln würde und er ihn unter normalen Umständen ins Krankenhaus einweisen würde. Was ihn davon abhielt, war seine Patientenverfügung. Er wollte von mir als Bevollmächtigtem wissen, was er tun solle. Darauf fragte ich ihn, was die Patientenverfügung seiner Meinung nach für diesen Fall aussagen würde. Der Arzt erwiderte, dass mein Vater nicht behandelt werden wolle, worauf ich sagte, dass man ihm dann doch seinen Willen lassen sollte. Die Antwort des Arztes überraschte [...] mich, denn er sagte, dass er das auch so entschieden hätte, wenn es sein Vater gewesen wäre. – Frank S.

www.standard-patientenverfuegung.de/erfahrungen.htm

M4 Probleme einer Vorausverfügung

Das erste Gegenargument ist der Hinweis auf die Schwierigkeiten, die Bedingungen eines Behandlungsabbruchs so genau zu benennen, dass ein Arzt immer zuverlässig weiß, was die Vorausverfügung für eine konkrete Situation vorsieht. Typische Formulierungen wie „Verzicht auf Intensivmedizin", „bei unheil-

barer Erkrankung" oder „Ermöglichung eines würdigen Sterbens" lassen zu große Interpretationsspielräume zu; präzise Auflistungen sind oft nicht praktikabel. [...] Ein weiterer Einwand führt an, dass ein Patient niemals im Voraus wissen könne, wie subjektiv lebenswert auch noch ein „miserables" Leben sein mag. [...] Ein anderer Einwand führt die generelle Unsicherheit ärztlicher Prognosen an. [...]
In diesem Zusammenhang stellt sich aber auch die philosophische Frage nach der personalen Identität zwischen jenem Patienten, der in gesunden Tagen eine Vorausverfügung tätigt, und jenem späteren Patienten in Dauerkoma oder schwerster Demenz, für den die Verfügung gelten soll. Es ist die Annahme einer solchen Identität in der Tat problematisch, wenn man, wie üblich, psychische Kontinuität als eine ihrer notwendigen Bedingungen ansieht. Da aber andererseits die Wahrscheinlichkeit von Interessenkonflikten zwischen dem früheren und dem späteren Patienten gering sei, spreche die Annahme personaler Diskontinuität in der Regel nicht gegen die Bindungskraft von Vorausverfügungen.

Bettina Schöne-Seifert, Medizinethik, S. 577f.

M5 Der Mensch kann entscheiden

Aus einem Interview mit dem Hospizberater Dirk Müller:

Weshalb hat sich das Instrument der Patientenverfügung bewährt?

Eine Patientenverfügung bedeutet, dass man sehr lange darüber nachdenken muss, was mit einem eigentlich in diesem Moment geschehen soll. Die Menschen wollen das am liebsten in einer Stunde erledigen [...]. Das wird nicht gehen.

Warum nicht?

Weil wir die Menschen erstmal dazu bringen müssen, sich über ihre eigenen Werte klar zu werden. [...] Sie müssen in sich hineinhorchen, was ihnen im Leben wichtig ist. Weil wir ganz bewusst sagen, dass die Menschen in Patientenverfügungen nicht nur hineinschreiben sollen, was sie nicht wollen – sondern auch Wünsche formulieren sollen. Die Person, die später entscheiden muss, sei es der Arzt oder Richter, muss den Patienten aus allen Richtungen betrachten können. [...]

Ist es möglich, eine solche Extremsituation, die erst zwanzig Jahre später eintreten kann, richtig vorauszuahnen?

Wir alle stecken nicht in dieser Situation und können uns da nur ein Stück weit hineinversetzen. Aber wenn wir während des Lebens Sterben und Tod nicht verdrängen und das auch bei Angehörigen bewusst miterleben, kann man sich das schon vorstellen.

Ärzte sagen, dass Menschen oft in einer schweren Krankheit noch einen extremen Überlebenswillen entwickeln und plötzlich in letzter Minute ihrer Patientenverfügung widersprechen.

Das Problem ist sicher, dass viele Menschen noch nie einen Demenzkranken erlebt und beobachtet haben. Die hören das Wort Demenz und denken, dass man da nicht mehr Herr seiner Sinne ist. Sie sehen mitunter gar nicht, dass ein Demenzkranker in der richtigen Versorgungsform viel Lebensfreude und Zufriedenheit haben kann. Auch ein Schwerstkranker kann noch in liebevoller Umgebung viel Lebensqualität haben. [...] Die meisten Menschen haben Angst, in einer solchen Situation in ihrer Persönlichkeit nicht respektiert zu werden. Ist der Respekt da, ertragen sie viel mehr. [...] Der Arzt muss die Patientenverfügung auch mit dem medizinisch Möglichen und ethisch Vertretbaren in Einklang bringen. Unser Leben verändert sich ebenso wie unsere Lebenseinstellung. Eine Patientenverfügung kann überarbeitet und auch neu geschrieben werden. [...] Ich glaube, ein Mensch kann entscheiden, was er will, wenn er gut beraten wird.

Corinna Emundts, „Viele haben Angst", www.das-parlament.de

1 Informieren Sie sich über die gesetzliche Regelung zur Patientenverfügung in Deutschland und über Varianten einer Patientenverfügung, z. B. mit Hilfe von www.patientenverfuegung.de oder www.standard-patientenverfuegung.de. → M2

2 Stellen Sie die Argumente für und gegen eine Patientenverfügung gegenüber. Halten Sie das Festhalten an einer Verfügung im Falle einer schwerwiegenden Demenz für gerechtfertigt? → M3-5

6 Ärztliche Sterbehilfe

M1 Ende einer Qual

In den Niederlanden ist die Sterbehilfe bei nicht einwilligungsfähigen Kindern unter bestimmten Bedingungen straffrei.

Für die Eltern ist es die schwierigste Entscheidung ihres Lebens: Sie bitten den behandelnden Arzt, ihre gerade vier Wochen alte Tochter mit Hilfe von Medikamenten für immer einschlafen zu lassen. Das Baby hat das Downsyndrom und ist mit einer offenen Wirbelsäule auf die Welt gekommen; Nervenstränge hängen in einem dünnen Hautsack aus ihrem Rücken, das Gehirn ist fehlgebildet, und anstelle des Gaumens klafft ein Loch. „Dieses Kind hätte etwa zwanzig chirurgische Eingriffe allein innerhalb des ersten Lebensjahres benötigt. Doch zwei erfahrene Operateure rieten davon ab, die allgemeine Prognose sei zu schlecht", sagt Eduard Verhagen, Chefarzt der Universitätskinderklinik in Groningen. „Selbst die starken Schmerzmittel haben oft nicht mehr geholfen. Für unser Kind war das eine furchtbare Qual", sagt die Mutter. Die Eltern sind verzweifelt und wollen ein langes Warten auf den Tod nicht hinnehmen. Eduard Verhagen [...] kann sie verstehen und geht auf ihre Bitte ein. Als der Arzt dem Säugling eine hohe Dosis Schlafmittel und Morphin spritzt, hat die Mutter ihre Tochter auf dem Arm [...]. Es dauert nur wenige Minuten, bis das Mädchen tot ist.

Achim Wüsthof, Entscheidung an der Wiege, in: Die Zeit, Nr. 6/03.02.2005

M2 „Sie haben sie umgebracht!"

Der Krankenwagen kam kurz nach Mitternacht. Aus einer Klinik am Comer See, wo Eluana Englaro seit 15 Jahren [...] gepflegt wurde, brachte er die 38-Jährige am Dienstag früh ins friaulische Udine. Dort hat sich eine Privatklinik bereitgefunden, die Frau sterben zu lassen. In fünfzehn Tagen soll vorbei sein, was Eluanas Vater Beppino seit Jahren „die Hölle" nennt. „Die Unmenschen seid ihr!", schallt es Beppino Englaro entgegen. „Ihr Barbaren bringt Eluana um. Stoppt die Mörderhand!", ruft es aus der katholischen Bischofskonferenz und dem Vatikan. [...] Am 18. Januar 1992 war die damals 21-jährige Eluana mit dem Auto verunglückt. Seither liegt sie im Wachkoma, wird künstlich ernährt und mit Flüssigkeit versorgt. Fast zehn Jahre lang hat Vater Englaro vor Italiens Gerichten darum gekämpft, „den Willen meiner Tochter zu verwirklichen" und Eluana sterben zu lassen.
Im Oktober 2008, als Englaro schließlich von sämtlichen höchsten Gerichten die Erlaubnis bekommen hatte, setzte die politische Blockade ein. [...] Aus Rom verbot Wohlfahrtsminister Maurizio Sacconi allen staatlichen Kliniken des Landes, bei Eluana die Nahrungssonde zu ziehen. [...] Der Arzt in Udine, der Eluanas letzte Tage auf Bitten des Vaters in seine Hände genommen hat, versichert, die Sterbehilfe werde menschlich ablaufen. Medizinische Details nennt er nicht. Er sagt nur: „Ich bin zutiefst zerrissen als Mensch, als Vater, als Arzt, als Bürger. Aber das alles tritt zurück gegenüber dem Schmerz der Familie Englaro."

Paul Kreiner, Eluana stirbt, www.tagesspiegel.de

M3 Leben nicht lebenswert

Wochenlang hofften die Eltern auf den Tod ihres Kindes. Gerade 500 Gramm hatte Stefan bei seiner Geburt gewogen. [...] Am zweiten Lebenstag jedoch sank der Blutdruck [...]: schwere Blutungen im Gehirn. Die Ärzte stellten eine düstere Prognose. Stefan könne überleben, doch Sprechen und Laufen werde er voraussichtlich niemals lernen; epileptische Anfälle würden ihn quälen, ein Leben ohne fremde Hilfe sei undenkbar. Die Eltern empfanden die Fortsetzung der Behandlung als sinnlos. Am liebsten hätten sie eigenhändig die Maschinen gestoppt. Doch die Ärzte in dem Hamburger Krankenhaus wollten den Schritt nicht gehen. Stefan kam durch, schwer behindert. Seine Eltern fragen sich immer noch, ob die Entscheidung der Mediziner richtig war.

Jacqueline Hénard / Achim Wüsthof, Zu krank für das Leben, in: Die Zeit, Nr. 43/17.10.2000

M4 Regelungen zur Sterbehilfe europaweit

		D	I	CH	NL
aktive	Tötung auf ausdrücklichen Patientenwunsch	verboten, Strafrahmen bei „Tötung auf Verlangen": 6 Monate - 5 Jahre	verboten, Strafrahmen bei „Tötung mit Einwilligung": 6-15 Jahre	erlaubt, sofern nicht aus selbstsüchtigen Motiven	erlaubt, wenn bestimmte Kriterien (z. B. unabhängiges weiteres Urteil eines Mediziners) eingehalten sind
passive	Therapieabbruch mit der Absicht, Patienten sterben zu lassen	erlaubt, wenn z. B. eine entsprechende Patientenverfügung vorliegt	erlaubt, bei entsprechender Patientenverfügung, sonst „Tötung durch Unterlassen"	erlaubt	erlaubt
indirekte	Inkaufnahme der lebensverkürzenden Wirkung z. B. einer Schmerztherapie	erlaubt	erlaubt	erlaubt	erlaubt
nicht freiwillige	Tötung eines nicht entscheidungsfähigen Patienten	verboten	verboten	verboten	verboten

nach www.drze.de

M5 Grundsätze der Bundesärztekammer

[Der Arzt] muss den Willen des Patienten beachten. Ein offensichtlicher Sterbevorgang soll nicht durch lebenserhaltende Therapien künstlich in die Länge gezogen werden. Aktive Sterbehilfe ist unzulässig und mit Strafe bedroht, auch dann, wenn sie auf Verlangen des Patienten geschieht. Die Mitwirkung des Arztes bei der Selbsttötung widerspricht dem ärztlichen Ethos. Der Arzt ist verpflichtet, Sterbenden, bei denen der Eintritt des Todes in kurzer Zeit zu erwarten ist, so zu helfen, dass sie unter menschenwürdigen Bedingungen sterben können. Die Hilfe besteht in palliativ-medizinischer Versorgung. Maßnahmen zur Verlängerung des Lebens dürfen in Übereinstimmung mit dem Willen des Patienten unterlassen oder nicht weitergeführt werden, wenn diese nur den Todeseintritt verzögern und die Krankheit in ihrem Verlauf nicht mehr aufgehalten werden kann. Bei Sterbenden kann die Linderung des Leidens so im Vordergrund stehen, dass eine möglicherweise dadurch bedingte unvermeidbare Lebensverkürzung hingenommen werden darf. Bei Neugeborenen mit schwersten Beeinträchtigungen, bei denen keine Aussicht auf Heilung oder Besserung besteht, kann nach hinreichender Diagnostik und im Einvernehmen mit den Eltern eine lebenserhaltende Behandlung unterlassen oder nicht weitergeführt werden. Gleiches gilt für extrem unreife Kinder, deren unausweichliches Sterben abzusehen ist, und für Neugeborene, die schwerste Zerstörungen des Gehirns erlitten haben. Patienten mit schwersten zerebralen Schädigungen und anhaltender Bewusstlosigkeit (Wachkoma) haben, wie alle Patienten, ein Recht auf Behandlung, Pflege und Zuwendung.

nach: Bundesärztekammer, Grundsätze zur ärztlichen Sterbebegleitung, S. 1f.

1 Analysieren Sie die Fälle mit Hilfe der begrifflichen Unterscheidungen und der „Grundsätze zur Sterbebegleitung". ➜ M1-5

2 Diskutieren Sie: Haben die Eltern und Ärzte richtig entschieden? Gibt es Ihrer Meinung nach Alternativen? ➜ M1-3

3 Recherchieren und vergleichen Sie die rechtlichen Regelungen zur Sterbehilfe in weiteren Ländern. ➜ M4

7 Diskussion: Aktive / Passive Sterbehilfe

M1 Die Arztrolle: Gefährdet ...

Grundlage des Vertrauensverhältnisses von Arzt und Patient ist seit jeher der ärztliche Auftrag, menschlichem Leben nicht zu schaden, sondern es zu erhalten und zu fördern. Dieses Vertrauensverhältnis wird grundlegend gefährdet, wenn der Arzt dem Patienten nicht mehr alleine als Heilender und Helfender, sondern ebenso als „Tötender" begegnet.

Deutsche Bischofskonferenz / EKD, Leben bis zuletzt, S. 231

M2 ... oder bestärkt?

Viele Patienten empfinden es als Vertrauensgewinn, mit ihrem Arzt über aktive Sterbehilfe sprechen zu können und die Sicherheit zu haben, auch über die Gestaltung ihrer letzten Lebensphase selbst bestimmen zu können. Das Argument des drohenden Vertrauensverlustes verliert an Überzeugungskraft, wenn viele Patienten aktive Sterbehilfe für sich erwägen. Im Gegenteil: Das Vertrauen in die Ärzteschaft kann auch gefährdet sein, wenn Ärzte nicht bereit sind, den wohlüberlegten Wünschen ihrer Patienten an deren Lebensende zu folgen. Die ärztliche Fürsorgepflicht kann unter der Bedingung der Wertepluralität nur noch als formale Verpflichtung verstanden werden, deren inhaltliche Bestimmung weitgehend den Patienten selbst überlassen bleiben muss.

Johann S. Ach u. a., Einführung, S. 219

M3 Primat der Leidvermeidung

Eine Patientin, die unheilbar an Kehlkopfkrebs erkrankt ist und trotz Weiterbehandlung in wenigen Tagen sterben wird, leidet an unerträglichen Schmerzen und bittet deshalb im Einverständnis mit ihrer Familie den Arzt, ihrem Leben ein Ende zu machen.

Stellt man die Behandlung einfach ein, dann kann sich das Sterben des Patienten noch hinauszögern, so dass er also mehr leiden müsste, als wenn sich der Arzt sofort zu direktem Handeln entschlösse und ihm eine tödliche Spritze gäbe. Diese Tatsache legt den Schluss nahe, dass aufgrund der einmal getroffenen Entscheidung, das Leiden nicht zu verlängern, die aktive Sterbehilfe in der Tat der passiven vorzuziehen ist, nicht aber umgekehrt. Ansonsten hieße dies doch, dass man sich statt für weniger für mehr Leiden entscheidet, und diese Entscheidung wiederum stünde im Widerspruch zu dem humanitären Antrieb des Arztes, der ihn überhaupt erst zu dem Entschluss veranlasst, ein solches Leiden nicht zu verlängern.

James Rachels, Aktive und passive Sterbehilfe, S. 255

M4 Fehldiagnose nicht ausgeschlossen

Den Tod der Patientin herbeizuführen heißt, ihr dadurch die Möglichkeit zu leben vorzuenthalten. Ihr durch den Entzug der das Leben künstlich verlängernden Apparate „das Sterben zu gestatten" bedeutet, die Möglichkeit einer Fehldiagnose oder Fehlprognose in Kauf zu nehmen und sich so der moralischen Verantwortung für die aufgrund irriger Vermutungen vorgenommene Beendigung von Leben zu entheben. [...] Während die aktive Auslöschung des Lebens der Patientin jede Lebenschance nimmt, bleibt ihr bei einem passiven Abbruch lebensverlängernder Maßnahmen diese Chance erhalten.

Tom L. Beauchamp, Antwort auf Rachels zum Thema Euthanasie, S. 270f.

M5 Kein moralischer Unterschied

Man kann die Vorenthaltung lebensverlängernder Maßnahmen bzw. das Verabreichen von Schmerzmitteln, die zum Tod führen, von der Verabreichung einer tödlichen Spritze dadurch zu unterscheiden versuchen, dass diese Handlung nicht die direkte Absicht hat, das Leben zu verkürzen, sondern Leid zu vermeiden. Der Tod sei nur ein indirekter Nebeneffekt.

Aber die Unterscheidung zwischen direkt beabsichtigter Wirkung und Nebenwirkung ist künstlich herbeigeführt. Wir können Verantwortlichkeit nicht einfach umgehen, indem wir der einen Wirkung mehr Aufmerksamkeit schenken als der andern. Wenn wir beide Wirkungen vorhersehen, müssen wir die Verantwortung für beide Wirkungen unseres Tuns übernehmen. [...] Ein konsequentialistisches Urteil verbirgt sich hier [...]. Normalerweise geht Leben retten vor

Schmerz lindern. Wenn dies im Falle eines bestimmten Patienten nicht gilt, dann nur, weil wir der Meinung sind, dass die Aussichten des betreffenden Patienten auf ein künftiges Leben von einigermaßen annehmbarer Qualität so gering sind, dass in diesem Fall Leidensmilderung den Vorzug erhalten kann. Mit anderen Worten: Dies ist [...] eine Entscheidung, die auf einem verschleierten Urteil über Lebensqualität basiert. *Peter Singer, Praktische Ethik, S. 267f.*

M6 Einstellungen zur aktiven und passiven Sterbehilfe

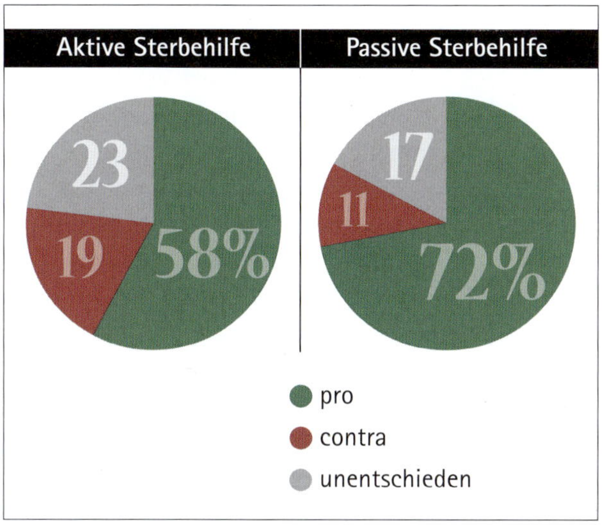

nach www.ifd_allensbach.de (2008)

M7 Lebensunwertes Leben

Natürlich gibt es so etwas wie „lebensunwertes“ Leben. [...] Anstößig, ja empörend ist ein solches Urteil allein dann, wenn es – wie bei den Nazis – auf der Basis von Kriterien etwa der Rassenzugehörigkeit oder der sozialen Nützlichkeit gefällt wird. Das aber ist weder zwingend noch in irgendeiner Weise ethisch begründbar. Ob ein bestimmtes Leben lebenswert ist oder nicht, kann nur vom Wertungsstandpunkt jenes Menschen aus entschieden werden, dem dieses Leben gehört! [...] Die Voraussetzung, dass das weitere Leben für seinen Träger alles in allem keinen Wert mehr hat, [stellt] sicher, dass die Tötung für denjenigen, auf den es ankommt, kein Übel, sondern eine Wohltat ist, dass sie im umfassenden Sinne seinen Interessen dient. [...] Natürlich darf auch von dem hier vertretenen individuellen Interessenstandpunkt aus eine Sterbehilfe [...] nur dann als gerechtfertigt gelten, wenn der Betreffende selbst in diese Tötung einwilligt. Denn selbst eine *Wohltat* darf dem Individuum nicht aufgezwungen werden [...].

Norbert Hoerster, Tötungsverbot und Sterbehilfe, S. 292-294

M8 Leben bis ans Ende

Raymond Voltz ist Professor für Palliativmedizin.

Voltz: [Die Palliativmedizin] steht im Gegensatz zur aktiven Sterbehilfe als eine Sterbebegleitungsmöglichkeit. Und sie steht im Gegensatz der auf Heilung ausgerichteten Medizin, die bis zum Lebensende immer noch sagt: Mit dieser Behandlungsmethode gibt es vielleicht noch 0,5 Prozent Chance, etwas zu erreichen. [...]

WDR.de: Sie wenden sich offensiv gegen aktive Sterbehilfe. Was entgegnen Sie den Menschen, die mit einem solchen Wunsch zu Ihnen kommen?

Voltz: Wenn jemand diesen Wunsch äußert, fragen wir erstmal nach dem Grund. Oft stellt sich heraus, dass die Wünsche der Patienten ganz unklar sind. Eine Frau bat uns einerseits, die Fahrt in die Schweiz, in der aktive Sterbehilfe möglich ist, zu organisieren. Gleichzeitig wollte sie aber nicht, dass wir ihre künstliche Ernährung reduzieren – denn dann würde sie ja sterben. Ein Mann hatte wegen mehrerer Knochentumoren so starke Schmerzen im Arm, dass er sterben wollte. Wir haben dann das richtige Medikament für ihn gefunden, nach 24 Stunden war er schmerzfrei und der Sterbewunsch wurde nie wieder geäußert. Wir müssen uns immer fragen: Warum möchten die Menschen sterben – und wie können wir helfen?

Annika Frank, 25 Jahre Palliativmedizin, www.wdr.de

1. Erarbeiten Sie, was passive Sterbehilfe von der aktiven unterscheidet. → M1-7
2. Diskutieren Sie: Ist aktive Sterbehilfe falsch? → M4/5/7
3. Erarbeiten Sie in Referaten Stellungnahmen zu Sterbehilfevereinen und der Hospizbewegung (siehe z. B. www.wegweiser-hospiz-und-palliativmedizin.de; www.dignitas.ch). → M8

8 Organtransplantation – Warten auf den Spender

M1 Organspenden international

Deutsche Stiftung Organtransplantation, www.dso.de

M2 Spenden-Angst

Unter dem Motto „Fürs Leben" wirbt die Deutsche Stiftung für Organtransplantation (DSO) für eine höhere Spendenbereitschaft in Deutschland. Denn längst nicht alle Geschichten von Menschen mit Organversagen enden gut. Zwar erhielten 2007 mehr als 4000 Menschen ein Organ eines hirntoten Spenders, doch drei Mal so viele Patienten warten noch immer. Jeden Tag sterben durchschnittlich drei Menschen, weil für sie ein Organ nicht rechtzeitig zur Verfügung steht. Sie sterben an „akutem Organspende-Versagen", wie es der Medizinrechtler Hans Lilie ausdrückt. Deutschland schöpft sein Spendenpotenzial nicht aus, darüber sind sich Experten einig. So befürworten zwar 80 Prozent der Deutschen in Umfragen der DSO Organtransplantationen, und fast 70 Prozent geben an, sie würden einer Organentnahme nach ihrem Tod zustimmen. Doch nur 12 Prozent haben einen Spenderausweis. Auch im europäischen Vergleich steht Deutschland schlecht da: 2007 wurden pro Million Einwohner 16 Organe gespendet – halb so viel wie im führenden Land Spanien. Das Thema gehe alle an, mahnte denn auch Kanzlerin Angela Merkel bei der Vorstellung der Informationskampagne. Eine Entscheidung für Organspende sei eine Entscheidung für das Weiterleben von Mitmenschen. Mit Großflächenplakaten in 17 großen Städten will die DSO nun die Aufmerksamkeit für das Thema Organspende wecken. Ein Problem sind die Krankenhäuser. Viele von ihnen melden nicht, wenn sie potenzielle Organspender haben. Die Kliniken klagen über eine zu geringe Aufwandsentschädigung: Für Transplantationen erhalten sie laut DSO je nachdem, ob nur eine Beratung stattfand oder Organe entnommen wurden, 300 bis 3000 Euro. Auch sind die Gespräche mit Angehörigen eine zusätzliche Belastung, weshalb manche Ärzte Transplantationen zugunsten der Versorgung von Akut-Patienten vernachlässigen. [...] Auch ist das Thema immer noch mit Tabus belastet. Viele Menschen scheuen sich davor, einen Organspendeausweis auszufüllen, weil sie sich dafür mit ihrem eigenen Tod auseinandersetzen müssen. Hier setzt die Kampagne an. Sie will über das Leben reden und nicht über den Tod. „Wenn ich einmal Kinder habe, dann nur, weil irgendjemand einen Organspendeausweis ausgefüllt hat", sagt [Bruno] Kollhorst, [dem eine Organspende das Leben gerettet hat].

Nina von Hardenberg, Tödliche Spenden-Angst, in: Süddeutsche Zeitung, 07.06.2008

M3 Wer kommt auf die Warteliste?

Es gibt ärztliche Richtlinien darüber, welche Patienten auf die Warteliste für eine Transplantation zu setzen sind und welche Kontraindikationen (medizinische Gegenargumente) gelten. Hierfür hat die Bundesärztekammer eine eigene Kommission eingerichtet, die diese Richtlinien immer wieder überprüft und aktualisiert. Grundsätzlich kommt ein Patient dann für das Einpflanzen eines neuen Organs in Frage, wenn

- eine andere Therapie keinen Erfolg mehr verspricht,
- die Erkrankung des eigenen Organs mit Sicherheit in eine schwere, lebensbedrohliche Erkrankung münden wird oder ein solches Krankheitsstadium bereits eingetreten ist und
- wenn der Patient nach einer erfolgreichen Transplantation mit hoher Wahrscheinlichkeit länger und besser leben wird als ohne diesen Eingriff.

Allerdings muss der Gesundheitszustand des Empfängers stabil genug sein für die Operation und die anschließende, dauerhafte medikamentöse Behandlung.

www.organspende-info.de/info/allgemein/empfaenger/warteliste/

M4 Wie werden die Organe verteilt?

Kommt ein Patient aufgrund seiner medizinischen Situation für eine Transplantation in Frage, werden alle medizinisch relevanten Daten an die gemeinnützige Stiftung Eurotransplant im niederländischen Leiden weitergeleitet. Eurotransplant ist für die Vermittlung der Spenderorgane zuständig. Für alle vermittlungspflichtigen Organe (Niere, Herz, Lunge, Leber, Bauchspeicheldrüse und Darm) werden hier Wartelisten geführt. Wird ein Organspender gemeldet, so werden mithilfe eines computergestützten Verfahrens dessen Daten mit denen der Patienten auf der Warteliste verglichen und der optimale Empfänger gesucht. Bei der Vermittlung der Spenderorgane werden entsprechend der vier Richtlinien der Bundesärztekammer neben der Übereinstimmung der Gewebemerkmale auch die Kriterien Dringlichkeit und Erfolgsaussicht berücksichtigt.

nach www.organspende-info.de/info/allgemein/empfaenger/vermittlung/

M5 Schwierige Entscheidung

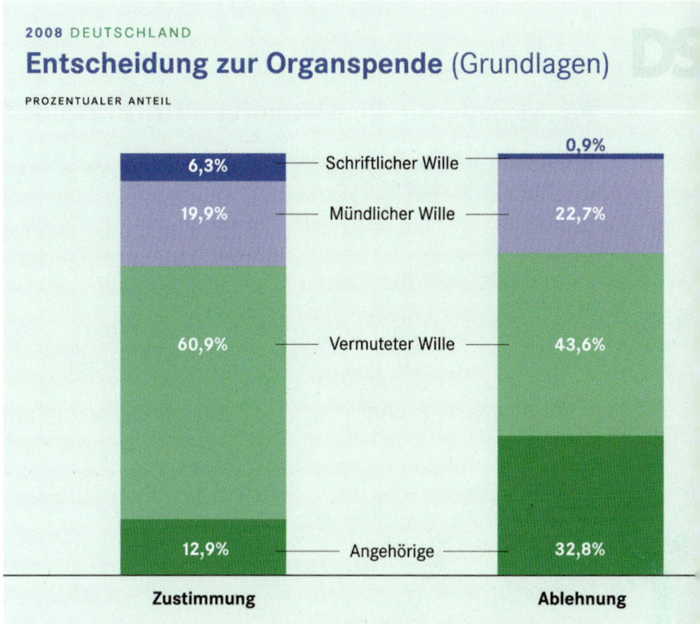

Deutsche Stiftung Organtransplantation, www.dso.de

In Deutschland gilt für die Organspende die erweiterte Zustimmungslösung (siehe S. 312).

1 Recherchieren Sie die Geschichte der Transplantationsmedizin und stellen Sie die Ergebnisse in einer kleinen Präsentation vor.

2 Stellen Sie die momentane Situation der Transplantationsmedizin und die Spendenbereitschaft in Deutschland dar. ➔ M1-3

3 Überlegen Sie, welche ethischen Schwierigkeiten bei der Verteilung der Organe entstehen können. Wie wird durch die Kriterien von Eurotransplant versucht, ein gerechtes Auswahlverfahren zu gewährleisten? ➔ M4

4 Interpretieren Sie die Grafik M5 und diskutieren Sie die Problematik der Angehörigen bei einer Entscheidung zur Organspende aufgrund eines „vermuteten Willens" des Verstorbenen. Nehmen Sie vor diesem Hintergrund Stellung zur „Scheu, einen Organspendeausweis auszufüllen" (s. M2, Z. 45f.). ➔ M2/5

9 Organspende in der Diskussion

M1 Modelle für die postmortale Organspende

Modell	Die Organentnahme ist
Widerspruchslösung	... zulässig, wenn der Spender nicht ausdrücklich widersprochen hat.
Enge Zustimmungslösung	... verboten, wenn der Spender nicht ausdrücklich selbst zugestimmt hat.
Erweiterte Zustimmungslösung	... auch durch nächste Angehörige nach dem mutmaßlichen Willen des Verstorbenen entscheidbar, wenn keine Willenserklärung vorliegt.
Informationslösung	... grundsätzlich bei fehlendem Widerspruch des möglichen Spenders zulässig. Die Angehörigen müssen informiert werden.
Notstandslösung	... immer zulässig, selbst bei einem Widerspruch.
Solidarmodell	... nur zugunsten eines erklärten potentiellen Spenders zulässig.
Bezahlmodell	... mit einem finanziellen Anreiz verbunden, so werden z. B. die Beerdigungskosten durch die Krankenkasse übernommen.

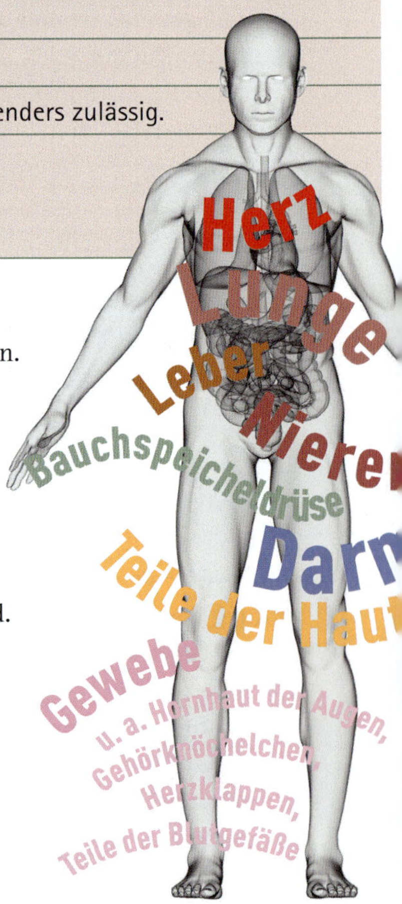

M2 Ethische Grundbedingung

Der Leichnam darf durch die Entnahme von [...] Organen nicht zu einer bloßen Sache degradiert werden, sondern muss einen moralischen Schutz genießen, der sich in einem pietätsvollen Umgang ausdrückt. [...] Der Tod und das Sterben gehören zu denjenigen Lebensbereichen, die dem Zugriff von Verwertungsinteressen entzogen bleiben sollten. Ein respektloser, instrumentalisierender Umgang mit Toten könnte auf den Umgang mit Lebenden ausstrahlen.

Johann S. Ach u. a, in: Ethik in der Medizin, S. 297

M3 Stellungnahme der Kirchen zur Organspende

Aus der gemeinsamen Erklärung Organtransplantationen *der Deutschen Bischofskonferenz und des Rates der Evangelischen Kirche in Deutschland:*

Auf Seiten des Spenders bestehen neben medizinischen und rechtlichen auch ethische Grenzen der Organentnahme. Ein lebender Spender darf mit einer Organspende nicht seinen Tod herbeiführen. Er darf also nur ein paariges Organ (z. B. eine Niere) spenden, von unpaarigen Organen und Geweben nur Teile. Ganze lebensnotwendige Organe dürfen überhaupt nur von Toten entnommen werden. Die medizinisch utopische Verpflanzung des Gehirns verbietet sich ethisch, weil mit diesem Organ die persönlichkeitsbestimmenden Merkmale verbunden sind. [...] Kein Lebender darf aus irgendeinem Grund zu einer Organspende genötigt werden. Eine Organspende aus ökonomischen Motiven ist ebenso wie der Organhandel ethisch nicht vertretbar. Der Verkauf eigener Organe ist ein Verstoß gegen die Würde des Menschen.
Handelt es sich um einen toten Spender, so gebührt dem Leichnam respektvolle Behandlung und dem Willen des Verstorbenen besondere Beachtung.

zitiert nach Urban Wiesing (Hg.), Ethik in der Medizin, S. 310

M4 Den Tod anderer billigend in Kauf nehmen

Nach Dieter Birnbacher kollidieren in Fällen der Organentnahme ohne ausdrückliche Zustimmung des Verstorbenen die gleichwertigen Prinzipien der Hilfeleistung und der Respektierung der individuellen Selbstbestimmung.

[Es ist für mich] [...] nicht einsehbar, warum viele zwar Extremlösungen auf der Seite der Priorität der Hilfeleistungspflicht, nicht aber Extremlösungen auf der Seite der Priorität des Selbstbestimmungsrechts ablehnen. Die überwiegende Mehrheit lehnt eine Regelung ab, wie sie in Österreich lange Zeit in der Diskussion war, nach der eine Entnahme von Organen vom Toten auch bei vorliegendem ausdrücklichen Widerspruch zulässig ist. Nur wenige lehnen aber auf der anderen Seite eine Regelung ab, die eine Entnahme vom Toten an eine ausdrückliche vorherige Einwilligung des Verstorbenen bindet. Von der ersten Extremlösung könnte man sagen, dass sie mit einer Reihe anderer bestehender und akzeptierter Regelungen unvereinbar ist. Unser eigener Körper ist uns näher als unser Vermögen. Aber auch dieses darf man uns nach unserem Tode nicht einfach wegnehmen, um damit – unabhängig davon, was wir vor dem Tod bestimmt haben – einen anderen zu retten. Wenn wir bestimmen dürfen, was nach unserem Tode mit unserem Vermögen geschieht, sollten wir auch bestimmen dürfen, was nach unserem Tode mit unserer sterblichen Hülle geschieht. Dieselbe Überlegung kann man aber auch für die Extremlösung auf der anderen Seite anstellen. Wenn die Gesellschaft befugt ist, den Körper eines Verstorbenen auch ohne dessen Einwilligung (und sogar ohne die Einwilligung der Nahestehenden) zum Zweck der Rechtssicherheit öffnen zu lassen, warum soll sie dann nicht auch befugt sein, ihn ohne ausdrückliche Einwilligung zum Zweck der Organentnahme öffnen zu lassen? Wiegt die Aussicht, mit dem entnommenen Organ das Leben eines anderen zu retten bzw. (bei einem Nierenkranken) dessen Lebensqualität nachhaltig zu verbessern wirklich weniger als die (zum Teil geringe) Chance, mithilfe der Obduktion ein Verbrechen aufzuklären? [...] Das heißt, ich meine, dass die mangelnde Bereitschaft, einem anderen durch eine Organspende das Leben zu retten, zu Unrecht als moralisch unbedenklich gilt. [...] Auch wenn man von demjenigen, der die Organspende verweigert, nicht sagen kann, dass er den Tod des potentiellen Organempfängers will, nimmt er dessen Tod doch immerhin billigend in Kauf.

Dieter Birnbacher, Organtransplantation, S. 312-314

M5 Ethische Bewertung

Aber kann die Gesellschaft wirklich, für irgendein öffentliches Interesse, den Beitrag meines innerleiblichen Seins verlangen? [...] An der Grenze zwischen der gemeinsamen, mit anderen geteilten Außenwelt und dem ureigenen Leibesinneren, an unserer Haut, macht *jedes* öffentliche Recht halt. [...] Dies ist das Privatissimum des Privaten, die nichtkommunale, unentfremdbare Eigensphäre schlechthin. Nimmt man hinzu, dass beim medizinischen Fortschritt kein öffentlicher Notstand vorliegt [...], dass vielmehr, nüchtern-statistisch betrachtet, die Gesellschaft wohl bestehen kann, wenn Krebs und Herzleiden noch etwas länger unbezwungen bleiben – dann sieht man, dass mit dem contrat social in unserer Frage wenig auszurichten ist und Freiwilligkeit unzertrennlich zu ihr gehört. Es besteht, wie schon bemerkt, ein Unterschied zwischen dem *moralischen Anspruch* eines Gemeinschaftsgutes (welches jeder Sieg über jede Krankheit zweifellos ist) und einem *Rechte* der Gesellschaft auf dieses Gut und die Mittel seiner Verwirklichung. *Hans Jonas, Technik, Medizin und Ethik, S. 126f.*

1 Diskutieren Sie Vor- und Nachteile der verschiedenen Modelle zur postmortalen Organspende. Beziehen Sie den Text M2 in Ihre Überlegungen mit ein. ➜ M1/2
2 Arbeiten Sie die Haltung der Kirchen gegenüber dem Organspender heraus. Welche Grenzen dürfen nicht überschritten werden? ➜ M3
3 Nehmen Sie Stellung zur Sichtweise auf den Menschen, die die Abbildung zum Ausdruck bringt. ➜ M3
4 Erarbeiten und diskutieren Sie die These Dieter Birnbachers. ➜ M4
5 Diskutieren Sie, ob sich aus ethischer Sicht eine moralische Verpflichtung zur Organspende rechtfertigen lässt. ➜ M5

10 Die Dammbruchargumentation

Moralisches Argumentieren

M1 Auf einer rutschigen, schiefen Ebene

Was in der Biotechnologie und in der Fortpflanzungsmedizin geschieht oder möglich ist, das hat in einem wesentlichen Punkt eine völlig neue Qualität: [...] Zum ersten Mal scheint die Menschheit fähig, den Menschen selber zu verändern, ja ihn genetisch neu zu entwerfen. [...] Man [...] [kann wissen und spüren], dass bestimmte Möglichkeiten und Vorhaben der Bio- und Gentechnik im Widerspruch zu grundlegenden Wertvorstellungen vom menschlichen Leben stehen. Diese Wertvorstellungen [...] liegen auch dem schlichten Satz zu Grunde, der in unserem Grundgesetz allem anderen vorangestellt ist: Die Würde des Menschen ist unantastbar. [...] Diese Wertvorstellungen zieht niemand ausdrücklich in Zweifel. Wir können es uns aber auch nicht leisten, ethische Überzeugungen unbewusst oder schweigend aufzugeben oder sie zur Privatangelegenheit zu erklären. [...] Wir müssen uns darüber klar sein, was die Folgen wären, wenn wir den Wertekanon, den wir in einer langen Geschichte entwickelt haben, als Grundlage allen staatlichen Handelns in Frage stellten. Würden wir dann nicht die Gefangenen einer Fortschrittsvorstellung, die den perfekten Menschen als Maßstab hat? Würden damit nicht Auslese und schrankenlose Konkurrenz zum obersten Lebensprinzip? [...] Das wäre eine völlig andere, das wäre eine neue Welt – keine schöne. [...] Nach meinem Eindruck haben sich solche Vorstellungen durchaus schon verbreitet. [...] Die Optimierung zum Stärksten und Besten wird zu einer selbstverständlichen Vorstellung. Wird dann nicht der menschliche Körper selber zur Ware und zu einem Gegenstand ökonomischen Kalküls?

Johannes Rau, Berliner Rede vom 18.05.2001, www.bundespraesident.de

M2 Wer A sagt ...

Bei der Debatte um die PID und Embryonenforschung wird immer wieder auf die Gefahr eines Dammbruchs und die unaufhaltsame Erosion moralischer Maßstäbe hingewiesen. Das Dammbruch-Szenario könnte so aussehen: Zuerst wird die PID in wenigen begründeten Ausnahmefällen zugelassen. Die Liste der Ausnahmefälle wird im Laufe der Zeit schrittweise erweitert, und letztlich führt die Selektion von Embryonen zu einer eugenischen Praxis, die man eigentlich verhindern wollte. Wenn die Tür nur einen Spalt breit geöffnet wird, droht sie irgendwann vollständig eingerannt zu werden. Daher sollte man die PID besser nicht einführen.

Das Dammbruchargument hat die folgende Form:

1. Aus A folgt B, oder A führt über eine Kette von Zwischenschritten zu B.
2. B ist moralisch nicht wünschenswert.
3. Daher dürfen wir A nicht zulassen.

M3 Die Beweislast

Dammbruchargumente müssen zunächst die Negativität der befürchteten Schäden auch im Verhältnis zum anderenfalls entgehenden Nutzen annehmen. Und sie müssen sich auf empirische Evidenzen für eine (inakzeptabel hohe) Eintrittswahrscheinlichkeit der von ihnen prognostizierten Schäden stützen können. Als Prophezeiungen tertiären Schadens dann müssen Dammbruchargumente eine gewisse Labilität der öffentlichen Moral annehmen. Und schließlich müssen sie empirischen Anhalt für Unaufhaltbarkeit und Lawinencharakter der einmal gebahnten Katastrophe haben.

M4 Befürchtungen unter der Lupe

Die Ängste richten sich auf Regelungen, die eine bestimmte Praxis, wie z. B. PID, (unter bestimmten Bedingungen) zulassen.

Es geht um die Einschätzung möglichen Schadens, der im Gefolge der offenen Legitimierung oder Ausübung einer generellen Handlungspraxis zu erwarten wäre.

(1) Alle Zulässigkeitsregeln können in der Praxis missbraucht werden – unabsichtlich, eigennützig oder böswillig. Weiterhin können sie in der Bevölkerung Ängste vor solchem Missbrauch wecken. Man könnte solchen direkt durch die Regelung ermöglichten Missbrauch und solche von ihr erweckten Befürchtungen „sekundären" Schaden nennen.

(2) Moralische Zulässigkeitsregeln könnten aber auch unbeabsichtigt die moralische Haltung ihrer Adressaten zum Schlechten verändern und auf diesem Weg eine wiederum neue, nun unmoralische Praxis bewirken, die von der ursprünglichen Regelung selbst weder intendiert noch abgedeckt wäre. Solcher „tertiäre" Schaden könnte entweder durch normative Fehlsignale der erwogenen Regel eintreten, d. h. durch vermeintlich implizierte Werturteile, oder er könnte ein ungewollter Effekt der sich einschleifenden neuen Praxis selbst sein.

M5 Offene Fragen

Die Unplausibilität von Dammbrüchen wird gerne an Beispielen wie diesem demonstriert: Wenn es eine Geschwindigkeitsbegrenzung von 50 km/h innerhalb geschlossener Ortschaften gibt, besteht keine Gefahr, dass das Limit auf 100 km/h erhöht wird, obwohl es einen kontinuierlichen Übergang zwischen den Geschwindigkeiten gibt [...]. Es besteht keine Notwendigkeit und es ist auch wenig wahrscheinlich, dass die bestehende Regelung in Zukunft aufgeweicht wird. Die Frage ist nur, wer die Beweislast zu tragen hat: die Befürworter oder die Kritiker einer neuen Technologie? Reicht der Hinweis auf einen möglichen Dammbruch oder die bloß theoretisch postulierte Gefahr, die uns eine Eugenik durch die Hintertür bescheren kann, aus, um die PID zu verbieten? Müssen die Kritiker ihre Bedenken glaubhaft machen oder müssen umgekehrt die Befürworter der PID die Unbedenklichkeit dieser Technik nachweisen können? [...] Es gibt sicherlich keinen deterministischen kausalen Zusammenhang zwischen der Zulassung der PID und einer zukünftigen Eugenik. Eine solche unheilvolle Entwicklung kann jederzeit aufgehalten werden, wenn der Wille dazu besteht. [...] diese Voraussetzung ist bedeutsam.

M2/5: Thomas Zoglauer, Konstruiertes Leben, S. 71f., 74f.

M6 Gefahr des Konservatismus

Moralische Normierungen gerade in der Medizin werden nicht selten mit Hilfe von *Dammbruchsprognosen* zu rechtfertigen versucht. So hellhörig jede Befürchtung einer Katastrophenauslösung hier machen muss, so sehr birgt andererseits deren inflationäres und ungedecktes Beschwören die Gefahr eines ungerechtfertigten Konservativismus. Daher lohnt sich eine Untersuchung der Bedingungen echter Dammbruchrisiken.

M3/4/6: Bettina Schöne-Seifert, Medizinethik, S. 590f., 593, bearbeitet

1. Rekonstruieren Sie das Argument, das Johannes Rau gegen die Biotechnologie und Fortpflanzungsmedizin geltend macht (PID / Präimplantationsdiagnostik, vgl. S. 320). → M1/2
2. Markieren Sie in ihrer Analyse der Rau schen Argumentation die sog. „sekundären" und „tertiären" Schäden sowie die Teile, die die Begründungslast tragen. → M1/3/4
3. Erläutern Sie, welche Fragen nach Thomas Zoglauer offen bleiben. Welche Antworten halten Sie für richtig? → M5
4. Untersuchen Sie die Bedeutsamkeit der Voraussetzung, die Zoglauer in den letzten zwei Sätzen formuliert, am Beispiel des Geschwindigkeitslimits und der PID. → M5
5. Erläutern Sie, wieso Bettina Schöne-Seifert die Ablehnung von Neuerungen in der Medizin (z. B. PID) kritisch einschätzt. → M6
6. Untersuchen Sie in Gruppen weitere Dammbruchargumente, z. B. die Ausweitung
   - von freiwilliger auf unfreiwillige Sterbehilfe;
   - von einer Diskussion über aktive Sterbehilfe auf ein generelles Infragestellen menschlichen Lebensrechts;
   - von Abtreibung auf Früheuthanasie;
   - von pränataler Diagnostik und Keimbahntherapie auf eine Diskriminierung Behinderter und / oder einer Eugenik.

   Formulieren Sie jeweils die befürchteten sekundären und / oder tertiären Schäden. Stellen Sie diesen Prognosen die Argumente gegenüber, die für die Zulässigkeit der umstrittenen Regelung sprechen.

11 Gendiagnostik: trügerische Sicherheit

M1 Liebe in modernen Zeiten

Plassmann / Baaske Cartoons

Zahlreiche Möglichkeiten: Mit einer Analyse des Erbgutes kann der leibliche Vater eines Kindes ermittelt, durch pränatale Gentests können Ungeborene auf Erbkrankheiten untersucht werden. Auch in der Verbrechensaufklärung spielt die DNA-Analyse eine immer größere Rolle.

M2 Ist das Kind den Eltern zumutbar?

Mit den weiter zunehmenden Möglichkeiten pränataler Diagnostik werden auch die Fragen nach der Zumutbarkeit bestimmter Eigenschaften des Ungeborenen häufiger werden. Eine öffentliche Diskussion der ethischen Aspekte des Schwangerschaftsabbruchs in diesem Kontext, auch im Hinblick auf den Wert von Begriffen wie Normalität oder Behinderung, ist daher dringend erforderlich. [...] Dass die Angst vor einer Zunahme der Diskriminierung von Menschen mit Behinderung nicht unberechtigt ist, zeigt das Erscheinen von Kosten-Nutzen-Rechnungen, die die möglichen Einsparungseffekte durch PND im Vergleich zur Behandlung behinderter Menschen aufzeigen.

Christian Hick (Hg.), Klinische Ethik, S. 146

M3 Medizinische Binsenweisheit: „Vor die Therapie haben die Götter die Diagnose gesetzt"?!

Tests können heute die genetische Disposition eines Menschen z. B. für eine Insulinresistenz (Diabetes Typ 2) nachweisen. Betroffene können sich aufgrund dieses Wissens schon frühzeitig angemessen verhalten, sodass eine medikamentöse Therapie z. T. vermieden werden kann.

Was aber, wenn der Test wirklich nichts anderes leisten kann als eine mehr oder weniger präzise Voraussage über eine irgendwann im Leben bevorstehende schwere Krankheit, die weder durch Vorbeugung verhindert noch nach dem Ausbruch geheilt werden kann? Das Paradebeispiel für voraussagende Diagnostik ist die Huntington-Krankheit. Wer die Anlage trägt, ist bis zum jungen Erwachsenenalter körperlich und geistig völlig gesund. Zumeist zwischen dem 35. und 45. Lebensjahr kommt es zu einem unaufhaltsam fortschreitenden Verlust geistiger und motorischer Fähigkeiten, der über durchschnittlich 15 Jahre zum Tod führt. Den betroffenen Familien hat die Wissenschaft bislang keinerlei Therapien an die Hand gegeben. Immerhin ist das Huntington-Gen zuverlässig molekulargenetisch untersuchbar. Damit steht heute jeder Nachkomme eines von der Huntington-Krankheit betroffenen Elternteils vor der Frage, ob und gegebenenfalls wann er oder sie erfahren möchte, ob die Anlage nun bei ihm / ihr selbst vorliegt.

nach Wolfram Henn u.a., Humangenetik, S. 68-70

M4 Gläserne Arbeitnehmer ...

Es klingt verlockend: Wäre es möglich, den Bewerber im Einstellungsgespräch [...] im wahrsten Sinne des Wortes auf Herz und Nieren zu checken – dem Arbeitgeber böte das eine völlig neue Dimension der Personalauswahl. Der Amtsarzt könnte dem Aspiranten im Anschluss an das Gespräch einfach ein paar Haare abschneiden oder ihm mit einem Wattestäbchen durch den Mund fahren. Die so gewonnene DNA würde im Labor analysiert und alle Abweichungen von der Norm genau registriert werden.

M5 ... eine Illusion?

Wie der Fall einer hessischen Lehrerin zeigt, nicht ganz. Die damals 36-jährige Beamtenanwärterin hatte im Jahr 2004 bei einer obligatorischen amtsärztlichen Untersuchung angegeben, dass ihr Vater an einer tödlichen Erbkrankheit, der Nervenkrankheit Chorea Huntington, leidet. Obwohl der Amtsarzt sie als gesund einstufte, lehnte das Schulamt ihre Verbeamtung ab. Die Begründung: Es sei zu 50 Prozent davon auszugehen, dass sie Trägerin des Chorea-Huntington-Gens ist. Eine vorzeitige Dienstunfähigkeit sei zu befürchten. Darüber hinaus hatte die Frau es abgelehnt, einen Gentest durchzuführen. Sie klagte gegen ihren Arbeitgeber – und bekam Recht.

M6 Der Preis: neue Unsicherheit

Obwohl die Testpersonen gesund sind und möglicherweise auch bleiben, können sie sich nach einem positiven Test als gefährdet ansehen. Das Testergebnis, das ein mehr oder weniger gesichertes statistisches Risiko benennt, erscheint wie eine Hypothek, die auf dem Leben des Gesunden lastet. Das Wissen um die Möglichkeit zukünftiger Krankheiten ist zwar allen gegenwärtig. Durch eine wissenschaftlich objektivierbare Diagnose bekommt es aber einen anderen Realitätsbezug, als wenn es sich dabei nur um eine abstrakte Möglichkeit handeln würde. Eine neue Personengruppe, die der „gesunden Kranken", entsteht. [...] Mit den Fortschritten der präventiven Diagnostik wachsen möglicherweise auch die Erwartungen an das Individuum, präventive Maßnahmen zu ergreifen. Dies könnte Einschränkungen in der Freiheit der eigenen Lebensgestaltung nach sich ziehen, die von der Entstehung von Spannungsverhältnissen zwischen Familienmitgliedern bis zum Verzicht auf Kinder reichen könnten. Weitere soziale Risiken bestehen in der Stigmatisierung von Familien, von denen bekannt wird, dass sie eine erbliche Krankheitsdisposition tragen.

Günter Feuerstein u. a., Vom genetischen Wissen, S. 29

M7 Recht auf Nichtwissen

Der Bundesbeauftragte für Datenschutz weist auf die Gefahr der Stigmatisierung aufgrund genetischer Untersuchungsergebnisse hin.

Sie seien [...] eben auch für Dritte von besonderem Interesse, zudem leicht zu gewinnen und ließen Rückschlüsse auf die medizinische Konstellation von Blutsverwandten zu. Ein „grundsätzliches Verbot von Gentests vor Einstellungen oder vor dem Abschluss von Versicherungsverträgen" hält deshalb auch Schaar für unerlässlich, insbesondere wegen des Rechts auf „informationelle Selbstbestimmung". Dabei handelt es sich um nichts Geringeres als das Recht auf Nichtwissen, die Möglichkeit also, selbst entscheiden zu können, ob man etwas über seine genetische Disposition erfahren möchte oder nicht. Schließlich kann ein bestimmtes Testergebnis auch eine große psychische Belastung darstellen. [...] „Wer einen Gentest macht, zieht immer auch seine Familie mit hinein [...]. Brüder, Geschwister, Kinder – sie alle müssen dann ebenfalls mit der Verunsicherung leben, erkranken zu können."

M4/5/7: Johanna Metz, Das Recht auf Nichtwissen, S. 6

1 Informieren Sie sich in Gruppen über Gentests. Diskutieren Sie die Vor- und Nachteile (s. z. B. www.kritischebioethik.de, www.drze.de.)
→ M1/2
2 Erläutern Sie, welche Problematik mit der molekulargenetischen Identifizierung des Huntington-Gens verbunden ist. Wer hat aus welchen Gründen Interesse an dem Gentest?
→ M3-5
3 Nehmen Sie Stellung: Lasse ich mich testen?
4 Wissenschaftliche Untersuchungen haben gezeigt, dass Diabetes Typ 2 oft schon bei Jugendlichen auftritt. Welchen Einfluss kann das Wissen über eine Krankheitsdisposition für die Lebensführung haben?
5 Es ist gelungen, auch die Brustkrebsgene *BRCA1* und *BRCA2* zu identifizieren, deren Vorliegen die Wahrscheinlichkeit von Brustkrebserkrankungen auf bis zu 80 Prozent steigern. Recherchieren Sie, welche Vor- und Nachteile eines Gentests diskutiert werden.
6 Diskutieren Sie, ob die Menschen ein Recht auf Nichtwissen haben. → M6/7

12 Es wird ein Mensch gemacht

M1 Verwickelte Verhältnisse

Matthias Kettner, Neue Formen gespaltener Elternschaft, S. 36

M2 Das Ende für die Zufallslotterie der Natur

Dass Mann und Frau in der geschlechtlichen Vereinigung ein Kind zeugen und den Nachwuchs der Zufallslotterie der Natur überlassen – dieses Grundgesetz menschlicher Fortpflanzung ist nicht mehr die Regel. Reproduktionsmedizin, Stammzellforschung und Genetik sind dabei, jahrtausendealte Vorstellungen von Elternschaft und Familie zu verändern und die Schicksalhaftigkeit unserer genetischen Ausstattung zu überwinden. [...] Spielt der Mensch tatsächlich Gott – oder machen Wissenschaftler und Mediziner nur, was sie seit je getan haben: die Grenze der Erkenntnis zum Wohle der Menschheit immer ein wenig weiter zu verschieben? Und lässt sich die Entwicklung überhaupt noch stoppen [...]? Alle 80 Minuten wird heute irgendwo in Deutschland ein Kind geboren, das im Labor gezeugt wurde. [...] Schon heute kann die PID dazu dienen, das Geschlecht eines Kindes auszuwählen oder ein Kind zu zeugen, das als Zellspender für einen schwer kranken Bruder oder eine kranke Schwester geeignet ist. „Rettungskinder“ werden sie von den Befürwortern der Diagnostik genannt, Kritiker sprechen von „Ersatzteillieferanten“.

Ulrich Bahnsen u. a., Die Zukunftskinder, in: Die Zeit 23/2008, S. 35f.

M3 Elternwunsch: eine Instrumentalisierung?

Da die Eltern nicht spenden konnten, wurde in den USA für die sechsjährige Molly Nash mit angeborener Blutarmut mittels PID ein geeigneter Embryo selektiert und von der Mutter ausgetragen. Mit Hilfe des Blutes des Neugeborenen konnte seine Schwester gerettet werden.

Auch wenn dadurch ein Leben gerettet werden konnte, wurde hier die Schwelle zur positiven Eugenik überschritten. Ziel der Selektion war nicht die Verwerfung kranker Embryonen, sondern die Auswahl eines gesunden „schwesterverträglichen“ Kindes. Der Embryo wurde nicht als ein „Zweck an sich selbst“ betrachtet, sondern als Mittel für einen anderen Zweck instrumentalisiert. Von diesem Präzedenzfall ist es nur noch ein kleiner Schritt zur gezielten Auswahl von Embryonen z. B. nach Geschlecht, um die Wünsche der Eltern nach einer „perfekten“ Familie zu befriedigen, oder zur Aufzucht von „Blutspendern auf Abruf“.

Thomas Zoglauer, Konstruiertes Leben, S. 45

IvF in der medizinethischen Debatte

Die Reproduktionsmedizin war eine der Technologien, an denen sich die neuere medizinethische Debatte entzündete, insbesondere durch die In-vitro-Fertilisation (IvF). Sie berührte verschiedene Probleme. Neben der Ungewissheit, ob die – strittigen – Rechte von Embryonen durch die IvF verletzt würden, stellte sich die Frage, ob man den seit jeher unberührten Bereich der Fortpflanzung der technischen Verfügbarkeit in einem solchen Maße zugänglich machen sollte. [...] Die skeptischen Argumente insbesondere gegen die IvF konnten keine kategorische Ablehnung erwirken, die Technologie hat sich weltweit verbreitet und gilt als akzeptabel – freilich unter bestimmten Bedingungen.

Urban Wiesing / Georg Marckmann, in: Marcus Düwell u. a. (Hg.), Handbuch Ethik, S. 276

M4 Reproduktionsmedizin als Wachstumsmarkt

Da sich Westeuropäerinnen immer später fürs Kinderkriegen entscheiden, ist die Nachfrage nach Spenderinnen stetig gewachsen. Doch menschliche Eizellen sind eine knappe Ressource, um die inzwischen auch die biomedizinische Forschung mit den Paaren konkurriert. Die Eizellgewinnung ist medizinisch aufwändig, mitunter schmerzhaft und gesundheitlich nicht ohne Risiken. „Mir war übel, und mein Bauch fühlte sich an wie ein Ballon, der gleich platzt", erzählt María. [...] In den meisten europäischen Ländern ist die Eizellspende erlaubt. Verboten ist sie in Deutschland. Deutsche Paare suchen deshalb im Ausland nach fremden Eizellen. In Internetforen werden Tipps gehandelt für die besten Kliniken in Südafrika, Tschechien, Polen, Russland, der Ukraine oder Spanien. Das EU-Parlament kritisierte, dass Frauen aus ärmeren Ländern als Rohstofflieferantinnen benutzt wurden.

nach Eva Schindele u. a., Rohstoff für das Mutterglück, S. 29f.

M5 Was zählt, ist, ob sie das Kind lieben

In einem Gespräch berichtet die britische Psychologin Susan Golombok von den Ergebnissen ihrer Langzeitstudie (seit 1985), in der sie im Labor gezeugte Kinder mit normal gezeugten vergleicht.

Zeit: Zeigen diese Kinder [...] irgendwelche Auffälligkeiten?

Golombok: Wir konnten keine feststellen. [...]

Zeit: Gilt das genauso für Kinder, die mit Hilfe einer Samen- oder Eizellspende gezeugt wurden?

Golombok: Hier existierten zusätzliche Sorgen, weil bei dieser Art der Fortpflanzung einem Elternteil die genetische Verbindung zum Kind fehlt. Dennoch zeigen auch diese Kinder keine sozialen oder emotionalen Auffälligkeiten. Probleme kann aber das Tabu verursachen, das die Samen- oder Eizellspende umgibt.

Zeit: Inwiefern?

Golombok: Wir wissen aus Studien mit Adoptivkindern, dass es für Kinder besser ist, wenn sie ihre Herkunft kennen. Auch Spenderkinder sollten von ihren Eltern über die Umstände ihres Entstehens aufgeklärt werden.

Zeit: Klären die Eltern ihre Kinder auf?

Golombok: Nur selten. [...] Viele Eltern haben Angst, dass ihr Kind sich ihnen entfremdet, wenn es erfährt, dass bei der Zeugung ein Dritter im Spiel war. Doch langsam ändert sich diese Einstellung. [...] Die Furcht vieler Eltern, dass ihre Kinder sie weniger lieben würden, ist unbegründet. Je früher man es den Kindern erzählt, desto leichter akzeptieren sie die Wahrheit. Das gilt nach unseren bisherigen Erkenntnissen auch für Kinder, die mit Hilfe einer Leihmutter zur Welt gekommen sind.

Zeit: Was wissen wir über das Wohlergehen sogenannter Retterkinder, die gezeugt wurden, um einem kranken Geschwisterkind zu helfen?

Golombok: [...] Wir wissen [...], dass die Eltern ihr Kind nicht als Ersatzteillager begreifen, dass sie es lieben wie ihre anderen Kinder auch. Ich vermute, dass die Schwierigkeiten woanders liegen, und zwar bei dem, was die sogenannten Helferkinder durchmachen müssen. Das hängt sehr von der Krankheit ab, unter der die Schwester oder der Bruder leidet. Ob nur die Nabelschnur benötigt wird [...] oder gar größere Operationen.

Auf die Liebe kommt es an. Ein Gespräch mit der britischen Psychologin Susan Golombok, in: Die Zeit 23/2008, S. 37

1 Unterscheiden Sie verschiedene Formen von Elternschaft. Was verstehen Sie unter Elternschaft? Ist Ihr Verständnis mit allen Möglichkeiten vereinbar? ➜ M1

2 Diskutieren Sie die Problematik der sog. „Rettungskinder". ➜ M2/3/5

3 Erörtern Sie folgenden Fall (s. Methodenüberblick, S. 380): Ein gehörloses Paar aus England will durch die dort unter bestimmten Umständen erlaubte Embryonenselektion dafür sorgen, dass sie ein gehörloses Kind bekommen. Taubheit sei eine Lebensform, keine Behinderung, die wie andere Lebensformen auch Wertschätzung verdiene. Haben die Eltern hierzu ein Recht? Prüfen Sie auch, ob sich dieser Fall von dem der sog. „Rettungskinder" unterscheidet.

4 Recherchieren Sie die Bedeutung und Folgen der reproduktiven Autonomie. ➜ M4

13 Wie gehen wir mit Embryonen um?

M1 Frühe Eingriffsmöglichkeiten

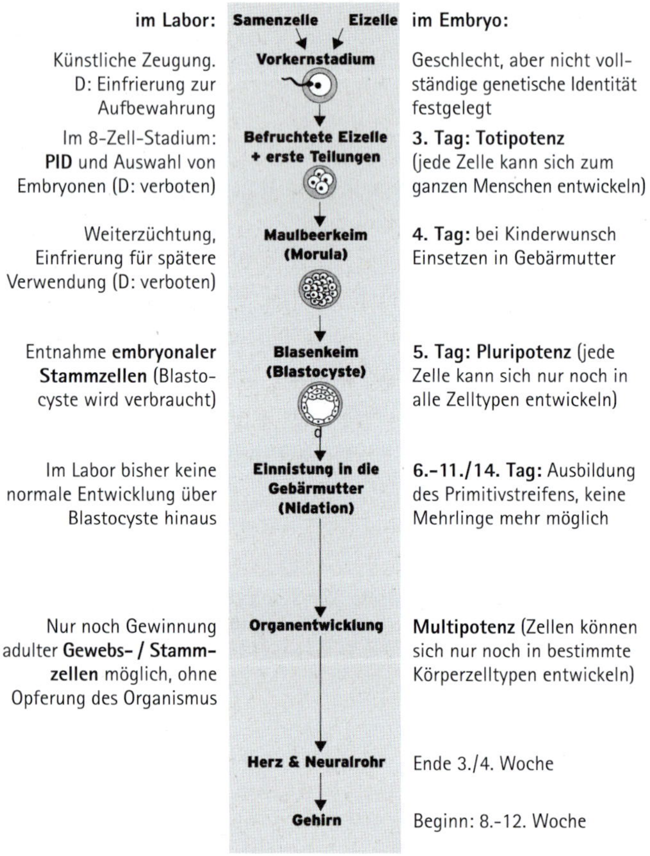

nach Jens Reich, „Es wird ein Mensch gemacht", S. 123

M2 IVF, PID

[Wir haben gesehen] […], dass man von einer Schwangerschaft sinnvollerweise erst ab dem Zeitpunkt sprechen kann, an dem sich der Embryo in der Gebärmutter eingenistet hat. Seit 1978 kann man die erste Phase des menschlichen Lebens vor der Einnistung auch außerhalb des weiblichen Körpers im medizinischen Labor stattfinden lassen. Dieses Vorgehen heißt In-vitro-Fertilisation oder IVF, weil die Eizellen dabei im Reagenzglas (lateinisch in vitro) mit einer Samenspende befruchtet werden. Seit den 90er Jahren kann man solche in vitro gezeugten Embryonen auf genetische Defekte hin untersuchen, bevor sie in die Gebärmutter eingesetzt (implantiert) werden. Das bezeichnet man als Präimplantationsdiagnostik, abgekürzt PID […]. Vorrangiges Ziel dieser Diagnostik vor Beginn der Schwangerschaft ist eine negative Selektion, also der Ausschluss derjenigen Embryonen, deren Erbgut erkennbare schwere Schäden aufweist. Das kann befruchtete Eizellen betreffen, die überhaupt keine Chance haben, in einer Schwangerschaft bis zur Geburt zu kommen (zum Beispiel weil die Sortierung der Chromosomen bei den Reifeteilungen verunglückt ist), oder solche, die nach einer Geburt eine Erbkrankheit entwickeln würden. Grundsätzlich jedoch eröffnet die Präimplantationsdiagnostik auch die Möglichkeit einer positiven Selektion, beispielsweise nach dem Geschlecht des Kindes oder zur Auswahl von gewünschten Eigenschaften, die durch eines oder wenige Gene festgelegt werden. Ein Paar, das sich für eine künstliche Befruchtung entschieden hat und sich eine Tochter wünscht, könnte also nach einer solchen Diagnose entscheiden, einen gesunden männlichen Embryo zu verwerfen. *Jens Reich, „Es wird ein Mensch gemacht", S. 117f.*

M3 Meinungen über die Einführung von PID

In einer Untersuchung zu genetischen Risiken und Kinderwunsch wurden 162 Paare mit hohem genetischen Risiko (= Zielgruppe) und 150 Paare ohne ein bekanntes genetisches Risiko im reproduktionsfähigen Alter befragt.

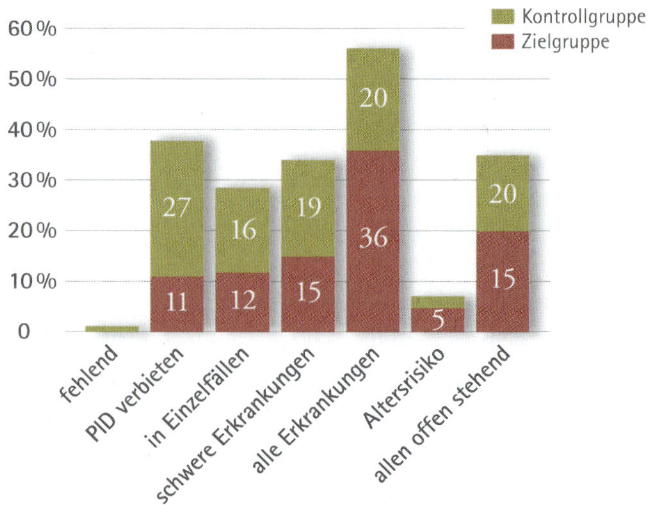

Tanja Krones / Gerd Richter, Kontextsensitive Ethik am Rubikon, S. 242

M4 Stammzellenforschung

Debatten um die ethische Zulässigkeit verbrauchender Embryonenforschung, die also frühe Embryonen verwendet und dabei zerstört, [...] erhielten [...] einen ernsthaften [...] Hintergrund [...], als wissenschaftliche Befunde die mögliche Bedeutung humaner Stammzellen als Grundlage künftigen Zell- und Gewebeersatzes erkennen ließen. Maßgeschneidertes Ersatzgewebe für Parkinsonkranke, Querschnittsgelähmte oder Patienten nach schwerem Herzinfarkt herzustellen, scheint der internationalen Wissenschaftlergemeinschaft inzwischen eine ziemlich realistische Zukunftsoption zu sein [...]. Unter den verschiedenen Stammzellen, die es gibt, eignen sich dafür embryonale Stammzellen nach überwiegender Auffassung am besten. Auch wenn sich die Hoffnungen auf therapeutische Ansätze nicht sicher und bestenfalls in etlichen Jahren verwirklichen lassen, haben sie doch die Abwägungsfragen zwischen Embryonenschutz und hochrangiger Forschung sehr realitätsnah und zum Gegenstand kontroverser ethischer und biorechtlicher Auseinandersetzungen werden lassen [...]. Systematisch geht es einmal mehr um die Frage nach dem rechtsethischen Status früher (4-5 Tage alter) Embryonen, die durch die Stammzellgewinnung zerstört werden [...]: Wer ihnen den vollen Lebens- und Würdeschutz eines geborenen Menschen zuschreibt [...], kann konsequenterweise auch die hochrangigste für den Embryo tödliche Forschung, deren Durchführung schließlich an einem geborenen Menschen schlechterdings undenkbar wäre, nicht befürworten – auch wohl nicht an „überzähligen“, d. h. im Rahmen der IFV unbeabsichtigt übrig gebliebenen und der Forschung gespendeten Embryonen. Vertreter einer Position, der zufolge man gegenüber frühen Embryonen nur Respekt zeigen oder schwache Schutzpflichten realisieren muss, halten hingegen die Förderung und Durchführung solcher Forschung nicht nur zulässig, sondern unter Umständen nachgerade geboten [...]. Die Debatte wird noch komplizierter dadurch, dass es verschiedene „Quellen“ zur Gewinnung von embryonalen Stammzellen gibt: „überzählige“ Embryonen aus assistierten Befruchtungsversuchen, gezielt für die Forschung hergestellte Embryonen und solche, die durch Zellkern-Transfer in eine zuvor entkernte Eizelle hergestellt wurden. Auch wenn diese letztgenannte (Dolly-)Methode bisher nur bei Tieren funktioniert, scheint ihre Realisierbarkeit bei Menschen nur eine Frage der Zeit zu sein.

Bettina Schöne-Seifert, Grundlagen der Medizinethik, S. 173-175

M5 Embryonenschutzgesetz

§ 1 Missbräuchliche Anwendung von Fortpflanzungstechniken

(1) Mit Freiheitsstrafe bis zu drei Jahren oder mit Geldstrafe wird bestraft, wer
1. auf eine Frau eine fremde unbefruchtete Eizelle überträgt,
2. es unternimmt, eine Eizelle zu einem anderen Zweck künstlich zu befruchten, als eine Schwangerschaft der Frau herbeizuführen, von der die Eizelle stammt, [...]
6. einer Frau einen Embryo vor Abschluss seiner Einnistung in der Gebärmutter entnimmt, um diesen auf eine andere Frau zu übertragen oder ihn für einen nicht seiner Erhaltung dienenden Zweck zu verwenden, oder
7. es unternimmt, bei einer Frau, welche bereit ist, ihr Kind nach der Geburt Dritten auf Dauer zu überlassen (Ersatzmutter), eine künstliche Befruchtung durchzuführen oder auf sie einen menschlichen Embryo zu übertragen.

(2) Ebenso wird bestraft, wer
1. künstlich bewirkt, dass eine menschliche Samenzelle in eine menschliche Eizelle eindringt, [...] ohne eine Schwangerschaft der Frau herbeiführen zu wollen, von der die Eizelle stammt. [...]

§ 3 Verbotene Geschlechtswahl

Wer es unternimmt, eine menschliche Eizelle mit einer Samenzelle künstlich zu befruchten, die nach dem in ihr enthaltenen Geschlechtschromosom ausgewählt worden ist, wird mit Freiheitsstrafe [...] bestraft.

www.bundesrecht.juris.de (1991)

1 Vergleichen Sie die medizinischen Möglichkeiten mit dem deutschen Embryonenschutzgesetz. ➜ M1/2/5

2 Recherchieren Sie die rechtliche Situation bezüglich der Stammzellenforschung in Deutschland und anderen Ländern, z. B. unter www.drze.de, www.kritischebioethik.de. ➜ M4

3 Klären Sie, welche Interessen durch die PID oder die Stammzellenforschung in welcher Weise berührt sind. ➜ M3

4 Erstellen Sie aus Ihren Informationen ein Übersichtsplakat. Skizzieren Sie Handlungsmöglichkeiten.

14 Die SKIP-Argumente in der Diskussion

Moralisches Argumentieren

M1 Das Speziesargument

Der Schutz des Tötungsverbotes in Gestalt eines genuin moralischen Rechts müsse für den Embryo schon deshalb gelten, weil er biologisch der Spezies Homo sapiens angehöre. Da alle geborenen Angehörigen dieser Spezies zweifellos ein Grundrecht auf Leben haben, gebiete das Prinzip der Gleichbehandlung den gleichen Schutz des Embryos.

Reinhard Merkel, Forschungsobjekt Embryo, S. 131

Pro: Achtung um seiner selbst willen

Wenn wir kraft eines eigenen Rechts als Menschen existieren und nicht durch den Willen der anderen zu Mitgliedern der menschlichen Gemeinschaft berufen werden, dann kann allein die Zugehörigkeit zur biologischen Spezies den Ausschlag geben. Wer die Zuerkennung unbedingter Achtung einem Kompetenzenurteil unterwirft, der bindet den Gedanken der Menschenwürde an das, was ein Mensch in den Augen der anderen ist – und hat den Anspruch der Menschenwürde im Ansatz eliminiert. Dies bedeutet, dass Embryonen in der Frühphase ihrer Existenz einer Güterabwägung entzogen bleiben müssen.

Eberhard Schockenhoff, Pro Speziesargument, S. 21, 27, gekürzt

Contra: Ungerechtfertigte Bevorzugung

So wenig, wie wir es innerhalb der Spezies Mensch für normativ akzeptabel halten, allein aus der besonderen biologischen Beschaffenheit bestimmter Teilgruppen auf deren besondere Rechte zu schließen – etwa aus der Zugehörigkeit zur Gruppe „Männer“ auf Rechte, die Frauen nicht zukommen [...] – , genauso wenig können wir solche Vorrechte für die gesamte Spezies allein aus deren biologischer Beschaffenheit ableiten.

Reinhard Merkel, Contra Speziesargument, S. 39

M2 Das Kontinuitätsargument

Der [menschliche] Entwicklungsprozess ist ein kontinuierlicher Vorgang, der keine scharfen Einschnitte aufweist und eine genaue Abgrenzung der verschiedenen Entwicklungsstufen des menschlichen Lebens nicht zulässt. [...] Das Recht auf Leben wird jedem gewährleistet, der „lebt“; zwischen den einzelnen Abschnitten des sich entwickelnden Lebens vor der Geburt oder zwischen ungeborenem und geborenem Leben kann hier kein Unterschied gemacht werden.

Bundesverfassungsgericht, Entscheidungen, BVerfGE 39, S. 1ff. (37)

Pro: Unterbrechungen sind legitim!

Bereits vor der Befruchtung [beginnt] ein humanspezifischer kontinuierlicher und irreversibler Prozess. Man kann ihn freilich künstlich, beispielsweise mit einem Kondom, stoppen – das aber gilt für alle Phasen dieses Prozesses. [...] der kontinuierliche Prozess erklärt [...] gerade nicht, was zu beweisen wäre, nämlich warum es ab einem gewissen Zeitpunkt [...] keine moralrelevanten Einschnitte mehr gibt.

Nikolaus Knoepffler, Menschenwürde, S. 59

Contra: Entwicklung als Mensch, nicht zum Menschen

[Es wird behauptet], man könne ähnlich gut und willkürfreie Einschnitte machen, wie man sowohl zwischen einem „kleinen“ Mann von 1,50 Meter und einem „großen“ von 2,50 Meter als auch zwischen „stockdunkler“ Nacht und „sonnenhellem“ Tag zu unterscheiden vermöge. Dieser Einwand setzt voraus, die Entwicklung einer befruchteten Eizelle [...] sei in der entscheidenden Hinsicht entweder quantitativer (klein – groß) oder qualitativer Art (dunkel – hell). In Wahrheit entwickelt sich eine lebende Substanz [...] aus sich selbst heraus. Ähnlich wie eine Tulpenzwiebel schon das ganze Entwicklungsprogramm in sich trägt und [...] die voll erblühte Tulpe heranreifen lässt, so ist das Programm für die Entwicklung des Menschen von Anfang an gegeben: weder beim Samen für sich noch bei der Eizelle für sich, wohl aber ab deren Verschmelzung, und dann vollständig.

Ofried Höffe, Medizin ohne Ethik?, S. 79-81

M3 Das Identitätsargument

Wie ist der menschliche Embryo? Antwort: Ein Mensch im Werden und nicht: ein werdender Mensch. Nur so lässt sich vom embryonalen Einzeller bis zum adulten Billionenzeller von dem einen und demselben menschlichen [...] Individuum sprechen. Nur so lässt sich von einer [...] Identität beider menschlicher Formen sprechen, obwohl sich der Mensch während seiner fortwährenden Wachstums- und Abbauvorgänge biologisch nicht nur radikal verändert, sondern auch mehrmals fast komplett erneuert.

Fuat S. Oduncu, Moralischer Status, S. 215

Pro: Ich war dieser Embryo!

Angenommen, jemand findet eine sehr große Filmrolle. Er lässt sie ablaufen und stellt fest, dass sie aus Sequenzen zusammengeschnitten ist, in denen in der Zeit rückwärts sein Leben dargestellt wird: Heute als erwachsener Mann mit drei Kindern, davor als Student, als Kind, als Neugeborener, irgendwann als acht Monate alter Fetus, bis als einzelliger Embryo. Immer wird er beim Ablaufen des Films sagen können: „Das da bin ich, Truman!" Und wenn der Truman von heute identisch ist mit dem Truman als Embryo, dann hat der Truman als Embryo auch genau die Würde, die der Truman als Erwachsener hat.

Gregor Damschen u. a., Argumente und Probleme, S. 5, gekürzt

Contra: Was heißt Identität des Embryo?

Bislang bin ich davon ausgegangen, dass der Ausdruck „Embryo" hinreichend scharf [...] ist. Doch in Wirklichkeit deckt er ganz unterschiedliche Stadien und Möglichkeiten [...] ab. [...] Ein Grund [...] liegt in den Möglichkeiten zur Zwillingsbildung und Klonierung. Bis zur Bildung des Primitivstreifens am Ende der zweiten Woche [...] ist es möglich, dass sich der Embryo teilt und eineiige Zwillinge heranwachsen. Wenn man aber behauptet, jedes dieser Kinder sei mit dem frühen Embryo identisch, aus dem es entstanden ist, dann muss man [...] folgern, dass auch die Geschwister identisch seien, was natürlich absurd ist. Also können sie jedenfalls nicht beide dieser Embryo gewesen sein. [...] Nur ein vergleichsweise kleiner Teil aller Zelllinien, die von der Zygote ausgehen, entwickeln sich [...] zum Fötus und schließlich zum Kind, die meisten Zellen werden zu den verschiedenen extraembryonalen Hilfsgeweben [gemeint: z. B. Plazenta]. *Ralf Stoecker, Contra Identitätsargument, S. 137f., 139*

M4 Das Potentialitätsargument

Zwar mögen sich die aktuellen Eigenschaften menschlicher Embryonen nicht dafür eignen, ein Tötungsverbot zu begründen; aber seine erwartbaren künftigen Eigenschaften sind genau die, auf denen das allgemeine Menschenrecht auf Leben moralisch gründet. Diese Chance der Zukunft, gewissermaßen sein status potentialis, darf ihm daher nicht genommen, sein Leben also nicht zerstört werden.

Reinhard Merkel, Forschungsobjekt Embryo, S. 161

Pro: „Ringelblumen können nicht Latein lernen"

So kann Anna durch Übung die Fähigkeit erlangen, lateinisch zu sprechen. Solange Anna die Fähigkeit noch nicht erlangt hat, hat sie die Fähigkeit nur potentiell. Denn sie hat prinzipiell die Anlage dazu. Übertragen: Ein Embryo hat jetzt das Vermögen, später moralrelevante Fähigkeiten auszubilden.

Gregor Damschen u. a., In dubio pro embryone, S. 226f., gekürzt

Contra: „Prinzen haben nicht die Rechte eines Königs"

Bei Merkmalen wird in keinem anderen normativen Zusammenhang bereits deren bloße Erwartbarkeit als hinreichend dafür gewertet, diese Ansprüche zuzuschreiben. Der Führerschein-Anwärter darf noch nicht ohne Fahrlehrer Auto fahren.

Bettina Schöne-Seifert, Grundlagen der Medizinethik, S. 159, gekürzt

1. Analysieren Sie die Pro- und Contra-Argumente. ➜ M1-4
2. Recherchieren Sie weitere Aspekte der Diskussion um die SKIP-Argumente, z. B. bei www.drze.de.
3. Führen Sie eine Podiumsdiskussion zum Thema durch.

15 Gedankenexperiment: Menschen klonen

M1 Eine schöne Vorstellung?

O Wunder!
Was gibt's für herrliche Geschöpfe hier!
Wie schön der Mensch ist!
Schöne neue Welt,
Die solche Bürger trägt!

William Shakespeare, Der Sturm,
zitiert nach: Aldous Huxley, Schöne neue Welt, S. 5

Der Spiegel 10/1997

Die Botschaft ist eindeutig: Nach dem geklonten Schaf Dolly droht der Menschheit das Szenario der unendlichen Reproduktion von Diktatoren, Supermodels und Genies. Droht? Was, bitte schön, wäre denn so problematisch an einer Welt mit ein paar tausend weiteren Genies oder Traumfrauen?

Udo Schüklenk, Klonen, in: der blaue Reiter, Bd. 9, 1999, S. 99

Klonen

- therapeutisches: Erzeugung von Embryonen zum Zwecke der Stammzellengewinnung
- reproduktives: Schaffen eines vollständigen, lebensfähigen Organismus

M2 Der Mut des Prometheus

Diese Entwicklung, die erstmals in der Geschichte die Verantwortung für die Qualität der Nachkommen ganz bewusst in die Hände der Eltern und der „von ihnen beauftragten Genetiker" überstellt, revolutioniere unser Menschenbild grundlegend, hält Ronald Dworkin fest und prophezeit eine fundamentale „moralische Verunsicherung". Diese Verunsicherung aber gelte es auszuhalten – und dann komme die Zeit, in der die Menschheit „diese Herausforderung annehmen muss". Schon immer in der Menschheitsgeschichte, „seit Prometheus, dem Schutzheiligen der gefährlichen Entdeckungen, haben wir Sterblichen nichts anderes getan". Die Menschen spielten von jeher mit dem Feuer „und nehmen die Konsequenzen in Kauf, weil die Alternative gleichbedeutend wäre mit Feigheit vor dem Unbekannten."

Christoph Keller, Bioethik, in: Die Zeit 50/2002, S. 36

M3 Warum sollten wir Menschen klonen wollen?

Welche Vorteile könnte das Klonen dem Menschen bieten, wenn man einmal von rein egoistischen Motiven absieht, wie zum Beispiel dem narzisstischen Wunsch, die eigene Person vervielfältigen zu wollen? Von den Befürwortern des Klonens wird darauf hingewiesen, dass in Zukunft auch unfruchtbare Paare, Schwule und Lesben Kinder bekommen könnten, und zwar nicht durch Adoption, sondern durch Klonierung eines Elternteils. Eltern, die ihr einziges Kind durch einen Unfall verloren haben, könnten es genetisch wiederauferstehen lassen. Das Klonen erscheint damit als eine folgerichtige Erweiterung des Rechts auf Fortpflanzung. In der Reproduktionsmedizin wird es als selbstverständlich und als ärztliche Pflicht angesehen, zeugungsunfähigen Paaren zu Kindern zu verhelfen. Weshalb sollte man dann nicht auch das Klonen zulassen, wenn man dadurch das Ziel der Fortpflanzung sehr viel einfacher erreichen kann? Man könnte das Klonen auch als Mittel zur Selektion und Vermehrung der Gesunden sehen, um dadurch Erbkrankheiten wenn schon nicht zu heilen, dann zumindest durch geeignete Klonwahl einzudämmen. Das ausgewählte Klonen der Besten (Genies, Sportler, Filmstars?) könnte auch dazu beitragen, den Genpool der Menschheit zu verbessern. Durch solche Selektionsregeln würde allerdings die Grenze zur Eugenik (Erbgesundheitslehre) überschritten, weshalb diese Pläne (zurzeit jedenfalls) keine Zustimmung finden können. Auf mehr Akzeptanz und Verständnis stoßen dagegen Pläne, die die Einrichtung von Zell- und Organbanken als eine Art menschliches Ersatzteillager vorschlagen. Bürger, die es sich leisten können, könnten eigene Zellen klonen und aus diesen Stammzellen maßgeschneiderte Organe züchten lassen, die bei Bedarf (nach schwerem Unfall oder Krankheit) in den Körper des Spenders transplantiert werden könnten. Die Vorteile dieses Verfahrens liegen auf der Hand: Man muss sich nicht mehr auf die langwierige Suche nach geeigneten Spendern begeben und sich nicht mehr um die Organverträglichkeit kümmern, wenn als Spender eine einzige Körperzelle genügt.

Thomas Zoglauer, Der Mensch als Gebrauchsgegenstand, S. 104

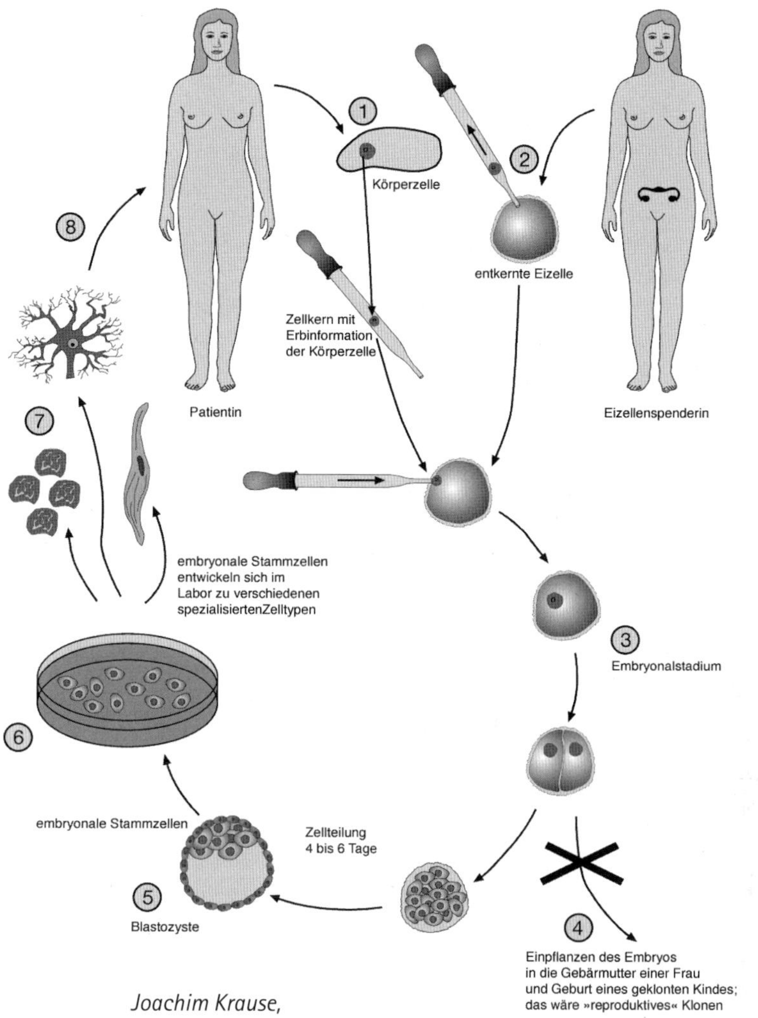

Joachim Krause, Therapeutisches Klonen

1 Informieren Sie sich über die Methode „Gedankenexperiment" (s. S. 380).
2 Formulieren Sie Hoffnungen und Befürchtungen, die sich in Ihren Augen mit dem Klonen von Menschen verbinden, in einer Tabelle. → M1-2
3 Wieso treffen die von Ihnen genannten Befürchtungen Ihrer Meinung nach nicht auf natürliche Klone, d. h. eineiige Zwillinge zu?
4 Vergleichen Sie Ihre Tabelle (vgl. Aufgabe 2) mit den Überlegungen, die für das Klonen von Menschen angeführt werden, und ergänzen Sie sie gegebenenfalls. → M3
5 Führen Sie eine Podiumsdiskussion zum Thema durch.

Projektvorschlag:

Informieren Sie sich in Gruppen über die Bearbeitung des Themas Klonen in Literatur und Film und stellen Sie Ihre Ergebnisse in Referaten vor.

Themenvorschläge:

- in der Literatur:
  Aldous Huxley: *Schöne neue Welt* (dt. 1953);
  Ken Follett: *Der dritte Zwilling* (dt. 1997);
  Andreas Eschenbach: *Perfect Copy* (2002);
  Kazuo Ishiguros: *Alles, was wir geben mussten* (dt. 2005);
  Michel Houellebesq: *Die Möglichkeit einer Insel* (dt. 2005).
- im Film:
  Blade Runner (1982); *Gattaca* (1997); *Blueprint* (2004); *Die Insel* (2005).

Rechts- und Wirtschaftsethik

- Gerechtigkeit galt schon in der Antike als die höchste Tugend, doch eine vernünftige Bestimmung dessen, was Gerechtigkeit bedeutet und wie sie begründet werden kann, fällt schwer.
- Aristoteles unterscheidet zwei Grundformen von Gerechtigkeit, die austeilende (distributive) bzw. verteilende Gerechtigkeit und die ausgleichende (korrektive) Gerechtigkeit. Letztere gehört in den Bereich der Rechtsprechung, wo es um gerechte Strafen als Ausgleich für eine Tat oder für Schäden geht.
- Die Fragen der Verteilungsgerechtigkeit sind heute vor allem Fragen der sozialen Gerechtigkeit und drehen sich um gerechte Einkommensverteilung, Bildungschancen, Zugang zu Ämtern / Machtpositionen etc.
- Aristoteles unterscheidet für die Verteilung wiederum zwei grundlegende Formeln: Jedem das Gleiche oder jedem das Seine (etwa nach Leistung, Bedürfnis, erworbenen Ansprüchen etc.).
- In der neueren gerechtigkeitstheoretischen Diskussion gibt es die Gleichheitstheoretiker (Egalitaristen, z. B. John Rawls), die Gleichheit als Grundlage betrachten, von der Abweichungen begründet werden müssen, und die sogenannten Nonegalitaristen (z. B. Harry Frankfurt), die Gleichheit als Grundprinzip ablehnen und gerechte Verteilung dann erreicht sehen, wenn alle das bekommen, was sie für ein gutes Leben brauchen.
- Die Theorien zur Gerechtigkeit bilden eine mögliche Grundlage für Antworten auf Gerechtigkeitsfragen in sozialen und wirtschaftlichen Zusammenhängen und im globalen Maßstab.
- Rechtsethik im engeren Sinne betrifft Fragen des Verhältnisses von Recht und Moral, von Legalität und Legitimität.
- Fragen der Strafgerechtigkeit betreffen vor allem die Angemessenheit von Tat und Strafe und den Zweck der Strafe (Schuldausgleich, Prävention, Resozialisierung).

Wissenschafts- und Technikethik

- Technik (Werkzeuggebrauch) ist die Grundbedingung menschlicher Evolution und Zivilisation, sie ist ambivalent und bietet Chancen und Gefahren.
- Das Wesen moderner Technik ist die gesteigerte, scheinbar unbegrenzte Verfügungsmacht über die Natur. Die Folgen betreffen die Menschheit als Gattung.
- Bestimmend für die Neuzeit ist das Weltbild der Naturwissenschaften (Physik, Biologie), beruhend auf dem Prinzip der Kausalität.
- Die Verantwortung der Forscher ist heute global zu verstehen (Beispiel: Entwicklung der Atombombe).
- Auch die Verantwortung der Ingenieure für technische Entwicklungen muss neu überdacht werden, da technisches Handeln nicht nur individuell, sondern meist auch kooperativ ist.
- Angesichts dieser Probleme wird oft eine neue Verantwortungsethik gefordert. Zentral für eine Technikethik ist die Technikbewertung: Folgenabschätzung – Bewertung – ethische Begründung.
- Technikfolgenabschätzung wägt den zukünftig zu erwartenden Nutzen gegen den Schaden ab. Dazu werden moralische Grundintuitionen als Basiswerte einer Technikbewertung entwickelt (Werteoktogon).
- Medienethik bezieht sich auf einen besonderen Bereich der angewandten Ethik, der mit der Entwicklung neuer Kommunikationsmittel ethische Probleme entstehen lässt (z. B. virtuelle Welten, Möglichkeiten der digitalen Globalisierung im World Wide Web).
- Massenmedien und Informationsnetze sind vor besondere Wahl- und Orientierungsprobleme gestellt, die neuer ethischer Regeln bedürfen.
- Künstliche Intelligenz ist nicht nur ein Forschungsbereich, sondern sie bestimmt das moderne Leben (von der Flugzeugsteuerung bis zur Krankendiagnose). Die KI-Forschung geht von der These aus, dass irgendwann Maschinen (bzw. Roboter) geschaffen werden, die in der Lage sind, selbständig Probleme zu lösen oder intelligente Handlungen durchzuführen.

Ökologische Ethik

- Unsere Redeweise von „Natur / natürlich“ ist sehr vielfältig, meist positiv konnotiert. Dies führt zu einer Idealisierung der Natur / des Natürlichen. Oftmals wird „Natürlichkeit“ als Wert gesehen, den wir verfolgen sollen.
- Dem liegt aber der sog. „naturalistische Fehlschluss“ zugrunde, der besagt, dass aus einer Beschreibung („Sein“) logisch keine Bewertung („Sollen“) folgt. Deskriptionen der Natur können nur – in einem Argument z. B. als Gründe oder Kriterien verwendet – dessen Plausibilität steigern.
- Die Argumentationsstrategien der Ansätze ökologischer Ethik unterscheiden sich hinsichtlich dessen, was Gegenstand moralischer Überlegung ist bzw. gegenüber welchen Naturgegebenheiten wir Menschen moralische Pflichten haben.
- Der Anthropozentrismus spricht ausschließlich dem Menschen einen moralischen Wert zu. Der außermenschliche Naturschutz ist notwendig, da die Natur einen Wert für den Menschen besitzt.
- Der Pathozentrismus dehnt den Naturschutz auf alle Tiere aus, die Schmerz empfinden und leiden können.
- Der Biozentrismus berücksichtigt alles Leben.
- Für den Holismus ist das System der organischen und anorganischen Natur moralisch zu berücksichtigen.
- Die moralische Gleichbehandlung von Menschen und (vielen) Tieren wird mit dem Prinzip der Gleichheit begründet, das besagt, dass das eine Interesse an Leidvermeidung so gut wie jedes andere berücksichtigt werden muss. Diese Berücksichtigung kann nicht von bestimmten Fähigkeiten (z. B. Intelligenz) oder Eigenschaften (z. B. Mitglied der menschlichen Spezies) abhängig gemacht werden.
- Demgegenüber wird die Tatsache, dass der Mensch ein zur Moral fähiges Subjekt ist, für entscheidend gehalten, somit gilt das Prinzip der Gleichheit nicht.
- Rechte von Tieren werden auch damit begründet, dass diese Eigenwert besitzen. Daraus ergeben sich Pflichten für den Umgang mit ihnen.
- Demgegenüber wird bestritten, dass etwas unabhängig von menschlicher Beurteilung Wert besitzt. Auch haben wir Pflichten gegenüber Tieren, aber nur Menschen sind Träger von Rechten.

Medizinethik

- Die Konjunktur medizinethischer Überlegungen ist ein Krisenphänomen: Das hergebrachte Berufsethos reicht für die neuen Problemlagen im Zuge des wissenschaftlich-technischen Fortschritts (z. B. Intensivmedizin, PID, Stammzellenforschung) nicht mehr aus. Neue technische Möglichkeiten wie gesellschaftliche Erwartungen führen zu einer Problematisierung unseres bisherigen Verständnisses von Krankheit und Gesundheit bzw. Elternschaft.
- Man unterscheidet eine prinzipienorientierte oder fallorientierte Argumentation von der Herstellung eines Überlegensgleichgewichts. Viele der Diskussionen sind von Tabus gekennzeichnet, deren Funktion eigens reflektiert werden muss.
- Das Arzt-Patient-Verhältnis ist asymmetrisch, man unterscheidet paternalistische, informative, interpretative und deliberative Modelle der Beziehung.
- Autonomie des Patienten zeigt sich z. B. im selbstbestimmten Umgang mit dem eigenen Sterben („Patientenverfügungen“) oder in der Reproduktion („Wunschkind“).
- Ärztliche Sterbehilfe kann in Sterbebegleitung, aber auch in Hilfe zum Sterben bestehen.
- In Deutschland ist nur eine passive / indirekte Sterbehilfe gesetzlich zulässig. Bei der Diskussion dieser Beschränkung spielen u. a. folgende Aspekte eine Rolle: die Veränderung des Arzt-Patient-Verhältnisses, das Primat der Leidvermeidung, die Möglichkeit der Fehldiagnose, die Bestreitung des Unterschieds von aktiver und passiver Sterbehilfe.
- Diskutiert wird auch, ob eine moralische Pflicht zur Organspende besteht (mangelnde Spendebereitschaft bedingt das Problem einer gerechten Verteilung) und welche Spendenmodelle notwendig sind.
- Gentests ermöglichen u. a. die frühzeitige und gezielte Behandlung von Krankheiten. Insbesondere bei fehlender Therapiemöglichkeit stellt sich aber die Frage eines „Rechts auf Nichtwissen“. Auch besteht eine Missbrauchsgefahr („gläserner Arbeitnehmer“).
- In der Diskussion des moralischen Status eines Embryos unterscheidet man vier Strategien: das Spezies-, Kontinuitäts-, Identitäts- und Potentialitätsargument.

1 Eine Welt – viele Religionen

M1 Religionen dieser Welt

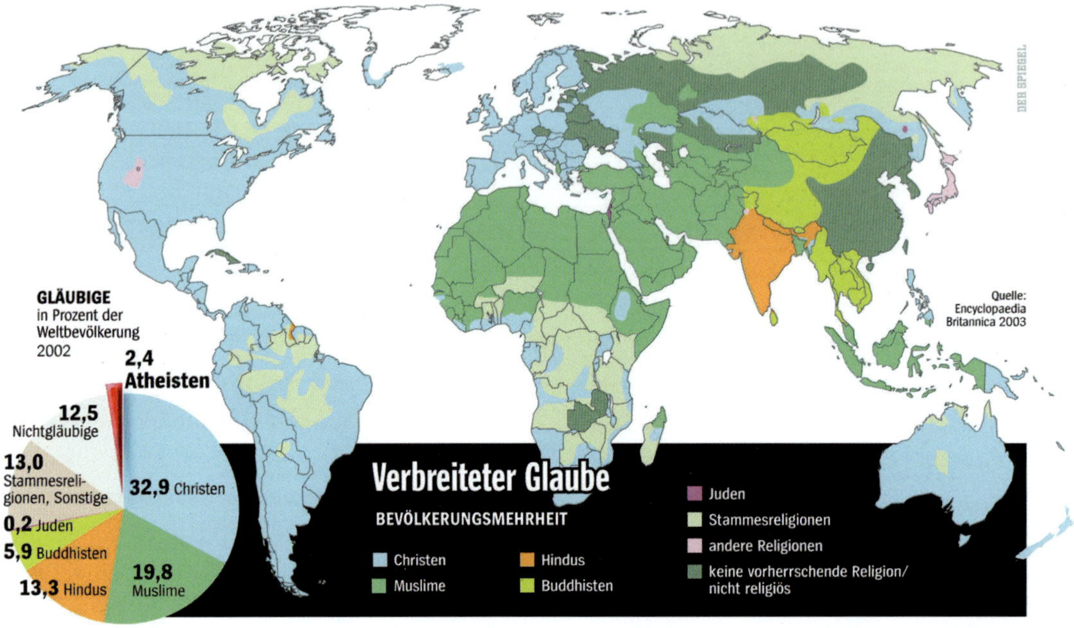

M2 Zentrale religiöse Strömungen

Blickt man nun auf die Welt von heute und überschaut man unseren Globus gleichsam von einem Satelliten aus, so lassen sich in der Kulturlandschaft dieser Erde [...] gegenwärtig *noch drei große – überindividuelle, internationale und transkulturelle – religiöse Stromsysteme* mit ihren Einzugsgebieten unterscheiden, die alle ihre eigene Genesis und Morphologie haben. In all ihren Unterschieden und mit all ihren Wandlungen und Abweichungen werden besonders zu betrachten sein:

+ die Religionen *semitischen* Ursprungs: Sie haben einen *prophetischen* Charakter, gehen stets von einem Gegenüber von Gott und Mensch aus und stehen vorwiegend im Zeichen religiöser *Konfrontation*: Judentum, Christentum und Islam;
+ die Religionen *indischer* Herkunft: Sie sind primär von einer *mystischen*, auf *Einheit* hin tendierenden Grundstimmung getragen und stehen mehr im Zeichen religiöser *Inneneinkehr*: frühe indische Religion der Upanishaden, Buddhismus und Hinduismus.
+ die Religionen *chinesischer* Tradition: Sie zeigen eine *weisheitliche* Ausprägung und stehen grundsätzlich im Zeichen der *Harmonie*: Konfuzianismus und Taoismus.

Älter, stärker und konstanter als viele Dynastien und Imperien haben diese großen Religionssysteme durch die Jahrtausende die Kulturlandschaft dieses Globus modelliert. Und wie sich auf der Erde in unnachgiebigem Rhythmus des Wechsels in den verschiedenen Kontinenten sporadisch neue Bergmassive und Hochplateaus erhoben, die großen Ströme jedoch, älter, stärker und konstanter, sich immer wieder neu in die sich hebende Landschaft eingeschnitten haben, so sind zwar auch immer wieder neue Gesellschaftssysteme, Staatswesen und Herrscherhäuser aufgestiegen: Die großen alten Ströme der Religionen jedoch vermochten sich – allen Hebungen und Senkungen zum Trotz – mit einigen Anpassungen und Umwegen immer wieder durchzusetzen und die Züge der Kulturlandschaft in neuer Weise zu gestalten.

Hans Küng, Projekt Weltethos, S. 159 f.

M3 Religionswissenschaft als Kulturwissenschaft

Religionen als Deutungssysteme von Leben und Dasein wachsen aus menschlichen Kulturen und aus Kulturstufen heraus und bleiben eng mit diesen verflochten. Aufgrund dieser Einsicht verbindet sich heute Religionswissenschaft immer mehr mit den Kulturwissenschaften oder versteht sich als ein Teil von ihnen. [...]

So lässt sich Religion zum einen als Symbolsystem der Weltdeutung, zum anderen als bildhaftes Bezugssystem auf eine „letzte Wirklichkeit" verstehen. Sie bindet Menschen zu festen Gruppen zusammen, hält Gruppen über lange Zeitepochen stabil und gibt ihnen eine klare Orientierung im Leben. Wir können sie auch als menschliche Antwort auf eine vermutete lebenstranszendente Wirklichkeit verstehen. Auf alle Fälle erscheint sie uns als ein grandioses Werk des menschlichen Geistes und drückt den kreativen Umgang mit den Grunderfahrungen des Lebens aus. [...]

Damit bilden die Lebenserfahrungen der Menschen die großen Themen der religiösen Symbolwelten: Schwangerschaft, Geburt, Leiden, Krankheit, Tod, Wiederauferstehung, Sünde und Verwandlung. Alle diese Erfahrungen werden im Kontext von heiligen Erzählungen (Mythen) gedeutet; dem Leben und seinen vielfältigen sozio-kulturellen Bezügen wird so eine metaempirische Dimension gegeben.

Folglich sind religiöse Symbolwelten immer Selbstinterpretationen des menschlichen Daseins in bestimmten gesellschaftlichen und kulturellen Situationen. In den Religionen beziehen sich die Menschen auf die Ganzheit des Kosmos, zum „Urgrund" des Lebens, zur menschlichen Gemeinschaft oder auf eine transzendente Welt. Sie deuten den großen Kosmos anthropomorph [vermenschlicht] und gewinnen dadurch Geborgenheit und Sicherheit. Damit können sie leidvolle Erfahrungen des Daseins besser ertragen und vor allem dem Sterben einen Sinn geben. Auf diese Weise deuten sie ihr begrenztes Leben vom Anfang bis zum Ende.

Damit gehören die Religionen zu den großen und kreativsten Schöpfungen des menschlichen Geistes. In ihnen beziehen sich die Gläubigen auf unverfügbare und unsichtbare Wirklichkeiten; sie drücken darin ihre Grundgefühle der Angst, aber auch der Lebensfreude aus. Gleichzeitig ordnen sie ihr Leben mittels der praktischen Vernunft; damit aber haben religiöse Weltdeutungen immer auch rationale Strukturen. Der Mythos ist die heilige Erzählung, die einer Gruppe über längere Zeiträume hin eine feste Orientierung gibt.

Anton Grabner-Haider / Karl Prenner (Hg.), Religionen und Kulturen der Erde, S. 11, 13

M4 Religionswissenschaft

In der Religionswissenschaft besteht allerdings ein weitgehender Konsens darüber, dass ein religionswissenschaftliches Verständnis von „Religion" nicht selbst „religiös" sein darf, dass also strikt zu unterscheiden ist zwischen religiösem Diskurs – religiösen Aussagen, Handlungsträgern, Symbolen und Kategorien usw. – und religionswissenschaftlicher Konstruktion – der Bestimmung zusammengehöriger Elemente und Ausdrucksformen mit Hilfe eines Rasters formaler Begriffsbildungen auf der Ebene einer „Meta-Sprache", einer wissenschaftlichen Fachsprache jenseits religiöser Rede.

Klaus Hock, Einführung in die Religionswissenschaft, S. 20

1 Informieren Sie sich über die Weltreligionen und ihre Verbreitung. → M1
2 Zeigen Sie an einem religiösen Stromsystem (z. B. dem semitischen), wie seine Ausbreitung die Kulturlandschaft geprägt hat. → M2
3 Diskutieren Sie die These, dass Religionen als Teilbereiche von Kulturen und Kulturstufen gesehen werden müssen. → M3
4 Fassen Sie Funktion und Aufgabe der Religionen thesenartig zusammen. → M3
5 Bestimmen Sie – auch mit Hilfe ergänzender Lexika – Inhalt und Aufgabe der Religionswissenschaft im Unterschied zu Theologie und Religion. → M4
6 Informieren Sie sich in Lexika und im Internet (arbeitsteilig) über den Bedeutungsgehalt religiöser Symbole (Kreuz, Davidstern usw.) bzw. religiöser Gegenstände.
7 Erarbeiten Sie auf der Grundlage der Bedeutung der verschiedenen Symbole bzw. religiösen Gegenstände Gemeinsamkeiten bzw. Entsprechungen und Unterschiede zwischen den religiösen Weltanschauungen.

Die äußere Erscheinungswelt

Naturgegenstände
Heilige Steine / Berge
Geweihtes Wasser
Heiliges Feuer
Gestirne: Sonne, Mond

Heilige Räume
Steinkreise
Tempel / Schrein
Kirche / Moschee

Heilige Gegenstände
Fetische
Götterbilder
Ikonen
Kreuz
Kelch

Heilige Bücher
Veda
Thora / Bibel
Koran

Die innere Vorstellungswelt

Übermenschliche Mächte
Himmelsgötter / Urvater
Schöpfung der Welt
Inkarnation / Offenbarung

Unsterbliche Seele
Jenseits / Nirvana
Erlösung / Heil
Vergebung / Gnade
Sittlichkeit

Erlebniswelt der Religionen

Transzendente Erlebnisse
Mystik / Seligkeit
Meditation / Versenkung
Ekstase / Rausch
Visionen

Seelische Gefühle
Ehrfurcht / Heilige Scheu
Glauben / Vertrauen
Geborgenheit

Kultische Handlungen
Gebet / Anbetung /
Sich-Niederwerfen / Opfer

Religionen als Erscheinungsformen

Phänomenologie des Heiligen

Das *Numen*, das Heilige und Göttliche, ist jenseits der sinnlichen Wahrnehmung; es wird aber sichtbar und hörbar in einer Fülle äußerer Erscheinungen, vorstellbar in einer Menge von Phantasiebildern, erfahrbar in bestimmten seelischen Erlebnissen. Die äußere Erscheinungswelt, die innere Vorstellungswelt und die Erlebniswelt der Religion bilden drei konzentrische Ringe, die alle dem einen Mittelpunkt, der religiösen Gegenstandswelt, d. h. dem Heiligen und Göttlichen, zustreben. Dabei besteht auch eine Korrelation [Wechselbeziehung] dieser verschiedenen Kreise in ihren einzelnen Abschnitten. Die Intensität und Tiefe der religiösen Erfahrung ist jedoch nicht gleichlaufend mit der Abstoßung der äußeren Erscheinungsformen und inneren Vorstellungen der Religion, also mit einer fortschreitenden Abstraktion; vielmehr ist eine lebendige und innerliche Erfahrung des Göttlichen möglich auch in Verbindung mit einem äußeren Kult und einer anschaulichen religiösen Bildwelt. Selbst das geistigste mystische Erlebnis, die Ekstase, wird einerseits von äußeren Praktiken, Zeichen und Bildern angeregt, andererseits kann sie nur in sinnenförmigen Vergleichen aus dem Naturleben wie auch dem menschlichen Liebesleben festgehalten und verständlich gemacht werden. Der absolute Spiritualismus ist in der Religion durchaus anormal. Auch für die Religion gilt der Grundsatz der Erkenntnistheorie: Nihil est in intellectu quod non prius fuerit in sensu („Nichts ist im Geistigen, was nicht vorher im Sinnlichen war“).
Die Religion erweist sich in allen drei Aspekten (Erscheinungs-, Vorstellungs- und Erlebniswelt) als innere Einheit. Nicht nur die verschiedenen, auf einer und derselben Höhenlage befindlichen Religionen, sondern auch die auf verschiedenen Stufen stehenden sind von einem einheitlichen Band umschlungen: die niederste und die höchste, die unvollkommenste und die vollkommenste, die sinnlichste und die geistigste Religion sind letztlich eins.

Friedrich Heiler, in: Die Religionen der Menschheit, S. 17f.

Projektvorschlag:

1 Sammeln Sie in Gruppen Beispiele für die äußere Erscheinungswelt der Religionen: z. B. Naturgegenstände, die Ehrfurcht und Staunen erwecken; von Menschenhänden gefertigte Gegenstände als Objekte der Anbetung, besonders Bilderkult.

2 Forschen Sie nach, inwiefern bestimmte Vorstellungen von Gott, Welt, Mensch als Hintergrund der göttlichen Wirklichkeit dienen, auf die aller Kult abzielt.

3 Recherchieren Sie, welche Vorstellungen vom göttlichen Sein und Wirken die religiöse Erlebniswelt, d. h. die religiösen Gefühle, Affekte, Willensimpulse und Wertungen, bilden.

4 Zeigen sie an Beispielen, dass mit ganz verschiedenen Kulthandlungen und religiösen Vorstellungen gleiche religiöse Erlebnisse verbunden sein können.

5 Vergleichen Sie unter verschiedenen Aspekten die großen Weltreligionen, z. B.
- die Geburtsgeschichten der religiösen Stifter
- ähnliche Überlieferungen in den Heiligen Schriften wie Schöpfungsgeschichten, Sintflutberichte u. Ä.

6 Gestalten Sie eine Ausstellung in Ihrer Schule zu den Erscheinungsformen der Religionen, indem Sie zu den links gezeigten Bereichen weitere Begriffe und Bilder ergänzen.

7 Setzen Sie sich mündlich (Diskussionsforum) oder schriftlich (Artikel, Essay, s. Methodenüberblick, S. 379) mit folgender These auseinander:

> **„Weil die in der Religion erfahrene göttliche Wirklichkeit nur eine ist, darum ist auch im Grunde nur eine Religion. Aber weil diese Wirklichkeit die Fülle schlechthin ist, darum zeigt sich die eine Religion in einer unabsehbaren Mannigfaltigkeit von Erscheinungsformen."**

Friedrich Heiler, in: Die Religionen der Menschheit, S. 37

2 Was ist Religion?

M1 Der Aufstieg

Paul Klee, 1923

M2 Grundfunktionen der Religion

Religionen sprechen mit absoluter Autorität, und sie bringen diese nicht nur mit Worten und Begriffen, Lehren und Dogmen, sondern auch mit Symbolen und Gebeten, Riten und Festen – also rational und emotional – zum Ausdruck. Denn Religionen besitzen Mittel, um nicht nur für eine intellektuelle Elite, sondern auch für breite Bevölkerungsschichten die ganze Existenz des Menschen zu formen – und dies geschichtlich erprobt, kulturell angepasst und individuell konkretisiert. Nein, Religion kann nicht alles, doch vermag sie ein gewisses „Mehr" im Menschenleben zu eröffnen und zu schenken:

+ Religion vermag eine spezifische Tiefendimension, einen umfassenden Deutungshorizont angesichts auch von Leid, Ungerechtigkeit, Schuld und Sinnlosigkeit und einen letzten Lebenssinn auch angesichts des Todes zu vermitteln: das *Woher und Wohin* unseres Daseins.
+ Religion vermag oberste Werte, unbedingte Normen, tiefste Motivationen und höchste Ideale zu garantieren: das *Warum und Wozu* unserer Verantwortung.
+ Religion vermag durch gemeinsame Symbole, Rituale, Erfahrungen, Ziele ein Zuhause des Vertrauens, des Glaubens, der Gewissheit, Ich-Stärke, Geborgenheit und Hoffnung zu schaffen: *eine geistige Gemeinschaft und Heimat.*
+ Religion vermag Protest und Widerstand gegen Unrechtsverhältnisse zu begründen: die schon jetzt wirksame, unstillbare *Sehnsucht nach dem „ganz Anderen".*

Hans Küng, Projekt Weltethos, S. 78

M3 Religion und Weltanschauung

Jede Religion enthält eine Weltanschauung, wenn sie auch nicht allein aus einer Weltanschauung besteht – zu ihr gehören z. B. auch Riten und Institutionen. Sie entwickelt eine Vorstellung vom Ganzen der Wirklichkeit und ein Menschenbild, sie macht Wertaussagen und legt Normen des Verhaltens fest. Vor allem aber gibt sie Antwort auf die existentiellen Fragen, welche die Menschen bedrängen und zeigt einen Sinnhorizont für das individuelle Leben auf wie für die Geschichte und die Welt insgesamt. Die überragende Bedeutung der Religionen in der Menschheitsgeschichte wie die Wirkungsmacht, die sie auch heute noch haben, lässt sich nur daraus verstehen, dass sie den Menschen Hoffnung in den Nöten ihres Lebens geben, und zu diesen Nöten zählt vor allem auch, dass wir unserem Tun und Streben nicht selbst Sinn garantieren können. Eine religiöse Weltanschauung ist immer eine transzendente Weltanschauung. Sie sieht die empirische Welt und unser Leben vor dem Hintergrund einer größeren, wertvolleren und mächtigeren Realität.

M4 Religion und Metaphysik

Da sich in der westlichen Tradition des Christentums Theologie schon früh sehr eng mit Metaphysik verbunden hat, so dass man manchmal fast den Eindruck hat, christlicher Glaube sei geoffenbarte Metaphysik, ist es wichtig, sich die Unterschiede zwischen Religion und Metaphysik klar zu machen – Metaphysik im strikt philosophisch-wissenschaftlichen Sinn. Der erste Unterschied betrifft die Sprache. Die Sprache der Metaphysik ist beschreibend, ebenso wie die in anderen philosophischen und wissenschaftlichen Disziplinen. Die Aussagen sollen Informationen über die Wirklichkeit liefern, und dafür kommt es darauf an, dass sie einen begrifflich klar bestimmten Inhalt haben. Die Aussagen der Religion wollen hingegen oft keine sachlichen Informationen geben, sondern das, wovon sie reden, dem Erleben nahe bringen. Eine religiöse Weltanschauung ist keine Theorie – auch in existentiell wichtigen Fragen sind ihre Auskünfte oft erstaunlich dürftig –, sondern vermittelt eine Sichtweise der Wirklichkeit und eine Haltung zu ihr. Die Erzählung der Genesis von der Erschaffung der Welt ist keine Naturgeschichte, ihre zentrale Aussage ist vielmehr, dass die Welt ein Werk Gottes ist, das gut und sinnvoll ist. [...] In ihren Bildern vermittelt die Erzählung [...] die Sicht der Welt als einer vernünftigen Ordnung und eine Haltung der Verantwortung für sie vor Gott.

M3/4: Franz von Kutschera, Die großen Fragen, S. 170f.

M5 Religion als wissenschaftliches Konstrukt

Was also ist „Religion"? Zunächst ein wissenschaftliches Konstrukt, das ein ganzes Bündel von Bestimmungen funktionaler und inhaltlicher Art umfasst, mit dem zusammengehörige Elemente und Ausdrucksformen in einem Raster als Gegenstandsbereich religionswissenschaftlicher (und anderer) Forschung – als „Religion" – erfasst werden können. Hierzu gehören u. a. Dimensionen der Ethik und des sozialen Handelns (Normen und Werte, Verhaltensmuster, Lebensformen), rituelle Dimensionen (kultische und andere symbolische Handlungen), kognitive und intellektuelle Dimensionen (Lehr- und Glaubenssysteme, Mythologien, Kosmologien etc., also das gesamte „religiöse" Wissen), sozio-politische und institutionelle Dimensionen (Organisationsformen, Recht, religiöses Expertentum usw.), symbolisch-sinnliche Dimensionen (Zeichen und Symbole, religiöse Kunst, Musik etc.) und Dimensionen der Erfahrung (Berufungs- und Offenbarungserlebnisse, Gefühle mystischer Einheit, Heilungs- und Heilserlebnisse, Gemeinschafts- und Verschmelzungserfahrungen ...).

Klaus Hock, Einführung in die Religionswissenschaft, S. 20

M6 Begriff der Religion

Der Begriff „religio" wird seit der Antike verschieden gedeutet: „religere" (Cicero, 104-43 v. Chr.) meint die Erfüllung kultischer Pflichten, „religari" das Verbundensein mit Gott (Laktanz, 250-325 n. Chr.).

Die lateinischen Christen benutzten das Wort „religio" zur Wiedergabe verschiedener griech. Begriffe wie „threskeia" (heiliger Brauch, Gottesdienst), „eulabeia" (Gewissenhaftigkeit, Gottesfurcht), „eusebeia" (Frömmigkeit, Gottesfurcht), „latreia" (Dienst, Kult) und „therapeia" (Dienst, Verehrung). Bei den lateinischen Kirchenvätern wurde „religio" schließlich zu einem zentralen Begriff der Theologie, wobei das Christentum als die „wahre Religion" erscheint. Auch in anderen Sprachen beleuchtet der jeweilige Ausdruck für R. oder die Bezeichnung einer bestimmten R. ähnliche Facetten: Dharma, Sanskrit: Ordnung; íwa, althochdeutsch: Ordnung, Recht; din, arab.: Sitte, Brauch, Überkommenes oder islam: Ergebung; kyō, japanisch: Lehre; dao, chinesisch: Weg oder jiao: Lehre, Weg.

Schülerduden Religion und Ethik, S. 307-309

1. Interpretieren Sie das Bild – was bedeutet für Sie Aufstieg? ➜ M1
2. Informieren Sie sich in einem philosophischen Lexikon über „Metaphysik" und arbeiten Sie den Unterschied zwischen Religion und Metaphysik heraus. ➜ M4
3. Erarbeiten Sie die Wesensbestimmungen von Religion. Beziehen Sie hier auch die Ergebnisse der Seiten 328f. und 330f. mit ein. ➜ M2-5
4. Setzen Sie sich mit den Versuchen einer Definition von Religion auseinander. Sind sie auf alle Ihnen bekannten Religionen anwendbar? ➜ M2-5
5. Formulieren Sie eine eigene These: Religion ist ...

3 Religiöser Glaube

M1 Keine Renaissance der Religion

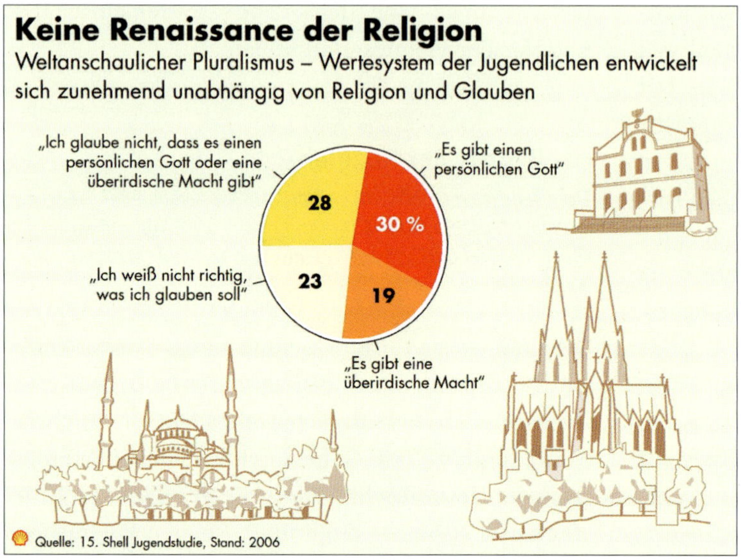

M2 Wer glaubt woran?

Ausführlicher als früher greift die Shell-Jugendstudie 2006 „Religiosität" als eigenes Thema auf.

Zwar waren Jugendliche im Zusammenhang mit dem Tod des letzten und beim Besuch des neuen Papstes auf dem Weltjugendtag in Köln in den Medien besonders präsent. Außerdem ist die große Masse der Jugend mit Ausnahme der allermeisten ostdeutschen Jugendlichen weiterhin konfessionell gebunden. Dennoch haben Wertesystem und praktisches Verhalten der meisten Jugendlichen nach wie vor nur eine mäßige Beziehung zu kirchlich-religiösen Glaubensvorgaben. Nur 30 % der Jugendlichen bekennen sich in einem kirchennahen Sinne als religiös, indem sie an einen persönlichen Gott glauben. Weitere 19 % glauben an eine unpersönliche höhere Macht. Sie pflegen damit, besonders wenn sie älter werden, einen Glauben, der nur sehr bedingt etwas mit dem Glaubenssystem der Kirchen zu tun hat. Viele Jugendliche sind glaubensunsicher (23 %), besonders unter den jüngeren Jugendlichen. Weitere 28 % meinen konsequent, dass sie weder an Gott noch an eine höhere Macht glauben. Diese Absage an die Religion nimmt, ebenso wie der unkonventionelle Glaube an eine höhere Macht, mit dem Alter zu. [...]

Während sich Jugendliche in den neuen Ländern weitgehend von Religion und Kirche, aber auch vom Aberglauben verabschiedet haben, pflegen die meisten westdeutschen Jugendlichen eine Art „Religion light". Sie sind fast immer konfessionell gebunden und haben eine zwar grundsätzlich positive, aber wenig intensive Beziehung zur Kirche. Die westdeutschen Jugendlichen, bei denen ein Bedürfnis nach Religiosität vorhanden ist, basteln sich oft eine „Collage-" oder „Patchwork"-Religion zusammen, wofür verschiedenste religiöse oder pseudo-religiöse Versatzstücke verwendet werden. Schicksal und Vorbestimmung, Astrologie, Hellseherei und Geister sind Teil dieser oft durcheinander gewürfelten westdeutschen Glaubenswelt. Religiöse und pseudo-religiöse Glaubensformen, in der weiblichen Jugend ausgeprägter als in der männlichen, spielen allerdings für die praktische Lebensgestaltung meist nur eine mäßige Rolle. Ganz anders sieht es in der Gruppe der Jugendlichen mit Migrationshintergrund aus. In dieser Gruppe, die zumeist in den alten Bundesländern lebt, hat diejenige „echte" Religiosität, die bei deutschen Jugendlichen inzwischen eher rar geworden ist, noch einen starken Rückhalt. 52 % der ausländischen Jugendlichen glauben an einen persönlichen Gott sowie 44 % der nicht in Deutschland geborenen Deutschen, aber nur 28 % der deutschen Jugendlichen. Besonders häufig an einen persönlichen Gott glauben islamische und christlichorthodoxe Jugendliche, vermehrt aber auch christliche Migranten, die den beiden großen einheimischen Kirchen angehören.

Zusammenfassung, 15. Shell Jugendstudie – Jugend 2006, www.shell.com

M3 Glaubensgründe

Religiöser Glaube wird heute weithin als Illusion angesehen. Dann stellt sich die Frage, wie eine solche Illusion entstehen und eine derartige Macht über die Menschen gewinnen konnte. [...]

Wir erfahren die Beschränktheit unseres empirischen Daseins. Wir erkennen, dass wir einem zufälligen Schicksal ausgeliefert sind, dass unser Leben endlich ist und dass alles Glück, das wir erleben, und alles, was wir schaffen und bewirken können, vergänglich ist. Dadurch sehen wir den Sinn und Wert unseres Lebens in Frage gestellt. Unsere Ideale von einem erfüllten Leben, von freier Selbstbestimmung, von Sicherheit vor Angst, Not, Krankheit und Tod, und von unserer Bedeutung im Ganzen des Universums, finden in der empirischen Realität keinen Anhalt. In ihr besteht eine tiefe Diskrepanz zwischen dem, was wir sind, und dem was wir sein wollen, zwischen Lebenssehnsucht und Lebensrealität. Der Glaube an einen guten und allmächtigen Gott gibt unseren Idealen nun ein Fundament in der Realität. Gott hat es in der Hand, unserem Leben die ersehnte Fülle zu geben.

Franz von Kutschera, Die großen Fragen, S. 178

M4 Glaubenszweifel

Einer Theorie zufolge, die in der Welt immer mehr Anklang findet, sind die Übel, woran die Völker kranken, auf das Schwinden des religiösen Glaubens zurückzuführen. Ich halte gerade das Gegenteil dieser Theorie für richtig. Der Glaube, soweit er überhaupt etwas mit der Sache zu tun hat, ist heute weit mehr verbreitet als noch vor kurzem. In Wirklichkeit steht die Kette der Ursachen, die zu der gegenwärtigen gefährlichen Situation geführt haben, in so gut wie gar keinem Zusammenhang mit den religiösen Überzeugungen der Menschen, die eher Auswirkung als Ursache unserer Nöte sind.

[...] Ich persönlich möchte sagen: Jeder Glaube schadet. Wir können den „Glauben“ definieren als sicheres Überzeugtsein von etwas, wofür es keine Gewissheit gibt. Wo Gewissheit herrscht, spricht niemand von „Glauben“.

Bertrand Russell, Moral und Politik, S. 185, 187

Glaube

festes und überzeugtes Vertrauen in die Existenz eines Gottes oder göttlicher Kräfte. Obwohl das Motiv des G. in allen Religionen eine Rolle spielt, weisen diese ihm doch eine unterschiedlich große Bedeutung zu. Eine zentrale Stellung und Bedeutung nimmt der G. v. a. in den prophetischen Offenbarungsreligionen ein, also im Judentum, Christentum und dem Islam.

Die Wurzel des christlichen G. ist die Überzeugung von der Heilsoffenbarung Gottes. Bei jedem Christen begründet der G. eine persönliche Beziehung zu Gott, die sich etwa in Gebeten manifestiert. Charakteristikum des G. ist das vorbehaltlose Vertrauen auf die Gnade Gottes und das bewusste Annehmen der von Gott gegebenen Gaben und Fähigkeiten. Auch verleiht der G. ethischen Geboten normativen Charakter. Die kath. Theologie betont beim G. den Akt der Unterwerfung des menschlichen Verstandes unter die göttliche Offenbarung. Für die ev. Theologie ist der G. in erster Linie ein Geschenk Gottes, um das der Mensch bitten kann und soll.

Im Islam hat das für G. verwendete Wort „iman" die Bedeutung „Vertrauen schenken" und bezeichnet sowohl den Akt als auch den Inhalt des G. Unter den drei im Hinduismus anerkannten Heilswegen des Handelns, des Erkennens und der Liebeshingabe an Gott kann der dritte als der Weg des G. angesehen werden. Obwohl der Buddhismus die Metaphysik ablehnt und sich als rational versteht, fordert er den G. an Buddha und seine Verkündigung als ersten Schritt zur Erlösung.

Schülerduden Religion und Ethik, S. 125f.

1 Diskutieren Sie die Ergebnisse der Shell-Studie. Wo würden Sie sich „glaubensmäßig" verorten? ➜ M1/2
2 Unterscheiden Sie die zwei Verwendungsweisen: *„glauben, dass"* und *„glauben an"* an Beispielen. Welche trifft auf den religiösen Glauben zu?
3 Stellen Sie die Rolle des Glaubens in den verschiedenen Religionen dar. ➜ Infokasten
4 Kann man „vernünftig" glauben? ➜ M3
5 Diskutieren Sie die Vor- und Nachteile des religiösen Glaubens im 21. Jahrhundert. ➜ M3/4

4 Religiöse Erfahrung

M1 Die Antenne zu Gott

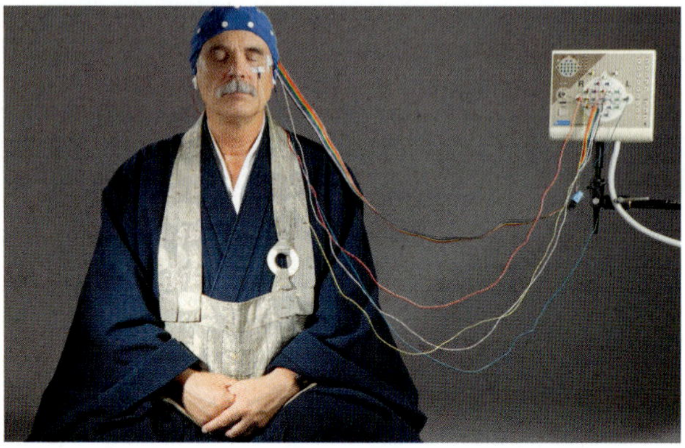

Meditation als Form spirituellen Erlebens: Anhand von Hirnstromkurven belegen Wissenschaftler, dass sich dieser deutsche Zen-Meister in einer Art hochkonzentrierten Wachschlafs befindet. Offenbar gibt es besondere Zustände des Gehirns, die für das Erfahren einer transzendenten Welt wichtig sind.

Geo kompakt, Nr. 16/2008, S. 60

M2 Erfahrungen des Göttlichen

Dass es religiöse Erfahrungen gibt, ist keine Frage, wenn man darunter nicht etwas von vornherein ganz Unplausibles versteht, wie etwa Beobachtungen Gottes. Als religiöse Erfahrungen werden meistens Erlebnisse angeführt, in denen sich in konkreten Ereignissen eine größere Wirklichkeit andeutet. Eine Begegnung kann als schicksalhaft erfahren werden, im Scheitern einer großen Unternehmung kann die Nichtigkeit menschlichen Tuns und Planens deutlich werden, eine Katastrophe kann als Gericht erlebt werden. Solche Erfahrungen haben einen spezifisch religiösen Gehalt, wenn die größere Wirklichkeit als etwas Göttliches erscheint. Man erlebt z. B. eine nicht mehr zu erwartende Heilung oder Errettung aus Gefahr als Eingreifen Gottes und eine Wende des Lebens als seine Fügung. [...] Der Glaubende erlebt die Welt schon im Licht seines Glaubens und deutet seine religiösen Erfahrungen mit dessen Vorstellungen. Ein anderer sieht dasselbe Ereignis, spürt darin aber nicht die Gegenwart eines Göttlichen oder erlebt es im Licht eines anderen Glaubens inhaltlich völlig anders.

Franz von Kutschera, Die großen Fragen, S. 184

M3 Woher kommen religiöse Erfahrungen?

Für viele Menschen besteht der Hauptgrund, an Gott zu glauben, darin, dass sie eine religiöse Erfahrung gemacht haben – selbst oder vermittelt durch andere Erfahrungen, die beispielsweise in heiligen Schriften und den Schriften der Heiligen und Mystiker berichtet wurden. Die Berichte beschreiben so etwas oft als überwältigende und den Glauben zwingend nahe legende Erlebnisse. Trotzdem kann man deren Status als Beweis für die Wahrheit religiöser Aussagen kaum beurteilen, weil sich derartige Erfahrungen oft auch im Zusammenhang mit emotional gesteigerten Zuständen ereignen, was Zweifel an der Objektivität der Zeugnisse aufkommen lässt. Zusätzlich wird der Skeptiker auch leicht andere und nicht-religiöse Erklärungen für die fraglichen Ereignisse finden. [...]
Neuerdings hat unsere wachsende Kenntnis der Hirnfunktionen die Ansicht plausibel gemacht, dass es eine neurologische Basis für religiöse Erfahrung geben könne und dass wir sogar in der Lage seien, solche Zustände künstlich, z. B. durch Drogen, herbeizuführen. Es ist jedoch seit langem bekannt, dass chemische Veränderungen (wie sie auch durch Fasten verursacht werden) religiöse Erfahrungen erleichtern können. Solche Entdeckungen können keineswegs die Frage klären, ob eine objektive Realität hinter dem steht, was das Subjekt wahrzunehmen glaubt.

David Papineau (Hg.), Philosophie, S. 110

M4 Granum sinapis: „Senfkorn von der allerschönsten Gottheit"

Das mystische Gedicht aus dem Umkreis Meister Eckharts stammt aus dem frühen 14. Jahrhundert und handelt vom Geheimnis des unbegreiflichen Gottes. Die achte und letzte Strophe lautet:

**O Seele mein,
geh aus, Gott ein!
Sink all mein Ich
In Gottes Nichts,
sink in die grundlose Flut!**

**Flieh ich von Dir,
Du kommst zu mir.
Verliere ich mich,
so finde ich dich:
o überwesenhaftes Gut.**

Gisbert Greshake / Josef Weismyer (Hg.), Quellen geistlichen Lebens, S. 187

M5 Religion entsteht im Gehirn

Der Begriff Neurotheologie wurde 1984 von dem amerikanischen Theologen James B. Ashbrook geprägt. Neurotheologie untersucht, wie die Gehirnaktivitäten und deren evolutionäre Grundlagen mit Religiosität und Spiritualität zusammenhängen – das hat also wenig mit Theologie im klassischen Sinn zu tun. Der Theologe Eugen Drewermann begrüßt die Erklärungsversuche der Neurotheologie.

bild der wissenschaft: Ist es eine vermessene Grenzüberschreitung der Wissenschaft, wenn Forscher jetzt nach Gott im Gehirn zu suchen beginnen?

Drewermann: Das ist zunächst die Frage nach einer brauchbaren Definition von Religion. Wenn man jeden drogeninduzierten Zustand von Halluzination bereits als religiöse Erfahrung interpretiert, ist das Feld möglicher Zusammenhänge von Neurologie und Religionen natürlich riesig. Leider macht auch die offizielle katholische Theologie den Fehler, dass sie alle innerseelischen Erfahrungen – Marienerscheinungen zum Beispiel – für objektive Tatsachen erklärt. Unter Religion sollte eine Antwort auf die radikale Zufälligkeit und Ungesichertheit unseres Daseins verstanden werden, die Vertrauen ermöglicht und die das Ich des Menschen stärkt. [...]

bdw: Wie sehen Sie das Verhältnis von Gehirn und Glauben?

Drewermann: Religion entsteht aus Fragen, die das vordere Stirnhirn stellt, dessen Verschaltungen sich unter ständigen Lernerfahrungen im Rahmen kultureller Vorgaben prägen. Schon die Idee scheint methodisch absurd, man könnte ein so komplexes Phänomen wie das religiöse Bewusstsein auf die Wirkung einzelner Hirnstrukturen zurückführen. Ganz grob müsste man wahrscheinlich sagen: Die Religion besteht darin, mit den Mitteln der Assoziationscortices, vor allem des vorderen Stirnhirns, auf Fragen der Daseinsbegründung zu antworten, indem sie die Ängste des limbischen Systems, besonders des Mandelkerns, mit Mitteln des limbischen Systems und der rechten Hirnhälfte zu beruhigen versucht: mittels symbolischer Bilder und Vorstellungen. Religion ist gebunden an die Aktivierung so gut wie aller Teile unseres Gehirns.

M5/6: bild der wissenschaft 7/2005, S. 30, 44f.

M6 Hotline zum Himmel?

Mit magnetischen, elektrischen oder biochemischen Hirnstimulationen lassen sich tief greifende, von den Menschen häufig sehr spirituell gedeutete und metaphysisch interpretierte Erlebnisse hervorrufen.

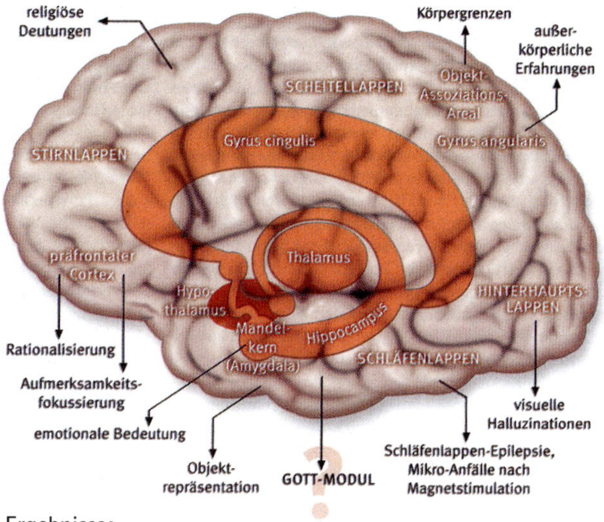

Ergebnisse:

- Starke Religiosität geht oft mit überaktiven Schläfenlappen des Großhirns einher.
- Wenn Meditationen das „Orientierungszentrum" ausschalten, kommt es zu mystischen Zuständen.
- Auch Jenseitsvisionen und außerkörperliche Erfahrungen sind ins Visier der Hirnforscher gerückt.

1. Welchen Eindruck macht die Darstellung eines Meditierenden auf Sie? Beziehen Sie in Ihre Überlegung die Ergebnisse der Hirnforschung (s. S. 36f.) mit ein. → M1
2. Stellen Sie die Merkmale religiöser Erfahrung zusammen. → M2-4
3. Bilden Sie zwei Gruppen und nehmen Sie Stellung zu einem „Wunder" (Errettung aus Gefahr) aus der Sicht eines Gläubigen und eines Nichtgläubigen. → M2
4. Was sind religiöse Erfahrungen? Wie unterscheiden Sie sich vom Drogenrausch u. Ä.? → M3/4
5. Können Ihrer Meinung nach die Ergebnisse der Hirnforscher uns bei der Frage nach der Religiosität des Menschen weiterbringen? → M5/6
6. Diskutieren Sie die These, dass der Nachweis eines religiösen Zentrums im Gehirn weder einen Beweis für noch gegen die Existenz Gottes darstellt. → M5/6

5 Theismus – Atheismus

Moralisches Argumentieren

M1 Gegen oder für IHN?

Weil in Berlin ein roter Bus mit dem Slogan wirbt, es gebe (höchstwahrscheinlich) keinen Gott, haben gläubige Christen nun einen weißen Bus gemietet, um sich großflächig über das Leugnen lustig zu machen. Armer HERR! Wer solche Anbeter hat, braucht keine Atheisten.

Die Zeit, 10.06.2009, S. 12f.

M2 Die theistische Weltanschauung

Die am häufigsten vertretene philosophisch entwickelte theistische Glaubensvorstellung beinhaltet einen Gott, der nicht nur Schöpfer des Universums ist, sondern auch wundertätig in die Welt hineinwirkt. Der Deismus ist hier etwas distanzierter. Er glaubt nicht, dass Gott sich seiner Kreaturen nach dem Schöpfungsakt weiterhin annimmt. Der Gott des Theismus ist einer, der als oberster Herrscher über das Universum bestimmt und sowohl für die moralische als auch für die natürlich-physikalische Ordnung der Welt verantwortlich ist. Nach dieser hauptsächlich vertretenen theistischen Weltanschauung ist Gott unser Schöpfer, der auch jetzt noch ständig in unser Geschick eingreift, nicht nur hier auf Erden, sondern auch noch nach unserem Tod im Jenseits. Im theistischen Weltverständnis verkörpern die Menschen das Bild Gottes.

M3 Die atheistische Weltanschauung

Der Atheismus vertritt eine ganz andere Auffassung von unserem Leben und unserer Stellung in der Welt. Seine Anhänger glauben, die Wirklichkeit bestehe aus nichts weiter als Materie und Energie. Leben entstand nach dieser Vorstellung durch eine lange Reihe höchst unwahrscheinlicher und zufälliger Ereignisse. Das Bewusstsein ist nichts weiter als ein weiterer Schritt in der blinden Abfolge des natürlichen evolutionären Prozesses. Wir sind organische Strukturen, die von den Kräften, die uns beeinflussen, bestimmt sind, das zu tun, was sie tun. Wir werden geboren, leben eine Zeitlang und sterben schließlich, womit wir die Bühne der Welt für immer verlassen. Das Erlöschen unseres bewussten Selbst spiegelt dabei den Untergang wider, der sich früher oder später auch auf kosmischer Ebene abspielen wird.

M4 Vergleich der beiden Weltsichten

Den Atheismus prägt letztlich eine pessimistische Sicht auf die Welt. Der Theismus ist durch eine optimistischere Haltung gekennzeichnet, zumindest was die fernere Zukunft anbelangt. Es ist wichtig, dass wir uns klarmachen, dass diese beiden Vorstellungen von der Welt sich nicht nur hinsichtlich der Frage, ob es Gott gibt oder nicht, definieren. Der Theismus unterscheidet sich vom Atheismus nicht nur durch das eine Detail, dass er der Meinung wäre, die Welt enthielte zusätzlich zu allen Dingen in der Natur noch ein Wesen mit Namen Gott. Die Tatsache, dass man an die Existenz eines höchsten Wesens glaubt – oder eben nicht glaubt, ist für die Sicht auf alles andere von fundamentaler Bedeutung.

Der Lebensweg eines Menschen kann nach der Vorstellung des Atheismus wie folgt beschrieben werden: Zufall – Geburt – Existenz – Tod und Untergang. Die individuelle Existenz eines Menschen ist innerhalb dieser Sichtweise von beinahe infinitesimaler Bedeutungslosigkeit. Er existiert eine Zeitlang in einem fremden und feindlichen Universum und verschwindet nach einer Weile genauso lautlos wie er gekommen ist wieder aus ihm.

Der Lebensweg eines Menschen kann nach der Vorstellung des Theismus dagegen wie folgt beschrieben werden: Gott – Geburt – Existenz – Tod und Transformation (in eine andere Seinsweise). Für den Theismus ist der Mensch ein Wesen, das sich in eine immer schon bestehende spirituell reiche und erfüllte und der Erfüllung zustrebende Wirklichkeit einordnet und von dieser quasi immer schon gewollt und bejaht ist. Der Mensch ist ein unendlich kleiner Teil eines im Vergleich mit seinem Schöpfer seinerseits unendlich kleinen Universums; und doch ist seine Existenz gewollt. [...]

Welche Sichtweise ist nun aber die richtige? Manche Leute begreifen diese Frage als eine Frage danach, ob die letzte Wahrheit über die Welt schrecklich oder tröstlich ist. Man könnte sie aber auch als Frage verstehen, bei der es darum geht zu entscheiden, ob die menschliche Existenz eine Herausforderung und ein Versprechen darstellt oder im Gegenteil eine Geschichte des Ausgesetztseins und Erlöschens ist. *M2-4 und Infokasten: Tom Morris, Philosophie für Dummies, S. 260f., 258*

Grundbegriffe

Theismus: Der Glaube, dass es zumindest einen Gott, bzw. ein höchstes Wesen gibt (abgeleitet von griechischen Wort für Gott, theos)

Polytheismus: Der Glaube, es gebe mehrere Götter bzw. menschenähnliche Wesen, die über sehr viel Macht verfügen und die auf bestimmte Weise über unsere natürliche Welt herrschen. Der Glaube der Römer und Griechen war polytheistisch.

Monotheismus: Der Glaube, dass es nur einen Gott gibt. Der späte Judaismus ist die ursprüngliche Form des Monotheismus. [...]

Trinitarischer Monotheismus: Der Glaube, dass es nur einen Gott gibt, der aber auf bestimmte Weise in drei Personen verkörpert ist. Dies ist der philosophisch entwickelte Glaube des Christentums.

Deismus: Der Glaube daran, dass es einen Gott gibt, der zwar alles erschaffen hat, der jedoch nach dem Schöpfungsakt nicht mehr in seine Schöpfung eingreift. Viele wissenschaftlich denkende Menschen, die sich dennoch zum Religiösen hingezogen fühlen, hängen diesem Glauben an einen abwesenden Gott an.

Atheismus: Der Glaube und die Überzeugung, dass es keinen Gott, keinen Schöpfer des Universums, kein mächtiges, körperloses und vollkommenes Wesen, das sich irgendwie in einem Jenseits der Welt aufhält, gibt.

Agnostizismus: Die Haltung, dass wir nicht wissen können, ob es einen Gott gibt oder nicht. Der bescheidene Agnostiker sagt, dass er nicht weiß, ob es einen Gott gibt. Der weniger bescheidene würde sagen, dass auch die anderen es nicht wissen können. Der am wenigsten bescheidene Agnostiker schließlich würde darauf verweisen, dass wir diese Frage niemals entscheiden können.

1 Interpretieren Sie die beiden Busaufschriften jeweils in Bezug auf den Hintergrund (Brandenburger Tor / Jüdische Synagoge). ➜ M1

2 Bilden Sie zwei Gruppen, die jeweils die Argumente der Theisten und Atheisten vertreten. Diskutieren Sie die Standpunkte und wechseln Sie dann die Seiten. ➜ M2-4

6 Glaube kontrovers

M1 Der Weg

Zwei Männer reisen gemeinsam eine Straße entlang. Der eine glaubt, dass sie zur Himmlischen Stadt, der andere, dass sie nach nirgendwo führt. Aber da es nur diese eine Straße gibt, sind beide Männer auf sie angewiesen. Beide haben den Weg noch nie zurückgelegt; deshalb wissen sie zu keinem Zeitpunkt, was sie hinter der nächsten Straßenbiegung erwartet. Sie erleben auf ihrer Reise Augenblicke der Freude und Ermunterung, aber auch solche der Mühe und Gefahr. Die ganze Zeit über sieht sich der eine der beiden auf einer Pilgerfahrt zur Himmlischen Stadt. Die angenehmeren Reiseabschnitte begreift er als Ermutigungen, die Hindernisse als Prüfungen und Lektionen, die ihm vom König jener Stadt auferlegt wurden, damit er bei seiner Ankunft am Zielort würdig ist, dort zu leben. Der andere der beiden glaubt jedoch an nichts dergleichen und betrachtet die Reise als eine ziellose, aber unvermeidbare Irrfahrt. Da ihm in der Sache keine Wahl bleibt, erfreut er sich der angenehmen Seiten und erträgt die unangenehmen. Für ihn gibt es keine Himmlische Stadt, die man erreichen, keinen allumfassenden Zweck, der der Reise einen Sinn verleihen könnte. Im Guten wie im Schlechten gibt es nur die Straße und die Geschicke der Reise. Während sie reisen, ist die Meinungsverschiedenheit zwischen den beiden keiner empirischen Überprüfung zugänglich. Über den weiteren Verlauf der Straße haben sie keine unterschiedlichen Erwartungen, sondern nur über den endgültigen Zielort. Hinter der letzten Straßenbiegung wird es jedoch offenkundig werden, dass einer von ihnen die ganze Zeit über mit seinen Vermutungen recht hatte und der andere unrecht.

John Hick, in: Norbert Hoerster (Hg.), Glaube und Vernunft, S. 220f.

M2 Die Wette mit Gott

Der französische Philosoph Blaise Pascal (1623-1662) geht von der Voraussetzung aus, dass Gottes Existenz weder beweisbar noch widerlegbar ist. Um die Frage zu entscheiden, ob man an ihn glauben solle, wird den Ungläubigen eine Wette vorgeschlagen. In ihr geht es um die ewige Seligkeit, die man erlangen kann, wenn es Gott gibt und wenn man auf ihn gesetzt hat (also an ihn glaubt).

Und der Herr sprach zum Philosophen: „Ich bin der Herr, dein Gott, und obwohl du keinen Beweis dafür hast, dass ich bin, wer ich behaupte zu sein, gebe ich dir einen Grund für deinen Glauben, der dir fehlbarem Menschen gefallen wird: eine Wette, die auf Eigennutz basiert.
Es gibt zwei Möglichkeiten: Ich existiere oder ich existiere nicht. Wenn du an mich glaubst und meinen Willen tust und ich existiere, winkt dir das ewige Leben. Wenn ich nicht existiere, hast du immerhin ein endliches sowie einen kleinen Trost durch den Glauben. Natürlich vergeudest du einen Teil deiner Zeit in der Kirche und verpasst ein paar Vergnügungen, aber das ist egal, sobald du tot bist. Falls ich jedoch existiere, gehört das ewige Glück dir.
Wenn du nicht an mich glaubst und ich nicht existiere, hast du ein sorgenfreies Leben, stirbst jedoch trotzdem und lebst ohne den Trost des Glaubens an das Göttliche. Falls ich allerdings existiere, droht dir eine Ewigkeit in der Hölle.
Wenn du also auf meine Nicht-Existenz setzt, hast du im besten Fall ein kurzes Leben zu erwarten, im schlechtesten ewige Verdammnis. Wettest du aber, dass ich existiere, ist die schlimmste Möglichkeit ein kurzes, die beste das ewige Leben. Du wärst also verrückt, nicht so zu wetten."

Quelle: Gedanken von Blaise Pascal (1670)

Die Wette ergibt nur dann Sinn, wenn tatsächlich zwei Möglichkeiten existieren, aber natürlich ist das nicht der Fall. Es gibt viele Götter, an die man glauben kann, und zahlreiche Formen des Glaubens. Da wäre der, dass man in die Hölle kommt, wenn man Jesus

Christus nicht als den Erlöser sieht. Wer also auf Islam, Hinduismus, Jainismus, Buddhismus, Judaismus, Konfuzianismus oder irgendeine andere Religion setzt, verliert, wenn sich am Ende herausstellt, dass Jesus Christus der Herr des Himmels ist.

Das Risiko bleibt das gleiche: Bei der falschen Entscheidung droht ewige Verdammnis. Gegen diese höchst unwahrscheinliche Eventualität kann man sich nicht absichern; man ist verdammt, wenn man die falsche Religion wählt. Vielleicht glauben Sie ja, ein wohlwollender Gott würde die Menschen schon nicht in die Hölle schicken, wenn sie sich für die falsche Religion entscheiden, also sei jede gerecht. Aber ein solchermaßen toleranter Gott würde mit Sicherheit auch keinen Atheisten mit den ewigen Flammen der Verdammnis bestrafen. Der einzige Gott, für den es sich lohnt, eine Wette abzuschließen, ist ein ganz spezifisch fundamentalistischer.

Julian Baggini, 100 philosophische Gedankenspiele, S. 242f.

M3 Eine einfache Überlegung

Der Mensch ist im Unterschied zu Gott – falls dieser existiert – sterblich, oder, um mit den Philosophen zu sprechen, ein „endliches Wesen", begrenzt durch Raum und Zeit. Und er ist das einzige Lebewesen, das sich, im Gegensatz zum Tier, seiner Grenzen bewusst ist. Er weiß, dass er sterben wird, genauso wie seine Angehörigen und alle, die er liebt. Er kommt also nicht darum herum, über diese Situation, die grundsätzlich beängstigend, ja geradezu absurd, wenn nicht unerträglich ist, nachzudenken. Und natürlich wendet er sich als Erstes den Religionen zu, die ihm das „Heil" versprechen. […]

Wie nun gehen die Religionen vor, um uns vor der äußersten Bedrohung zu bewahren, wie sie es uns verheißen? Dazu braucht es im Wesentlichen den Glauben. Er und er allein ist es in Wirklichkeit, der die Gnade Gottes über uns bringen kann: Wenn du an Gott glaubst, wird er dich retten, sagen sie, womit sie vor jeder anderen Tugend die *Demut* einfordern, die in ihren Augen – das wiederholen unablässig die größten christlichen Denker, von Augustinus bis Pascal – genau das Gegenteil der Arroganz und Eitelkeit der Philosophie ist. Woher kommt diese Verdammung des freien Denkens? Ganz einfach daher, dass auch dieses in Anspruch nimmt, uns zu retten, wenn nicht vor dem Tod selbst, so doch wenigstens vor den mit ihm verbundenen Ängsten, *jedoch aus eigener Kraft und einzig vermöge unserer Vernunft*. Da haben wir, zumindest aus religiöser Sicht, den philosophischen Hochmut schlechthin, die unerträgliche Dreistigkeit, wie sie schon bei den ersten Philosophen im antiken Griechenland, mehrere Jahrhunderte vor Christus, zu finden ist.

Und es stimmt. Da ihm der Glaube an einen rettenden Gott nicht gegeben ist, zeichnet sich der Philosoph in erster Linie dadurch aus, dass er denkt, wir könnten unsere Ängste überwinden, wenn wir die Welt kennenlernen und uns selbst und die anderen verstehen, soweit es unser Verstand zulässt, also eher durch Intelligenz als durch blinden Glauben.

Mit anderen Worten, wenn die Religionen sich selbst als „Lehren zur Erlangung des Heils" ***durch einen anderen****, nämlich Gott, verstehen, so könnte man die großen Philosophien definieren als Doktrinen zur Erlangung des Heils* ***durch sich selbst****, ohne die Hilfe Gottes.*

Luc Ferry, Leben lernen: Eine philosophische Gebrauchsanweisung, S. 14f., 18f.

1 Entwickeln Sie einen Dialog zwischen den beiden Männern. ➜ M1

2 Spielen Sie die Möglichkeiten der Wette durch:

1. Gott existiert wirklich und man wettet auf ihn.
2. Gott existiert nicht und man wettet trotzdem auf ihn.
3. Gott existiert und man wettet gegen ihn.
4. Gott existiert nicht und man wettet gegen ihn.

Setzen Sie dabei verschiedene Gottesbilder als Prämissen. ➜ M2

3 Beschreiben Sie in Bezug zur Anthropologie (s. S. 48f.) die anthropologischen Grundlagen der Religion. ➜ M3

4 Bilden Sie ein Diskussionsforum über verschiedene Wege zum „Heil". ➜ M3

1 Glaube und Vernunft

M1 Das Dilemma der Vernunft

Die menschliche Vernunft hat das besondere Schicksal in einer Gattung ihrer Erkenntnisse: dass sie durch Fragen belästigt wird, die sie nicht abweisen kann, denn sie sind ihr durch die Natur der Vernunft selbst aufgegeben, die sie aber auch nicht beantworten kann, denn sie übersteigen alles Vermögen der menschlichen Vernunft. Dies betrifft drei Gegenstände: die Freiheit des Willens, die Unsterblichkeit der Seele und das Dasein Gottes. *nach Immanuel Kant, Kritik der reinen Vernunft, S. 7*

M2 Gott: Hypothese oder Wirklichkeit?

Für die theistischen Denker ist Gott in der Tat eine unumstößliche Gewissheit. Für die meisten materialistischen Philosophen und für alle Empiristen, die als einzige Erkenntnisquelle die Sinneserfahrung zulassen (man spricht oft auch von „Pragmatikern"), ist Gott nichts anderes als eine dumme Hypothese, von den Menschen erfunden, um sich zu schützen und es sich gemütlich zu machen in ihrer „existentiellen" Angst.

Denis Huisman, Philosophie für Einsteiger, S. 25, 32

M3 Glauben und Vernunft in Harmonie

Der Glaube an Gott wird gemeinhin als Ergebnis des Aufwachsens in einer bestimmten Kultur angesehen und weniger als ein durch philosophische Argumentation erworbener Glaube. Trotzdem gibt es die lange Tradition einer „natürlichen Theologie", die Gottes Existenz durch streng rationale Mittel zu beweisen sucht. Obwohl es in unserer gegenwärtigen Kultur ein grundsätzliches Fragezeichen hinter der Existenz Gottes gibt: Für die mittelalterlichen Denker, die die Fundamente der philosophischen Theologie legten, stand Gott fest im Zentrum ihrer Weltsicht. Für sie hatte die rationale Debatte die Aufgabe, das Verständnis von Gottes Existenz und Natur zu verbessern und sie nicht in Frage zu stellen. [...]

Die klassische Darstellung des Verhältnisses von Vernunft und Glauben geht zurück auf Thomas von Aquin, der behauptete, dass beide sich ergänzen. Einige religiöse Überzeugungen (wie die Existenz Gottes) könnten durch den „natürlichen Verstand" gesetzt werden, während andere (so die „geoffenbarten Wahrheiten" des Christentums, etwa die Trinitätslehre) des Glaubens bedürfen. Nach Thomas verhalten sich Vernunft und Glauben harmonisch zueinander, da man an beide Arten der Wahrheit glauben kann. Außerdem lehrte er, dass auch die Wahrheiten des natürlichen Verstandes zuweilen durch den Glauben begründet werden – so bei denen, die nicht die Zeit haben, den entsprechenden Argumenten zu folgen.

David Papineau (Hg.), Philosophie, S. 113

M4 Vernunft und Glaube im 21. Jahrhundert

In einer Rede vor Wissenschaftlern warnte Papst Benedikt XVI. 2006 vor einer positivistischen Verkürzung von Wissenschaft und Vernunft, die die Fragen der Religion ausklammert.

Das Große der modernen Geistesentwicklung wird ungeschmälert anerkannt: Wir alle sind dankbar für die großen Möglichkeiten, die sie dem Menschen erschlossen hat und für die Fortschritte an Menschlichkeit, die uns geschenkt wurden. Das Ethos der Wissenschaftlichkeit ist im übrigen Wille zum Gehorsam gegenüber der Wahrheit und insofern Ausdruck einer Grundhaltung, die zu den Grundentscheiden des Christlichen gehört. Nicht Rücknahme, nicht negative Kritik ist gemeint, sondern um Ausweitung unseres Vernunftbegriffs und -gebrauchs geht es. Denn bei aller Freude über die neuen Möglichkeiten des Menschen sehen wir auch die Bedrohungen, die aus diesen Möglichkeiten aufsteigen, und müssen uns fragen, wie wir ihrer Herr werden können. Wir können es nur, wenn Vernunft und Glaube auf neue Weise zueinanderfinden; wenn wir die selbstverfügte Beschränkung der Vernunft auf das im Experiment Falsifizierbare überwinden und der Vernunft ihre ganze Weite wieder eröffnen. [...] Nur so werden wir auch zum wirklichen Dialog der Kulturen und Religionen fähig, dessen wir so dringend bedürfen. In der westlichen Welt herrscht weithin die Meinung, allein die positivistische Vernunft und die ihr zugehörigen Formen der Philosophie seien universal. Aber von den tief religiösen Kulturen der Welt wird gerade dieser Ausschluss des Göttlichen aus der Universalität der Vernunft als Verstoß gegen ihre innersten Überzeugungen angesehen. Eine Vernunft, die dem Göttlichen gegenüber taub ist und Religion in den Bereich der Subkulturen abdrängt, ist unfähig zum Dialog der Kulturen. Dabei trägt, wie ich zu zeigen versuchte, die moderne naturwissenschaftliche Vernunft mit dem ihr innewohnenden platonischen Element eine Frage in sich, die über sie und ihre methodischen Möglichkeiten hinausweist. Sie selber muss die rationale Struktur der Materie wie die Korrespondenz zwischen unserem Geist und den in der Natur waltenden rationalen Strukturen ganz einfach als Gegebenheit annehmen, auf der ihr methodischer Weg beruht. Aber die Frage, warum dies so ist, die besteht doch und muss von der Naturwissenschaft weitergegeben werden an andere Ebenen und Weisen des Denkens – an Philosophie und Theologie. Für die Philosophie und in anderer Weise für die Theologie ist das Hören auf die großen Erfahrungen und Einsichten der religiösen Traditionen der Menschheit, besonders aber des christlichen Glaubens, eine Erkenntnisquelle, der sich zu verweigern eine unzulässige Verengung unseres Hörens und Antwortens wäre. [...] Mut zur Weite der Vernunft, nicht Absage an ihre Größe – das ist das Programm, mit dem eine dem biblischen Glauben verpflichtete Theologie in den Disput der Gegenwart eintritt. „Nicht vernunftgemäß, nicht mit dem Logos handeln ist dem Wesen Gottes zuwider."

Benedikt XVI., Gott und die Vernunft, S. 135-137

M5 Dialektik zwischen Vernunft und Glauben

Es besteht eine eigentümliche Dialektik zwischen dem philosophisch aufgeklärten Selbstverständnis der Moderne und dem theologischen Selbstverständnis der großen Weltreligionen, die als das sperrigste Element aus der Vergangenheit in diese Moderne hineinragen. Es geht nicht um einen schwiemeligen Kompromiss zwischen Unvereinbarem. Wir dürfen uns um die Alternative zwischen anthropozentrischer Blickrichtung und dem Blick aus der Ferne des theo- oder kosmozentrischen Denkens nicht herumdrücken. Aber es macht einen Unterschied, ob man miteinander spricht oder nur übereinander. Dafür müssen zwei Voraussetzungen erfüllt sein: Die religiöse Seite muss die Autorität der „natürlichen" Vernunft als die fehlbaren Ergebnisse der institutionalisierten Wissenschaften und die Grundsätze eines universalistischen Egalitarismus in Recht und Moral anerkennen. Umgekehrt darf sich die säkulare Vernunft nicht zum Richter über Glaubenswahrheiten aufwerfen, auch wenn sie im Ergebnis nur das, was sie in ihre eigenen, im Prinzip allgemein zugänglichen Diskurse übersetzen kann, als vernünftig akzeptiert. So wenig die eine Voraussetzung aus theologischer Sicht trivial ist, so wenig ist es die andere aus philosophischer Sicht.

Jürgen Habermas, Ein Bewusstsein von dem, was fehlt, S. 27

1 Kant unterscheidet zwischen Verstand (Erkenntnis der Wirklichkeit) und Vernunft. Zeigen Sie, inwiefern die drei Fragen nicht durch den Verstand beantwortet werden können (vgl. hierzu auch S. 174f.). → M1
2 Überlegen Sie die Folgen, die sich aus Pierre-Simon Laplaces (1749-1827) Aussage ergeben. → M2
3 Begründen Sie, warum es für die mittelalterlichen Denker eine Harmonie von Glauben und Vernunft geben muss. → M3
4 Prüfen Sie die Argumente, die Papst Benedikt XVI. für die notwendige Ausweitung des Vernunftbegriffs anführt, auf ihre Plausibilität. → M4
5 Zeigen Sie, inwiefern nicht Gegensatz, sondern Dialektik das Verhältnis zwischen Vernunft und Glauben bestimmt. → M5

2 Der ontologische Gottesbeweis

M1 Die Erwartung

Richard Oelze, Erwartung

Gott in der *Religionsgeschichte* heilige, transzendente und unendliche Macht in personaler Gestalt. Gott wird erfahren und gelehrt als Schöpfer und Ursache allen Naturgeschehens, als Herr über Leben und Tod. Er greift in die Welt ein, lenkt das Schicksal der Menschen und tritt am Ende der Zeiten als Richter auf. Gott wird verstanden als erhaltender Urgrund von allem, was ist, und als der letzte Grund für das moralische Verhalten der Menschen.

Der **Gottesglaube** ist von zentraler Bedeutung für die Vorstellungswelt fast aller Religionen. Zur näheren Charakterisierung werden dem Göttlichen häufig personale Attribute wie Vernunft, Wille und Freiheit beigelegt, die anthropomorph, d. h. den menschlichen Verhältnissen nachgebildet, sind. *Brockhaus Philosophie, S. 116*

M2 Ein Argument für die Existenz Gottes

Das ontologische Argument, bzw. der ontologische Gottesbeweis, ist ein Argument für die Existenz Gottes, mit dem sich so unterschiedliche Denker wie Anselm von Canterbury (um 1033-1109) oder René Descartes (1596-1650) sowie noch viele andere Philosophen bis in unsere Zeit hinein beschäftigt haben. Dieses Argument ist das vielleicht ungewöhnlichste Argument, das jemals für die Existenz eines höchsten Wesens vorgebracht worden ist. Die meisten anderen Argumente gehen von irgendeiner innerweltlichen Tatsache aus und schlussfolgern dann, dass die beste Erklärung für diese bestimmte Tatsache darin gefunden werden könne, dass man die Existenz und das Wirken eines Wesens annähme, das sich von allem anderen in der Welt vorfindbaren Seienden wesenhaft unterscheide. Der ontologische Gottesbeweis hingegen beginnt mit nichts weiter als einer Idee, d. h. einer Vorstellung, und folgert dann von ihr ausgehend auf ein Wesen, das sich in dieser Idee ausdrückt. Das ontologische Argument entlehnt seinen Namen von zwei griechischen Wörtern, deren eines „seiend" oder „existierend" bedeutet *(on, ontos)*; das andere *(logos)* bedeutet soviel wie „Sprechen; Rede, Wort; Vernunft". Dieses Argument geht davon aus, dass es möglich ist, dass der menschliche Geist ohne Hilfe durch Sinneswahrnehmung oder empirische Beweise zumindest eine wichtige Folgerung hinsichtlich dessen ziehen kann, was in der Wirklichkeit existiert bzw. existieren muss. *Tom Morris, Philosophie für Dummies, S. 262f.*

M3 Dass in Wahrheit Gott existiert

Nun kann aber das, worüber hinaus Größeres nicht gedacht werden kann, nicht nur im Geiste sein. Denn, wenn es nur im Geist Sein hat, so kann man sich es auch als wirklich seiend vorstellen; das aber ist mehr (als bloß im Geist wirklich sein). Wenn also das, worüber hinaus Größeres nicht gedacht werden kann, nur im Geist ist, so ist eben das, worüber hinaus Größeres nicht gedacht werden kann, etwas, über das hinaus etwas Größeres denkbar ist. Das aber kann sicher nicht sein. Daher ist zweifellos etwas, worüber hinaus Größeres nicht gedacht werden kann, sowohl im Geist als auch in der Wirklichkeit. [...] Und das bist Du, Herr, unser Gott. Du hast also, mein Herr und Gott, so wahrhaft Sein, dass Dein Nicht-Sein nicht einmal denkbar ist.

Anselm von Canterbury, Der ontologische Gottesbeweis,
in: Quirin Huonder, Die Gottesbeweise, S. 43f

M4 Gott existiert durch die Vorstellung

Das heißt: indem ich mein Augenmerk auf mich selbst richte, sehe ich nicht nur ein, dass ich ein unvollständiges, von einem anderen abhängiges Wesen bin, ein Wesen, das nach Größerem und Größerem oder nach Besserem ohne Ende strebt, sondern zugleich auch, dass der, von dem ich abhänge, dieses Größere nicht nur endlos fortschreitend und als bloße Möglichkeit, sondern wirklich unendlich in sich befasst – und also Gott ist. Die ganze Kraft dieses Beweises liegt in der Erkenntnis, dass ich selbst mit der Natur, die mir eigentümlich ist, – nämlich im Besitze einer Vorstellung Gottes – unmöglich existieren könnte, wenn nicht auch Gott wirklich existierte, derselbe Gott, sage ich, dessen Vorstellung in mir ist, d. h. der alle die Vollkommenheiten besitzt, die ich zwar nicht begreifen, aber doch gewissermaßen mit den Gedanken berühren kann, und der durchaus für Schwächen unempfänglich ist. *René Descartes, Meditationen, S. 47*

M5 Gott: das Vollkommene und Unbegrenzte

Descartes hat den Gottesbeweis des hl. Anselm aufgegriffen und weiterentwickelt. Im Großen und Ganzen akzeptiert er ihn. Gott ist also das einzige Wesen, dessen Wesen und Existenz sich decken, überschneiden, ineinander übergehen: per definitionem besteht seine Natur, sein Wesen darin, vollkommen zu sein [...]. Inspiriert von dieser großartigen Argumentation, fügt Descartes einen anderen metaphysischen Beweis hinzu: die Idee des Unbegrenzten. Ich bin ein begrenztes Wesen. Ich habe aber die Vorstellung des Unbegrenzten. Also muss nach der Regel *causa aequat effectum* (die Ursache kommt der Wirkung gleich), wenn ich selber nicht unbegrenzt bin, aber die Vorstellung des Unbegrenzten habe, dieses Unbegrenzte durch ein Mittel oder jemand anderen in mich hinein versetzt worden sein.

Was beweist das? Es beweist: Wenn ich, ein begrenztes Wesen, in mir die Idee des Unbegrenzten habe, ist diese Vorstellung durch ein unbegrenztes Wesen in mir angelegt worden, das notwendigerweise außerhalb von mir existiert. Wenn dies nicht so wäre, könnte ich mir keine Vorstellung vom Unbegrenzten machen. Da ich mir ihrer aber ganz sicher bin und Gott allein fähig ist, sie in mich hinein gegeben zu haben, und das ausschließlich deshalb, weil ich mir das *Vollkommene* oder *Unbegrenzte* vorstellen kann, kann ich daraus schließen, dass Gott mit Gewissheit existiert.

M6 Kritik des ontologischen Beweises

Kant hat in der Kritik der reinen Vernunft *diese berühmte ontologische Argumentation wiederaufgegriffen und zu zeigen versucht, dass sie nicht aufrechtzuhalten ist.*

Kant stellt sich vor, dass sich in seiner Tasche ein Hunderttalerstück befindet, das vollkommen ist. Bei dieser Hypothese hat das Goldstück absolut alle Qualitäten: Es ist fein graviert, es hat genau das Goldgewicht, das es haben muss, es ist glänzend, rein, tadellos sauber wie ein neues Geldstück, ganz glatt usw. Es ist vollkommen, hat alle Eigenschaften ohne eine Ausnahme. Es ist also auch existent. Ich stecke plötzlich die Hand in die Hosentasche, ich ziehe sie wieder hervor, ich drehe sie um, kein Geldstück da!
– Halt! Ich habe doch geglaubt, dass es alle Eigenschaften besitzt, also auch Realität!
– Was beweist das? Es beweist, dass die Vorstellung von diesem Geldstück nicht ausreicht, die Realität selber entstehen zu lassen. Im Falle der Idee des Vollkommenen oder des Unbegrenzten ist das Problem dasselbe: Man hat nur bewiesen, dass die Idee Gottes möglich ist, dass Gott existieren könnte – aber nicht, dass man Gewissheit haben kann, dass er existiert. Das ist ebenso nur möglich, wie es auch nur möglich ist, dass ich ein Hunderttalerstück in meiner Tasche habe. Aber es ist nicht gewiss.

M5/6: Denis Huisman, Philosophie für Einsteiger, S. 34–36

1 Interpretieren Sie das Bild: Was könnten die Menschen „erwarten"? → M1
2 Stellen Sie den ontologischen Beweis in eigenen Worten dar. → M2/3
3 Prüfen Sie die Schlüssigkeit der Argumentation Anselms. → M3
4 Worin liegt die „ganze Kraft des Beweises" nach Descartes? → M4/5
5 Zeigen Sie mit Kant, dass der ontologische Beweis Gottes scheitern muss. → M6

3 Der kosmologisch-teleologische Gottesbeweis

M1 (K)ein Platz für GOTT?

William Blake (1757-1827)

D. van Ravenswaay in: bild der wissenschaft 7/2008

M2 Gott als Ursache und Ziel der Welt

Aristoteles führte einen anderen berühmten Beweis an für die Existenz Gottes. Er sprach von einem „ersten Grund". Seine Idee ist einfach: Das Universum kann nicht existieren, ohne am Anfang in die Planetenbahn gesetzt, entworfen und hergestellt worden zu sein. Es kann nicht aus dem Nichts geboren sein. Auf lateinisch heißt das: *ex nihilo*. So sagt auch ein lateinisches Sprichwort: *ex nihilo nihil*, aus dem Nicht-Sein kann nichts entstehen. Es muss also am Anfang einen Architekten, einen Ingenieur, einen Arbeiter gegeben haben, der den ersten Anstoß gab. [...] Die Welt könnte nicht existieren, wenn es nicht am Anfang ein höheres Wesen gegeben hätte, das sie „in Gang" gesetzt hat. Der Einfachheit halber wollen wir dieses höhere Wesen „Gott" nennen und sagen, dass Gott die Welt erschaffen hat. [...] Eine Argumentation, die mit der vom „Anfang der Welt" übereinstimmt, ist der *teleologische Beweis* (telos, griech.: Ziel, Zweck). Unser Universum ist eine Welt, die gut organisiert und entworfen ist; sie ist konstruiert in Abhängigkeit von einer leitenden Idee, einem wohlbestimmten Ziel, einem Endzweck. Das heißt auch, sie enthält mehr Gutes als Schlechtes. Es ist eine gute, harmonische Welt.

Denis Huisman, Philosophie für Einsteiger, S. 36-38

M3 Fünf Wege für einen Beweis Gottes

Thomas von Aquin, der einflussreichste Philosoph und Theologe des Mittelalters, unternimmt in seiner Summa Theologiae *den Versuch, die Existenz Gottes anhand von verschiedenen Anzeichen in der Welt zu beweisen.*

Es kann auf fünf Wegen bewiesen werden, dass Gott existiert.

Der erste und recht offenkundige ist der, der von der Bewegung ausgeht. Denn es ist sicher und wird durch die Sinneswahrnehmung bestätigt, dass einiges in dieser Welt bewegt wird. Alles aber, was in Bewegung ist, wird von etwas Anderem bewegt. [...] Also müssen wir unbedingt zu einem ersten Bewegenden kommen, das von keinem bewegt ist – und dieses erste Bewegende meinen alle, wenn sie von „Gott" sprechen.

Der zweite Weg geht vom Gedanken einer bewirkenden Ursache aus. Wir finden nämlich innerhalb der sinnlich wahrnehmbaren Dinge eine gewisse Ordnung von bewirkenden Ursachen; es ist jedoch nie festgestellt worden und ist auch nicht möglich, dass etwas seine eigene bewirkende Ursache ist, da es dann ja früher als es selbst existiert haben müsste – was unmöglich ist. Es ist aber ebenso unmöglich, dass die bewirkenden Ursachen ins Unendliche gehen. [...] Also müssen wir etwas als erste bewirkende Ursache annehmen – und die nennen alle „Gott".

Der dritte Weg ist aus dem Möglichen und dem Notwendigen hergeleitet [...]. Wir finden nämlich unter den Dingen welche, denen es möglich ist zu existieren und nicht zu existieren. [...] Also ist nicht alles Seiende nur möglich, sondern es muss unter den Dingen etwas Notwendiges geben. [...] Also müssen wir etwas annehmen, das durch sich selbst notwendig ist und das den Grund für seine Notwendigkeit nicht von anderswoher hat, sondern das selbst der Grund für die Notwendigkeit aller anderen notwendigen Wesen ist – und das nennen alle „Gott".

Der vierte Weg geht von den Abstufungen aus, die wir in den Dingen finden. Es findet sich nämlich in den Dingen mehr oder weniger Gutes, Wahres, Edles und von anderem dieser Art. [...] Also gibt es etwas, das für alles Seiende die Ursache des Seins ist: Und das nennen wir „Gott".

Der fünfte Weg geht aus von der Weltordnung. Wir sehen nämlich, dass einiges, das der Vernunft entbehrt, zum Beispiel natürliche Körper, dennoch auf ein festes Ziel hin tätig sind. Das zeigt sich darin, dass sie immer oder regelmäßig in derselben Weise tätig sind, sodass sich daraus das Beste ergibt. Daher ist offensichtlich, dass sie nicht zufällig, sondern absichtlich zu einem Ziel gelangen. Die Dinge aber, die keine Vernunft haben, sind nur deshalb auf ein Ziel hin tätig, weil sie von etwas Vernünftigem und Erkennendem gelenkt werden, so wie ein Pfeil von einem Schützen. Es muss also etwas Erkennendes geben, von dem alle natürlichen Dinge auf ein Ziel hin geordnet werden: Und das nennen wir „Gott".

Thomas von Aquin, Summa theologiae, I 2, 3

M4 Argumente für den göttlichen Plan

Der vielleicht populärste Grund, die Existenz Gottes anzunehmen, leitet sich aus der Überzeugung ab, dass das Universum eine Ordnung, einen Plan oder Zweck offenbart. Thomas beobachtete, dass zielgerichtetes Verhalten überall in der Welt zu finden ist (Wurzeln suchen Wasser, Blätter öffnen sich dem Licht), und er folgerte daraus, dass „Dinge, die kein Wissen haben, auch keinem Ziel zustreben; es sei denn, sie werden von einer Intelligenz geleitet, so wie ein Pfeil vom Bogenschützen". Der Zweck scheint in der Natur weit verbreitet zu sein; außerdem scheinen selbst unbelebte Dinge für viele eine Art innerer Harmonie oder Ordnung aufzuweisen. [...]
Der berühmte schottische Philosoph David Hume war gegenüber solchen Plan-Argumenten höchst skeptisch. Er sagte, dass wir, da wir nie zugeschaut haben, wie eine Welt entstand, nicht behaupten können, die in unserer Welt vorgefundene Ordnung müsse einen göttlichen Verstand als Ursprung haben. Ein weiterer Schlag gegen die Plan-Argumente wurde durch Darwins Theorie der natürlichen Auslese geführt, die besagte, dass komplexe Lebensformen auch aus dem blinden Prozess der zufälligen Variation sowie dem Überlebenskampf entstehen könnten, ohne dass in diesem Zusammenhang eine leitende Intelligenz angenommen werden muss.

David Papineau (Hg.), Philosophie, S. 109f.

1. Vergleichen Sie die beiden Darstellungen des Anfangs unseres Weltalls und diskutieren Sie die Konsequenzen für das Welt- und Menschenbild. ➜ M1
2. Führen Sie ein neo-sokratisches Gespräch (s. Methodenüberblick, S. 380) durch mit dem Thema: Aus Nichts kann nichts entstehen. ➜ M2
3. Bilden Sie fünf Gruppen, in denen Sie jeweils einen Gottesbeweis bearbeiten. Finden Sie ergänzende Argumente aus dem alltäglichen menschlichen Denken oder dem Bereich der Naturwissenschaften. ➜ M3
4. Begründen Sie die Popularität des teleologischen Gottesbeweises (heute oft „intelligent design" genannt). ➜ M4
5. Diskutieren Sie, ob durch Hume und Darwin diese Art von Gottesbeweisen widerlegt ist. ➜ M4

* 4 Religion und Wissenschaft

M1 Der Lückenbüßer-Gott

Als Nikolaus Kopernikus, Johannes Kepler und Galileo Galilei die Erde aus dem Zentrum stießen, war das nicht nur ein naturwissenschaftlicher Durchbruch. Es war der Umsturz eines Weltbildes und zugleich ein Zusammenprall zwischen einer neuen Methode des Erkenntnisgewinns auf der einen Seite und religiösen Traditionen und Doktrinen auf der anderen Seite. [...] Weitere Konfrontationen folgten – insbesondere im Gefolge von Darwins Evolutionstheorie –, und die theologischen Lehrmeinungen mussten den Wissenschaften immer mehr das Feld räumen. Gott wurde vielfach zum Lückenbüßer für ungeklärte Sachverhalte, aber mit jeder neuen Erkenntnis einen Schritt weiter vertrieben.

[...] Der Fortschritt der Wissenschaften hat die Welt immer weiter entzaubert. Und selbst die enorme Komplexität von Erscheinungen, die sich einer Berechenbarkeit weitgehend entziehen, ist häufig schon so gut verstanden, dass keine prinzipiellen Wissenslücken mehr klaffen. Wissenschaftler können mittlerweile sogar erforschen, wo und warum ihr Wissen an Grenzen stößt. Für einen Lückenbüßer-Gott ist es eng geworden. Zwar gibt es noch immer Lücken im wissenschaftlichen Weltbild, und das wird sich auch niemals ändern, da wir aus prinzipiellen erkenntnistheoretischen Gründen keine letzten Erklärungen finden können. Doch von der früher verbreiteten Ansicht, Gott stecke gleichsam in diesen Lücken als des Rätsels Lösung, haben die meisten heute Abstand genommen. Zu frappierend verlief die Geschichte der Vertreibungen, und ein Gott, dem nur noch außerhalb des Universums – zum Beispiel „vor" dem Urknall – eine Heimstatt bleibt, ist für viele auch kein tröstlicher Gedanke. [...] „Wenn das Universum sich erschöpfend durch eine einheitliche Theorie beschreiben ließe, so hätte dies tiefgreifende Auswirkungen auf Gottes Rolle als Schöpfer", meint Stephen Hawking. Er hat ein Weltmodell entwickelt, das ein Universum ohne mysteriöse Anfangssingularität der klassischen Urknall-Theorie beschreibt. Wo wäre dann noch Raum für einen Schöpfer? Quantenkosmologen benötigen keinen „Ersten Beweger", um zu verstehen, wie ein Universum aus einem amorphen, zeitlosen Quantenvakuum hervorgehen könnte.

Rüdiger Vaas, Der Glaubensstreit,
in: bild der wissenschaft, 12/99, S. 45f.

M2 Gott als Weltformel?

*Der inzwischen vollständig gelähmte britische Kosmologe Stephen Hawking (*1942) erforscht in Gedanken das Universum, von der Zeit vor dem Urknall bis zum Ende in Schwarzen Löchern.*

Spiegel: Die Urknall-Theorie besagt, dass das Universum mit der Explosion einer urzeitlichen Singularität begann. Das würde natürlich zugleich bedeuten, dass irgendwer oder irgendetwas diese urzeitliche Singularität geschaffen haben muss. Sie umgehen dieses Problem, indem Sie behaupten, das Universum oder vielmehr die urzeitliche Energie, die zu seiner Erschaffung nötig war, seien ewig. Damit erwecken Sie den Eindruck, als würden Sie versuchen, die Nichtexistenz Gottes mathematisch zu beweisen.

Hawking: Ich habe gezeigt, dass die Entstehung des Universums so ablaufen kann, dass sie den Gesetzen der Physik folgt. In diesem Fall wäre es überflüssig, Gott anzurufen, um zu erfahren, wie das Universum begann. Das ist kein Beweis, dass es Gott nicht gibt. Es bedeutet nur, dass Gott nicht notwendig ist.

Spiegel: Glauben Sie an Gott oder an die Vorstellung irgendeiner höheren Macht?

Hawking: Ich glaube nicht an einen persönlichen Gott.

Spiegel: Heißt das, dass Sie an einen unpersönlichen Gott glauben?

Hawking: Wenn Sie wollen, können Sie sagen, Gott sei die Verkörperung der physikalischen Gesetze. Aber das ist nur verwirrend, da die meisten Menschen das Wort Gott mit einem Wesen verbinden, zu dem man eine persönliche Beziehung haben kann. Die Gesetze der Physik aber haben wenig Persönliches.

Der Spiegel 42/1988, S. 267

M3 Kansas bannt Darwin

In den USA ist die Schöpfungslehre auf dem Vormarsch. (R)evolution im Klassenzimmer: Religiöse Fundamentalisten haben durchgesetzt, dass die Evolutionstheorie aus dem Biologie-Pflichtstoff in Kansas verschwindet. Auch geologische und kosmologische Erkenntnisse sollen den Schülern vorenthalten werden. Schwärt ein neuer Konflikt zwischen Religion und Wissenschaft?

Hinter den Kreationisten verbirgt sich eine inhomogene Gruppierung von Christen, die die Bibel, insbesondere das Buch Genesis wörtlich nehmen. Darin heißt es, Gott habe das Universum in sieben Tagen erschaffen, einschließlich der Erde und aller ihrer Kreaturen. Bibelinterpreten errechneten das Alter der Erde auf höchstens 10 000 Jahre. Kreationisten akzeptieren „Mikroevolution", das heißt die Anpassung einer Spezies an bestimmte Umweltbedingungen und daraus resultierende Veränderungen innerhalb der eigenen Art. Sie zweifeln aber an einer „Makroevolution", nach der das Leben auf unserem Planeten mit einfachen Formen wie Bakterien und Algen begann und sich daraus allmählich zu komplexeren Arten entwickelte. Die verschiedenen Lebensformen auf der Erde seien zu komplex, als dass sie „von alleine" entstanden wären, so Frank Sherwen. Nur eine intelligente, übernatürliche Macht könne ein solches Werk vollbracht haben. [...] Doch damit nicht genug. Kreationisten kritisieren, dass es für die Urknall-Theorie keine Beweise gäbe, fossile Funde Lücken in der Systematik aufwiesen, die Methoden zur Bestimmung des Erdalters Fehler enthielten und DNA- und RNA-Vergleiche zwischen verwandten und nichtverwandten Spezies inkonsistent seien. Deswegen dürfe man diese Themen im Unterricht nicht als Tatsachen präsentieren, argumentierte das Kansas Board of Education. Robin Jackson, Biologie-Lehrerin in Kansas, will der Empfehlung des Board folgen: „Wir Lehrer haben eine große Verantwortung, den Schülern die Wahrheit zu vermitteln. Und die besteht darin, dass sich hinter Evolution nur eine Theorie verbirgt."

Kreationistische Strömungen

„Young Earth"-Kreationisten glauben an ein einziges Schöpfungsereignis, das vor maximal 10 000 Jahren stattfand. Sie nehmen die Bibel und insbesondere das Buch Genesis wörtlich.

„Old-Earth"-Kreationisten glauben wie die „Young-Earth"-Kreationisten an einen einzigen Schöpfungsakt, der jedoch mehrere Milliarden Jahre dauerte. Sie akzeptieren zumindest die modernen Geowissenschaften samt Analyseverfahren für die Bestimmung des Erdalters. Dass sich jedoch aus einer Spezies eine neue entwickeln kann, lehnen auch sie ab.

M3 und Infokasten: Désirée Karge, Kansas bannt Darwin, in: bild der wissenschaft 12/1999, S. 52-54

1 Zeigen Sie an der Entwicklung der Naturwissenschaften, dass der Lückenbüßer-Gott durch empirische Erklärungen der Natur immer mehr vertrieben wird (z. B. Zeus – Blitz, Wotan – Donner). → M1
2 Recherchieren Sie in Gruppen die neuesten Erkenntnisse der Kosmologie, Astrophysik und Astronomie. → M1
3 Informieren Sie sich über Stephen Hawkings Leben und Werk (Tipp: *Eine kurze Geschichte der Zeit*). → M2
4 Diskutieren Sie die Auffassung, dass Gott die „Verkörperung aller physikalischen Gesetze" sein könnte. → M2
5 Überlegen Sie, warum die meisten Menschen einen persönlichen Gott brauchen. → M2
6 Recherchieren Sie die Bewegung der Kreationisten und schreiben Sie einen Bericht für Ihre Schülerzeitung mit Argumenten für und gegen die Auffassung, dass die Evolutionslehre nicht als Tatsache, sondern nur als Theorie gelten dürfe. → M3

5 Theodizee

Moralisches Argumentieren

M1 Eloi, Eloi, lema sabachtani?

Hans Grundig, Opfer des Faschismus, 1946/47

M2 Grenzfragen

Lass die heilgen Parabolen,
Lass die frommen Hypothesen –
Suche die verdammten Fragen
Ohne Umschweif uns zu lösen.

Warum schleppt sich blutend, elend,
Unter Kreuzlast der Gerechte,
Während glücklich als ein Sieger
Trabt auf hohem Ross der Schlechte?

Woran liegt die Schuld? Ist etwa
Unser Herr nicht ganz allmächtig?
Oder treibt er selbst den Unfug?
Ach, das wäre niederträchtig.

Also fragen wir beständig,
Bis man uns mit einer Handvoll
Erde endlich stopft die Mäuler –
Aber ist das eine Antwort?

Heinrich Heine, Zum Lazarus, in: Werke 1, S. 479f.

M3 Kann er nicht oder will er nicht?

Entweder, sagt Epikur, will Gott die Übel aufheben und kann es nicht, oder er kann es und will es nicht, oder er will es weder, noch kann er es, oder er will es und kann es. Wenn er will und nicht kann, ist er schwach, was auf Gott nicht zutrifft. Wenn er kann und nicht will, ist er missgünstig, was Gott ebenso fremd ist. Wenn er weder will noch kann, ist er missgünstig und schwach und deshalb auch kein Gott. Wenn er sowohl will als kann, was Gott allein zukommt, woher kommen dann die Übel, oder warum hebt er sie nicht auf?

Laktanz, in: Malte Hossenfelder, Antike Glückslehren, S. 208

M4 Das Problem des Übels

„Wenn es einen Gott gibt, woher kommt dann das Übel?" Diese Frage des römischen Denkers Boethius (480-524) bewegt die Theologie und Philosophie des Abendlandes bis auf den heutigen Tag. Sie wird in der Tat unabweisbar, sobald man an die Existenz Gottes glauben und diesem Glauben ein Gottesbild wie das christliche zugrunde legen möchte: Wie kann ein Gott, der sowohl allmächtig und allwissend als auch allgütig ist, ja der alle denkbaren positiven Eigenschaften in höchstem Maße verkörpert, das Übel in der Welt, also etwas Negatives erschaffen haben oder zumindest zulassen?
Das Problem stellt sich in unterschiedlicher Schärfe – je nachdem, auf welcher Basis man seinen Gottesglauben begründet sieht. Wer den Anspruch erhebt, die Existenz eines göttlichen Wesens mit den genannten Eigenschaften aus den empirischen Gegebenheiten dieser Welt zu folgern (etwa mit Hilfe des teleologischen Beweises), hat es besonders schwer. Denn wie kann man aus den gemischt guten und schlechten Aspekten dieser Welt auf einen einzigen, *ausschließlich guten* Schöpfer und Herrscher derselben schließen? Ist das nicht ebenso absurd, als wollte man aus eben denselben Phänomenen auf einen *ausschließlich schlechten* Schöpfer und Herrscher schließen? Läge es nicht, wenn man schon einen theologischen Schluss über diese Welt hinaus wagen will, viel näher, sich den einen Gott entweder als moralisch indifferent zu denken oder aber verschiedene, gute wie schlechte Götter zu postulieren, die sich in die Verantwortung für die Welt teilen?

Norbert Hoerster (Hg.), Glaube und Vernunft, S. 94

M5 Theodizee

Die Rechtfertigung Gottes angesichts der Übel der Welt („Theodizee") erfordert, dass man die ausschlaggebende Vereinbarkeit des Übels und des menschlichen Leidens mit der Gerechtigkeit und Vollkommenheit Gottes nicht bloß behauptet, sondern auch argumentativ plausibel macht.

Aurelius Augustinus (354-430) und Gottfried Wilhelm Leibniz, die eine solche Theodizee vom christlichen Standpunkt aus vertreten, versuchen auf unterschiedliche Weise, diesem Erfordernis gerecht zu werden. Augustinus argumentiert in erster Linie, dass das Übel – letztlich und im eigentlichen Sinne – gar keine Realität besitzt und daher auch nicht von Gott geschaffen worden sein muss. Daneben vertritt er die Auffassung, dass eine Welt unter Einschluss des Übels wegen dessen Kontrastwirkung einer Welt ohne Übel überlegen ist. Der allgemeine Gedanke, dass man die einzelnen Übel in der Welt nicht isoliert sehen darf, sondern in ihrer Funktion im Gesamtzusammenhang des Universums würdigen muss, steht im Mittelpunkt der Leibniz'schen Argumentation.

Norbert Hoerster (Hg.), Glaube und Vernunft, S. 96

M6 Die beste aller möglichen Welten

Gottes überlegene Weisheit konnte in Verbindung mit seiner nicht weniger unendlichen Güte einzig und allein das Beste erwählen. [...] Gäbe es nicht die beste aller möglichen Welten, dann hätte Gott überhaupt keine Welt erschaffen. Welt nenne ich hier die ganze Folge und das ganze Beieinander aller bestehenden Dinge, damit man nicht sagen kann, mehrere Welten könnten zu verschiedener Zeit und an verschiedenen Orten bestehen. Man muss sie insgesamt als *eine Welt* betrachten oder, wenn man will, als ein *Universum*. Erfüllte man auch jede Zeit und jeden Ort; es bleibt dennoch wahr, dass man sie auf unendlich viele Arten hätte erfüllen können und dass es unendlich viele mögliche Welten gibt, von denen Gott mit Notwendigkeit die beste erwählt hat, da er nichts ohne die höchste Vernunft tut.

Gottfried Wilhelm Leibniz, in: Norbert Hoerster (Hg.), Glaube und Vernunft, S. 109

M7 Die Sehnsucht des denkenden Menschen ...

Religion lehrt, dass es einen allmächtigen und allgütigen Gott gibt. Ein kaum glaubhaftes Dogma angesichts des Grauens, das seit Jahrtausenden auf dieser Erde herrscht! [...] [Es bleibt die] Sehnsucht danach, dass es bei dem Unrecht, durch das die Welt gekennzeichnet ist, nicht bleiben soll. Dass das Unrecht nicht das letzte Wort sein möge. Diese Sehnsucht gehört zum wirklich denkenden Menschen.

Max Horkheimer, Gesammelte Schriften, Bd. 7, S. 349-352

M8 ... und die Antwort des Theologen

Gegen einen über allem Leid in ungestörter Glückseligkeit oder apathischer Transzendenz thronenden Gott kann der Mensch revoltieren. Aber auch gegen den Gott, der in Jesu Leid sein ganzes Mit-Leid geoffenbart hat? [...] Gottes Liebe bewahrt nicht *vor* allem Leid, sie bewahrt *in* allem Leid. So hebt in der Gegenwart an, was freilich erst in der Zukunft vollendet werden wird: die Rechtfertigung Gottes in der Rechtfertigung des Menschen, aller Menschen, auch der Toten und Besiegten, die Theodizee als Anthropodizee. [...] Der Sieg der Liebe Gottes, wie sie Jesus verkündet und manifestiert hat, als der letzten, entscheidenden Macht: das ist Gottesreich! Denn die Sehnsucht Horkheimers und Ungezählter in der Menschheitsgeschichte nach Gerechtigkeit in der Welt, nach echter Transzendenz, nach „dem ganz Anderen", „dass der Mörder nicht über das unschuldige Opfer triumphieren möge", soll in Erfüllung gehen [...].

Hans Küng, Christ sein, S. 426

1 Formulieren Sie verschiedene Erklärungen für den Ursprung von Leiden bzw. des Bösen. → M1/2
2 Zeigen Sie, wie sich vor allem aus dem christlichen Gottesbild (Allmacht, Allwissenheit, Allgüte) und der Erfahrung des Bösen in der Welt das Theodizeeproblem ergibt. → M3/4
3 Rekonstruieren Sie die Rechtfertigung Gottes angesichts des Bösen bei Augustinus. Was spricht für, was gegen diesen Versuch? → M4/5
4 Prüfen Sie die Argumente Leibniz', die er für die „beste" aller möglichen Welten vorbringt. Werden sie durch die Welterfahrungen eines Menschen im 21. Jahrhundert widerlegt? → M6/7
5 Diskutieren Sie die Antwort Küngs auf die Sehnsucht Horkheimers, „dass das Unrecht nicht das letzte Wort sein möge". → M7/8

6 Grundlagen der Religionskritik

M1 Ein Bild von Gott?

Der widderköpfige ägyptische Tiergott Chnum, am oberen Nil seit der Frühzeit verehrt, erschafft die Menschen auf seiner Töpferscheibe. Wandbild im Tempel von Luxor, um 1400 v. Chr.

M2 Wie die Menschen – so ihr Gott

Schon in der Antike lässt sich Kritik an der Religion festmachen, die sich nicht nur mit den einzelnen Glaubensüberzeugungen auseinandersetzt, sondern die Frage nach der Entstehung der Religion und ihrer Funktion im Zusammenleben der Menschen aufwirft.

Alles haben Homer und Hesiod den Göttern angedichtet, was nur immer bei den Menschen Schimpf und Schande ist. Stehlen, Ehebrechen und sich gegenseitig Betrügen.

Doch die Sterblichen wähnen, die Götter würden geboren und hätten Gewand, Stimme und Gestalt ähnlich wie sie selber.

Die Äthiopen stellen sich ihre Götter schwarz und stumpfnasig vor, die Thraker dagegen blauäugig und rothaarig.

Wenn Kühe, Pferde oder Löwen Hände hätten und damit malen und Werke wie die Menschen schaffen könnten, dann würden die Pferde pferde-, die Kühe kuhähnliche Götterbilder malen und solche Gestalten schaffen, wie sie selber haben.

Xenophanes, in: Wilhelm Capelle, Die Vorsokratiker, S. 121

M3 Gott als Zuchtmeister

Es gab einmal eine Zeit, da war das Leben der Menschen jeder Ordnung bar, ähnlich dem der Raubtiere, und es herrschte die rohe Gewalt. Damals wurden die Guten nicht belohnt und die Bösen nicht bestraft. Und da scheinen mir die Menschen sich Gesetze als Zuchtmeister gegeben zu haben, auf dass das Recht in gleicher Weise über alle herrsche und den Frevel niederhalte. Wenn jemand ein Verbrechen beging, so wurde er nun gestraft. Als so die Gesetze hinderten, dass man offen Gewalttat verübte, und daher nur insgeheim gefrevelt wurde, da scheint mir zuerst ein schlauer und kluger Kopf die Furcht vor den Göttern für die Menschen erfunden zu haben, damit die Übeltäter sich fürchteten, auch wenn sie insgeheim etwas Böses täten oder sagten oder (auch nur) dächten. – Er führte daher den Gottesglauben ein:

Es gibt einen Gott, der ewig lebt, voll Kraft, der mit dem Geiste sieht und hört und übermenschliche Einsicht hat; der hat eine göttliche Natur und achtet auf dies alles. Der hört alles, was unter den Menschen gesprochen wird und alles, was sie tun, kann er sehen. Und wenn du schweigend etwas Schlimmes sinnst, so bleibt es doch den Göttern nicht verborgen. Denn sie besitzen eine übermenschliche Erkenntnis. – Mit solchen Reden führte er die schlauste aller Lehren ein, indem er die Wahrheit mit trügerischem Worte verhüllte. Die Götter, sagte er, sie wohnen dort, wo es die Menschen am meisten erschrecken musste, von wo, wie er wusste, die Angst zu den Menschen herniederkommt wie auch der Segen für ihr armseliges Leben: aus der Höhe da droben, wo er die Blitze zucken sah und des Donners grauses Krachen hörte, da, wo des Himmels gestirntes Gewölbe ist. [...] Mit Ängsten solcher Art schreckte er die Menschen und wies so passend und wohlbedacht der Gottheit an geziemender Stätte ihren Wohnsitz an und tilgte den ungesetzlichen Sinn durch die Gesetze.

Kritias, in: Wilhelm Capelle, Die Vorsokratiker, S. 378f.

M4 Ursprung des Götterglaubens

Als die Menschen der Vorzeit die Vorgänge in der Höhe sahen, wie Donner und Blitz, das Zusammentreffen von Sternen und die Verfinsterungen von Sonne und Mond, da gerieten sie in Furcht, weil sie glaubten, von diesen Erscheinungen seien göttliche Wesen die Urheber.

Sommer und Winter, Frühling und Herbst und alles Derartige erfolgt von oben, vom Himmel her. Daher hätten denn auch die Menschen, als sie die Urheber hiervon erkannt hätten, sie als Götter verehrt. [...] So hatten sie denn als ihre Zuflucht, alles den Göttern zu überlassen und nach ihrem Wink alles zu tun. Und in den Himmel verlegten sie die Wohnsitze und Tempel der Götter, weil Sonne und Mond durch den Himmel ihre Bahn zu nehmen scheinen [...] – das alles erweckte die Vorstellung von übernatürlichen Mächten, von „Göttern“ in ihnen.

Demokrit, in: Wilhelm Capelle, Die Vorsokratiker, S. 419f.

M5 Ansätze der Religionskritik

Religionskritik ist ein bestimmter Typus der Religionsphilosophie. Diese entstand als relativ eigenständige philosophische Disziplin mit dem Versuch der Aufklärung, Religion möglichst unabhängig von den Aussagen vorgegebener Religionen und deren Anspruch auf übernatürliche Offenbarung rein rational zu begründen. Ihre zentralen Fragestellungen

1. nach der objektiven Geltung religiöser Aussagen,
2. nach der moralischen und sozialen Funktion religiöser Vorstellungen,
3. nach der anthropologischen Basis der Entstehung von Religion

wurden in der im 19. Jh. systematisch auftretenden Religionskritik kritisch gegen Religion überhaupt gewendet, und zwar in szientifischer *(A. Comte)*, anthropologisch-moralischer *(L. Feuerbach, F. Nietzsche)*, soziologisch-politischer *(K. Marx, F. Engels)* und psychologischer *(S. Freud)* Argumentationsweise. Ihre Ansätze sind auch in der gegenwärtigen Religionskritik leitend. Das szientifische Argument sieht in religiösen Aussagen vorwissenschaftliche Erklärungsversuche undurchschauter Naturtatsachen. Religion als Resultat menschlicher Unwissenheit schwinde proportional zum Fortschritt menschlichen Wissens. Das anthropologische Argument interpretiert Religion als Projektion anthropologischer Tatbestände, den Gottesglauben als in wirkliche Wesen verwandelte Wünsche des Menschen. Das moralische Argument kennzeichnet Religion als Ideologie der Schwachen, die den Starken an seiner geglückten Selbstrealisation hindern soll und das Diesseits zugunsten eines imaginären Jenseits depotenziert. Marx und Engels übernehmen den Gedanken der Projektion und rekonstruieren die sozialen Bedingungen der Entstehung dieser Wünsche, die in Gestalt religiöser Projektion den politisch und sozial Unterdrückten eine entlastende Illusion, den Herrschenden ein willkommenes Instrument zur Verschleierung ungerechter Verhältnisse bescheren. Für die Psychoanalyse Freuds ist Religion „ein Versuch, die Sinneswelt, in die wir gestellt sind, mittels der Wunschwelt zu bewältigen. Insofern diese Illusion, deren Struktur und Funktion sich nach dem Modell frühkindlicher seelischer Mechanismen entschlüsseln lasse, durch ihr Denkverbot der wissenschaftlichen Wahrheitssuche Schranken setze, ist sie gefährlich und der vernünftigen Lebensbewältigung hinderlich. Gemeinsam ist all diesen religionskritischen Ansätzen die These, dass Religion der Selbstaufklärung und geglückten Selbstverwirklichung menschlichen Lebens im Wege steht. *Otfried Höffe, Lexikon der Ethik, S. 208f.*

1 Recherchieren Sie verschiedene Vorstellungen von einem Schöpfergott in den Religionen. Wie erklären Sie sich die Unterschiede? ➜ M1

2 Geben Sie weitere Beispiele für anthropomorphe (vermenschlichte) Gottesvorstellungen. ➜ M2

3 Erarbeiten Sie die Argumentation des Textes:
- Warum erfanden die Menschen Götter?
- Welche Vorzüge hat die Vorstellung eines Gottes? ➜ M3

4 Erarbeiten Sie die Funktion, die Götter in der Vorzeit für die Menschen erfüllten. ➜ M4

5 Diskutieren Sie, ob der Fortschritt der modernen Naturwissenschaft die Vorstellung von übernatürlichen Mächten überflüssig macht. ➜ M4

6 Erläutern Sie die drei Fragen der Religionsphilosophie anhand der antiken Quellen. ➜ M5

7 Fassen Sie kurz die Aufgabe der Religionskritik zusammen. ➜ M5

7 Friedrich Nietzsche: „Gott ist tot!"

M1 Der tolle Mensch

Habt ihr nicht von jenem tollen Menschen gehört, der am hellen Vormittage eine Laterne anzündete, auf den Markt lief und unaufhörlich schrie: „Ich suche Gott! Ich suche Gott!" – Da dort gerade viele von denen zusammenstanden, welche nicht an Gott glaubten, so erregte er ein großes Gelächter. Ist er denn verlorengegangen?, sagte der eine. Hat er sich verlaufen wie ein Kind?, sagte der andere. Oder hält er sich versteckt? Fürchtet er sich vor uns? Ist er zu Schiff gegangen? Ausgewandert? – so schrien und lachten sie durcheinander. Der tolle Mensch sprang mitten unter sie und durchbohrte sie mit seinen Blicken. „Wohin ist Gott?", rief er, „ich will es euch sagen! *Wir haben ihn getötet* – ihr und ich! Wir alle sind seine Mörder! Aber wie haben wir dies gemacht? Wie vermochten wir das Meer auszutrinken? Wer gab uns den Schwamm, um den ganzen Horizont wegzuwischen? Was taten wir, als wir diese Erde von ihrer Sonne los ketteten? Wohin bewegt sie sich nun? Wohin bewegen wir uns? Fort von allen Sonnen? Stürzen wir nicht fortwährend? Und rückwärts, seitwärts, vorwärts, nach allen Seiten? Gibt es noch ein Oben und ein Unten? Irren wir nicht wie durch ein unendliches Nichts? Haucht uns nicht der leere Raum an? Ist es nicht kälter geworden? Kommt nicht immerfort die Nacht und mehr Nacht? Müssen nicht Laternen am Vormittage angezündet werden? Hören wir noch nichts von dem Lärm der Totengräber, welche Gott begraben? Riechen wir noch nichts von der göttlichen Verwesung? - auch Götter verwesen! Gott ist tot! Gott bleibt tot! Und wir haben ihn getötet! Wie trösten wir uns, die Mörder aller Mörder? Das Heiligste und Mächtigste, was die Welt bisher besaß, es ist unter unsern Messern verblutet – wer wischt dies Blut von uns ab? Mit welchem Wasser könnten wir uns reinigen? Welche Sühnefeiern, welche heiligen Spiele werden wir erfinden müssen? Ist nicht die Größe dieser Tat zu groß für uns? Müssen wir nicht selber zu Göttern werden, um nur ihrer würdig zu erscheinen? Es gab nie eine größere Tat – und wer nur immer nach uns geboren wird, gehört um dieser Tat willen in eine höhere Geschichte, als alle Geschichte bisher war!" – Hier schwieg der tolle Mensch und sah wieder seine Zuhörer an: auch sie schwiegen und blickten befremdet auf ihn. Endlich warf er seine Laterne auf den Boden, dass sie in Stücke sprang und erlosch. „Ich komme zu früh", sagte er dann, „ich bin noch nicht an der Zeit. Dies ungeheure Ereignis ist noch unterwegs und wandert – es ist noch nicht bis zu den Ohren der Menschen gedrungen. Blitz und Donner brauchen Zeit, das Licht der Gestirne braucht Zeit, Taten brauchen Zeit, auch nachdem sie getan sind, um gesehen und gehört zu werden. Diese Tat ist ihnen immer noch ferner als die fernsten Gestirne – *und doch haben sie dieselbe getan!*" – Man erzählt noch, dass der tolle Mensch desselbigen Tages in verschiedene Kirchen eingedrungen sei und darin sein *Requiem aeternam deo* angestimmt. Hinausgeführt und zur Rede gesetzt, habe er immer nur dies entgegnet: „Was sind denn diese Kirchen noch, wenn sie nicht die Grüfte und Grabmäler Gottes sind?"

M2 Wir Furchtlosen

Das größte neuere Ereignis – dass „Gott tot ist", dass der Glaube an den christlichen Gott unglaubwürdig geworden ist – beginnt bereits seine ersten Schatten über Europa zu werfen. Für die wenigen wenigstens, deren Augen, deren *Argwohn* in den Augen stark und fein genug für dies Schauspiel ist, scheint eben irgendeine Sonne untergegangen, irgendein altes tiefes Vertrauen in Zweifel umgedreht: ihnen muss unsre alte Welt täglich abendlicher, misstrauischer, fremder, „älter" scheinen. In der Hauptsache aber darf man sagen; das Ereignis selbst ist viel zu groß, zu fern, zu abseits vom Fassungsvermögen vieler, als dass auch nur seine Kunde schon *angelangt* heißen dürfte; geschweige denn, dass viele bereits wüssten, was eigentlich sich damit begeben hat – und was alles, nachdem

dieser Glaube untergraben ist, nunmehr einfallen muss, weil es auf ihm gebaut, an ihn gelehnt, in ihn hineingewachsen war: zum Beispiel unsre ganze europäische Moral. [...]
Stehen wir vielleicht zu sehr noch unter den *nächsten Folgen* dieses Ereignisses – und diese nächsten Folgen, seine Folgen für *uns* sind, umgekehrt als man vielleicht erwarten könnte, durchaus nicht traurig und verdüsternd, vielmehr wie eine neue schwer zu beschreibende Art von Licht, Glück, Erleichterung, Erheiterung, Ermutigung, Morgenröte... In der Tat, wir Philosophen und „freien Geister“ fühlen uns bei der Nachricht, dass der „alte Gott tot“ ist, wie von einer neuen Morgenröte angestrahlt; unser Herz strömt dabei über von Dankbarkeit, Erstaunen, Ahnung, Erwartung – endlich erscheint uns der Horizont wieder frei, gesetzt selbst, dass er nicht hell ist, endlich dürfen unsre Schiffe wieder auslaufen, auf jede Gefahr hin auslaufen, jedes Wagnis des Erkennenden ist wieder erlaubt, das Meer, *unser* Meer liegt wieder offen da, vielleicht gab es noch niemals ein so „offnes Meer“.

M1/2: Friedrich Nietzsche, Werke, Bd. II, S. 126-128, 205f.

M3 Zurück zur Fackel der Aufklärung

*Der französische Philosoph Michel Onfray (*1959) über Glaube, Lügen und Gewalt:*

Spiegel: Monsieur Onfray, wenn wir hier wären, Ihnen den Tod Gottes zu verkünden, würden Sie Champagner bestellen?

Onfray: So weit wird es nie kommen. Solange die Menschen sterben müssen, wird es Gott geben. Er existiert als Ausflucht vor der existentiellen Furcht, der Unfähigkeit, zu akzeptieren, dass wir und die Menschen, die wir lieben, verschwinden werden. Das ist die Qual, die Menschen dazu bringt, sich eine „Hinterwelt“ zu erschaffen, wie Nietzsche es nannte.

Spiegel: Und weil Gott nichts ist als eine Ausflucht, ist er unsterblich?

Onfray: Ein Mythos lässt sich nicht töten – so wenig wie ein Kindermärchen.

Spiegel: Gott, Allah, Jahwe – nichts als Ausgeburten einer globalen Neurose? Sie beleidigen Abermillionen Gläubige.

Onfray: Gott kann das Meer in zwei Teile teilen, er kann am Kreuz sterben und drei Tage später wiederauferstehen – solche Geschichten sind Märchen für die Kinder der Religion, das Äquivalent der Weihnachtsmann-Story für die wirklich Kleinen. Wieso gilt es als beleidigend, diese Tatsache zu benennen? [...]

Spiegel: Machen Sie es sich nicht zu leicht? Vieles in der Bibel ist schlicht Lyrik, Allegorie, Symbolik ...

Onfray: ... was einem Freifahrtschein gleichkommt, sich seine Religion à la Carte zusammenzustellen. Meine katholischen Freunde sagen: Also was der Papst über die Treue sagt, über die Ehe, über das Kondom, nein, das akzeptiere ich nicht. Und die Jungfrauengeburt, die Hölle, das Fegefeuer, das sind alles bloß Symbole. Aber wenn all das gar nicht so gemeint ist, wozu dann überhaupt noch Religion?

Spiegel: Vielleicht, weil sie Millionen Menschen Trost und Halt gibt?

Onfray: Es gibt auch Millionen Leute, die ihr Leben mit Drogen und Alkohol stabilisieren – ich bin nicht sicher, ob dieser Zweck das Mittel heiligt. Ich lade dazu ein, sein Leben mit Hilfe der Philosophie ins Gleichgewicht zu bringen. Epikur, Montaigne, Voltaire zu lesen erscheint mir ausgleichender als die Lektüre der Bibel, des Korans oder des Talmuds.

Interview: Rafaela von Bredow, Stefan Simons, in: Der Spiegel 22/2007, S. 60f.

Nihilismus [lat. *nihil* „nichts“]:
allgemein jeder Standpunkt, der auf der absoluten Verneinung bestehender Glaubenssätze, der Möglichkeit allgemein gültiger Erkenntnis, sozialer und politischer Verhältnisse oder einer Wertordnung beruht. *Brockhaus Philosophie, S. 237*

1 Deuten Sie die einzelnen Elemente des Gleichnisses vom „tollen Menschen“. → M1
2 Stellen Sie die negativen und positiven Folgen dar, die sich aus dem Tod Gottes ergeben. → M2
3 Zeigen Sie, inwiefern der von Nietzsche beschriebene Nihilismus zu einer Befreiung werden kann. → M2
4 Antworten Sie dem Philosophen Onfray auf seine religionskritischen Äußerungen. → M3

8 Ludwig Feuerbach: „Wie Dein Herze, so Dein Gott!"

M1 Gott in der Natur

Sonnenwendfeier im steinzeitlichen Stonehenge in Südengland

M2 Natur als Urgrund der Religion

Natur ist für mich, ebenso wie „Geist", nichts weiter als ein allgemeines Wort zur Bezeichnung der Wesen, Dinge, Gegenstände, welche der Mensch von sich und seinen Produkten unterscheidet und in den gemeinsamen Namen Natur zusammenfasst, aber kein allgemeines, von den wirklichen Dingen abgezogenes und abgesondertes, personifiziertes und mystifiziertes Wesen. [...] Das Abhängigkeitsgefühl des Menschen ist der Grund der Religion; der Gegenstand dieses Abhängigkeitsgefühls, das, wovon der Mensch abhängig ist und abhängig sich fühlt, ist aber ursprünglich nichts anderes als die Natur. Die Natur ist der erste, ursprüngliche Gegenstand der Religion, wie die Geschichte aller Religionen und Völker sattsam beweist.

Die Behauptung, dass die Religion dem Menschen eingeboren, natürlich sei, ist falsch, wenn man der Religion überhaupt die Vorstellungen des Theismus, d. h. des eigentlichen Gottesglaubens unterschiebt, vollkommen wahr aber, wenn man unter Religion nichts weiter versteht als das Abhängigkeitsgefühl – das Gefühl oder Bewusstsein des Menschen, dass er nicht ohne ein anderes, von ihm unterschiedenes Wesen existiert und existieren kann, dass er nicht sich selbst seine Existenz verdankt. Die Religion in diesem Sinne liegt dem Menschen so nahe wie das Licht dem Auge, die Luft der Lunge, die Speise dem Magen. Die Religion ist die Beherzigung und Bekennung dessen, was ich bin. Vor allem bin ich aber ein nicht ohne Licht, ohne Luft, ohne Wasser, ohne Erde, ohne Speise existierendes, ein von der Natur abhängiges Wesen. Diese Abhängigkeit ist im Tier und tierischen Menschen nur eine unbewusste, unüberlegte; sie zum Bewusstsein erheben, sie sich vorstellen, beherzigen, bekennen heißt sie zur Religion erheben. So ist alles Leben abhängig vom Wechsel der Jahreszeiten; aber nur der Mensch feiert diesen Wechsel in dramatischen Vorstellungen, in festlichen Akten. Solche Feste aber, die nichts weiter ausdrücken und darstellen, als den Wechsel der Jahreszeiten oder der Lichtgestalten des Mondes, sind die ältesten, ersten, eigentlichen Religionsbekenntnisse der Menschheit.

M3 Gott als Projektion unserer Wünsche

„Wie Dein Herze, so Dein Gott." Wie die Wünsche der Menschen, so sind ihre Götter. Die Griechen hatten beschränkte Götter – das heißt: sie hatten beschränkte Wünsche. Die Griechen wollten nicht ewig leben, sie wollten nur nicht altern und sterben, und sie wollten nicht absolut nicht sterben, sie wollten nur jetzt noch nicht – das Unangenehme kommt dem Menschen immer zu früh – nur nicht in der Blüte der Jahre, nur nicht eines gewaltsamen, schmerzhaften Todes sterben [...]. Während daher in dem Paradies der christlichen Phantastik der Mensch nicht sterben konnte und nicht gestorben wäre, wenn er nicht gesündigt hätte; so starb dagegen bei den Griechen selbst auch in dem glückseligen Zeitalter des Kronos der Mensch, aber so sanft, als schliefe er ein. In dieser Vorstellung ist der natürliche Wunsch des Menschen realisiert. Der Mensch wünscht sich kein unsterbliches Leben; er wünscht sich nur ein langes leiblich und geistig gesundes Leben und einen naturgemäßen, schmerzlosen Tod.

M2/3 Ludwig Feuerbach, Das Wesen der Religion, zitiert nach Projekt Gutenberg

M4 Gott als menschliches Selbstbewusstsein

Wie der Mensch denkt, wie er gesinnt ist, so ist sein Gott: So viel Wert der Mensch hat, so viel Wert und nicht mehr hat sein Gott. *Das Bewusstsein Gottes ist das Selbstbewusstsein des Menschen, die Erkenntnis Gottes die Selbsterkenntnis des Menschen.* Aus seinem Gotte erkennst du den Menschen, und wiederum aus dem Menschen seinen Gott; beides ist eins. Was dem Menschen *Gott* ist, das ist *sein Geist, seine Seele,* und was des *Menschen Geist, seine Seele, sein Herz,* das ist sein Gott: Gott ist das *offenbare* Innere, das *ausgesprochne* Selbst des Menschen; die Religion die feierliche Enthüllung der verborgenen Schätze des Menschen, das Eingeständnis seiner innersten Gedanken, das *öffentliche Bekenntnis seiner Liebesgeheimnisse.* [...]

Die Religion, wenigstens die christliche, ist *das Verhalten des Menschen zu sich selbst,* oder richtiger: *zu seinem Wesen,* aber das Verhalten zu seinem Wesen *als zu einem andern Wesen. Das göttliche Wesen ist nichts andres als das* menschliche Wesen oder besser: *das Wesen des Menschen,* abgesondert von den Schranken des individuellen, das heißt wirklichen, leiblichen Menschen, vergegenständlicht, das heißt *angeschaut* und *verehrt als ein andres, von ihm unterschiednes, eignes Wesen* – alle *Bestimmungen* des göttlichen Wesens sind darum Bestimmungen des menschlichen Wesens. [...]

Du glaubst an die Liebe als eine göttliche Eigenschaft, weil du selbst liebst, du glaubst, dass Gott ein weises, ein gütiges Wesen ist, weil du nichts Besseres von dir kennst als Güte und Verstand, und du glaubst, dass Gott existiert, dass er also Subjekt oder Wesen ist – was existiert, ist Wesen, werde es nun als Substanz oder Person oder sonstwie bestimmt und bezeichnet–, weil du selbst existierst, selbst Wesen bist. Du kennst kein höheres menschliches Gut, als zu lieben, als gut und weise zu sein, und ebenso kennst du kein höheres Glück, als überhaupt zu existieren, Wesen zu sein; denn das Bewusstsein alles Guten, alles Glückes ist dir an das Bewusstsein des Wesenseins, der Existenz gebunden. [...]

Gott ist dir ein Existierendes, ein Wesen aus demselben Grunde, aus welchem er dir ein weises, ein seliges, ein gütiges Wesen ist. Der Unterschied zwischen den göttlichen Eigenschaften und dem göttlichen Wesen ist nur dieser, dass dir das Wesen, die Existenz *nicht* als ein Anthropomorphismus *erscheint,* weil in diesem deinem *Wesensein* die *Notwendigkeit* liegt, dass dir Gott ein Existierendes, ein Wesen ist, die Eigenschaften dagegen als Anthropomorphismen *erscheinen.* [...]

Du bist *Wesen* nur als *menschliches* Wesen; die Gewissheit und Realität deiner Existenz liegt nur in der Gewissheit und Realität deiner menschlichen Eigenschaften. *Ludwig Feuerbach, in: Norbert Hoerster (Hg.), Glaube und Vernunft, S. 170-172*

Ludwig Feuerbach

(1804-1872)

- bedeutender deutscher Philosoph,
- beeinflusste durch seine Religions- und Idealismuskritik die politische Bewegung des Vormärz und
- entwickelte wesentliche Grundlagen für die Herausbildung einer modernen Anthropologie.
- Hauptwerke: *Das Wesen des Christentums* (1841), *Das Wesen der Religion* (1845)

1 Beschreiben Sie die Gefühle eines naturreligiösen Erlebnisses. ➜ M1
2 Verfassen Sie ein fiktives Interview mit Ludwig Feuerbach zur Frage, wie Religionen entstanden sind. ➜ M2
3 Stellen Sie Feuerbachs Charakterisierung der antiken griechischen Göttervorstellung seiner Beschreibung des christlichen Gottesbildes in einer Tabelle gegenüber. ➜ M3
4 Formulieren Sie in eigenen Worten Feuerbachs Kritik am Christentum. ➜ M3
5 Erläutern Sie den Satz: „Die Erkenntnis Gottes ist die Selbsterkenntnis des Menschen." ➜ M4
6 Zeigen Sie an verschiedenen Religionen, inwiefern Gott als Projektion des idealen Menschen gesehen werden kann. ➜ M4
7 Entwerfen Sie – gemäß Feuerbach – eine „Religion" der Zukunft.

9 Karl Marx: „Religion ist das Opium des Volks!"

M1 Ich will nicht ins Paradies

Cover des Albums Opium fürs Volk (1996) der Rockgruppe „Die Toten Hosen"

Ich will nicht ins Paradies,
wenn der Weg dorthin so schwierig ist.
Ich stelle keinen Antrag auf Asyl,
meinetwegen bleib ich hier.

Wer Messer und Gabel richtig halten kann
und beim Essen grade sitzt,
wer immer JA und DANKE sagt,
dessen Chancen stehen nicht schlecht.
Wer sich brav in jede Reihe stellt
mit geputzten Schuhen,
wer sein Schicksal mit Demut trägt,
dem winkt die Erlösung zu.

Wir sollen zuhören und aufpassen,
tun, was man uns sagt,
unterordnen und nachmachen
vom ersten bis zum letzten Tag.
Immer schön nach den Regeln spielen,
wie sie befohlen sind,
wie sie im Buch des Lebens stehn,
in Ewigkeit Amen.

Ich will nicht ins Paradies,
wenn der Weg dorthin so schwierig ist,
wer weiß, ob es uns dort besser geht –
hinter dieser Tür.

Ich will nicht ins Paradies,
wenn der Weg dorthin so schwierig ist,
und bevor ich auf den Knien fleh,
bleib ich meinetwegen hier.

Die Toten Hosen, Song-Text: Paradies (Andreas Frege)

M2 Thesen über Feuerbach

Feuerbach geht von dem Faktum der religiösen Selbstentfremdung, der Verdopplung der Welt in eine religiöse und eine weltliche aus. Seine Arbeit besteht darin, die religiöse Welt in ihre weltliche Grundlage aufzulösen. Aber dass die weltliche Grundlage sich von sich selbst abhebt und sich ein selbständiges Reich in den Wolken fixiert, ist nur aus der Selbstzerrissenheit und dem Sichselbstwidersprechen dieser weltlichen Grundlage zu erklären. Diese selbst muss also in sich selbst sowohl in ihrem Widerspruch verstanden als praktisch revolutioniert werden. Also nachdem z. B. die irdische Familie als das Geheimnis der heiligen Familie entdeckt ist, muss nun erstere selbst theoretisch und praktisch vernichtet werden. [...] Feuerbach löst das religiöse Wesen in das menschliche Wesen auf. Aber das menschliche Wesen ist kein

dem einzelnen Individuum innewohnendes Abstraktum. In seiner Wirklichkeit ist es das Ensemble der gesellschaftlichen Verhältnisse.
Feuerbach, der auf die Kritik dieses wirklichen Wesens nicht eingeht, ist daher gezwungen: 1. von dem geschichtlichen Verlauf zu abstrahieren und das religiöse Gemüt für sich zu fixieren, und ein abstrakt - isoliert - menschliches Individuum vorauszusetzen. 2. Das Wesen kann daher nur als „Gattung", als innere, stumme, die vielen Individuen natürlich verbindende Allgemeinheit gefasst werden.
Feuerbach sieht daher nicht, dass das „religiöse Gemüt" selbst ein gesellschaftliches Produkt ist und dass das abstrakte Individuum, das er analysiert, einer bestimmten Gesellschaftsform angehört. [...]
Der Standpunkt des alten Materialismus [von Feuerbach, Anm. d. Verf.] ist die bürgerliche Gesellschaft, der Standpunkt des neuen die menschliche Gesellschaft oder die gesellschaftliche Menschheit.
Die Philosophen haben die Welt nur verschieden interpretiert, es kömmt darauf an, sie zu verändern.

Karl Marx, Thesen über Feuerbach, MEW 3, S. 5-7

M3 Religion – der Seufzer der bedrängten Kreatur

Der Mensch, der in der phantastischen Wirklichkeit des Himmels, wo er einen Übermenschen suchte, nur den Widerschein seiner selbst gefunden hat, wird nicht mehr geneigt sein, nur den Schein seiner selbst, nur den Unmenschen zu finden, wo er seine wahre Wirklichkeit sucht und suchen muss.
[...] Der Mensch macht die Religion, die Religion macht nicht den Menschen. Und zwar ist die Religion das Selbstbewusstsein und das Selbstgefühl des Menschen, der sich selbst entweder noch nicht erworben oder schon wieder verloren hat. Aber der Mensch, das ist kein abstraktes, außer der Welt hockendes Wesen. Der Mensch, das ist die Welt des Menschen, Staat, Sozietät. Dieser Staat, diese Sozietät produzieren die Religion, ein verkehrtes Weltbewusstsein, weil sie eine verkehrte Welt sind. Die Religion ist die allgemeine Theorie dieser Welt, ihr enzyklopädisches Kompendium, ihre Logik in populärer Form, [...] ihr allgemeiner Trost- und Rechtfertigungsgrund. Sie ist die phantastische Verwirklichung des menschlichen Wesens, weil das menschliche Wesen keine wahre Wirklichkeit besitzt. Der Kampf gegen die Religion ist also mittelbar der Kampf gegen jene Welt, deren geistiges Aroma die Religion ist.
Das religiöse Elend ist in einem der Ausdruck des wirklichen Elendes und in einem die Protestation gegen das wirkliche Elend. Die Religion ist der Seufzer der bedrängten Kreatur, das Gemüt einer herzlosen Welt, wie sie der Geist geistloser Zustände ist. Sie ist das Opium des Volks.
Die Aufhebung der Religion als des illusorischen Glücks des Volkes ist die Forderung seines wirklichen Glücks: Die Forderung, die Illusionen über seinen Zustand aufzugeben, ist die Forderung, einen Zustand aufzugeben, der der Illusionen bedarf. Die Kritik der Religion ist also im Keim die Kritik des Jammertales, dessen Heiligenschein die Religion ist.
Die Kritik hat die imaginären Blumen an der Kette zerpflückt, nicht damit der Mensch die phantasielose, trostlose Kette trage, sondern damit er die Kette abwerfe und die lebendige Blume breche. Die Kritik der Religion enttäuscht den Menschen, damit er denke, handle, seine Wirklichkeit gestalte wie ein enttäuschter, zu Verstand gekommener Mensch, damit er sich um sich selbst und damit um seine wirkliche Sonne bewege. Die Religion ist nur die illusorische Sonne, die sich um den Menschen bewegt, solange er sich nicht um sich selbst bewegt.

Karl Marx, Zur Kritik der Hegel'schen Rechtsphilosophie, MEW 1, S. 378f.

1 Formulieren Sie die Kritik am religiösen Versprechen für das Jenseits, die im Song-Text der Toten Hosen zum Ausdruck kommt. Beziehen Sie die Cover-Illustration mit ein. ➔ M1
2 Stellen Sie die Aspekte zusammen, in denen Marx über Feuerbachs Religionskritik hinausgehen möchte (vgl. mit Marx' Moralkritik, s. S. 202ff.). ➔ M2
3 Erläutern Sie, welche Funktion Karl Marx der Religion zuschreibt und welche Wirkung er von einer Kritik der Religion erwartet. ➔ M3

10 Sigmund Freud: „Religion als Neurose und Illusion"

M1 Der Übervater

Michelangelo, Erschaffung von Sonne und Mond, 1508-1512

M2 Die Macht der Religion

Sigmund Freud (1856-1939) erklärt die Religion als ungeheure Macht, die über die stärksten Emotionen der Menschen verfügt.

Will man sich vom großartigen Wesen der Religion Rechenschaft geben, so muss man sich vorhalten, was sie den Menschen zu leisten unternimmt. Sie gibt ihnen Aufschluss über Herkunft und Entstehung der Welt, sie versichert ihnen Schutz und endliches Glück in den Wechselfällen des Lebens und sie lenkt ihre Gesinnungen und Handlungen durch Vorschriften, die sie mit ihrer ganzen Autorität vertritt. [...]

Denn dieselbe Person, der das Kind seine Existenz verdankt, der Vater (richtiger wohl, die aus Vater und Mutter zusammengesetzte Elterninstanz), hat auch das schwache, hilflose, allen in der Außenwelt lauernden Gefahren ausgesetzte Kind beschützt und bewacht; in seiner Obhut hat es sich sicher gefühlt. Selbst erwachsen geworden, weiß sich der Mensch zwar im Besitz größerer Kräfte, aber auch seine Einsicht in die Gefahren des Lebens hat zugenommen, und er schließt mit Recht, dass er im Grunde noch ebenso hilflos und ungeschützt geblieben ist wie in der Kindheit, dass er der Welt gegenüber noch immer Kind ist. Er mag also auch jetzt nicht auf den Schutz verzichten, den er als Kind genossen hat. Längst hat er aber auch erkannt, dass sein Vater ein in seiner Macht eng beschränktes, nicht mit allen Vorzügen ausgestattetes Wesen ist. Darum greift er auf das Erinnerungsbild des von ihm so überschätzten Vaters der Kinderzeit zurück, erhebt es zur Gottheit und rückt es in die Gegenwart und in die Realität. Die affektive Stärke dieses Erinnerungsbildes und die Fortdauer seiner Schutzbedürftigkeit tragen miteinander seinen Glauben an Gott. [...]

Derselbe Vater (die Elterninstanz), der dem Kind das Leben gegeben und es vor den Gefahren desselben behütet hat, belehrte es auch, was es tun darf und was es unterlassen soll, wies es an, sich bestimmte Einschränkungen seiner Triebwünsche gefallen zu lassen, ließ es wissen, welche Rücksichten auf Eltern und Geschwister von ihm erwartet werden, wenn es ein geduldetes und gern gesehenes Mitglied des Familienkreises und später größerer Verbände werden will. Durch ein System von Liebesprämien und Strafen wird das Kind zur Kenntnis seiner sozialen Pflichten erzogen, wird es belehrt, dass seine Lebenssicherheit davon abhängt, dass die Eltern und dann auch die Anderen es lieben und an seine Liebe zu ihnen glauben können. Alle diese Verhältnisse trägt dann der Mensch unverändert in die Religion ein. Die Verbote und Forderungen der Eltern leben als sittliches Gewissen in seiner Brust weiter; mit Hilfe desselben Systems von Lohn und Strafe regiert Gott die Menschenwelt, von der Erfüllung der ethischen Forderungen hängt es ab, welches Maß von Schutz und Glücksbefriedigung dem Einzelnen zugewiesen wird; in der Liebe zu Gott und im Bewusstsein, von ihm geliebt zu werden, ist die Sicherheit begründet, mit der man sich gegen die Gefahren der Außenwelt wie der menschlichen Mitwelt wappnet. Endlich hat man sich im Gebet einen direkten Einfluss auf den göttlichen Willen und damit einen Anteil an der göttlichen Allmacht gesichert.

Sigmund Freud, Vorlesungen, S. 174-177

M3 Religion als Illusion

Die religiösen Vorstellungen, die sich als Lehrsätze ausgeben, sind nicht Niederschläge der Erfahrung oder Endresultate des Denkens, es sind Illusionen, Erfüllungen der ältesten, stärksten, dringendsten Wünsche der Menschheit; das Geheimnis ihrer Stärke ist die Stärke dieser Wünsche. Wir wissen schon, der schreckende Eindruck der kindlichen Hilflosigkeit hat das Bedürfnis nach Schutz – Schutz durch Liebe – erweckt, dem der Vater abgeholfen hat, die Erkenntnis von der Fortdauer dieser Hilflosigkeit durchs ganze Leben hat das Festhalten an der Existenz eines – aber nun mächtigeren Vaters – verursacht. Durch das gütige Walten der göttlichen Vorsehung wird die Angst vor den Gefahren des Lebens beschwichtigt, die Einsetzung einer sittlichen Weltordnung versichert die Erfüllung der Gerechtigkeitsforderung, die innerhalb der menschlichen Kultur so oft unerfüllt geblieben ist, die Verlängerung der irdischen Existenz durch ein zukünftiges Leben stellt den örtlichen und zeitlichen Rahmen bei, in dem sich diese Wunscherfüllungen vollziehen sollen. Antworten auf Rätselfragen der menschlichen Wissbegierde, wie nach der Entstehung der Welt und der Beziehung zwischen Körperlichem und Seelischem, werden unter den Voraussetzungen dieses Systems entwickelt; es bedeutet eine großartige Erleichterung für die Einzelpsyche, wenn die nie ganz überwundenen Konflikte der Kinderzeit aus dem Vaterkomplex ihr abgenommen und einer von allen angenommenen Lösung zugeführt werden.

M4 Vernunft statt Religion

Die vom Druck der religiösen Lehren befreite Erziehung wird vielleicht nicht viel am psychologischen Wesen des Menschen ändern, unser Gott *Logos* ist vielleicht nicht sehr allmächtig, kann nur einen kleinen Teil von dem erfüllen, was seine Vorgänger versprochen haben. Wenn wir es einsehen müssen, werden wir es in Ergebung hinnehmen. Das Interesse an Welt und Leben werden wir darum nicht verlieren, denn wir haben an einer Stelle einen sicheren Anhalt, der Ihnen fehlt. Wir glauben daran, dass es der wissenschaftlichen Arbeit möglich ist, etwas über die Realität der Welt zu erfahren, wodurch wir unsere Macht steigern und wonach wir unser Leben einrichten können. Wenn dieser Glaube eine Illusion ist, dann sind wir in derselben Lage wie Sie, aber die Wissenschaft hat uns durch zahlreiche und bedeutsame Erfolge den Beweis erbracht, dass sie keine Illusion ist.

M3/4: Sigmund Freud,
in: Norbert Hoerster, Glaube und Vernunft, S. 177, 183

M5 Grundlagen der spirituellen Bedürfnisse

Der Religionspsychologe Sebastian Murken in einem Gespräch über die positiven und negativen Folgen des Gottvertrauens:

Geo: Der Religionskritiker Sigmund Freud sah Gott als vergrößerte Vaterfigur; als erbarmungslosen Richter, der den Gläubigen in kindlichen Ängsten fesselt.
Murken: Ich teile diese simple Sicht nicht. Aber es stimmt: Die Beziehungserfahrungen der Kindheit prägen maßgeblich die späteren spirituellen Bilder und Bedürfnisse. Bei manchen Menschen spiegelt die Beziehung zum Übersinnlichen das, was sie früher erfahren haben. Also etwa: Ich fühle mich geliebt und aufgehoben – ebenso baut mein Verhältnis zu Gott auf Vertrauen auf. Oder: Ich bin misstrauisch, empfinde meine Eltern als strafende Instanz – und ebenso Gott. Der „Glaubensstil" eines Menschen kann aber auch schlechte Erfahrungen, die er als Kind gemacht hat, kompensieren. Wenn Sie immer nur verprügelt worden sind und dann hören, dass Jesus jeden liebt, egal woher er kommt, wird diese Botschaft vielleicht Ihr Leben verändern. *Geo kompakt, Nr. 16/2008 S. 57*

1. Stellen Sie die Bedeutung des religiösen Über-Ichs in Form einer übermächtigen Vaterfigur für die kindliche Entwicklung dar (vgl. hierzu auch S. 34f.). ➜ M1/2
2. Diskutieren Sie die Erziehungsfunktion der Religionen, die sowohl in Neurosen enden, aber auch eine positive Funktion im Sozialisationsprozess haben kann. ➜ M3
3. Prüfen Sie Freuds Auffassung, dass es sich bei der Religion um eine Illusion aus der Kinderzeit handelt. Können Erwachsene auf diese Illusion verzichten? ➜ M3
4. Freud will die Religion durch Wissenschaft ersetzen. Entgeht er damit der Illusion? ➜ M4
5. Nehmen Sie aus der Sicht Murkens zu Freuds Religionskritik Stellung. ➜ M5

11 Gott in seiner Weiblichkeit

Candace Carter, Der Frauenaltar, „Vorbereitung zum Mahl" und „Die Tote" (Predella, Vorderseite)

M1 Der Frauenaltar

Der Frauenaltar ist aus meinem Bedürfnis entstanden, eine Hommage auf die Frauen zu malen. Ich suche eine bildhafte Umsetzung von Alltag und Transzendenz, Gewalt und Trost, Verlust und Gewinn, Einzelschicksal und historischer Dimension, beobachtet in meinem Frauenfreundeskreis. Was heißt es, Gott auch in seiner Weiblichkeit nachzuahmen?

Die *Vorbereitung zum Mahl* ist keinesfalls das vordergründige Austauschen der Apostel durch Frauengestalten, vielmehr der Versuch, Frauen als Sinnbild der jesuanischen Gnadengerechtigkeit darzustellen, die in ihrem Verzicht auf Rache und Vergeltung stark weibliche Züge trägt. In der abendländischen Kunst wird auf der Predella der Leichnam Christi dargestellt. Ausgehend von der Vorstellung der Gegenwart Christi in jedem geschundenen Menschen ist eine ermordete Frau an diese Stelle gesetzt. *Candace Carter*

M2 Frauenbefreiende Theologie

Feministische Theologie ist eine kontextuelle Theologie, sie bezieht also gesellschaftliche, soziale, politische und zeitgeschichtliche Gegebenheiten in ihre Sichtweisen ein. Sie ist im Sinne der Frauenemanzipation eine parteiische Theologie und entstand aus der Kritik an der Dominanz männlicher Gottesbilder im gesellschaftlich-religiösen Bewusstsein, das weiblich geprägte Gottesbilder verdrängt und auf patriarchalischen Gesellschaftsverhältnissen beruht. Fehlende religiöse Identifikationsmöglichkeiten sind die Folge für Frauen. Die Feministische Theologie bewegt sich in allen klassischen Bereichen der Theologie, ihr Ansatz ist konfessionsübergreifend. Feministische Theologie ist also Theologie unter besonderer Berücksichtigung der Frauenperspektive. Sie ist eine frauenbefreiende Theologie, nicht gebunden an das Geschlecht, sondern sie thematisiert die Geschlechterbeziehung und ihre Auswirkungen auf Glauben, Kirche und Gesellschaft. *www.evangelischefrauen-deutschland.de*

M3 Die ersten Götter waren vermutlich Göttinnen

In Catalhöyük entdeckten Archäologen in einem mehr als 8000 Jahre alten Getreidebehälter die kleine Tonstatuette einer weiblichen Figur. Wohl genährt, mit dickem Bauch und großen Brüsten, thront sie auf ihrem Sitz, von Leoparden flankiert. Eine Darstellung der Urmutter, der Lebensspenderin, ein Symbol der Fruchtbarkeit? Oder sogar das Abbild einer Weltenlenkerin?

Immer wieder finden sich in den Ausgrabungsstätten im Nahen Osten solche Statuetten. Viele Wissenschaftler halten sie für Symbole: „Sie stehen für die Erde selbst, für die Natur", so die Religionswissenschaftlerin Ina Wunn.

Aus solchen Vorstellungen könnte sich ein Göttinnenglaube entwickelt haben – schließlich war in den ersten Siedlungen das Sammeln von Früchten und Getreide und die Bewirtschaftung der kleinen Anbauflächen vor allem Frauensache.

Doch in der Folge erfuhren die neuen Agrargesellschaften zwei tiefgreifende Änderungen. Zum einen gewannen die Männer, deren Hauptaufgabe bis dahin fast ausschließlich die Jagd gewesen war, auch als Bauern und Krieger an Bedeutung. Die Folge: Zur Stammmutter gesellte sich der Stammvater. Und zur Göttin der Gott – Regen, Blitze, Stürme und Sonnenschein etwa fielen in vielen Stämmen und Kulturen jetzt in die Zuständigkeit männlicher Gottheiten.

Zum anderen führte die bäuerliche Lebensweise zur Entstehung immer größerer Gemeinschaften – mit immer stärker ausdifferenzierter Arbeitsteilung. Es gab nun Steinwerkzeugmacher und Ziegelhersteller, Bauern und Priester. Und es gab Anführer, Häuptlinge, Fürsten.

Die Aufgabenteilung fand ihre Entsprechung im Pantheon: Dort wirkten bald Götter für jeden Zweck.

Geo kompakt, Nr. 16/2008, S. 35

M4 Imago Dei

Wenn Gott die Menschen nach seinem Bilde geschaffen hat, dann ist nicht einzusehen, warum er, wenn er schon nicht als un- oder übergeschlechtliches Wesen gedacht wird, nicht ebenso sehr als Frau wie als Mann vorgestellt werden kann. Nach typisch androzentristischer Manier der griechischen Metaphysiker wird der christliche Schöpfergott jedoch mit größter Selbstverständlichkeit im Sinne des genealogischen Prinzips als männliche Verkörperung des Ureinen, aus dem alles hervorgeht, aufgefasst. Und ebenso selbstverständlich ist es ein Sohn, den dieser männliche Gott in der Vaterrolle zeugt. Der Gottessohn wiederum zeugt sich nicht leiblich fort, sondern umgibt sich mit Jüngern, in die er seinen Geist pflanzt. Feministische Theologinnen setzen daher vielfach mit ihrer Kritik bei der sexistischen Sprache ein, die in der religiösen Dimension an der Tagesordnung ist, und versuchen, gestützt auf eine durch keine orthodox-dogmatisch verfälschenden Vorurteile beirrte Bibellektüre, zu einem anderen Gottesbild zu gelangen, das die gesteigerten männlichen Potenzsehnsüchte durch weibliche Vorstellungen von Spiritualität und einer Muttergöttin ersetzen will, die im Schöpfungsakt die Welt als ein vielfältig differenziertes Wesen geboren hat und nicht als Schablone eines auf gegensatzlose Einheit dressierten Geistes.

Annemarie Pieper, Aufstand des stillgelegten Geschlechts, S. 132 f.

1. Interpretieren Sie die Aussage des Frauenaltars, beziehen Sie die Aussagen der Künstlerin mit ein. → M1
2. Zeigen Sie an Beispielen die Dominanz männlicher Gottesbilder im gesellschaftlich-religiösen Bewusstsein auch noch des 21. Jahrhunderts. → M2
3. Nehmen Sie Stellung zu der Kritik an Glaubensgrundsätzen, die zu einem androzentrischen Gottesbild geführt haben. → M2/4
4. Informieren Sie sich über die ältesten archäologischen Funde, die religiösen Charakter haben. → M3
5. Diskutieren Sie die Forderung der feministischen Kritikerinnen nach einem neuen, ungeschlechtlichen Bild von Gott. → M4

*12 Moral ohne Religion?

M1 Wie weit dürfen wir gehen?

M2 Wenn Gott nicht existiert, ist alles erlaubt

Wenn die Moral nicht an den Geboten festgemacht wird, die sich aus einem Absoluten herleiten, wird sie dann nicht brüchig, relativ und schwankend sein und wird schließlich – oder kann zumindest – eine Unmoral werden, wenn nicht geradezu eine Antimoral? Trägt nicht das atheistische Denken die Verantwortung dafür, dass die Moral relativiert worden ist und somit der Weg zu ihrer Vernichtung frei wurde, zur Auflösung aller Werte und schließlich zu der Verirrung, in die wir uns gegenwärtig versteigen? Muss man nicht wieder vom Absoluten ausgehen, wenn man diese Werte neu gründen und das Reich des Egoismus, in dem wir versinken, verlassen will?

Carlo Maria Martini / Umberto Eco,
Woran glaubt, wer nicht glaubt?, S. 116

M3 Wer hilft im moralischen Dilemma?

Die Philosophen Kurt Bayertz, Detlef Horster und der Pfarrer Franz Meurer diskutieren über die Begründung moralischer Normen und Werte in einer hochkomplexen Gesellschaft.

Bayertz: Die Moralphilosophie konzentriert sich auf die schwierigen Fragen, für die es keine glatte Lösung gibt. Die meisten Fragen, mit denen wir im Alltag konfrontiert werden, sind demgegenüber sehr einfach: Soll ich die Zeitung, die mich interessiert und die da herumliegt, einfach einstecken, weil ich sie lesen möchte? Oder soll ich sie liegen lassen, weil sie mir nicht gehört? Diese Fragen machen 99 Prozent unseres moralischen Lebens aus. Dafür braucht man keine Philosophie. Auch keine Religion. Da genügt ein bisschen moralische Erziehung.

Horster: Herr Bayertz hat Recht. Mein Schulfreund Rolf liegt seit neun Jahren im Wachkoma. Er wird von seiner Frau aufopferungsvoll gepflegt. Vor zwei Jahren haben die Ärzte Krebs bei ihm festgestellt. Sie können der Ehefrau nicht versichern, dass die Schmerztherapie anschlägt. Mein Freund Rolf ist streng katholisch. Auch seine Frau ist streng katholisch. Nun geht sie zum Pfarrer und fragt: „Was soll ich in dieser Situation tun? Sollen die lebenserhaltenden Maßnahmen eingestellt werden?" Der Pfarrer sagt: „Über Leben und Tod zu entscheiden, ist nur Gott gegeben. Da dürfen Sie nichts tun." Was hat die Frau von dieser Antwort? Nichts. Sie ist nach wie vor unsicher. Sie muss selbst entscheiden. Sie hat nichts davon, wenn ich als Moralphilosoph oder als Pfarrer sage, wie sie zu handeln hat.

Meurer: Nur zu sagen, das ist richtig oder falsch, ist natürlich Blödsinn. Es geht um die Qualität der Begleitung. Es geht darum, wie man dieser Frau beisteht. Ich zum Beispiel fahre jeden Sonntag ins Krankenhaus und kümmere mich um Schwerstkranke. Natürlich taucht da die Frage auf: „Wo ist Gott?" Und ich sage Ihnen, die allermeisten Dinge kann man nicht selbst entscheiden. Es muss jemand da sein. Gerade in den schweren Stunden. Denn keiner kann sich selbst trösten. Keiner kann sich selbst die Schuld vergeben, und keiner kann sich selbst erlösen. Ich sage es noch einmal: Es geht um die Qualität der Begleitung. Das ist unsere einzige Möglichkeit, als Christen moralisch klarzukommen. Wir brauchen eine Philosophie, die die Welt vom anderen her betrachtet und zugleich die entscheidende Frage der Moral angeht, nämlich ob das Leid des anderen mich berührt.

Geo: Ist die Kirche noch zuständig für die moralischen Fragen der Gesellschaft?

Horster: Die grundlegenden Werte, die schon in den Zehn Geboten stehen, sind von der Kirche tradiert worden. Und die haben sich auch in der Zeit der Aufklärung bewährt. Warum? Weil sie vernünftig waren. Als moralische Instanz hat die Kirche ihre Aufgabe also erfüllt; wir brauchen sie nicht mehr unbedingt. Ihre Regeln sind stärker in den Köpfen verankert, als das durch missionarischen Eifer je hätte geschehen können. [...]

Geo: Reicht die Verfassung mit ihren Grundwerten als Fundament einer modernen nachchristlichen Moral?

Bayertz: Die Verfassung ist eine notwendige, aber keine hinreichende Bedingung. Das Gleiche gilt für die Kirchen, für Greenpeace, für die Gewerkschaften. Alle Gruppen spielen im Moral-Konzert eine Rolle. Die eine mal lauter, die andere mal leiser. Moralische Wahrheit kann in diesem Konzert niemand für sich allein beanspruchen. *Geo Wissen Nr. 35/2005, S. 27*

M4 Zwei Begründungsweisen von Moral

Die *Theologie*, insbesondere die katholische Moraltheologie, vertritt eine theonome Ethik (von griech. theos – Gott, nomos – Gesetz), d. h. sie führt alle verbindlichen Handlungsnormen letztlich auf den Willen Gottes zurück. [...] Auch der Moraltheologie geht es um die Begründung von Formen gelungenen Menschseins. Anders jedoch als die Ethik macht eine Glaubensethik nicht die praktische menschliche Vernunft, sondern das christliche Selbstverständnis zum Fundament der Moralität. Der Anspruch der Theologie, moralisches Handeln religiös zu begründen, macht somit eine ethische Begründung solchen Handelns nicht überflüssig, sondern fordert sie geradezu, da moralisches Handeln prinzipiell jedem Menschen abverlangt wird, ganz gleich ob er Christ, Mohammedaner oder Atheist ist. Daher muss die Verbindlichkeit moralischen Handelns grundsätzlich jedem Menschen ohne Rückgriff auf Religion einsichtig gemacht werden können – wobei jedoch unbestritten ist, dass diese Einsicht durchaus religiös vertieft werden kann. Ethik und Theologie sind somit durch ihr Interesse an einer normativen Begründung moralischen Handelns miteinander verbunden; im Unterschied zur Theologie bezieht sich die Ethik jedoch nicht auf einen göttlichen Willen als den Urheber aller moralischen Normen, sondern auf den vernünftigen Willen des Menschen, der sich in autonomer Selbstverfügung im Verbund mit anderen Menschen frei dazu bestimmt, er selbst zu sein.

Annemarie Pieper, Einführung in die Ethik, S. 109-111

1 Wer bestimmt in unserer Gesellschaft, was moralisch fragwürdig ist? → M1
2 Setzen Sie sich mit der Ansicht von Dostojewskis Iwan Karamasov auseinander: „Wenn Gott nicht existiert, ist alles erlaubt." → M2
3 Sammeln Sie Beispiele für moralische Dilemmata, für die es keine Lösungen gibt. → M3
4 Nehmen Sie Stellung zu der Aussage Horsters, dass wir die moralische Instanz Kirche nicht mehr brauchen. → M3
5 Begründen Sie den Vorrang einer universalistischen Ethik vor jeder partikularen religiösen in einer globalisierten Welt. → M4

*13 Moral und Religion im Dialog

Moralisches Argumentieren

M1 Die Autonomie menschlicher Vernunft

Handle so, dass du die Menschheit, sowohl in deiner Person, als in der Person eines jeden anderen, jederzeit zugleich als Zweck, niemals bloß als Mittel brauchest.

Die *Autonomie* des Willens ist das alleinige Prinzip aller moralischen Gesetze und der ihnen gemäßen Pflichten; alle *Heteronomie* der Willkür gründet dagegen nicht allein gar keine Verbindlichkeit, sondern ist vielmehr dem Prinzip derselben und der Sittlichkeit des Willens entgegen. [...] Jene *Unabhängigkeit* aber ist Freiheit im *negativen*, diese *eigene Gesetzgebung* aber der reinen, und, als solche, praktischen Vernunft ist Freiheit im *positiven* Verstande. Also drückt das moralische Gesetz nichts anderes aus, als die *Autonomie* der reinen praktischen Vernunft, d. i. der Freiheit, und diese ist selbst die formale Bedingung aller Maximen, unter der sie allein mit dem obersten praktischen Gesetze zusammenstimmen können.

Immanuel Kant, Kritik der praktischen Vernunft, S. 33

M2 Die Hybris menschlicher Vernunft

In seiner 120 Seiten umfassenden Enzyklika Veritatis splendor (Glanz der Wahrheit) *legte Papst Johannes Paul II. die Grundsätze einer Moral- und Sittenlehre dar, die sich gegen den modernen Autonomieanspruch wenden.*

Indem jedoch die Abhängigkeit der menschlichen Vernunft von der göttlichen Weisheit und – im gegenwärtigen Zustand der gefallenen Natur – die Notwendigkeit und Tatsächlichkeit der göttlichen Offenbarung für die Kenntnis auch natürlicher sittlicher Wahrheiten in Vergessenheit gerieten, sind einige zu der Theorie einer vollständigen Souveränität der Vernunft im Bereich der sittlichen Normen gelangt, die sich auf die richtige Ordnung des Lebens in dieser Welt beziehen: Diese Normen stellten den Bereich einer rein „menschlichen" Moral dar, das heißt, sie wären Ausdruck eines Gesetzes, das der Mensch sich autonom selbst gibt und das seine Quelle ausschließlich in der menschlichen Vernunft hat. Als Urheber dieses Gesetzes könnte keinesfalls Gott angesehen werden, außer in dem Sinne, dass die menschliche Vernunft ihre Gesetzgebungsautonomie aufgrund einer ursprünglichen Gesamtermächtigung Gottes an den Menschen ausübt. Diese angestrebten Überlegungen haben nun dazu geführt, gegen die Heilige Schrift und die feststehende Lehre der Kirche zu leugnen, dass das natürliche Sittengesetz Gott als einen Urheber hat und dass der Mensch durch seine Vernunft an dem ewigen Gesetz teilhat, dessen Festlegung nicht ihm zusteht.

Johannes Paul II., Veritatis splendor, zitiert nach: Frankfurter Rundschau, 13.10.93

Heinz Birg

M3 Woran glaubt, wer nicht glaubt?

Der bedeutende Kardinal Martini und der berühmte Schriftsteller Eco diskutieren in einem Briefwechsel über die Frage, ob es auch für den Nicht-Gläubigen einen verbindlichen moralischen Maßstab gibt.

Lieber Umberto Eco,

ich wende mich an Sie mit der Frage, die ich Ihnen schon in meinem letzten Brief stellen wollte und auch schon kurz vorweggenommen habe. Sie bezieht sich darauf, welche letzte Begründung für die Ethik ein Nichtgläubiger in der Situation der „Postmoderne" vorbringt. Konkreter gefragt: Worauf beruht die Gewissheit und der imperative Charakter Ihres moralischen Handelns, wenn Sie für die Grundlegung der Absolutheit einer Ethik sich weder auf metaphysische Prinzipien oder jedenfalls transzendente Werte noch auf einen universal gültigen kategorischen Imperativ berufen wollen? [...] Ich kann nur schwer sehen, wie ein Leben, das sich an den genannten Werthaltungen (Altruismus, Redlichkeit, Gerechtigkeit, Solidarität, Vergebung) orientiert, über lange Zeit und unter allen Umständen durchzuhalten sein soll, wenn der absolute Wert der moralischen Norm nicht in metaphysischen Prinzipien oder in einem personalen Gott begründet werden kann.

Lieber Carlo Maria Martini,

ich bin fest überzeugt, dass es Formen von Religiosität gibt, also Sinn für das Heilige, für die Grenze, für die Infragestellung und die Erwartung, für die Kommunion mit etwas, das uns übertrifft, auch wenn wir nicht an einen personalen und vorsorgenden Gott glauben. [...] Auch Sie schreiben ja dem tugendhaften Nichtgläubigen die Überzeugung zu, dass wir den anderen in uns haben. Aber bei dieser Überzeugung handelt es sich nicht um eine vage sentimentale Neigung, sondern um eine im Wortsinn grundlegende Bedingung. Wie uns auch die weltlichsten unter den Humanwissenschaften lehren, ist es der andere, der Blick des anderen, der uns definiert und formt. [...] Ist dieses Gefühl nun wirklich so stark, dass es eine ebenso klare, ebenso unbeugsame und festverwurzelte Ethik begründen kann wie die Ethik derer, die an die geoffenbarte Moral, an das Weiterleben der Seele, an Belohnung und Strafe glauben? Ich habe versucht, die Prinzipien einer weltlichen Ethik auf das natürliche Faktum unserer Körperlichkeit zu gründen (das ja als natürliches Faktum auch für Sie Ergebnis eines göttlichen Planes ist) und auf den Gedanken, dass wir instinktiv wissen, dass wir nur durch die Gegenwart anderer eine Seele haben (oder etwas, das an ihrer Stelle steht). Woraus hervorgeht, dass das, was ich eine „weltliche Ethik" genannt habe, im Grunde eine natürliche Ethik ist, die auch der Gläubige nicht verkennen kann. Ist der natürliche Instinkt, zur richtigen Reifung und Bewusstheit seiner selbst gebracht, nicht ein Fundament, das genügend Garantien gibt?

Carlo Maria Martini / Umberto Eco, Woran glaubt, wer nicht glaubt?, S. 74, 79, 83, 89f.

1 Bilden Sie zwei Gruppen und erarbeiten Sie die Argumente Immanuel Kants und Papst Johannes Pauls II. für die Begründung moralischer Normen. ➔ M1/2

2 Setzen Sie sich mit den Positionen auseinander. ➔ M1/2

3 Nehmen Sie Stellung zu der Frage Kardinal Martinis, ob moralische Normen zu ihrer Begründung einen personalen Gott benötigen. ➔ M3

4 Nach Umberto Eco umfasst Körperlichkeit den ganzen Menschen, seine Wahrnehmungen, Vorstellungen, Empfindungen (Vergnügen und Schmerz), Gedanken, Erinnerungen, Wünsche, Bewegungen, Sprache u. Ä. Entwickeln Sie Grundsätze einer weltlichen, „natürlichen Ethik der Körperlichkeit": z. B. „Wir wünschen nicht, dass jemand uns hindert zu reden, zu sehen, zu hören, zu schlafen, uns frei zu bewegen, wohin wir wollen." ➔ M3

*1 Prozess der Säkularisierung

M1 Religiöse Mündigkeit

Wenn denn nun gefragt wird: Leben wir jetzt in einem *aufgeklärten* Zeitalter?, so ist die Antwort: Nein, aber wohl in einem Zeitalter der *Aufklärung*. Dass die Menschen, wie die Sachen jetzt stehen, im Ganzen genommen, schon im Stande wären, oder darin auch nur gesetzt werden könnten, in Religionsdingen sich ihres eigenen Verstandes ohne Leitung eines Andern sicher und gut zu bedienen, daran fehlt noch sehr viel. Allein, dass jetzt ihnen doch das Feld geöffnet wird, sich dahin frei zu bearbeiten, und die Hindernisse der allgemeinen Aufklärung, oder des Ausganges aus ihrer selbst verschuldeten Unmündigkeit, allmählich weniger werden, davon haben wir doch deutliche Anzeigen.

Immanuel Kant, Was ist Aufklärung, S. 40

M2 Ohne kirchlichen Beistand?

Viele Menschen verzichten heute auf jegliche religiöse Bindung bei den wichtigen Ereignissen im Leben.

Standesamtliche Hochzeit

Anonyme Beerdigung

M3 Säkularisierung als Rationalisierung

In der gegen Ende des 19. Jahrhunderts sich konsolidierenden bürgerlich-kapitalistischen Gesellschaft wandelt sich das Interesse der Aufklärung an personaler und politisch-gesellschaftlicher Emanzipation in das Interesse an der technischen Verwertbarkeit des Wissens über natürliche, ökonomische und gesellschaftliche Sachverhalte. Zentrale Bedeutung [...] gewinnen Naturwissenschaft, Nationalökonomie und Soziologie. In dieser Zeit des unbedingten Glaubens an den Fortschritt und die Machbarkeit auch der sozialen Welt mittels Wissenschaft und Technik verliert die überlieferte kirchlich-christliche Religion zunehmend an Bedeutung. [...]
Zunächst bestimmt *Emile Durkheim* (1858-1879) Säkularisierung als das Verdrängtwerden kirchlich-christlicher Religion durch funktionale Äquivalente. [...] *Max Weber* (1864-1920) entdeckt dann in der Wirtschaftsethik des Calvinismus, als Endstufe der Entwicklung religiöser Rationalität, den geistigen Geburtshelfer der modernen kapitalistischen Gesellschaft. Im Zusammenfallen von Heilsvergewisserung und Berufsbewährung mit Hilfe von Kapitalanhäufung durch „innerweltliche Askese" bereitet sich die moderne rationale und systematische Nutzung von Sachgütern und Menschen unter der Herrschaft des allein zum Zwecke seiner selbst expandierenden Kapitals vor. So kann Weber Säkularisierung als umfassenden Rationalisierungsprozess deuten, der in seiner Gegenwart zum Abschluss gekommen ist. Die ausgebildete kapitalistische Gesellschaft funktioniert ohne die Notwendigkeit sinnstiftender Leistungen subjektiver Religiosität.

Jürgen Ebach / Hartmut Przybylski, Einleitung, in: Willi Oelmüller u. a. (Hg.), Diskurs: Religion, S. 37f.

M4 Säkularisierung als innerweltliche Askese

Indem die Askese aus den Mönchszellen heraus in das Berufsleben übertragen wurde und die innerweltliche Sittlichkeit zu beherrschen begann, half sie an ihrem Teile mit daran, jenen mächtigen Kosmos der moder-

nen, an die technischen und ökonomischen Voraussetzungen mechanisch-maschineller Produktion gebundenen, Wirtschaftsordnung erbauen, der heute den Lebensstil aller Einzelnen, die in dies Triebwerk hineingeboren werden – *nicht* nur der direkt ökonomisch Erwerbstätigen –, mit überwältigendem Zwange bestimmt und vielleicht bestimmen wird, bis der letzte Zentner fossilen Brennstoffs verglüht ist.
[...] Indem die Askese die Welt umzubauen und in der Welt sich auszuwirken unternahm, gewannen die äußeren Güter dieser Welt zunehmende und schließlich unentrinnbare Macht über den Menschen, wie niemals zuvor in der Geschichte. Heute ist ihr Geist – ob endgültig, wer weiß es? – aus diesem Gehäuse entwichen. Der siegreiche Kapitalismus jedenfalls bedarf, seit er auf mechanischer Grundlage ruht, dieser Stütze nicht mehr. Auch die rosige Stimmung ihrer lachenden Erbin: der Aufklärung, scheint endgültig im Verbleichen, und als ein Gespenst ehemals religiöser Glaubensinhalte geht der Gedanke der „Berufspflicht" in unserm Leben um. [...] Niemand weiß noch, wer künftig in jenem Gehäuse wohnen wird und ob am Ende dieser ungeheuren Entwicklung ganz neue Propheten oder eine mächtige Wiedergeburt alter Gedanken und Ideale stehen werden [...].

Max Weber, in: Willi Oelmüller u. a. (Hg.), Diskurs: Religion, S. 237f.

M5 Säkularisierung: Wandel oder Verlust?

Vielen Vertretern von Säkularisierungstheorien dient der unbestreitbare Rückgang kirchlichen Einflusses als Beleg für „Verweltlichung" im Sinne eines Bedeutungsverlustes von Religion. Dieser wird durchaus unterschiedlich erklärt. Viele Forscher sehen allerdings in der Säkularisierung eine unmittelbare Folge von Modernisierungsprozessen: Industrialisierung und Urbanisierung haben die traditionelle Bedeutung der Religion in der Alltagskultur entwertet; mit zunehmender sozialer Differenzierung wird Religion aus dem öffentlichen Leben verdrängt und in gesellschaftliche Randbereiche verwiesen; eine „Vergesellschaftung" des sozialen Lebens sowie die damit verbundene Anonymisierung sozialer Beziehungen und Entwertung institutioneller Einbindungen haben die Orientierungsleistung religiöser Werte für die Gestaltung des Zusammenlebens weitgehend bedeutungslos werden lassen; im Zuge einer wachsenden Individualisierung wird Religion mehr und mehr als Privatangelegenheit betrachtet und ist damit in der Öffentlichkeit weitgehend „unsichtbar" geworden; und durch die Rationalisierung ist das gesellschaftliche Leben technischen und bürokratischen Prozessen von Zweck-Mittel-Beziehungen unterworfen, von denen die Religion ausgeschlossen ist. [...]
Von anderen Fachvertretern hingegen wird bestritten, dass das Faktum der Entkirchlichung als Säkularisierung im eben beschriebenen Sinne zu verstehen sei: Modernisierungsprozesse mögen vielleicht dazu führen, dass Religion im öffentlichen Raum nicht mehr eine solch prominente Position einnimmt wie dereinst; doch wäre es verfehlt, von einem Rückgang oder gar langsamen Verschwinden der Religion zu sprechen. Im Gegenteil: Es entstehen neue, dynamische Formen von Religion, die nicht mehr in Institutionen wie den großen Kirchen beheimatet sind, sondern von Individuen und kleineren Gruppen oder Bewegungen getragen werden. Wir haben es also mit religiösen Wandlungsprozessen hin zu neuen Sozialgestalten von „Religiosität" zu tun.

Klaus Hock, Einführung in die Religionswissenschaft, S. 107f.

1 Beantworten Sie Kants Frage, ob wir in einem aufgeklärten Zeitalter leben. ➜ M1
2 Welche Bedeutung haben traditionelle religiöse Riten heute noch? ➜ M2
3 Stellen Sie die Bedeutung der Fortschrittsidee für das Schwinden von Religion dar. ➜ M3
4 Welcher Zusammenhang besteht zwischen der Säkularisierung und der Entwicklung des Kapitalismus? ➜ M3
5 Formulieren Sie Grundsätze einer neuen Religion des Positivismus. ➜ M3
6 Fassen Sie die Entwicklung, die Weber beschreibt, in eigenen Worten zusammen. ➜ M4
7 Wer wohnt heute in dem „leeren Gebäude"? ➜ M4
8 Diskutieren Sie, ob Säkularisierung heute einen Wandel oder Verlust von Religion bedeutet. ➜ M5

*2 Folgen der Säkularisierung

M1 Neue Leere?

Der Spiegel 52/1997

M2 Neue Wahrheiten?

Ein weiterer Aspekt im Kontext der Säkularisierung sind Phänomene, die unter der Bezeichnung „New Age" verhandelt werden. Aus religionssoziologischer Perspektive ist insbesondere von Interesse, dass sich hier Religion in Sozialformen äußert, die nicht zu organisierten Institutionen, ja nicht einmal zu festen Gruppenbildungen geführt haben. [...] Was die scheinbar disparate Vielfalt des New Age im innersten zusammenhält, ist das Prinzip des „Holismus", eine Ganzheits-Sicht, die Geist und Materie in Einheit sieht. Vor diesem Hintergrund wird verständlich, weshalb die modernen Naturwissenschaften und ihr Verständnis des Kosmos und des Lebens für die New-Age-Bewegung so bedeutsam sind – scheinen sie doch die Möglichkeit zu eröffnen, das Materielle und das Immaterielle ebenso wie Religion und Wissenschaft zusammenzudenken. Im Zentrum solcher Vorstellungen steht der Gedanke des Kosmos als eines geordneten Ganzen, in das sich der Mensch harmonisch einfügen kann. Dieser Gedanke ist nicht neu. Bereits im 19. Jh. und dann stärker ausgeprägt im 20. Jh. wurde dem Erleben, der Erfahrung des Einzelnen in dieser Hinsicht eine besondere Wertschätzung entgegengebracht. Fast zwingend ergibt sich hieraus, dass die Sozialgestalt dieser Religiosität wenig institutionalisiert ist; ihre signifikanteste Ausprägung und Verwirklichung findet sie in Form individueller Selbsterfahrung.

Klaus Hock, Einführung in die Religionswissenschaft, S. 109

M3 Neue Gefahren?

Eine weitere Folge der Säkularisierung ist der Fundamentalismus, der zu Beginn des 20. Jahrhunderts aus christlich-konservativen Bewegungen des weißen Mittelstandes entstanden ist und sich durch aufklärungs-, vernunft- und fortschrittsfeindliche Haltungen auszeichnet.

Eine Überzeugung kann dann als fundamentalistisch bezeichnet werden, wenn sie es nicht gestattet, über ihre Voraussetzungen zu diskutieren, und sie die Möglichkeit anderer gleichberechtigter Überzeugungen innerhalb und außerhalb der eigenen Überzeugungsgemeinschaft ablehnt. Fundamentalismus ist nicht das Kennzeichen bestimmter Religionen oder Weltanschauungen. Jede Glaubenseinstellung oder Überzeugung kann fundamentalistische Formen entwickeln. Religiöser Fundamentalismus bezeichnet das strikte Beharren auf religiösen Grundsätzen, die meist auf einer sehr wörtlichen Auslegung göttlicher Überlieferungen (z. B. Bibel, Koran) beruhen. Fundamentalismus ist von Strömungen wie der Orthodoxie oder dem Konservatismus abzugrenzen: Im Gegensatz zum Fundamentalismus sind ihre Anhänger grundsätzlich bereit zum Dialog und zur Zusammenarbeit, auch wenn sie viele Entwicklungen in anderen Überzeugungen kritisch oder gar ablehnend bewerten – sie lassen andere Überzeugungen jedoch gelten.

Schülerduden Religion und Ethik, S. 109

M4 Rückkehr der Religionen?

Ein Gespenst geht um in der westlichen Welt – das Gespenst der Religion. Landauf, landab wird uns von ihr versichert, nach längerer Abwesenheit sei sie unter die Menschen der modernen Welt zurückgekehrt, man tue gut daran, mit ihrer neuen Präsenz ernsthaft zu rechnen. [...]

Europäische Aufklärung – eine Formkrise? Ein Experiment auf der schiefen Ebene zumindest, und im globalen Horizont gesehen eine Anomalie. Die Religionssoziologen sagen es unverblümt: Überall auf der Welt wird weiterhin kräftig geglaubt, nur bei uns hat man die Ernüchterung verherrlicht. Tatsächlich, warum sollten allein die Europäer metaphysisch Diät halten, wenn der Rest der Welt unbeirrt an den reich gedeckten Tischen der Illusion tafelt? [...] Tatsächlich kehrt heute etwas wieder – doch die geläufige Auskunft, es sei die Religion, die sich zurückmelde, kann kritische Nachfragen nicht befriedigen. Es handelt sich auch nicht um die Rückkehr einer Größe, die verschwunden gewesen wäre, sondern um einen Akzentwechsel in einem nie zertrennten Kontinuum. Das wirklich Wiederkehrende, das alle intellektuelle Aufmerksamkeit verdiente, hat eher eine anthropologische als eine „religiöse" Spitze – es ist, um es mit einem Wort zu sagen, die Einsicht in die immunitäre [unantastbare] Verfassung des Menschenwesens. Nach mehrhundertjährigen Experimenten mit neuen Lebensformen hat sich die Einsicht abgeklärt, dass Menschen, gleichgültig unter welchen ethnischen, ökonomischen und politischen Bedingungen sie leben, nicht nur in „materiellen Verhältnissen", vielmehr auch in symbolischen Immunsystemen und rituellen Hüllen existieren. [...]

Die Einsätze sind hoch, ich wiederhole es. Wir haben gegen eine der massivsten Pseudo-Evidenzen der jüngeren Geistesgeschichte anzugehen: gegen den seit erst zwei- oder dreihundert Jahren in Europa grassierenden Glauben an die Existenz von „Religionen", mehr noch, gegen den ungeprüften Glauben an die Existenz des Glaubens. Der Glaube an die Gegebenheit von „Religion" ist das Element, das Gläubige und Nicht-Gläubige heute wie gestern vereint. Er ist von einer Unbeirrbarkeit, der jeden Präfekten der römischen Glaubenskongregation vor Neid erblassen lassen müsste. Die Ökumene der Missverständnisse hat die modernen Zeiten unangetastet überstanden. Kein Überwinder der Religion hat an der Existenz der Religion gezweifelt, so sehr man ihr jedes einzelne Dogma streitig machte. Keine Ablehnung hat dem Abgelehnten die Frage vorgelegt, ob es seinen Namen zu Recht trüge und ob es als solches überhaupt Bestand habe. Allein aufgrund der Gewöhnung an eine Fiktion vergleichsweise jungen Datums – sie kam erst seit dem 17. Jahrhundert in Gebrauch – kann heute von einer „Wiederkehr der Religion" die Rede sein. Es ist der ungebrochene Glaube an die Religion als einer konstanten und universellen Größe, die gehen und wiederkommen kann, der der aktuellen Legende zugrunde liegt. *Peter Sloterdijk, Du musst dein Leben ändern, S. 9–16*

Säkularisierung [lat.]

allgemein jede Form der „Verweltlichung"; im engeren Sinn die Bezeichnung für den v. a. durch Humanismus und Aufklärung ausgelösten emanzipatorischen Prozess, der in der europäischen Neuzeit zu einer immer größeren Autonomie der Lebensgestaltung und Weltanschauung gegenüber den früheren Bindungen an Religion und Kirche geführt hat. Heute wird S. v. a. als Synonym für die „Entchristlichung" der Gesellschaft bzw. „Entkirchlichung" breiter Bevölkerungsgruppen in der westlichen Welt verwendet.

Schülerduden Religion und Ethik, S. 323

1. Überlegen Sie die Motive, die zu den zunehmenden Kirchenaustritten führen, und diskutieren Sie die positiven und negativen Auswirkungen für die Stellung, Funktion und Aktivitäten der Kirchen in der Gesellschaft. → M1
2. Recherchieren Sie die neuen „religiösen" Erscheinungen des New Age. Worin liegt ihre Faszination im Unterschied zu den traditionellen Religionen? → M2
3. Setzen Sie sich mit dem Fundamentalismus unter dem Aspekt fortschreitender Säkularisierung auseinander. → M3
4. Der Karlsruher Philosoph Peter Sloterdijk fordert eine neue Aufklärung. Gliedern Sie den Text in Sinnabschnitte und verfassen Sie dazu kurze Kommentare. → M4

*3 Religion als Selektionsvorteil

M1 Die Funktion von Religion

Eine **Religion** ist ein solidarisches System von Überzeugungen und Praktiken, die sich auf heilige, d. h. abgesonderte und verbotene Dinge, Überzeugungen und Praktiken beziehen, die in einer und derselben moralischen Gemeinschaft, die man Kirche nennt, alle vereinen, die ihr angehören.

Das zweite Element, das in unserer Definition auftaucht, ist nicht weniger wichtig als das erste; denn wenn man zeigt, dass die Idee der Religion von der Idee der Kirche nicht zu trennen ist, dann kann man ahnen, dass die Religion eine im wesentlichen kollektive Angelegenheit ist.

Emile Durkheim, Definition des religiösen Phänomens und der Religion, in: Carl-Friedrich Geyer, Religionsphilosophie, S. 148

M2 Aufwändige Rituale

Mit Ketten und Kopfputz, oft auch mit Gesichts- und Körperbemalungen geschmückte tanzende Frauen in Papua-Neuguinea. Religiöse Riten, die mit aufwändigem Schmuck und Ritualen verbunden sind, finden sich in allen Kulturen. Sie helfen, die Kooperation in einer Gruppe abzusichern und könnten daher ein Selektionsvorteil in der Evolution gewesen sein.

M3 Lohnender Luxus

Aus evolutionsbiologischer Perspektive erscheint die menschliche Religiosität als reine Verschwendung. Doch jetzt haben Soziobiologen Selektionsvorteile des Glaubens gefunden.

[Die Soziobiologen] argumentieren dafür, dass Religiosität aus der Vernetzung und Interaktion von vier universellen, genetisch angelegten kognitiven Domänen der menschlichen Psyche entstanden ist, die zunächst ihre eigene Selektions- und Anpassungsgeschichte durchlaufen haben und bestimmten Hauptkomponenten nahezu aller Religionen entsprechen:

- **Mystik:** Sie schafft Weltbilder zur Orientierung und als Entscheidungshilfen in einer unübersichtlichen, zufälligen Wirklichkeit.
- **Ethik:** Sie erzeugt Sozialkompetenz, um Kooperationen und wechselseitigen Altruismus zu ermöglichen.
- **Rituale:** Sie verhindern die Ausbeutung von wechselseitigem Altruismus.
- **Mythen:** Sie erzeugen die soziale Identität und tragen dazu bei, die Mitglieder einer Gruppe von anderen abzugrenzen. [...]

Evolutionäre Selektionsvorteile können für Individuen gelten oder aber auch für ganze Gruppen. Für Individuen diskutieren Forscher vor allem die folgenden Hypothesen: Religion dient als Trost und Schutz (etwa hinsichtlich des Todes, der Weltangst, der Ungerechtigkeit), als vermeintlicher Garant von Sinn, Ordnung und Erklärbarkeit des Lebens und der Welt (im Gegensatz zum blanken Zufall oder blinden Schicksal) – vor allem zu einer Zeit, in der es noch keine richtigen wissenschaftlichen und philosophischen Erklärungsversuche gab, die ja zudem auch heute noch vielen Menschen unverständlich oder unbekannt sind. Religion bedeutet eine Entlastung und Ablenkung von der oftmals unerquicklichen Wirklichkeit. [..]

Ferner wurde Religiosität als Projektion und Kompensation interpretiert. Die Defizite und Vergeblichkeiten des menschlichen Lebens und Seins sollen durch eine metaphysische Erhöhung ausgeglichen, die Zwecklosigkeit und Absurdität durch eine höhere Instanz vermieden oder wettgemacht und das unerquickliche Diesseits mit den Verfehlungen und der Ohnmacht des Mängelwesens Mensch durch ein glorioses Jenseits entlastet und überwunden werden.

Rüdiger Vaas, Hotline zum Himmel, in: bild der wissenschaft 2/2007, S. 34-39

M4 Was leistet Religion?

Dieses Problem wäre gelöst, wenn es gelänge, das *allen* Religionen *Gemeinsame* zu identifizieren und begrifflich als „Religion" zu fassen. Diesbezügliche Bemühungen gehen bislang vornehmlich in zwei Richtungen: Einerseits wird versucht, dieses Gemeinsame in bestimmten Inhalten, in einer gemeinsamen „Substanz" zu suchen (*substanzialistisches,* bisweilen auch *substanzielles* Verständnis); manche Religionsforscher hoffen gar, auf diese Weise das allen Einzelreligionen zugrunde liegende „Wesen", die „Essenz" der Religion ausfindig zu machen. Ein anderer Versuch besteht darin, nach dem zu fragen, was die verschiedenen Religionen – unabhängig von ihren unterschiedlichen Inhalten – leisten, welche Strukturen jenseits einzelner, je eigener Gegenstände und inhaltlicher Aspekte ihnen gemeinsam sind, welche Funktionen sie erfüllen (*funktionales* Verständnis, das auch dem *funktionalistischen* zugrunde liegt, von diesem hier aber terminologisch unterschieden werden soll). [...]
Sie fragen nicht, was Religion *ist*, sondern was sie tut bzw. was sie *bewirkt*, also was sie leistet und welche Funktionen sie erfüllt. Damit verbindet sich die Annahme, dass die Religion auf allgemeine und grundlegende menschliche Probleme reagiert, die nicht „technisch" lösbar sind – auf Grundbedürfnisse, auf Sinnfragen, auf existenzielle Krisen etc. –, und dass ihre Leistung darin besteht, für diese Probleme „Lösungen" anzubieten. Religion gehört folglich zum Menschsein des Menschen. Fraglich ist jedoch, inwieweit die genannten Probleme „an sich", also kulturunabhängig auftreten; wenn dies nicht der Fall ist, müssen auch die Antworten darauf, was Religion leistet, je nach kulturellem Kontext äußerst unterschiedlich ausfallen, und wir haben es plötzlich mit einer Vielzahl funktionaler Religionsbestimmungen zu tun. [...]
Von Bedeutung ist jedoch auch die Frage, welche Leistung von Religion im Blick auf das Ganze der Kultur erwartet wird: In der Perspektive „klassischer" funktionalistischer Modelle – hier wäre an erster Stelle auf den Hauptvertreter des ethnologischen Funktionalismus, Bronislaw Malinowski (1884-1942), aber auch schon auf den Religionssoziologen Emile Durkheim (1858-1917) zu verweisen – besteht die Hauptfunktion der Religion in der Integration der Gesellschaft. Damit verbindet sich zumeist ein Harmoniemodell von Kultur: Kultur, so die Annahme, „funktioniere" in idealer Weise, wenn die verschiedenen Teilbereiche, aus denen sie existiert (Wissenschaft, Wirtschaft, Recht, Religion ...), einander harmonisch ergänzen und aufeinander eingespielt sind. Die besondere Funktion und Leistung der Religion bestünde in diesem Zusammenhang darin, die Menschen in die Gesellschaft zu integrieren und auf diese Weise das harmonische Funktionieren der Gesellschaft zu gewährleisten. Aber trifft dies wirklich zu? Belegen nicht viele Beispiele – gerade aus der jüngsten Religionsgeschichte –, dass Religion auch eine desintegrierende Funktion hat und in dieser Gestalt gerade destabilisierend wirken kann?

Klaus Hock, Einführung in die Religionswissenschaft, S. 13-15

1 Erarbeiten Sie aus Emile Durkheims Bestimmung die Funktionen von Religion. → M1
2 Legen Sie die Funktion religiöser Riten in unserer Gesellschaft an Beispielen dar. → M2
3 Finden Sie Beispiele für die vier „universellen Domänen", aus denen Religiosität entstanden ist. → M3
4 Diskutieren Sie, ob nicht-religiöse Systeme (z. B. Wissenschaft) die gleichen Funktionen erfüllen können wie religiöse. → M3
5 Grenzen Sie ein substanzialistisches Religionsverständnis von einem funktionalistischen ab. → M4
6 Nehmen Sie Stellung zu dem klassischen funktionalistischen Modell. Integriert oder desintegriert Religion? → M4

*4 Religion als Kontingenzbewältigung

M1 Hyperions Schicksalslied

**Ihr wandelt droben im Licht
Auf weichem Boden, seelig Genien
Glänzende Götterlüfte
Rühren euch leicht,
Wie die Finger der Künstlerin
Heilige Saiten. [...]**

**Doch uns ist gegeben
Auf keiner Stätte zu ruhen,
Es schwinden, es fallen
Die leidenden Menschen
Blindlings von einer
Stunde zur andern,
Wie Wasser von Klippe
Zu Klippe geworfen,
Jahrlang ins Ungewisse hinab.**

M2 Das Dasein im Nichts

Mein Leben ist zum Äußersten gebracht, ich ekle mich am Dasein, es ist geschmacklos, ohne Salz und Sinn. [...] Man steckt den Finger in die Erde, um zu riechen, in welchem Lande man ist, ich stecke den Finger ins Dasein – es riecht nach – Nichts. Wo bin ich? Was will das sagen: die Welt? Was bedeutet dies Wort? Wer hat mich in das Ganze hineingenarrt und lässt mich nun da stehen? Wer bin ich? Wie kam ich in die Welt hinein, warum wurde ich nicht befragt, warum nicht bekannt gemacht mit Sitten und Herkommen, sondern einfach in Reih und Glied hineingesteckt, als sei ich von einem Seelenverkäufer gekauft? Wieso wurde ich Teilhaber in der großen Unternehmung, die man Wirklichkeit nennt? Warum soll ich Teilhaber sein? Ist das keine freiwillige Sache? Und falls ich genötigt werden soll, es zu sein, wo ist da der Dirigent, ich habe eine Bemerkung zu machen. Gibt es keinen Dirigenten? Wo soll ich mich mit meiner Klage hinwenden? Das Dasein ist ja eine Debatte, darf ich bitten, dass meine Betrachtung mit erörtert wird? Soll man das Dasein nehmen, wie es ist, wäre es dann nicht am besten, man bekäme zu wissen, wie es ist? [...] Will da niemand antworten? Ist dies denn nicht von äußerster Wichtigkeit für alle die Herren Teilnehmer? *Sören Kierkegaard, Die Wiederholung, S. 62f.*

M3 Funktionale Deutung von Religion

*Nach Herrmann Lübbes (*1926, em. Philosoph) funktionaler Religionstheorie hat Religion gegenwärtig nur noch orientierungspraktische Aktualität in der Bewältigung kontigenter Lebenspraxis.*

Daseinskontingenz, soweit sie religiös thematisiert wird, ist in Handlungssinn prinzipiell nicht transformierbare Kontingenz. Was soll da ihre „Bewältigung" heißen? Dass wir sind und nicht vielmehr nicht sind, dass wir in eins damit dieser und nicht vielmehr ein anderer sind – daran lässt sich nun einmal, sozusagen, nichts ändern. Wer der Kontingenz seines Lebens inne wird, findet sich nicht mit einem Problem konfrontiert, durch das wir in unseren Kompetenzen, handelnd die Wirklichkeit zu verändern, herausgefordert wären. Die Selbsterfahrung des Daseins in seinen schlechthinnigen Abhängigkeiten, seine emanzipationsresistente Faktizität, seine von Programmen der Durchsetzung sozialer Gerechtigkeit gar nicht erreichbaren Begünstigungen oder Behinderungen – dergleichen Bestände sind nicht Objekt wirklichkeitsverändernder oder wirklichkeitskonservierender Handlungen. Weder technisch noch organisatorisch, weder politisch noch moralisch lässt sich sinnvoll auf Erfahrungen schlechthinniger Abhängigkeit reagieren. [...] Dass wir in der Kontingenz unseres Dasein schlechthin abhängig sind – das ist trivial. Sich mit diesem trivialen Lebensbestand in lebensdienlicher Übereinstimmung befinden – das ist nicht trivial, [...] vielmehr hängt an ihm, ob wir eines von unseren Lebensumständen unabhängigen Lebensglücks fähig sein werden. [...]

Kontingenzbewältigung ist „Bewältigung" durch Anerkennung. Geläufiger als die Charakteristik religiöser Lebenspraxis durch die Funktion der Anerkennung unverfügbarer Daseinskontingenz ist die Charakteristik der Religion durch die Funktion, sogenannte Sinnfragen zu beantworten. [...] „Was ist der Sinn des Lebens? Was ist der Sinn dieser Welt?" Ersichtlich sind das keine religiösen Fragen.

Hermann Lübbe, Religion nach der Aufklärung, S. 160, 177-179

M4 Religion als Sinn-Orientierung

Diese funktionale Konzeption stellt sich über die bekannte Kontroverse, ob Religion Angst und Unsicherheit behebe oder ob sie sie erst erzeuge. Beides trifft in gewisser Weise zu. Religion reformuliert die Bedingungen von Unsicherheit. Sie interpretiert Ereignisse und Möglichkeiten in einer Weise, die mit sinnhafter Orientierung korreliert und eine Steigerung tragbarer Unsicherheit ermöglicht. Der Bedarf für diese Leistung hängt zusammen und variiert mit dem Entwicklungsstand der Gesellschaft einerseits, der in zunehmende Komplexität und Kontingenz anderer Möglichkeiten führt, und andererseits mit den Strukturen der Religion selbst.

Niklas Luhmann, Funktion der Religion, in: Willi Oelmüller u. a. (Hg.), Diskurs: Religion, S. 282

M5 Grenzen der funktionalen Bestimmung

Auch funktionale Bestimmungen von Religion haben ihre Grenzen: Je konkreter sie auf bestimmte Kulturen bezogen sind, desto unterschiedlicher werden die Antworten auf die Frage ausfallen, was Religion ist. Ähnlich wie substanzialistische Religionsdefinitionen fallen funktionale Religionsbestimmungen umso allgemeiner aus, je abstrakter die Leistung von „Religion" bestimmt wird. Ein Beispiel für einen besonders hohen Abstraktionsgrad ist die Religionstheorie des 1998 verstorbenen Religionssoziologen Niklas Luhmann, der die Leistung der Religion in etwa folgendermaßen bestimmt: Die Welt ist kontingent – d. h. sie ist zufällig so, wie sie ist, könnte aber auch anders sein; angesichts dieser Situation der Unsicherheit und Unbestimmtheit überführt die Religion Unbestimmbares in Bestimmbares, indem sie Komplexität reduziert: Sie wählt aus der Unendlichkeit aller Möglichkeiten aus und erzeugt auf diese Weise „Sinn". Die besondere Leistung der Religion besteht also in ihrer orientierenden Funktion. Religion ist Kontingenzbewältigungspraxis durch Reduktion von Komplexität.

Aufgrund ihres hohen Abstraktionsgrades lässt sich Luhmanns Religionsdefinition relativ leicht auf je konkrete, unterschiedliche Religionsformen anwenden. Doch wie die von Luhmann, so sind auch die anderen funktionalen Religionsbestimmungen vielseitiger Kritik unterzogen worden: Sie würden die spezifischen Inhalte und damit auch die „Innensicht" der Religion völlig ignorieren, die Religion auf bloß Nicht-Religiöses reduzieren und durch ihre Frage nach der Leistung bzw. der Funktion von Religion religiöse und nicht-religiöse Elemente völlig austauschbar machen.

Kontingenz [mittellat. „Zufall", „Möglichkeit"] im allgemeinen philosophischen Sprachgebrauch die Zufälligkeit im Gegensatz zur Notwendigkeit. Kontingent ist alles, was nicht aus eigener Wesensnotwendigkeit hervorgeht. Vor allem die christliche Metaphysik vertritt die Ansicht, dass das Dasein des Menschen – wie das aller geschaffenen und endlichen Wesen – nicht notwendig aus seinem Wesen hervorgeht; nur Gott wird als nicht kontingent existierend betrachtet. [...] Anthropologisch bedeutet Kontingenz, dass es dem Menschen unmöglich ist, über das Eintreten bestimmter Ereignisse zu verfügen; sie gehört also zu den menschlichen Grunderfahrungen.

Schülerduden Philosophie (2009), S. 235

1. Finden Sie Beispiele „schlechthinniger Abhängigkeit", d. h. Daseinsfaktoren, die Sie weder verursacht haben, noch verändern können. → M1-3
2. Warum können wir diesen Abhängigkeiten nicht handelnd begegnen? → M3
3. Sinnfragen sind nicht-religiöse Fragen. Formulieren Sie nicht-religiöse Antworten. → M3
4. Diskutieren Sie Niklas Luhmans These, dass Religion Angst sowohl erzeugen als auch beheben kann, an Beispielen. → M4
5. Welche Fragen klammert ein funktionalistisches Verständnis von Religion aus? → M5

*5 Zukunftsperspektiven

M1 10 Thesen zur Religion im 21. Jahrhundert

1. Die Gegenwartsmoderne ist keine gottlose Zeit. Sondern stark geprägt durch eine Attraktivität religiösen Glaubens.
2. Neue Formen des Christentums wachsen mindestens ebenso stark wie der Islam – und sie missionieren aggressiver.
3. Durch Migration gewinnt Religion neue Bedeutung.
4. Im globalen Kapitalismus müssen Gott, die Götter und der Glaube vermarktet werden.
5. Auf Religionsmärkten sind „harte" Formen des Glaubens erfolgreicher als weiche, liberale.
6. Die Religionskulturen des 21. Jahrhunderts leben in permanenter Wechselwirkung. Das führt zu Konflikten.
7. Das Christentum, den Islam oder den Buddhismus gibt es nicht.
8. Europa wird zum Einwanderungskontinent für Muslime. Aber die islamischen Lebenswelten in Europa sind bunt und vielfältig.
9. Viele Glaubenssucher verknüpfen Elemente unterschiedlicher religiöser Überlieferungen miteinander.
10. Deutsche Christen leben in überlegter Distanz zu den Kirchen – und sind dennoch religiöser, als viele meinen. [...]

Manche Fachleute reden von „believing without belonging". Demnach glauben die Menschen (etwa an einen Sinn des Lebens), nehmen aber nicht am Kirchenleben teil. Andere sprechen von „stellvertretenden Institutionen": Kirchen als Krisenmanager für die Notfälle des Lebens und die großen Krisen des Gemeinwesens. In jedem Fall werden die christlichen Kirchen – trotz mancher sehr schlechter religiöser Performance und nachlassender Überzeugungskraft ihres hauptamtlichen Personals – auch in den kommenden Jahrzehnten die wichtigsten religiösen Akteure in Europa bleiben. Denn sie verwalten einen faszinierenden Schatz: ein uraltes religiöses Symbolkapital, das immer noch starke Sinnrenditen abwirft.

Friedrich Wilhelm Graf, in: Geo kompakt, Nr. 16/2008, S. 23

M2 Die Zukunft der Weltreligionen

Weltreligionen sind uralte und sind gegenwärtige, sind überindividuelle, internationale und transkulturelle Systeme, die man verstanden haben muss, will man unsere Welt verstehen. Nur eine globale, eine welthistorisch-weltweite Betrachtung wird ihnen gerecht, die gleichzeitig ein Zweifaches anstrebt:

+ *Analysen* der aus jahrtausendjähriger Geschichte in der Gegenwart noch immer wirksamen religiösen Kräfte der Vergangenheit, der großen Namen wie der gesellschaftlichen Bewegungen: deshalb eine historisch-systematische *Anamnese* und *Diagnose*;
+ *Prospektiven* von der analysierten Gegenwart auf die in der Zukunft gegebenen verschiedenen geistig intellektuell wie gesellschaftlich-politisch relevanten religiösen Optionen: deshalb eine praktisch-ökumenische *Therapie* und *Prognose*. [...]

Soll das schwierige Unternehmen einer Grundorientierung über die religiöse Situation der Menschheit gelingen, so erhoffe ich mir, dass wir

+ bei aller Verschiedenheit der Nationen, Weltregionen und Weltreligionen eine *differenzierte globale Übersicht* über die Lage der Religion an der Schwelle eines neuen Jahrtausends gewinnen;
+ bei so mächtigen und vielverzweigten mehrtausendjährigen Gebilden wie den großen Weltreligionen trotz aller nur zu offenkundigen *Verschiedenheiten* eine zu fördernde *Konvergenz* zu erkennen vermögen;
+ bei allen auffälligen *Variablen* in jeder Religion doch einige grundlegende und sich durchhaltende *Konstanten* in Lehre, Praxis und Frömmigkeit sichten: permanente Determinanten also, die diese Religion durch alle Jahrhunderte über die Länder, Kulturen und Kontinente hinweg und durch alle Paradigmenwechsel hindurch von Grund auf bestimmen. Dieselben gleichsam ewigen Gestirne („stellae"), an denen wir uns bis heute orientieren, die jedoch immer wieder neue epochale „*Konstellationen*" bilden.

Hans Küng, Projekt Weltethos, S. 165f.

M3 Die Zukunft von Politik und Religion

Machtpolitisch gesehen, kann sich der weltanschaulich neutrale Staat mit der bloßen Anpassung der Religionsgemeinschaften an eine rechtlich durchgesetzte Religions- und Wissenschaftsfreiheit zufriedengeben. [...] Aber der liberale Staat kann mit einem solchen *modus vivendi* nicht zufrieden sein, und zwar nicht nur aus Gründen der Instabilität eines erzwungenen Arrangements. Als demokratischer Rechtsstaat ist er nämlich auf eine in Überzeugungen verwurzelte Legitimation angewiesen. Um sich diese Legitimation zu beschaffen, muss er sich auf Gründe stützen, die in einer pluralistischen Gesellschaft von gläubigen, andersgläubigen und ungläubigen Bürgern gleichermaßen akzeptiert werden können. Der Verfassungsstaat muss nicht nur weltanschaulich neutral handeln, sondern auch auf normativen Grundlagen beruhen, die sich weltanschaulich neutral – und das heißt nachmetaphysisch – rechtfertigen lassen. Und diesem normativen Anspruch gegenüber können sich die Religionsgemeinschaften nicht taub stellen. Deshalb kommt hier jener komplementäre Lernprozess ins Spiel, in den sich die säkulare und die religiöse Seite gegenseitig verstricken.

Statt der widerwilligen Anpassung an extern auferlegte Zwänge muss sich die Religion inhaltlich auf die normativ begründete Erwartung einlassen, die weltanschauliche Neutralität des Staates, gleiche Freiheiten für alle Religionsgemeinschaften und die Unabhängigkeit der institutionalisierten Wissenschaften aus eigenen Gründen anzuerkennen. Das ist ein folgenreicher Schritt. Denn dabei geht es nicht nur um den Verzicht auf politische Gewalt und Gewissenszwang zur Durchsetzung religiöser Wahrheiten, sondern auch um ein Reflexivwerden des religiösen Bewusstseins angesichts der Notwendigkeit, die eigenen Glaubenswahrheiten sowohl zu konkurrierenden Glaubensmächten wie zum Monopol der Wissenschaften auf die Produktion von Weltwissen in Beziehung zu setzen.

Umgekehrt muss sich allerdings auch der säkulare Staat, der mit seiner vernunftrechtlichen Legitimation als eine Gestalt des Geistes und nicht nur als empirische Gewalt auftritt, fragen lassen, ob er seinen religiösen Bürgern nicht etwa asymmetrische Verpflichtungen auferlegt. Der liberale Staat gewährleistet nämlich die gleichmäßige Freiheit der Religionsausübung nicht nur, um Ruhe und Ordnung aufrechtzuerhalten, sondern auch aus dem normativen Grund, die Glaubens- und Gewissensfreiheit eines jeden zu schützen. Er darf deshalb von seinen religiösen Bürgern nichts verlangen, was mit einer authentisch „aus dem Glauben" geführten Existenz unvereinbar ist.

Jürgen Habermas, Ein Bewusstsein von dem, was fehlt, S. 33-34

M4 Wo liegt die Wahrheit?

René Magritte,
Das Meisterwerk oder Geheimnisse des Horizonts, 1955

1. Erläutern Sie die einzelnen Thesen an Beispielen. → M1
2. Stellt „believing without belonging" für Sie eine Zukunftsperspektive dar? → M1
3. Nehmen Sie Stellung zu Küngs Forderung nach einer globalen welthistorisch-weltweiten Betrachtung der Religionen. → M2
4. Erläutern Sie, wie die Religion und der liberale Staat aufeinander zugehen müssen, um eine freiheitliche Grundordnung zu garantieren. → M3
5. Interpretieren Sie das Bild von René Magritte, indem Sie ein religiöses Verständnis der „Geheimnisse des Horizonts" zugrunde legen. → M4

Phänomenologie der Religion

- Drei große – überindividuelle, internationale und transkulturelle – religiöse Systeme (semitischer, indischer, chinesischer Tradition) haben die Kulturlandschaft unseres Globus gestaltet.
- Die Erscheinungs-, Vorstellungs- und Erlebniswelt der Religionen erweist sich als innere Einheit in Bezug auf das Heilige und Göttliche.
- Religionen sind Symbolsysteme der Weltdeutung, bildhafte Bezugssysteme auf eine letzte Wirklichkeit.
- Die Lebenserfahrungen der Menschen bilden die großen Themen der religiösen Symbolwelten.
- Religionen entwickeln eine Vorstellung vom Ganzen der Wirklichkeit, entwerfen ein Menschenbild, machen Wertaussagen, legen Normen des Verhaltens fest, geben Antwort auf die existentiellen Fragen.
- Glaube ist festes und überzeugtes Vertrauen in die Existenz eines Gottes oder göttlicher Kräfte.
- Neurotheologie untersucht, wie die Gehirnaktivitäten und deren evolutionäre Grundlagen mit Religiosität und Spiritualität zusammenhängen.

Religion und Vernunft

- Es besteht eine Dialektik zwischen dem philosophisch aufgeklärten Selbstverständnis der Moderne und dem theologischen Selbstverständnis der großen Weltreligionen.
- Gottesbeweise sind Versuche, das Dasein Gottes allein aus Gründen der Vernunft zu beweisen.
- Der ontologische Gottesbeweis Anselm von Canterburys folgert aus dem Begriff eines höchsten, vollkommenen Wesens seine Existenz.
- René Descartes fügt einen anderen metaphysischen Beweis aus der Idee des Unbegrenzten hinzu.
- Der teleologische Beweis Aristoteles' und Thomas von Aquins leitet aus der Überzeugung, dass das Universum eine Ordnung, einen Plan oder Zweck offenbart, die Existenz Gottes ab.
- Theodizee ist die Rechtfertigung Gottes angesichts der Übel der Welt, der Versuch, menschliches Leid mit der Gerechtigkeit und Vollkommenheit Gottes vereinbar und argumentativ plausibel zu machen.
- Religionskritik richtet sich auf die zentralen Aussagen, den Wahrheitsanspruch und die gesellschaftliche Rolle der Religionen.
- Friedrich Nietzsches These „Gott ist tot" behauptet, dass der Glaube an den christlichen Gott unglaubwürdig geworden ist.
- Ludwig Feuerbach interpretiert Religion als Projektion menschlicher Sehnsüchte und Gott als das vergegenständlichte Wesen des Menschen.
- Karl Marx bezeichnet Religion als Opium des Volkes, als entlastende Illusion und Unterdrückungsinstrument der Herrschenden.
- Für Sigmund Freud ist Religion eine Illusion und infantile Sehnsucht nach einem allmächtigen Vater.
- Ethik und Religion versuchen eine normative Begründung moralischen Handelns. Religion bezieht sich auf einen göttlichen Willen als den Urheber aller moralischen Normen, Ethik auf den vernünftigen Willen und die freie Selbstbestimmung des Menschen.

Perspektiven der Religion

- Der Begriff Säkularisierung wird für „Entchristlichung" bzw. „Entkirchlichung" der Gesellschaft verwendet.
- Eine Folge der Säkularisierung ist die Lösung von traditionellen Glaubensformen: es entstehen neue, dynamische Formen von Religion.
- Andererseits entstehen auch neue Gefahren in der Ausbildung eines modernen religiösen Fundamentalismus.
- Nach der funktionalen Religionstheorie hat Religion gegenwärtig nur noch orientierungspraktische Aktualität in der Bewältigung kontingenter Lebenspraxis, als vermeintlicher Garant von Sinn, Ordnung und Erklärbarkeit des Lebens und der Welt.
- Religion dient als evolutionärer Selektionsvorteil für Individuen und Gruppen, als Entlastung und Kompensation einer angstbesetzten Wirklichkeit; sie sichert die Kooperation in der Gruppe.

Neben den allgemein bekannten und üblichen Verfahren des Lernens und Arbeitens und den im Lehrwerk gesondert eingeführten Methoden (Projektarbeit, Zukunftswerkstatt, kreatives Schreiben etc.) kommen in **Kolleg Ethik** noch folgende zentrale Methoden ethisch-moralischen Argumentierens zum Einsatz:

Bilder erarbeiten

Leitfragen für eine Bildbetrachtung:

1. Einen ersten Eindruck formulieren: Was fällt zuerst ins Auge (Eyecatcher)? Wie ist das Bild gestaltet? Welche Wirkung hat das Bild?
2. Genauere Untersuchung: Welche Personen sind erkennbar? In welcher Beziehung stehen sie zueinander? Welche Gegenstände sind auf dem Bild zu erkennen? Was erscheint rätselhaft / schwer zu deuten?
3. Gestalterische Merkmale: Wie ist das Bild aufgebaut? Welche Perspektive nimmt der Künstler in seinem Bild ein? Welche Farben werden vorwiegend verwendet?
4. Gesamtinterpretation: Wie ist das Dargestellte zu deuten? Welche Fragen und Probleme werden aufgeworfen?

Einen Bilddialog gestalten:
Jeder sucht sich eine Person des Bildes aus und versucht, sich in sie hineinzuversetzen:
Was fühlt diese Person? Welche Gedanken hat sie? Welche Beziehung hat sie zu anderen Personen des Bildes? Anschließend wird ein Dialog zwischen den Personen geführt.

Ein Interview mit dem Künstler erfinden:
Wählen Sie ein Bild aus, das Sie anspricht, und überlegen Sie sich Fragen, die Sie dem Künstler gerne stellen würden. Versuchen Sie, die Fragen zu beantworten.

Dilemmadiskussion

Ein moralisches Dilemma beschreibt eine Situation, in der mindestens zwei moralische Prinzipien miteinander – oder sogar mit sich selbst – in Konflikt geraten, indem sie dem Handelnden einander widersprechende Handlungen vorschreiben. Hinzu kommt ein durch die Situation gegebener Zeitdruck, der eine (baldige) Entscheidung verlangt.
Dilemmadiskussionen laufen in folgenden Schritten ab:
Präsentation des Dilemmas: spontane Äußerungen – erste Argumente – Fakten, Begriffe klären – Problemstellung (Normkonflikt) erarbeiten – Probeabstimmung – individuelle Gründe für die (vorläufige) Entscheidung aufschreiben;
Erarbeitung von Argumenten (in Kleingruppen): Argumente für die eigene Position erarbeiten, in eine Rangfolge bringen und die Rangfolge begründen können;
Pro-Contra-Diskussion (im Plenum): abwechselnd Argumente nennen – Argumente festhalten – Diskussion;
Bewertung der Argumente der Gegenseite (in Kleingruppen): Argumente der anderen Position bewerten, in eine Rangfolge bringen und die Rangfolge begründen können;
Abschließende Abstimmung und individuelle (schriftliche) *Begründung* der eigenen Position.

Disputatio

Seit dem Mittelalter war die Disputatio (lat. *disputare:* auseinandersetzen, erörtern, untersuchen) als öffentliches Streitgespräch unter Gelehrten die Regelform universitärer Prüfungen. Der Prüfling musste dabei seine Thesen öffentlich gegen kritische Einwände verteidigen.
Durchführung einer Disputatio:
Eine Partei verteidigt eine moralphilosophische These oder Position, die andere greift sie durch kritische Fragen, geeignete Fallbeispiele und Gegenargumente an.

Essays schreiben

Der Essay (von engl. / frz. *essai* = Versuch) ist eine kürzere Abhandlung über ein aktuelles Problem, einen wissenschaftlichen oder philosophischen Gegenstand. Essays sind Denkversuche, sich einem Gegenstand zu nähern und ihn aus verschiedenen Perspektiven zu betrachten. Ein Essay soll gedanklich originell, aber gut lesbar sein, gedanklich scharf, aber auch anschaulich sein. Man kann z. B.

a) eine philosophische Ansicht kritisch prüfen, indem man die fragliche Behauptung zunächst untersucht, bewertet und kritisch beurteilt;

b) einen philosophischen Streit entscheiden, indem man die Stärken und Schwächen der konkurrierenden Positionen bewertet und dann als Schiedsrichter eine Entscheidung formuliert.

c) ein philosophisches Problem lösen, indem man das Problem darstellt und sich selbständig, kreativ und problemorientiert damit auseinandersetzt, sowie Kriterien einer angemessenen Lösung entwickelt.

Fallanalyse

In den Problemfeldern der Ethik finden sich zahlreiche Situationen, in denen sich die handelnden Personen in ethischen Normenkonflikten befinden.

Bearbeitung eines problematischen Falls:

1. *Beschreibung der Situation:* Wer ist beteiligt und wer ist betroffen? Welche Interessen und Erwartungen haben die Betroffenen? Um welchen Konflikt handelt es sich genau?
2. *Abwägen der Verhaltensalternativen:* Welche Handlungsmöglichkeiten gibt es? Wie lassen sich die kurz- oder langfristigen Handlungsfolgen einschätzen?
3. *Analyse der Normen:* Welche rechtlichen Normen müssen berücksichtigt werden? Welche moralischen Normen und Werte werden hiervon berührt? Wie können konfligierende Normen gewichtet werden?
4. *Entscheidung und Begründung:* Wie kann man die Güter gegeneinander abwägen? Welche Lösungen sind möglich? Wie kann die getroffene Entscheidung begründet werden?

Gedankenexperiment

Gedankenexperimente sind Ausflüge der Phantasie und des Verstandes in mögliche Welten um sich über etwas klar zu werden, sich etwas bewusst zu machen und zu neuen Erkenntnissen zu kommen. Darum spielen die Gedankenexperimente in der Philosophie und Ethik eine ähnliche Rolle wie Experimente in den Naturwissenschaften. Der Unterschied besteht darin, dass man nicht mit der Natur experimentiert, sondern mit Gedanken. Man spielt in Gedanken eine Vorstellung oder Annahme durch und testet dabei, ob sie zutrifft oder nicht, welche Folgen sie haben würde.

1. Die Basis von Gedankenexperimenten besteht immer aus einer oder mehreren Annahmen, die real, fiktiv oder völlig irreal sein können.
2. Dann folgt eine Frage, die sich auf die Annahme bezieht.
3. Das eigentliche Experiment besteht aus den daraus folgenden Überlegungen, die zur Beantwortung dieser Frage führen. Wichtig ist, dass die Antwort ausführlich begründet wird.

Neo-sokratisches Gespräch

Die von Platon überlieferten argumentativen sokratischen Dialoge sind Vorbild für das neo-sokratische Gespräch, eine philosophische Unterrichtsmethode, die zu eigenverantwortlichem Denken, Reflexion und Selbstbesinnung anleiten und durch Argumentieren zu gut begründeten und fundierten Urteilen führen soll.

Das neo-sokratische Gespräch fördert die Mündigkeit, sich selbst und jene Urteile kritisch zu überprüfen, die auf Tradition und Sitte, Autorität und Mehrheitsmeinung, Augenschein oder Gefühlseindruck beruhen.

Für seine Durchführung gelten folgende Grundsätze:

1. Jeder vernünftige Mensch, der sich auf die Gesprächsregeln einlässt, kann teilnehmen.
2. Ziel ist die gemeinsame Wahrheitsfindung und Problemlösung im Gespräch.
3. Gegenstand ist ein aktuelles ethisches Problem, eine existentielle Frage, ein selbst erlebtes Beispiel.
4. Grundlage ist die gegenseitige Achtung der Teilnehmer, Geduld, Rücksichtnahme, Unvoreingenomenheit.
5. Die Teilnehmer hören den anderen genau zu, versuchen sie zu verstehen und lassen alle ausreden.
6. Das gegenseitige Fragen soll dabei helfen, eigene Gedanken oder Ansichten zu formulieren und für andere verständlich zu machen.
7. Behauptungen werden geprüft und auf ihre Berechtigung hin untersucht.
8. Die Teilnehmer streben nach einem Konsens, d. h., suchen nach Antworten und Urteilen, denen alle zustimmen können.

Planspiel

Ein problemlösendes Planspiel besteht aus drei Phasen:

- der *Vorbereitungsphase*, in der die problematische Ausgangssituation vorgestellt wird und die einzelnen Spieler ihre jeweilige Rolle erarbeiten.

Fragen: Welche Interessen und Wünsche hat X? Welche Argumente kann X für seine Position vorbringen? Wie wird sich X also gegenüber den anderen Teilnehmern verhalten?

- der *Spiel- / Konferenzphase*, in der die Spielerinnen und Spieler ihre vorbereiteten Statements vortragen und nach einer Diskussion eine Entscheidung herbeiführen. Aufgabe von Beobachtern ist es, das Geschehen mitzuverfolgen und auffällige Verhaltensweisen etc. für die nachfolgende Auswertung zu notieren.
- der *Auswertungsphase*, in der die gefundene Lösung, aber auch die einzelnen Argumente, Verhaltensweisen, Gedanken und Gefühle der Akteure besprochen werden. Es kann sinnvoll sein, dass die Spieler zunächst aus der Perspektive ihrer Rolle auf die Fragen und Beobachtungen reagieren, bevor die allgemeine Frage aufgeworfen wird, ob die Lösung des Problems überzeugt oder ob es Alternativen gibt.

Schreibgespräch

Ein Schreibgespräch dient dazu, Gedanken zu einem schwierigen Thema zu verfassen. Das Schreiben verlangt, dass man gründlicher nachdenkt als in der mündlichen Diskussion und sich sowohl für die Verfassung eigener Gedanken als auch für das Verstehen der Gedanken anderer mehr Zeit nimmt.

1. Das Schreibgespräch wird in Kleingruppen, vergleichbar mit kleinen Chatrooms, durchgeführt.
2. Jede Gruppe schreibt auf ein großes Blatt Papier (DIN A3) das Thema, das Problem oder die Frage.
3. Einer beginnt mit einer ersten Stellungnahme von ein bis zwei Sätzen und gibt das Blatt weiter.
4. Der Nächste liest die notierten Gedanken sorgfältig durch, lässt sich auf sie ein und schreibt wieder eine Stellungnahme, usw.
5. Zum Schluss werden die verschiedenen „Chats" aufgehängt und verglichen.

Texte lesen und erarbeiten

Sachtexte, besonders wissenschaftliche und philosophische, sind oft schwer zu verstehen. Eine systematische Erarbeitung kann helfen:

1. *Mehrfaches Lesen:* Den Text aufmerksam durchlesen und am Rand die Stellen markieren, die nicht verstanden werden. Beim zweiten Lesen wichtige, zentrale Begriffe oder Gedanken herausschreiben.
2. *Text gliedern:* Den Text in Abschnitte gliedern und jeden Abschnitt mit einer Überschrift versehen. Den Inhalt jedes Abschnitts kurz in eigenen Worten zusammenfassen.
3. *W-Fragen* helfen weiter:
   - Was denkt der Autor? Was ist seine Überzeugung?
   - Wie stellt er seine Gedanken, seine Auffassung dar? Benutzt er Beispiele, Argumente?
   - Warum schreibt er diesen Text? Was ist seine Absicht?
4. *Kritische Beurteilung des Textes:* Behandelt er wichtige Themen oder Probleme? Gibt er eine Antwort auf zentrale Fragen? Überzeugt diese Antwort?

Texte verstehen mit Hilfe von Argumentationsschemata

Der Argumentationsgang philosophischer und Sachtexte kann in folgenden Schritten nachgezeichnet werden:

1. *Zentrale Argumente herausfinden:* In welchen Aussagen stecken Argumente? Welcher Art sind sie? Welches Gewicht kommt ihnen zu?
2. *Argumente prüfen:* Besteht ein Zusammenhang oder gibt es Sprünge in der Argumentation? Werden die Begriffe einheitlich verwendet?
3. *Den Argumentationsgang bewerten:* Genügt die Argumentation den Kriterien der Stringenz, Konsistenz, Kohärenz?

Texte visualisieren

Komplizierte Texte lassen sich manchmal besser verstehen, wenn sie graphisch umgesetzt werden, z. B. durch Strukturdiagramme, die zentrale Aspekte eines Textes in ihrer Verflechtung untereinander anschaulich darstellen. Und so geht man vor:

1. die Texte zunächst sorgfältig lesen,
2. die zentralen Aspekte markieren,
3. übergeordnete Begriffe zusammenfassen,
4. mit Pfeilen, die die Vernetzung zwischen Ursachen, Folgen, Ergebnissen usw. verdeutlichen, verbinden.

Zur Diskussion: Ethik und Moral

Düwell, Marcus / Hübenthal, Christoph / Werner, Micha H: Handbuch Ethik. Stuttgart, Weimar: Metzler 2002.

* **Fenner, Dagmar:** Ethik. Wie soll ich handeln? Tübingen 2008. Francke

Frankena, William K.: Analytische Ethik. Eine Einführung. Herausgegeben und übersetzt von Norbert Hoerster. 3. Auflage. München 1981. dtv

Graf, Friedrich Wilhelm: Loyalität für 'nen Euro, in: SZ-Magazin 25/2008.

Hoerster, Norbert: Ethik und Moral, in: Birnbacher, Dieter / Hoerster, Norbert (Hg.): Texte zur Ethik. 6. Auflage. München 1987. dtv

Meiler, Oliver: Indien testet billiger. Versuchspersonen für wenig Geld, in: Süddeutsche Zeitung, 22.08.2008.

Morris, Tom: Philosophie für Dummies. Übersetzung aus dem Amerikanischen von Aref Banakonandeh. Sonderausgabe. Weinheim 2005. Wiley-Vch Verlag

* **Pieper, Annemarie:** Einführung in die Ethik. 2. Auflage. Tübingen 1991. UTB

Pieper, Annemarie / Thurnherr, Urs (Hg): Angewandte Ethik. Eine Einführung. München 1998. C. H. Beck

Plötzl, Norbert F.: Die Kriminalität der Braven, in: Spiegel special 1/1999.

Spiegel special 2/1999. (Texte von Sybil Gräfin Schönfeldt und Dennis Balthasar)

Wuchterl, Kurt: Lehrbuch der Philosophie. 3. Auflage. Stuttgart 1989. UTB

* **Zagal, Héctor / José Galindo:** Ethik für junge Menschen. Aus dem Spanischen übersetzt von Bernd Goebel. Stuttgart 2000. Reclam.

Freiheit und Determination

Aristoteles: Nikomachische Ethik. Übersetzt von Franz Dirlmeier. Stuttgart 1983. Reclam

Beckermann, Ansgar: Gehirn, Ich, Freiheit. Neurowissenschaften und Menschenbild. Paderborn 2008. mentis

Bieri, Peter: Unser Wille ist frei, in: Der Spiegel Nr. 2 vom 10.01.2005

Dörner, Dietrich: Bauplan für eine Seele. Reinbek bei Hamburg 1999. Rowohlt

* **Fenner, Dagmar:** Ethik. Wie soll ich handeln? Tübingen 2008. Francke

Geo Wissen Nr. 43/2009: Wer bin ich? Hamburg. Gruner + Jahr

Grabes, Herbert: Witzig oder hirnrissig?, Leserbrief in: Frankfurter Allgemeine Zeitung vom 18.12.2003

Hospers, John: Zweifel eines Deterministen, in: Birnbacher, Dieter / Hoerster, Norbert (Hg.): Texte zur Ethik. München 1978. dtv

Meyer, Clemens: Als wir träumten. Frankfurt / M. 2006. S. Fischer

Nida-Rümelin, Julian: Über menschliche Freiheit. Stuttgart 2005. Reclam

Pothast, Ulrich: Einleitung, in: ders. (Hg.): Seminar: Freies Handeln und Determinismus. 2. Aufl. Frankfurt / M. 1988. Suhrkamp

* **Precht, Richard David:** Wer bin ich – und wenn ja, wie viele? Eine philosophische Reise. 13. Aufl. München 2007. Goldmann

Prinz, Wolfgang: Freiheit oder Wissenschaft? Zum Problem der Willensfreiheit, in: Cranach, Mario v. / Foppa, Klaus (Hg.): Freiheit des Entscheidens und Handelns. Heidelberg 1996. Asanger (Zitat auf S. 87)

Roth, Gerhard: Fühlen, Denken, Handeln. Wie das Gehirn unser Verhalten steuert. Frankfurt / M. 2001. Suhrkamp (Zitat auf S. 453)

Roth, Gerhard: Spiegel-Streitgespräch: Richard David Precht – Gerhard Roth, in: Der Spiegel. Wissen Nr. 1/2009: Mein Ich (Zitat auf S. 21)

Roth, Heinrich: Pädagogische Anthropologie. Band II. Entwicklung und Erziehung. Hannover 1971. Hermann Schroedel

Schlink, Bernhard: Der Vorleser. Zürich 1997. Diogenes

Schopenhauer, Arthur: Die beiden Grundprobleme der Ethik: Über die Freiheit des menschlichen Willens. Zürich 1977. Diogenes Verlag AG

Schülerduden. Die Psychologie. Mannheim 1996. Bibliographisches Institut & F. A. Brockhaus AG

* **Schülerduden Philosophie.** Mannheim 2009. Bibliographisches Institut & F. A. Brockhaus AG

Searle, John, in: Blackmore, Susan: Gespräche über Bewusstsein. Aus dem Englischen von Frank Born. Frankfurt / M. 2007. Suhrkamp

Singer, Wolf: Verschaltungen legen uns fest: Wir sollten aufhören von Freiheit zu sprechen, in: Geyer, Christian (Hg.): Hirnforschung und Willensfreiheit. Zur Deutung der neuesten Experimente. Frankfurt / M. 2004. Suhrkamp (Zitat auf S. 30)

Vossenkuhl, Wilhelm: Philosophie für die Westentasche, in: Göttermann, Lilo (Hg.): Denkanstöße 2006. Ein Lesebuch aus Philosophie, Kultur und Wissenschaft. 3. Aufl., München / Zürich 2005. Piper

* **Weischedel, Wilhelm:** Skeptische Ethik. Frankfurt / M. 1980. Suhrkamp

Wörterbuch der philosophischen Begriffe, hrsg. v. Arnim Regenbogen / Uwe Meyer. Hamburg 1998. Meiner

Wright, Georg Henrik von: Normen, Werte und Handlungen. Frankfurt / M. 1994. Suhrkamp

Wuketits, Franz M.: Der freie Wille. Die Evolution einer Illusion. Stuttgart 2007. S. Hirzel

Menschenbilder

Bauer, Joachim: Die Entdeckung des „Social Brain". Der Mensch aus neurobiologischer Sicht, in: Ganten, Detlev u. a. (Hg.): Was ist der Mensch? Berlin / New York 2008. Walter de Gruyter

Beckermann, Ansgar: Gehirn, Ich, Freiheit. Neurowissenschaften und Menschenbild. Paderborn 2008. mentis

Bischof, Norbert: Psychologie. Ein Grundkurs für Anspruchsvolle. Stuttgart 2008. W. Kohlhammer

Dahrendorf, Ralf: Homo sociologicus, in: ders.: Pfade aus Utopia. Arbeiten zur Theorie und Methode der Soziologie. München 1967. Piper

Darwin, Charles: Die Abstammung des Menschen, in: ders.: Gesammelte Werke, übers. v. J. Victor Carus. Frankfurt / M. 2006. Zweitausendeins

* = empfohlene Einführungen und Nachschlagewerke

Diebitz, Stefan: Glanz und Elend der Philosophie. Stuttgart 2007. omega

* **dtv-Atlas Philosophie.** München [11]2003. dtv

Engels, Eve-Marie: Evolution und Ethik im 19. Jahrhundert, in: Düwell, Marcus / Hübenthal, Christoph / Werner, Micha H. (Hg.): Handbuch Ethik. Stuttgart und Weimar, 2. Auflage 2006. J. B. Metzler

Freud, Sigmund: Vorlesungen zur Einführung in die Psychoanalyse [1917], in: ders.: Gesammelte Werke, Bd. 11. Frankfurt / M. 1999. Fischer Taschenbuch

Freud, Sigmund: Abriss der Psychoanalyse [1938], in: ders.: Gesammelte Werke, Bd. 17. Frankfurt / M. 1999. Fischer Taschenbuch

Fuchs, Thomas: Kosmos im Kopf? Zur Kritik des Cerebrozentrismus, in: Scheidewege 33 (2003/2004)

Funkkolleg Der Mensch: Anthropologie heute. Deutsches Institut für Fernstudien an der Universität Tübingen. Tübingen 1992

Gehlen, Arnold: Anthropologische Forschung. Reinbek bei Hamburg 1961. Rowohlt

Gehlen, Arnold: Der Mensch. Seine Natur und seine Stellung in der Welt [1940]. 13. Aufl. Wiesbaden 1997. Quelle und Meyer

Habermas, Jürgen: Kultur und Kritik. 2. Auflage. Frankfurt / M. 1977. Suhrkamp

Herder, Johann Gottfried: Abhandlung über den Ursprung der Sprache [1770]. Stuttgart 1993. Reclam

Kraft, Ulrich: Schöne Neue Neuro-Welt, in: Gehirn & Geist Nr. 6/2004. Heidelberg. Spektrum der Wissenschaft

* **Law, Stephen:** Philosophie. Abenteuer Denken. Aus dem Englischen von Anne Braun. 2. Aufl. Würzburg 2004. Arena

Lenk, Hans: Humanitätsforschung als interdisziplinäre Anthropologie. Zur philosophischen Anthropologie zwischen Stammesgeschichte und Kulturdeutung. Frankfurt / M. 2008. Peter Lang

Libet, Benjamin: Mind Time. Wie das Gehirn Bewusstsein produziert. Übers. v. Jürgen Schröder. Frankfurt / M. 2005. Suhrkamp

Luckner, Andreas: Werde, der du bist! Echtheit, Authentizität, Eigentlichkeit, in: der blaue Reiter – Journal für Philosophie Nr. 24 (2/2007). Stuttgart. omega

Malerba, Luigi: Wahrhaftige Gespenster. Geschichten. Übers. v. Karin Fleischanderl. Berlin 1990. Wagenbach

Meinberg, Eckhard: Homo Oecologicus. Das neue Menschenbild im Zeichen der ökologischen Krise. Darmstadt 1995. Wissenschaftliche Buchgesellschaft

Monyer, Hannah / Rösler, Frank / Roth, Gerhard u. a.: Das Manifest. Elf führende Neorowissenschaftler über Gegenwart und Zukunft der Hirnforschung, in: Gehirn & Geist 6/2004. Heidelberg. Spektrum der Wissenschaft

Morris, Tom: Philosophie für Dummies. Übersetzt aus dem Amerikanischen von Aref Banakonandeh. Bonn 2003. mitp

* **Nagel, Thomas:** Was bedeutet das alles? Eine ganz kurze Einführung in die Philosophie. Aus dem Englischen übersetzt von Michael Gebauer. Stuttgart 1990. Reclam

Paetzold, Heinz: Der Mensch, in: Philosophie. Ein Grundkurs. Hrsg. von Ekkehard Martens, Herbert Schnädelbach. Band 2. Reinbek bei Hamburg 1998. Rowohlt

Pauen, Michael: Eine unbekannte Spezies? Alltagserfahrung und neurowissenschaftliche Erkenntnis, in: Ganten, Detlev u. a. (Hg.): Was ist der Mensch?, Berlin / New York 2008. Walter de Gruyter

* **Precht, Richard David:** Wer bin ich – und wenn ja, wie viele? Eine philosophische Reise, 13. Aufl. München 2007. Goldmann

Reichholf, Josef H.: Nachwort: Die Macht der Evolution, in: Sentker, Andreas / Wigger, Frank (Hg.): Triebkraft Evolution. Vielfalt, Wandel, Menschwerdung. Hamburg / Heidelberg 2008. Spektrum Akademischer Verlag Heidelberg und Zeitverlag Gerd Bucerius GmbH & Co. KG

Roth, Gerhard / Welzer, Harald: Sigmund Freud. Die Seele gehört nicht mir. www.zeit.de/2006/09/F-Welzer_2fRoth (Stand: 29.05.09)

Scheler, Max: Die Stellung des Menschen im Kosmos [1928]. 10. Aufl. Bern 1983. Francke

* **Schülerduden Philosophie.** Mannheim 1985. Bibliographisches Institut & F. A. Brockhaus AG

* **Simon-Schaefer, Roland:** Kleine Philosophie für Berenike. Stuttgart 2006. Reclam

Singer, Wolf: Selbsterfahrung und neurobiologische Fremdbeschreibung. Zwei konfliktträchtige Erkenntnisquellen, in: Duncker, Hans-Rainer (Hg.): Beiträge zu einer aktuellen Anthropologie. Stuttgart 2006. Franz Steiner

Williams, Bernard: Probleme des Selbst. Philosophische Aufsätze 1965-1972. Aus dem Englischen übersetzt von Joachim Schule. Stuttgart 1978. Reclam

www.schnawwl.de/unsere_stuecke/unsere_stuecke.php (Stand: 27.05.09)

Pluralismus

Beck, Ulrich: Vom Verschwinden der Solidarität, in: ders.: Die feindlose Demokratie. Ausgewählte Aufsätze. Stuttgart 1995. Reclam

Böckenförde, Ernst-Wolfgang: Die Entstehung des Staates, in: ders.: Recht, Staat, Freiheit. Studien zur Rechtsphilosophie, Staatstheorie und Verfassungsgeschichte. Erweiterte Ausgabe. Frankfurt / M. 2006 Suhrkamp

Böge, Wolfgang / Bohn, Jörg unter Mitarbeit von Hamid Azadi, Jutta Böge, Marlitt Gress: Politik und Religion im Islam, Arbeitshilfen für die politische Bildung. Bonn 2002. Bundeszentrale für politische Bildung

Denso, Christian: Haben Rechte Rechte? Die Kölner verhindern eine fremdenfeindliche, aber legale Demonstration, in: Die Zeit Nr. 40 vom 25. September 2008

Forst, Rainer: Einleitung, in: ders. (Hg.): Toleranz. Philosophische Grundlagen und gesellschaftliche Praxis einer umstrittenen Tugend. Frankfurt / M. / New York 2000. Campus

Gadamer, Hans Georg: Wahrheit und Methode. Grundzüge einer philosophischen Hermeneutik, in: ders.: Gesammelte Werke, 10 Bde., Bd. 1: Hermeneutik I. Tübingen 1999. Mohr Siebeck

Geo-Wissen Gespräch: „Moral ist nicht in steinerne Tafeln gemeißelt". Moderation: Wolfgang Michal, Claus Peter Simon, in: Geo Wissen, Nr. 35/2005: Sünde und Moral. Wie weit dürfen wir gehen? Hamburg. Gruner + Jahr

Habermas, Jürgen: Zur Legitimation durch Menschenrechte, in: ders.: Die postnationale Konstellation. Politische Essays. Frankfurt / M. 1998. Suhrkamp

 * = empfohlene Einführungen und Nachschlagewerke

Habermas, Jürgen: Fundamentalismus und Terror, in: ders.: Der gespaltene Westen. Kleine politische Schriften X. Frankfurt / M. 2004. Suhrkamp

Habermas, Jürgen: Vorpolitische Grundlagen des demokratischen Rechtsstaates?, in: Habermas, Jürgen / Ratzinger, Joseph: Dialektik der Säkularisierung. Über Vernunft und Religion. Mit einem Vorwort herausgegeben von Florian Schuller. Bonn 2005. Bundeszentrale für politische Bildung

Herzog, Roman: Laudatio anlässlich der Verleihung des Friedenspreises des deutschen Buchhandels an Frau Annemarie Schimmel in Frankfurt, 15.05.1995, www.bundespraesident.de/Reden-und-Interviews/Reden-Roman-Herzog-,11072.12136/Laudatio-von-Bundespraesident-.htm?global.back=/Reden-und-Interviews/-%2c11072%2c11/Reden-Roman-Herzog.htm%3flink%3dbpr_liste (Stand: 09.04.09)

Huntington, Samuel: Im Kampf der Kulturen, in: Die Zeit vom 13.08.1993

Jacobsen, Lenz / Wittrock, Philipp: Köln lässt Rechtspopulisten abblitzen, (Artikel vom 20.09.08), www.spiegel.de/politik/deutschland/0,1518,579458,00.html (Stand: 03.04.09)

Menden, Alexander: Meinungsfreiheit. Lasst uns über den Holocaust streiten, in: Süddeutsche vom 26.11.07, www.sueddeutsche.de/kultur/705/425463/text/ (Stand: 04.05.09)

Müller, Harald: Das Zusammenleben der Kulturen. Ein Gegenentwurf zu Huntington. Frankfurt / M. 2001 Fischer Taschenbuch

Rawls, John: Eine Theorie der Gerechtigkeit. Frankfurt / M. 1979. Suhrkamp

Rorty, Richard: Der Vorrang der Demokratie vor der Philosophie, in: Zeitschrift für philosophische Forschung, Bd. 42 / H. 1, 1988

Sandel, Michael J.: Die Grenzen der Gerechtigkeit und das Gute der Gemeinschaft, in: Pauer-Studer, Herlinde (Hg.): Konstruktionen praktischer Vernunft. Philosophie im Gespräch. Frankfurt / M. 2000. Suhrkamp

Schuler, Katharina: Karikaturenstreit. Das Recht zu kränken. www.zeit.de/online/2006/07/Ayaanhirsiali (Stand: 09.04.09)

Schulz, Charles M.: Nobody's perfect, Charlie Brown. Greenwich, Conn. 1968 (zuerst erschienen bei Fawcett Crest 1962). Übersetzt von Martina Peters

Searle, John R.: Wörtliche Bedeutung, in: ders.: Ausdruck und Bedeutung. Untersuchungen zur Sprechakttheorie. Frankfurt / M. 1982. Suhrkamp

Sen, Amartya: Die Identitätsfalle. Warum es keinen Krieg der Kulturen gibt. Aus dem Englischen v. Friedrich Griese. Bonn 2007. Bundeszentrale für politische Bildung

Shell-Jugendstudie, www.21-kom.de/fileadmin/user_upload/PDFs/03_Jugendliche/05_Reinders_-_Jugend_-_Werte_-_Zukunft.pdf (Stand: 03.04.09)

Sollich, Rainer: Ein Dialog der Kulturen ist nötiger denn je. Kommentar vom 6.2.2006, www.dw-world.de/dw/article/0,,1893447,00.html (Stand: 09.04.09)

Statista 2009, www.statista.com/statistik/daten/studie/6410/umfrage/bau-von-moscheen-generell-verbieten/#info (Stand: 30.11.09)

Stelzer, Tanja / Stolz, Matthias: Dialog der Kulturen, in: Die Zeit vom 11.01.2007

Tugendhat, Ernst: Antike und moderne Ethik (an Gadamers 80. Geburtstag), in: ders.: Probleme der Ethik. Stuttgart 1984. Reclam

Verfassungsschutzbericht des Landes Nordrhein-Westfalen über das Jahr 2007, hrsg. vom Innenministerium des Landes Nordrhein-Westfalen, www.im.nrw.de/verfassungsschutz, S. 78 (Stand: 31.10.08).

Weixler-Schürger, Maria Anna: Gemeinderat: Wird in der Waldburgstraße eine Moschee gebaut?, in: Schwäbische Zeitung vom 23.04.1997

Weixler-Schürger, Maria Anna: Podiumsdiskussion: Kirchenglocken und der Ruf des Muezzin, in: Schwäbische Zeitung vom 16.10.1997

www.aerzte-ohne-grenzen.de/informieren/einsatzlaender/afrika/sudan/2009-04-30-suedsudan-gewaltopfer-jonglei/index.html (Stand: 10.05.09)

www.amnesty.de/briefe-gegen-das-vergessen/2009/3/muhammad-haydar-zammar?destination=node%2F2079 (Stand: 04.04.09)

www.amnesty.de/umleitung/1899/deu07/001?lang=de%26mimetype%3dtext%2fhtml (Stand: 09.04.09)

www.amnesty-jugend.de/erfolge/erfolge.htmlwww.amnesty.de/umleitung/1899/deu07/001?lang=de%26mimetype%3dtext%2fhtml (Stand: 09.04.09)

www.tagesschau.de/ausland/meldung130662.html. (Stand: 09.04.09)

Geschichtsdeutung

Benjamin, Walter: Geschichtsphilosophische Thesen, in: ders.: Zur Kritik der Gewalt und andere Aufsätze. Frankfurt / M. [2]1971. Suhrkamp

Bloch, Ernst: Subjekt-Objekt. Erläuterungen zu Hegel. Frankfurt / M. 1972. Suhrkamp

Die Zeit: Das Lexikon, Bd. 3. Hamburg 2006. Zeitverlag

* **dtv-Atlas Philosophie.** München [11]2003. dtv

Engels, Friedrich: Dialektik der Natur, in: Marx-Engels-Werke (= MEW). Hrsg. vom Institut für Marxismus-Leninismus beim ZK der SED. Band 20. Berlin / DDR 1962. (Karl) Dietz Verlag

Frei, Norbert: Die Geschichte ist offen, in: Die Zeit, Nr. 35 vom 23.08.2007 (www.zeit.de, Stand: 01.04.09)

Jansen, Ludger: Zeit und Gemeinschaft. Soziale Geschichtlichkeit und geschichtliche Sozialität, in: Zeit und Geschichte. Beiträge des 28. Internationalen Wittgenstein-Symposiums. Hrsg. von Friedrich Stadler und Michael Stöltzner. Kirchberg am Wechsel 2005. Franz Universum

Kästner, Erich: Entwicklung der Menschheit, in: ders.: Gesammelte Schriften. Bd. 1: Gedichte: Gesang zwischen den Stühlen. Zürich 1959. Droemer Knaur

Kassung, Christian: Kulturwissenschaftliches Seminar der Humboldt Universität Berlin, online-Seminarmaterial zum Thema „Gedächtnis und Zeit", 2007, www.culture.hu-berlin.de (Stand: 01.04.09)

Kluge, Alexander: Die Patriotin. Frankfurt / M. [2]1980. Zweitausendeins

Marx, Karl: Vorwort von „Zur Kritik der politischen Ökonomie", in: Marx-Engels-Werke (= MEW). Hrsg. vom

* = empfohlene Einführungen und Nachschlagewerke

Institut für Marxismus-Leninismus beim ZK der SED. Band 13. Berlin / DDR 1974. (Karl) Dietz Verlag

Marx, Karl / Engels, Friedrich: Manifest der kommunistischen Partei, in: Marx-Engels-Werke (= MEW). Hrsg. vom Institut für Marxismus-Leninismus beim ZK der SED. Band 4. Berlin / DDR 1974. (Karl) Dietz Verlag

Popper, Karl R.: Die offene Gesellschaft und ihre Feinde. Band II. Bern 1958. Francke Verlag

Wehrspaun, Charlotte und Michael: Eine neue Zukunft für den Fortschritt? Aus: Politik und Zeitgeschichte (B 27/2003), www.bpb.de/publikationen/32HF4M,0,0,Eine_neue_Zukunft_f%FCr_den_Fortschritt.html (Stand: 01.04.09)

Wimmer, Franz M.: Zufall oder Notwendigkeit? Die Frage nach dem Grundgesetz des Weltlaufs, in: Loacker, Norbert (Hg.): Geschichtlichkeit (= Enzyklopädie: Der Mensch, Bd.5/2). Zürich 1983. Kindler

Wimmer, Franz M.: Typen und Theorien von Geschichtsphilosophie, in: Mitteilungen des Instituts für Wissenschaft und Kunst. Wien 43/1988, H. 4

Glücks- und Strebensethik

Aristoteles: Nikomachische Ethik. Übersetzt von Franz Dirlmeier. Stuttgart 1983. Reclam

Aristoteles: Politik. Nach der Übersetzung von Franz Susemihl bearbeitet und herausgegeben von Nelly Tsouyopoulos und Ernesto Grassi. Reinbek bei Hamburg 1968. Rowohlt

Barnes, Jonathan: Aristoteles. Eine Einführung. Stuttgart 1992. Reclam

Busch, Michael: Der bescheidene Held von Ansbach, in: Fränkischer Tag vom 17./18.10.2009

Cicero: Über das Wesen der Götter 2, 23f.; Vom pflichtgemäßen Handeln 1, 14-17; 1, 101-124, in: Weinkauf, Wolfgang (Hg.): Die Philosophie der Stoa. Ausgewählte Texte. Stuttgart 2001. Reclam (S. 120, 251f.)

* **De Crescenzo, Luciano:** Geschichte der griechischen Philosophie. Aus dem Italienischen von Linde Birk. Zürich 2008. Diogenes

Diogenes Laertios: Leben und Meinungen berühmter Philosophen. Übersetzt und erläutert von Otto Apelt. Hamburg 1990. Meiner

* **dtv-Atlas Philosophie.** München [11]2003. dtv

Epiktet: Handbüchlein der Moral. Übersetzt von Kurt Steinmann. Stuttgart 2008. Reclam

Fetscher, Iring: Ermutigung zur Zivilcourage. Plädoyer für eine zu wenig beachtete Tugend, in: Rahner, Karl / Welte, Bernhard (Hg.): Über die Fähigkeit, menschlicher zu leben. Freiburg 1979. Herder

Fromm, Erich: Haben oder Sein. München [35]2007. dtv

* **Gaarder, Jostein:** Sofies Welt. Roman über die Geschichte der Philosophie. München [14]2007. dtv

Hersch, Jeanne: Das philosophische Staunen. Einblicke in die Geschichte des Denkens. Aus dem Französischen von Frieda Fischer und Cajetan Freund. München [5]1996. Piper

Hirschberger, Johannes: Geschichte der Philosophie, Band I: Altertum und Mittelalter. Freiburg 1976. Herder

Höffe, Otfried (Hg.): Klassiker der Philosophie. Band 1. Von den Vorsokratikern bis David Hume. München 1981. C. H. Beck

Hossenfelder, Malte (Hg.): Antike Glückslehren. Stuttgart 1996. Kröner

Krämer, Hans. Integrative Ethik. Frankfurt / M. 1995. Suhrkamp

Marc Aurel: Selbstbetrachtungen 2, 9 und 6, 2, in: Weinkauf, Wolfgang (Hg.): Die Philosophie der Stoa. Ausgewählte Texte. Stuttgart 2001. Reclam (S. 129, 260)

Nussbaum, Martha: Gerechtigkeit oder das gute Leben. Frankfurt / M. 1999. Suhrkamp

Nussbaum, Martha: Interview mit Angela Kalkhoff, in: Zeitschrift für Didaktik der Philosophie und Ethik (ZDPE), Heft 1/2001. Hannover. Siebert

Osborne, Richard: Philosophie. Eine Bildergeschichte für Einsteiger. München 1996. Fink

Passeron, Roger: Chagall. Aus dem Französischen von Roswitha Beyer. Zürich und Schwäbisch Hall 1985. Office du Livre, Fribourg, und Orell Füssli Verlag

Patzig, Günther: Ethik ohne Metaphysik. Göttingen 1971. Vandenhoeck

Pohlenz, Max: Die Stoa. Geschichte einer geistigen Bewegung. Göttingen 1959. Vandenhoeck und Ruprecht

Rohbeck, Johannes: Zehn Arten, einen Text zu lesen, in: Zeitschrift für Didaktik der Philosophie und Ethik (ZDPE), Heft 4/2001. Hannover. Siebert

Schmid, Wilhelm: Glück. Alles, was sie darüber wissen müssen, und warum es nicht das Wichtigste im Leben ist. Frankfurt / M. und Leipzig 2007. Insel

Schmid, Wilhelm: Philosophie der Lebenskunst. Eine Grundlegung. Frankfurt / M. [6]2000. Suhrkamp

Seel, Martin: Wege einer Philosophie des Glücks, in: Schummer, Joachim (Hg.): Glück und Ethik. Würzburg 1988. Königshausen und Neumann

Sen, Amartya: Der Lebensstandard. Hamburg 2000. Rotbuch

Seneca, in: Cicero: Stoische Weisheit. Griechisch-Lateinisch-Deutsch. Übersetzt von Heinz Panitz. Münster 1974. Aschendorff

Seneca: Vom glücklichen Leben. Übersetzt aus dem Lateinischen von Heinz Berthold. Frankfurt / M. 1992. Insel

* **Simon-Schaefer, Roland:** Kleine Philosophie für Berenike. Stuttgart 1996. Reclam

Spaemann, Robert: Glück und Wohlwollen. Stuttgart 1989. Klett

Weinkauf, Wolfgang (Hg.): Die Philosophie der Stoa. Ausgewählte Texte. Stuttgart 2001. Reclam

* **Weischedel, Wilhelm:** Die philosophische Hintertreppe. Die großen Philosophen in Alltag und Denken. München [30]2000. dtv

Weiße Rose: Flugblatt vom 18.02.1943, in: Hofer, Walther: Der Nationalsozialismus. Dokumente 1933-1945. Frankfurt / M. 1957. Fischer Bücherei

Windelband, Wilhelm / Heimsoeht, Heinz: Lehrbuch der Geschichte der Philosophie. Tübingen 1948. J.C.B. Mohr

Wiesen, Brigitte: Braucht man Recht und Gerechtigkeit für ein gutes Leben? In: Zeitschrift für Didaktik der Philosophie und Ethik (ZDPE), Heft 1/2002. Hannover, Siebert

Williams, Bernhard: Der Begriff der Moral. Eine Einführung in die Ethik. Stuttgart 1986. Reclam

* = empfohlene Einführungen und Nachschlagewerke

Wolf, Ursula: Sinn der aristotelischen Mesoteslehre, in: Höffe, Otfried (Hg.): Die Nikomachische Ethik. Berlin 1995. Akademie Verlag

* **Zagal, Héctor / Galindo, José:** Ethik für junge Menschen. Grundbegriffe – Positionen – Probleme. Aus dem Spanischen übersetzt von Bernd Goebel. Stuttgart 2000. Reclam

www.biasyl.de/comments.php?y=06&m=01&entry=entry060109-225234 (Stand 25.02.09)

www.glueckarchiv.de/inhalt/zitate.htm (Stand: 12.07.09)

www.proasyl.de (Stand: 23.02.09)

Folgenethik: Utilitarismus

Bentham, Jeremy: Eine Einführung in die Prinzipien der Moral und der Gesetzgebung. Aus dem Englischen übersetzt und herausgegeben von Otfried Höffe, in: Höffe, Otfried (Hg.): Einführung in die utilitaristische Ethik. 3. akt. Aufl. Tübingen und Basel 2003. A. Francke

Biermann, Ursula: „Der Alte stirbt doch sowieso", in: Frankfurter Allgemeine Zeitung vom 03.07.09, www.faz.net/IN/INtemplates/faznet/default.asp?tpl=common/zwischenseite.asp&dox={6F319326-41C6-0EE0-AD43-510551D9FF4D}&rub={C17179D5-29AB-4E2B-BEDB-095D7C41F468} (Stand: 29.07.09)

Dehner, Klaus: Lust an Moral. Die natürliche Sehnsucht nach Werten. Darmstadt 1998. Primus

Diogenes Laertios: Leben und Meinungen berühmter Philosophen. Übersetzt und erläutert von Otto Apelt. Hamburg 1990. Meiner

Epikur: Briefe, Sprüche, Fragmente. Griechisch / Deutsch. Übersetzt und herausgegeben von Hans-Wolfgang Krautz. Stuttgart 2005. Reclam

* **Fenner, Dagmar:** Ethik. Wie soll ich handeln? Tübingen 2008. Francke

Frankena, William K.: Analytische Ethik. Eine Einführung. Herausg. u. übers. v. Norbert Hoerster. 5. Aufl. München 1994. dtv

Gaisser, Sybille u. a.: Gendiagnostik. Dokumentation der interdisziplinären Fortbildungsveranstaltungen für Lehrerinnen und Lehrer. Durchgeführt im Auftrag der BioPro Baden-Württemberg. Fraunhofer ISI. Karlsruhe 2005

Gesang, Bernward: Nützlichkeit und Glück, in: Kolleg Praktische Philosophie. Bd. 2 Grundpositionen und Anwendungsprobleme der Ethik. Stuttgart 2008. Reclam

Hoerster, Norbert: Utilitaristische Ethik und Verallgemeinerung. Freiburg / München 1971. Alber

Höffe, Otfried: Einleitung, in: ders. (Hg.): Einführung in die utilitaristische Ethik. Klassische und zeitgenössische Texte. 3. aktualisierte Aufl. Tübingen u. Basel. 2003. A . Francke

Koch, Klaus: Der Preis des Lebens, in: Süddeutsche Zeitung vom 07.04.2005, www.sueddeutsche.de/wissen/353/326217/text/ (Stand: 29.07.09)

Mill, John Stuart: Der Utilitarismus. Übersetzung, Anmerkungen und Nachwort von Dieter Birnbacher. Stuttgart 2002. Reclam

Öchsner, Thomas: Jeder Fünfte muss von Niedriglohn leben, in: Süddeutsche Zeitung vom 09.07.09, www.sueddeutsche.de/wirtschaft/536/480021/text/ (Stand: 29.07.09)

* **Pieper, Annemarie:** Glückssache. Die Kunst gut zu leben. München 2003. dtv

Schwarzer, Alice: 218-Reform, Emma 2/2009, www.emma.de (Stand: 28.07.09)

Siever, Markus: Das deutsche Unvermögen, in: Frankfurter Rundschau vom 15.10.2008, www.fr-online.de/in_und_ausland/wirtschaft/aktuell/?em_cnt=1613962& (Stand: 29.07.09)

Singer, Peter: Praktische Ethik. Aus dem Englischen übersetzt von Oscar Bischoff u. a. 2. rev. und erw. Ausgabe. Stuttgart 1994. Reclam

Smart, John J. C.: Handlungsutilitarismus und Regelutilitarismus, in: Birnbacher, Dieter / Hoerster, Norbert (Hg.): Texte zur Ethik. 6. Auflage. München 1987. dtv

Süddeutsche Zeitung vom 17.09.2007, www.sueddeutsche.de/politik/765/418530/text/ (Stand: 29.07.09)

Süddeutsche Zeitung vom 29.07.2009, www.sueddeutsche.de/leben/818/482281/text/ (Stand: 29.07.09)

Vaas, Rüdiger: Wie das Gehirn sein Urteil fällt, in: bild der wissenschaft 1/2008.

Williams, Bernard: Der Begriff der Moral. Eine Einführung in die Ethik. Übersetzt von Eberhard Bubser. Stuttgart 1986. Reclam

Sollensethik: Immanuel Kant

* **Baggini, Julian:** 100 philosophische Gedankenspiele. Aus dem Englischen von Sonja Hauser. München / Zürich 2007. Piper

Blech, Jörg / Rafaela von Bredow: Das Böse im Guten, in: Der Spiegel 1/2007

Blesenkemper, Klaus, in: Zeitschrift für Didaktik der Philosophie und Ethik (ZDPE), Kant II, Heft 3/2002. Hannover. Siebert

Böckenförde Ernst-Wolfgang, in: Deutsches Ärzteblatt, Heft 19/2003; 100: A 1246-1249

Der Spiegel 29/2008

Der Spiegel 50/2008

* **Höffe, Otfried:** Immanuel Kant. München [2]1988. C.H. Beck

InterAction Council: Die Allgemeine Erklärung der Menschenpflichten des InterAction Council. Den Vereinten Nationen und der Weltöffentlichkeit zur Diskussion vorgelegt vom InterAction Council. www.zeit.de/1997/41/prambel.txt.19971003.xml (Stand 28.09.09)

Kant, Immanuel: Grundlegung zur Metaphysik der Sitten. Kants Werke. Akademie Textausgabe. Band IV. Berlin 1968. de Gruyter

Kant, Immanuel: Kritik der praktischen Vernunft. Kants Werke. Akademie Textausgabe. Band V. Berlin 1968. de Gruyter

Kant, Immanuel: Was ist Aufklärung? Kants Werke. Akademie Textausgabe. Band VIII. Berlin 1968. de Gruyter

Kant, Immanuel: Metaphysik der Sitten. Kants Werke. Akademie Textausgabe. Band VI. Berlin 1968. de Gruyter

Koch, Erwin: Die Formel der Freiheit, in: Der Spiegel 43/2008

Lang, Jochen von: Das Eichmann Protokoll. Tonbandaufnahmen der israelischen Verhöre. Wien 1991. Paul Zsolnay

* = empfohlene Einführungen und Nachschlagewerke

* **Ludwig, Ralf:** Kant für Anfänger. Der kategorische Imperativ. München [5]1999. dtv

Morris, Tom: Philosophie für Dummies. Übersetzt aus dem Amerikanischen von Aref Banakonandeh. Bonn 2003. mitp

Musil Robert: Die Verwirrungen des Zöglings Törless. Gesammelte Werke. Hrsg. von Adolf Frisé. Band II. Reinbek bei Hamburg 1978. Rowohlt

Nienhaus, Lisa / von Petersdorff, Winand: Jedes Menschenleben hat seinen Preis, in: Frankfurter Allgemeine Zeitung am Sonntag vom 10.08.08

Osborne, Richard: Philosophie. Eine Bildergeschichte für Einsteiger. Aus dem Englischen von Birger Brinkmeier. München 1996. Fink

* **Papineau, David (Hg.):** Philosophie. Eine illustrierte Reise durch das Denken. Übersetzt von Nikolas Palézieux. Darmstadt 2006. Wissenschaftliche Buchgesellschaft

Paton, Herbert James: Der kategorische Imperativ. Ins Deutsche übertragen von Karen Schenck. Berlin 1962. de Gruyter

Patzig, Günther: Ethik ohne Metaphysik. Göttingen 1971. Vandenhoeck

Schiller, Friedrich: Xenien, in: ders.: Werke in drei Bänden. Band II. Unter Mitwirkung von Gerhard Fricke. Hrsg. von Herbert G. Göpfert. Frankfurt / M., Wien 1992. Büchergilde Gutenberg

Schopenhauer, Arthur: Über die Grundlage der Moral. Züricher Ausgabe. Werke in 10 Bänden. Band VI. Zürich 1977. Diogenes

Schulz, Uwe: Kant. In Selbstzeugnissen und Bilddokumenten. Reinbek bei Hamburg 1974. Rowohlt

* **Spierling, Volker:** Kleine Geschichte der Philosophie. 50 Porträts von der Antike bis zur Gegenwart. München, Zürich [4]1996. Piper

* **Tugendhat, Ernst:** Vorlesungen über Ethik. Frankfurt / M. 1993. Suhrkamp

* **Zagal, Héctor / Galindo, José:** Ethik für junge Menschen. Aus dem Spanischen übersetzt von Bernd Goebel. Stuttgart 2000. Reclam

Diskursethik und Moralischer Kontraktualismus

Apel, Karl-Otto: Transformation der Philosophie. Band 2. Das Apriori der Kommunikationsgemeinschaft. Frankfurt / M. 1973. Suhrkamp

Böhler, Dietrich: Philosophischer Diskurs im Spannungsfeld von Theorie und Praxis. Nach Funkkolleg Praktische Philosophie / Ethik, Studientexte, Band 2. Herausgegeben vom Deutschen Institut für Fernstudien an der Universität Tübingen. Tübingen 1981

Cohen, Martin: 99 moralische Zwickmühlen. Eine unterhaltsame Einführung in die Philosophie des richtigen Handelns. Übersetzt von Rita Seuß und Thomas Wollermann. 4. Auflage. München 2008. Piper

Fichte, Johann Gottlieb: Das System der Rechtslehre. 2.Teil, Erstes Kapitel. Vom Vertrag überhaupt und von seiner Verbindlichkeit nach dem Rechtsgesetze, in: www.textlog.de/9406.html (Stand: 02.12.09)

Habermas, Jürgen: Erläuterungen zur Diskursethik. Frankfurt / M. 1991. Suhrkamp

Habermas, Jürgen: Moralbewusstsein und kommunikatives Handeln. Frankfurt / M. 1983. Suhrkamp

Hauke, Thomas / Würger, Hubert: Gibt es moralische Normen, die kein Mensch bestreiten kann? In: Ethik & Unterricht 2/1994

Hoerster, Norbert: Moralbegründung ohne Metaphysik, in: Aufklärung und Kritik, Zeitschrift für freies Denken und humanistische Philosophie, hrsg. v. d. Gesellschaft für kritische Philosophie Nürnberg, Sonderheft 7/2003

Kersting, Wolfgang: Artikel „Kontraktualismus", in: Düwell, Marcus / Hübenthal, Christoph / Werner, Micha H. (Hg.): Handbuch Ethik. Stuttgart und Weimar, 2. Auflage 2006. J. B. Metzler

Kuhlmann, Wolfgang: Ist eine philosophische Letztbegründung moralischer Normen möglich?, in: Funkkolleg Praktische Philosophie. Studienbegleitbrief 8. Herausgegeben vom Deutschen Institut für Fernstudien an der Universität Tübingen. Tübingen 1981

Platon: „Der Staat", Buch II (358 e-359 b), in: Platon: Sämtliche Werke. Hrsg. von Ernesto Grassi. Hamburg [11]1969. Rowohlt Klassiker

Stemmer, Peter: Handeln zugunsten anderer. Eine moralphilosophische Untersuchung. Berlin 2000. de Gruyter

* **Tugendhat, Ernst:** Vorlesungen über Ethik. Frankfurt / M. 1993. Suhrkamp

Verantwortungsethik

Birnbacher, Dieter: Verantwortung für zukünftige Generationen. Stuttgart 1988. Reclam

Düwell, Marcus / Hübenthal, Christoph / Werner, Micha H. (Hg.): Handbuch Ethik. Stuttgart und Weimar, 2. Auflage 2006. J. B. Metzler

Frisch, Max: Tagebuch 1946-1949. Frankfurt / M. Suhrkamp 1974

Höges, Clemens: Der grüne Tsunami, in: Der Spiegel Nr. 4 vom 19.01.2009

Hubig, Christoph / Lenk, Hans / Maring, Matthias: Technikethik aus dem Elfenbeinturm. Forderungen an die Ethik, in: Funkkolleg Technik: einschätzen – beurteilen – bewerten. Hrsg. vom Deutschen Institut für Fernstudienforschung an der Universität Tübingen. Studienbrief 2. Tübingen 1994

* **Jonas, Hans:** Das Prinzip Verantwortung. Frankfurt / M. 1979. Suhrkamp

Lenk, Hans: Komplexe Ebenen der Verantwortung, in: Sänger, Monika (Hg.): Verantwortung. Arbeitstexte für den Unterricht. Stuttgart 1991. Reclam

* **Lenk, Hans / Ropohl, Günter (Hg.):** Technik und Ethik. 2. revidierte und erweiterte Auflage. Stuttgart 1993. Reclam

Lübbe, Weyma: Kollektive Verursachung und kollektive Verantwortung, in: Arnswald, Ulrich / Kertscher, Jens (Hg.): Herausforderungen der Angewandten Ethik. Paderborn 2002. mentis

Tügel, Hanne: Die Kunst der Reue, in: Geo Wissen: Sünde und Moral. Nr. 35/2005. Hamburg. Gruner + Jahr

Weber, Max: Politik als Beruf, in: Sänger, Monika (Hg.): Verantwortung. Arbeitstexte für den Unterricht. Stuttgart 1991. Reclam

 * = empfohlene Einführungen und Nachschlagewerke

Funktion und Kritik der Moral

Bredow, Rafaela von: Der Männchenmacher, Spiegel Wissen, 1/2009

Engels, Friedrich: Herrn Eugen Dührings Umwälzung der Wissenschaft, in: Marx-Engels-Werke (= MEW). Hrsg. vom Institut für Marxismus-Leninismus beim ZK der SED. Band 20. Berlin / DDR 1962. (Karl) Dietz Verlag

* **Ferry, Luc:** Leben lernen: Eine philosophische Gebrauchsanweisung. Aus dem Französischen von Lis Künzli. Verlag Antje Kunstmann. o. J.

Gilligan, Carol: Moralische Orientierung und moralische Entwicklung, in: Nummer-Winckler, Gertrud (Hg.): Weibliche Moral. Frankfurt / M. 1991. Campus

Hauke, Friedrichs / Witte, Sebastian: 7 Rätsel der Neurowissenschaften, in: Geo kompakt Nr. 15/2008. Hamburg. Gruner + Jahr

Jelden, Eva: Der kleine Unterschied in der Moral, in: Caysa, Petra / Jelden, Eva / Pena Aguado, Maria Isabel (Hg): Geschlechterdifferenzen in der Philosophie. Leipziger Universitätsverlag 1999

Marx, Karl: Zur Judenfrage, in: Marx-Engels-Werke (= MEW). Hrsg. vom Institut für Marxismus-Leninismus beim ZK der SED. Band 1. Berlin / DDR 1976. (Karl) Dietz Verlag

Marx, Karl: Vorwort zur Kritik der politischen Ökonomie, in: ebda. Band 13. Berlin / DDR 1974. (Karl) Dietz Verlag

Marx, Karl: Deutsche Ideologie, in: ebda. Band 3. Berlin / DDR 1973. (Karl) Dietz Verlag

Nietzsche, Friedrich: Werke in drei Bänden. Hrsg. von Karl Schlechta. Darmstadt 1960. Wissenschaftliche Buchgesellschaft

Pauer-Studer, Herlinde: Moraltheorie und Geschlechterdifferenz, in: Nagl-Docekal, Herta / Pauer-Studer, Herlinde (Hg.): Jenseits der Geschlechtermoral. Frankfurt / M. 1993. Fischer

Rius: Marx für Anfänger. Übersetzt von Ludwig Moos. Reinbek bei Hamburg [4]1980. Rowohlt

Schröder, Winfried: Moralischer Nihilismus. Radikale Moralkritik von den Sophisten bis Nietzsche. Stuttgart 2005. Reclam

Singer, Peter: Globalisierungsethik. Vortrag an der Uni Leipzig am 02.06.2005. www.heise.de/tp/r4/artikel/20/20226/1.html (Stand: 01.12.09)

* **Zagal, Héctor / Galindo, José:** Ethik für junge Menschen. Grundbegriffe – Positionen – Probleme. Aus dem Spanischen übersetzt von Bernd Goebel. Stuttgart 2000. Reclam

Rechts- und Wirtschaftsethik

Bielefeldt, Heiner: Die Menschenrechte, in: böllTHEMA, Magazin der Heinrich-Böll-Stiftung Nr.2, 2005: Alles eins? Globale Zukunft für Kultur und Demokratie

Bielefeldt, Heiner / Trisch, Oliver: Unterrichtsmaterialien zur Menschenrechtsbildung. Deutsches Institut für Menschenrechte. Ausgabe1 / Juli 2006

Bittner, Rüdiger: Gute Kriege, böse Feinde. Über Michael Walzers Kriterium vom gerechten Krieg, in: Information Philosophie. online-Ausgabe vom 22.02.2006, www.michael-funken.de/information-philosophie/terrorismus.html (Stand: 01.04.09)

Brozus, Lars / Zürn, Michael: Regieren im Weltmaßstab, in: BpB, Informationen zur politischen Bildung: Globalisierung. Heft 280/2003. www.bpb.de/publikationen/EYRTL9,0,Regieren_im_Weltma%DFstab.html (Stand: 01.12.09)

Bush, George W., zitiert nach Net-Zeitung vom 20.3.2003, www.netzeitung.de/spezial/irak/231587.html (Stand: 01.04.09)

Castellucci, Lars: Zur Zukunft des „Rheinischen Kapitalismus“, in: Bundeszentrale für politische Bildung (Hg.): Aus Politik und Zeitgeschichte. B6-7/2001

Die Welt vom 22.01.08, www.welt.de/wirtschaft/article1581614/IG_Metall_droht_mit_Widerstand_und_Streiks.html (Stand: 01.04.09)

Die Zeit Nr. 19 vom 03.05.2007 (Elisabeth Niejahr / Hans-Werner Bierhoff), www.zeit.de (Stand: 01.04.09)

Ebkurs, Magazin der EB Zürich. Kantonale Berufsschule für Weiterbildung. Nr. 19/2008

Eine Welt Netz NRW – Projekt für fairen Handel, zitiert nach: Online-Flyer Nr. 74 vom 12.12.2006 der NRhZ-Online – Neue Rheinische Zeitung, www.nrhz.de/flyer/beitrag.php?id=10416 (Stand: 01.04.09)

Focus-Money Nr. 39/2007, www.focus.de/finanzen/news/ethisches-investment-mit-gutem-gewissen-geld-verdienen_aid_260198.html (Stand: 01.04.09)

Forst, Rainer: Kontexte der Gerechtigkeit. Frankfurt/M. 1996. Suhrkamp

Forst, Rainer: Das Recht auf Rechtfertigung. Elemente einer konstruktivistischen Theorie der Gerechtigkeit. Frankfurt / M. 2007. Suhrkamp

Frankfurt, Harry: Gleichheit und Achtung, in: Angelika Krebs (Hg.), Gleichheit oder Gerechtigkeit. Texte der neueren Egalitarismuskritik. Frankfurt / M. 2000. Suhrkamp

Geo Nr. 10/2007: Gerechtigkeit. Hamburg. Gruner + Jahr

Götz, Eva-Maria: Schuldgefühl und Schuldbewusstsein. Feature im Deutschlandradio vom 20.11.2008, www.dradio.de/dlf/sendungen/studiozeit-ks/878790/ (Stand: 02.12.09)

Gordon, Tina: Schritt für Schritt. Fair trade – ein Beitrag zu den Milleniums-Entwicklungzielen, in: DED (Deutscher Entwicklungsdienst Dienst), Brief 1/2006

Hauer, Judith: Die Großen lässt man kaufen, in: die tageszeitung (taz) vom 26.01.2007

heise-online.de vom 18.01.2008, www.heise.de/newsticker/-Politiker-wechseln-aus-Protest-gegen-Nokia-ihre-Handymarke-/meldung/102000 (Stand: 01.04.09)

Höffe, Otfried: Demokratie im Zeitalter der Globalisierung. München 1999. C.H. Beck

Horx, Matthias, in: zukunftsletter Nr. 6/2007, www.marketing-trendinformationen.de/trends-zukunft/zukunftsletter/ausgaben/2007-06.html (Stand: 01.04.09)

Institut für Betriebswirtschaftslehre, Universität Kassel, Forschungsgruppe Betriebliche Umweltpolitik 2003, www.ibwl.uni-kassel.de/fnu/start-up-to-sustain/welcome/unachhalt.htm (Stand: 01.04.09) und www.ibwl.uni-kassel.de/fnu/start-up-to-sustain/Dokumente/Checkliste_nachhaltige%20Unternehmensgruendung.pdf (Stand: 01.04.09)

* = empfohlene Einführungen und Nachschlagewerke

Kant, Immanuel: Zum ewigen Frieden. Königsberg 1795. Friedrich Nicolovius. Hier zitiert nach: www.philosophie-buch.de/ewfried.htm (Stand: 02.12.09)

Kopatz, Michael: Nachhaltige Entwicklung: Das Leitbild für eine ökologisch-tragfähige und generationengerechte Entwicklung, in: Online-Akademie der Friedrich-Ebert-Stiftung. November 2005, www.fes-online-akademie.de/modul.php?md=6&tc=texte&tid=103 (Stand: 01.04.09)

Kreppel, Barbara / Müller, Stefan: Das Ultimatumspiel, in: Spektrum direkt vom 01.11.2002, www.spektrumdirekt.de/page/fe_seiten?article_id=607054 (Stand: 02.12.09)

Loeck, Gottfried: Im Sog des Rechtsnihilismus, in: Preußische Allgemeine Zeitung vom 12.2.2005, www.ostpreussen.de/textarchiv/volltext-recherche.html (Stand: 02.12.09)

Lutz, David (Forschungsinstitut für Philosophie Hannover): Kann es gerechte Kriege geben? Eine philosophische Auseinandersetzung am Beispiel des NATO-Einsatzes in Jugoslawien. Vortrag gehalten am 18. Juni 2001 im Rahmen von Reflex: Institut für Praktische Philosophie Hannover, Auszug in: www.friedenspaedagogik.de/themen/kriegsgeschehen_verstehen/krieg/gerechter_krieg/die_lehre_vom_gerechten_krieg (Stand: 01.04.09), der gesamte Vortrag ist abrufbar unter: www.jahrbuch2001.studien-von-zeitfragen.net/Zeitfragen/Kriegsfragen/Gerechter%20Krieg/gerechter_krieg.HTM

Nutzinger, Hans G.: Einleitung: Gerechtigkeit und / oder Ökonomie, in: ders. (Hg.): Gerechtigkeit in der Wirtschaft – Quadratur des Kreises? Marburg 2006. Metropolis

Ostendorf, Heribert: Vom Sinn und Zweck des Strafens, in: Informationen zur politischen Bildung. Heft 248: Kriminalität und Strafrecht. Hrsg. von der Bundeszentrale für politische Bildung / bpb, Bonn. www.bpb.de/publikationen/MOXTL4,4,0,Vom_Sinn_und_Zweck_des_Strafens.html#art4 (Stand: 02.12.09)

Pressedienst des deutschen Bundestages, hib-Meldung vom 28.02.2006

Radbruch, Gustav: Fünf Minuten Rechtsphilosophie, in: ders.: Rechtsphilosophie. Stuttgart [8]1973. K.F. Koehler

Rath, Christian: Gut für das Recht und die Bürger, in: die tageszeitung (taz) vom 26.01.2007

Rawls, John: Eine Theorie der Gerechtigkeit. Übersetzt von Hermann Vetter. Frankfurt / M. 1979. Suhrkamp

Restany, Pierre: Straße der Menschenrechte, Nürnberg, in: Dani Karavan: Eine ausdrücklich politische Kunst. www.kunst.uni-stuttgart.de/seminar/karavan/environ.html#e6 (Stand: 02.12.09)

Schiller, Friedrich: Wilhelm Tell, 2. Aufzug, 2. Szene. Stuttgart 1987. Reclam

Schissler, Jakob: Menschenrechte zwischen Universalismus und Kulturrelativismus, in: Landeszentrale der politischen Bildung Baden-Württemberg (Hg.): Bürger im Staat. Heft 1/2 2005, www.buergerimstaat.de/1_2_05/kultur.htm (Stand: 01.04.09)

Schönlebe, Dirk: Interview mit Angelika Krebs, in: fluter, Magazin der Bundeszentrale für politische Bildung (bpb). Heft 54. Dezember / Januar 2006/2007, www.fluter.de/de/gleichheit/heft/5677/?tpl=162 (Stand: 01.04.09)

Schröder, Gerhard, zitiert nach Presse- und Informationsamt der Bundesregierung, Pressemitteilung Nr. 111/99 vom 24. März 1999

Schröder, Winfried: Moralischer Nihilismus. Radikale Moralkritik von den Sophisten bis Nietzsche. Stuttgart 2005. Reclam

Statistisches Bundesamt: Durchschnittliche Verdienste und Arbeitszeiten nach Wirtschaftszweigen. Vorläufige Ergebnisse für das 3. Quartal 2008. www.destatis.de/jetspeed/portal/cms/Sites/destatis/Internet/DE/Content/Statistiken/VerdiensteArbeitskosten/Bruttoverdienste/Tabellen/Content100/VollTeilzeitVerdiensterhebung__Q,templateId=renderPrint.psml (Stand: 01.04.09)

Stay, Jochen: Wo Recht zu Unrecht wird. Ziviler Ungehorsam in der Anti-AKW-Bewegung, in: Friedensforum (Zeitschrift von Netzwerk Friedenskooperative), Nr. 5/2004, http://www.friedenskooperative.de/ff/ff04/5-73.htm (Stand: 01.04.09)

taz (die tageszeitung) vom 07.07.2008, Interview mit Karl Homann

* **Tugendhat, Ernst:** Vorlesungen über Ethik. 18. Vorlesung: Gerechtigkeit. Frankfurt / M. 1993. Suhrkamp

Tugendhat, Ernst in einem Interview, in: Albrecht, Julia: Jeder Rechtfertigung entzogen, in: taz (die tageszeitung) vom 06.11.1996

unipublik, Zeitschrift der Universität Zürich vom 23.01.2008 http://www.unipublic.uzh.ch/magazin/gesellschaft/2008/2792.html (Stand: 01.04.09)

Walzer, Michael: Sphären der Gerechtigkeit. Ein Plädoyer für Pluralität und Gleichheit. Frankfurt / M. 1998. Fischer

WDR vom 16.1.08, www.wdr.de/themen/wirtschaft/wirtschaftsbranche/nokia/080116.jhtml (Stand: 01.04.09)

Wertevolle Zukunft, Stiftung für ethisches Handeln, Hamburg, www.wertevolle-zukunft.de/index.php?section=29 (Stand: 01.04.09)

* **Wesel, Uwe:** Fast alles, was Recht ist. Jura für Nicht-Juristen. Frankfurt / M. [6]1999. Eichborn

Wetz, Franz Josef: Die Würde des Menschen: antastbar? Niedersächsische Landeszentrale für politische Bildung. Hannover 2002, www.nibis.de/nli1/rechtsx/nlpb/pdf/PolBildung/menschenwurde.pdf (Stand: 01.12.09)

Wilson, Woodrow, zitiert nach Praxis Geschichte, Heft 6/2005: „Weltmacht USA“

www.gratis-spruch.de/index.php (Stand: 01.04.09)

Wissenschafts- und Technikethik

Alpern, Kenneth D.: Ingenieure als moralische Helden, in: Technik und Ethik. Hrsg. von Hans Lenk und Günter Ropohl. Stuttgart 1987. Reclam

Arendt, Hannah: Vita activa oder vom tätigen Leben. München 2005. Piper

Benecke, Jochen / Gremm, Otto: Energieversorgung um jeden Preis?, in: Funkkolleg Technik einschätzen – beurteilen – bewerten. Hrsg. v. Deutschen Institut für Fernstudienforschung an der Universität Tübingen (= DIFF). Studienbrief 4. Tübingen 1994

bild der wissenschaft 1/2008

bild der wissenschaft 9/2007

bild der wissenschaft plus. Simulierte Welten

Bolz, Norbert: Der geschwätzige Affe, in: Der Spiegel 12/2001

Brecht, Bertolt: Leben des Galileo Galilei. Berlin 1963. Suhrkamp

 * = empfohlene Einführungen und Nachschlagewerke

* **Brockhaus Philosophie.** Ideen, Denker und Begriffe. Hrsg. von der Lexikonredaktion des Verlags F.A. Brockhaus. Mannheim 2004

Capurro, Rafael: Führt die digitale Weltvernetzung zu einer globalen Informationsethik?, in: Concilium. Internationale Zeitschrift für Theologie, 1/2005

Dürrenmatt, Friedrich: Die Physiker. Eine Komödie in zwei Akten. Zürich 1980. Diogenes Verlag AG

Frisch, Max: Homo Faber. Frankfurt / M. 1998. Suhrkamp Basis Bibliothek

Funiok, Rüdiger: Medienethik: Trotz Stolpersteine ist der Wertediskurs über Medien unverzichtbar, in: Karmasin, Matthias (Hg.): Medien und Ethik. Stuttgart 2002. Reclam

Funkkolleg Technik einschätzen – beurteilen – bewerten. Hrsg. v. Deutschen Institut für Fernstudienforschung an der Universität Tübingen (= DIFF). Tübingen 1994

Gäbler, Bernd: Journalisten. Botschafter des Terrors, in: Geo Wissen 5/2005. Hamburg. Gruner + Jahr

Grehn, Joachim / Krause, Joachim (Hg.): Metzler Physik. 4. Auflage. Hannover 1998. Schroedel

Hawking, Stephen: Eine kurze Geschichte der Zeit. Die Suche nach der Urkraft des Universums. Deutsch von Hainer Kober unter fachlicher Beratung von Dr. Bernd Schmidt. Hamburg 1988. Rowohlt

Heesen, Jessica: Die Gegenstandsbereiche der Medienethik, in: Düwell, Marcus / Hübenthal, Christoph / Werner, Micha H. (Hg.): Handbuch Ethik. Stuttgart und Weimar, 2. Auflage 2006. J. B. Metzler

Heisenberg, Werner: Über die Verantwortung des Forschers, in: ders.: Quantentheorie und Philosophie. Stuttgart 1979. Reclam

Hubig, Christoph: Technik- und Wissenschaftsethik. Ein Leitfaden. Berlin 1993. Springer-Verlag

Hubig, Christoph / Jelden, Eva: Werkzeuge, Maschinen und Systeme – Leben in der Technik, in: Funkkolleg Technik einschätzen – beurteilen – bewerten. Hrsg. v. Deutschen Institut für Fernstudienforschung an der Universität Tübingen (= DIFF). Studienbrief 1. Tübingen 1994

Jacob, Klaus: Grüne Giganten, in: bild der wissenschaft 1/2008

Jelden, Eva: Homo faber: Experten oder Expertensysteme?, in: Funkkolleg Technik einschätzen – beurteilen – bewerten. Hrsg. v. Deutschen Institut für Fernstudienforschung an der Universität Tübingen (= DIFF). Studienbrief 5. Tübingen 1994

* **Jonas, Hans:** Das Prinzip Verantwortung. Frankfurt / M. 1979. Suhrkamp

* **Jonas, Hans:** Technik, Medizin und Ethik. Praxis des Prinzips Verantwortung. Frankfurt / M. 1985. Insel

Kutschera, Franz von: Wissenschaftstheorie I. München 1972. Wilhelm Fink Verlag, UTB

Ladd, John: Computer, Informationen und moralische Verantwortung, in: Lenk, Hans (Hg.): Wissenschaft und Ethik. Stuttgart 1991. Reclam

Lenk, Hans: Ethikkodizes für Ingenieure, in: Technik und Ethik. Hrsg. von Hans Lenk und Günter Ropohl. Stuttgart 1987. Reclam

* **Lenk, Hans / Ropohl, Günter:** Einführung: Technik zwischen Können und Sollen, in: Technik und Ethik. Hrsg. von Hans Lenk und Günter Ropohl. Stuttgart 1987. Reclam

Murr, Sandra: Second Life, Third Dimension, in: bild der wissenschaft, 10/2007

Renn, Ortwinn: Wir sind das Frühwarnsystem. Gespräch mit Geo-Redakteur Jens Schröder, in: Geo kompakt Nr. 3/2005: Das Abenteuer Technik. Hamburg. Gruner + Jahr

Ropohl, Günter: Technikethik, in: Pieper, Annemarie / Thurnherr, Urs (Hg.): Angewandte Ethik. Eine Einführung. München 1998. C. H. Beck

Schäfer, Lothar: Das Bacon-Projekt. Von der Erkenntnis, Nutzung und Schonung der Natur. Frankfurt / M. 1993. Suhrkamp Taschenbuch Wissenschaft.

Schmidt, Artur, P.: Der Wissensnavigator. Das Lexikon der Zukunft. Stuttgart 1999. Deutsche Verlags-Anstalt

Spektrum Special, 3/1999

Weizsäcker, Carl Friedrich von: Moralische Verantwortung in der Wissenschaft, in: Wissenschaft und Ethik. Hrsg. von Hans Lenk. Stuttgart 1991. Reclam

Zimmerli, Walther Ch.: Einmischungen. Die sanfte Macht der Philosophie. Darmstadt 1993. Wissenschaftliche Buchgesellschaft

Ökologische Ethik

Birnbacher, Dieter: Mensch und Natur. Grundzüge der ökologischen Ethik, in: Bayertz, Kurt: Praktische Philosophie. Grundorientierungen angewandter Ethik. Reinbek bei Hamburg 1991. Rowohlt

Birnbacher, Dieter: Bioethik zwischen Natur und Interesse. Mit einer Einleitung von Andreas Kuhlmann. Frankfurt / M. 2006. Suhrkamp

Cholet, Jerome: Das Für und Wider der Grünen Gentechnik. Nebenwirkungen (noch) unbekannt, in: Das Parlament, Thema: Chancen und Risiken der Gentechnik, Nr. 10/56. Jg., 06.03.2006

Cohen, Carl: Haben Tiere Rechte?, in: Interdisziplinäre Arbeitsgemeinschaft Tierethik Heidelberg (Hg.): Tierrechte. Eine interdisziplinäre Herausforderung. Erlangen 2007. Harald Fischer

Dehmer, Dagmar: Fünf Fragen an Christel Happach-Kasan, in: Das Parlament, Nr. 43/57 Jg., 22.10.2007

Dschen, Meili: Forschung: Der Glaubenskrieg um die Gen-Maus. Beobachter 5/2000, www.beobachter.ch/leben-gesundheit/artikel/forschung-der-glaubenskrieg-um-die-gen-maus/ (Stand: 27.09.09)

Engel, Mylan, Jr.: Tierethik, Tierrechte und moralische Integrität, in: Interdisziplinäre Arbeitsgemeinschaft Tierethik Heidelberg (Hg.): Tierrechte. Eine interdisziplinäre Herausforderung. Erlangen 2007. Harald Fischer

Frankena, William K.: Ethik und die Umwelt, in: Krebs, Angelika (Hg.): Naturethik. Grundtexte der gegenwärtigen tier- und ökoethischen Diskussion. Frankfurt / M. 1997. Suhrkamp

Habermas, Jürgen: Erläuterungen zur Diskursethik. Frankfurt / M. 1991. Suhrkamp

Heine, Nicole u. a. (Hg.): Basisreader der Moderation zum Diskurs Grüne Gentechnik des Bundesministerium für Verbraucherschutz, Ernährung und Landwirtschaft – BMVEL April 2002, www.transgen.de|Portal Diskurs (Stand: 20.09.08)

Hoerster, Norbert: Haben Tiere eine Würde? Grundfragen der Tierethik. München 2004. C. H. Beck
Krebs, Angelika: Ökologische Ethik I: Grundlagen und Grundbegriffe, in: Nida-Rümelin, Julian (Hg.): Angewandte Ethik. Die Bereichsethiken und ihre theoretische Fundierung. Ein Handbuch. Stuttgart 1996. Alfred Kröner
Krebs, Angelika: Naturethik im Überblick, in: dies. (Hg.): Naturethik. Grundtexte der gegenwärtigen tier- und ökoethischen Diskussion. Frankfurt / M. 1997. Suhrkamp
Mill, John Stuart: Natur, in: ders.: Drei Essays über Religion. Natur – Die Nützlichkeit der Religion – Theismus. Auf der Grundlage der Übersetzung von Emil Lehmann neu bearbeitet und mit Anmerkungen und einem Nachwort versehen von Dieter Birnbacher. Stuttgart 1984. Reclam
Regan, Tom: Wie man Rechte für Tiere begründet, in: Krebs, Angelika (Hg.): Naturethik. Grundtexte der gegenwärtigen tier- und ökoethischen Diskussion. Frankfurt / M. 1997. Suhrkamp
Singer, Peter: Alle Tiere sind gleich, in: Krebs, Angelika (Hg.): Naturethik. Grundtexte der gegenwärtigen tier- und ökoethischen Diskussion. Frankfurt / M. 1997. Suhrkamp
Tugendhat, Ernst: Wer sind alle?, in: Krebs, Angelika (Hg.): Naturethik. Grundtexte der gegenwärtigen tier- und ökoethischen Diskussion. Frankfurt / M. 1997. Suhrkamp
Uexküll, Ole von: Gentechnik-Streit. Minderwertige Natur? Für die Ablehnung der grünen Gentechnik gibt es gute Argumente. Wer die Gentechnik richtig einschätzen will, muss ganzheitlich denken können. Eine Antwort auf Andreas Sentker, in: Die Zeit Nr. 44/2007
Williams, Bernard: Muss Sorge um die Umwelt vom Menschen ausgehen?, in: Krebs, Angelika (Hg.): Naturethik. Grundtexte der gegenwärtigen tier- und ökoethischen Diskussion. Frankfurt / M. 1997. Suhrkamp
www.uni-heidelberg.de/studium/journal/index.html (Stand: 20.09.08)
www.welthungerhilfe.de/jeder-siebte-mensch-hungert.html (Stand: 20.9.08); die Graphik ist unter dem folgenden Link als pdf-Datei erhältlich:
www.welthungerhilfe.de/fileadmin/media/pdf/infografiken/Mensch_hungert_4c.pdf

Medizinethik

Ach, Johann S. / Wiesing, Urban / Marckmann, Georg: Einführung; Transplantationsmedizin, in: Wiesing, Urban, unter Mitarbeit von Johann S. Ach, Matthias Bormuth und Georg Marckmann (Hg.): Ethik in der Medizin. Ein Studienbuch. Stuttgart 2004. Reclam
Bahnsen, Ulrich / Spiewak, Martin: Die Zukunftskinder. Die Medizin verhilft nicht nur unfruchtbaren Paaren zu Nachwuchs, sie entwickelt auch Instrumente, um das Kind zu optimieren. Wird der Mensch neu erfunden?, in: Die Zeit Nr. 23/2008
Beauchamp, Tom L.: Antwort auf Rachels zum Thema Euthanasie, in: Sass, Hans-Martin (Hg.): Medizin und Ethik. Stuttgart 1999. Reclam
Birnbacher, Dieter: Organtransplantation, in: Wiesing, Urban, unter Mitarbeit von Johann S. Ach, Matthias Bormuth und Georg Marckmann (Hg.): Ethik in der Medizin. Ein Studienbuch. Stuttgart 2004. Reclam
Bundesärztekammer: Grundsätze der Bundesärztekammer zur ärztlichen Sterbebegleitung, Deutsches Ärzteblatt, Heft 19 vom 7. Mai 2004, S.1f., www.bundesaerztekammer.de/downloads/Sterbebegl2004.pdf (Stand: 30.11.09)
Bundesverfassungsgericht: Entscheidungen des Bundesverfassungsgerichts BVerfGE 39, S. 1ff. (37), zit. nach: Reinhard Merkel: Forschungsobjekt Embryo. Verfassungsrechtliche und ethische Grundlagen der Forschung an menschlichen embryonalen Stammzellen. München 2002. dtv
Damschen, Gregor / Schönecker, Dieter: Argumente und Probleme in der Embryonendebatte – ein Überblick, in: dies. (Hg.): Der Status menschlicher Embryonen. Pro und contra Spezies-, Kontinuums-, Identitäts- und Potentialitätsargument. Berlin / New York 2003. de Gruyter
Damschen, Gregor / Schönecker, Dieter: In dubio pro embryone. Neue Argumente zum moralischen Status menschlicher Embryonen, in: dies. (Hg.): Der Status menschlicher Embryonen. Pro und contra Spezies-, Kontinuums-, Identitäts- und Potentialitätsargument. Berlin / New York 2003. de Gruyter
Deutsche Bischofskonferenz / Rat der Evangelischen Kirche in Deutschland (EKD): Leben bis zuletzt: Sterben als Teil des Lebens. Erklärung der Deutsche Bischofskonferenz und des Rates der Evangelischen Kirche in Deutschland zur *Woche für das Leben* vom 04.-10.05.1996, in: Wiesing, Urban, unter Mitarbeit von Johann S. Ach, Matthias Bormuth und Georg Marckmann (Hg.): Ethik in der Medizin. Ein Studienbuch. Stuttgart 2004. Reclam
Düwell, Marcus / Steigleder, Klaus: Bioethik – Zu Geschichte, Bedeutung und Aufgaben, in: dies. (Hg.), Bioethik. Eine Einführung. Frankfurt / M. 2003. Suhrkamp
Emanuel, Ezekiel J. / Emanuel, Linda L.: Vier Modelle der Arzt-Patient-Beziehung, in: Wiesing, Urban, unter Mitarbeit von Johann S. Ach, Matthias Bormuth und Georg Marckmann (Hg.): Ethik in der Medizin. Ein Studienbuch. Stuttgart 2004. Reclam
Emundts, Corinna: „Viele haben Angst", Interview mit Dirk Müller, www.das-parlament.de/2007/14-15/menschenmeinungen/14499661.html (Stand: 28.08.08)
Feuerstein, Günter / Kollek, Regine: Vom genetischen Wissen zum sozialen Risiko: Gendiagnostik als Instrument der Biopolitik, in: Aus Politik und Zeitgeschichte, B 27/2001
Fischer, Peter: Politische Ethik. München 2006. Wilhelm Fink
Franck, Annika: 25 Jahre Palliativmedizin in Deutschland. Hilfe, wenn keine Heilung möglich ist, www.wdr.de/themen/wissen/1/leonardo/080409.jhtml (Stand: 06.01.08)
Golombok, Susan: Auf die Liebe kommt es an. Künstlich gezeugte Kinder entwickeln sich ganz normal. Aber sie wollen um ihre Herkunft wissen. Ein Gespräch mit der britischen Psychologin Susan Golombok, in: Die Zeit 23/2008
Hardenberg, Nina von: Tödliche Spenden-Angst, in: Süddeutsche Zeitung vom 07.06.2008
Hénard, Jacqueline / Wüsthof, Achim: Zu krank für das Leben. Dürfen Ärzte Frühgeborene töten, wenn schwere Behinderungen drohen? Eine europäische Studie entzweit Mediziner und Ethiker, in: Die Zeit, Nr. 43 vom 17.10.2000, www.zeit.de/2000/43/200043_fruehchen.xml (Stand: 05.01.08)

Henn, Wolfram / Meese, Eckart: Was stimmt? Humangenetik. Die wichtigsten Antworten. Freiburg 2007. Herder

Hick, Christian (Hg.): Klinische Ethik, unter Mitarbeit von Michael Gommel, Andrea Ziegler und Peter W. Gaidzik. Heidelberg 2007. Springer Medizin

Höffe, Otfried: Medizin ohne Ethik? Frankfurt / M. 2002. Suhrkamp

Hoerster, Norbert: Tötungsverbot und Sterbehilfe, in: Sass, Hans-Martin (Hg.): Medizin und Ethik. Stuttgart 1999. Reclam

* **Jonas, Hans:** Technik, Medizin und Ethik. Praxis des Prinzips Verantwortung. Frankfurt / M. 1985. Insel

Keller, Christoph: Bioethik: Ihr Kinderlein kommet. Dieser Tage soll das angeblich erste geklonte Kind auf die Welt kommen, in: Die Zeit Nr. 50/2002, www.zeit.de/2002/50/P-Antinori (Stand: 02.07.09)

Kettner, Matthias: Neue Formen gespaltener Elternschaft, in: Aus Politik und Zeitgeschichte B 27/2001

Knoepffler, Nikolaus: Menschenwürde in der Bioethik. Berlin / Heidelberg / New York 2004. Springer

Krause, Joachim: Unter die Lupe genommen: Biomedizin – Gentechnik – Ethik (2004), unter Verwendung von: Hrsg. Diakonie Sachsen, Radebeul, Reihe „DiakoniePublik" Heft 3/2001, Autoren und Redaktionsteam: J. Krause, Chr. Schwarke, A. Kobelt, D. Mendt, Chr. Schönfeld, H. Franck, N. Krause „Unter die Lupe genommen – Biomedizin-Gentechnik-Ethik", www.krause-schoenberg.de/SB2_menschen_nach_mass_12_04.htm (Stand 13.06.08)

Kreiner, Paul: Eluana stirbt. Seit 17 Jahren liegt Eluana Englaro im Wachkoma, jetzt werden die Apparate abgestellt – der Vatikan protestiert, www.tagesspiegel.de/weltspiegel/Eluana-Englaro-Sterbenhilfe;art1117,2722737 (Stand: 10.02.09)

Krones, Tanja / Richter, Gerd: Kontextsensitive Ethik am Rubikon, in: Düwell, Marcus / Steigleder, Klaus (Hg.): Bioethik. Eine Einführung. Frankfurt / M. 2003. Suhrkamp

Lütz, Manfred: Erhebet die Herzen, beuget die Knie. Gesundheit als Religion: Vorsorge, Enthaltsamkeit, Sport – das ist die neue Dreifaltigkeit. Ein Gotteslästerer, der dies bezweifelt, in: Die Zeit Nr. 17 vom 17.04.2008

Marckmann, Georg / Bormuth, Matthias: Einführung, in: Wiesing, Urban, unter Mitarbeit von Johann S. Ach, Matthias Bormuth und Georg Marckmann (Hg.): Ethik in der Medizin. Ein Studienbuch. Stuttgart 2004. Reclam

Merkel, Reinhard: Forschungsobjekt Embryo. Verfassungsrechtliche und ethische Grundlagen der Forschung an menschlichen embryonalen Stammzellen. München 2002. dtv

Merkel, Reinhard: *Contra Speziesargument:* Zum normativen Status des Embryos und zum Schutz der Ethik gegen ihre biologistische Degradierung, in: Damschen, Gregor / Schönecker, Dieter (Hg.): Der Status menschlicher Embryonen. Pro und contra Spezies-, Kontinuums-, Identitäts- und Potentialitätsargument. Berlin / New York 2003. de Gruyter

Metz, Johanna: Das Recht auf Nichtwissen. Auswirkungen der Gentechnik auf den Versicherungs- und Arbeitsmarkt., in: Das Parlament 56. Jg. / Nr. 10 vom 6. 3. 2006

Oduncu, Fuat S.: Moralischer Status von Embryonen, in: Düwell, Marcus / Steigleder, Klaus (Hg.): Bioethik. Eine Einführung. Frankfurt / M. 2003. Suhrkamp

Pschyrembel. Klinisches Wörterbuch, begründet v. W. Pschyrembel, bearb. v. der Wörterbuchredaktion des Verlages. 260. Auflage. Berlin / New York 2004. de Gruyter

Rachels, James: Aktive du passive Sterbehilfe, in: Sass, Hans-Martin (Hg.): Medizin und Ethik. Stuttgart 1999. Reclam

Rau, Johannes: Wird alles gut? – Für einen Fortschritt nach menschlichem Maß. Berliner Rede von Bundespräsident Johannes Rau im Otto-Braun-Saal der Staatsbibliothek zu Berlin am 18. Mai 2001, www.bundespraesident.de/dokumente/-,2.621933/Artikel/dokument.htm (Stand: 01.01.09)

Reich, Jens: „Es wird ein Mensch gemacht". Möglichkeit und Grenzen der Gentechnik. Mit Abbildungen von Swantje Osburg. Berlin 2003. Rowohlt

Reich, Jens: Leben und Vergehen. Die Medizin hat Wunder vollbracht, aber auf drei zentrale Fragen hat sie noch keine Antwort, in: Die Zeit Nr. 13/2008

Schindele, Eva / Zimmermann, Imke: Rohstoff für das Mutterglück. Der internationale Handel mit Eizellen für kinderlose Frauen blüht. Um die Probleme der Spenderinnen schert sich niemand, in: Die Zeit Nr. 4/2007

Schockenhoff, Eberhard: *Pro Speziesargument:* Zum moralischen und ontologischen Status des Embryos, in: Damschen, Gregor / Schönecker, Dieter (Hg.): Der Status menschlicher Embryonen. Pro und contra Spezies-, Kontinuums-, Identitäts- und Potentialitätsargument. Berlin / New York 2003. de Gruyter

Schöne-Seifert, Bettina: Medizinethik, in: Nida-Rümelin, Julian (Hg.): Angewandte Ethik. Die Bereichsethiken und ihre theoretische Fundierung. Ein Handbuch. Stuttgart 1996. Kröner

Schöne-Seifert, Bettina: Grundlagen der Medizinethik. Stuttgart 2007. Kröner

Schramme, Thomas: Bioethik. Frankfurt / M. / New York 2002. Campus

Schüklenk, Udo: Klonen – gegen das schlechte Image einer guten Sache, in: der blaue Reiter: Journal für Philosophie. Bd. 9 (1999): Naturlos. Stuttgart 1999. Omega Verl. Reusch

Shakespeare, William: Der Sturm, zitiert nach: Aldous Huxley: Schöne neue Welt. Ein Roman der Zukunft. Frankfurt / M. 1953. Fischer

Singer, Peter: Praktische Ethik. Aus dem Englischen übersetzt von Oscar Bischoff, Jean-Claude Wolf und Dietrich Klose. 2. revidierte und erweiterte Auflage. Stuttgart 1994. Reclam

Stoecker, Ralf: *Contra Identitätsargument:* Mein Embryo und ich, in: Damschen, Gregor / Schönecker, Dieter (Hg.): Der Status menschlicher Embryonen. Pro und contra Spezies-, Kontinuums-, Identitäts- und Potentialitätsargument. Berlin / New York 2003. de Gruyter

* **Wiesing, Urban:** Allgemeine Einführung in die medizinische Ethik, in: ders. unter Mitarbeit von Johann S. Ach, Matthias Bormuth und Georg Marckmann (Hg.): Ethik in der Medizin. Ein Studienbuch. Stuttgart 2004. Reclam

Wüsthoff, Achim: Entscheidung an der Wiege, in: Die Zeit, Nr. 6 vom 3.2.2005, www.zeit.de/2005/06/M?Sterbehilfe_Kinder (Stand: 05.01.08)

Zoglauer, Thomas: Der Mensch als Gebrauchsgegenstand.

* = empfohlene Einführungen und Nachschlagewerke

Argumente gegen das Klonen, in: der blaue Reiter: Journal für Philosophie. Bd. 9 (1999): Naturlos. Stuttgart 1999. Omega Verl. Reusch

Zoglauer, Thomas: Konstruiertes Leben. Ethische Probleme der Humangenetik. Darmstadt 2002. Wissenschaftliche Buchgesellschaft

www.bpb.de/wissen/YDGMRC,0,Entwicklung_der_Lebens erwartung.html (Stand: 20.05.08)

www.bundesrecht.juris.de/bundesrecht/eschg/gesamt.pdf (Stand: 10.02.09): Embryonenschutzgesetz vom 13. Dezember 1990 (BGBl. I S. 2746), in Kraft getreten am 01.01.1991, geändert durch Artikel 22 des Gesetzes vom 23. Oktober 2001 (BGBl. I S. 2702)

www.drze.de/themen/blickpunkt/sterbehilfe (Stand: 28.09.09)

www.gesetzesportal.de/jportal/portal/t/11jd/page/fpgesetze.psml/js_peid/AktuellsteDokumente?id=BGBL1-2009-2286&action=controls.Maximize (Stand: 02.07.09): Drittes Gesetz zur Änderung des Betreuungsrechts, Vom 29. Juli 2009, Bundesgesetzblatt Jahrgang 2009 Teil I, Nr. 48, Bonn: 31. Juli 2009, S. 2286-2287, S. 2286

www.ifd-allensbach.de/pdf/prd_0814.pdf. (Stand: 05.01.09)

www.organspende-info.de/info/allgemein/empfaenger/warteliste/ (Stand: 05.01.09)

www.organspende-info.de/info/allgemein/empfaenger/vermittlung/ (Stand: 05.01.09)

www.standard-patientenverfuegung.de/erfahrungen.htm (Stand: 02.07.09)

Religion

Anselm von Canterbury: Der ontologische Gottesbeweis, in: Huonder, Quirin: Die Gottesbeweise. Geschichte und Schicksal. Urban Bücher – Die wissenschaftliche Taschenbuchreihe, Bd. 106. Stuttgart – Berlin – Köln – Mainz 1968. W. Kohlhammer Verlag

Augustinus, Aurelius: Der unselbständige Charakter des Bösen, in: Hoerster, Norbert (Hg.): Glaube und Vernunft. Texte zur Religionsphilosophie. Stuttgart 1988. Reclam

* **Baggini, Julian:** Das Schwein, das unbedingt gegessen werden möchte. 100 philosophische Gedankenspiele. München 2007. Piper

Benedikt XVI.: „Der Vernunft ihre ganze Weite wieder eröffnen". 12. September 2006, Treffen mit den Vertretern aus dem Bereich der Wissenschaften, Universität Regensburg, in: ders.: Gott und die Vernunft. Aufruf zum Dialog der Kulturen. Augsburg 2007. Sankt Ulrich Verlag GmbH

bild der wissenschaft 7/2005

Bredow, Rafaela von / Simons, Stefan: Interview mit Michel Onfray, in: Der Spiegel 22/2007

* **Brockhaus Philosophie.** Ideen, Denker, Begriffe. Mannheim 2004. Hrsg. von der Lexikonredaktion des Verlags F.A. Brockhaus.

Carter, Candace: Der Frauenaltar (unveröffentlichte Handreichung). Mit freundlicher Genehmigung der Autorin.

Demokrit: Ursprung des Götterglaubens, in: Die Vorsokratiker. Die Fragmente und Quellenberichte. Übersetzt und eingeleitet von Wilhelm Capelle. Stuttgart 1968. Kröner

Der Spiegel 52/1997

Der Spiegel 22/2007

Der Spiegel 42/1988, Interview mit Stephen Hawking

Descartes, René: Meditationen über die Grundlagen der Philosophie. Auf Grund der Ausgaben von Artur Buchenau neu herausgegeben von Lüder Gäbe. Hamburg 1960. Meiner

Die Zeit vom 10.06.2009 (EF)

Durkheim, Emile: Definition des religiösen Phänomens und der Religion, in: Geyer, Carl-Friedrich. Religionsphilosophie der Neuzeit. Klassische Texte aus Philosophie, Soziologie und Politischer Philosophie. Darmstadt 1999. Wissenschaftliche Buchgesellschaft

Ebach, Jürgen / Przybylski, Hartmut: Einleitung, in: Oelmüller, Willi / Dölle-Oelmüller, Ruth / Ebach, Jürgen / Przybylski, Hartmut (Hg.): Diskurs: Religion. Paderborn, 3. Aufl. 1995. Schöningh (UTB)

* **Ferry, Luc:** Leben lernen: Eine philosophische Gebrauchsanweisung. Aus dem Französischen von Lis Künzli. Verlag Antje Kunstmann. o. J.

Feuerbach, Ludwig: Das Wesen der Religion, 1845, zitiert nach Projekt Gutenberg

Feuerbach, Ludwig: Gott als Projektion des idealen Menschen, in: Hoerster, Norbert (Hg.): Glaube und Vernunft. Texte zur Religionsphilosophie. Stuttgart 1988. Reclam

Frege, Andreas: Paradies. © Musik-Edition Discoton GmbH/ Edition DTH; Musik Edition Discoton GmbH, Berlin

Freud, Sigmund: Neue Folge der Vorlesungen zur Einführung in die Psychoanalyse [1932], in: ders.: Gesammelte Werke, Bd. XV. Frankfurt / M. [3]1961. S. Fischer

Freud, Sigmund: Der illusionäre Charakter religiösen Glaubens, in: Hoerster, Norbert (Hg.): Glaube und Vernunft. Texte zur Religionsphilosophie. Stuttgart 1988. Reclam

Geo Wissen, Nr. 35/2005. Hamburg. Gruner + Jahr

Geo kompakt, Nr. 16/2008: Glaube und Religion. Hamburg. Gruner + Jahr

Goethe, Johann Wolfgang: Faust. Der Tragödie erster und zweiter Teil. dtv-Gesamtausgabe, Band 9. München 1964. dtv

Grabner-Haider, Anton / Prenner, Karl (Hg.): Religionen und Kulturen der Erde. Ein Handbuch. Darmstadt 2004. Wissenschaftliche Buchgesellschaft

Graf, Friedrich-Wilhelm, in: Geo kompakt, Nr. 16/2008: Glaube und Religion. Hamburg. Gruner + Jahr

Greshake, Gilbert / Weismyer, Josef (Hg.): Quellen geistlichen Lebens. Band II: Das Mittelalter. Mainz 1985. Matthias-Grünewald-Verlag

Habermas, Jürgen: Ein Bewusstsein von dem, was fehlt, in: Ein Bewusstsein von dem, was fehlt. Eine Diskussion mit Jürgen Habermas. Hrsg. von Michael Reder und Josef Schmidt. Frankfurt / M. 2008. Suhrkamp

Heiler, Friedrich: Die Erscheinungsformen (Phänomenologie) der Religion, in: Goldammer, Kurt (Hg.): Die Religionen der Menschheit. 6. Auflage. Stuttgart 1999. Reclam

Heine, Heinrich. Werke in zwei Bänden. Ausgewählt und herausgegeben von Martin Greiner. 5. Auflage. Köln / Berlin 1970. Kiepenheuer und Witsch

Hick, John: Verifikationen im Jenseits, in: Hoerster, Norbert (Hg.): Glaube und Vernunft. Texte zur Religionsphilosophie. Stuttgart 1988. Reclam

* = empfohlene Einführungen und Nachschlagewerke

Hock, Klaus: Einführung in die Religionswissenschaft. 3. Auflage. Darmstadt 2008. Wissenschaftliche Buchgesellschaft

Hölderlin, Friedrich: Sämtliche Werke. Stuttgarter Hölderlin-Ausgabe. Band I. Hrsg. von Friedrich Beissner. Stuttgart 1943. J.G. Gottasche Buchhandlung

* **Hoerster, Norbert (Hg.):** Glaube und Vernunft. Texte zur Religionsphilosophie. Stuttgart 1988. Reclam

* **Höffe, Otfried (Hg.):** Lexikon der Ethik. 2. Auflage. München 1980. Beck

Horkheimer, Max: „Was wir ‚Sinn' nennen, wird verschwinden": Max Horkheimer im Gespräch mit Georg Wolff und Helmut Gumnior (urspr. in: Der Spiegel, 24. Jg., 05.01.1970, Nr. 1/2, S. 79-84), in: Gesammelte Schriften. Hrsg. v. Alfred Schmidt und Gunzelin Schmid Noerr. Bd. 7: Vorträge und Aufzeichnungen 1949-1973. Frankfurt / M. 1985. Fischer

* **Huisman, Denis:** Philosophie für Einsteiger. Aus dem Französischen von Ludwig Fehlen und Ute Penner. Reinbek bei Hamburg 1984. Rowohlt

Johannes Paul II.: Veritatis splendor, zitiert nach: Frankfurter Rundschau vom 13.10.93

Kant, Immanuel: Kritik der reinen Vernunft. Kants Werke. Akademie Textausgabe. Band VII. Berlin 1968. de Gruyter

Kant, Immanuel: Kritik der praktischen Vernunft, Kants Werke. Akademie Textausgabe. Band V. Berlin 1968. de Gruyter

Kant, Immanuel: Was ist Aufklärung? Kants Werke. Akademie Textausgabe. Band VIII. Berlin 1968. de Gruyter

Karge, Désirée: Kansas bannt Darwin, in: bild der wissenschaft 12/1999

Kierkegaard, Sören: Die Wiederholung. Übersetzt und hrsg. v. Liselotte Richter. Frankfurt / M. 1984. Syndikat / EVA

Kritias: Entstehung der Religion, in: Die Vorsokratiker. Die Fragmente und Quellenberichte. Übersetzt und eingeleitet von Wilhelm Capelle. Stuttgart 1968. Kröner

Küng, Hans: Projekt Weltethos. 5. Auflage. München 1993. Piper

Küng, Hans: Christ sein. 5. Auflage. München 1975. Piper

Kutschera, Franz von: Die großen Fragen. Philosophisch-theologische Gedanken. Berlin 2000. de Gruyter

Laktanz, in: Hossenfelder, Malte: Antike Glückslehren. Quellen in deutscher Übersetzung mit Einführungen. Stuttgart 1996. Kröner

Leibniz, Gottfried Wilhelm: Gott als zureichender Grund der Welt, in: Hoerster, Norbert (Hg.): Glaube und Vernunft. Texte zur Religionsphilosophie. Stuttgart 1988. Reclam

Lübbe, Hermann: Religion nach der Aufklärung. Graz / Wien / Köln 1986. Verlag Styria

Luhmann, Niklas: Aus: Funktion der Religion, in: Oelmüller, Willi / Dölle-Oelmüller, Ruth / Ebach, Jürgen / Przybylski, Hartmut (Hg.): Diskurs: Religion. 3. Auflage. Paderborn 1995. Schöningh / UTB

Martini, Carlo Maria / Eco, Umberto: Woran glaubt, wer nicht glaubt? Aus dem Italienischen von Burkhart Kroeber und Karl Pichler. München 1999. dtv

Marx, Karl: Zur Kritik der Hegelschen Rechtsphilosophie, in: Marx-Engels-Werke (= MEW). Hrsg. vom Institut für Marxismus-Leninismus beim ZK der SED. Band 1. Berlin / DDR 1976. (Karl) Dietz Verlag

Marx, Karl: Thesen über Feuerbach, in: ebda. Band 3. Berlin / DDR 1973. (Karl) Dietz Verlag

Morris, Tom: Philosophie für Dummies. Übersetzt aus dem Amerikanischen von Aref Banakonandeh. Bonn 2003. mitp

Nietzsche, Friedrich: Werke in drei Bänden. Hrsg. von Karl Schlechta. Darmstadt 1960. Wissenschaftliche Buchgesellschaft

Oelmüller, Willi / Dölle-Oelmüller, Ruth / Ebach, Jürgen / Przybylski, Hartmut (Hg.): Diskurs: Religion. Phliosophische Arbeitsbücher 3. 3. Auflage. Paderborn 1995. Schöningh / UTB

* **Papineau, David (Hg.):** Philosophie. Eine illustrierte Reise durch das Denken. Übersetzt von Nikolas Palézieux. Darmstadt 2006. Wissenschaftliche Buchgesellschaft

* **Pieper, Annemarie:** Einführung in die Ethik. 2. Auflage. Tübingen 1991. UTB

Pieper, Annemarie: Aufstand des stillgelegten Geschlechts. Einführung in die feministische Ethik. Freiburg 1993. Herder

Russell, Bertrand: Moral und Politik. Aus dem Englischen von Ruth Gillischewski. Frankfurt / M. 1988. Fischer Taschenbuch

Russell, Bertrand: Die moralische Indifferenz des Universums, in: Hoerster, Norbert (Hg.): Glaube und Vernunft. Texte zur Religionsphilosophie. Stuttgart 1988. Reclam

* **Schülerduden Philosophie.** Bibliographisches Institut & F. A. Brockhaus AG. Mannheim 2009

* **Schülerduden Religion und Ethik.** Bibliographisches Institut & F. A. Brockhaus AG. Mannheim 2009

Shell-Jugendstudie – Jugend 2006, www.shell.de/home/content/deu/aboutshell/our_commitment/shell_youth_study/2006/religion (Stand: 25.09.09)

* **Simon-Schaefer, Roland:** Kleine Philosophie für Berenike. Stuttgart 1996. Reclam

Sloterdijk, Peter: Du musst dein Leben ändern. Über Anthropotechnik. Frankfurt / M. 2009. Suhrkamp

Thomas von Aquin: Summa theologiae. I 2, 3 Utrum deus sit. Übersetzt von Maren Saiko, Bamberg.

Vaas, Rüdiger: Der Glaubensstreit, in: bild der wissenschaft 12/1999

Vaas, Rüdiger: Hotline zum Himmel, in: bild der wissenschaft 7/2005

Vaas, Rüdiger: Lohnender Luxus, in: bild der wissenschaft 2/2007

Xenophanes: Gegen den antrhopomorphen Polytheismus, in: Die Vorsokratiker. Die Fragmente und Quellenberichte. Übersetzt und eingeleitet von Wilhelm Capelle. Stuttgart 1968. Kröner

Weber, Max in: Oelmüller, Willi / Dölle-Oelmüller, Ruth / Ebach, Jürgen / Przybylski, Hartmut (Hg.): Diskurs: Religion. Philosophische Arbeitsbücher 3. 3. Auflage. Paderborn 1995. Schöningh / UTB

* **Zagal, Héctor / Galindo, José:** Ethik für junge Menschen. Grundbegriffe – Positionen – Probleme. Aus dem Spanischen übersetzt von Bernd Goebel. Stuttgart 2000. Reclam

www.evangelischefrauen-deutschland.de/index.php/theologie/fem-theol/106-was-ist-feministische-theologie (Stand: 28.09.09)

* = empfohlene Einführungen und Nachschlagewerke

action press, Hamburg – S. 338

Agentur Focus / Christodoulou A. / WpN, Hamburg – S. 257

Agentur Focus / SPL/Detlev van Ravenswaay, Hamburg – S. 346

Amnesty international Deutschland, Berlin – S. 68

Archiv für Kunst und Geschichte, Berlin – S. 22, 35, 42, 112, 150 (2), 194, 357, 366

Artothek, Blauel/Gnamm, Weilheim –S. 344

Artothek, Weilheim – S. 40

Ärzte ohne Grenzen e.V., Berlin – S. 69

Bauer, Jutta – S. 135

Beier, Roland, Berlin – S. 203

Biblioteca Nacional, Madrid – S. 156

Bild der Wissenschaft 1/2008, S. 97 – S. 274

Bild der Wissenschaft 12/1999, S. 53 – S. 349

Bild der Wissenschaft 7/2005, S. 33 – S. 337

Bild der Wissenschaft plus 1/2008, Lehner, Boris für HLRS, S. 6 – S. 257

Bild der Wissenschaft, Zeit ist nur eine Illusion, Nr. 1/2008, S. 89, 90 – S. 138

Bildarchiv Preußischer Kulturbesitz, Berlin – S. 250

Birg, Heinz, München – S. 366

Bökels, Stefan, Hamburg – S. 170

Buchegger, Sepp, Tübingen – S. 256, 270

Bulls Pressedienst GmbH, Frankfurt am Main – S. 178

Bundesverfassungsgericht Karlsruhe – S. 217

Campus für Christus, www.campus-d.de – S. 338

Carnegie, Dale, Sorge dich nicht – lebe!, Scherz Verlag, München 73. Aufl. 1995 – S. 120

Carter, Candace, Karlsruhe – S. 362

Cinetext, Frankfurt am Main – S. 295 (2), 364

Cranach, Lucas d. Ä.: Das Paradies (Ausschnitt), 1530, Kunsthistorisches Museum, Wien – S. 30

creo, Bamberg – S. 234, 238, 281

Das Fotoarchiv GmbH, Essen / Richard Howard – S. 290

Der Spiegel 22/2007, S. 62, Hamburg – S. 328

Der Spiegel, Hamburg – S. 155, 184, 276, 299, 324, 370

Dietrich, Günter, Raddestorf – S. 79

Dörner, Prof. Dietrich, Bamberg – S. 26

DPA – Infografik, Hamburg – S. 142, 146,

DPA Picture-Alliance, Frankfurt – S. 18, 96, 104, 110, 177, 188, 238, 248, 266, 272, 304, 330, 364

DPA Picture-Alliance, Frankfurt / © epa-Bildfunk – S. 206, 356

DPA Picture-Alliance, Frankfurt / AAP Image Lloyd Jones – S. 372

DPA Picture-Alliance, Frankfurt / IMAGNO Austrian Archives – S. 90, 96, 106

DPA Picture-Alliance, Frankfurt / newscom/Picture History – S. 252

DPA Picture-Alliance, Frankfurt / Okapia KG,Germany © Art Wolfe/SAVE – S. 330

DPA Picture-Alliance, Frankfurt / Sven Simon – S. 104

DPA Picture-Alliance, Frankfurt / ZB – S. 144, 278

dtv-Atlas Philosophie, München, 11. akt. Aufl. 2003, S. 40, 42, 56, 170, – S. 77, 87, 89, 109

Duncker, Ludwig in: Journal für Sozialwissenschaften und ihre Didaktik 2/2006 – S. 38

Felix-Nussbaum-Haus, Kulturgeschichtliches Museum Osnabrück, 3628/13 – S. 254

Fisk, Adrian, New Dehli – S. 170

Flynn, Tom, Der modellierte Körper, Dumont, Köln 1998, Photo: Dhome Alain – S. 300

fotolia.de - S. 18: vb-photo / S. 22: Jeffrey Collingwood / S. 30: kts design / S. 48: Manuel Tennert; Jan Quist; / S. 92: cs 333; BOZO; LianeM / S. 96: Galina Barskaya / S. 104: Digitalpress / S. 144: visi.stock; spaxiax / S. 145: Lisa F. Young / S. 162: Stephan Bonnel / S. 182: Falko Matte / S. 218: eyewave / S. 236: mtu 1969 / S. 289: Martina Berg / S. 294: photoinsel / S. 312: Sebastian Kaulitzki / S. 368: Martina Strumpp

Gebhardt, Thomas, Ekliptik / http://leifi.physik.uni-muenchen.de – S. 262

Gemäldegalerie Neue Meister, Dresden – S. 262

GEO Wissen 10/2007 „Gerechtigkeit“, S. 136, Illustration „Wachsendes Unbehagen“ von Illu.team 43 Juliane Richter und Birte Wagner, Gruner und Jahr AG, Hamburg – S. 214

GEO Wissen 35/2005, S. 101, Gruner und Jahr AG, Hamburg – S. 186

GEO Wissen 43/2009 „Wer bin ich. Lebenslauf Forschung“, S. 29, Gruner und Jahr AG, Hamburg – S. 28

Getty Images Deutschland, München – S. 124, 132

Groß, Friederike, Karikatur in: Landeszentrale für politische Bildung Baden-Württemberg, Politik und Unterricht 3/4 2005, Stuttgart, S. 10 – S. 130

Grün, Anselm, Das Buch der Lebenskunst, Herder, Freiburg 1. Aufl. 2002 – S. 120

Gruner und Jahr AG, Hamburg – S. 24, 186

Haitzinger, Horst, München – S. 191

Haring, Keith, Untitled 1984 – S. 126

Hegels Vorlesungen zur Philosophie der Geschichte, 1837, Titelblatt – S. 74

Huisman, Philosophie für Einsteiger, S. 25, rororo, Reinbek – S. 342

Hulton Deutsch Collection, London – S. 125

Indiana University, Bloominston – S. 141, 145

Keystone, Hamburg – S. 258

Klefisch, Thomas, Düsseldorf – S. 277

Kluge, Alexander, Die Patriotin, S. 139 © Zweitausendeins, Frankfurt am Main 2. Aufl. 1980 – S. 81

Koller, Frühwerke von Anselm Kiefer, Zürich – S. 152

Laif, Köln – S. 280, 336

Lenz, Reinhold, Hamburg - Einband

Liebermann / Baaske Cartoons, Müllheim – S. 256

Lutz, Bernd, Metzler Philosophen Lexikon: von den Vorsokratikern bis zu den neuen Philosophen, J. B. Metzlersche Verlagsbuchhandlung und Carl Ernst Poeschel Verlag GmbH, Stuttgart 2. Aufl. 1995, S. 45 – S. 96

Majewski, Janusz – S. 52

Marunde, Wolf-Rüdiger, Marundes Landleben zwei, Zinnober Verlag, Hamburg 1989 – S. 284

Medienservice Bernd M. Schöppe, Köln – S. 56

Mester / Baaske Cartoons, Müllheim – S. 67

Musée National du Louvre, Paris – S. 71

Musée Picasso, Paris – S. 172

Museum der Bildenden Künste, Leipzig – S. 350

Museum für moderne Kunst, Frankfurt am Main – S. 177

Museum of Fine Art, Boston – S. 50

Néret, Gilles, Peter Paul Rubens, Taschen GmbH, Köln 2004 – S. 253

Osborne, Richard, Philosophie. Eine Bildergeschichte für Einsteiger. Illustrationen von Ralph Edney, übers. v. B. Brinkmeier. Wilhelm Fink Verlag, München, Cover, S. 21, 111, 134, 187 – S. 89, 168, 198, 200, 208

Ostkreuz – Agentur der Fotografen, Berlin / Maurice Weiss – S. 368

Pahl, Rainer, Hitzacker – S. 212

Passeron, Roger, Chagall, Meister der Graphik, Orell Füssli Verlag, Zürich 1985 – S. 84

Paul Klee Zentrum, Bern – S. 332

Peschel, Victor / www.1a-fotogalerie.de – S. 242

photothek.net Ute Grabowsky, Radevormwald – S. 20

Photothèque R. Magritte – ADAGP, Paris 2002 – S. 377

Plassmann / Baaske Cartoons, Müllheim – S. 316

PopArtUK – S. 30

Puszta, Peter, Köln – S. 149

Rius, Marx für Anfänger S. 131 – S. 202

Rückert, Hans-Werner, Entdecke das Glück des Handelns, Campus Verlag, Frankfurt 1. Aufl. 2003 – S. 120

SCALA Group, Florenz – S. 90, 97, 330, 360

Schätzing, Frank, Der Schwarm, Kiepenheuer & Witsch, Köln 2004 – S. 295

15. Shell-Jugendstudie, 2006 – S. 334

Sipa Press, Paris – S. 364

Spektrum der Wissenschaft, Darwin: Ein Leben für die Evolutionstheorie, Verlags-GmbH, Heidelberg 2009 – S. 30, 32

Spiegel Spezial 1/1999, Hamburg, S. 49 – S. 10

Sporting Gallery, London – S. 174

Staatsbibliothek Nürnberg – S. 260

Stückelberg, Ernst / www.geschichte-schweiz.ch – S. 240

Stuttmann, Klaus, Berlin – S. 246

Süddeutsche Zeitung Magazin Nr. 25/2008/Niko Schmidt-Burgk, München – S. 8

Tanner © by Cinémathèque Suisse 1978, Imprimerie Comaz + Atelier Grand S.A., Yverdon et Romanel (Suisse) – S. 70

Technische Universität Dresden, Pressestelle – S. 114

The Associated Press, Frankfurt am Main – S. 160, 187, 268

Ullstein-Bild/Poklekowski, Berlin – S. 116

© 2008 United Features Syndicate Inc./distr. Kipkakomiks.de – S. 62, 173

Vario images GmbH & CoKG, Bonn – S. 181

VISUM Foto GmbH / Markus Hanke, Hamburg – S. 206

www.krause-schoenberg.de – S. 325

Zambryski Johann und die DTH-Cover AG, Foto: GABO – S. 358